Radikaler Antisemitismus

Claudia Globisch

Radikaler Antisemitismus

Inklusions- und Exklusions-
semantiken von links und rechts
in Deutschland

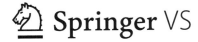 Springer VS

Claudia Globisch
Innsbruck, Österreich

Zugl.: Dissertation Universität Erlangen 2009 u. d. T.: Radikaler Antisemitismus. Zur Analyse gegenwärtiger antisemitischer Semantiken von links und rechts in Deutschland.

ISBN 978-3-531-17563-8 ISBN 978-3-531-93156-2 (eBook)
DOI 10.1007/978-3-531-93156-2

Die Deutsche Nationalbibliothek verzeichnet diese Publikation in der Deutschen Nationalbibliografie; detaillierte bibliografische Daten sind im Internet über http://dnb.d-nb.de abrufbar.

Springer VS
© Springer Fachmedien Wiesbaden 2013
Das Werk einschließlich aller seiner Teile ist urheberrechtlich geschützt. Jede Verwertung, die nicht ausdrücklich vom Urheberrechtsgesetz zugelassen ist, bedarf der vorherigen Zustimmung des Verlags. Das gilt insbesondere für Vervielfältigungen, Bearbeitungen, Übersetzungen, Mikroverfilmungen und die Einspeicherung und Verarbeitung in elektronischen Systemen.

Die Wiedergabe von Gebrauchsnamen, Handelsnamen, Warenbezeichnungen usw. in diesem Werk berechtigt auch ohne besondere Kennzeichnung nicht zu der Annahme, dass solche Namen im Sinne der Warenzeichen- und Markenschutz-Gesetzgebung als frei zu betrachten wären und daher von jedermann benutzt werden dürften.

Gedruckt auf säurefreiem und chlorfrei gebleichtem Papier

Springer VS ist eine Marke von Springer DE. Springer DE ist Teil der Fachverlagsgruppe Springer Science+Business Media.
www.springer-vs.de

Danksagung

Die vorliegende Studie ist eine überarbeitete und aktualisierte Fassung meiner Doktorarbeit, die im April 2009 am Institut für Soziologie an der Philosophischen Fakultät und dem Fachbereich Theologie der Universität Erlangen als Promotionsarbeit eingereicht und verteidigt wurde. Die Arbeit entstand in den Jahren 2004 bis 2009 an der Universität Erlangen, gefördert durch das Graduiertenkolleg „Kulturhermeneutik im Zeichen von Differenz und Transdifferenz" der Deutschen Forschungsgemeinschaft (DFG). Nach der Zeit als Stipendiatin dieses Graduiertenkollegs war ich als wissenschaftliche Mitarbeiterin an den Instituten für Soziologie der Universität Erlangen (Prof. Ilja Srubar) und Leipzig (Prof. Georg Vobruba) tätig. Seither sind einige Jahre vergangen, die Arbeit wurde aktualisiert und nach einem weiteren Universitätswechsel sowie der Geburt meiner Zwillinge endlich ein Buch. Die nach 2009 folgenden Auseinandersetzungen zum Antisemitismus von links sowie in der Mitte ebenso wie der nach wie vor ebenso kontinuierlich präsente Antisemitismus von rechts – vom NSU-Terrornetzwerk über die NPD bis zu rechtskonservativen Kreisen – bestätigen die Muster des Antisemitismus, die ich für die 20 Jahre der Nach- „Wende"-Zeit rekonstruiert habe.

Eine Arbeit hat immer eine Initiation. Die Idee wurde in einem Seminar zum Antisemitismus bei der sequenzanalytischen Bearbeitung von Jan van Helsings „Geheimgesellschaften" bei Ulrich Wenzel gegen Ende meines Studiums der Soziologie in Erlangen geweckt.

Überhaupt waren die Diskussionen am Erlanger Soziologischen Institut um Ilja Srubar, Ulrich Wenzel, Joachim Renn, Jan Weyand und Gerd Sebald sehr prägend für die theoretische Auseinandersetzung dieser Arbeit und auch im Rückblick äußerst reichhaltig.

Bedanken möchte ich mich bei allen, die viel Geduld mit mir bei der Erstellung der Arbeit aufbrachten, vor allem bei meinen beiden Betreuern: Ilja Srubar danke ich für die intellektuell sehr anspruchsvolle und inspirierende Betreuung, die der eigenen Entwicklung sehr viel Raum ließ. Klaus Holz danke ich für die intensive kontinuierliche Begleitung der Arbeit und insbesondere für die strukturierenden Diskussionsprozesse.

Archivarbeit ist zumeist einsame Arbeit. Daher bedanke ich mich für die inspirierende und freundliche Unterstützung in den Archiven. Dafür danke ich Ulli Jentsch und seinen Mitarbeitern vom Antifaschistischen Bildungsarchiv

Berlin (apabiz e. V.), welche einen unschätzbaren Bestand bergen. Ebenso danke ich Dorothée und Jürgen, den Archivaren des Arvhis für Alternatives Schrifttum (AFAS) in Duisburg, für die vielen wertvollen Informationen und die interessante Zeit in Duisburg. Für den Zugang in die Archive und freundliche Betreuung bedanke ich mich auch beim »Papiertiger« in Berlin, dem Archiv der Friedrich-Ebert-Stiftung in Bonn, der »Jungen Welt« sowie der »Linksruck«-Redaktion.

Für die Unterstützung und freundliche Aufnahme zur Recherche im Archiv des Zentrums für Antisemitismusforschung danke ich den Archivarinnen Claudia Curio und Birgit Müller. Für zahlreiche Inspirationen und Expertengespräche danke ich Rainer Erb, Peter Widmer, Wolfgang Benz, Werner Bergmann, Michael Kohlstruck und Juliane Wetzel. Für Expertengespräche möchte ich mich ebenfalls bedanken bei Thomas Haury, Moshe Zuckermann, Elfriede Müller, Stefan Voigt, Bernd Beier von der »Jungle World«, Carl Nele von der »Bahamas«, Christoph Meueler von der »Jungen Welt« sowie Ulli Jentsch vom »apabiz e. V.«

Eine Arbeit, die mit der Methode der Strukturalen Hermeneutik arbeitet, ist nicht ohne ein Interpretationsteam denkbar. Für viele zeitaufwändige Recherchen und spannende Interpretationssitzungen ein großes Dankeschön an Christian Brunnert und Thomas Höhne, die den Forschungsprozess von Beginn an begleiteten und bei den meisten Auswertungssitzungen dabei waren.

Außerdem danke ich für Interpretationssitzungen Ulrich Oevermann und seinem Sommerkurs in Frankfurt, Jan Kruse und den Teilnehmern des rekonstruktiven Auswertungsworkshops in Freiburg, dem Konstanzer Interpretationsteam und dabei insbesondere Regine Herbrik und Tobias Röhl, welche dies ermöglichten, dem Kolloqium von Ilja Srubar sowie Gerd Sebald, Barbara Schäuble, Heike Radvan, Olaf Kistenmacher, Katja Hartosch, Erika van Rautenfeld, Kerstin Emmert, welche an einzelnen Interpretationssitzungen teilnahmen.

Für einen kontinuierlichen und unschätzbar offenen Diskussionprozess, viele Inspirationen und Lektüre einzelner Kapitel bin ich Matthias Klemm und Volker Weiß zu großem Dank verpflichtet. Ebenso möchte ich Barbara Schäuble und Olaf Kistenmacher für viele Diskussionen zum Antisemitismusbegriff sowie zum Antisemitismus von links danken.

Für die zeitlich sehr flexiblen Korrektorats- und Lektoratsarbeiten danke ich Heiner Lohmann und Florian Öchsner ganz herzlich. Für die grafische Unterstützung gilt mein Dank Corinna Steib.

Ein großes Dankeschön möchte ich ebenso dem VS Verlag und insbesondere Dorothee Koch für die herzliche, flexible und kompetente Betreuung aussprechen.

Selbstverständlich bin ich für Darstellung und Inhalt der Arbeit alleine verantwortlich.

Last but not least:

Mein größter Dank gilt meiner Familie, Marianne und Ekkehard Globisch sowie Thomas Dörfler, ohne die eine Fertigstellung kaum möglich gewesen wäre. Meine beiden Zwillinge Helena und Selma werden mir die zeitliche Abwesenheit hoffentlich verzeihen.

Claudia Globisch, im März 2013

Inhalt

1. EINLEITUNG 15

2. BEGRIFF DES ANTISEMITISMUS 24

   2.1 Begriffliche Klärungen: vom Antijudaismus zum modernen
       Antisemitismus 24

   2.2 »Nationaler Antisemitismus«: zum Verhältnis von Nationalismus
       und Antisemitismus 32

   2.3 Antisemitismus als Verfolgung und kulturelle politisch-soziale
       Semantik 38

   2.4 Antisemitismus nach 1945 und Kommunikationslatenz 40

   2.5 Antisemitismus von links 43

3. FORSCHUNGSSTAND: THEORIEN UND ANALYSEN
   DES ANTISEMITISMUS 48

   3.1 Einleitung und Bestandsaufnahme 48

   3.2 Erklärungsansätze auf der Ebene des Subjekts 53
       3.2.1 Sozialpsychologische Theorien 53
       3.2.2 Psychoanalytische Theorien 56
       3.2.3 Resümee: kausale und funktionale Theorien 61
       3.2.4 Übergänge: Fenichels klassentheoretischer Ansatz und die
            Grenzen der Psychoanalyse 63

3.3 Erklärungsansätze auf der Ebene der Sozialstruktur 65
   3.3.1 Antisemitismus und Autoritarismus: die »ältere« Kritische
       Theorie 65
   3.3.2 Zwischenresümee 78
   3.3.3 Anschlüsse an die »ältere« Kritische Theorie......................80
   3.3.4 Resümee: kritische Theorien 93
   3.3.5 Politische Kulturforschung 94

3.4 Theorien auf der Ebene der Kultur und Kommunikation................98
   3.4.1 Ruth Wodaks diskursanalytischer Ansatz...........................98
   3.4.2 Zygmunt Baumanns Ambivalenztheorie 100
   3.4.3 Klaus Holz' Semantiktheorie..103

4. THEORETISCHER ZUGANG 107

4.1 Semantiken und ihr Theoriekontext I: Ent-bettung.......................107

**4.2 Systemtheoretische Konsequenzen der Konzeption des
Antisemitismus als kulturelle Semantik**..119

4.3 Semantiken und ihr theoretischer Kontext II: Ein-bettung............124
   4.3.1 Handeln – Denken – Sprechen..127
   4.3.2 Sinndimensionen: zeitlich, räumlich, sozial 132
   4.3.3 Macht: Selektivität der Semiosis und politische Semantikbildung 137

5. METHODENKAPITEL 144

5.1 Methodologie..146
   5.1.1 Sinnverstehender Zugang, Sequenzialität und Regelhaftigkeit
       des Sinngeschehens 146
   5.1.2 Objektiver Sinn und das Verhältnis von Text und Welt 150
   5.1.3 Sequenzanalytisches Verfahren 153
   5.1.4 Fallstruktur und Generalisierung 156
   5.1.5 Qualitative Inhaltsanalyse...157

5.2 Methodisches Vorgehen 159
   5.2.1 Begründung des Untersuchungszeitraumes 159
   5.2.2 Strukturierung des Feldes und Feldzugang......................165

6. EMPIRISCHE AUSWERTUNG 186

6.1 Antisemitismus von rechts 186
    6.1.1 Fall I: (Volks-)Gemeinschaft/(moderne funktional-differenzierte) Gesellschaft 187
    6.1.2 Fall II und III: Täter-Opfer-Umkehr 207
    6.1.3 Fall IV: Zwischen antisemitischem Anti-Amerikanismus und befreiungsnationalistischem Anti-Imperialismus 221
    6.1.4 Fall V + VI: Figur des Dritten und des Zweiten: israelbezogener Antisemitismus und Israelfeindschaft 230
    6.1.5 Fall VII: Antisemitismus und Rassismus: »Ethnopluralismus« und Islamfeindschaft 243
    6.1.6 Zusammenfassung: Antisemitismus von rechts 252

6.2 Antisemitismus von links 257
    6.2.1 Fall I: Auschwitz-Relativierung in Namen des »werktätigen Volkes« 257
    6.2.2 Fall II: Nicht-Identität: »faschistischer Staat aus der Retorte« vs. »klassenloses Volk« 269
    6.2.3. Fall III: Die Palästinenser als »die Juden von heute« 281
    6.2.4 Fall IV: Israel als rassistischer Staat vs. die Palästinenser 288
    6.2.5 Fall IV: Die Anrufung Europas gegen den »rassistischen« jüdischen Staat 296
    6.2.6 Fall V: Agitatorischer Befreiungsnationalismus - Völker vs. Imperialisten 302
    6.2.7 Zusammenfassung: Antisemitismus von links 309

7. ZUSAMMENFASSUNG 313

LITERATURVERZEICHNIS 324

ANHANG 369

»Wortsucht
Schließlich muss ich in der Sprache
Auf die Sprache losgehen, einzelne
Wörter aufschneiden, daweil mir das Blut
Gefriert, herausnehmen den Kristall
Aus dem Wort, eben den unumstößlichen.
Unangenehm ists, ins Wort zu gehen
Statt ins Wirtshaus. Abermals
Senken sich die Götter auf Augenhöhe
Und strahlen mich ab, pflichten
Mir zu.«[1]

Robert Schindel

---

[1] Schindel, Robert (2005): Wundwurzel, Frankfurt am Main: Suhrkamp.

1. Einleitung

»Ich betrachte das Nachleben des Nationalsozialismus in der Demokratie als potentiell bedrohlicher denn das Nachleben faschistischer Tendenzen gegen die Demokratie« (Adorno 1977: 565 f.).

> »Gleichgültig wie die Juden an sich selber beschaffen sein mögen, ihr Bild, als das des Überwundenen, trägt Züge, denen die totalitär gewordene Herrschaft todfeind sein muß: des Glückes ohne Macht, des Lohnes ohne Arbeit, der Heimat ohne Grenzstein, der Religion ohne Mythos. Verpönt sind diese Züge der Herrschaft, weil die Beherrschten sie insgeheim ersehnen« (Adorno/Horkheimer 1998a: 225).

Das Simon-Wiesenthal-Zentrum hatte verschiedene Äußerungen[2] des Herausgebers der linken Wochenzeitung »Der Freitag«, Jakob Augstein, auf eine Liste der 10 schlimmsten antisemitischen Verunglimpfungen 2012 gereiht und löste damit eine Antisemitismus-Debatte aus, die seit den 1990er Jahren regelmäßig innerhalb unterschiedlicher linker Gruppierungen sowie in der politischen Öffentlichkeit immer etwa mit den gleichen Argumenten geführt wird. Dies war in den letzten Jahren der Fall bei der Beteiligung zweier Kandidaten der Partei „Die Linke" bei der Gaza-Flotille sowie den parteiinternen Diskussionen darum, bei dem auf der Homepage der Duisburger Fraktion „Die Linke" publizierten Flugblatt mit Davidstern und Hakenkreuz, dessen Auftauchen nach wie vor ungeklärt ist, sowie bei der Solidaritätsbekundung mit der Hamas von Linken-Mitarbeiter Stefan Ziefle, diverser Boykott-Aufrufe unterschiedlicher linker Gruppierungen und Personen sowie der Adorno-Preis Verleihung an Judith Butler, welche die Hamas vorher als legitime globalisierungskritische Bewegung beschrieben hatte.[3] Es geht dabei um die Frage, welche Äußerungen in Bezug auf die Beschreibung des Nahostkonflikts antisemitisch sind und welche »nur« als israelkritisch einzuordnen sind und damit als legitim erachtet werden kön-

---

[2] Begründung war, dass er unter anderem Israel als Betreiber von Lagern beschrieben und ultraorthodoxe Juden mit islamistischen Fundamentalisten verglichen hatte sowie sich der Grassschen Aussage, dass die Atommacht Israel eine Gefahr für den Weltfrieden sei, angeschlossen hatte.

[3] Vgl. auch den „Report München" am 11. Juli 2011 zum Thema „Antisemitismus in der Linkspartei", abrufbar im Internet: http://www.youtube.com/watch?v=IyCg1g124HI (zuletzt abgerufen am 26.04.2013) sowie Nowak (Nowak 2013, dazu kritisch Kistenmacher 2012: http://www.rote-ruhr-uni.com/cms/Peter-Nowak-Kurze-Geschichte-der.html, zuletzt abgerufen am 26.04.2013).

nen. Dass es sich dabei aber um eine unentscheidbare Frage und Debatte handelt, ist falsch. Die Geschichte des Antisemitismus hat gezeigt, dass es sich wiederholende Muster gibt, die in Debatten und Argumentationen unterschiedlicher Spektren und Gesellschaften verwendet werden. Ein Bekenntnis, sich als »demokratisch«, »links« oder »antifaschistisch« zu verstehen, eine linke oder sozialdemokratische Partei zu wählen oder sich zu bestimmten linken Theorietraditionen zu bekennen, schützt nicht davor, auf diese Muster zurückzugreifen. So zeigen die repräsentativen Einstellungsuntersuchungen seit Jahrzehnten, dass Antisemitismus in allen gesellschaftlichen Spektren vorkommt, wenn auch mit unterschiedlicher Häufigkeit (vgl. Decker u. a. 2012, Heitmeyer 2012). Da Antisemitismus in der Bundesrepublik jedoch öffentlich sanktioniert wird und rechtlich einen Straftatbestand erfüllt, zeigen die öffentlichen Übertritte dieser Sanktionierungen und Debatten darüber, dass es nach wie vor ein Ringen um die Grenzen des Sagbaren gibt.[4] Man mag in diesem Zusammenhang an die Rede des ehemaligen CDU-Abgeordneten Martin Hohmann anlässlich des Nationalfeiertages im Jahre 2003 denken, der nach seiner antisemitischen Rede jedoch aus der Partei ausgeschlossen wurde.[5]

Theodor W. Adorno beschrieb schon in den 1950er Jahren ein Bedenken, das sich für den Antisemitismus als zentralen weltanschaulichen Bestandteil des Nationalsozialismus bis heute aufrechterhalten lässt: Er behauptete damit die Kontinuität des Antisemitismus vor und nach Auschwitz und sein Nachleben in demokratisch verfassten Gesellschaften.[6] Die Gründe für den Antisemitismus und seine eliminatorische Form im Nationalsozialismus waren Adorno zufolge nach wie vor noch nicht beseitigt. Die starke Identifikation mit der Nation als Kollektiv, die Friedrich Pollock als wesentlichen Bestandteil des Antisemitismus und Grund für die Schuldabwehr benannte (Pollock 1955), erklärte Adorno in seiner Gesellschaftstheorie aus einem Zusammenspiel aus Nationalismus, konkurrenzhafter kapitalistischer Warentauschgesellschaft und psychoanalytischen Aneignungs- und Abwehrprozessen in der bürgerlichen Gesellschaft, die

---

[4] Wie Bergmann in seiner Arbeit von 1997 anhand verschiedener Ereignisse von 1949 bis 1989 rekonstruierte, dienen solche Skandale dazu zu klären, was mit welchen Konsequenzen in der demokratischen Öffentlichkeit gesagt werden darf und was als antisemitisch einzuordnen ist (Bergmann 1997).

[5] Eine ausführliche Interpretation der Rede Martin Hohmanns findet sich bei Holz (2005). Während der Hohmann-Affäre sah das Meinungsbild in der Bevölkerung folgendermaßen aus: Auf die Frage »Es gibt bei uns ja auch kritische Meinungen über Juden. Woran nehmen diese wohl Anstoß?« sahen 65 Prozent der Bevölkerung den Anstoß in der »Politik Israels in den besetzten Gebieten«. 52 Prozent nannten »die Wiedergutmachungsleistungen Deutschlands« und 39 Prozent vermuteten »die unterstellten Bereicherungen einzelner Juden« (Benz 2004: 198).

[6] Zur Behauptung der Kontinuität des Antisemitismus und der gleichzeitigen Besonderheit eines »sekundären Antisemitismus« bei Adorno vgl. Weyand (2006: 242).

in einer autoritären Charakterstruktur sowie Prozessen »menschlicher Kälte« resultieren würden (Adorno 1995 und 1998b, e, h, i, j).

Der Antisemitismus ist mit dem Ende der nationalsozialistischen Herrschaft und dem Entstehen moderner Demokratien demnach nicht zur Vergangenheit geworden, sondern besteht bis heute als stabiles Deutungsmuster[7] in den verschiedensten gesellschaftlichen Bereichen fort. Auch ohne Begegnungen und Erfahrungen mit Juden wirkt er weiter und trotz politischer und pädagogischer Bemühungen der Bekämpfung wirkt er hartnäckig weiter.

Zwar wurde darauf hingewiesen, dass es, bezogen auf die westdeutsche Gesamtbevölkerung, vor allem in den jüngeren Generationen zu einem langsamen, aber stetigen Rückgang mit sogenannten Periodeneffekten[8] gekommen, aber ein klarer Abwärtstrend in den letzten Jahren nicht mehr zu verzeichnen sei (Bergmann 2008: 1). Ebenfalls belegen die »Mitte-Studien« der Leipziger Forschergruppe, dass in den letzten 10 Jahren ca. 10 Prozent der Deutschen manifest antisemitisch eingestellt waren[9]. Allerdings ist auch eine Kommunikationslatenz zu beobachten ist, die – wie die aktuelle Studie 2012 belegt – zu höheren Werten führt. 28 Prozent stimmen mindestens einer der beiden Formen des Antisemitismus, primärem oder sekundärem, zu (Decker u. a. 2012).[10]

---

[7] In diesem Fall ist kein individuelles Deutungsmuster gemeint, sondern ein kollektives, welches in dieser Arbeit in seiner medial objektivierten Form als Semantik untersucht wird und in die pragmatische Lebensweltheorie eingebettet wird. Der Begriff »Deutungsmuster« ist unspezifisch und Bestandteil unzählig vieler und unterschiedlicher soziologischer Zugänge, erst seine Einbettung in eine soziologische Theorie lässt etwas über seine Genese, Wirkung und Relevanz aussagen. Zur fehlenden Trennschärfe des Begriffes vgl. auch Meuser/Sackmann (1992). Zurück geht die Konzeption von Deutungsmustern in der Soziologie jedoch auf Alfred Schütz, der damit die im individuellen Wissensvorrat abgelagerten Deutungsschemata (»Zuordnung eines Zeichens zu einem Zeichensystem«, Schütz 1993: 112) benannte. Referenzpunkt für die empirische Forschung wurde der »Deutungsmusteransatz« durch das 1973 von Ulrich Oevermann entworfene Manuskript »Zur Analyse der Struktur von sozialen Deutungsmustern«, welches erst 2001 veröffentlicht wurde (Oevermann 2001), und die daran anknüpfende Forschung.

[8] Einen leichten Anstieg konnte man beispielsweise in den Jahren 2002 und 2003 beobachten sowie im August 2006, wo eine Nacherhebung im Projekt »Gruppenbezogene Menschenfeindlichkeit« zeigte, die aufgrund der militärischen Auseinandersetzungen zwischen der israelischen Armee und der Hizbollah im Libanon durchgeführt wurde (Heitmeyer 2006: 22). Dies kann, so Bergmann, »als Indiz dafür gelten, dass Eskalationen im Nahostkonflikt zu Periodeneffekten führen, nicht aber zu einer dauerhaften Einstellungsänderung gegenüber Juden« (Bergmann 2008: 1). Dies erklärt er mit einem Agenda-Setting-Effekt in der Öffentlichkeit »durch Ereignisse oder Problemlagen, die eine breite Berichterstattung erfahren« (Bergmann 2008: 1).

[9] Die aktuellen Auswertungen der Studie 2012 ergeben 8,6 Prozent antisemitische Zustimmungswerte in Gesamtdeutschland, 10,4 Prozent in Ostdeutschland, 8,2 Prozent in Westdeutschland.

[10] Erstmals wurde in den »Mitte-Studien« sekundärer Antisemitismus gemessen, dabei wurden höhere Zustimmungswerte als beim »klassischen« Antisemitismus beobachtet. Beispielsweise

Nicht nur die Untersuchung antisemitischer Einstellungen, sondern auch die Zahl antisemitischer Straftaten[11], die insbesondere seit Anfang der 1990er Jahre stark zugenommen und im Jahre 2002 einen Höchstpunkt erreicht haben[12], weisen auf ein kontinuierliches Einpendeln der Straftaten bei einer Zahl von circa 1000 pro Jahr mit Periodeneffekten hin. Zu bedenken ist dabei, dass es sich dabei nur um die polizeilich behandelten Fälle handelt, es also wahrscheinlich eine größere Dunkelziffer gibt.

Dass Antisemitismus nicht »nur« als Einstellung, Vorurteil, Semantik, Weltanschauung oder Ideologie existiert, sondern auch als antisemitisch motivierte Gewalttat in Handlungen übersetzt wird, belegen diese Aufzeichnungen sowie solche von Monitoring-Centern, die Schändungen jüdischer Friedhöfe, Brandanschläge auf jüdische Einrichtungen, Schmierereien, körperliche Angriffe usw. registrieren. Um eine Handlung als antisemitisch zu charakterisieren, bedarf es jedoch ihrer antisemitischen Begründung und Semantik.[13] Willkürlich und frei im gesellschaftlichen Raum schwebt der Antisemitismus nicht. Er ist eingebettet in spezifische Weltbilder und Argumentationslogiken. So ergab eine aktuelle quantitative Befragung zum Antisemitismus von links, dass einseitige Solidarität mit der palästinensischen Seite im Nahostkonflikt, dass eine personalisierte Kapitalismuskritik, eine positive Referenz auf den Begriff des »Volkes«, Anti-

---

stimmen 31,9 Prozent der Deutschen dem Satz zu: »Die Juden nutzen die Erinnerung an den Holocaust heute für ihren eigenen Vorteil aus« (Decker 2012).

[11] Dazu zählen Anschläge auf jüdische Personen und jüdische Einrichtungen, Synagogen, jüdische Friedhöfe sowie Erinnerungs- und Gedenkstätten.

[12] Die Statistik registrierter antisemitischer Straftaten gestaltet sich wie folgt: 1991: 388 Straftaten, 1994: 1366 Straftaten, 2001: 1406 Straftaten, 2002: 1515, 2003: 1199; 2004: 1316; 2005: 951, 2006: 1024, 2010: 873; 2011: 811; 2012: 865 (Pau 2012). Zu bedenken ist dabei, dass nicht alle antisemitischen Straftaten registriert werden. Seit 1993 gibt es einen polizeilichen Meldedienst des Innenministeriums. Da die antisemitischen Straftaten jedoch seit 2001 nicht mehr in ihrer Gesamtheit in den jährlichen Verfassungsschutzberichten veröffentlicht werden, sondern nur als eine Sparte unter dem Rubrum rechts motivierter politischer Kriminalität, in das beispielsweise Propagandadelikte oder Volksverhetzung nicht aufgenommen werden, gewinnt man den besten Überblick über die Gesamtzahl antisemitischer Straftaten über die jährlich auf ihrer Homepage veröffentlichten Anfragen der Bundestagsabgeordneten Petra Pau beim Bundesinnenministerium: URL: http://www.petrapau.de/17_bundestag/dok/down/2012_zf_antisemitische_straftaten.pdf (Stand: 03.03.2013).

[13] Da Verfolgung zumeist mit Sprache beginnt und jede antisemitische leibliche und institutionelle Verfolgung und Straftat eine Semantik braucht, betrachte ich die genaue Kenntnis der Semantik als notwendig, um Antisemitismus zu erklären und zu bekämpfen. Das heißt aber wiederum nicht, dass jede antisemitische Äußerung zu leiblicher und institutioneller Verfolgung führt. Die Semantik aber ist Voraussetzung für die Handlungspraxis. Das hat beispielsweise Dux folgendermaßen formuliert: »Er (der Nationalismus, C. G.) hat sich in Gedanken formiert. Und er ist in Gedanken, bevor er sich in politische Praxen eingebracht hat« (Dux 2008: 181).

zionismus und Pazifismus sowie Manichäismus gute Prädiktoren für Antisemitismus sind (vgl. Imhoff 2011).

Sowohl die Einstellungsuntersuchungen der quantitativen Forschung wie auch die unterschiedlichen qualitativen Studien (Holz 2001, Haury 2002, Jäcker 2004, Ullrich 2008, Knothe 2009, Salzborn 2010a, Schmidt 2010, Kistenmacher 2007, 2010, 2011 und 2013) geben Anlass zu der Annahme, dass es sich beim Antisemitismus weder um die Fortsetzung des religiös begründeten Antisemitismus noch um eine bloße Anhäufung einzelner Vorurteile oder eine rassistische Reaktion gegen eine jüdische Minderheit handelt, sondern um eine stabile »Weltanschauung«[14] moderner Gesellschaften. Geht man davon aus, dass es sich um eine solche stabile Weltanschauung handelt (vgl. Rürup 1975, Volkov 2000, zuerst 1990, Holz 2001, Haury 2002), hat das für eine Gesellschaftstheorie Folgen, die bisher wenig systematisch reflektiert wurden.

Ausgangspunkt dieser Studie sind vier Problemlagen:
Erstens: In der Antisemitismusforschung ist strittig, ob ein allgemeiner Begriff des Antisemitismus dem Gegenstand angemessen ist. Es liegen daher sehr unterschiedliche Antisemitismusbegriffe wie völkischer, rassistischer, wirtschaftlicher, politischer, sekundärer, antizionistischer sowie fragmentarischer Antisemitismus vor. Dabei ist unklar, ob diese in den Varianzbereich eines generalisierten Antisemitismus fallen oder sich strukturell voneinander unterscheiden.

Zweitens: Es lässt sich eine »Entkopplung« der Soziologie und der Antisemitismusforschung beobachten (Holz 2001: 11; Bergmann 2004). Das bedeutet einerseits, dass die Theorie- und Methodenentwicklungen innerhalb der Soziologie nicht oder nur unzureichend in die Antisemitismusforschung integriert wurden[15], andererseits der Gegenstand Antisemitismus innerhalb der Soziologie vernachlässigt wurde und in einem Großteil der soziologischen Theorien der moderne Antisemitismus sowie der Mord an den Juden keine Rolle spielen. Auch für diesen Gegenstandsbereich ist unzureichend geklärt, wie das Verhältnis zwischen Semantik, Handlungsorientierung und Gesellschaftsstruktur zu fassen ist. Unter welchen Bedingungen ist eine Semantik handlungsorientierend? Warum wird auf eine Semantik zurückgegriffen? Wo ist sie zu verorten

---

[14] Der Begriff der Weltanschauung beschreibt eine Deutung, welche die gesamte Gesellschaft ordnet, und nicht nur einen Teilbereich der Gesellschaft. In der Antisemitismusforschung kennzeichnet der Begriff der Weltanschauung durchweg diesen Sachverhalt der Erklärung der Gesamtgesellschaft (vgl. Rürup 1975: 91, Volkov 2000, zuerst 1990: 17 ff.), wird aber in antisemitischen Texten auch als Selbstbeschreibung verwendet (vgl. dazu Holz 2001: 28). Wichtig erscheint mir, dass es im Falle des Antisemitismus um eine verzerrte Deutung der Welt geht, Rürup hat den Antisemitismus »das Zerrbild einer Gesellschaftstheorie« genannt (Rürup 1975: 91).

[15] Ein seit der Diagnose interessanter Versuch für den Bereich der politischen Theorie, dieser Entkopplung entgegenzuwirken, stellt die Habilitationsschrift von Samuel Salzborn dar (Salzborn 2010a).

(in Systemen)? Welchem Typus (abhängig von der Gesellschaftsstruktur) gehört sie an?

Des Weiteren wird in vielen vorliegenden Studien nicht systematisch zwischen einer psychologischen und einer soziologischen Ebene des Antisemitismus unterschieden und es werden vorschnelle Schlüsse von der einen auf eine andere Ebene gezogen. Beispielsweise wird häufig von einer Semantik auf eine Charakterstruktur geschlossen, ohne diese mit geeigneten Methoden, beispielsweise psychoanalytischen, zu untersuchen.

Drittens: Es existiert keine systematisch vergleichende Analyse des Antisemitismus in unterschiedlichen politischen Spektren. Über die Tatsache, dass Antisemitismus im rechten Spektrum tief verankert und meist konstitutiv für das rechte Weltbild ist, besteht weitgehend Konsens in der Forschung. Dennoch gibt es keine systematische Untersuchung, welche den Varianzbereich der gegenwärtigen Semantik des Antisemitismus im rechten Spektrum empirisch untersucht hat. Welchen Stellenwert Antisemitismus im linken Spektrum sowie in der »Mitte«[16] hat, ist nach wie vor strittig. Die Einstellungsforschungen zeigen zwar, dass Antisemitismus gesellschaftsweit in allen sozialstrukturellen Differenzierungsformen (Geschlecht, Bildung, Alter, Regionen, Ländern) in unterschiedlicher Quantität vorkommt, nicht aber, wie diese Formen sich qualitativ unterscheiden und in spezifische Weltbilder eingebettet sind. Dies ist einerseits wichtig, um zu entscheiden, ob ein generalisierter Antisemitismusbegriff oder differenzierende (rechter Antisemitismus, linker Antisemitismus, primärer und sekundärer Antisemitismus) Antisemitismusbegriffe adäquat sind, andererseits ist damit eine vierte Problemlage verknüpft.

Viertens: Die Antisemitismusforschung besteht weitgehend darin, Antisemitismus als Fremdbild und Stereotypenzuschreibung zu untersuchen. Das systematische Verhältnis von Selbst- und Fremdbild im Antisemitismus ist bis auf wenige Ausnahmen unterbestimmt, ebenso die Einbettung in unterschiedliche Weltbilder und Relevanzstrukturen. Dies führt einerseits dazu, dass keine Aussagen über Differenzierungen des Antisemitismus, aber auch über eine Generalisierung des Antisemitismusbegriffs gemacht werden können, andererseits Antisemitismus in seiner Differenz zu anderen Semantiken (Rassismus, Islamfeindlichkeit, »Ethnopluralismus«, Antiziganismus) nicht adäquat differenziert werden kann.

---

[16] Der Begriff der »Mitte« ist vielfach problematisiert worden, insbesondere im Rahmen extremismuskritischer Ansätze, welche folgerichtig thematisieren, dass mit diesem Begriff die Vorstellung eines »weißen, demokratischen« Spektrums nahegelegt wird, in welchem Gruppenfeindlichkeiten, in diesem Falle Antisemitismus, nicht vorkommen. Diese Vorstellung ist jedoch empirisch widerlegt (vgl. u. a. Decker u.a. 2012).

Die vorliegende Studie hat sich Robert Schindels (s. Eingangszitat) poetische Reflexion in dem Sinne zur Aufgabe gemacht, »mit der Sprache auf die Sprache loszugehen« und, die genannten Problemlagen reflektierend, einen neuen theoretischen und empirischen Zugang zum Antisemitismus zu entwickeln. Ziel ist die vergleichende Untersuchung des Antisemitismus im linken und rechten Spektrum. Mit der empirischen Untersuchung soll die These geprüft werden, ob es sich beim Antisemitismus um eine kulturelle Semantik handelt. Wenn in beiden Spektren trotz unterschiedlicher Selbstbeschreibungen die gleichen semantischen Muster vorkommen, und dies, obwohl die linken Selbstbeschreibungen für sich in Anspruch nehmen, nicht antisemitisch, nicht nationalistisch und antifaschistisch zu argumentieren, dann wäre die These einer generalisierten antisemitischen Semantik tragfähig.

Um die Forschungsdefizite zu beheben, muss in einem ersten Schritt die kommunikative Konstruktion des Antisemitismus empirisch detailliert und vergleichend analysiert werden. Dafür eigenen sich bestimmte Methoden der empirischen Sozialforschung, die mit den theoretischen Vorgaben des Antisemitismusbegriffs nahegelegt werden.

Antisemitismus wurde in der Forschung bisher als Vorurteil bzw. Vorurteilssyndrom, als Ideologie, als Weltanschauung, als Gewalt, Alltagsreligion, Diskurs, kultureller Code oder kulturelle politisch-soziale Semantik beschrieben. Jeder theoretische und begriffliche Zugang legt bestimmte Methoden der Erforschung nahe.

Diese Studie wählt einen kultur- und wissenssoziologischen Zugang und untersucht Antisemitismus als Weltanschauung und kulturelle politisch-soziale Semantik, mit der Annahme, dass Semantiken Handlungsfelder und -optionen formen und öffnen, d. h. eine Zukunftsorientierung aufweisen. Welche Handlungsorientierungen und praktischen Folgen daraus resultieren, bleibt auf der Ebene der Semantik oft ambivalent und variiert in historischen und politischen Kontexten. Während im Nationalsozialismus die antisemitische Semantik das Handeln orientierte und institutionell praktisch im genozidalen Mord umgesetzt wurde, blieb die handlungsorientierende Funktion des Antisemitismus vor sowie nach der Zeit des Nationalsozialismus weitgehend unterbestimmt. Für eine Theorie des Antisemitismus wäre zu klären, in welchen Spektren warum auf die antisemitische Semantik zurückgegriffen wird und wann damit nicht nur Handlungsmöglichkeiten, sondern auch -orientierungen verbunden sind.

Der Forschungszugang dieser Studie ist ein rekonstruktiver. Rekonstruktiv deshalb, weil die Struktur des Antisemitismus innerhalb der unterschiedlichen Spektren noch nicht feststand, sondern jenseits hypothesentestender Verfahren empirisch untersucht werden musste, um die Semantiken und Relevanzstrukturen der verschiedenen Spektren »herauszupräparieren«. Annahme dabei war, dass die Struktur des Gegenstandes erst erforscht werden musste. Daher wäre ein Verfahren, welches a priori gebildete Kategorien (wie beispielsweise in einem standardisierten Fragebogen) an Texten testet oder ausschließlich inhaltsanalytisch bestehenden Kategorien subsumtiv zuordnet, kontraproduktiv gewesen. Mit dem methodologischen Zugang der Rekonstruktion sind theoretische und methodische Prämissen verknüpft, die Verfahren der interpretativen Sozialforschung erfordern. In dieser Studie wurde dafür die Objektive Hermeneutik und ihr sequenzanalytisches Auswertungsverfahren ausgewählt, weil es zur Erforschung unbekannter Strukturphänomene am besten geeignet ist und zudem die Annahmen des Luhmannschen Semantikbegriffes, die Regelgeleitetheit und Sequenzialität von Kommunikationen, teilt. Letzteres ist notwendig, da Ziel der Studie neben der Deskription des Phänomens Antisemitismus in zwei politischen Spektren die theoretische Frage nach dem Verhältnis von kultureller Semantik und Kontext ist, welche Luhmann mit seiner Beschreibung »relativer Kontextunabhängigkeit« mit der Behauptung der Hartnäckigkeit kultureller Semantiken beantwortet hat. Mit der empirischen Untersuchung zweier unterschiedlicher Kontexte (linkes und rechtes Spektrum) ist es möglich, etwas über die Kontextabhängigkeit zu erfahren, nämlich ob die Semantik in beiden Spektren der Struktur nach gleich bleibt oder sich transformiert.

Als »links« wurden Spektren ausgewählt, die sich als links, linksradikal, sozialistisch, kommunistisch oder mit Bezug auf linke Theorietraditionen (Marxismus, Trotzkismus etc.) selbst beschreiben. Als »rechts« wurden Spektren ausgewählt, die sich als rechts, rechtskonservativ, national oder nationalrevolutionär bezeichnen.

Dies muss nicht bedeuten, dass sie die Theorietraditionen, auf welche sie Bezug nehmen, adäquat reproduzieren. Die Arbeit untersucht demnach nicht linke oder rechte Theorietraditionen[17], sondern gegenwärtige Texte der jeweiligen Spektren ab der deutsch-deutschen »Wende« von 1989. Dabei ist ein Vergleich der Häufigkeit des Vorkommens nicht von Relevanz. Behauptet wird dabei weder, dass »die Linke« oder die untersuchten Zeitschriften per se anti-

---

[17] Für das linke Spektrum ist eine solche Analyse zentraler Referenztexte von Marx und Lenin in einer Studie von Thomas Haury bereits durchgeführt worden (vgl. Haury 2002). Ein systematischer Vergleich linker Theoriebildung mit den sich auf die zentralen Theoretiker beziehenden Gruppierungen (marxistisch, leninistisch, trotzkistisch, maoistisch, anarchistisch (Bakunin, Goldman etc.)) steht hingegen noch aus. Was das rechte, d. h. nationalsozialistische oder jungkonservative, Spektrum und deren Vergleich mit maßgeblichen Theoretikern (je nach Spektrum: Alfred Rosenberg, Carl Schmitt, Arthur Moeller van den Bruck, Henning Eichberg) angeht, liegen für bestimmte historische Zusammenhänge mehrere Arbeiten vor, so die maßgebliche Arbeit von Kurt Lenk zum Konservatismus (Lenk 1989) sowie zu Moeller van den Bruck von Volker Weiß (Weiß 2012). Für den aktuellen Zeitraum hingegen gibt es dazu nur einige Aufsätze (Kauffmann/Kellershohn/Paul 2005, Heni 2007, Braun/Vogt 2007).

semitisch seien. Selbstverständlich gibt es in allen Publikationen auch nicht-antisemitische Texte. Diese sind aber nicht Gegenstand der Untersuchung. Es geht weder um nicht-antisemitische Analysen von Politik und Ökonomie noch um nicht-antisemitische Deutungen des Nahostkonfliktes oder seiner politischen Gegner. Untersucht werden soll, welche Begründungsstrukturen den Antisemitismus ermöglichen und wie die spezifischen Verknüpfungen in den einzelnen Spektren dazu aussehen.

Zuerst werde ich meine Untersuchung begrifflich und theoretisch im gegenwärtigen Forschungsstand verorten (Kap. 2 und 3) sowie einen eigenen theoretischen Zugang begründen (Kap. 4). In einem zweiten Teil wird die empirische Auswertung (Kap. 5 und 6) präsentiert, um in einem dritten Teil die Ergebnisse zusammenzufassen und theoretisch rückzubinden (Kap. 7).

2. Begriff des Antisemitismus

2.1 Begriffliche Klärungen: vom Antijudaismus zum modernen Antisemitismus

Der Schriftsteller Wilhelm Marr, dessen antisemitische Agitationstätigkeit in den Jahren 1879/80 ihren Höhepunkt erreichte, gilt gemeinhin als derjenige, der den Begriff des »Antisemitismus« geprägt hat, auch wenn es vereinzelt Hinweise auf frühere, folgenlos gebliebene Wortverwendungen in Lexika gibt (vgl. Nipperdey/Rürup 1972: 129).

Voraussetzung für die Entstehung des Begriffs »Antisemitismus« war einerseits die Verbreitung des Begriffs »Semitismus« sowie ein säkularer Begriff von Juden (vgl. ebd.: 130). Beide trugen aber zur Konstruktion »rassischer« (Semitismus) sowie ontologisierter Kollektive bei. Außerdem wurden gleichzeitig den »Semiten« andere »Völkergruppen«, »Indo-Europäer«, »Indo-Germanen« sowie »Arier«, nicht nur entgegengesetzt, sondern sie wurden auch als verschiedenwertig verstanden und so in den Sprachgebrauch der damaligen Geisteswissenschaften übernommen. Während beide als biologische Abstammungseinheit beschrieben wurden, wurden den »Ariern« die positiv verstandenen Werte zugeschrieben und ihre Bestimmung zu Herrschaft und Zivilisierung der Völker natürlich begründet (vgl. ebd.: 131). Paul de Lagarde entwickelte daran anschließend seine aggressive Judenfeindschaft, die Lenk als eine verbale Vernichtungsdrohung weit vor dem Nationalsozialismus beschrieben hat (Lenk 2008: 7): »Mit Trichinen und Bazillen wird nicht verhandelt. Trichinen und Bazillen werden auch nicht erzogen, sie werden so rasch und so gründlich wie möglich vernichtet« (Paul de Lagarde 1934:, zitiert nach Lenk 2008, vgl. dazu auch Holz 2001: 421 f.). Gleichzeitig mit der Verbreitung und Bewertung des Wortes »Semitismus« veränderten sich die Begriffe »Jude« und »Judentum«.

Bis zum Ende des 18. Jahrhunderts noch waren die Begriffe »Jude« und »Judentum« durch Religionszugehörigkeit definiert. Auch wenn sie »als Lebens- und Abstammungsgemeinschaft auch [als] ›Volk‹ bezeichnet [wurden]« (ebd.: 131), so wurde »Volk« in diesem Sinne als durch Religion konstituiert betrachtet und bestimmte ohnehin eine als außerhalb der Gesellschaft stehende Gruppe im Verhältnis zur ständischen Gesellschaft. Erst im 19. Jahrhundert gewannen die Begriffe eine säkulare und nicht ständisch-gebundene Bedeutung. »Juden« und »Judentum« wurden dann in unterschiedlichen Kontexten zur anthropologischen Kategorie erhoben, und es war die Rede von einem spezifischen »Geist« oder »Wesen« des »Judentums« (vgl. ebd.: 132), kurz: Das »Judentum«

wurde ontologisiert. Einer als homogen gedachten Gruppe von Menschen wurde ein »Geist« oder »Wesen« jenseits von historisch feststellbaren Kategorien unterstellt. So weisen Nipperdey und Rürup auch darauf hin, dass »die Hypostasierung einer historisch festgestellten Eigenschaft zum ›Wesen‹ des Judentums [...]« dann vor allem zahlreiche Sozialisten vorgenommen hätten, so insbesondere die französischen Frühsozialisten im Anschluss an Fourier, die »die Identifikation des als Nation aufgefassten Judentums mit Handel, Kapitalismus und Ausbeutung« propagierten (ebd.: 132). Ebenso war Marx – auch wenn seine Ausführungen zur »Judenfrage« innerhalb seiner allgemeinen Religions- und Staatskritik zu lesen sind – nicht vor der Verwendung des antijüdischen Stereotyps, das den Juden mit Geld und Schacher identifizierte, gefeit. So schreibt Marx: »Welches ist der weltliche Kultus des Juden? Der Schacher. Welches ist sein weltlicher Gott? Das Geld« (Marx MEW I: 374).[18]

Dass in die Konstruktion eines »Wesens des Judentums« oftmals eine Anknüpfung an vormoderne Identifikationen, wie beispielsweise der Juden mit dem Wucher, stattfand, haben einige Theoretiker als »Überlagerungsthese« interpretiert (Lenk 2008: 8, Bergmann 2008: 10), die davon ausgeht, dass der traditionelle Antijudaismus vom modernen Antisemitismus nicht abgelöst, sondern überlagert wurde: »Wegbereitende Funktionen hatten die gehässigen Bilder gegen die Juden, die Darstellung des jüdischen Wucherers und Geizhalses, die Spottfiguren im christlichen Kontext, die Judensau, die seit dem 13. Jahrhundert Bestandteil war des Figurenschmucks der Dome und Pfarrkirchen« (Benz 2001: 7), konstatiert auch Benz. Ebenfalls beschreibt Bergmann die Judenfeindschaft als ein Phänomen mit mehreren historischen Schichten, wobei die älteren »Vorurteilsschichten in der nächsten Phase nicht ›vergessen‹, sondern nur von neuen überlagert wurden« (Bergmann 2008: 10). Das klingt nach einem Gedächtnis der Gesellschaft, wobei Bergmann die jeweilige Aktualisierung aus der je spezifischen historischen Situation erklärt. Den Anfang aber, d. h., um in seinem Bild zu bleiben, die erste Schicht, wäre dabei die religiös motivierte Ablehnung der Juden durch die Christen, die aus »der ambivalenten Situation von Nachfolge und Konkurrenz heraus« (Bergmann 2008: 10) zu erklären sei. Über die Judenfeindschaft in der Antike sagt er nichts. Zuschreibungen, die Bestandteil der religiösen Judenfeindschaft waren, sind »die Blindheit der Juden, die Jesus nicht als Messias anerkennen wollen; der Vorwurf des Christusmordes; ihre Verwerfung durch Gott und ihre Christenfeindlichkeit« (Bergmann 2008: 11).

---

[18] Zur Einordnung und Interpretation der Marxschen Ausführungen zur »Judenfrage« gibt es eine lange Kontroverse, die sich zwischen den Polen derer bewegt, die Marx' Verwendung antijüdischer Stereotype kontextualisiert oder historisiert, während die andere Seite diese als antisemitisch beschreibt (vgl. hierzu Claussen 2005, zuerst 1987, Haury 2002 vs. Silberner 1949 und 1983, Kloke 1990, Poliakov 1992, Brumlik 2000).

Im 13. Jahrhundert entwickelten sich innerhalb der religiösen Judenfeindschaft neue stereotype Zuschreibungen an die Juden, wie der Vorwurf der Hostienschändung[19] und Ritualmorde sowie Mitte des 14. Jahrhunderts, verbunden mit der sich ausbreitenden Pest, das Vorurteil der Brunnenvergiftungen (vgl. Bergmann 2008, Benz 2004).[20] Folge der Stereotypenzuschreibungen war eine Verschlechterung der gesellschaftlichen Stellung der Juden, da sie durch die Bestimmungen des IV. Laterankonzils stigmatisiert[21] und von öffentlichen Ämtern ausgeschlossen wurden. Außerdem wurde ihnen die Zulassung zu den Zünften verwehrt, die sich als christliche Bruderschaften verstanden (Bergmann 2008: 13). Das wiederum begründete laut Bergmann »die ökonomische Spezialisierung der Juden auf Handel und Geldleihe, die den Christen aus religiösen Gründen verboten war« (Bergmann 2008: 13) sowie das Stereotyp des »reichen Wucherers«, welches in politischen Konflikten eingesetzt wurde und zu gewalttätigen Übergriffen führte. Zu bemerken ist allerdings, dass das Zinsverbot des Christentums direkt aus dem Alten Testament der Judäer und aus der Tradition der jüdischen Essener[22] übernommen wurde (vgl. Hirsch/Schuder 1999) und von beiden Traditionen, sowohl von Christen als auch Juden, umgangen wurde, wobei die Zinsverbote modifiziert wurden. Der Ursprung des Zinsverbotes liegt im Alten Testament[23] und wurde sowohl vom Christentum als auch für den Geset-

---

[19] Dieses Stereotyp gewann mit der Verkündung der Transsubstantiationslehre Bedeutung. Diese geht davon aus, dass sich beim Abendmahl Brot (die geweihte Hostie) und Wein in den Leib und das Blut Christi verwandeln und damit eine zentrale religiöse Bedeutung gewinnen (vgl. Bergmann 2008: 12).

[20] Zu einer ausführlichen Rekonstruktion der Geschichte der Judendfeindschaft und der sich wandelnden Zuschreibungen vgl. Hirsch/Schuder (1999) und Schoeps/Schlör (1999, zuerst 1995).

[21] Bergmann nennt hier die Pflicht zur Kennzeichnung ihrer Kleidung (Bergmann 2008: 13). Das erinnert meiner Ansicht nach schon an die Kennzeichnungspflicht durch den »gelben Stern« im Nationalsozialismus. Während jedoch im Jahr 1215 das Stigma religiös begründet war, wurde es im Nationalsozialismus »rassisch« bzw. rassistisch begründet.

[22] Die Essener oder Essäer werden als eine Richtung der jüdischen Tradition beschrieben, die sowohl das Zinsverbot als auch den Handelsgewinn verdammten und damit die Tätigkeit des Kaufmanns verachteten (vgl. Hirsch/Schuder 1999: 49 f.).

[23] So heißt es im zweiten Buch Moses, Exodus (22, 24): »Wenn du meinem Volke, einem Armen neben dir, Geld leihst, so sollst du ihm gegenüber nicht wie ein Wucherer handeln. Ihr dürft ihm keinen Zins auferlegen« (86). Und im dritten Buch Moses, Leviticus (25, 36): »Du darfst von ihm [dem Bruder, C. G.] nicht Zins und Zuschlag nehmen [...]« und im nächsten Satz »Du darfst ihm also nicht dein Geld nicht um Zins ausleihen und Lebensmittel nicht um einen Zuschlag« (zitiert nach Hamp/Stenzel/Kürzinger 1994). Das Zinsverbot galt dabei zu Beginn, und wie es im AT verwendet wird, noch nicht universal, sondern nur in Bezug auf »das Eigene«: »Du darfst von deinem Volksgenossen keinen Zins nehmen, weder Zins für Geld noch Zins für Nahrungsmittel, noch Zins für irgend etwas, das man auf Zins leihen kann« (Moses, Deuteronomium, 23,20), Und weiter: »Von einem Ausländer darfst du Zins nehmen, aber von einem Volksgenossen darfst du keine Zinsen nehmen« (Moses, Deuteronomium, 23, 21).

zesteil des Talmuds übernommen, aber dort wie auch später im Christentum in Bezug auf veränderte ökonomische Bedingungen wieder gelockert (vgl. Hirsch/Schuder 1999). Soziale Auswirkungen hatte das Zinsverbot jedoch primär auf die Juden in Europa im Mittelalter. Gründe für die zuerst tendenzielle Akzeptanz des Zinsverbotes im Christentum sehen Hirsch und Schuder in der nach der Christianisierung primären Zugehörigkeit der damit christlichen Bewohner des ehemaligen Römischen Reiches zur Bauernschaft, während »die Juden [...] mit den Römern in die anderen Länder Europas gekommen [waren]« (ders.: 44), und zwar auch als Legionäre und Sklaven, aber vor allem als Kaufleute den römischen Legionen folgten und sich an den Flussläufen und Handelsstraßen niederließen (ders.: 44). Das war alles noch vor dem Laterankonzil im Jahr 1215, das Bergmann als für die Ausgrenzung der Juden als sozialer Gruppe verantwortlich nennt.

Die Verteilung von Juden und Christen auf unterschiedliche Berufsgruppen entwickelte sich daher schon mit Ende des Römischen Reiches. Das Stereotyp des »reichen Wucherers« hielt sich entgegen den historischen Tatsachen[24] beständig – bis heute. Erklärt werden kann damit sowohl die Genese eines weitverbreiteten Stereotyps sowie die Berufsverteilung mit religiöser Konkurrenz. Bergmann weist darauf hin, dass sich die berufliche Spezialisierung teilweise bis ins 20. Jahrhundert hielt und sich damit das Vorurteil festigte, »das die Juden mit Geld(-gier), Kapitalismus und Ausbeutung verband« (Bergmann 2008: 13). Wenn die These der Überlagerung zutrifft, dann müsste man die Verwendung dieser Stereotype in den aktuellen Quellen finden.[25] Die Verwendung des Begriffes »Pharisäer« für einen Heuchler und »Judas« als Symbolfigur des Verräters verweisen Bergmann zufolge auf solch eine Überlieferung bis in den heutigen Sprachgebrauch.

Der Marrsche Begriff des Antisemitismus jedenfalls fand insbesondere so rasche Verbreitung, weil in ihm die Differenz zur vormodernen christlich-

---

[24] Die Juden wurden durch die Lockerung des christlichen Zinsverbotes und damit christlicher Konkurrenz auf die Geldleihe für ärmere Schichten verdrängt und stellten durch die Geschichte eine überwiegend verarmte Gruppe dar. Bereits Engels wies auf diesen Tatbestand in einem Brief an den österreichischen Bankangestellten Isidor Ehrenfreund hin: »Dazu kommt, daß der Antisemitismus die ganze Sachlage verfälscht. Er kennt nicht einmal die Juden, die er niederschreit. Sonst würde er wissen, daß hier in England und in Amerika, dank den osteuropäischen Antisemiten, und in der Türkei, dank der spanischen Inquisition, es Tausende und aber Tausende jüdischer Proletarier gibt; und zwar sind diese jüdischen Arbeiter die am schlimmsten Ausgebeuteten und die Allerelendesten«, Engels 1890, zitiert nach Hirsch/Schuder 1999: 72

[25] Dies wurde für den Fall der neurechten Zeitschrift »Junge Freiheit« untersucht (vgl. Wamper 2008) mit dem Ergebnis, dass ein Autorenspektrum auf christliche Stereotype Bezug nimmt. Das von mir ausgewertete Material, auch der Jungen Freiheit, zeigt jedoch, dass diese Stereotype nur in die Struktur des modernen völkisch-nationalen Antisemitismus eingebaut werden.

religiösen Judenfeindschaft formuliert wurde. Auch wenn in einigen Forschungsansätzen unter Antisemitismus alle Formen der Judenfeindschaft gefasst werden: von der Judenfeindschaft der Antike, über den christlichen Antijudaismus bis hin zum modernen nationalen und rassistischen Antisemitismus (vgl. Bergmann 2004: 9, Benz 2004), wird in den meisten Zugängen unterschieden zwischen einer Judenfeindschaft[26], welche primär vom Religionsgegensatz geprägt war und sich im Mittelalter mit »der Feindschaft gegen eine außerhalb der ständischen Gesellschaft stehenden Gruppe« (Nipperdey/Rürup 1972: 129) verband, und dem modernen Antisemitismus. Hannah Arendt hat davor gewarnt, den Antisemitismus als einen in der christlichen Welt »ewigen Hass« zu verstehen oder gar als direktes Erbe der judenfeindlichen Stereotype aus dem Mittelalter, sondern verweist auf seine konstitutive Entstehungsbedingung: den Nationalstaat und seinen Wandel (vgl. Arendt 2005: 43).[27] Darüber, dass es sich beim modernen Antisemitismus um ein qualitativ neues Phänomen handelt, besteht grundsätzlich Einigkeit, das hat aber nicht immer theoretisch und begriffliche Folgen.

Das von mir untersuchte empirische Material (vgl. Kap. 5) jedenfalls deutet daraufhin, dass der moderne Antisemitismus eine eigenständige Dimension gewonnen hat, und, wenn überhaupt, nur antijudaistische Stereotype zur Untermauerung des antisemitischen Feindbildes verwendet, aber nicht religiös be-

---

[26] Der Antijudaismus wurde nicht völlig vom modernen Antisemitismus abgelöst, sondern beide Formen sind nach wie vor präsent, überlagern sich teilweise, sind aber meiner Ansicht nach dennoch voneinander zu unterscheiden. Wie einige Studien gezeigt haben, ist der moderne Antisemitismus ohne den Nationalismus nicht denkbar, die Konstruktion »der Juden« als Dritte oder Anti-Prinzip zur Nation ist typisch für ihn (vgl. Holz 2001; Haury 2002; Postone 2005, Frindte 2006, Achinger 2007), nicht jedoch für den Antijudaismus. Diese Untersuchung hat ergeben, dass antijudaistische Stereotype, gepaart mit modernem Antisemitismus, im rechten Spektrum, und zwar in der »Jungen Freiheit«, der »Deutschen Stimme« und in »Nation & Europa« vorkommen, die antijudaistischen Stereotype jedoch meist dafür verwandt werden, um die Form des modernen Antisemitismus zu reproduzieren. Die Überlagerung von Antijudaismus und Antisemitismus wird auch in der aktuellen Studie von Regina Wamper am Beispiel der Jungen Freiheit nachgewiesen (Wamper 2008), dort wird jedoch dahingehend argumentiert, dass damit die These eines Bruchs der beiden Phänomene zu verabschieden sei und von einer Überlagerung ausgegangen werden müsse. Die begrifflichen Konsequenzen aus diesen Überlegungen werden aber nicht weiter gefasst.

[27] Im Unterschied zu vielen anderen Theorien sieht Arendt im Nationalismus nicht deshalb die Bedingung des Antisemitismus, weil er als Gegenbild zu »den Juden« entworfen wird, sondern sie sieht in der spezifischen Stellung der Juden als »Finanziers« des Nationalstaats die Bedingung für den modernen Antisemitismus (vgl. Arendt 2005: 62). Ausgangspunkt des Antisemitismus in ihrer Theorie sind reale Konflikt- und Konkurrenzsituationen zwischen Juden und Christen im 18. und 19. Jahrhundert, die danach an Bedeutung verloren und sich spätestens im 20. Jahrhundert das Verhältnis umdrehte und antijüdische Vorurteile eine von der Realität entkoppelte Wirklichkeit führten (vgl. dazu ausführlicher auch: Salzborn 2010a: 120).

gründet. Dennoch ist begriffsgeschichtlich plausibel nachgewiesen, dass in die säkularen Begriffe des »Juden« und des »Judentums« negative Stereotype aus der Tradition der abendländischen Judenfeindschaft eingingen (vgl. Nipperdey/Rürup 1972: 135). Der Begriff »Semit« wurde seit Beginn der siebziger Jahre des 19. Jahrhunderts als »modisches, halbwissenschaftliches Synonym für ›Jude‹ verwandt« (ebd.: 135), sodass es zu einer unreflektierten Verwendung kam. Der oft vorgebrachte Einwand, dass sich der Antisemitismus ja auch gegen die »Semiten« im Allgemeinen wende und dazu auch Menschen arabischer Herkunft zählten, kann mit der empirischen Rekonstruktion der Wortverwendung und Entwicklung widerlegt werden. Antisemitismus ist ein Begriff, der sich nur gegen als »Juden« bezeichnete Menschen wendete.

Liest man die Begriffsgeschichte von Nipperdey und Rürup zum Antisemitismus, so drängt sich die These vom Antisemitismus als einer kulturellen Semantik, welche im theoretischen Teil dieser Arbeit noch ausgeführt wird (vgl. Kap. 4), geradezu auf. So schreiben sie beispielsweise, dass die genannten Begriffe schon im frühen 19. Jahrhundert als »Inbegriff des Negativen« (ebd.: 135) verwendet und spezifische Identifikationen vorgenommen wurden, die »die Juden« einerseits gegen andere gesellschaftliche Gruppen abwerteten und ihnen spezifische Eigenschaften und Abstrakta zuschrieben. Ab den siebziger Jahren des vorvergangenen Jahrhunderts ist insbesondere eine Identifikation von Judentum und Modernität zu beobachten, die laut Nipperdey und Rürup sich zu einem »einheitlichen Vorstellungskomplex« (ebd.: 135) verdichtete:

> »Alle Komponenten der Moderne und der eigenen Gegenwart, die man negativ bewertete, konnten mit den Begriffen ›Semitismus‹, ›Semitentum‹, ›semitisches Wesen‹, ›semitische Talente‹, ›semitischer Geist‹ verknüpft werden. ›Semitismus‹ usw. war mehr als nur das vom ethnologischen Standpunkt betrachtete Judentum, es war Zerrbild der Moderne. ›Semitismus‹ war Synonym oder Ursache für den Kapitalismus, für die aus den Bindungen von Zünften, Ständen und Kirchen sich befreiende bürgerlich-liberale Gesellschaft, für ihre antagonistische und pluralistische Struktur, für die Auflösung der Tradition, für die Traditionskritik der Literaten, für die Macht der Presse, für linksliberale, aufklärerische und westlich-demokratische, ja auch schon für sozialistische Ideen, für den Materialismus und die Veräußerlichung der Zivilisation, schließlich für den vermeintlichen Mangel an nationaler Integration, an wahrem Deutschtum im Reich von 1871« (ebd.: 136).

Hierin verbergen sich bereits die Grundmuster des modernen Antisemitismus, die in einigen Antisemitismustheorien immer wieder genannt wurden (Rürup 1975, Volkov 2000, Holz 2001, Haury 2002): Den Juden werden spezifische Errungenschaften und negative Folgen der Moderne und deren Abstrakta zugeschrieben – damit verbunden das Sozialmodell Gesellschaft und seine Verfasstheit als kapitalistische Marktgesellschaft. Außerdem wird ihnen Macht und Ambivalenz unterstellt: Sie kontrollierten die Presse und repräsentierten sowohl den Kapitalismus als auch den Sozialismus. Darüber, dass der moderne Antisemitismus eng mit der Modernisierung und Industrialisierung zusammenhing und in allen europäischen Gesellschaften auftrat, besteht in der Forschung weitgehend Konsens. Auch darüber, dass es sich im Vergleich zur religiös motivierten Judenfeindschaft (dem Antijudaismus) und zur Judenfeindschaft im Mittelalter und der frühen Neuzeit, die das Stereotyp des wuchernden und schachernden Juden hervorbrachte, beim modernen Antisemitismus um etwas Neues handelte, herrscht Einigkeit. Worin aber gerade die Charakteristika des modernen Antisemitismus bestehen, darüber besteht weniger Konsens und wurde selten systematisiert. Genannt werden oft rassenideologische anstatt religiöser Bezugnahmen des modernen Antisemitismus. Manchmal wird darauf hingewiesen, dass sich der Antisemitismus gegen das »unsichtbare« assimilierte Judentum wende und für politische Bewegungen und Parteien als Mobilisierungsmittel diene, oder es wird davon ausgegangen, dass es sich, abgelöst von jeglichen Gruppenkonflikten zwischen Juden und Nicht-Juden, um eine eigenständige Weltanschauung oder Ideologie handele (vgl. hierzu Rürup 1975: 74, Rosenberg 1967: 93 ff., Strauss 1987: 15, Berding 1988: 7 und 86, Haury 2002: 26).

Volkov hat darauf hingewiesen, dass die oft genannten Merkmale der rassenideologischen Veränderung und die damit verbundene Verwissenschaftlichung des Antisemitismus sowie der Mobilisierungscharakter in politischen Bewegungen wenig überzeugend für die Begründung der Neuartigkeit seien (vgl. Volkov 1990: 60 f.). Eine politische Verwendung des Antisemitismus habe es bereits vor den 1870er Jahren gegeben, wenn auch nicht parteipolitisch. Außerdem hätten sich auch die »sogenannten antisemitischen Parteien« (ebd.: 60) nicht ausschließlich der jüdischen Frage gewidmet. Was den Rassismus angeht, beschreibt Volkov zwar eine Veränderung des antisemitischen Vokabulars, die aber keine Veränderung der Ideologie zur Folge gehabt habe. Anhand von Richard Wagners Verwendung und anhand der Kritik des Rassebegriffes von Seiten des Antisemiten Paul de Lagarde belegt sie, dass der Rassismus »nicht mehr als ein nützliches Instrument für sie [die Antisemiten, C. G.] [war], eine zusätzliche Waffe in ihrem Arsenal von antijüdischen Argumenten – ein bequemer, aber nicht unverzichtbarer Ersatz für die überholten religiösen Kategorien« (ebd.: 61). Der Hinweis darauf, dass die Begriffe »Rasse«, »Volk«, »Kultur« und »Nation« oft austauschbar verwendet wurden, so beispielsweise von bekannten Antisemiten im deutschen Kaiserreich, wie Eugen Dühring, Wilhelm Marr oder Otto Glagau (ebd.: 61), ist für Volkov ein weiteres Indiz, dass der rassistisch-biologische Ansatz viel weniger Bedeutung hatte als kulturelle und moralische Fragen (ebd.). Ich werde im empirischen Teil darauf eingehen, wie der Antisemitismus vom Rassismus bzw. der Xenophobie unterschieden werden kann und diese Begriffe miteinander verbunden werden können.[28] Ebenso werden sich im empirischen Teil beide von Volkov vorgebrachte Thesen bestätigen. Die Begriffe »Rasse«, »Volk«, »Kultur« und »Nation« werden im rechten Spektrum austauschbar verwendet. Kulturelle moralische Fragen stehen in beiden Spektren im Vordergrund.

Volkovs Hinweis auf Kultur, darunter subsumiert sie auch Weltanschauung und Ideologie, verweist auf den Aspekt, dass es sich um ein stabiles kulturelles Muster handelt, das Teil des Wissensvorrates bzw. kulturellen Archivs einer Gesellschaft ist. Volkovs Begriff des »kulturellen Codes« als »Kürzel für ein System von Ideen und Einstellungen, die mit der direkten Schätzung oder Nicht-Schätzung von Juden wenig bis gar nichts zu tun hatten« (Volkov 2000: 23) legt jedoch das Verständnis nahe, dass der Antisemitismus »für etwas« stehe und nicht bereits das »System von Ideen« selbst ist. Volkov will darauf hinaus, dass der Antisemitismus auf die »Zugehörigkeit zu einem spezifischen kulturellen Lager« verweist (dies.: 23). Dieses kulturelle Lager beschreibt sie als gekennzeichnet durch eine »nationalistische[n], antimoderne[n] Weltanschauung« (dies.: 26) sowie die Vorstellung »einer einheitlichen Staatskultur in einem neuen Kulturstaat« (dies.: 26). Damit beschreibt sie einen Gedanken, den Holz und Haury später in das Konzept des Antisemitismus als kultureller Semantik (Holz 2001) bzw. Ideologie (Haury 2002) integriert haben: die konstitutive Verbindung von Antisemitismus und Nationalismus. Nur geht Volkov davon aus, dass der Antisemitismus das Fremdbild ist, aber als »kultureller Code« auf das nationalistische Selbstbild verweist, während Holz und Haury den Antisemitismus bereits als Integration beider betrachten.

Sie verweisen aber gleichermaßen auf die Verbindung von Antisemitismus und Nationalismus als Weltanschauung und darauf, dass die Entwicklung der Rassenbiologie und einer ausformulierten Rassentheorie nicht das entscheidende Kriterium für die Entwicklung des modernen Antisemitismus war, sondern

> »lediglich als die zeitgemäße, dem vorgeblich aktuellen Stand der biologischen Wissenschaften angepasste Ausformulierung einer säkularen, essentialisierenden Definition ›des Juden‹, deren Ursprung unter anderem in der Entstehung des spezifisch modernen Gemeinschaftsbildes der ›Nation‹ zu suchen ist« (Achinger 2008: 75).

---

[28] Vgl. zur Unterscheidung von Antisemitismus und Xenophobie auch Holz, 2001: 99 f. und 2008: 211 ff.

Diese Verbindung zwischen Nationalismus und Antisemitismus ist wenig empirisch untersucht worden. Einige haben den Zusammenhang als Verhältnis zwischen nationalistischem Selbstbild und antisemitischem Fremdbild beschrieben (Holz 2001, Haury 2002, Postone 1995, Alter/Bärsch/Berghoff 1999).[29] Auch Volkov verweist auf den Zusammenhang, den sie aufgrund seiner Bestimmung als »kultureller Code« als mögliche Erklärung der Mittäterschaften im Nationalsozialismus anführt und dessen vernachlässigte Untersuchung innerhalb der Wissenschaft beklagt:

> »Nationalismus – von Arndt bis Treitschke, vom Bund der Landwirte bis zum Nationalsozialismus – machte für die Mehrzahl der Deutschen den Antisemitismus akzeptabel. Innerhalb des nationalistischen Syndroms spielte der Antisemitismus in jeder Phase eine andere Rolle und wurde so immer unentbehrlicher dafür. Es stimmt, daß die mörderische Politik der Nazi-Führerschaft anhand einer solchen Analyse von Strömungen und Unterströmungen allein nicht begreiflich gemacht werden kann, doch die mehr oder weniger schweigsame Kooperation und die fortdauernde Apathie so vieler Menschen mag durch diese Perspektive wenigstens etwas verständlicher werden« (Volkov 1999: 271).

2.2 »Nationaler Antisemitismus«: zum Verhältnis von Nationalismus und Antisemitismus

Der Begriff »Nationaler Antisemitismus« wurde von Klaus Holz in Anschluss an seine empirischen Rekonstruktionen moderner antisemitischer Semantiken vorgeschlagen. Seine Studie zeigte, dass der moderne Antisemitismus als »nationaler Antisemitismus« verstanden werden kann. Das bedeutet weder, dass Antisemitismus nicht international vorkommen würde, noch, dass Antisemitismus kein Bild vom »internationalen Judentum« zeichnen würde oder nicht-nationale

---

[29] Einen neueren Versuch der Systematisierung des Verhältnisses zwischen Antisemitismus und Nation hat Salzborn vorgelegt (Salzborn 2010b), welcher insbesondere auf die Notwendigkeit der Differenzierung unterschiedlicher Nationskonzepte (»ethnic nation« vs. »civic nation«) verweist und daher die unmittelbare Verknüpfung von Antisemitismus und Nation kritisiert, wie das in ähnlicher Weise auch Detlev Claussen und Ulrich Bielefeld vertreten haben (vgl. Claussen 2011, Bielefeld 2011). Dagegen sei eingewandt, dass es sich bei dieser Trennung der Nationskonzepte zumeist um idealtypische und nicht realtypische Differenzierungen handelt (vgl. hierzu auch Minkenberg 1998: 74ff.) Die empirischen Analysen zeigen jedenfalls, dass als Grundlage des Antisemitismus das Konzept der (»ethnic nation«) Relevanz hat (vgl. Holz 2001), weshalb die Begriffsbildung (»ethnisch/völkisch-nationaler Antisemitisus«) zur Spezifizierung beitragen könnte.

Institutionen nicht antisemitisch sein könnten (vgl. hierzu die Kritik von Wyrwa 2003). Es ist damit gemeint, dass »die Juden« als Gegenprinzip zur »Nation« gezeichnet werden. Wenn Hannah Arendt den Antisemitismus als antinationale Ideologie verstanden hat, ist das damit zu erklären, dass sie Nationalismus bezogen auf eine Staatsnation versteht und das völkische Denken diesem gegenüberstellt (Arendt 1955). Darauf zielt auch Salzborns Kritik am Konzept des »Nationalen Antisemitismus«. Er weist daraufhin, dass »Antisemitismus mit Blick auf nationale Bewegungen sehr oft als antinationale Ideologie in Erscheinung getreten ist, deren Ziel eben die Vernichtung des (bürgerlich) Nationalen zugunsten des (völkisch) Supranationalen war« (Salzborn 2010: 403), und plädiert daher für eine Fokusverschiebung auf den »autoritären, homogenisierenden, missionarischen Exklusivitätsanspruch des antisemitischen Weltbildes, in dem eine Amalgamierung mit nationalen Ideologien genauso möglich ist, wie mit pränationalen wie der katholischen Kirche, mit nichtnationalen wie der islamischen *umma* oder auch mit postnationalen wie der Antiglobalisierungsbewegung« (ebd.: 405). Einerseits wird damit die Frage aufgeworfen, ob nicht die homogenisierende Gemeinschaftskonstruktion (ob nun religiös, national o. ä.) das Charakteristikum antisemitischer Semantiken sei. Andererseits wird in dem von Holz empirisch gewonnenen Begriff des »Nationalen Antisemitismus« nicht der Bezug zu einer »civic nation« oder anderen Gemeinschaftskonstruktionen mit Exklusivitätsanspruch gebildet, sondern immer zu einer »ethnic nation« als Gegenbild zum antisemitischen jüdischen Fremdbild.

Der »nationale Antisemitismus«, und das heißt die konstitutive Verbindung von (ethnischem) Nationalismus und Antisemitismus, wurde den Holzschen Rekonstruktionen zufolge nicht erst bereits im Nationalsozialismus vorgenommen[30], sondern ist ein Charakteristikum des modernen Antisemitismus. Er findet sich bereits im christlich-sozialen Antisemitismus bei Stöcker und in den antisemitischen Schriften Heinrich von Treitschkes (vgl. Holz 2001). Unter Nationalismus muss hier mit Gellner und Hobsbawm ein politisches Prinzip verstanden werden, das die Übereinstimmung von »Staat«, »Volk« und »Nation« fordert (Gellner1997, Hobsbawm 2005, zuerst 1990). Gellner geht davon aus, dass soziale Bindung von kultureller Übereinstimmung abhängt (Gellner 1997), auch wenn historisch betrachtet Nationalstaaten weniger das Produkt einer gemeinsamen Kultur als vielmehr deren Voraussetzung gewesen sind. In Luhmanns Worten:

> »Die Nation ist eine imaginäre Einheit, die dann noch mit Realität gefüllt werden muß, zum Beispiel mit einer gemeinsamen Sprache, einer gemeinsamen Religion, einer einheitlichen Wäh-

---

[30] So etwa das Verständnis von Dux, 2008.

> rung und einem gemeinsamen Rechtssystem unabhängig von lokalen Gewohnheiten und Gebräuchen. Die Nation definiert sich durch ihre Geschichte, aber die Geschichte muß erst noch geschrieben werden (und die Frage bleibt, wie weit das dann auch die Geschichte der Dörfer oder Fabriken, der Bauern und Arbeiter ist). Jetzt kann man in den neu gefaßten Begriff Inhalte einzeichnen, Probleme politischer Formenwahl diskutieren, sie auf Geschichte und Charakter einer bestimmten Nation zuschneiden und einen Bezugspunkt für Kollektivbewußtsein erzeugen, an das man von oben nach unten und von unten nach oben appellieren kann. [...] Gefordert sind jetzt neue Formen der Solidarität, bis hin zum Opfer des eigenen Lebens im Krieg für Leute, die man gar nicht kennt. Damit avanciert die Vorstellung einer staatlich organisierten Nation zum Normalbild territorialer Segmentierung, und Staaten, die sich dem nicht fügen, werden seitdem als Anomalien behandelt« (Luhmann 1997: 1049).

Die Entstehung von Nationalstaaten[31] hat einen tiefgreifenden kulturellen Integrationsprozess inklusive seiner damit verbundenen Abgrenzungen in Gang gesetzt, der zu einer »Überwindung sippenförmiger, kastenförmiger, patriarchalischer und ständischer Partikularismen« führte (Münch 1992: 267), aber auch verschiedene kulturelle Minderheiten oft gewaltsam einer dominanten Kultur und Sprache untergeordnet. Dabei tritt der Staat mit einem Herrschaftsanspruch auf, dem er sein Bevölkerung ganz prinzipiell unterwirft und den er ideell zu legitimieren sucht. Die im Laufe der Nationalstaatsbildung institutionalisierte Kultur wird von Vertretern des Konzepts der »Kulturnation« oft in eine weit zurückliegende Vergangenheit projiziert, ein Mythos entworfen, um die »Nation« als ursprüngliche, wesenhafte Einheit verstehen zu können. Luhmann hat

---

[31] Dux hat zu Recht auf die Notwendigkeit hingewiesen, die Bedingungen von Konstrukten zu rekonstruieren, um ein historisches Verständnis der Konstrukte zu erlangen (vgl. Dux 2008: 181). Er wendet sich gegen einen radikal konstruktivistischen Zugang zum Phänomen Nationalismus und will seine »Ausprägung im Nationalstaat aus den Erfahrungen und der Beobachtung der Entwicklung von Marktgesellschaft hervorgegangen« (ebd.: 181) wissen. Er geht davon aus, dass der Nationalismus aus rekonstruierbaren Erfahrungen in modernen Marktgesellschaften sowie »der Verarbeitung der Erfahrung in Gedanken und damit der explikativen Struktur« (ebd.: 181) hervorgegangen ist. Im Gegensatz zu Dux jedoch lese ich die »imagined community« als »vorgestellte Gemeinschaft« und nicht als »erfundene« wie Dux dies tut. Auch Dux geht davon aus, dass sich der Nationalismus zuerst in Gedanken formiert hat, »bevor er sich in politische Praxen eingebracht hat« (ebd.: 181). Vorstellungen entstehen zwar unter Bedingungen und werden in bestimmten historischen Kontexten ermöglicht, es gibt aber immer Variationen. Die Eigenschaften, die einer »Nation« zugeschrieben werden, entspringen zwar vielleicht historisch erklärbaren Bedürfnissen und Motivationen, sind aber nicht materiell ableitbar. Dass es dennoch sozialgeschichtliche und -strukturelle Kontexte gibt, die Bedingung für die Ausbildung des Nationalismus waren, wird damit nicht bestritten. Diese lassen sich empirisch rekonstruieren.

wiederum treffend beschrieben, dass es nicht mehr um die Sortierung von Herkunftsidentitäten gehe und die Differenzierung unterschiedlicher Nationskonzepte realtypisch nur sekundäre Bedeutung haben:

>»Es wird nicht mehr vorausgesetzt, daß die Einheit schon vorhanden und nur zu erkennen und zu benennen sei. Vielmehr dirigiert der Nationbegriff jetzt die Forderung nach Herstellung der Einheit in einem eigenen Staat, und insofern kommt der Unterscheidung von Kulturnation und Staatsnation allenfalls eine sekundäre Bedeutung zu. Was immer die kulturellen und sprachlichen Wurzeln sind: um die Einheit zu erreichen, muß man vereinigen und vereinheitlichen« (Luhmann 1997: 1053).

Vereinheitlich impliziert Ausgrenzung solcher »Einheiten«, die nicht zu den Ex-post-Erzählungen, Mythen, zugeschriebenen Eigenschaften passen (wollen), sich nicht vereinheitlichen lassen. Kollektive Identität wird durch Differenz erzeugt. Um sich als wirksame politische oder soziale Handlungseinheit zu formieren, braucht es eine Semantik, im Falle nationaler Identitäten und Handlungseinheiten eine nationale Semantik:

>»Eine politische oder soziale Handlungseinheit konstituiert sich erst durch Begriffe, kraft derer sie sich eingrenzt und damit andere ausgrenzt, und d. h. kraft derer sie sich selbst bestimmt. Empirisch mag eine Gruppe durch Befehl oder Konsens, durch Vertrag oder Propaganda, durch Not oder Verwandtschaft, durch alles zugleich oder sonstwie entstanden sein: immer sind Begriffe erforderlich, in denen sich eine Gruppe wiedererkennen und selbst bestimmen muß, wenn sie als Handlungseinheit will auftreten können. Ein Begriff in diesem hier verwendeten Sinne indiziert nicht nur Handlungseinheiten, er prägt und schafft sie auch« (Koselleck 1989: 212).

Die Anfänge der Entwicklung des Nationalismus lassen sich im 17. Jahrhundert, seine Ausbildung im 18. und 19. Jahrhundert verorten (Dux 2008: 171). Seit der zweiten Hälfte des 19. Jahrhunderts war dies die dominante Ordnungsvorstellung und mit der Forderung verbunden, dass jeweils ein »Volk« als eine »Nation« unter dem Dach eines Staates seine Einheit finden sollte (Gellner 2006). Entscheidend aber waren in diesem Prozess unabhängig von den idealtypischen Konstruktionen real stattfindenden Ethnisierungs- und Ontologisierungsprozesse. Die bestimmte Nationalität wurde zur inhärenten Eigenschaft der nationalisierten Individuen erklärt, die sich angeblich von den Angehörigen anderer »Nationen« unterscheiden (vgl. Achinger 2007). Nicht sozialstrukturelle Merkmale, wie Bildung, Geschlecht, Einkommen, die Zugehörigkeit zu einem Milieu, sind bei der Bestimmung relevant, sondern einzig die nationale Zugehörigkeit. Balibar weist darauf hin, dass der Nationalstaat »die Nation«, die selbst Produkt des modernen Staates ist, als primordial, »natürlich« und vorstaatlich definiert und damit den Staat als deren politische Form legitimiert (Balibar 1993: 129). Dass die Nationalstaatenbildung mit einem gewissen Grad an kultureller Homogenisierung verbunden ist, wurde vielfach beschrieben und ist hinsichtlich der Zentralisierung und Institutionalisierung von Sprache, Bildung etc. plausibel, nur bestanden die Gemeinsamkeiten, wie bereits erläutert, nicht vorher, sondern nach dem Vereinheitlichungsprozess in Form von Herrschaftsakten und Institutionalisierungen. Den dialektischen Fortschrittsprozess hat Achinger folgendermaßen beschrieben: »Scheinbar paradoxerweise ist so der Fortschritt in Richtung auf größere rechtliche Gleichheit im ›Inneren‹, d. h. unter den Angehörigen der Nation, an eine Abschließung nach außen gebunden, und die politische und rechtliche Modernisierung geht mit der Berufung auf vormoderne Gemeinschaftlichkeit einher« (Achinger 2007: 54). Damit weist sie auf ein bereits von Adorno und Horkheimer beschriebenes dialektische Verhältnis des Fortschritts hin: die »dialektische Verschlingung von Aufklärung und Herrschaft, das Doppelverhältnis des Fortschritts zu Grausamkeit und Befreiung, das die Juden bei den großen Aufklärern wie den demokratischen Volksbewegungen zu fühlen bekamen« (Adorno/Horkheimer 1998c: 178).

Eine plausible Erklärung dafür, warum die Vereinheitlichung innerhalb von »Nationen« populär ist, gibt Luhmann:

> »Im Begriff der Nation ebenso wie im Begriff des Menschen als Individuum und Subjekt schafft die Selbstbeschreibung des Gesellschaftssystems sich einen hochplausiblen Ausweg, der es erlaubt, Identitätsressourcen zu aktivieren, die die Funktionssysteme nicht bieten können. [...] Er [der Begriff der Nation, C. G.] erlaubt es den Universalismen der Funktionsorientierung Partikularismen regionaler Gemeinschaften als höherwertig entgegenzusetzen [...] Und er erscheint es zu ermöglichen, auf der Basis von Identität Brüche zu überwinden, die sich als Folge des Freisetzens marktwirtschaftlicher Prozesse (in den sogenannten Klassenstrukturen) und religiöser oder ›weltanschaulicher‹ Oppositionen ergeben hat. Kurz: der Begriff der Nation bietet ein Inklusionskonzept, das nicht auf die Sonderbedingungen der einzelnen Funktionssysteme angewiesen ist und selbst die Politik dazu zwingt, alle Angehörigen der eigenen Nation als gleiche zu respektieren« (Luhmann 1997: 1051).

Luhmann zufolge liegt in dieser Logik die genaue Umkehrung des traditionellen Bewertungsvorgangs, der den religiösen Universalismus vor den politischen Partikularismus der europäischen Tradition stellte, weshalb dieser neue Bewertungsprozess erst nach dem 18. Jahrhundert als Prozess der Säkularisierung zu beschreiben ist (vgl. Luhmann 1997: 1051). Damit wäre Luhmann zufolge die nationale Semantik als eine moderne zu fassen, aber eine, die funktionale Differenzierung nicht adäquat reflektiert. Er weist auch darauf hin, dass sich Nationen in ihren Selbstbeschreibungen von anderen Nationen (segmentär) unterscheiden, »und nicht etwa von der Aristokratie oder von Landleben oder von Wirtschaft oder von Wissenschaft« (Luhmann 1997: 1051).

Dass die »nationale Semantik« ein Teil der antisemitischen Semantik ist, hat Holz in seiner empirischen Rekonstruktion gezeigt und daher den Begriff »Nationaler Antisemitismus« geprägt (Holz 2001). Darunter versteht er folgendes:

>»Unter ›Semantiken‹ ist der kulturelle Wissensvorrat einer Gesellschaft zu verstehen. ›Nationale Semantik‹ sollen die Kommunikationen heißen, in denen die Zugehörigkeit einer Personengruppe zu einer ›Nation‹ ein wesentliches Kriterium ist, an dem das Selbstverständnis von der politischen, sozialen und/oder kulturellen Lebensführung dieser Personengruppe ausgerichtet ist. Dementsprechend bezeichnet ›nationaler Antisemitismus‹ die Form der Judenfeindschaft, in der das ›nationale‹ Selbstverständnis wesentlich durch die Abgrenzung von denen, die als Juden vorgestellt werden, konturiert wird. Ob dabei unter ›Nation‹ eine politische, sprachliche, ethnische und/oder kulturelle Gemeinschaft vorgestellt wird und welche Form(en) der sozialen Lebensführung und welche personalen Eigenschaften der Zugehörigen damit verbunden werden, soll nicht vorentschieden werden« (Holz 2001:16).

Im Unterschied zum Nationalismus, in dem »Nationen« von »Nationen« unterschieden werden, hat Holz für den modernen Antisemitismus empirisch gezeigt (ebd.), dass dem jüdischen Fremdbild ein nationales Selbstbild entgegengestellt ist, das derart konstruiert ist, dass »der Jude« als Gegenbild zum »Prinzip der Nation«, d. h. der Einteilung der Welt in »Nationen«, und als Bedrohung dieses Prinzips vorgestellt wird. Dafür wird auf die Unterscheidung in »Nationen« eine weitere Unterscheidung gesetzt, die Juden als Dritte jenseits der binären Nationenunterscheidung konstruiert. Im ersten Fall, d. h. im Nationalismus, geht es also darum, die eigene »Nation« von anderen »Nationen« abzugrenzen (»die Deutschen«/»die Franzosen«), und die prinzipielle Symmetrie, d. h., beide werden dem »Prinzip Nation« zugeordnet, bleibt erhalten, nur durch die Bewertung, d. h., eine Nation wird als höherwertig betrachtet, asymmetrisiert. Solche Feindkonstruktionen hat Koselleck als symmetrische Gegensatzpaare beschrieben (Koselleck 1989). Asymmetrische Gegensatzpaare sind solche, die den Anderen aus der Gattung, der Zuordnungskategorie, dem Prinzip, hier »Nation«, herausdefinieren. Koselleck nennt hierfür das Beispiel Mensch/Unmensch. Im Antisemitismus lautet das asymmetrische Gegensatzpaar Nation/Nicht-Nation, womit eine Ordnung in Nation/Nation vs. Nicht-Nation (= »die Juden«), allgemeiner wir/sie vs. »die Juden« beschrieben ist. Holz weist darauf hin, dass beide

Wir-/Sie-Unterscheidungen als Lösung zweier Probleme verstanden werden können:

> »... die Definition der eigenen nationalen Gemeinschaft durch Abgrenzung von anderen partikularen Gemeinschaften und die Sicherung der Identität der nationalen Gemeinschaft angesichts der Frage, ob es in der modernen Gesellschaft kollektive Identität und nationale Gemeinschaft überhaupt geben kann. Wird das erste Problem angegangen, führt der Nationalismus zur Xenophobie, während im zweiten Fall Antisemitismus entsteht« (Holz 2008: 212).

Da sowohl der Antisemitismus als auch der Nationalismus sich – was die bisherigen Untersuchungen zeigen – auf »Nation« beziehen, überlappen sich beide und sind aneinander anschließbar. Ob auch andere Personengruppen empirisch als Nicht-Nation beschrieben wurden, ist bisher nicht systematisch empirisch untersucht, auch wenn Holz darauf hinweist, dass »der Verlust an nationaler Qualität [...] sie [Kollektive, die als sozial, kulturelle und politisch kaum entwicklungsfähige Völker beschrieben wurden, wie »die Neger«, »die Slawen« und »die Zigeuner«] in manchen Aspekten der anationalen Nation *der Juden* an[nähert]. Das gilt vor allem für den Antiziganismus« (Holz 2008: 217). Daher kann die Konstruktion als Nicht-Nation als Charakteristikum des Antisemitismus gelten. Die folgende Untersuchung wird klären, ob dies auch für die Gegenwart gilt.

2.3 Antisemitismus als Verfolgung und kulturelle politisch-soziale Semantik

Antisemitismus ist bereits dem Wortsinne nach Verfolgung[32], weil er Menschen, die sich als Juden bezeichnen oder zu solchen erklärt werden, stigmatisiert, abwertet, bedroht und im äußersten Falle auch tötet. Unterschieden werden können Formen der Verfolgung. Neben Pogromen und physischer Gewalt gegen als »Juden« bezeichnete Menschen hat es in verschiedenen Bereichen der Gesellschaft Verfolgungen gegeben. Beispielsweise wurden auf der Ebene des Rechts Verbote bestimmter Berufe für als jüdisch bezeichnete Menschen verordnet sowie mit dem so genannten »Arierparagraphen« und den später folgenden Nürnberger Rassegesetzen Menschen aus vielen Bereichen des gesellschaftlichen Lebens ausgeschlossen. Daneben gab und gibt es antisemitische Artikel

---

[32] Das Wort »verfolgen« wurde im Neuhochdeutschen häufig im Sinne von »[feindselig] nachstellen«, »nach dem Leben trachten« verwendet. Vgl. Dudenredaktion (2001: 230).

und Reden sowie antisemitische Karikaturen. Diese stammen von mehr oder weniger einflussreichen Personen in unterschiedlichen Funktionen und wurden von verschiedenen Institutionen, beispielsweise antisemitischen Parteien[33], mit unterschiedlicher Wirksamkeit eingesetzt. So werden die antisemitischen Reden des evangelischen Theologen und Gründers der Christlich-Sozialen Arbeiterpartei Adolf Stoecker in der Literatur als zentral beschrieben, um der judenfeindlichen Bewegung »zum Durchbruch in der Öffentlichkeit der politischen Versammlungen und zur Massenwirksamkeit [zu verhelfen]« (Rürup 1972: 137 f.) und den Antisemitismus erstmals zum »zentralen Credo einer modernen politischen Partei« (Volkov 1994: 49) zu machen. Der protestantische Historiker Heinrich von Treitschke, »Prophet des preußisch-deutschen Nationalismus« (Volkov 1994: 48), war hingegen mit seinem antisemitischen Aufsatz »Unsere Aussichten«[34] von 1879 der Auslöser des »Berliner Antisemitismusstreits« und prägte die später im nationalsozialistischen Propagandablatt »Der Stürmer« zentral verwendete Phrase »Die Juden sind unser Unglück« (vgl. Volkov 1994: 48 f.). Während in beiden genannten Texten der Antisemitismus primär auf der Ebene kultureller Semantiken verbleibt, werden in Hitlers Reden Konsequenzen aus dieser Semantik angekündigt und dann vollzogen. Denn »Hitlers Rede [entwickelt] nicht nur eine in der Fallstruktur konsistente Lösungsperspektive – die ›Entfernung aller Juden‹ – , sondern auch eine Strategie der politischen Realisierung dieser Lösung« (Holz 2001: 364). Insofern leitete im Nationalsozialismus die antisemitische Semantik das Handeln.

Ich verstehe das Verhältnis zwischen den beschriebenen Formen, zwischen Reden und Texten sowie leiblicher und institutionalisierter Gewalt bis hin zum Mord als ein Kontinuum: Semantiken sind kulturell verfügbar und können einerseits von unterschiedlichen Funktionssystemen und Institutionen eingesetzt werden (beispielsweise dem Rechtssystem, Staaten, Organisationen, Parteien), außerdem kann sich die Verfolgungspraxis direkt gegen die Körper derjenigen richten, die man zu »Juden« erklärt hat. Wann die Semantiken ergriffen werden und welche politischen Voraussetzungen und Machtdynamiken dafür notwendig sind, ist eine andere Frage und wird in Bezug auf den Nationalsozialismus in einer Kontroverse zwischen »Intentionalisten« und »Funktionalisten« seit eini-

---

[33] Die Entstehung antisemitischer Parteien und Bewegungen, wie der »Antisemiten-Liga«, des »Deutschen Antisemitenbundes« oder des provisorischen Dachverbandes »Deutsche Antisemitische Vereinigung«, sowie Publikationen, wie die »Antisemitische Correspondenz«, die sich den Antisemitismus öffentlich auf die Fahne schrieben, ist in den späten siebziger und achtziger Jahren des neunzehnten Jahrhunderts zu verorten (vgl. Rürup 1972: 146 f.).

[34] Eine ausführliche Analyse dieses Text bezüglich seiner Sinnstruktur des Antisemitismus bietet Holz (2001: 165 ff.).

gen Jahrzehnten geführt.[35] Um die Frage der Bedingungen der Handlungsorientierung antisemitischer Semantiken zu klären, steht eine empirisch-historische Arbeit noch aus.

Die folgende Untersuchung konzentriert sich auf eine bestimmte Dimension der Verfolgung: die antisemitische Semantik in der Gegenwart. Diese Auswahl ist nicht beliebig, da jede antisemitische Verfolgung eine solche Semantik braucht. Um eine antisemitische Straftat als solche zu bezeichnen, ist ein Begriff von Antisemitismus notwendig. Gleichwohl folgt nicht aus jeder antisemitischen Semantik eine rechtliche oder leibliche Verfolgung. Ich gehe daher davon aus, dass die antisemitische Semantik eine notwendige, aber nicht hinreichende Bedingung für andere Formen der Verfolgung ist.

2.4 Antisemitismus nach 1945 und Kommunikationslatenz

Durch die nationalsozialistische Judenvernichtung haben sich die Bedingungen, unter denen der Antisemitismus auftreten kann, insbesondere in den Nachfolgestaaten des Nationalsozialismus, radikal verändert. Auf den ersten Blick erscheint der Antisemitismus durch Auschwitz diskreditiert. Wenn man sich die bisherigen Forschungen zum Antisemitismus nach 1945 ansieht, beziehen sich die Veränderungen allerdings nur auf die Möglichkeiten für das Auftreten von Antisemitismus, nicht auf Modifikationen der bereits bestehenden Muster der antisemitischen Semantik. Diese werden mit Hilfe von Umwegkommunikationen und spezifischen Sprachregelungen latent kommuniziert (vgl. Bergmann/Erb 1986, Holz 2001: 164, Haury 2002: 126 ff.):

> »Im Versuch, der störenden Tatsache der Judenvernichtung mit den Strategien der Bagatellisierung, Relativierung und Leugnung von Auschwitz zu begegnen, kommen wiederum die alten Stereotype und Strukturprinzipien zur Anwendung« (Haury 2002: 127).

Der Begriff der »Latenz« bezeichnet hier »Kommunikationslatenz« und nicht »Bewusstseinslatenz«, wird daher nicht im Sinne von unbewusst oder unbekannt verwendet. Die Vorstellung von »Latenz« als psychischem »Unbewussten« wäre, wenn überhaupt, nur mit anderen Forschungsmethoden, beispielsweise psychoanalytischen Zugängen, untersuchbar.

Dagegen wird der Begriff der »Kommunikationslatenz«, der von Bergmann und Erb in die Antisemitismusforschung eingeführt wurde (Bergmann/Erb

---

[35] Zu einem Überblick über die Kontroverse vgl. Heinsohn 1995: 40-49, Jäckel/Rohwer 1987, Holz 2001: 360-363.

1986), von ihnen in Anlehnung an die Luhmannsche Systemtheorie verwendet. In der Ausbildung von Systemen müssen »Ordnungsgewinne verteidigt und mit Latenzschutz belegt werden« (Luhmann 1980: 66). Dadurch werden Strukturen ausgebildet, die kontrollieren, dass genau die Themen ausgeblendet werden, die den Erhalt des übergeordneten Systems gefährden würden. Das Latente bleibt allerdings potentiell realisierbar, denn es verschwindet nicht einfach. Luhmann zufolge kommt es zu »Strukturen, die ihrerseits darauf spezialisiert sind zu regeln, was man in welchen Situationen zu wissen bzw. nicht zu wissen, zu erkennen oder zu übersehen, zu sagen oder zu verschweigen hat« (ebd.: 68).

Die Kommunikationslatenz des Antisemitismus war in Westdeutschland nach 1945 durch die politischen Erfordernisse bedingt. Die Verurteilung des Antisemitismus und ein verändertes Verhältnis zu den Juden waren notwendig, um den Westalliierten sowie einer internationalen Öffentlichkeit die demokratische Gesinnung und die Abkehr vom Nationalsozialismus zu beweisen (vgl. Bergmann 1991: 227; Haury 2002: 127 f.). Sowohl außenpolitisch als auch innenpolitisch bedeutete die öffentliche Ablehnung des Antisemitismus ein Bekenntnis zu einem neuen politischen Weg. Außenpolitisch war das öffentliche Bekenntnis zur Demokratisierung der einzige Weg für politische Souveränität und internationale Anerkennung. Als ein »Prüfstein für die demokratische Entwicklung in Deutschland« galt »das Leben und das Wohlergehen der Juden« (McCloy, zitiert nach Haury 2002: 127).

Für die »Dokumentation« der Demokratie erfolgte im demokratischen Spektrum eine Umstellung der öffentlich gewünschten bzw. unerwünschten Themen (Bergmann 1991: 227). Die Tabuisierung antisemitischer Äußerungen und die Distanzierung vom nationalsozialistischen Vernichtungsantisemitismus von Seiten der politischen und medialen Eliten bedeutete aber keineswegs eine kritische Auseinandersetzung mit der nationalsozialistischen Judenvernichtung und der eigenen Verantwortung. Sprachlosigkeit in Bezug auf die nationalsozialistische Judenvernichtung sowie öffentliches Bekennen des Anti-Antisemitismus als Beteuerung der »Umkehr« waren neben der Herausbildung eines Philosemitismus, der die antisemitischen Zuschreibungen teilweise einfach umkehrte, um damit eine demokratische Haltung zu beweisen, Umgangsweisen, die an der Stelle einer kritischen Aufarbeitung standen.[36] Da aber das Latente nicht einfach verschwindet, sondern Wege der Kommunizierbarkeit sucht, genügt das bloße Abdrängen von Themen und Meinungen nicht. Es bedurfte »Regelungen, wann und wie man sich zum Nationalsozialismus, Antisemitismus und Jüdi-

---

[36] Zum Antisemitismus in Westdeutschland nach 1945 vgl. Haury 2002: 127 ff., zum Vergleich mit dem Antisemitismus in der DDR und in Österreich: Lepsius 1989, Marin 2000, Wodak 1990; zum Philosemitismus der Nachkriegsgesellschaft vgl. Stern 1991.

schen (nicht) äußern kann oder sollte, ohne die Kommunikationslatenz zu durchbrechen« (Holz 2001: 485).

Holz hat anhand seiner Rekonstruktionen des Nachkriegsantisemitismus[37] gezeigt, wie die Kommunikationslatenz ohne Brechung der Kommunikationsverbote aufgehoben wird (vgl. Holz 2001: 483 ff.), und daraus folgende Hypothese entwickelt:

>»Die Kommunikationslatenz sachlicher (was?) und sozialer (wer?) Bestimmungen des Nationalsozialismus und insbesondere die Judenvernichtung ist nötig, um durch eine Täter-Opfer-Umkehr die ›Juden‹ für die Belastung der nationalen Identifikation angesichts der ›Vergangenheit‹ verantwortlich machen zu können. Durch die Kommunikationslatenz werden antisemitische Anschlüsse möglich, ohne Kommunikationsangebote und -verbote wie zum Beispiel die Leugnung von Auschwitz offen zu brechen. Diese Hypothese bezieht sich spezifisch auf den Nachkriegsantisemitismus« (Holz 2001: 164 f.).

Zentrales Ergebnis der Holzschen Rekonstruktion des Nachkriegsantisemitismus ist, dass die zentralen Muster des Antisemitismus nicht verändert, sondern so angewendet werden, dass bestimmte Sinngehalte latent bleiben und damit »ein Problem, ›Bewältigung der Vergangenheit‹, in den Mittelpunkt gerückt wird und die weltanschauliche Breite verloren gegangen ist« (ders.: 533).

Bergmann und Erb gehen in ihrem Aufsatz zur »Kommunikationslatenz« davon aus, dass sich der Nachkriegsantisemitismus »eng mit der NS-Vergangenheit und ihren Folgen verbunden [hat]« (Bergmann/Erb 1986: 229), da die Bedingungen für den »Latenzschutz« aus der nationalsozialistischen Vergangenheit resultieren.

Die Kommunikationsstrategien, die Bergmann in seiner Studie zum Antisemitismus in öffentlichen Konflikten zwischen 1949 und 1989 beobachten konnte, war einerseits die Forderung nach einem Schlussstrich unter die NS-Vergangenheit, andererseits waren »Ersatzbildungen zu beobachten, in denen die Juden nicht direkt angegriffen werden, in denen vielmehr unter Berufung auf gesellschaftliche Werte, wie historische Wahrheit oder künstlerische Freiheit, Zweifel an der Richtigkeit und Gerechtigkeit des Geschichtsbildes angemeldet werden. Es werden Fragen der Geschichtsfälschung, der ungleichen Behandlung von Kriegsverbrechen, der Privilegierung von Juden in der Bundesrepublik usw. aufgeworfen, die eher die öffentliche Arena erreichen« (Bergmann 1997: 493).

Festhalten lässt sich jedenfalls, dass im Antisemitismus nach 1945 Auschwitz in irgendeiner Form thematisiert werden muss. Bezieht er sich auf

---

[37] Hierbei handelte es sich um einen Kommentar aus der Kronenzeitung zur Waldheim-Affäre im Jahr 1986.

die internationale Geschichtsschreibung und zweifelt deren Richtigkeit an, so stellt sich dabei automatisch »die Frage nach den Urhebern und Nutznießern dieser unglaublichen Fälschung«, die »umstandslos nach klassisch antisemitischer Manier beantwortet wird: ›Die Juden‹ stecken hinter allem. Durch ihre internationale Macht, insbesondere über die Medien, würden sie die gesamte Weltöffentlichkeit täuschen, um über ihren angemaßten Opferstatus Einfluß auszuüben, um sich an Wiedergutmachungszahlungen zu bereichern oder um die Existenz Israels zu legitimieren« (Haury 2002: 124).

Alte antijüdische Stereotype werden in diesem Zusammenhang wieder aktiviert und erlauben es, auch Juden als Täter zu konstruieren, welche »die Bevölkerung ein weiteres Mal zum Opfer jüdischen Betrugs und [den] Antisemit[en] zum Kämpfer für die Wahrheit und zum Verteidiger des ›Volkes‹« (Haury 2002: 125) machen.

Neben der Erinnerungspolitik gibt es weitere Möglichkeiten und Themen, um latenten Antisemitismus kommunizieren zu können. Die einschlägigen Untersuchungen zum Antisemitismus deuten darauf hin, dass der Antizionismus sowie Israel sich als »Ersatzobjekt« für eine latente Kommunikation des Antisemitismus eignen können, da sich dabei einerseits die Möglichkeit bietet, nicht von »Juden«, sondern von »Israelis« oder »Zionisten« zu sprechen, andererseits der Antisemitismus sich an ein vermeintlich ihn objektiv rechtfertigendes Ereignis heften kann, um »Kritik israelischer Politik ideal zu einer neuerlichen Rechtfertigung des Antisemitismus nach Auschwitz um[zu]münzen« (Haury 2002: 126).

2.5 Antisemitismus von links

»Bis zum 6-Tage-Krieg 1967 war die westdeutsche Linke und insbesondere der SDS mehrheitlich proisraelisch. Das änderte sich durch den Sieg Israels und die dann folgenden Gebietsannexionen. Die Israelis erschienen ihnen nun als Täter. Das war aber nichts anderes als eine insgeheime Entlastungsstrategie, ein untauglicher Versuch sich von der Last der durch die Elterngeneration begangenen Verbrechen zu befreien. Israel wurde zum bekämpfenswerten Vorposten der USA im Nahen Osten umgedeutet. Der sogenannte Antizionismus wurde mit einem Mal zur Grundposition des linksradikalen Selbstverständnisses« (Wolfgang Kraushaar, TAZ 02.03.2013).

Dass der Antisemitismus konstitutiver Bestandteil des rechtsradikalen Weltbildes ist, ist in der Forschung wie auch in einer breiteren gesellschaftlichen Öffentlichkeit unumstritten. Sein Vorkommen im linken Spektrum wurde seit

Beginn der 1990er Jahre[38], insbesondere aber seit der sogenannten »Zweiten Intifada«[39], im Jahre 2000 in der wissenschaftlichen Forschung untersucht.[40] Gerade die Diskussion über Antisemitismus von links ist immer wieder Anlass für zuweilen stark affektuell besetzte Diskurse in der Wissenschaft, der politischen Öffentlichkeit und in den unterschiedlichen linken Gruppen und deren Publikationsorganen selbst. Dies mag daran liegen, dass Antisemitismus als Bestandteil eines linken Weltbildes sich dem Selbstverständnis linker Gruppierungen nach ausschließt. Trotzdem gibt es eine Tradition des Antisemitismus von links von den Frühsozialisten um Proudhon, über die russischen Anarchisten um Bakunin, die stalinistischen Schauprozesse, die KPD der Weimarer Republik und den spätstalinistischen antisemitischen Antizionismus in der DDR.[41] Die westeuropäische und insbesondere westdeutsche Linke in der Bundesrepublik war – wie dies Kraushaar im Eingangszitat konstatiert – bis 1967 mehrheitlich positiv gegenüber Israel eingestellt.[42] Erst mit dem Sechs-Tage-Krieg änderte sich diese Einstellung abrupt durch den Sieg Israels, das innerhalb der linken Opfersolidarisierungslogik als bekämpfenswert konstruiert wurde. Der Anschlag der »Tupamaros Westberlin« auf das Jüdische Gemeindehaus 1969, der Brandanschlag auf das Altenheim der jüdischen Kultusgemeinde in der Münchner Reichenbachstraße[43], die positive Aufnahme der Ermordung israelischer Sportler 1972 in München seitens der »RAF« und anderer linker Gruppen, die Entführung einer Air-France-Maschine im Juli 1976 nach dem ugandischen Entebbe durch palästinensische und deutsche Terroristen[44] gefolgt von der Se-

---

[38] Vgl. zum Antisemitismus von links eine der ersten umfassenden wissenschaftlichen Studien von Martin Kloke (Kloke 1994, zuerst 1991).

[39] Von palästinensischer Seite wird die „Zweite Intifada" auch als „Al-Aqsa-Intifada" nach der gleichnahmigen Moschee auf dem von Christen, Juden und Muslimen gleichermaßen als heilig betrachteten Jerusalemer Tempelberg bezeichnet. Mit dem Tempelberg-Besuch des damaligen israelischen Oppostionspolitikers Ariel Scharon begann nach palästinensischer Interpretation dort die sogenannte „Intifada", d.h. ein bewaffneter Aufstand, um die israelische »Besatzung« »abzuschütteln«.

[40] Dies mag auch damit zusammenhängen, dass der Nahostkonflikt seither zu »einem zentralen Agitations- und Mobilisierungsthema extremistischer Kräfte in Europa geworden [ist], die sich des Nahen Ostens als einer Art Projektionsfläche bedienen und sich über besonders radikale, anti-israelische Deutungen mit diesem Zeitgeist-Thema neue politische Erfolge erhoffen« (Rensmann 2006).

[41] Vgl. hierzu die Analysen von Brumlick (Brumlick 1991), Haury (Haury 2002) und Holz (Holz 2001).

[42] Vgl. relativierend dazu: Schmidt 2010.

[43] Vgl. hierzu die Analyse von Kraushaar (Kraushaar 2013).

[44] Die Maschine wurde von zwei Mitgliedern der »Volksfront zur Befreiung Palästinas (PFLP)« und zwei Mitgliedern der »Revolutionären Zellen, Wilfried Böse und Brigitte Kuhlmann, entführt. Als Organisator gilt Wadi Haddad von der »PFLP«. Es sollten damit Inhaftierte in Gefängnissen in Deutschland, Frankreich, Israel und der Schweiz freigepresst werden, u. a. Mit-

lektion jüdischer Passagiere, die Proteste gegen den Libanonkrieg Israels in den achtziger Jahren, der berühmte Boykottaufruf aus der Hamburger Hafenstraße »Boykottiert ›Israel‹«, »Waren, Kibbuziim und Strände/Palästina – das Volk wird Dich befreien/Revolution bis zum Sieg« sind nur einige bekannte antisemitische Ereignisse von links.

Wissenschaftlich wurde der gegenwärtige Antisemitismus der deutschen Linken mit Ausnahme der frühen Arbeiten von Kloke und Haury verstärkt in den 2000er Jahren, insbesondere auch in der Diskussion um einen „neuen Antisemitismus" nach dem 11. September 2011, untersucht (vgl. Kloke 1991 und 2007, Haury 1992, Holz 2001 und 2005, 2002, 2004, 2005 und 2007, Jaecker 2004, Markovits 2004 und 2007, Rabinovici/Speck/Sznaider 2004, Loewy 2005, Weiß 2005, Rensmann 2005 und 2007, Brosch u. a. 2007, Keßler 2007, Globisch 2008 a und b Pallade 2008, Wetzel 2008, Ullrich 2008, Stein 2011, Imhoff 2012). Analysen zum Antisemitismus der französischen Frühsozialisten und zum Verhältnis von Antisemitismus und Sozialismus sowie zum antisemitischen Antizionismus in der Sowjetunion gab es sehr wohl vorher (vgl. Sternhell 1998 (zuerst 1978) und 1999, Brumlik 1991, Poliakov 1992 (zuerst 1969), Keßler 1993).

Alle diese Beiträge zeigen, dass der Antisemitismus von links eng mit dem Verhältnis der Linken zur Moderne, zum Kapitalismus und Imperialismus sowie zu Israel und dem Zionismus zusammenhängt und sich in diversen Anti-ismen (Anti-modernismus, Anti-kapitalismus, Anti-imperialismus, Anti-zionismus) ausdrückt, d. h. in bestimmte Weltbilder eingepasst ist. Strittig ist trotz der empirischen Befunde, welchen Stellenwert Antisemitismus im linken Weltbild hat und ob er konstitutiv mit den politischen Ausrichtungen spezifischer linker Spektren verbunden ist. Ebenso ist eine Systematik der antisemitischen Semantik von links bislang nicht herausgearbeitet worden und geklärt worden, wie die Differenzen zum Antisemitismus von rechts beschaffen sind.

Nicht nur für die Linke, sondern für die Gesamtgesellschaft, insbesondere in den Nachfolgestaaten des Nationalsozialismus, Deutschland und Österreich, haben sich die Bedingungen für den Umgang mit dem Antisemitismus nach Auschwitz grundlegend verändert. Während der Antisemitismus vor dem Massenmord an den Juden als politisches Programm galt und Antisemiten sich auf ein solches berufen konnten[45], ist der Antisemitismus in der politischen Öffent-

---

glieder der »RAF« und der »Bewegung 2. Juni«. Anhand ihrer israelischen Reisepässe sowie teilweise vermeintlich jüdischer Namen wurden die jüdischen von den nicht-jüdischen Geiseln getrennt und danach die nicht-jüdischen Geiseln freigelassen. Diese Selektion wurde von Wilfried Böse durchgeführt.

[45] Es existierten zum Beispiel Vereinigungen wie die »Antisemitenliga« oder der »Deutsche Antisemitenbund« (vgl. Bergmann 2002: 43 f.).

lichkeit nach 1945 diskreditiert und wird strafrechtlich verfolgt. Das hat Umwegkommunikationen und Sprachregelungen zur Folge, mit deren Hilfe die antisemitische Weltanschauung ohne die Gefahr, als solche durchschaut zu werden, am öffentlichen Diskurs teilnehmen kann (vgl. Bergmann/Erb 1984). Als wichtigster Unterschied zwischen dem Antisemitismus vor und nach 1945 wurde in der Forschung vielfach festgehalten, dass die Sinnstruktur des Antisemitismus zwar reproduziert, aber meist nicht zu einer Weltanschauung ausgearbeitet wird (Holz 2001). Dies stellt die Wissenschaft vor die Schwierigkeit, die verdeckten Sprachregelungen, die geschaffen wurden, um antisemitische Standpunkte öffentlich diskursfähig zu machen, mit geeigneten Methoden zu rekonstruieren. Bezeichnungen wie »fragmentarischer Antisemitismus« (Schäuble/-Scherr 2006) oder »Camouflage« (Holz 2001, »latenter Antisemitismus« oder »sekundärer Antisemitismus« (Adorno 1995) zeigen das Spannungsfeld, in dem Antisemitismus nach 1945 erfasst werden soll.

In Bezug auf latente Ausdrucksformen des Antisemitismus ist mit dem bisherigen Blick auf die Forschung anzunehmen, dass sich insbesondere der Antizionismus und die sogenannte »Israelkritik« sowie Antiimperialismus, Antikapitalismus, Antiamerikanismus und bestimmte Formen der Globalisierungskritik als Umwegkommunikationen eignen.

Strittig ist daher die genaue Unterscheidung zwischen den genannten Ismen und dem Antisemitismus.

Das Spektrum der Positionen gestaltet sich wie folgt:
- Zwischen Antikapitalismus, Antiimperialismus und Antisemitismus besteht eine strukturelle Affinität. Hierfür wurde der Begriff des »strukturellen Antisemitismus« geprägt (vgl. Haury 2002, Postone 1995, zuerst 1979).
- Antisemitismus ist notwendig mit dem Judenbild verknüpft (vgl. Holz 2001).
- Zwischen Antisemitismus und Antizionismus besteht sowohl vor wie auch nach 1945 ein Unterschied (Volkov 2000, zuerst 1990).
- Antizionismus wird nach 1945 vom Antisemitismus abgelöst (Weiß 2005).

Des Weiteren ist für den Begriff des Antisemitismus von Belang, ob, und wenn ja, wie sich antisemitische Semantiken von links und rechts unterscheiden. Das hätte nämlich wiederum Auswirkungen auf eine Erklärung, wenn man dort Strukturtransformationen (nicht nur -variationen) beobachten könnte. Die Bezeichnung »Antisemitismus von links« bedeutet im Gegensatz zu »linker Antisemitismus«, dass es eine antisemitische Struktur gibt, auf die von links zurückgegriffen wird, es sich dabei aber nicht um einen genuin und konstitutiv mit dem linken Spektrum verbundenen Antisemitismus handelt. Zur Linken in Deutschland und ihrem Antisemitismus liegt mit Ausnahme eines ausgezeichneten Sammelbandüberblicks (Brosch 2007) zum gegenwärtigen Zeitpunkt keine systematische Untersuchung vor, welche die Differenzierungen und Gemeinsamkeiten des linken und des rechten Spektrums in Bezug auf ihre antisemitischen Argumentationen herausarbeitet und andererseits mit der soziologischen Theorie- und Methodenbildung verknüpft.[46]

Das Besondere am Antisemitismus im linken Spektrum besteht darin, dass er nicht nur Gegenstand wissenschaftlicher Forschung ist, sondern auch (Reflexions-)Gegenstand des linken Spektrums selbst, welches sich auf Antisemitismusbegriffe aus der geschichts- und sozialwissenschaftlichen Forschung bezieht. Initiiert durch die Debatten, welche zur Entstehung des anti-nationalen und später anti-deutschen Spektrums führten, setzte man sich innerhalb der Linken verstärkt seit Beginn der 1990er Jahre mit dem Antisemitismus in den eigenen Reihen auseinander. Dies führte einerseits zu einer bis heute andauernden Spaltung der Linken, die – soweit man bislang sehen kann – zwei Folgen hatte: erstens die Sensibilisierung gegenüber dem Antisemitismus in den eigenen Reihen, zweitens erbitterte ideologische Kämpfe und Rechtfertigungsstrategien im politischen Feld.

---

[46] Bezogen auf die Schweiz und den Antisemitismus der Linken, muss die Studie »Die schweizerische Linke und Israel. Israelbegeisterung, Antizionismus und Antisemitismus zwischen 1967 und 1991« von Christina Späti (2006) erwähnt werden. Was Österreich anbelangt, sei die Arbeit von Margit Reiter (2000) »Unter Antisemitismus-Verdacht. Die österreichische Linke und Israel nach der Shoah« aus dem Jahre 2000 hervorgehoben.

3. Forschungsstand: Theorien und Analysen des Antisemitismus

3.1 Einleitung und Bestandsaufnahme

Im folgenden Kapitel wird in der Auseinandersetzung mit den zentralen Theorien, Teiltheorien und empirischen Studien zum Antisemitismus die eigene theoretische Perspektive herausgearbeitet und begründet werden. Es geht einerseits um eine Bestandsaufnahme der Forschungszugänge und vorliegenden Ergebnisse, andererseits um die daraus abgeleitete Forschungsperspektive.

Ausgehend von den Möglichkeiten einer Gesellschaftstheorie des Antisemitismus werde ich die bestehenden Ansätze in der Antisemitismusforschung anhand ihrer gesellschaftlichen Bezugsebene und ihres Erklärungsansatzes darstellen und systematisieren.

In diesem Kapitel unterscheide ich Ansätze, die sich auf die Ebene des Subjekts, der Sozialstruktur, der Kultur und der Kommunikation beziehen. Dabei handelt es sich um eine analytische Unterscheidung, denn nicht jede Theorie lässt sich trennscharf einer Kategorie zuordnen. Für eine umfassende Gesellschaftstheorie müssten alle drei Ebenen in Relation zueinander gesetzt werden, wie dies zumindest in einigen Arbeiten getan wurde.[47] Neben dem »Was?« des Forschungszugangs, werde ich innerhalb der drei analytisch unterschiedenen Kategorien (Subjekt, Sozialstruktur, Kultur/Kommunikation) die Theorien nach ihrer Theoriearchitektur systematisieren, wobei ich mich auf die von Holz vorgenommene Unterscheidung in Funktionale Theorien, Korrespondenztheorien, Kausale Theorien und Differenztheorien (vgl. Holz 2002: 49-110) stütze. Die theoriearchitektonische Bestimmung bezieht sich hierbei auf das Verhältnis zwischen Semantik und Kontext und hat den Zweck, die Semantik und die damit verbundenen erkenntnistheoretischen und methodologischen Folgerungen herauszuarbeiten.

Eine Theorie des Antisemitismus müsste die Bedingungen der Möglichkeiten für die Entstehung des Antisemitismus rekonstruieren, und zwar »als Rekonstruktion der historischen Gebilde aus den Bedingungen, unter denen sie sich haben bilden können« (Dux 2000: 149). Das würde heißen, die an den jeweiligen Materialien zutage tretenden Bedeutungsgehalte empirisch zu rekonstruieren und die zugrundeliegenden Strukturen des Gesagten zu explizieren sowie zu

---

[47] Vgl. darüber hinaus auch Salzborns Versuch, Theorien auf unterschiedlichen Ebenen anhand von Interviews empirisch zu prüfen und daraus eine integrative politischen Theorie des Antisemitismus zu entwerfen (Salzborn 2010a).

erklären, wie sie sich haben bilden können. Der Vorteil einer solchen Theorie bestünde darin, etwas über die systemischen Bedingungen und Verknüpfungen des Phänomens zu erfahren, welche seine Sinn- und Bedeutungshorizonte bestimmen.

Für den Antisemitismus existiert noch keine Theorie, welche die Konstitutionsbedingungen für diese spezielle kulturelle und politisch-soziale Semantik empirisch untersucht hätte und damit auch die Strukturen des Denkens, die sich in dieser Semantik offenbaren ins Verhältnis zur jeweiligen historisch spezifischen Sozialstruktur gesetzt hätte. Eine solche Untersuchung wäre notwendig, um das Verhältnis von Semantik und Sozialstruktur sowie politischer Kultur zu bestimmen. So würden beispielsweise auch die semantischen Gemeinsamkeiten und Unterschiede zwischen einer religiös begriffenen Judenfeindschaft, dem Anti-Judaismus und dem modernen Antisemitismus trennschärfer und mit Bezug auf die Sozialstruktur und die spezifische historische Situation herausgearbeitet werden können. Auf solch einer empirischen Basis könnte an einer Erklärung der verschiedenen Realisierungsformen des Antisemitismus – von seiner Semantik bis zur Handlungsorientierung und -realisierung – gearbeitet werden.

Eine Theorie des Antisemitismus, die das Verhältnis zwischen antisemitischen Semantiken und Handlungen in Relation zur Sozialstruktur und politischen Kultur setzt und ihre Konstitutionsbedingungen klärt, existiert nicht. Sie wäre auf eine großangelegte interdisziplinäre Forschung verwiesen und müsste ebenso das Verhältnis einer Psychologie der Antisemiten zu einer Soziologie des Antisemitismus klären können. Damit wären bereits drei Disziplinen: die Psychologie, die Soziologie sowie eine historische Soziologie oder Geschichtswissenschaft erforderlich. Vor allem aber würde sie sich durch eine theoretisch angeleitete empirische Forschung auszeichnen.

Die soziologische Forschung hatte mit der gegenwärtig fast vergessenen Arbeit »Sociology of Modern Anti-Semitism« von Talcott Parsons (1993, zuerst 1942) sowie mit dem großen Forschungsprogramm der »Studies in Prejudice« unter Leitung von Max Horkheimer begonnen. Des Weiteren gab es eine Reihe von Analysen zur Deutung des Nationalsozialismus (Dahrendorf 1965, Lepsius 1965, Zapf 1965), die jedoch erst nach der »Erinnerungspause« (Srubar 1988: 109) ab 1960 in umfangreicherer Weise entstanden.[48] Der integrierte For-

---

[48] Vgl. zu einem kritischen Überblick über die Lage der Soziologie nach 1945 und zur Bedeutung der emigrierten Wissenschaftler insbesondere für die Erforschung des Nationalsozialismus, Srubar (1988). Auch Bergmann verweist auf die raren Anschluss nach 1945 an soziologischen und politikwissenschaftlichen Arbeiten, die zur Deutung des Nationalsozialismus sowie im Speziellen der NSDAP seit den frühen 1930er Jahren entstanden sind (z. B. Geiger 1930, Neumann 1942, Heberle 1945, Klönne 1955, Dahrendorf 1965, Lepsius 1966) (vgl. Bergmann 2004: 220). Vgl. zur Analyse von Soziologie und Nationalsozialismus auch Herz (1987). Sotto-

schungsansatz der Mitarbeiter des Frankfurter Instituts für Sozialforschung, der sowohl psychologische, psychoanalytische, sozialpsychologische, historische, soziologische, politik- und medienwissenschaftliche Analysen zur Erfassung des Autoritarismus im Allgemeinen und des Antisemitismus im Besonderen durchgeführt hat, hatte einen nachhaltigen Impuls für folgende psychoanalytisch-gesellschaftstheoretische Arbeiten:

1.) die empirische Soziologie und Sozialpsychologie des Antisemitismus, die primär Meinungs- und Einstellungsforschung ist;

2.) die Autoritarismusforschung (vgl. Bergmann 2004: 220, Holz 2001: 20), die insbesondere mit steigendem Rechtsextremismus in den 1980er Jahren und für die Analyse fremdenfeindlicher, antisemitischer und sogenannter undemokratischer Einstellungen in den osteuropäischen Ländern nach der »Wende« verwendet wurde.

Eine Entkopplung von Soziologie und Antisemitismusforschung wurde seitens der Soziologie häufig diagnostiziert. So stellten Rainer Erb und Werner Bergmann zu Beginn der 1990er Jahre fest, »dass die theoretische Entwicklung der sozialwissenschaftlichen Antisemitismusforschung fast völlig zum Erliegen gekommen ist« (Bergmann/Erb 1990: 11). Uta Gerhardt beklagte, dass »die Einbeziehung dieses gesellschaftlich unübersehbar wichtigen Phänomens in den Kanon oder fraglosen Erkenntnisbereich soziologischen Wissens bzw. kritischer Reflexion [...] bis heute nicht stattgefunden [hat]« (Gerhardt 1992: 267), und Micha Brumlik charakterisierte die Forschungslage 1991 mit einer Prozessmetapher: »Auf dem Weg zu einer Theorie des Antisemitismus« (Brumlik 1991: 357). Klaus Holz beschrieb die Lage auch 1996 nach wie vor als Prozess, mit dem Titel »Immer noch auf dem Weg zu einer Theorie« (Holz 1996: 173) diagnostizierte er sie zu diesem Zeitpunkt jedoch bereits als Defizit und beschrieb noch 2001 eine weitgehende »Entkopplung von Soziologie und Antisemitismusforschung« (Holz 2001), wie dies Bergmann auch 2004 bestätigte (Bergmann 2004: 221). Bergmann und Holz betrachteten das Defizit von beiden Seiten: Die Soziologie habe den Gegenstand des Antisemitismus vernachlässigt, die Antisemitismusforschung die Anbindung an neuere Theorie- und Methodenentwicklungen in der Soziologie. Die Antisemitismusforschung hat mit Ausnahme eines kleinen Bereichs sozialwissenschaftlicher Methoden[49], insbesondere der Einstel-

---

pietra weist außerdem auf frühe Untersuchen vor der modernen wissenschaftlichen Antisemitismusforschung hin, die zumeist auf spezifische historische Ereignisse konzentriert waren und eher den Tenor hatten, die von Antisemiten vorgebrachten Ressentiments widerlegen zu wollen, so beispielsweise Heinrich und Richard N. Coudenhove-Kalergie (Coudenhove-Kalergi 1901 und 1935, zitiert nach Sottopietra 1997).

[49] Vgl. zu einem ausführlichen Überblick über die Anwendung sozialwissenschaftlicher Methoden in der Antisemitismusforschung Bergmann/Erb (1998).

lungs- und Meinungsforschung, mittels standardisierter Befragungen sowie deren Sekundärauswertungen[50] die Rezeption sozialwissenschaftlicher Methoden bereits damals und in großen Maße auch heute noch wenig integriert.[51]

Mit der vernachlässigten Methodenreflexion hängen auch theoretische Fragen nach dem Textverstehen und nach den untersuchten Referenzebenen zusammen: Was analysiert man eigentlich, wenn man Texte oder Interviews auswertet? Beziehen sich diese auf Kommunikation, Bewusstsein oder psychische Strukturen?

Natürlich gibt es Ausnahmen. Beispielsweise sind aus dem Bereich der Sprachwissenschaften die Studien von Ruth Wodak, die bereits 1990 eine umfangreiche und methodisch reflektierte Studie zum Nachkriegsantisemitismus in Österreich vorlegte (Wodak 1990), hervorzuheben. Was Methoden (nicht unbedingt methodologische Reflexion) zur systematischen Analyse antisemitischer Texte angeht, dominiert die Sprachwissenschaft ohnehin das Feld (vgl. zu einem Überblick Bering 2004). So hat Nicoline Hortzitz im Jahre 1988 (Horzitz 1988) eine sehr materialreiche textlinguistische Argumentationsanalyse zum »Früh-Antisemitismus« im Deutschland von 1789-1871/72 vorgelegt, in welcher sie antijüdische Lexeme lexikalisch erfasste und die Argumente in fünf Klassen (moralische, rationale, strategische, Plausibilitäts- und Illustrationsargumente) und vier Argumentationsweisen (religiös, wirtschaftlich, völkisch-national, biologisch-anthropologisch) einteilte.

Was medien(-soziologische) Analysen betrifft, kann in Deutschland einerseits auf die Studien des Duisburger Instituts für Sozialforschung (vgl. DISS 2000, Jäger/Jäger 2003), andererseits auf das Kölner Institut für empirische Medienforschung verwiesen werden (vgl. IfeM 2002). Beide haben zu Beginn der 2000er Jahre unterschiedliche Medien, Printmedien und Fernsehen, untersucht und kommen bei ihren Analysen zu dem übereinstimmenden Ergebnis, dass Israel mehr in der Täterrolle dargestellt wird. Während das Institut für empirische Medienforschung dabei zwischen der Wortberichterstattung und der Bild-

---

[50] Vgl. die Übersichten, Erhebungen und Auswertungen bei Bergmann/Erb 1991, Bergmann 1996, Frindte 1998, Frindte/Funke/Jacob 1999, Institut für Demoskopie 1986, ALLBUSS 1996 und 2006, Wittenberg 2000, Heitmeyer 2002-2009 (jährlich), Ahlheim/Heger 2002, Brähler/Richter 2002, Wittenberg/Schmidt 2003, Eurobarometer 2003 Frindte 2006, Decker/Brähler/Geißler 2006, Decker/Rothe/Weißmann/Geißler/Brähler 2008, Brähler/Decker 2008, Decker/Weißmann/Kies/Brähler 2010, Decker/Kieß/Brähler 2012, für die Schweiz: Longchamp/Dumont/Leuenberger und Aebersold/Longchamp 2006, weltweit: Pew Research Center 2008.

[51] Ausnahmen bilden diskurshistorische Arbeiten von Ruth Wodak (1990), die objektivhermeneutische Arbeit von Klaus Holz (2001), die dekonstruktiv tiefenhermeneutische Arbeit von Salzborn (2010a) sowie die Gruppendiskussionen innerhalb der Erhebungen der Deckerschen Rechtsextremismusstudien (Decker 2008).

berichterstattung unterscheidet und zu dem Schluss kommt, dass in den untersuchten Hauptnachrichten von ARD, ZDF, RTL und Sat 1 eine ausgewogene Berichterstattung vorliegt, ergibt sich aus der Analyse der Bildberichterstattung, dass sich dort das Verhältnis einseitig zugunsten der Palästinenser verschiebt. Beispielsweise werden dem Fernsehzuschauer zwar Bilder von mächtigen israelischen Panzern präsentiert, aber nie ein palästinensischer Selbstmordanschlag. Die Analyse des Duisburger Instituts für Sozialforschung von über 400 Artikeln in sieben deutschen Zeitschriften zeigt eine abwertende Darstellung Israels und seiner Bevölkerung anhand von antijudaistischen Stereotypen neben pejorativen Charakterisierungen im Sprachfeld Brutalität und Gewalt. Negativzuschreibungen gibt es jedoch auch an die Palästinenser, so das Ergebnis der Studie. Diesen würden primär Attribute der Rückständigkeit zugeschrieben (Jäger/Jäger 2003). In beiden Studien werden die Attribuierungen in Bezug auf zwei Parteien des Nahostkonflikts beschrieben, aber nicht der systematische Bezug der zugeschriebenen Fremdbilder zum Selbstbild analysiert, genauso wie die Verdichtung zu einer Weltanschauung nicht Thema der Studien ist. Es geht primär um die Zuschreibung von Stereotypen.

Von der anderen Seite, d. h. der Berücksichtigung des Gegenstandes von Seiten der Soziologie: auch wenn es mit den vereinzelten Arbeiten von Alphons Silbermann (Silbermann 1982, 1986 (zus. mit Schoeps)), Paul Parin (Parin 1978 (1963-1978)) und Hilde Weiß (Weiß 1984, 1986, 1994) sowie neben der benannten Einstellungsforschung Anschlüsse an die Arbeiten der sogenannten Frankfurter Schule gegeben hat (vgl. dazu auch: Bergmann 1988; Holz 2001: 20), kann nicht von einer konsequenten Einbeziehung des Gegenstandsbereichs in den Kanon der Soziologie gesprochen werden.

Die Vernachlässigung dieses Forschungsgegenstandes hat Gründe. Bergmann ist zuzustimmen, wenn er eine Ursache »in der modernisierungstheoretischen Ausrichtung der Soziologie« (Bergmann 2004: 222) sieht: »Man nahm an, dass in modernen Gesellschaften nur noch erworbene individuelle Leistungen zählen würden, während zugeschriebene Merkmale wie Geschlecht, Alter und ethnische Zugehörigkeit an Bedeutung verlören« (ebd.). Einen weiteren Grund sieht Bergmann in der Ableitung kultureller Differenzen von ökonomischen Widersprüchen und einer daraus resultierenden grundlegenden Unterschätzung von Ethnizität und Kultur (ebd.).

> »Die psychoanalytisch-gesellschaftstheoretischen Arbeiten gehen theoretisch-spekulativ vor und benutzen vorhandenes historisches und empirisches Material einschließlich psychoanalytischer Fallstudien selektiv zur Abstützung ihrer Thesen; eine theoretisch orientierte empirische Forschung findet nicht statt« (Bergmann 1988: 219).

Nach dieser einleitenden Lagebestimmung der Antisemitismusforschung im Allgemeinen und der soziologischen im Besonderen sollen die Ansätze nun systematisiert werden. Es soll auf einzelne Ergebnisse und Probleme eingegangen werden, die Forschungslücken sollen bestimmt und die Frage beantwortet werden, von welchen Zugängen diese Arbeit sich aus welchen Gründen absetzt und an welche Theorieüberlegungen sie anschließt.

3.2 Erklärungsansätze auf der Ebene des Subjekts

Auch wenn es in dieser Arbeit primär um die Darstellung soziologischer Ansätze zur Erklärung und Beschreibung des Antisemitismus geht, sei zu Beginn auf psychologische und psychoanalytische Forschungen hingewiesen, gerade deshalb, weil einige Theorien, die unter der Kategorie »Sozialstruktur« vorgestellt werden, diese zur Grundlage haben bzw. sie in ihr Theoriegebäude mit einbeziehen. Außerdem ermöglichen einige Erklärungen psychoanalytischer und psychologischer Theorien bereits Hinweise auf Beschreibungen aus der Individualtherapie und Analyse, die auf der semantischen Ebene hinsichtlich der Gruppenkonstruktionen auftauchen, so etwa die Ablehnung des Fremden zur Selbststabilisierung und die Konstruktion einer »reinen«, idealen Eigengruppe als Gemeinschaft ohne Interessenskonflikte.

3.2.1 Sozialpsychologische Theorien

Insbesondere sogenannte »Sündenbock«-Theorien, die Stereotypisierungen und Vorurteile daraus erklären, dass Personen und Gruppen als »Schuldige« für Probleme verantwortlich gemacht werden, mit denen sie im Grunde nichts zu tun haben, bauen auf der Annahme eines funktionalen Zusammenhang von Frustration und Aggression und dem von Freud beschriebenen Mechanismus der Verschiebung auf (Freud 1991, zuerst 1900, vgl. u. a. Orr 2002, Ackerman/Jahoda 1950, Simmel 2002). Die Frustrations-Aggressions-Hypothese, deren Kern die These »Aggression ist immer eine Folge von Frustration« (Dollard u. a. 1994: S. 9) bildet, wurde 1939 in der Lerntheorie von Dollard, Doob, Miller, Mowerer und Sears in ihrer Veröffentlichung »Frustrations and Aggression« (Dollard u. a. 1994, zuerst 1939) entwickelt und stellt ein relativ monokausales Reiz-Reaktionsschema für die Erklärung von Aggressionen auf.[52] An-

---

[52] Die Frustrations-Aggressions-Hypothese wurde u. a. in die Verhaltenstheorie C. G. Homans aufgenommen, an die von Seiten der Soziologie in nomologischen Theorien angeknüpft wird.

hand des kleinen Jungen James, dem die Glocke eines Eisverkäufers dazu dient, die Mutter zum Eiskauf anzubetteln, beschreibt sie die Abfolge dieses Schemas, beginnend mit einem Instigator, d. h. einem Zustand, der die vorausgesagte Reaktion zur Folge hat, einer Zielreaktion, die nicht erfolgt und wegen des weiterwirkenden Instigators Frustration zur Folge hat. Darauf erfolgt eine Ersatzreaktion[53], die stellvertretend für die Zielreaktion steht und als Aggression bezeichnet wird, sobald es sich dabei um eine Verletzung der Person handelt, welche die Frustration ausgelöst hat. Aggression kann dabei in verschiedenen Formen auftreten, nämlich in Form von körperlicher Gewalt, verbalen Angriffen, allgemeinen destruktiven Ausbrüchen (Protesten) oder auch in Träumen und Phantasien. Eine Möglichkeit, die wichtig für die folgenden Sündenbocktheorien war, ist die Option, dass die Aggression auch auf andere verschoben werden kann: »Die Aggression kann gegen das Objekt, das als Quelle der Frustration wahrgenommen wird, gerichtet sein, sie kann verschoben sein auf ein völlig unbeteiligtes Objekt und sie kann sogar gegen das eigene Selbst gerichtet werden [...]« (Dollard u. a. 1994: 18). Die Frustrations-Aggressions-Hypothese ist in der Forschung vielfach kritisiert (Bandura 1973, vgl. zu einem Überblick Billig 1976) und teilweise widerlegt worden (vgl. Lange 1971, Allport 1971). Auf den Erklärungsmechanismus, dass Aggression aus Frustration folge, greift jedoch eine Vielzahl von sozialwissenschaftlichen Theorien immer wieder zurück. So betrachtete beispielsweise auch Parsons den Antisemitismus als Manifestation von Frustrationstendenzen der Mehrheitsgesellschaft, die Juden als Objekt für aus dieser Frustration resultierende Aggression wählt (Parsons 1942).

Auf dem Mechanismus der Projektion und der dafür notwendigen Projektionsflächen baut eine Vielzahl von Sündenbocktheorien in der sozialpsychologischen Forschung auf. Einen ausführlichen Überblick hierüber bietet Bergmann (Bergmann 1988). Bezogen auf den Antisemitismus heißt das, dass die für das Individuum nicht erträglich scheinenden Frustrationen auf »die Juden« projiziert werden und damit die negativen Anteile psychischer Ambivalenzen zu etwas Fremdem erklärt und damit verfolgt werden können. Das Problem von Sündenbocktheorien im Allgemeinen ist jedoch, dass sie die Wahl des jeweiligen »Sündenbocks« nicht erklären können. Empirische Beispiele für die Wahl von »Sündenböcken« gibt es nämlich viele: Christen im alten Rom, chinesische Einwanderer in den USA, Juden, Kommunisten, Bolschewiken, afro americans etc. Des Weiteren wurde die Behauptung, die auch von der »älteren« kritischen

---

[53] Bei der Beschreibung der Ersatzreaktionen bleibt die Theorie selbst widersprüchlich, weil sie trotz der Annahme, dass auf jede Frustration Aggression folgt, davon ausgeht, dass eine Ersatzreaktion auftreten kann, die die Verminderung der immer noch wirkenden Instigation zur Folge hat. Das heißt beispielsweise es wird mit etwas anderem Vorlieb genommen, als geplant war, Cola statt Eis o. ä.

Theorie verwendet wurde, dass wehrlose Minderheiten (hier: Juden) als »Sündenböcke« gewählt wurden, in Frage gestellt, genauso wie die These, dass die Tendenz zur Verschiebung bei »vorurteilsbehafteten« Menschen häufiger als unter weniger »vorurteilsbehafteten« zu beobachten ist (vgl. Allport 1971 f).

Wo die sozialpsychologische Vourteilsforschung sich auf der personalen Ebene bewegt, gibt es eine Reihe sozialpsychologischer Theorien, welche auf die Gruppenebene, d.h. die meso-soziale Ebene, fokussieren (vgl. hierzu Frindte 2006). Die bedeutsamste Theorie zur Erklärung von gruppenbezogenen Auf- und Abwertungsprozessen stellt hierbei wohl die Theorie der sozialen Identität von Henri Taijfel dar (Taijfel 1982). Auch diese Theorie greift dabei auf einen funktionalen Erklärungsmechanismus zurück. Dabei handelt es sich nicht um einen funktionalen Zusammenhang zwischen Frustration und Aggression, sondern einen zwischen Outgroup-Diskriminierung und sozialer Identität. Den Kern der Theorie bildet die Annahme, dass Personen zur Vereinfachung der Lebenswelt dazu tendieren andere Personen nach auffälligen Merkmalen zu Gruppen zusammenzufassen und sich einer Gruppe zuzuordnen. Zugehörigkeit und Identität gewinnen sie – so die weitere These - aus dem Vergleich der eigenen Gruppe mit anderen relevanten Fremdgruppen. Eine Identifikation mit einer Ingroup bedeutet gemäß dieser Theorie immer die Abgrenzung zu einer Outgroup und geht mit der Aufwertung der eigenen und Abwertung der fremden Gruppe einher (Taijfel 1982). Ähnlich wie bei den Sündenbocktheorien ergibt sich auch bei diesem Ansatz das Problem zu erklären, warum sich die Abwertungen auf spezifische Gruppen, in diesem Falle Juden, richten und in welchen gesellschaftlichen Kontexten dies geschieht. Wolfgang Frindte brachte zur Verteidigung sozialpsychologischer Ansätze vor, dass sich »der Anspruch moderner sozialpsychologischer Vorurteilstheorien, wie eben auch des Social Identity Approaches« darauf beschränken würden, »psychologische Mechanismen, also [...] mikrosoziale[n] Prozesse und meso-soziale[n] Strukturen vorurteilsbehafteter Bewertungen und Handlungen« zu erklären und nicht »die makro-sozialen Hintergründe sozialer Vorurteile zu erklären« (Frindte 2006: 172).

Die sozialpsychologische Vorurteilsforschung hat in Bezug auf die Antisemitismusforschung viel zur empirischen Klärung, aber wenig zur theoretischen Weiterentwicklung beigetragen, wie dies beispielsweise die Psychoanalyse getan hat, deren Erkenntnisinteresse zwar vorerst klinisch gebunden war, dies aber dennoch in die theoretische Weiterentwicklung floss (vgl. Freud 2000, zuerst 1939; Rosenfeld 1988, zuerst 1984; Simmel 2000, zuerst 1946; Fenichel 2002, zuerst 1946; Loewenstein 1967, zuerst 1946; Grunberger 1988, zuerst 1962; Chasseguet-Smirgel 1988, zuerst 1984).[54]

3.2.2 Psychoanalytische Theorien

Die Forschungen zur Psychoanalyse des Antisemitismus stammen primär von jüdischen Analytikern, die selbst vom Vernichtungsantisemitismus bedroht waren und ihn mithilfe der Psychoanalyse zu verstehen suchten. Die Theorien enthalten meist auch eine »Psychoanalyse der jüdischen Identität« (vgl. auch Beland 2004: 188; Auchter 2004: 2 ff.)

Auch der Begründer der Psychoanalyse, Sigmund Freud, berichtet von antisemitischen Diskriminierungen seit seiner Kindheit (vgl. dazu Auchter 2004: 2 f.). Seine Abhandlung »Der Mann Moses und die monotheistische Religion« enthält eine umfassende Auseinandersetzung mit dem, was jüdische Identität bedeutet, und eine Erklärung, warum es gerade gegen diese Gruppe eine so große und dauerhafte Feindschaft gibt. Der »Moses« kann für die psychoanalytische Antisemitismusforschung als zentraler Ausgangspunkt betrachtet werden und ist Teil von Freuds allgemeiner Kulturtheorie:

> »Freuds Antisemitismustheorie, wenn man sie so nennen will, ist ein Teil seiner Hypothesen zur einheitlichen Erklärung des Kulturprozesses, der Religionen und der Psychopathologien der Menschheit, als deren Hauptproblem er ein unbewußtes Schuldgefühl annahm« (Beland 2004: 214).

Seine Antwort auf die Quelle des Judenhasses geht auf die Religion zurück, genauer gesagt, die jüdische Religion und, wie der Titel schon sagt, auf die Figur des Moses und den jüdischen Monotheismus. Freud geht davon aus, dass »die tieferen Motive des Judenhasses [...] in längst vergangenen Zeiten [wurzeln]« und »aus dem Unbewußten der Völker [wirken]« (Freud 2002: 539). Aus der therapeutischen Analyse hat Freud für die Entwicklung einer Neurose – und er verstand jede Religion als Neurose – folgenden Prozess beobachtet: »Frühes Trauma, Abwehr, Latenz, Ausbruch der neurotischen Erkrankung, teilweise Wiederkehr des Verdrängten« (Freud 2002: 530). Zu diesem Prozess sieht er nun eine Analogie bei der Entwicklung des jüdischen Monotheismus. Und zwar folgendermaßen: Er geht von einem unbewussten Schuldgefühl aus, das aus der kannibalischen Vatertötung der vertriebenen Söhne der »Urhorde« (Freud 2002:

---

[54] Einen guten Überblick hierüber geben Bergmann (Bergmann 1988), Beland (2004) und Auchter (2004).

530) resultiert.[55] Der jüdische Monotheismus wird so interpretiert, dass Moses vom auserwählten Volk ermordet worden sei und dieses damit die »ihnen aufgedrängte Religion des Aton abwarf[en] wie früher die Ägypter« (Freud 2002: 510). Nach zweihundertjähriger Latenz sei er als Urvater wieder in die Religion eingesetzt und damit sei die unterdrückte Mosestradition durchgesetzt worden. Jedoch wurde diese Tat verleugnet und mit der Anerkennung der Vaterfigur die später von Paulus vorgenommene Anknüpfung an die Urgeschichte verbaut. Mit der Anerkennung der Vaterfigur war die Erhaltung der zentralen Charakteristika der mosaischen Religion – wie der Ablehnung von Magie und Mystik, der Orientierung an Diesseitigkeit und Geistigkeit, der Unterscheidung zwischen wahr und falsch und der Betonung von Ethik und Gerechtigkeit sowie als äußerem Zeichen dem Ritual der Beschneidung – verbunden (vgl. auch Beland 2004: 215). Mit der weiteren Entwicklung des Monotheismus resultierte, Freuds Konstruktion zufolge, das durch den verdrängten Vatermord entstandene Schuldbewusstsein des jüdischen Volkes in der Forderung zur Sühne durch Paulus, der als Fortsetzer und zugleich Zerstörer des Judentums gilt und die Befreiung aller von der Schuld verkündete: »Aber es wurde nicht an die Mordtat erinnert, sondern anstatt dessen ihre Sühnung phantasiert, und darum konnte diese Phantasie als Erlösungsbotschaft (Evangelium) begrüßt werden« (Freud 2002: 534). Was blieb, war die menschliche Schuld, die – wie Freud betont – von Paulus mit seiner Rede von der »Erbsünde« bewusst gehalten wurde, aber eben in der »wahnhaften Einkleidung der frohen Botschaft« (Freud 2002: 580). Freud zufolge aber kann die menschliche Schuld nicht gesühnt, sondern nur als »unvermeidliche Folge der Gewissensbildung anerkannt werden« (Beland 2004: 217).

Den Judenhass erklärt sich Freud nun einerseits aus der Eifersucht des Christentums auf den Gedanken der Auserwähltheit des jüdischen Volkes, der zwar vom jüdischen Volk längst aufgegeben war (Freud 2002: 534), aber dennoch weiterhin als Angriffsfläche diente. Anderseits sieht er in der Beschneidung, die im Christentum als unheimlich[56] und fremd betrachtet wurde, und der damit verbundenen Kastrationsangst (vgl. Freud 2002: 539) einen weiteren Grund. Letztlich resultiere die Abneigung aus dem »Groll gegen die neue, ihnen aufgedrängte Religion [...], aber sie haben ihn auf die Quelle verschoben, von der das Christentum zu ihnen kam« (Freud 2002: 539). Daher sei der Judenhass im Grunde Christenhaß (Freud 2002: 53).

---

[55] Freud zufolge weist der kannibalistische Akt auf den Versuch der Einverleibung des Vaters hin, um sich mit ihm zu identifizieren, da der Vater sowohl gehasst und gefürchtet, aber auch als Vorbild verehrt wurde (Freud 2002: 530).
[56] Zur Bedeutung des Unheimlichen als des Ureigenen siehe auch Freuds Ausführungen zum »Unheimlichen« (vgl. Freud 1993, zuerst 1919: 137-172).

Freud zufolge müsse es jedoch bei einem Phänomen mit solcher »Hartnäckigkeit« und Dauerhaftigkeit mehr Gründe für sein Bestehen geben (vgl. Freud 2002: 538). Als hinfälligen Grund nennt er den der »Landfremdheit« und weist darauf hin, dass Juden an den meisten Orten schon vor den gegenwärtigen Bewohnern gelebt hatten (Freud 2002: 538). Freuds Antworten, die zum Hauptmotiv des Schuldgefühls durch den Vatermord hinzukommen, haben einerseits etwas mit der sozialen Struktur der jüdischen Bevölkerung zu tun, die »zumeist als Minoritäten unter anderen Völkern leben« (Freud 2002: 538) und damit für das Gemeinschaftsgefühl der Mehrheit als Außenstehende und quantitativ Schwächere galten (Freud 2002: 538), andererseits mit der von ihm beschriebenen Abneigung der Massen gegen kleine Differenzen[57] und die starke Position der jüdischen Bevölkerung im kulturellen und wirtschaftlichen Leben (vgl. Freud 2002: 539).

Auch wenn nicht alle psychoanalytischen Theoretiker Freuds kulturhistorische These des Vatermords in der ›Urhorde‹ zum Beginn der Kulturgeschichte teilen, ist die These, dass der Judenhass eine Projektion aus Schuldgefühlen darstellt, in der psychoanalytischen Theoriebildung bis heute verbreitet (vgl. Loewenstein 1967, zuerst 1946; Grunberger 1988, zuerst 1962; Grunberger/Dessuant 2000, zuerst 1997; Casseguet-Smirgel 1988, zuerst 1984).[58] Auch nicht-psychoanalytische Theorien unternahmen den Versuch, den Antisemitismus mit Referenz auf die Entwicklung des Monotheismus und die Gegenüberstellung des »jüdischen Tieropfers« gegen das »christliche Menschenopfer« und die damit verbundene Frage der »Reinheit des Blutes« zu erklären (vgl. von Braun 2000, zuerst 1990). Insbesondere Jan Assmann ist wegen seiner Ausführungen zum Monotheismus (vgl. Assmann 2001) stark in Kritik geraten: Einer-

---

[57] »Erstens, daß sie [die Juden] in mancher Hinsicht verschieden sind von ihren ›Wirtsvölkern‹. Nicht grundverschieden, denn sie sind nicht fremdrassige Asiaten, wie die Feinde behaupten, sondern zumeist aus Resten der mediterranen Völker zusammengesetzt und Erben der Mittelmeerkultur. Aber sie sind doch anders als zumal die nordischen Völker, und die Intoleranz der Massen äußert sich merkwürdigerweise gegen kleine Unterschiede stärker als gegen fundamentale Differenzen« (Freud 2002: 538)

[58] Es gab eine starke Auseinandersetzung von Psychoanalytikern mit dem Antisemitismus, die sich u. a. in einigen maßgeblichen Symposien niederschlug. So fand das erste »Psychiatrische Symposium zum Antisemitismus« in San Francisco statt, und dessen Erkenntnisse wurden von Ernst Simmel in dem Band »Antisemitismus« dokumentiert. Im Jahr 1962 fand zum Thema »Die psychologischen und sozialen Voraussetzungen des Antisemitismus – Analyse der Psychodynamik eines Vorurteils« ein Symposium im Rahmen des 4. DGPT (Dt. Gesellschaft für Psychoanalyse, Psychotherapie, Psychosomatik und Tiefenpsychologie e. V.) statt, das von Alexander Mitscherlich organisiert wurde und in der »Psyche XVI« (1962: 241-317) dokumentiert ist.

seits wirft man ihm vor, dass er im Begriff der »Mosaischen Unterscheidung«[59] die strukturelle Logik der Intoleranz lokalisiere, die andere Seite sieht in seinen Ausführungen ein Plädoyer für die Rückkehr zu polytheistischen und kosmotheistischen Religionen.[60]

Auch wenn über die Rekonstruktion der Transformation des Antijudaismus zum modernen Antisemitismus bedeutsame Einsichten über kulturell überlieferte Kollektivsymboliken gewonnen werden können, besteht m. E. das Problem einer Erklärung des Antijudaismus und Antisemitismus aus der Genealogie des Monotheismus (mit dem Judentum als erster monotheistischen Religion) darin, dass der Grund des Antisemitismus in das Judentum selbst und nicht in die Feindbilder darüber verlegt wird. Zudem müssten diese Kollektivsymboliken in Bezug auf die Religion nach wie vor empirisch auftauchen. Sowohl die empirische Studie von Holz und Haury als auch vorweggenommen die Texte dieser Studie lassen andere Einsichten zu.

Als Gemeinsamkeiten der meisten an Freud anschließenden psychoanalytischen Arbeiten zum Antisemitismus lässt sich festhalten, dass eine projektive Abwehr von Schuldgefühlen als Motivation für den Antisemitismus kennzeichnend ist, verschiedene Formen von Destruktivität mit sich zieht und dass letztlich »der Judenhass unserer Kultur genetisch nur als Funktion des Christentums, wie es real existiert hat, verstanden werden kann« (Beland 2004: 189).

Die Aggression wird bei Grunberger und Dessuant als Folge eines nicht kritisch entwickelten ödipalen Konflikts gedeutet. Das Christentum, welches als narzisstische Religion verstanden wird, richtet diesen Hass gegen das Judentum deshalb, weil es als väterliche Ordnung und Repräsentation des Gesetzes gelte (vgl. Grunberger/Dessuant 2000). Loewenstein lehnte Freuds Deutung vom »vorhistorischen« Vatermord und auch dessen Vorstellung kultureller Vererbung von traumatischen kollektiven Erfahrungen ab, bestätigt aber aus seinen

---

[59] Mit diesem Begriff meint Assmann nicht die Unterscheidung zwischen dem einen Gott und vielen Göttern, sondern »die Unterscheidung zwischen wahr und falsch in der Religion, zwischen dem wahren Gott und den falschen Göttern, der wahren Lehre und den Irrlehren, zwischen Wissen und Unwissenheit, Glaube und Unglaube« (Assmann 2003: 12 f.). Die sogenannte »mosaische Wende« sei für ihn jedoch nicht in einem Datum anzugeben, sondern er spricht von einer »regulativen Idee, die ihre weltverändernde Wirkung über Jahrhunderte und Jahrtausende hin in Schüben entfaltet hat« (Assmann 2003: 13). Jedoch markiert er die Wende mit der Differenzierung in ein Vorher, in dem es »nur historisch gewachsene Stammes- sowie ›polytheistische‹ Kult- und Nationalreligionen gab, und einem Nachher, in welchen diese »historisch gewachsenen Religionen« (Assmann 2003: 13) in manchen Kulturen noch weiterexistieren würden und gleichzeitig »neue Religionen, denen die Merkmale des Monotheismus, der Buch- und Offenbarungsreligion und der Weltreligion gemeinsam sind« (Assmann 2003:13).

[60] Einige der Hauptkritiken sind in Assmanns Auseinandersetzung mit seinem eigenen Buch »Moses der Ägypter« und der daraus entstandenen Diskussion in seinem Buch »Die mosaische Unterscheidung« dokumentiert (Assmann 2003).

eigenen Analyseerfahrungen, dass die Genese des Gottesmordvorwurfs im Christentum an »die Juden« zur Befreiung der eigenen Schuldgefühle aus dem Todesvorwurf gegen die Vaterfigur entstehen würden. Mit der Verbreitung der biblischen Texte sieht er auch die kulturelle Überlieferung des Feindbildes »der Juden« realisiert, welches als Projektionssangebot verwendet wird (Loewenstein 1967, vgl. auch Beland 2004).

Chasseguet-Smirgels Deutung, die in der psychoanalytischen Forschung aufgrund methodischer Zweifel an ihrer Analogiesetzung (Realitätsverlust, Gewaltrechtfertigungen, Motivationen) von Antisemitismus und Utopieentwürfen aller Kulturen umstritten ist (vgl. Beland 2004), betrachtet den Judaismus als eine Religion, die in Übereinstimmung mit dem Ödipuskonflikt zu betrachten sei, während das Christentum das Realitätsprinzip narzisstisch eliminiere (Chasseguet-Smirgel 1988). Der Antisemitismus in diesem Ansatz wird als Krankheit beschrieben, der eine ideale, reine, konfliktfreie Welt imaginiere, die »der Tendenz nach identisch mit dem narzisstischen Wunsch nach ungehinderter Rückkehr in den Mutterleib« (Beland 2004: 203) sei.

Die Referenz auf Utopien macht jedoch auch Ostow, indem er auf Strukturen apokalyptischen Denkens in der Ideologie führender Nazigrößen hinweist, die sich ausdrückt in der Spaltung der Welt in Licht und Dunkel, der Imagination eines letzten Kampfes zwischen guten und bösen Mächten sowie visionären Erlösungsphantasien, die mit einer messianischen Gestalt verbunden sein können und ein besseres Zeitalter nach dem gegenwärtigen negativen imaginieren (Ostow1988). Am Denken Hitlers zeigt er das Muster von Erlösung durch Vernichtung auf, das »die Juden wahnhaft als dämonisierte Inkarnation der eigenen projizierten Zerstörungslust, als Inkarnation der Absicht, Gutes in Böses zu verkehren (Zersetzung, ebenfalls projiziert), als apokalyptische Mächte des Bösen« (Beland 2004: 192) konstruiert. Das apokalyptische Denken rekonstruiert er als eines, welches als Reaktion von Gruppen in extremen Krisen zu deuten ist.

Die bisher rezipierten Theorien beschreiben Bilder von Juden, die bereits im Antijudaismus auf zentrale Muster des jüdischen Fremdbildes sowie die Einbettung in eine bestimmte Vorstellung von der Ordnung der Welt im modernen Antisemitismus hinweisen: die Zuschreibung eines archaischen und zersetzenden Charakters an die Juden, das manichäische Weltbild, die Schuldverdrängung und die Konstruktion einer utopischen idealen Welt, die einfach gegliedert, rein und ohne Gegensätze erscheint. Insbesondere Letzteres erscheint mir auch für den modernen Antisemitismus relevant: die Sehnsucht nach einer Gesellschaft ohne Interessensgegensätze und die Konstruktion bzw. »Anrufung der Gemeinschaft« (Vobruba 1986), die es in moderner Gesellschaft nicht geben kann. Des Weiteren erscheint mir die Beschreibung des Fremden als des Unheimlichen und als Projektionsfläche für das unfassbare Fremde im eigenen

Selbst für eine Erklärung des Antisemitismus bedeutsam zu sein (vgl. auch Kristeva 1990, Whang 1962).

3.2.3 Resümee: kausale und funktionale Theorien

Die dargestellten Ansätze beschreiben Konfliktlösungsstrategien auf der psychologischen Ebene und wurden in Holz' Theorieneinteilung als kausale Theorien klassifiziert, insofern sie den Mechanismus psychischer Triebkräfte beschreiben (Holz 2001: 81 ff.), und als funktionale Theorien, insofern sie die Konfliktlösung in der Projektion auf einen »jüdischen Sündenbock« herausarbeiten (Holz 2001: 49). Zusätzlich müssen hier Theorien der sozialen Identität hinzugefügt werden, die die Abwertung einer Fremdgruppe als Funktion sozialer Identität betrachten. Betrachtet man das Verhältnis von Semantik und Kontext, wird in diesen Theoriekonstruktionen aus dem psychologischen Kontext die Semantik gedeutet und der Antisemitismus als Lösung von psychischen oder sozialen Konflikten oder Krisen erklärt. Wie Holz bereits anmerkte, wird der funktionale Zusammenhang in der sozialpsychologisch ausgerichteten Vorurteilsforschung bei der Erklärung von sozialen Vorurteilen auf der Gruppenebene oft in einen kausalen überführt (vgl. Holz 2001: 49). Dabei werden die beschriebenen Funktionen, wie die der »Prestigefunktion«[61] (Heintz 1957: 88) und die Schaffung von *Out-groups*, als Projektionsflächen vorwiegend mit der Frustrations-Aggressions-Hypothese und/oder dem Theorem des autoritären Charakters kausal erklärt (Holz 2001: 49). Daran anknüpfend gibt es auch soziologische Theorien, welche diese Theoriearchitekturen reproduzieren. Das Subjekt ist hierbei die Gruppe, womit wir uns aus psychologischer Perspektive auf der Ebene der »Massenpsychologie« bzw. meso-sozialen Ebene befinden. Erklärt werden sollen damit soziale Vorurteile. Die klassische Vorurteilsforschung erlebte ihren Höhepunkt in den 1940er und 1950er Jahren (Allport 1971, zuerst 1954; Heintz 1957), ihr Beitrag ist insbesondere in der Lokalisierung der Funktion der Vorurteile innerhalb der *In-groups* zu sehen. Lars Rensmann zufolge ist diese Prämisse »axiomatisch für jede kritische Antisemitismusforschung« (Rensmann 2005, zuerst 2004: 100):

> »Funktion und Genese von judenfeindlichen Vorurteilen müssen bei der projizierenden *ingroup* respektive den Antisemiten gesucht werden, nicht bei den als Fremdgruppe Konstruierten (Juden). Eigene Triebwünsche, Ängste, Aggressionen und Phantasien werden in Fremdgruppen-Konstruktionen als kulturell oder

---

[61] Dabei macht sich die vorurteilsbehaftete Persönlichkeit das Prestige der Wir-Gruppe zu eigen.

> politisch akzeptierte Projektionsflächen imaginiert; Juden erscheinen dergestalt im psychodynamischen Sinn als ›Sündenbock‹ für unbewusste eigene Anteile oder sozial wahrgenommene Probleme« (Rensmann 2005: 100).

Holz rückte demgegenüber den soziologischen Aspekt in den Vordergrund, dass es eigentlich die Semantik und nicht die Psyche sei, welche die Funktion erfülle, das Ansehen der Wir-Gruppe zu erhöhen und die *Out-group* abzuwerten:

> »Man muß dies nur kommunizieren, um diese Leistungen zu realisieren. Was auch immer diese Leistungen psychologisch notwendig werden läßt, erbracht werden sie von der Semantik. Ansonsten handelt es sich um nicht kommunizierte Projektionen, Phantasien, Tag- und Nachtträume, kurz um (un)bewußte Operationen, nicht aber um soziale Vorurteile. Diese müssen kommuniziert werden, sonst gibt es sie nicht« (Holz 2001: 50).

Wesentlich ist dies für den methodologischen Aspekt, da soziale Vorurteile nur in kommunikativer Form soziologisch untersucht werden können. Für die Untersuchung von Semantiken ist daher entscheidend, in welcher Form »Sündenböcke« thematisiert werden. In antisemitischen Texten können Juden die Funktion von »Sündenböcken« nur erfüllen, »wenn sie nicht als solche bezeichnet und erkennbar werden« (Holz 2001: 52). Erst in der Interpretation wird entschlüsselt, dass tatsächlich Unschuldige, d. h. »Sündenböcke«, beschrieben werden: »Diese Konstruktion ist kein Substitut, sondern ein Original, das nirgendwo anders zu finden ist als in der Semantik ›Opfer versus Täter‹« (Holz 2001: 53). Das Problem der Sündenbocktheorien der klassischen Vorurteilsforschung ist daher, dass oft auf die Interpretation des kommunizierten jüdischen Fremdbilds verzichtet wird. Ein weiteres Defizit der klassischen Sündenbocktheorien ist, dass sie die Spezifik des antisemitischen Weltbildes nicht erfassen (vgl. Holz 2001: 52, Rensmann 2005: 100, Weyand 2006: 239), das Objekt des Hasses gilt als prinzipiell auswechselbar und wird – wie wir bei Freud gesehen haben und bei Adorno noch sehen werden – primär aus sozialgeschichtlichen Gründen erklärt. Rein psychologische Deutungen enden meist mehr oder weniger bei einer Sündenbocktheorie. Die Theorie der sozialen Identität hingegen verschiebt die Erklärung auf das psychologische Bedürfnis sozialer Identität durch Fremdgruppenabwertung und bestimmt diese als Funktion für soziale Identität. Andere funktionale Betrachtungen beziehen sich meist auf sozioökonomische Funktionen und befinden sich daher bereits auf einer soziologischen Ebene. Die meisten psychologischen Erklärungen des Antisemitismus weisen daher über sich selbst hinaus.

3.2.4 Übergänge: Fenichels klassentheoretischer Ansatz und die Grenzen der Psychoanalyse

Otto Fenichel, dessen Theorie am besten interdisziplinär anschließbar ist, hat das Problem einer Verbindung der beiden Zugänge zutreffend charakterisiert:

> »Da die Psychoanalyse eine Methode der Behandlung oder Untersuchung des Seelenlebens Einzelner ist, kann es strenggenommen nur eine Psychoanalyse des Antisemiten, nicht aber des Antisemitismus geben. Die Frage ist, was der Vergleich der Psychoanalyse vieler Antisemiten zum Verständnis des sozialen Phänomens des Antisemitismus beitragen kann« (Fenichel 2002, zuerst 1946: 35).

Sein Argument ist, dass die menschliche Triebstruktur im Verlauf der Zeit unverändert blieb (Fenichel 2002: 35) und daher nicht der Hauptaspekt zum Verständnis von Veränderungen sein kann, jedoch geschichtliche Veränderungen zu verzeichnen sind, die er sowohl im gesellschaftlichen und politischen Kontext sowie in den Konsequenzen und der Mächtigkeit des Antisemitismus verortet (vgl. Fenichel 2002: 36 f.). Freuds Kulturtheorie lehnt er aus diesem Grunde ab. Er wirft ihm, ähnlich wie Adorno, eine fehlende Differenzierung zwischen psychischen und sozialen Prozessen vor. Vor diesem Hintergrund muss dann auch die Bestimmung des Antisemitismus als Krankheit, wie dies mit den Bezeichnungen »Massen-Psychopathologie« (Simmel 2002, zuerst 1946) oder »Vorurteilskrankheit« (Mitscherlich 1962) vorgenommen wurde, in Frage gestellt werden, da sie nicht als primär individualpsychologisch zu behandelnde und dadurch veränderbare Krankheit, sondern als der modernen Gesellschaft inhärentes Phänomen zu betrachten ist. Diese Auffassung wurde insbesondere von Adorno und Horkheimer betont und ist im Großteil soziologischer Theorien zum Antisemitismus Konsens.[62]

Fenichel nennt die Wehrlosigkeit der jüdischen Bevölkerung aufgrund ihrer sozialen Stellung und die Ausübung von Berufen, wie beispielsweise die des

---

[62] Unabhängig vom Phänomen des Antisemitismus hat für die soziologische Theoriebildung maßgeblich Émile Durkheim die Unterscheidung zwischen psychischen und sozialen Phänomenen vorgenommen, auch wenn er sich für den damit verbundenen Anspruch, Soziales nur durch Soziales zu erklären, nicht selten den Vorwurf des »Soziologismus« einhandelte. Zentraler Bestandteil seiner »Regeln der soziologischen Methode« (Durkheim 1984, zuerst 1895) ist dabei auch die Unterscheidung zwischen normalen und pathologischen Phänomenen, wobei er zu folgendem Definitionsversuch kommt: »Ein soziales Phänomen ist für einen bestimmten sozialen Typus in einer bestimmten Phase seiner Entwicklung normal, wenn es im Durchschnitt der Gesellschaften dieser Art in der entsprechenden Phase der Evolution auftritt« (Durkheim 1984: 155). Erst eine übermäßige Häufung wird insofern als pathologisch beschrieben, als sie aus dem anomischen Zustand von Gesellschaften resultiert (vgl. Durkheim 1983, zuerst 1897).

Händlers und Geldverleihers, als zentrale Gründe für die Konstruktion von Juden als »Sündenböcke« (Fenichel 2002: 40). Trotz der gleichzeitigen Verarmung eines Großteils der jüdischen Bevölkerung wurde ihnen die Repräsentation des Geldes zugeschrieben. Dass die Festlegung auf »den von der Kirche als ›Wucher‹ verdammten Geld-, Pfand- und Kleinhandel« daraus resultierte, dass Juden aus den »sich als christliche Bruderschaften verstehenden Zünften« (Bergmann 2002: 11) ausgeschlossen waren, wurde im antijüdischen Ressentiment nicht reflektiert, sondern bestärkte das Vorurteil. Fenichel hat eine ökonomische Erklärung dafür:

> »Wenn die soziale Ordnung (oder besser Unordnung) übermäßiges Elend hervorbringt, dann sind die Opfer dieses Elends selten in der Lage, seinen Ursprung zu entdecken. Dies gelingt ihnen nicht, weil einerseits die grundlegenden Ursachen des Elends zu kompliziert sind und weil andererseits die vorhandene herrschende Klasse alles in ihrer Macht stehende tut, die wahren Zusammenhänge zu verdunkeln. Es kommt also darauf an, in der Welt der Opfer Menschen zu finden, die ihnen als Ursache ihre Elends erscheinen« (Fenichel 2002: 40).

Aus dieser Erklärung können zwei Argumente herausgelesen werden: einerseits auf Seiten der nicht herrschenden Klasse die Unfähigkeit, die Komplexität der realen Verhältnisse zu durchschauen, andererseits die Verschleierung der realen (falschen) Verhältnisse von Seiten der herrschenden Klasse. Letzteres Argument wurde auch von großen Teilen der radikalen Linken aufgegriffen und häufig verzerrt, um den Antisemitismus als Motiv der herrschenden Klasse zur Spaltung der Arbeiterklasse zu bestimmen. Wie wir in der empirischen Analyse noch sehen werden, wurde dieses Argument innerhalb der radikalen Linken häufig zur Relativierung des Antisemitismus im Nationalsozialismus verwendet.

Fenichel führt jedoch weitere Gründe zur Erklärung dafür an, warum Juden als Objekt des Hasses gewählt wurden: die »Fremdartigkeit« (Fenichel 2002: 43) der jüdischen Bevölkerung, die sich in anderem Aussehen, Verhalten und sprachlichem Ausdruck manifestierte, nebst ihrer jahrhundertelangen Ablehnung der Assimilation. Er führt weiter aus, dass die jüdische Sprache und Kleidung an die von Deutschen in früheren Jahrhunderten verwendeten erinnern und daher »den Eindruck von etwas Archaischem, aus alter Zeit Übriggebliebenem machten, das die Nichtjuden bereits abgelegt hatten« (Fenichel 2002: 43). Hier erinnert seine Argumentation stark an das von Freud beschriebene »Unheimliche« (Freud 1993) und knüpft auch an dessen Argumentation an (Fenichel 2002: 46). Dies erklärt nur, warum Juden sich als Opfer zu eignen scheinen, den Grund der Feindschaft verortet Fenichel in dem aus Herrschaft resultierenden, umgeleiteten Hass:

> »Der Antisemitismus ist in der Tat eine Verdichtung der widersprüchlichsten Bestrebungen: eines Aufruhrs der Triebe gegen die Obrigkeit sowie einer gegen das eigene Selbst gerichteten, grausamen Unterdrückung und Bestrafung für diese Rebellion. Im Unbewußten der Antisemiten verkörpern die Juden gleichzeitig das, wogegen sie gern rebellieren möchten, und die rebellische Tendenz in ihnen selbst« (Fenichel 2002: 45).

Auch wenn Fenichel einige geschichtliche Veränderungen beschreibt, lassen sich meiner Lesart nach strukturell zwei Erklärungsstränge erkennen: einerseits das als unheimlich konstruierte Fremde und andererseits die mit der Ohnmacht verbundenen Zuschreibung von Macht. Diesen Aspekt hat Thomas Haury folgendermaßen beschrieben:

> »Gesellschaftstheoretisch begriffen werden muss er [der moderne Antisemitismus, C. G.] als Ideologie, die die Subjekte einerseits selbst produzieren, um sich die kapitalistische Gesellschaft zu deuten, um ihr Leiden daran artikulieren und ihrer ohnmächtigen Wut und ihrem Haß ein zwar falsches, aber konkretes und wehrloses Ziel zu geben, als eine Ideologie, die andererseits in ihrer Struktur, in ihren Funktionen und zentralen Inhalten durch eben diese Gesellschaft präformiert wird« (Haury 1992: 127).

Während mit Fenichels klassentheoretischem Ansatz bereits die Verbindung zwischen psychischen und sozialen Aspekten aufgegriffen ist, soll im Folgenden auf Ansätze eingegangen werden, welche an die Erkenntnisse der Psychoanalyse anknüpfen und eine Erklärung des Antisemitismus mit soziologischer Forschung verbinden.

3.3 Erklärungsansätze auf der Ebene der Sozialstruktur

3.3.1 Antisemitismus und Autoritarismus: die »ältere« Kritische Theorie

Zygmunt Baumann forderte dazu auf, die Lehren des Holocaust in die vorherrschenden Theorien der Moderne aufzunehmen. Diese Forderung ist in der älteren »Kritischen Theorie«, für die eine Erklärung des Antisemitismus nur als Teil einer Theorie der modernen Gesellschaft möglich schien, reflektiert worden. Dabei handelt es sich um die Forschergruppe um Max Horkheimer und Theodor W. Adorno, die sich bereits vor dem Nationalsozialismus am Frankfurter Institut für Sozialforschung und dann im französischen und US-amerikanischen Exil mit dem später für ihre Erklärung des Antisemitismus zentralen Erklärungsmodell des »autoritären Charakters« beschäftigten (vgl. Horkheimer 1987, zuerst 1936). Diese Theorie setzt zur Erklärung des Antisemitismus auf der Ebene des Subjekts an, führt jedoch die subjektive Verfassung auf gesellschaftliche Strukturen zurück und berücksichtigt damit sowohl die Ebene der Sozialstruktur als auch die Ebene der Kultur, und damit gewissermaßen alle hier analytisch unterschiedenen Kategorien für die Gliederung von Erklärungsansätzen. Trotzdem weist sie zentrale methodologische und erkenntnistheoretische Probleme auf, die nach der Darstellung dessen, was sie an Erklärungskraft aufweist, erörtert werden sollen.

Horkheimer wies bereits 1932 auf die Notwendigkeit hin, alle genannten Dimensionen für eine Gesellschaftstheorie zu berücksichtigen und die »Zusammenhänge zwischen dem wirtschaftlichen Leben der Gesellschaft, der psychischen Entwicklung der Individuen und den Veränderungen auf den Kulturgebieten im engeren Sinn« (Horkheimer 1932: 32) zu erforschen. Dies zielte in Horkheimers Perspektive auf eine Verbindung der Freudschen Psychoanalyse mit der Marxschen Kritik der politischen Ökonomie, die offen für empirische Forschungen war (vgl. Horkheimer 2002, zuerst 1946: 24), und realisierte sich in den Forschungen der sogenannten »Frankfurter Schule«. Auf eine notwendig interdisziplinäre Erforschung des Antisemitismus wies er bereits damals hin. Auch diagnostizierte er, dass die soziologische Forschung bisher wenig zur Lösung des Problems des Antisemitismus beigetragen habe (vgl. Horkheimer 2002: 24) und psychoanalytische Untersuchungen, wie Freuds »Der Mann Moses und die monotheistische Religion« (Freud 2000, zuerst 1939) und Fenichels Ausführungen (Fenichel 2002, zuerst 1946), der einzige Ausgangs- und Anknüpfungspunkt seien (Horkheimer 2002: 24). Eine ausschließlich psychologische Erklärung lehnte er ab, weil eine solche »Verhältnisse voraussetzen [...] würde, unter denen der Antisemitismus nicht die schreckliche Bedrohung darstellte, die er tatsächlich ist« (Horkheimer 2002: 34), und die Welt primär durch ökonomische Gesetze bestimmt wären, »die jenseits menschlicher Kontrolle liegen« (Horkheimer 2002: 32). Weyand hat diesen Sachverhalt als paradoxe Anforderung an das Individuum beschrieben, die sich durchaus auf die aktuelle gesellschaftliche Situation übertragen lässt:

> »Die kapitalistische Warenproduktion stellt an das Individuum widersprechende Anforderungen. Einerseits wird ihm zugesprochen und zugemutet, seine Selbsterhaltung individuell eigenverantwortlich zu organisieren, Schmied seines Lebensglücks zu sein, andererseits sind die Bedingungen der individuellen Selbsterhaltung für den Einzelnen nicht kontrollierbar« (Weyand 2006: 241).

Aus der Perspektive der Kritischen Theorie wird bereits in der bürgerlichen Familie unter der Autorität des Vaters gelernt, die Fehler bei sich selbst zu suchen und damit jeden »Mißerfolg nicht bis zu seinen gesellschaftlichen Ursachen zurück[zu]führ[en], sondern »bei den individuellen stehen [zu] bl[ei]ben und diese entweder religiös als Schuld oder naturalistisch als mangelnde Begabung [...] [zu] hypostasier[n]« (Horkheimer 1988a, zuerst 1936: 399). Das Ausblenden der gesellschaftlichen Erklärungen und die Rückführung der Erklärung auf eine »angelegte« Fähigkeit des Subjekts oder einen anderen metaphysischen Grund wird in dieser Perspektive als falsch betrachtet. Daher zielte die Erklärung des Antisemitismus aus der Perspektive der Kritischen Theorie auf eine Verbindung der ökonomischen und sozialisatorischen Bedingungen der kapitalistischen Gesellschaft, auch wenn es sich laut Adorno dabei um keine Theorie des Antisemitismus, sondern um »Elemente des Antisemitismus« (Adorno 1998a, zuerst 1944) handelt, die er in der genannten Abhandlung beschrieben hat.

Die beiden Schriften zusammen, d. h. »die Elemente des Antisemitismus« als Teil der »Dialektik der Aufklärung« und die »Studien zum autoritären Charakter«, bilden mit dem Hintergrund der gesamten Ausführungen in der »Dialektik der Aufklärung« (Adorno 1998c) und der »Negativen Dialektik« (Adorno 1998d) sowie einigen für den Forschungsgegenstand des Antisemitismus zentralen Aufsätzen zur Frage der »Erziehung nach Auschwitz« (Adorno 1998e), »Was bedeutet: Aufarbeitung der Vergangenheit« (Adorno 1998f), »Vorurteil und Charakter« (Adorno 1998g), »Meinung Wahn Gesellschaft« (Adorno 1998h), »Auf die Frage: Was ist deutsch« (Adorno 1998i), dem Kapitel »Schuld und Abwehr« (Adorno 1998j) aus dem »Gruppenexperiment« (Pollock 1955) und den Ausführungen zur »Empirischen Sozialforschung« (Adorno 1998k), eine kritische Theorie der modernen Gesellschaft, in welche eine Erklärung des Antisemitismus eingebettet ist und die Wurzel des Völkermords »in jener Resurrektion des angriffslustigen Nationalismus [gesehen wird], die seit dem Ende des neunzehnten Jahrhunderts in vielen Ländern sich zutrug« (Adorno 1998e: 675). Der Nationalismus wird als ein zentrales Erklärungsmodell herangezogen, welches den Holocaust ermöglichte und auch »die Möglichkeit der Verschiebung dessen, was in Auschwitz sich austobte« (Adorno 1998e: 689) bot. Damit zusammenhängend werden für die Erklärung des Antisemitismus samt seiner eliminatorischen Form zu Zeiten des Nationalsozialismus herrschaftsökonomische (»die Verkleidung der Herrschaft in Produktion«, Adorno 1998a: 197) und psychoanalytische Gründe für die Erklärung des Antisemitismus herangezogen.

Antisemitismus wird in diesem Theoriekontext als Fremdbild verstanden: Es sei »das Gerücht über die Juden« (Adorno 1988: 125), das allerdings Adorno zufolge in ein autoritäres Deutungsmuster eingebettet sei und in einem größeren empirischen Forschungsprojekt untersucht wurde. Mit diesen »Studies in the Authoritarian Personality« (Adorno 1998b, zuerst 1950), einer Studie, die zentraler Teil der fünfbändigen »Studies in Prejudice« (Horkheimer/Flowerman 1949) wurde und die Adorno zusammen mit Else Frenkel-Brunswik, Daniel J. Levinson und R. Nevitt Sanford veröffentlichte, legte er eine am ehesten als sozialpsychologisch zu charakterisierende Erklärung des Antisemitismus vor, in welcher er dessen Funktion im Denken und Leben eines Individuums zu klären sucht. Die psychische Verfassung des Individuums wird dabei auf strukturelle Bedingungen der modernen Gesellschaft zurückgeführt, welche die Herausbildung der Akzeptanz von Autorität fördert und sich in der frühkindlichen Sozialisation herausbildet (Adorno 1998l: 25) sowie unter Bedingungen kapitalistischer Warenproduktion verfestigt.

Die Empfänglichkeit eines Individuums für antisemitische Propaganda wird dabei auf eben diese autoritäre Charakterstruktur zurückgeführt. Adorno und Horkheimer haben diese Struktur einmal anschaulich als »Radfahrersyndrom« bezeichnet, d. h., nach oben wird gebuckelt und nach unten getreten. Die Ambivalenz von Gehorsam und Rebellion, wird – wie dies vorher bereits bei Fenichel gefasst wurde – auf die Fremdgruppe projiziert. Die Aggression wird also nicht gegen die gesellschaftliche anerkannte Autorität gerichtet, welche an der Unterdrückung beteiligt ist, sondern wird gegen Fremdgruppen gerichtet, während man sich der Autorität der eigenen Gruppe unterwirft. Detlev Claussen hat dies als »konformistische Rebellion« bezeichnet (Claussen 1994: 21), Erich Fromm hat diesen Charaktertypen als sadomasochistischen bezeichnet, als einen, welcher sich durch »Lust am Gehorchen« und »Aggression [...] gegen den Wehrlosen« auszeichne (Fromm 1987, zuerst 1936: 112, 115). Mit dem Fokus auf die autoritäre Persönlichkeit und die Frage, warum sich Menschen freiwillig Autorität unterwerfen, wurde ein Problem aufgenommen, das die Philosophie der Aufklärung von Kant ausgehend beschäftigte. Der Mangel an individueller Autonomie diente dabei bereits Kant als Erklärung, warum sich Menschen dem Adel und der Kirche unterwerfen (vgl. Kant 1999, zuerst 1784). Die psychologische Untersuchung der Frage, warum Menschen sich freiwillig bestimmten Führern unterwerfen und die Orientierungen anderer übernehmen, begann mit Le Bons und Freuds Untersuchungen zur Massenpsychologie zu Beginn des 20. Jahrhunderts. Das Autoritarismuskonzept als Beschreibung einer Persönlichkeitsstruktur wurde jedoch erst in den 1930er Jahren von Reich (Reich 1986, zuerst 1933), Fromm, Horkheimer und Marcuse (Fromm/Horkheimer/Marcuse 1936) formuliert, sowie mit der genannten Arbeit zum autoritären Charakter von Adorno, Frenkel-Brunswik, Levinson und Sanford weiter empirisch untersucht und ausformuliert.

In Anlehnung an die psychoanalytische Theorie Freuds wird die Genese dieser Charakterstruktur mit einer spezifischen, nämlich sadomasochistischen Lösung des Ödipuskomplexes in modernen kapitalistischen Gesellschaften erklärt. Die Familienstruktur und die im entwickelten Kapitalismus nicht gedeckte Autorität des Vaters spielen bei der Entwicklung von Autoritätsverhältnissen eine zentrale Rolle. Die Familie – so die Analyse – dient nicht mehr als Vermittler von Fähigkeiten und Wissen, die zur Reproduktion notwendig sind und welche zunehmend von Institutionen übernommen werden. Ein Überleben außerhalb der Familie ist möglich, »der Bruch mit der Familie verliert daher für das Mädchen ebenso wie für den Jungen seinen Schrecken« (Horkheimer 1988b: 379).

Die Akzeptanz von Autorität hingegen wird bereits in der frühkindlichen Konstellation gefördert, und zwar »nicht um deren sachlichen Gehalt[s], sondern um ihrer selbst Willen, und zwar nicht auf der Ebene der Kognition, sondern auch auf der Ebene der Emotion und des Verhaltens« (Weyand 2006: 240), denn das Kind lernt mit dem Respekt vor der väterlichen Stärke »das, was es mit seinem Verstand als existierend feststellt, mit seinem Herzen lieben« (Horkheimer 1988a: 391) und dabei die »erste Ausbildung für das bürgerliche Autoritätsverhältnis« (Horkheimer 1988a: 391). Horkheimer beschreibt diese Entwicklung bereits in seiner frühen Studie »Autorität und Familie«, in der es noch nicht um die Verbindung des »autoritären Charakters« mit dem Antisemitismus im Speziellen ging:

> »Weil der Vater *de facto* mächtiger ist, darum ist er es auch *de iure*; das Kind soll dieser Überlegenheit nicht bloß Rechnung tragen, sondern sie zugleich achten, indem es ihr Rechnung trägt. In dieser familialen Situation, die für die Entwicklung des Kindes bestimmend ist, wird bereits die Autoritätsstruktur der Wirklichkeit außerhalb der Familie weitgehend vorweggenommen: die herrschenden Verschiedenheiten der Existenzbedingungen, die das Individuum in der Welt vorfindet, sind einfach hinzunehmen, es muß unter ihrer Voraussetzung seinen Weg machen und soll nicht daran rütteln. Tatsachen erkennen, heißt sie anerkennen« (Horkheimer 1988a: 390 f.).

Das faktische Autoritätsverhältnis wird vermittels des psychischen Mechanismus der Identifizierung vom Kind internalisiert. Da die väterliche bzw. elterliche Autorität jedoch aufgrund der Veränderungen der gesellschaftlichen Stellung der Familie nicht mehr gedeckt sei, bleibe das Über-Ich äußerlich:

> »Bald jedoch entdeckt es [das Kind], daß der Vater keineswegs die machtvolle Gestalt, der unparteiische Richter und großzügige Beschützer ist, als der er hingestellt wird. [...] Die sozial bedingte Schwäche des Vaters, die durch gelegentliche Ausbrüche von

Männlichkeit nicht widerlegt wird, verwehrt dem Kind, sich wahrhaft mit ihm zu identifizieren« (Horkheimer 1988b: 384).

Wegen des Fremdbleibens des Über-Ichs ist es für das Ich schwierig, diesen Prozess zu reflektieren, das Ich bleibt demnach schwach (vgl. Weyand 2006: 240). Die Bereitschaft, sich mit jeder beliebigen Autorität zu identifizieren, nur weil sie stark genug ist, ist eine Folge daraus (vgl. Horkheimer 1988b: 385). Horkheimer zufolge sucht das Kind unter den Bedingungen der modernen kapitalistischen Gesellschaft nach stärkeren Vorbildern, »Vaterfiguren«, weil es »anstatt eines Vaterbildes nur die abstrakte Vorstellung einer willkürlichen Macht empfing« (Horkheimer 1988b: 384). Solche Vorbilder habe auch die »faschistische Vorstellungswelt« angeboten (Horkheimer 1988b: 384). Adorno kommt auf die Verbreitung der misslungenen Identifikation mit dem Über-Ich in seinem Radiogespräch im Hessischen Rundfunk 1969 noch einmal zu sprechen, die er im Besonderen auch bei Intellektuellen verbreitet sieht:

> »Und gerade weil ihnen die Identifikation misslingt, weil es ungezählte Erwachsene gibt, die eigentlich nur den Erwachsenen spielen, der sie nie ganz geworden sind, müssen sie ihre Identifikation mit solchen Vorbildern womöglich noch überspielen, übertreiben, sich in die Brust werfen, mit Erwachsenenstimmen daherreden, nur um die Rolle, die ihnen selber eigentlich misslungen ist, sich und anderen glaubhaft zu machen. Ich glaube, dass eben dieser Mechanismus zur Unmündigkeit gerade auch unter gewissen Intellektuellen anzutreffen ist« (Adorno 1971, zuerst 1969: 141 f.).

Der Unterschied zwischen Autoritärem und Nicht-Autoritärem sei die Reflexion auf die eigenen projektiven Deutungen (vgl. Adorno/Horkheimer 1988c: 217). Die Projektion gelte jedoch für beide, da »die Deutung der inneren und äußeren Welt von charakterlichen Dispositionen abhängt« (Weyand 2006: 237). Dass es überhaupt beide Charaktertypen gibt, erklärt Adorno aus unterschiedlichen Familienkonstellationen und Lösungen des Ödipus-Konfliktes (Adorno 1995: 314 ff.).[63]

Im Falle des schwachen Ichs, welches nicht rational zwischen Es, Über-Ich und Realität vermitteln kann, findet zur Kompensation dieser Schwäche häufig eine Identifikation mit starken äußeren Autoritäten und eine Tendenz zu »pathischer Projektion« (Adorno 1998: 217) statt:

> »Unter dem Druck des Über-Ichs projiziert das Ich die vom Es ausgehende, durch ihre Stärke ihm selbst gefährlichen Aggressi-

---

[63] Weyand wies darauf hin, dass Horkheimer in »Autorität und Familie« die Unterschiede noch auf verschiedene Beziehungen zu Vater und Mutter erklärt, dies aber in den späten 1940er Jahren revidierte (Weyand 2006: 241).

> onsgelüste als böse Intentionen der Außenwelt und erreicht es
> dadurch, sie als Reaktion auf solches Äußere loszuwerden, sei es
> in der Phantasie durch Identifikation mit dem angeblichen Bö-
> sewicht, sei es in der Wirklichkeit durch angebliche Notwehr.
> Das in der Aggression umgesetzte verpönte ist meist homosexu-
> eller Art« (Adorno/Horkheimer 1998a: 217).

So wäre beispielsweise auch die Kombination von antisemitischen und homophoben Deutungsmustern zu erklären, was jedoch auf der semantischen Ebene noch weiterer empirischer Forschung bedarf.[64] Auch wenn Adorno und Horkheimer Parallelen zwischen dem Autoritären und dem psychisch Kranken, insbesondere dem Paranoiker, ziehen (Adorno/Horkheimer 1998a: 217), erklären sie den Autoritarismus und den Antisemitismus dennoch nicht als psychisch zu behandelnde Krankheit, sondern aus der Konstellation moderner Gesellschaften resultierend:

> »Je tiefer man jedoch in die psychologische Genese des totalitä-
> ren Charakters eindringt, um so weniger wird man sich damit
> begnügen, ihn ausschließlich psychologisch zu erklären, um so
> mehr wird man Rechenschaft davon abzulegen haben, daß seine
> psychologischen Verhärtungen Mittel der Anpassung an eine
> verhärtete Gesellschaft sind« (Adorno 1998m, zuerst 1954: 439).

Auf der Ebene der Kultur stünden passende Ideologien, respektive der Nationalismus bereit, welche die Identifikation mit einer starken Autorität in Form einer Wir-Gruppe ermöglichen und prädestinierte Objekte zur Projektion anbieten würden. Warum es dabei gerade sie trifft, wird aus der Sozialgeschichte erklärt, hauptsächlich mit Bezug auf die sehr lange vorhandenen Stereotype aus dem christlichen Antijudaismus, die Beschränkung auf spezifische Berufe im Mittelalter und ihre damit verbundene Zuordnung zur Zirkulationssphäre sowie ihre Abhängigkeit und Schutzbedürftigkeit (vgl. Horkheimer 2002: 31 ff; Adorno/Horkheimer 1998a: 198 ff.):

> »Stets blieb er Schutzjude, abhängig von Kaisern, Fürsten oder
> dem absolutistischen Staat. Sie alle waren einmal ökonomisch
> avanciert gegenüber der zurückgebliebenen Bevölkerung. Soweit

---

[64] Untersuchungen zu Geschlechterkonstruktionen im Antisemitismus deuten darauf hin. Die Darstellung »des Jüdischen« als Ambivalentem wird auch im Geschlechterbild deutlich. Der jüdische Körper wird dabei als gespalten, männlich und weiblich zugleich, vorgestellt und den homogenen und eindeutig zugeordneten Geschlechterkonstruktionen der Wir-Gruppe entgegengestellt. Vgl. zum Nationalsozialismus die Studie von Daniel Wildmann über die Konstruktion des »arischen Männerkörpers« (Wildmann 1998). Prinzipiell existieren Stereotype vom »femininen jüdischen Mann« bis zum »jüdischen Vergewaltiger«, d. h. die Darstellung des jüdischen Mannes als schmächtig und zugleich lüstern und bedrohlich, von der »schönen Jüdin« bis zum »jüdischen Mannweib« bzw. »bolschewistischen Flintenweib« (A. G. Gender Killer 2005; Hödl 2005; von Braun 1992, 2005; Jakubowski 1995, 2005; Ziege 1995, 2005, Günther 2005).

> sie den Juden als Vermittler brauchen konnten, schützen sie ihn
> gegen die Massen, welche die Zeche des Fortschritts zu zahlen
> hatte« (Adorno/Horkheimer: 1998a: 199).

Aber auch – wie sich am zeitgenössischen Material ebenfalls zeigen wird – weil sie die Sphäre der Moderne und des Fortschritts repräsentierten. Adorno weist auf das naive Vertrauen – auch jüdischer Personen – in eine bürgerliche Rechtsordnung hin, die nur formal gleichstellt, basierend auf dem abstrakten Recht, das von den sozialen Verhältnissen der Menschen und ihren konkreten Zwecken abstrahiert.

> »Sie [die Juden] trugen kapitalistische Existenzformen in die
> Lande und zogen den Haß derer auf sich, die unter jenen zu lei-
> den hatten Um des wirtschaftlichen Fortschritts willen, an dem
> sie heute zu Grunde gehen, waren die Juden von Anbeginn den
> Handwerkern und Bauern, die der Kapitalismus deklassierte, ein
> Dorn im Auge. Seinen ausschließlich partikularen Charakter er-
> fahren sie nun an sich selber. Die immer die ersten sein wollten,
> werden weit zurückgelassen. [...] Die den Individualismus, das
> abstrakte Recht, den Begriff der Person propagierten, sind nun
> zur Spezies degradiert. Die das Bürgerrecht, das ihnen die Quali-
> tät der Menschheit zusprechen sollte, nie ganz ohne Sorge besit-
> zen durften, heißen wieder Der Jude, ohne Unterschied« (A-
> dorno/Horkheimer 1998a: 199).

Trotzdem verleitet diese Kritik Adorno nicht dazu, den Antisemitismus korrespondenztheoretisch zu erklären. Ihm zufolge ist der Antisemitismus relativ unabhängig von seinem Objekt (vgl. Adorno 1995: 109). Die programmatische Frage »Warum die Juden?« ist eher in dem Bild zu suchen, welches Antisemiten von »Juden« konstruieren, d. h. in der Frage, was »Juden« für Antisemiten repräsentieren und welche Funktionen sie erfüllen.

Da der psychische Mechanismus, wie bereits oben beschrieben, mit der Ohnmacht der Subjekte gegenüber den bestehenden ökonomischen Gesetze verknüpft ist, kann aus der Perspektive der Kritischen Theorie daraus resultierend die Wahl des Juden als «Sündenbock« aus einem spezifischen aus den Herrschaftsverhältnissen resultierenden Begehren erklärt werden:

> »Gleichgültig wie die Juden an sich selber beschaffen sein mö-
> gen, ihr Bild, als das des Überwundenen, trägt Züge, denen die
> totalitär gewordene Herrschaft todfeind sein muß: des Glückes
> ohne Macht, des Lohnes ohne Arbeit, der Heimat ohne Grenz-
> stein, der Religion ohne Mythos. Verpönt sind diese Züge der
> Herrschaft, weil die Beherrschten sie insgeheim ersehnen« (A-
> dorno/Horkheimer 1998a: 225).

Durch den Antisemitismus und Autoritarismus können insofern primär Herrschaftsverhältnisse gesichert werden (vgl. Adorno/Horkheimer 1998a: 198). So wird dem Autoritarismus im Allgemeinen und dem Antisemitismus im Besonderen auch ein funktionaler Charakter zugeschrieben. Adorno beschreibt den »›funktionalen Charakter des Antisemitismus«, nicht jedoch verstanden als eine spezifische »Funktion für« oder »Funktion von«, sondern als funktional in der relativen Unabhängigkeit vom Objekt (Adorno 1995: 109). Das heißt aber nicht Beliebigkeit. Für die Wahl von Juden als Objekt des Antisemitismus wurden bereits einige plausible Gründe geliefert und damit klargemacht, dass die Ursache des Antisemitismus Adorno zufolge nicht im Objekt zu verorten ist und »wenig mit den Eigenschaften derer zu tun hat, gegen die es sich richtet« (Adorno 1995: 108). In den »Studien zum autoritären Charakter« werden die Bedingungen des »Objekts unbewußten Vernichtungswillens« auf abstrakter Ebene näher spezifiziert:

> »Es muß greifbar genug, aber auch nicht zu greifbar sein, damit die eigene Wirklichkeit es nicht zunichte macht. Es muß historisch fundiert sein und als unbestreitbares Element der Tradition erscheinen. Es muß in starren und wohlbekannten Stereotypen definiert sein, und schließlich muß es Merkmale besitzen oder zumindest im Sinne von Merkmalen wahrgenommen und verstanden werden können, die den destruktiven Tendenzen des Vorurteilsvollen entgegenkommen« (Adorno 1995: 108).

Daran wird ein weiterer Punkt deutlich: Antisemitismus wird als Gegensatz zur bzw. als Verzerrung der empirischen Wirklichkeit der Juden beschrieben, weshalb der Antisemitismus nur dann seine Funktion erfüllen kann, wenn der konstruktive Charakter der Juden nicht allzu greifbar ist.

An anderen Stellen betont Adorno wiederum die Zufälligkeit der Wahl des »besonderen Objekts« (Adorno 1995: 111). Der Zusammenhang zwischen dem vorurteilsvollen Charakter und der Wahl des Objekts bleibt daher vage. Der Kritik an Adorno hinsichtlich der unzureichenden Erklärung »Warum die Juden?« (vgl. Bergmann 2004: 226) ist also zuzustimmen und auch nicht.

Als wichtigste Kritikpunkte an den Untersuchungen der Kritischen Theorie erscheinen mir allerdings zum einen methodologische und methodische Einwände, die auf die wenig trennscharfe Unterscheidung zwischen psychologischen und soziologischen Untersuchungsmethoden und Frageperspektiven hinweisen (vgl. Holz 2001; Bergmann 2004; Weyand 2006). Zum anderen erscheint die Kritik an der fehlenden Rekonstruktion der in den Semantiken etablierten Selbst- und Fremdbilder als konstitutivem Bestandteil des Antisemitismus gerechtfertigt:

> »Dass das Ganze mehr ist als die Summe seiner Teile, Antisemitismus mehr als ein Ensemble von Stereotypen über Juden, wird allerdings erst in einer Antisemitismusforschung deutlich, die

auch Methoden anwendet, die solche Einsichten zulassen« (Weyand 2006: 254).

Dies hat methodologische wie theoretische Gründe.

Empirisch untersucht wurde der Zusammenhang zwischen Antisemitismus und Persönlichkeit in einem Teil der »Studien zum autoritären Charakter« in einem mehrstufigen Verfahren mithilfe von Fragebögen und sogenannten »klinischen Techniken«, die aus verschiedenen halboffenen Interviews bestanden. Bereits in den Ausführungen zur Konzeption der Studie räumten die Autoren ein, dass der Fokus auf der Fragestellung »Wie kommt es, daß bestimmte Personen solche Ideen akzeptieren, andere aber nicht?« liegt, d. h. auf einem eher psychologischen Zugriff basieren, auch wenn die psychologischen, soziologischen und geschichtlichen Dimensionen nicht zu trennen seien (Adorno 1995: 3). Angenommen wurde dabei, dass der Antisemitismus kein isoliertes Phänomen darstellt, sondern Teil eines umfassenden ideologischen Denkmusters ist und dass die Empfänglichkeit primär von den psychologischen Bedürfnissen eines Individuums abhängt (Adorno 1995: 3). Antisemitismus wird bestimmt als Ideologie, aber mit der Beschreibung als ideologisches Denkmuster gleichzeitig als regelhafte Struktur auf der Ebene des Denkens des Subjekts lokalisiert: Ideologie wird definiert als »ein System von Meinungen, Attitüden und Wertvorstellungen – [...] eine Denkweise über Mensch und Gesellschaft« (Adorno 1995: 2). Die Ideologie wird einerseits als die eines Individuums bestimmt, andererseits als unabhängig vom Einzelnen und »ebenso [als] Resultat historischer Prozesse wie des sozialen Zeitgeschehens« (Adorno 1995: 3) betrachtet. Und genau an der fehlenden Trennschärfe der Bestimmung dieser verschiedenen Ebenen des Antisemitismus lässt sich die Hauptkritik an den Untersuchungen der älteren Kritischen Theorie verorten. Die Einheit der verschiedenen Bestandteile der Gesamtideologie wird in diesem Zugang auf der Ebene des Subjekts verortet und als eine einzige Struktur zusammengefügt:

> »Was das Individuum in Gegenwart anderer sagt; was es sagt, wenn es sich sicher vor Kritik fühlt; was es denkt, aber nicht sagen will; was es denkt, aber sich selbst nicht eingestehen will; was es geneigt ist zu denken und zu tun, wenn es verschiedensten Appellen ausgesetzt ist; - alle diese Phänomene können als Teile einer einzigen Struktur aufgefasst werden. Sie mag nicht integriert sein, sie mag in sich widersprüchlich oder auch konsistent sein, sie bildet trotzdem eine Einheit, als ihre Bestandteile in psychologisch sinnvoller Weise miteinander verbunden sind« (Adorno 1995: 6).

Dies muss methodologische Konsequenzen haben. Wenn die Struktur der Gesamtideologie auf die Ebene der psychischen Struktur verlagert wird, muss diese konsequenterweise auch Untersuchungsgegenstand sein. Methodisch ergibt sich allerdings das Problem, dass man nicht in die Köpfe von Subjekten hineinsehen kann, um deren psychische Struktur bzw. Charakterstruktur zu erforschen, sondern für die Analyse an Kommunikationen ansetzen muss:

> »Kommunikationen sind in einer psychologischen Betrachtung gewissermaßen die Oberfläche, von der aus auf verborgene psychische Prozesse geschlossen wird (beispielsweise vom erzählten Raum auf den erlebten Traum). Zunächst muß die kommunikative Struktur der Oberfläche genau analysiert werden, bevor auf dahinter vermutete psychische Strukturen geschlossen werden kann« (Holz 2001: 81).

Die psychischen Strukturen, die hinter den Kommunikationen angenommen werden, sind aber nicht dieselben wie die Strukturen der Kommunikationen. Dennoch muss auch die Psychoanalyse von den sozial erscheinenden und vertextlichten Formen (Handlungen, Interviews, Zeitschriftenartikel, Bilder etc.) ihren Ausgang nehmen. Der geträumte Traum entspricht aber gerade nicht dem erzählten Traum. In der Psychoanalyse genügt es demnach nicht, nur den erzählten Traum zu analysieren, sondern es müssen die Verschiebungen und nichtkommunizierten Inhalte erschlossen werden. Eine Analyse der Semantik ist dafür die Voraussetzung und die Grundlage für eine Psychologie der Antisemiten. Holz ist zuzustimmen, wenn er den Mangel der »Studien zum autoritären Charakter« darin erkennt, »dass nicht in dieser Weise zweistufig vorgegangen wird« (Holz 2001: 81):

> »Methodologisch muß unterschieden werden, ob die Regeln gesucht werden, die die kommunizierten Vorurteile, den ›kulturellen Kitt‹ (Horkheimer) als solchen strukturieren, oder die psychischen Regeln, die den Sprechenden dazu motivieren, gerade diese Kommunikationsregeln zu verwenden« (Holz 2001: 82).

Ein Teil der Studie versuchte, die Korrelation zwischen einem bestimmten Set von Meinungen und Einstellungen und der autoritären Charakterstruktur zu untersuchen. Die Charakterstruktur wurde dabei als »eine Agentur, die soziologische Einflüsse auf die Ideologie vermittelt« betrachtet (Adorno 1995: 8). An dieser Stelle wird die Konfundierung von psychologischer und soziologischer Ebene deutlich. Einschränkend bemerken die Autoren jedoch bereits zu Beginn, dass mit ihrer Untersuchung nur bestimmte Dispositionen für antidemokratische[65] Propaganda untersucht werden könnten, die tatsächliche Realisierung und

---

[65] Der Begriff der Demokratie wird hier leider nicht explizit ausgewiesen, man kann ihn nur ex negativo erschließen, in dem man die Variablen der F-Skala (d. h. Konservatismus, autoritäre Aggression, Aberglaube, übersteigerte Beschäftigung mit Sexualität etc.) als anti-demokratisch deutet.

Umsetzung in Handlungen aber von dem jeweiligen gesellschaftlichen Kontext abhängig ist. An diesem Punkt setzen spätere Studien, die sich in der Tradition der kritischen Theorie sehen, an, beispielsweise solche, die die spezifische politische Kultur in den Mittelpunkt rücken (Rensmann 2005, nicht in Nachfolge der kritischen Theorie: Bergmann 1997). Für den Nachweis des Zusammenhangs zwischen Charakterstruktur und Vorurteil wurde die berühmte F(aschismus)-Skala[66] konstruiert, die nicht direkt Antisemitismus und Ethnozentrismus abfragte, sondern ein breites Set an Meinungen zu übernatürlichen Mächten, Lebensweisen und Ordnungsvorstellungen, Werten, Moral und Tugenden, Arbeit und Amerika, von deren Zustimmung oder Ablehnung auf eine »autoritäre Aggression« und Empfänglichkeit für autoritäre Propaganda geschlossen wurde (vgl. Adorno 1005: 40 ff.). Diese Art der Zuordnung von Meinungen an Unbewusstes wurde in der Forschung vielfach kritisiert (Hymann/Sheatsley 1954, Altemeyer 1996, Oesterreich 1996) und auch von Adorno und seinem Team selbst relativiert, indem die Notwendigkeit der Erweiterung dieser Untersuchungen mit »klinischen Techniken« sowie leitfadengestützten Interviews und dem »Thematic Apperception Test«[67] zugestanden wurde. Diejenigen Versuchspersonen, die bei der Fragebogenauswertung sehr hohe oder niedrige Werte auf der Skala erlangten, wurden für die folgenden Interviews und den Test ausgesucht. So gab Adorno an, dass die Interviews »Rückschlüsse auf die tieferen Schichten in der Charakterstruktur des Befragten« (Adorno 1995: 23) erlaubten, weil die Interviewtechnik »dem üblichen Schema eines psychiatrischen Interviews folgte, das sich durch eine dynamische Theorie von Charakterstruktur leiten lässt« (Adorno 1995: 23). Das heißt also erstens, dass mit der F-Skala nicht Vorurteile gemessen, sondern davon abgeleitete psychische Strukturen erfasst werden sollen, und zweitens, deren Erfassung klinischer Techniken bedarf. Bei der Durchsicht der Interviewauswertungen stellt man jedoch fest, dass es sich nicht um eine Psychoanalyse von Antisemiten handelt, sondern höchstens um psychoanalytisch inspirierte qualitative Interpre-

---

[66] Diese wurde aus Ergebnissen der vorhergehenden Forschungen mit der A-Skala zur Erfassung des Antisemitismus, der E-Skala zur Erfassung des Ethnozentrismus und mit der PEC-Skala zur Erfassung des politisch-ökonomischen Konservatismus erfasst. Die einzelnen Variablen der F-Skala sind folgende: Konventionalismus, autoritäre Unterwürfigkeit, autoritäre Aggression, Anti-Intrazeption, Aberglaube und Stereotypie, Machtdenken und »Kraftmeierei«, Destruktivität und Zynismus, Projektivität und Sexualität (d. h. »Übertriebene Beschäftigung mit sexuellen ›Vorgängen‹«, Adorno 1995: 45).

[67] Dabei wird die Versuchsperson mit einer Reihe von Bildern zu Erzählungen von Handlungen aufgefordert, um aus den spontanen Erzählungen Hinweise auf verborgene Wünsche, Konflikte und Abwehrmechanismen zu gewinnen. In der Studie von Adorno u. a. wurde dieser Test geringfügig modifiziert und das produzierte Material »quantitativ auf weitverbreitete psychologische Variablen analysiert« (Adorno 1995: 24).

tationen der leitfadengestützen Interviews. Die Psychoanalyse hingegen wurde als theoretischer Bezugsrahmen vorausgesetzt und auf die Texte angewandt, sodass nicht erforscht werden konnte, ob das Material auf andere psychische Strukturen als vorausgesetzt schließen lässt. Dafür wären tatsächliche Psychoanalysen notwendig gewesen (vgl. zur Kritik u. a. auch Claussen 1988: 23 f., Holz 2001: 84 ff.). Solche Psychoanalysen, wie sie beispielsweise von Paul Parin durchgeführt wurden, widersprechen aber der Behauptung, dass ein zwingender Zusammenhang zwischen autoritärer Sozialisation und autoritärer Charakterstruktur bestehe (Parin 1992: 73). Nur ein Teil der Analysanden hätte bei gleichartigen autoritären Sozialisationsbedingungen »die typischen Züge der ›authoritarian personality‹ entwickelt [...], andere nicht« (Parin 1992: 73).[68] Zu dieser Kritik anzumerken ist aber wiederum, dass »gleichartige autoritäre Sozialisationsbedingungen« schwierig zu simulieren und methodisch zu kontrollieren sind. Was aber dennoch festgehalten werden kann, ist, dass mit der F-Skala nicht der Zusammenhang zwischen spezifischen Meinungen und einer autoritären Charakterstruktur, sondern der Zusammenhang zwischen ethnozentrischen und antisemitischen Vorurteilen und politisch ökonomischem Konservatismus untersucht wurde (vgl. zur Kritik ausführlich Wiggershaus 1986: 459 ff.). Dies entsprach auch den Skalen, die in den Gesamtfragebögen vermischt abgefragt wurden. Die Zustimmung zu den Items wurde aber als Indiz für eine bestimmte psychische Regel gedeutet. Die F-Skala umfasste jedoch tatsächlich auch soziale Normen und Vorstellungen, die sich von den anderen Items, die auf die darunter liegenden antidemokratischen Persönlichkeitsstrukturen schließen lassen sollten, nicht unterschieden.[69]

Die Frage, warum unter den bereits problematisierten gleichartigen sozialisatorischen und weiter gefasst dann gesellschaftlichen Bedingungen nicht alle dieselbe autoritäre Charakterstruktur ausgebildet haben und ausbilden, hat Adorno mit dem Hinweis auf die unterschiedlichen Familienkonstellationen und verschiedenen Lösungen des Ödipus-Komplexes erklärt. An dieser Stelle ist auf Holz zu verweisen, wenn er auf den Zusammenhang von psychischer und sozialer Struktur hinweist:

>»Weder garantiert ein bestimmter sozialer Kontext (autoritäre Familie und Kultur) eine bestimmte psychische Struktur, noch

---

[68] Es stellt sich hierbei jedoch die Frage, ob überhaupt von gleichartigen Sozialisationsbedingungen verschiedener Versuchspersonen ausgegangen werden kann und wie diese – selbst psychoanalytisch – methodisch kontrolliert untersucht werden können.

[69] Vgl. zur Kritik der F-Skala, insbesondere zur fehlenden Unterscheidung zwischen Persönlichkeitsstrukturen und sozialen Ideen, auch Weiss 1994a, Meloen 1993, und vorher Christie/Jahoda 1954, Hymann/Sheatsley 1954 und Roghmann 1966, zu einem Überblick Holz 2001: 84 ff.)

erklärt ein bestimmter psychischer Kontext (autoritärer Charakter) eine bestimmte soziale Struktur« (Holz 2001: 86).

3.3.2 Zwischenresümee

Die theoretische und methodologische Kritik verweist auf die Notwendigkeit einer Reflexion der kommunikativen Wende in den Sozialwissenschaften und der damit verbundenen Hinwendung zu einer empirisch ausgewiesenen Rekonstruktion der untersuchbaren kommunikativen Gehalte vor ihrer Erklärung aus psychoanalytischen, sozialisatorischen oder ökonomischen Verhältnissen, um zu bestimmen, was ist, und nicht was sein sollte bzw. a priori vorausgesetzt wird. Daraus folgt erstens eine Unterscheidung zwischen psychologischen und soziologischen Untersuchungsebenen samt deren methodischen Folgen, zweitens eine Einbeziehung des Selbstbildes in die Betrachtung des Antisemitismus auf der Ebene der Semantik und drittens ein modifiziertes Verständnis von Kritischer Theorie. Das verbietet keine Kritik, aber eine Verabschiedung einer normativistischen Ausweisung der Kritik.

>»So würde z. B. eine Ideologietheorie sicherlich den Widerspruch zwischen den gesellschaftlichen Entstehungsbedingungen des Antisemitismus und dem antisemitischen Verständnis der Gesellschaft herausarbeiten. Wenn in den materialen Arbeiten im einzelnen die gesellschaftliche Konstruktion der Wirklichkeit rekonstruiert werden kann, rücken die Subjekte in die Rolle der Akteure ein – allerdings nicht das autonome, vernünftige Subjekt, sondern die empirischen Subjekte. Natürlich bedeutet das nicht, daß die gesellschaftlichen Verhältnisse einer willkürlichen Gestaltungskompetenz der empirischen Subjekte zugänglich seien. Insofern sich soziokulturelle Formen unter nicht verfügbaren Bedingungen bilden, sind diese Formen zwar nicht auf Ewigkeit entstanden, den Bedingungen werden aber auch andere Formen Rechnung zu tragen haben« (Holz 1993: 318).

Mit der Fokusverschiebung auf die empirischen Subjekte sind sich die historisch-genetischen Kritiker des Normativismus einig (vgl. Holz 1990, 1993; Vobruba 2003, 2003a; Sutter 1990, 1990a; Dux 1986, 1990)[70], auch darin, dass

---

[70] Zur Kritik der Normativität und Moralität der sich selbst als »kritische Soziologie« beschreibenden Theorien und deren performativen Selbstwidersprüchen vgl. auch Luhmann 1997: 111ff.). Dass Luhmann selbst in seiner Analyse der modernen Gesellschaft zirkulär argumentiert, wurde an anderer Stelle hinreichend analysiert; vgl. Dux 2000: S. 129, Wagner 1999, Srubar, Vobruba 2003).

kritische Normativität empirisch ausweisbar sein müsste (vgl. Vobruba 2003: 205, Holz 1993, Sutter 1990; Dux/Globisch 2012).

Das heißt nun nicht, dass Adornos Beschreibungen und Erklärungen zum Antisemitismus zu vernachlässigen wären – darauf sollte auch die ausführliche Auseinandersetzung mit Adornos Antisemitismuskonzeption in der vorliegenden Arbeit hinweisen. Die normative Theorieanlage und Adornos Hoffnung auf praktische Nützlichkeit ist meiner Ansicht nach jedoch zu überdenken, damit der Wandel von gesellschaftlichen Strukturen und Semantiken empirisch in den Blick genommen werden kann. Mit aktuellen Forschungsmethoden und der Reflexion der Grundannahmen der Antisemitismusforschung lassen sich – wie dies Weyand vertreten hat – »die theoretischen und empirischen Fragestellungen in dieser Tradition erneut [...] verbinden« (vgl. Weyand 2006: 235), d. h. also aktualisieren. Eine Semantikanalyse, und damit eine empirisch ausgerichtete rekonstruktive Untersuchung ist dafür jedoch Voraussetzung (vgl. Globisch 2008c). Weyand fasst dies konkreter und schlägt vor, die zentralen Grundannahmen der Kritischen Theorie, nämlich Antisemitismus als Fremdbild zu fassen und »die Widersprüchlichkeit antisemitischer Zuschreibungen aus einer autoritären Charakterstruktur zu erklären« (ebd.: 235), anstatt Forschungsfragen an Texte zu stellen, die mit Hilfe »neuer Forschungsmethoden«[71] (ebd.: 235) überprüft werden müssten. Für erstere Annahme ist dies plausibel und so wurde in der Holzschen Studie (Holz 2001) gezeigt, dass Antisemitismus nicht nur als Fremdbild, sondern als konstitutive Verbindung von (in der Regel: ethnischem) Selbst- und antisemitischem Fremdbild zu fassen ist. Dies aber hat Konsequenzen für die Erklärung der Widersprüchlichkeit der Zuschreibungen: »Nach dieser Überlegung sind die Zuschreibungen widersprüchlich, weil die Juden im antisemitischen Judenbild im Unterschied zu allen anderen Gruppen nicht als Identität, sondern als nicht-identische Identität konstruiert werden« (Weyand: 257). Antisemitismus und Ethnozentrismus korrelieren dann nicht einfach, sondern antisemitische Fremdbilder stabilisieren ethnische Selbstbilder und schließen Juden aus der dominanten ethnischen Ordnung aus. Sie schreiben ihnen die Figur des Dritten (Holz 2001, 2004, 2005; Baumann 1995) oder die Funktion eines asymmetrischen Gegenbegriffs (Koselleck 1979) zu, wogegen alle anderen »Völker/Nationen/Staaten« symmetrisch konstruiert werden und damit nicht als Feind der gesamten Ordnung in Frage kommen. Die so konstruierten »Juden« dürfte es jedoch nach der dominanten Ordnung gar nicht geben. So ließe

---

[71] Damit sind – wie an anderer Stelle deutlich wird – in Abgrenzung zu inhalts- und diskursanalytischen sowie tiefenhermeneutischen und psychoanalytischen Verfahren, die den subjektiv gemeinten Sinn des Autors fokussieren, hermeneutische Verfahren gemeint, die die Konstruktionsregeln von Texten explizieren (vgl. Weyand 2006: 254, Fußnote 83).

sich die Widersprüchlichkeit der Zuschreibungen an Juden bereits aus der semantischen Struktur und der Profilierung von Selbstbildern erklären und bedarf nicht der Referenz auf eine »Charakterstruktur«. Das heißt dann aber, dass antisemitische Weltanschauungen bereits auf der semantischen Ebene eine Einheit bilden. Das widerspricht der These der älteren Kritischen Theorie und den noch auszuführenden Nachfolgern dieser Denktradition, dass die »Einheit und Kohärenz der Meinungen eines Individuums [...] in seiner Charakterstruktur [gründeten], während die Meinungen für sich genommen inkonsistent und ›irrational‹ seien« (Weyand 2006: 255) – wie Weyand die zugrunde gelegten Annahmen der Kritischen Theorie zusammenfasst.

Mit diesem Ergebnis würde man dann auch nicht zur Annahme gelangen, dass die antisemitischen Zuschreibungen völlig amorph sind, sondern bestimmten Regeln oder Mustern unterliegen, die Grundlage der Einheit der Semantik sind.

Von hier ausgehend schließen zwei Richtungen an die Erkenntnisse der älteren Kritischen Theorie an, einerseits die empirische Autoritarismusforschung, die primär an Erklärungen auf der Ebene des Subjekts ansetzt und sie zum Teil mit Bindungstheorien aus der psychologischen Forschung verknüpft, andererseits die Arbeiten von Detlev Claussen, Moishe Postone und Zygmunt Baumann, welche an die Tradition der Kritischen Theorie anknüpfen, sowie die Studie von Lars Rensmann, welche die Tradition der Kritischen Theorie mit Bezug auf die Erforschung der je spezifischen politischen Kultur und der kulturellen Gelegenheitsstrukturen zu erweitern versucht.

3.3.3 Anschlüsse an die »ältere« Kritische Theorie

3.3.3.1 Autoritarismusforschung

Neben der Kritik an der theoretischen Anlage und den psychoanalytischen Grundlagen der Theorie des »autoritären Charakters« wurden bereits verschiedene methodische Kritiken an der Operationalisierung und dem Instrument der F-Skala vorgestellt, das von den Meinungen eines Individuums auf seine Charakterstrukturen schließen zu können vorgibt.[72]

---

[72] Zu einer umfassenden Darstellung der Geschichte und Theoriegrundlagen der Autoritarismusforschung vgl. auch Hopf/Hopf 1997, Oesterreich 1996, Lederer und Schmidt 1995, Wiggershaus 1986, Jay 1985. Zu einem Überblick über die Kritik an der Autoritarismusforschung und deren Weiterentwicklungen, auf deren Systematisierung ich mich im Folgenden beziehe, vgl. Rippl/Kindervater/Seipel 2000.

Zusammenfassend lassen sich fünf Kritikpunkte von Seiten der Autoritarismusforschung unterscheiden:

- Als erster Kritikpunkt wurde die Ja-Sage-Tendenz der F-Skala und die damit verbundene Bildungsabhängigkeit der Items vorgebracht (Hyman/Sheatsley 1954, Kirscht/Dillehay 1967). Das bedeutet, dass Ergebnisse, die auf höhere autoritäre Einstellungen in bildungsfernen Milieus hinweisen, auf den Fragebogen und die verstärkte Zustimmungstendenz bildungsferner Milieus zurückgeführt werden (Kirscht/Dillehay 1967). Die Kritik an dieser Kritik, die behauptet, dass die Ja-Sage-Tendenz im Zweifelsfall als Beleg für den Konventionalismus autoritärer Charaktere gedeutet werden könne, erscheint mir hingegen plausibler zu sein (von Freyhold 1971). Zu berücksichtigen sind allerdings Kritiken, die darauf hinweisen, dass gebildetere Milieus die Fragebögen durchschauen könnten (vgl. Cohn 1952) sowie weniger gebildete Milieus durch ihr beschränkteres Sprachrepertoire in Interviews eher autoritär erscheinen (vgl. Jaerisch 1975).

- Der zweite systematische Kritikpunkt bezieht sich auf die bereits oben angesprochene problematische Frage, ob ein Charaktersyndrom mit Einstellungsmessungen erfasst werden kann (Oesterreich 1998). Auf diese Kritik reagierten Adorno und seine Forschergruppe bereits mit der Validierung der F-Skala durch die klinischen Interviews.

- Drittens wurde der Zusammenhang zwischen autoritären Orientierungen und autoritären Erziehungspraktiken bezweifelt und mit weiteren empirischen Untersuchungen widerlegt (Oesterreich 1993, 1997; Altemeyer 1981). Darauf folge jedoch wieder prinzipielle Kritik an standardisierten Erhebungen, die bestimmte Prozesse nicht erfassen könnten, beispielsweise die Tendenz der Elternidealisierungen bei autoritären Personen. In den qualitativen Studien hingegen konnte ein Zusammenhang zwischen Familienhintergrund, speziell Bindungserfahrungen, und autoritären Einstellungen nachgewiesen werden (Hopf u. a. 1995, Mantell 1972).

- Der vierte Kritikpunkt thematisiert die Ideologieanfälligkeit des Konzepts der autoritären Persönlichkeit, dem vorgeworfen wird, autoritäre Charakterzüge im linken Spektrum zu vernachlässigen (vgl. Shils 1954). Da die Befragungen der Forschergruppe um Adorno sich jedoch auf kein speziell eingeschränktes politisches Spektrum beschränkten, ist fraglich, auf welche Untersuchungen sich dieser Kritikpunkt bezieht.

- Fünftens wurde den Studien zur autoritären Persönlichkeit psychologischer Reduktionismus vorgeworfen, der komplexe gesellschaftliche Entwicklungen nicht berücksichtige (Wacker 1979, Duckittt 1989). Diese Kritik greift nur, wenn man die empirische Studie von Adorno, Brunswick, Levinson und Sanford ohne jeglichen Theoriehintergrund betrachtet und nicht innerhalb der theoretischen Grundlagen von Horkheimer und Adorno betrachtet, auf welche in der Studie verwiesen wird.

Aus den unterschiedlichen Kritikpunkten heraus entwickelten sich erweiterte Ansätze, die sich entweder der Generierung neuer Messinstrumente für die quantitative Erfassung autoritärer Orientierungen widmeten (Altemeyer 1981, 1988, Oesterreich 1998) oder weitere empirische Forschung zum Zusammenhang von Sozialisation und Autoritarismus betrieben (Hopf u. a. 1995, Milburn u. a. 1995). Außerdem entwickelten sich weitere Erklärungsansätze, die versuchten, Erich Fromms Ansatz für die Autoritarismusforschung fruchtbar zu machen, und daraus den Schluss zogen, den Einfluss gesellschaftlicher Bedrohungssituationen auf Autoritarismus untersuchen zu müssen (vgl. Oesterreich 1993, 1996, Feldmann/Stenner 1997, Rickert 1998). Hintergrund für diese Erklärung ist die These, dass Menschen in Angst und Verunsicherung Schutz bei »Autoritäten« suchen. Die Erklärung hierfür sucht Oesterreich beispielsweise in einer Theorie des Lernens. Seine These ist, dass Menschen, die in ihrer Sozialisation nicht gelernt haben, sich von Sicherheit gewährenden Instanzen zu lösen und selbständig zu werden, später in Verunsicherungssituationen autoritär reagieren (vgl. Oesterreich 1998). Feldmann spezifiziert die bedrohlichen Situationen, die autoritäre Reaktionen auslösen würden. Das wären solche Situationen, die essentielle Wertorientierungen bedrohen (Feldmann 2000).

In diesem Zusammenhang lässt sich festhalten, dass sich die Weiterentwicklungen und Anknüpfungspunkte an die »Studien zum autoritären Charakter« primär auf der Ebene von Sozialisationstheorien mit Bezug auf oder Abgrenzung von der Psychoanalyse bewegen. Eine Ausnahme ist die Erklärung autoritärer Orientierungen mit Hilfe der Theorie sozialer Identität von Henri Tajfel (Tajfel 1982). Antisemitismus wird in allen Theorien und Untersuchungen der Autoritarismusforschung als Teil eines umfassenderen autoritären »Charaktersyndroms« aufgefasst und in Form von autoritären Einstellungen operationalisiert. Wie es zur Ausbildung dieses Syndroms kommt, wird entweder mit unterschiedlichen sozialen Bedingtheiten (Erziehung, Bildung, soziale Herkunft) während der Primär- und Sekundärsozialisation oder bzw. in Verbindung mit situationalen Faktoren, primär Bedrohungssituationen, erklärt. Nicht immer geklärt ist in den Forschungen, ob Bedrohungssituationen bereits existierende »Charakterstrukturen« aktivieren oder ob die bedrohliche Situation die Ursache für autoritäre Äußerungen ist (vgl. Rippl/Kindervater/ Seipel 2000). Genaueres zur Struktur der Semantik erfährt man hierbei aber nicht.

3.3.3.2 Theoretische Weiterentwicklungen: Postone – Claussen

Während sich die soeben resümierte Autoritarismusforschung weniger begrifflich als viel mehr empirisch mit der Erforschung des Autoritarismus als Erklärung des Antisemitismus beschäftigte und die psychologische und sozialisatorische Erklärung ohne Rückgriff auf die ökonomische und politische Verfasstheit der Gesellschaft in den Vordergrund rückte, knüpfen die Arbeiten von Detlev Claussen und Moishe Postone an die theoretischen Überlegungen der Kritischen Theorie an und argumentierten in Anlehnung an Marx' Kritik der politischen Ökonomie (Postone) bzw. an eine Kombination der Marxschen und Freudschen Theorie (Claussen). Damit betonen beide – wie dies auch bereits Horkheimer und Adorno taten – die Relevanz »objektiver«, d. h. gesellschaftlicher Strukturen. Sie stehen daher, was die methodologische Einordnung in der vorliegenden Arbeit angeht, noch mehr als Adorno und Horkheimer zwischen den Erklärungsansätzen, die auf der Ebene des Subjekts und der Sozialstruktur liegen, Postones Standpunkt ist Letzterer. Es lässt sich darüber streiten, ob man die Erklärungsweise gesellschaftsgeschichtlich oder sozialstrukturell nennen sollte, da der Antisemitismus jedoch aus der Verfasstheit ökonomischer Marktgesellschaften und der Warenförmigkeit seiner Verhältnisse erklärt wird, bleibe ich bei sozialstrukturell.

Gemeinsam ist ihnen einerseits, dass sie ihre Theorien nicht anhand strikt empirischer Forschung entwickeln und die Eigenstrukturiertheit der kommunikativen Gehalte des Antisemitismus nicht in den Fokus rücken, sondern von Marx und/oder Freuds Theorie ableiten und mit der allgemeinen historischen Entwicklung in Beziehung setzen. Gemeinsam ist ihnen auch, dass sie die Erklärung des Antisemitismus von der Analyse des Autoritarismus entkoppeln, ein auf der Marxschen Werttheorie basierendes historisches Erklärungsmodell entwickeln und den Antisemitismus historisch verorteten – dies aber in unterschiedlicher Weise.

3.3.3.2.1 Moishe Postone

Postone zufolge muss eine Erklärung des Antisemitismus diesen mit dem Nazismus in Verbindung bringen und gleichzeitig zur »allgemeinen zeitlichen Strukturierung der modernen Welt« (Postone 2005: 135) in Beziehung setzen. Er verfolgt eine Erklärung, die, basierend auf der Marxschen Fetischtheorie, den Antisemitismus als Form antikapitalistischen Denkens versteht, das »den Kapitalismus nur unter der Form der Erscheinungen der abstrakten Seite dieser Antinomie wahrzunehmen« (Postone 1995, zuerst 1979: 35) tendiert und »auf dem einseitigen Angriff auf das Abstrakte [beruht]« (ebd.: 37) basiert, und verfolgt seine Entwicklung entlang den ökonomischen und politischen Transformationen von Gesellschaften. Es geht ihm nicht darum zu zeigen, »warum dem Nazismus und dem modernen Antisemitismus ein historischer Durchbruch in Deutschland gelungen ist« (Postone 1995: 29), sondern warum »die Ausrottung der Juden kein Mittel zu einem anderen Zweck [war]« (Postone 1995: 29). Mit einer »funktionalistische[n] Erklärung des Massenmordes und eine[r] Sündenbock-Theorie des Antisemitismus« (Postone 1995: 30) könne die empirische Zwecklosigkeit dieser Taten nicht erklärt werden, führt Postone am historischen Beispiel aus: Nicht zu erklären sei damit beispielsweise, dass in den letzten Kriegsjahren, »als die deutsche Wehrmacht von der Roten Armee überrollt wurde« (Postone 1995: 30), ein großer Teil des Schienenverkehrs für den Transport von Juden verwendet wurde und nicht »für die logistische Unterstützung des Heeres« (Postone 1995: 30). Erklärungsweisen, die sich auf allgemeine Entwicklungen moderner Gesellschaften (Kapitalismus, Bürokratie) oder eine spezifische Charakterstruktur (autoritäre Persönlichkeit) oder Triebstruktur (sexuelle Unterdrückung) beziehen, bleiben Postone zufolge zu allgemein, um Auschwitz erklären zu können (vgl. Postone 1995: 30). Die Vernichtung des europäischen Judentums sei nur in Beziehung zum modernen Antisemitismus als Bewegung zu verstehen (ebd.: 30). Der Antisemitismus müsse dabei jenseits eines bloßen Vorurteils als Ideologie bzw. Denkform mit Welterklärungsanspruch verstanden werden, der immer schon »integraler Bestandteil der christlich-westlichen Zivilisation gewesen« (ebd.: 30) ist. Auf beides will auch das in dieser Arbeit verwendete Konzept der »kulturellen Semantik« hinaus. Als zentrale Elemente aller Formen des Antisemitismus betrachtet Postone die Zuschreibung einer spezifischen Qualität von Macht an die Juden sowie ein manichäisches Denken, in dem alles Böse mit den Juden in Verbindung gebracht wird. Über die Qualität der Macht lässt sich aus Postones Perspektive auch zwischen Antisemitismus und Rassismus unterscheiden. Die Macht, die dem Anderen im Rassismus zugeschrieben wird, beschreibt Postone als »gewöhnlich, aber konkret – materiell und sexuell – die Macht des Unterdrückten (als Macht des Verdrängten), die Macht des ›Untermenschen‹« (Postone 1995: 30). Die Macht, die Juden zugeschrieben werde, hingegen erhalte in den Zuschreibungen immer den Status von »mysteriöse[r] Unfaßbarkeit, Abstraktheit und Allgemeinheit« (Postone 1995: 31) und werde gleichzeitig mit den Entwicklungen der Moderne und dem damit verbundenen sozialen Wandel ursächlich in Verbindung gebracht:

> »Die Juden wurden für wirtschaftliche Krisen ebenso verantwortlich gemacht wie für das ganze Spektrum gesellschaftlicher Umstrukturierungen und sozialer Verwerfungen, die eine Folge

> der raschen kapitalistischen Industrialisierung waren: explosives Wachstum der Städte, Niedergang der traditionellen Gesellschaftsklassen und -schichten, Entstehung einer neuen Schicht von Bankiers, Kapitalisten, Geschäftsleuten als auch eines großen zunehmenden organisierten Industrieproletariats. Der moderne Antisemitismus behauptete, diese rapiden und grundlegenden Veränderungen erklären zu können, die für viele Leute bedrohlich geworden waren. In dieser vom Rassegedanken geprägten Vorstellungswelt werden die Juden nicht so sehr zur Unter-Rasse als vielmehr zur Gegen-rasse, die verantwortlich gemacht wird für historische Prozesse, die zutiefst gefährlich und zerstörerisch für das soziale ›Wohlergehen‹ anderer ›Völker‹ - eine Bedrohung für das Leben an sich sind« (Postone 2005: 137).

Diese Analyse deckt sich in ihrer Beschreibung der Zuschreibungen an Juden mit einigen Forschungsergebnissen zum Antisemitismus (vgl. Rürup 1975, Volkov 2000, Holz 2001, Haury 2002, Griga 2007). Insbesondere die Beobachtung, dass Juden als Auslöser des sozialen Wandels der Moderne sowie als Anti-Prinzip zu »Volk« und »Nation« konstruiert werden, sowie die Beobachtung einer Differenz von antisemitischen und nationalistischen bzw. xenophoben Zuschreibungen werden von den genannten Forschern/Forscherinnen bestätigt und sind für die empirische Überprüfung anhand gegenwärtiger Semantiken auch für diese Arbeit relevant.

Postone beschreibt die deskriptive Bestimmung des Antisemitismus als notwendig, um ihn von anderen Phänomenen, wie dem Rassismus, oder bloßen Vorurteilen zu unterscheiden; als notwendig zwar, aber nicht als hinreichend, um seine »innere Beziehung zum Nationalsozialismus aufzuzeigen« (ebd. 31). Eine Erklärung des Antisemitismus aber müsse beides vermitteln und den historisch-erkenntnistheoretischen Zusammenhang zwischen beiden erläutern. Dieser müsse neben der Beschreibung des »besonderen Inhalts des modernen Antisemitismus« erklären, »warum diese Ideologie – beginnend im ausgehenden 19. Jahrhundert – sich zu jener Zeit so verbreitete« (Postone 1992: 32). Wichtig sei es dabei, zwischen Ideologie und Intention zu unterscheiden, um nicht die widersprüchlichen Interpretationen des Nationalsozialismus und Auschwitz' aufzugreifen, die behaupten, dass einerseits »der tief in der Psyche der deutschen Täter verwurzelte Antisemitismus der unmittelbare Grund für ihr Handeln gewesen sei« (Postone 2005: 134) und dass andererseits der Antisemitismus nicht von zentraler Bedeutung gewesen sei, »weil die antijüdische Politik der Nazis nicht linear umgesetzt wurde« (Postone 2005: 134). Beide Behauptungen ließen »Ideologie als allgemeinen Bedeutungsrahmen« und »Motivation und Intentionalität des Einzelnen« in eins fallen (Postone 2005: 134) und könnten daher nicht unterscheiden zwischen »der Problematik der versuchten Vernichtung der Juden, im Unterschied zur Frage, wie die Vernichtung durchgeführt wurde«

(Postone 2005: 135). Damit, dass zwischen Ideologie oder Weltanschauung sowie Intention unterschieden werden muss, geht die hier entwickelte Forschungsperspektive konform. Der entscheidende Unterschied ist, dass in Postones Analysen die Besonderheiten der antisemitischen Ideologie aus der marxistischen Theorie abgeleitet und nicht aus dem empirischen Material erschlossen werden, weshalb nicht erklärt werden kann, warum nicht jede Kommunikation antisemitisch strukturiert ist.

Sein Ausgangspunkt ist der Marxsche Begriff des Fetischs, der zwischen Wesen und Erscheinung des Kapitalismus unterscheidet, »dem, was ist, und dem, was zu sein scheint« (Postone 2005: 139). Die dem Fetischbegriff zugrunde liegende Analyse der Ware beruht darauf, dass weder Gebrauchswert noch konkrete Arbeit, die im Gebrauchsgegenstand vergegenständlicht sind, die Ware in ein »sinnlich übersinnliches Ding« (MEW 23: 86) verwandeln, sondern der Charakter des Arbeitsproduktes in der Warenform selbst begründet sei. Die Warenform besteht darin, gesellschaftliche Verhältnisse zu verkörpern: »Vorkapitalistisch waren Gebrauchsgegenstände nach traditionellen Beziehungs- und Herrschaftsformen verteilt; im Kapitalismus aber sind Waren selber gesellschaftliche Vermittlung anstelle unmittelbarer sozialer Verhältnisse« (Postone 1992: 33). Die Warenform sei durch den »Doppelcharakter der Ware«, die Wert und Gebrauchswert zugleich ist, bestimmt, soziale Verhältnisse auszudrücken und sie gleichzeitig zu verschleiern. Mit Gebrauchswert ist der Nutzen der Ware zur Befriedigung menschlicher Bedürfnisse, mit Wert die in der Ware vergegenständlichte und für die Produktion der Ware notwendige Arbeitszeit gemeint. Beide konstituierten die Ware und damit das »Wesen« des Kapitalismus, auch wenn sie in zwei Formen, als Geld, d. h. als Erscheinungsform des Werts, und als Ware, d. h. als Erscheinungsform des Gebrauchswerts, erscheinen: »Die dem Kapitalismus eigene Form vergegenständlichter Beziehungen erscheint so auf der Ebene der Warenanalyse als Gegensatz zwischen Geld als Abstraktem einerseits und stofflicher Natur andererseits. Die kapitalistischen gesellschaftlichen Beziehungen scheinen ihren Ausdruck nur in der abstrakten Dimension zu finden – etwa als Geld und als äußerliche, abstrakte, allgemeine ›Gesetze‹« (Postone 1992: 34).

Der Fetisch verweise nun auf »die Denkweisen, die auf Wahrnehmungen und Erkenntnissen basieren, die in den Erscheinungsformen der gesellschaftlichen Verhältnisse befangen bleiben« (Postone 1995: 33). Diejenigen Charakteristika, die Juden im Antisemitismus zugeschrieben werden, wie »Abstraktheit, Unfassbarkeit, Universalität, Mobilität« (Ebd.: 33 f.), seien solche, die Charakteristika der Wertdimension der Marxschen Analyse sind. Diese werden aber für den ganzen Kapitalismus gehalten, die Juden werden daher nicht nur mit Geld und der Zirkulationssphäre identifiziert, sondern mit dem Kapitalismus per se, der jedoch Industrie und Technologie nicht einschließt. Da sowohl Technologie als auch Industriekapital, welches kein Ziel antisemitischer Angriffe ist, ein Aspekt der Moderne seien, greifen für ihn die üblichen Interpretationen des modernen Antisemitismus sowie des Nationalsozialismus als antimodern zu kurz. Postones Analyse behauptet, dass sich »bestimmte Formen antikapitalistischer Unzufriedenheit [...] gegen die abstrakte Erscheinungsform des Kapitals, die in den Juden personifiziert wurde [richteten] – nicht, weil die Juden bewußt mit der Wertdimension assoziiert worden wären, sondern weil der Kapitalismus aufgrund der Antinomie von abstrakter und konkreter Dimension in dieser Weise erschien« (Postone 2005: 144).

Ein Aspekt des Fetischs sei es, dass die kapitalistisch gesellschaftlichen Beziehungen nicht in Erscheinung treten und sich dichotomisch als Gegensatz von Abstraktem und Konkretem darstellen. So erscheinen Arbeit und Industrie als das konkrete Nicht-kapitalistische und Geld und Finanzkapital als der umfassende Kapitalismus. Das industrielle Kapital könne dabei direkt als »Nachfolger ›natürlicher‹ handwerklicher Arbeit auftreten, und im Gegensatz zum ›parasitären‹ Finanzkapital als ›organisch verwurzelt‹« erscheinen (Postone 1995: 36). Postone weist darauf hin, dass die Unterscheidung zwischen konkreter Arbeit als nicht-kapitalistischem Element und Abstraktheit des Geldes als »Wesen« des Kapitalismus bereits bei Proudhon zu finden sei (vgl. Postone 1992: 35). Arbeit aber sei nicht nur »produktive Tätigkeit (›konkrete Arbeit‹), sondern sie konstituiert auch ein historisch einmaliges quasi-objektives Verhältnis gesellschaftlicher Vermittlung (›abstrakte Arbeit‹)« (Postone 2005: 140).

Warum nun die abstrakte Seite »den Juden« zugeordnet werde, erklärt Postone einerseits wiederum sozialgeschichtlich mit ihrer langen Identifizierung mit Geld (vgl. Postone 2005: 191), andererseits mit der Gleichzeitigkeit von politischer und gesellschaftlicher Emanzipation der Juden in Mitteleuropa und der Expansion des Industriekapitals im letzten Drittel des 19. Jahrhunderts. Juden waren stark in Bereichen, die mit der sich wandelnden Gesellschaft zu tun hatten (Universitäten, Journalismus, schöne Künste, Einzelhandel). Zudem seien sie Postone zufolge zwar Staatsbürger geworden, aber nicht als zugehörig zur »konkreten« Nation, die immer durch »eine gemeinsame Sprache, Geschichte, Traditionen und Religion bestimmt« (Postone 2004: 191) war, anerkannt worden. Er erklärt dies daraus, dass in Europa »die Vorstellung von der Nation als einem rein politischen Wesen, abstrahiert aus der Substantialität der bürgerlichen Gesellschaft, nie vollständig verwirklicht« (Postone 2005: 191) sei. Ob seine Beobachtung, dass »Gesellschaft wie ein historischer Prozess zunehmend biologisch begriffen« (Postone 1995: 36) wurde, tatsächlich noch in den antisemitisch strukturierten Texten auftaucht, ist zu prüfen. Holz' Analysen haben bereits gezeigt, dass nur in einem Teilbereich des nationalen Antisemitismus Biologisierungen zu finden sind (Holz 2001).

Mit der Unterscheidung konkret/abstrakt und der Zuordnung der abstrakten Seite an Juden im modernen Antisemitismus erfahren wir einiges über die Struktur von antisemitischen Semantiken, die im Besonderen für den Antisemitismus von links relevant erscheinen (vgl. Haury 2002, Holz 2001).

Die Frage, ob sich der Antisemitismus in dieser zentralen Unterscheidung erschöpft, ist zu prüfen. Holz' und Haurys empirische Analysen weisen darauf hin, dass dies nur einer von mehreren Sinngehalten des Antisemitismus sei. Während man das von Holz vorgeschlagene Element zweier dichotomisch konstruierter Sozialmodelle (Gemeinschaft/Gesellschaft) als zentraler Teil antisemitischer Semantiken mit der Konkret-abstrakt-Unterscheidung in eins bringen könnte, gestaltet es sich mit der Erklärung der Personifikation von Abstraktem und Konkretem schwieriger. Holz wies bereits darauf hin, dass »das vom Konkreten abgelöste, selbstständige Erscheinen des abstrakten Wertes [...] nicht schon die ›phantasmagorische‹ Personifikation der Dinge ist« (Holz 2001: 89). Die Form der Personifikation des Abstrakten ist bei Postone subjekttheoretisch nicht geklärt, weder psychologisch noch kognitions- oder kommunikationstheoretisch (vgl. Holz 2001: 90). Das verweist auf seine Theorieanlage.

Postone versteht die ökonomischen Kategorien Ware, Geld und Kapital nicht rein als ökonomische, »sondern als Ausdruck von strukturierenden wie strukturierten Formen gesellschaftlicher Praxis, die für den Kapitalismus historisch spezifisch sind«. Damit unterscheidet er sich von der traditionellen marxistischen Theorie, »in der die Kategorien als Bestimmungen einer ›ökonomischen Basis‹ begriffen werden und das Denken als Überbauphänomene aufgefaßt wird, das sich aus Klasseninteressen und Klassenbedürfnissen ableitet« (Postone 1995: 42). Damit geht Postone also weder von einer eigenständigen Sphäre des Überbaus aus noch von einer funktional-differenzierten Gesellschaft mit relativ autonomen Funktionssystemen, die nach ihren eigenen Codes funktionieren, sondern von einem die Gesamtgesellschaft strukturierenden Prinzip: von der Ökonomie bis zu allen Formen des Bewusstseins und der Kommunikation. Die Tatsache, dass die bürgerliche Gesellschaft kapitalistisch verfasst ist, stellt meiner Einschätzung nach aber noch keine Erklärung dafür dar, dass die damit verbundenen Strukturen in derselben Weise angeeignet werden. Die auf der Marxschen Werttheorie basierenden Ansätze setzen dies voraus und immunisieren sich gegen jegliche Kritik mit dem Argument, dass die grundlegende (und damit einzige) Bedingung menschlicher Beziehungen die Warenproduktion sei. Nachgewiesen wird dies aber nicht. Wenn Grigat, der im Anschluss an die Postonschen Analysen arbeitet, gegen die Kritik von Holz, der für eine Erklärung des Antisemitismus die Rekonstruktion »der Struktur des Antisemitismus in ihrer Entstehung, in der Subjektentwicklung« einfordert, behauptet, dass die Denkformen, also auch die Verkehrungen des ideologischen Bewusstseins, tatsächlich in der Warenform und dem ihr eigenen Fetischismus begründet sind, weil wir in einer warenförmigen Gesellschaft leben, ist das nicht mehr als eine Annahme und beruht auf einer Parallelisierung von ökonomischer Struktur und Bewusstseinsstruktur. In einer ausführlichen Auseinandersetzung mit der Marxschen Theorie resümiert Holz (1993) die erkenntnistheoretischen Grenzen der Theorie: »Wie auch immer die ökonomische Struktur sich darstellt und ihre Strukturiertheit in den einzelnen Formen ›verkehrt‹ erscheint, bleibt die Frage, wie die Warenform zur Denkform wird« (Holz 1993: 174). Damit werden in Bezug auf den Antisemitismus gerade nicht die zentralen Erkenntnisse der Marxschen Analyse in Zweifel gezogen, die in der ›Kritik des Geldes‹ die dem Fetischcharakter der Ware inhärente »Verkehrung« zwischen gesellschaftlichen und sachlichen Beziehungen erfassen und die am Geld erfassten gesellschaftlichen Verhältnisse im Juden personifiziert sehen (vgl. Holz 1993: 174), aber die subjektseitigen Bedingungen der Aneignung der Warenform nicht erklären. Auch nicht erklärt wird, wie es überhaupt zur Erkenntnis des Fetischcharakters kommen kann, wenn keine Differenz zwischen Waren- und Denkform besteht. Wenn es keine eigenständige diskursive Praxis geben kann, können Semantiken (auch antisemitische) nur in Bezug auf das alles strukturierende Prinzip (die Warenförmigkeit) rückbezogen werden, und die Struktur der Ware müsste in den Semantiken wiedergefunden werden. Was dies für eine theoretische Analyse bedeutet, ob diese auch in der warenförmigen Denkform befangen bleiben, ist meiner Ansicht nach nicht geklärt.

Neben diesem grundlegenden Klärungsbedarf des Verhältnisses von Waren- und Denkform, ist auch das monokausale Verhältnis von warenförmiger Gesellschaft und Antisemitismus nur eine Annahme, deren Konsequenz wäre, dass alle gegenwärtigen warenförmig organisierten Gesellschaften antisemitisch strukturiert wären und wiederum die Möglichkeit einzelner Subjekte, den Antisemitismus zu reflektieren, in Frage gestellt werden müsste. Beides kann empirisch nicht zutreffen.

Jenseits der fehlenden Subjekttheorie und der Parallelisierung von Warenform, Denkstruktur und Antisemitismus hat Postone eine treffende Analyse aktueller Formen des Antikapitalismus aus dem linken und islamistischen Spektrum, insbesondere nach dem 11. September 2001, vorgelegt und dort einige zentrale Einsichten festgehalten. Dabei zeigt er auf, dass, Marx' Analyse des Kapitalismus (auf die Postone sich beruft) wenig mit den »jüngeren antihegemonialen Massenbewegungen« (Postone 2005: 197) zu tun hat und ein Großteil der Linken durch »ihre fetischisierte ›antiimperialistische‹ Position« nicht sehe, dass »der Widerstand gegen eine imperiale Macht nicht notwendigerweise fortschrittlich sein muß« (ders.: 205). Postones Beschreibung und Kritik vieler Linker in den USA und Europa kontrastiert mit seiner eigenen marxistischen Interpretation der historischen Situation und ist eine gute Kontrastfolie für die in dieser Arbeit am empirischen Material untersuchten Texte.

3.3.3.2.2 Detlev Claussen

Wenn Claussen an Postones Theorie den »Parallelismus [...] in einer politisch-ökonomischen Logik, die der Warenform einen Bewußtseinsinhalt zuordnet« (Claussen 2005: 118) kritisiert, ist damit eine ähnliche wie die gerade beschriebene erkenntnistheoretische Kritik angesprochen. Claussen versucht diesen Parallelismus zu umgehen, indem er eine Vermittlung psychischer und gesellschaftlicher Strukturen anstrebt und in diesem Anliegen die Struktur des Marxschen Wertbegriffs mit der Freudschen Kategorie des »Unbewußten« verbindet. Letztlich bleibt er aber in einer ähnlich ökonomistischen Theorie, welche die Struktur des Unbewußten mit dem Warentausch parallelisiert, befangen. Claussen geht es genauso wie bereits Horkheimer und Adorno um die Verbindung mit der Psychoanalyse:

»Erst die Erkenntnis psychischer Vorgänge mit den Mitteln der psychoanalytischen Theorie löst das Dilemma von der gesellschaftlichen Form der menschlichen Beziehungen und ihren verkehrten Reflexionsformen auf« (Claussen 2005: 146).

Für ihn existiert eine Strukturähnlichkeit zwischen politischer Ökonomie und Unbewusstem:

>»So wie der Wert Inhalt der Warenproduktion ist, so ist das Unbewußte der Inhalt der menschlichen Phantasietätigkeit. Beide, Wert und Phantasieproduktion, tragen als Charakteristika die Abstraktion von Zeit und Raum; Geschichtslosigkeit scheint ihr ureigenstes Produkt. Doch gerade weil das Unbewußte in seiner Struktur mit dem Wert korreliert, befestigt sich die entfaltete Warenproduktion in den Köpfen und Gefühlen der Menschen als die natürlichste Form der Sozialität, die fraglos wie ein Naturgesetz hingenommen wird« (Claussen 2005: 153).

Die Verbindung zwischen Warentausch und Unbewusstem wird ihm zufolge durch eine Tabuisierung von Gewalt hergestellt. Beiden, Warenfetisch und Tabu, gehe ein Gewaltverhältnis voraus, das »die Menschen einem Gesetz unterwirft, das sie nicht durchschauen« (vgl. Claussen 2005: 152). Grundlage des Warentausches ist der Verzicht auf die gewaltsame Aneignung der Ware, der über viele Jahrtausende verinnerlicht wurde (ebd.: 157). Das Tabu aber habe ambivalenten Charakter. Das, was ihm unterworfen wird, in diesem Fall die unmittelbare Aneignung der Ware, werde durch das Unbewusste begehrt. »Das äußere Verbot ›wird laut bewußt, die fortdauernde Berührungslust ist unbewußt, die Person weiß nichts von ihr [...]‹ (Freud: GW 9: 40)« (ebd.). Es entstehe ein Widerspruch zwischen der narzisstischen Konstitution des Subjekts und den Regeln des Warentausches. Psychisch sei die Gewalt daher in jedem Tausch präsent. Es bleibe eine ambivalente innere Konstellation erhalten, die auch auf eine äußere Ambivalenz trifft: Wert und Gebrauchswert.

> »Der zirkulative Zusammenhang lokalisiert die Begegnung von psychischer und materieller Realität im Subjekt des Warenhüters. [...] Seine Majestät wird freilich verletzt durch das Gesetz des Warentausches – er bedarf eines Vermittlers, des Geldes, um die Waren seiner Begierde zu erlangen, auf die Gewalt unmittelbarer Aneignung muß er dabei verzichten« (ebd.: 158).

In dieser Abhängigkeit des Subjekts vom Vermittler des Geldes spiegelt sich nun die Ohnmacht des Subjekts. Die aus dem verletzten Narzissmus entstehende Gewaltphantasie heftet sich Claussen zufolge an die vermittelnde Instanz, das Geld. Da Juden aus historischen Gründen »als Repräsentanten des Werts gelten, also des rein Gesellschaftlichen, werden sie zum Spielball des Unbewußten« (ebd.: 165). Sie werden verfolgt »als Gattung, als Inbegriff des Gesellschaftlichen« (ebd.). Dennoch betont Claussen, dass Juden nicht identisch mit dem Wert und dem Unbewussten seien (ebd.: 160), sondern: »sie werden nur stellvertretend für die stärksten Mächte geschlagen, gegenüber denen sich die Menschen ohnmächtig fühlen« (ebd.). In diesem Sinne haben Juden doch wieder die Sündenbockfunktion.

Wegen dieses Ambivalenzkonfliktes des individuellen Warenbesitzers wird der Antisemitismus, der in vorkapitalistischer Zeit nur marginal gewesen sei, Claussen zufolge mit der Universalisierung des Warentausches in der bürgerlichen Gesellschaft zentral (ebd.). Er spricht daher von der modernen Gesellschaft als der »antisemitischen Gesellschaft par excellence« (Claussen 1987: 16): »Die Antisemiten sind vielleicht skurrile Randerscheinungen einer normal sich entwickelnden bürgerlichen Gesellschaft, aber das ist notwendig falscher Schein. Die Gesellschaft selbst ist antisemitisch strukturiert« (ebd.: 52).

Wir haben es bei Claussen demnach mit einer ähnlichen Schlussfolgerung wie bei Postone zu tun: die moderne warenförmig strukturierte Gesellschaft ist eine antisemitisch strukturierte. Auch in seiner Theorie wird die Bewusstseinsstruktur, wie bei Postone die Denkstruktur, als eine aufgefasst, die Strukturähnlichkeiten mit der Gesellschaftsstruktur aufweist. Beide entwickeln die Strukturen des Antisemitismus nicht aus der Semantik, sondern aus der zugrunde liegenden ökonomischen oder psychoanalytischen Theorie. Im Gegensatz zu Postone, aber auch zu anderen Antisemitismusforschern, die Antisemitismus als Ideologie oder Weltanschauung betrachten und auch nach einer empirischen Entwicklung seiner Strukturmerkmale fragen, betrachtet Claussen Antisemitismus nicht als Ideologie, sondern verortet ihn in einer allgemeinen Geschichte der Gewalt mit der Brechung des Gewalttabus als primärer Funktion[73]: »Antisemitismus ist keine Ideologie, sondern eine gewalttätige Praxis und eine Rechtfertigung der Gewalt zugleich; daher ist sie auch nicht durch immanente Kritik aufzubrechen« (Claussen 2005, zuerst 1987: XXIII). Postones Ideologieverständnis kritisiert er mit Referenz auf dessen zentralen Aufsatz »Die Logik des Antisemitismus« daher als »erkenntnistheoretisch verkürzt« (Claussen 2005: 146, Anm. 23): »Wer nur die Logik des Antisemitismus wahrnimmt, der wird in den Bann der antisemitischen Wahrnehmung, der Systembildung, gezogen. Die Logik muß vermittelt sein, mit Gesellschaft und Lebensgeschichte, also im Individuum« (ebd.: 165).

Dies führt in solch einem Theoriemodell aber notwendig dazu, in der Beschreibung des Antisemitismus nur das zuzulassen, was sich unter die als grundlegend angenommenen Mechanismen der warenförmigen Gesellschaft subsumieren lässt. Weyand hat auf zwei Konsequenzen hingewiesen, die sich aus der Missachtung der empirischen Rekonstruktion der Semantik bei Claussen ergeben haben: Einmal würden andere aggressive Feindbilder als »Alltagsrepräsen« des Antisemitismus gedeutet und dabei verblassen, andererseits spiele die Bestimmung einer Wir-Gruppe in Claussens Erklärung keine Rolle (Weyand 2006: 246), auch wenn Claussen schreibt: »Die antisemitische Vorstellung schafft, wozu die Ökonomie nicht imstande ist: Gemeinschaft (Claussen 2005: 175). Ersteres ist meiner Einschätzung nach genau umgekehrt zu deuten: Indem Claussen andere Fremdbilder als »Alltagsrepräsen« der historischen »Tat« beschreibt, lässt er sie in ihrer Unterschiedlichkeit, die er nicht berücksichtigt, als ein und dasselbe erscheinen:

> »Im Deutschland nach Hitler heftet sich die Religion des Alltagslebens an viele unterschiedliche Objekte: Türkenwitz, Russenhaß, Antiamerikanismus, Intellektuellenfeindschaft. Sie sind als Massenerscheinungen Alltagsrepräsen dessen, was in seiner historischen Besonderheit zu untersuchen ist: der Tat« (Claussen 2005: 175).

Letzteres ist m. E. ein zentrales Element, an das erstmals systematisch empirisch in der Studie von Holz (2001) angeknüpft wurde. Dieses Vorgehen, den Entwurf

---

[73] Daraus folgt für ihn Auschwitz auch nicht der Logik des Antisemitismus, sondern der Geschichte der Gewalt (Claussen 2005: XXV).

des Selbstbildes in Bezug auf das Judenbild zu analysieren, war auch für die Auswertung des Materials in dieser Arbeit relevant.

3.3.4 Resümee: kritische Theorien

Die verschiedenen diskutierten Ansätze in der Tradition der Kritischen Theorie haben die zentrale Forderung Adornos, theoretische Forschung mit empirischer zu verbinden (vgl. Weyand 2006: 248), in die eine oder andere Richtung nicht berücksichtigt und weisen aus dieser fehlenden Verbindung die diskutierten Schwierigkeiten auf. Entweder geht, wie innerhalb der Autoritarismusforschung, der gesellschaftsstrukturelle Bezug verloren und es werden primär vorformulierte Einstellungen abgefragt oder, wie in den Theorien von Claussen und Postone, die Semantik des Antisemitismus wird »nur« im Rahmen der ökonomischen oder psychoanalytischen Deutungsrahmen erfasst bzw. daraus deduziert. Der Antisemitismus wird dabei immer aus einer bereits vorher existierenden Struktur erklärt, entweder aus der ökonomischen Struktur bzw. Organisation der Gesellschaft oder aus einer »Charakterstruktur«.

Beide Theorien nehmen in ihrer Gleichsetzung von ökonomischer Struktur und Bewusstseinstruktur eine Parallelisierung vor, die nicht nachgewiesen wird, noch formulieren sie aus, was deren Konsequenzen bedeuten würden: nämlich, dass jede warenförmig organisierte Gesellschaft – auch Israel – antisemitisch sei. Das müsste empirisch gezeigt werden. An diesem Beispiel wird deutlich, dass mit der Behauptung, Gesellschaften seien mit der Universalisierung des Warentausches antisemitisch organisiert, ein verkürzter Schluss ist.

Beide theoretisch besprochenen Modelle räumen weder der Kommunikation noch der Handlung, noch dem Subjekt eine eigenständige sinnkonstituierende Ebene ein, daher wird die Semantik oder auch die Konstitution von »Denkstrukturen« nicht eigenständig untersucht. Das aber hat die Konsequenz, dass 1.) Strukturmerkmale auf der Semantikebene nicht adäquat herausgearbeitet werden können und 2.) dadurch keine Differenzierungen zwischen unterschiedlichen Fremdabwertungen (Xenophobie, Antisemitismus, Antiziganismus) gemacht werden können und 3.) daher versäumt wurde, das antisemitische Selbstbild in Kombination mit dem antijüdischen Fremdbild auf der semantischen Ebene zu untersuchen. Was das Verhältnis zwischen Semantik und Kontext angeht, lassen sich alle hier besprochenen Ansätze als kausale beschreiben. Die Semantik wird kausal aus dem ökonomischen oder psychologischen Kontext abgeleitet (vgl. Holz 2002: 77-95).

Die Fokussierung der theoretischen Anschlüsse auf die sozioökonomischen Einflussfaktoren, auf die antisemitische Weltanschauung oder Ideologie wurde auch bereits aus der Perspektive der politischen Kulturforschung angemerkt, auch von solchen Ansätzen, die sich explizit in der Tradition der Kritischen Theorie verorten, aber der diskursiven Ebene einen eigenen Stellenwert einräumen.

3.3.5 Politische Kulturforschung

Lars Rensmann beispielsweise erörtert in seiner Arbeit »Kritische Theorie über den Antisemitismus« (Rensmann 1998) die Fokussierung und Beschränkung der Kritischen Theorie auf sozialpsychologische und gesellschaftsstrukturelle Voraussetzungen für die Erklärung von Autoritarismus und schlägt die Einbeziehung der jeweiligen politischen Kultur vor. Konkret geht es Rensmann hierbei um die Frage nach den Besonderheiten der deutschen politischen Kultur mit ihren Vorurteilstraditionen.

Dies ist in der Tat ein berechtigter Einwand, der erklären könnte, warum sich Autoritarismus in unterschiedlichen Zeiten in der politischen Öffentlichkeit verschiedener Staaten hat herausbilden können. Es stellt sich aber auch die Frage, ob damit Unterschiede in der Semantik verbunden sind, beispielsweise Umwegkommunikationen, die sich je nach geschichtlicher Entwicklung und politischem Selbstverständnis des Staates herausgebildet haben können, oder gar andere semantische Strukturen. Empirisch schlösse an solch eine Perspektive eine kultur- und ländervergleichende Forschung von Autoritarismus und Antisemitismus als Teil davon an. Sollte die politische Kultur einen Einfluss auf die Herausbildung und nicht nur auf die Durchsetzung des Antisemitismus haben, so müsste sich dies auch auf der Ebene der Semantik niederschlagen. Diese Frage könnte auch in Bezug auf diese Arbeit für unterschiedliche politische Kontexte innerhalb eines Staates gestellt werden, legt man einen nicht staatskulturellen Begriff von »politischer Kultur« zugrunde. Rensmann argumentiert vorerst historisch und diagnostiziert eine spezifisch »autoritaristische Mentalität« »der Deutschen«, welche er durch die verspätete Nationalstaatsbildung und das Scheitern einer bürgerlich-demokratischen Revolution erklärt. Dabei verweist er auch auf die Thesen Daniel Goldhagens, dessen Buch »Hitlers willige Vollstrecker« (Goldhagen 2000) im Jahre 1996 eine kontroverse Debatte über den Antisemitismus auslöste, da in seinem Buch ein spezifisch deutscher Antisemitismus als zentraler Motor für den Nationalsozialismus und die Judenvernichtung behauptet wird.[74] Die These, dass die politische Kultur und in diesem besonderen Fall, die politische Kultur Deutschlands, an der Herausbildung einer »autoritären Mentalität« maßgeblich beteiligt ist, im Unterschied zu rein sozioökonomischen oder sozialpsychologischen Einflussfaktoren, ist Ausgangspunkt für Rensmanns 2004 erschienene Dissertationsschrift »Demokratie und Judenbild. Antisemitismus in der politischen Kultur der Bundesrepublik Deutschland« (Rensmann 2005).

Dort beschreibt Rensmann die verschiedenen politischen Diskurse und öffentlichen Konflikte der »Berliner Republik«, wie beispielsweise die »Goldhagen-Debatte«, die »Walser-Debatte«, die Debatten um das »Denkmal für die ermordeten Juden Europas«, Debatten um die Entschädigung von NS-Zwangsarbeitern und die »Affäre Karsli-Möllemann« und zeigt die damit verbundenen Identitätsdiskurse in der politischen Öffentlichkeit, aber auch in Teilen des linken und rechten Spektrums auf. Zentrale Fragen sind dabei folgende: »Was für antisemitische Angebote gibt es in der Gegenwart, die das vorhandene gesellschaftliche Potenzial in der politischen Kultur aufgreifen und verstärken, und wie interagieren sie mit den verändernden politischen, diskursiven und soziokulturellen Bedingungen nach 1990? Und wie reagieren das demokratische politische System und die politische Kultur auf entsprechende Mobilisierungsversuche und Ideologeme?« (Rensmann 2005: 241).

Methodisch ist leider nicht klar, wie Datenerhebung und Datenauswertung stattgefunden haben, noch, wie systematisch vorgegangen wurde. In seinem Methodenteil heißt es, dass es sich um eine »qualitative Analyse politischer Kommunikations- und Diskursprozesse« handle, in welcher »vor allem historisch-genealogisch operierende, diskurshistorische Verfahren zur Geltung« kämen (Rensmann 2004: 62). Dabei kämen »Verfahren ›dichter Beschreibung‹« sowie »diskurshistorische und diskursanalytische Methoden« zum Einsatz (Rensmann 2005: 62). Anspruch sei es, »in systematischer Hinsicht« »die Gesamtheit der Deutungskulturen, also die Gesamtheit der im politischen Prozess zur Geltung kommenden Argumentationsmuster und Reaktionsweisen in der politischen Öffentlichkeit respektive im Bundestag zu repräsentieren« (Rensmann 2004: 62). Mehr noch: »Überdies sollen die Befunde zu Deutungsmustern und politisch-psychologischen Reaktionsbildungen in empirisch nachvollziehbarer und abgesicherter Weise auch repräsentativ gehalten werden« (ebd.: 62). An der Vorstellung der unterschiedlichen Methodenansätze, dem Anspruch auf »Repräsentativität«, einem Attribut aus der quantitativen Forschung, sowie an dem Erkenntnisinteresse »politisch-psychologischer Reaktionsbildungen« wird ersichtlich, dass diese Ansprüche sich widersprechen. Weyand hat bereits darauf

---

[74] Vgl. zur Dokumentation der Debatte Schoeps 1996.

hingewiesen, dass Rensmann »öffentliche Debatten mit der individuellen psychischen Beschaffenheit ihrer Akteure kurzschließt« (Weyand 2006: 251), und erklärt dies mit Rensmanns theoretischen Vorannahmen: »[...] er kann sie kurzschließen, weil für ihn Antisemitismus immer schon Ausdruck einer spezifischen Charakterstruktur ist« (Weyand 2006: 251). Daraus folgt, dass Rensmann zu Untersuchungsergebnissen kommt, »die Methoden voraussetzen, die gar nicht zur Anwendung kamen« (ders.: 251). Er untersuche zudem nicht »antisemitische Diskurse«, sondern »sucht nach antisemitischen Stereotypen in Diskursen« und gehe dabei entgegen der eigenen Vorgabe meist kontextunabhängig und teilweise nur mit Bezug auf Satzfragmente vor (ders.: 251). Sein empirisches Material ist »kein Korrektiv theoretischer Überlegungen, sondern wird auf diese hin gebogen« (ders.: 251). Die methodischen Mängel der Arbeit hat Weyand anhand einiger Beispiele in seiner Kritik diskutiert (Weyand 2006). Die Vermischung von Diskurs und Psychologie fällt am stärksten auf, dies liegt aber wiederum an der Theorieanlage und den nicht dazu passenden Methoden. Als Ergebnis hält Rensmann in vier Thesen fest, dass:
1) antisemitische Erscheinungsformen in allen Spektren stark mit »konventionellen nationalen Identitätsnarrativen und kulturellen Identifikationen sowie mit politischem Autoritarismus korrelieren« (Rensmann 2005: 495),
2) antisemitische Mobilisierungsversuche auf eine »autoritäre Abwehr der ambivalenten Prozesse kultureller, politischer und ökonomischer Modernisierung, aber auch universalistischer Normen und demokratischer Freiheitsversprechen wie Institutionen« deuten (ebd.),
3) »die politische Wirkungsmächtigkeit antisemitischer Projektionen nicht nur von sozialstrukturellen Bedingungen, psychosozialen Dispositionen und verfestigten unbewussten Stereotypen abhängig ist, sondern auch in hohem Maß von den demokratischen Rahmenbedingungen und der Opportunität in der politischen Kultur« (ebd.: 496),
4) die »politisch-psychologische Abwehr der Erinnerung an die Shoah« (ebd.: 496) insbesondere innerhalb der »deutschen politischen Kultur« eine entscheidende Rolle spiele und eine Zunahme der Thematisierung der NS-Vergangenheit bei gleichzeitiger »Proklamation ›selbstbewusster‹ nationaler Identität wie die Beschwörung nationaler Normalität zu beobachten sei« (ebd.).

An den resümierten Punkten lässt sich gut erkennen, dass nicht alle mit rein diskursanalytischen Verfahren zu untersuchen sind. Für die Behauptung, dass es sich um eine spezifisch deutsche Auseinandersetzung handele und dadurch auch die Struktur des Antisemitismus verändert werde, müssten Vergleichsstudien durchgeführt werden. Die Studie hat Diskursfragmente in Deutschland untersucht und kann daher weder etwas über einen Vergleich noch über den Stellenwert sozialstruktureller und psychosozialer Einflussfaktoren aussagen. Ob nun einige Ergebnisse Generalisierungen der diskursanalytischen Auswertung sind, kann man nicht beurteilen, da das Vorgehen und die Datenauswertung nicht systematisch expliziert wurden. Es lassen sich demnach keine systematischen Textauswertungen und Aufbereitungen von Fallstrukturen wiederfinden, sondern eine eher »dichte Beschreibung« von Deutungen. Rensmanns Beschreibungen der Interaktionen von rechten politischen Akteuren mit dem demokratischen Spektrum sowie der rechtlich institutionellen Rahmenbedingungen der demokratischen Öffentlichkeit, d.h. die Analysen zur politischen Kultur, sind m. E. hingegen überzeugend. So kommt er zu dem Ergebnis, dass sich die »organisatorischen und systemischen Abwehrmechanismen [...] überwiegend als intakt« (ebd.: 322) erweisen und Rechtsextremismus wie Linksradikalismus parteilich überwiegend isoliert seien sowie wenig Kooperationsbereitschaft von Akteuren aus dem demokratischen Spektrum bestünde (ebd. 325). Daraus folge, dass »Antisemitismus als politisches Programm« auf wenige rechts- sowie linksradikale Akteure begrenzt sei. Aber:

> »Die sollte indes nicht darüber hinwegtäuschen, dass hierfür ein breites Wählerpotential vorhanden ist, welches bisher – auch über ethnozentrische Politiken und Diskurse – in die demokratischen Parteien eingebunden ist, und dass bestimmte latent antisemitische Ideologeme zuweilen auch von der demokratischen Öffentlichkeit und von Akteuren der etablierten Parteien bedient werden. Vor allem aber sind die jüngeren politischen Entwicklungen zu berücksichtigen, die teils eine Renaissance israelfeindlicher, sekundär-antisemitischer Judenbilder wie antiamerikanischer Ideologeme in der politischen Kommunikation zeitigten und überdies womöglich einen ausgedehnten Einfluss solcher Positionen in demokratischer Politik indizieren« (ebd. 324).

Rensmanns Ergebnisse bieten indes eher eine politikwissenschaftliche Beschreibung der institutionellen Zusammenhänge und eine Darstellung von in politischen Kontexten verwendeten Stereotypen als eine systematisierte Analyse von Semantiken. Für den Begriff des Antisemitismus heißt dass, dass mit Antisemitismus nach wie vor ein Fremdbild bezeichnet wird, auch wenn Rensmann auf die kollektiven Identitätsnarrative der unterschiedlichen Spektren verweist. Er verortet das Bedürfnis danach in der Charakterstruktur, und eine systematische Bestimmung der Wir-Gruppen-Konstruktionen auf der semantischen Ebene unterbleibt. Im theoretischen Kapitel beschreibt er zwar als zentrale Strukturprinzipien des Antisemitismus neben »extrem[em] Manichäismus« und »konkretistische[r] Personifizierung dieser manichäischen Pole« den Bezug auf eine »in sich konfliktfreie, friedfertige und selbstlose Wir-Gemeinschaft« (Rensmann 2005: 73), also ein Selbstbild, neben dem Bezug auf drei inhaltliche Dimensionen des Antisemitismus, nämlich eine ökonomische, eine politische und eine kulturelle. Ob dies Auswirkungen auf seinen Antisemitismusbegriff hat, also heißt, dass der Antisemitismusbegriff zu differenzieren sei in einen ökonomischen Antisemitismus, einen politischen und einen kulturellen, erfährt man nicht. Ebenso schwanken die Bestimmungen zwischen Antisemitismus als Selbstbild und Fremdbild hin und her und der Antisemitismus wird einmal als »inhaltlich völlig amorph« und einmal mit »quasi-systematischem Charakter« (ebd.: 138) beschrieben:

>»Die Konfusion ist zwingend und reproduziert ein Problem des
>Antisemitismusverständnisses in der Kritischen Theorie, insofern
>die Einheit und Kohärenz antisemitischer Semantik vorab in den
>Charakter verlegt wird, ohne nach Aufbau und Struktur dieser
>Semantik zu fragen« (Weyand 2006: 250).

3.4 Theorien auf der Ebene der Kultur und Kommunikation

In den bisher resümierten Erklärungsansätzen zum Antisemitismus ist deutlich geworden, dass die Ebene der Kultur und Kommunikation innerhalb von Antisemitismustheorien selten als eigene Dimension sozialer Ordnung betrachtet wurde. Dies könnte auch mit der bereits beschriebenen fehlenden Kopplung zwischen Soziologie und Antisemitismusforschung zusammenhängen. Die Entwicklung und Verbreitung wissenssoziologischer Theorien in der Soziologie hat in den meisten anderen thematischen Feldern zu Untersuchungen geführt, die sehr wohl auf Kultur und Kommunikation fokussierten, im Zuge der Verbreitung poststrukturalistischer Theorien sogar oftmals so verengt, dass der gesellschaftstheoretische Bezugsrahmen verloren ging. Im Bereich der Antisemitismusforschung haben sich, der Disziplin folgend, zuerst die Sprachwissenschaften der Analyse kommunikativer Prozesse und Bedeutungsgehalte als eigenständiger sinnkonstituierender Ebene gewidmet. Besonders zu nennen sind die Studien von Ruth Wodak, die als maßgebliche Vertreterin der »Critical Discourse Analysis« gilt.

3.4.1 Ruth Wodaks diskursanalytischer Ansatz

Der soziolinguistische Ansatz von Wodak und ihrem Wiener Forschungszentrum verortet sich im Bereich der Kritischen Diskursanalyse in der philosophischen und soziologischen Tradition der Kritischen Theorie[75] und untersucht Diskurse als Form sozialer Praxis, »sozial konstitutiv als auch sozial bestimmt« (Wodak 1998: 42). Kritisch versteht sich diese Form der Diskursanalyse deshalb, weil Sie als Aufklärungsinstrument für soziale Ungerechtigkeit sowie als diskursives Interventionsmittel fungiert:

> »Die Kritische Diskursanalyse setzt sich zum Ziel, die ideologisch durchwirkten und oft opaken Formen der Machtausübung, der politischen Kontrolle und Manipulation sowie der diskriminierenden, beispielsweise sexistischen oder rassistischen, Unterdrückungs- und Exklusionsstrategien im Sprachgebrauch sichtbar zu machen« (Wodak 1998: 44).

Der theoretische Bezug zur Kritischen Theorie bleibt allerdings nebulös und die diskurstheoretischen Textanalysen werden nicht erklärt noch in einer Gesellschaftstheorie verortet.

Sieht man sich die Studien an, so erkennt man, dass es sich um ein hermeneutisches Verfahren der Textanalyse handelt, das bei seinen Analysen zum österreichischen Nachkriegsantisemitismus drei zentrale Kategorien unterscheidet: antisemitische Inhalten, Strategien der Argumentation und sprachliche Realisierungsformen. Viele der sprachlichen und inhaltlichen antisemitischen Inhalte und sprachlichen Strategien finden sich auch im vorliegenden Material gegenwärtiger Texte aus dem linken und rechten Spektrum. Bei Wodak jedoch wird Antisemitismus wiederum nur als Fremdbild verstanden. Mit Bezug auf Allport werden darunter Vorurteile, die gegen Juden gerichtet sind, gefasst (Wodak 1990: 12). In Wodaks Analyse werden die Inhalte demgemäß als inhaltliche Zuschreibungen an Juden gefasst und unterschieden in »Aussehen« (»physische Andersartigkeit«), »christlich antisemitische Inhalte« (Christus, Ehrlosigkeit, Fremdheit und Andersartigkeit), »Geschäftstüchtigkeit«, »Intelligenz«[76], »Religiöse und kulturelle Bräuche« (Fremdheit), »Unversöhnlichkeit« (Rache), »Weltverschwörung und Macht« (vgl. ebd.: 352). Erst in den Strategien der Argumentation werden solche genannt, die das Selbstbild aufwerten und das Fremdbild abwerten, und solche, die mit Übertreibungen und Verharmlosungen zu tun haben. Darunter nennt Volkov folgende: »Abschieben von Schuld«, »Abwertung des Gegners«, »Ausgrenzende Argumentationsstrategie«, »Opfer-

---

[75] Damit setzt sich Wodak von anderen kritischen Diskursanalysen, insbesondere von Foucault, aber auch von der britischen Spielart (Kress, Hodge, Fowler, Fairclough, van Leeuwen) sowie der niederländischen »critical discourse analysis« (van Dijk) und der deutschen Kritischen Diskursanalyse (Jäger, Link) ab (vgl. Wodak 1998: 41 f.).

[76] Das Vorurteil »jüdische Intelligenz« kann in antisemitischen Semantiken entweder für eine Weltverschwörungskonstruktion verwandt werden oder in philosemitischen Konstruktionen für eine überhöhte Bewunderung (vgl. Wodak 1990: 351).

Täter-Umkehr«, »Positive Selbstdarstellung«, »Rationalisierung«, »Rechtfertigungsdiskurs«, »›Schwarz-Weiß-Malerei‹«, »Solidarisierende Argumentationsstrategie – ›Wir-Diskurs‹«, »›Sündenbock‹-Strategie«, »Übertreibung«, »Verharmlosung/Aufrechnung/Relativierung« sowie »Verleugnung und Verzerrung« (ebd.: 352 f.). Ein drittes Analyseraster bilden »sprachliche Realisierungsformen«, bei denen aber nicht von »genuin antisemitischen Sprachformen« gesprochen werden kann, die eine Verbindung mit den »vorurteilshaften Inhalten, im besonderen Kontext« (ebd.: 355) erforderten.

Damit ist eine Reihe von inhaltlichen Zuschreibungen und sprachlichen Konstruktionsmustern genannt, die mit den Ergebnissen einer Semantikanalyse verglichen werden können.

Da es sich bei den sprachwissenschaftlichen und diskursanalytischen Studien zum Antisemitismus durchweg um materialreiche Untersuchungen handelt, aber keine zusätzlichen theoretischen Einsichten damit verbunden sind, soll an dieser Stelle nicht weiter darauf eingegangen werden. Sie bilden sozusagen die Gegenseite der Theorien, die nur kursorisch empirisches Material für ihre Theorien verwenden, haben aber eine Reihe von empirischen Materialstudien vorgelegt (vgl. auch Jäger/Jäger: 2001).

3.4.2 Zygmunt Baumanns Ambivalenztheorie

Wie die beschriebenen Nachfolger der »Kritischen Theorie« knüpft auch Baumann an die Kernthese der »Dialektik der Aufklärung« an, allerdings grenzt er sich selbst ent-schieden von der Kritischen Theorie ab (vgl. dazu auch Salzborn 2010; Rensmann 2004; Claussen 1994). Wesentlich ist es für Baumann, den Holocaust in eine Logik der Moderne einzubetten und ihn nicht als singuläres Ereignis der Geschichte zu betrachten, schon gar nicht ihn nur der jüdischen Geschichte zuzuordnen. Baumann betrachtet ihn als das Problem moderner rationaler und bürokratischer Vergesellschaftung. Der Anti-semitismus, für den Baumann die Bezeichnung »Allosemitismus« vorgeschlagen hat (Baumann 1995: 44 ff.), konnte für ihn nur in der Moderne und mithilfe moderner büro-kratischer Organisation zum Holocaust führen. Zunehmende Rationalisierung, Planung und Bürokratisierung brachten ihm zufolge ebenso mit sich, die Effizienz möglicher Verbrechen steigern zu können. Denn für ihn ist die Moderne durch ein Bestreben nach Ordnung und eindeutige Klassifikation gekennzeichnet. Da aber jede Ordnung Unord-nung mit sich bringe, sei diese Ordnung ständig bedroht, bedroht durch Ambivalenz und Kontingenz. Charakteristikum für die Moderne sei nun das Bemühen, Ambivalenz auszuschalten. Die binäre Unterscheidung der Welt in Freund und Feind bringe jedoch selbst wieder Uneindeutiges hervor: Fremde.

Den Antisemitismus betrachtet er als die nationalistische Lösung des modernen Ord-nungsproblems. Zentral für die Baumannsche Erklärung des Antisemitismus ist die Un-terscheidung zwischen Freund und Feind. Beide vereindeutigten die Welt und machten sie lesbar. Neben der Freund/Feind-Unterscheidung existiere aber noch ein Drittes, das es eigentlich gemäß der Unterscheidung in Freund und Feind nicht geben dürfte: Fremde. Fremde gehören in dieser Unterscheidung nicht zu »uns« noch den »anderen«, sondern sitzen »rittlings auf den Barrikaden« (Baumann 1992: 55) Der Fremde werde dabei als Bedrohung der Vergesellschaftung (Baumann 1992: 75), der Einteilung in Freund und Feind selbst betrachtet, da er die Einteilung der Welt in binäre Oppositionen in Frage stelle. Juden wurden gemäß Baumanns Analyse in der antisemitischen Ideologie grundsätzlich anders als andere Nationen betrachtet, ebenso aber auch anders als andere Fremde. Sie seien als nicht-nationale Nation begriffen worden (Baumann 2002).

Baumann beschreibt dies einerseits als Fremdbild, andererseits erklärt er das Fremdbild mit Referenz auf Hannah Arendt einerseits korrespondenztheoretisch, d. h. er erklärt den Antisemitismus und die Frage »Warum Juden?« aus der realen gesellschaftlichen Organisation jüdischen Lebens und im Kontrast zu den bislang vorgestellten kausalen Theorien, die den Antisemitismus als Ideologie in der psychischen Konstellation des Antisemiten verorten:

> »Keine andere Dimension der immanenten jüdischen Inkongruenz hat den modernen Antisemitismus nachhaltiger geprägt als die Tatsache, daß die Juden, um ein anderes Wort von Hannah Arendt zu zitieren, ein ›nicht-nationales Element inmitten einer Welt entstehender oder bereits existierender Nationen‹ darstellten. Schon allein aufgrund ihrer geografischen Zerstreuung und Allgegenwart waren die Juden internati-onal [sic], eine Nation ohne Nationalität. [...] Die Juden waren nicht nur grundsätzlich anders als andere Nationen, sondern auch anders als normale Fremde. Die Juden sprengten die Unterscheidung zwischen Gastgeber und Gast, Einheimischen und Fremden. Und im gleichen Maße, wie die Nation zur entscheidbaren Basis sozialer Selbstbestimmung wurde, unterminierten die Juden das wichtigste Unterscheidungsmerkmal: die Differenz zwischen ›wir‹ und ›die anderen‹. Die Juden waren flexibel und anpassungsfähig, gleichsam eine leere Hülse, die man nach Belieben mit unliebsamem Ballast füllen konnte« (ders.: 67).

Andererseits aber distanziert Baumann sich ebenso von einer korrespondenztheoretischen Erklärung. Die Erklärung „Warum Juden?" referiert zwar auf die gesellschaftliche und staatliche Organisiertheit jüdischen Lebens, andererseits aber erklärt er daraus nicht den Antisemitismus, sondern nur, warum als Objekt der Ausgrenzung Juden gewählt werden. Den Antisemitismus erklärt er poststrukturalistisch einerseits aus dem modernen binären Denken, welches unfähig sei, Ambivalenz und nicht-eindeutige Zuordbarkeit zu ertragen, weshalb Juden, die Heterogenität repräsentieren würden, sich als Feindbild eignen würden. Des Weiteren ist der Gedanke des »Social Engenierung« als Charakteristikum der Moderne und Bedingung für den Antisemitismus sowie Holocaust für ihn zentral für eine Erklärung: „Der Rassismus kann nur dort zum Durchbruch kommen, wo der Entwurf einer perfekten Gesellschaft vorhanden ist und wo dieser Entwurf durch konsistente planerische Bemühungen realisiert werden soll" (ders.: 81).

Baumann begreift also den Antisemitismus als Rassismus und unterscheidet ihn trotz der theoretischen Vorwegnahme der Spezifik des Antisemitismus – wie er auch in dieser Studie relevant werden wird – begrifflich nicht vom Rassismus. Die Heterophobie hingegen unterscheidet er vom Rassismus. Sie beruhe

> »auf jenem diffusen (und eher gefühlsbetont als praktisch sich auswirkenden) Unbehagen und Angstgefühl, das Menschen empfinden, wenn sie ›Fremde‹ nicht verstehen, nicht mit ihnen kommunizieren und kein vertrautes Verhalten erwarten können. Sie ist die spezifische Manifestation dieses Angstphänomens in Situationen, die nicht beherrscht, deren Entwicklung nicht beeinflußt werden können und in denen die Folgen des eigenen Handelns nicht ab-schätzbar sind. Die Heterophobie tritt als rationale oder irrationale Objektivierung sol-cher Ängste auf, wird sich jedoch fast immer auf ein Objekt konzentrieren. [...] Der Rassismus unterscheidet sich durch seine Praktik, deren Teil er ist und die er rationali-siert; diese Praktik kombiniert architektonische und gärtnerische Strategien mit denen der Medizin – konstruiert weden soll eine künstliche soziale Ordnung, aus der diejenigen Elemente der bestehenden Welt entfernt wurden, die dem erwünschten, perfekten Erscheinungsbild nicht angepaßt werden können" (ders.: 79).

Baumanns Theoriearchitektur ist vielfach als gesellschaftstheoretisch flach, trivial oder eklektizistisch kritisiert worden (vgl. Claussen 1994, Holz 2001, Rensmann 2004, Salz-born 2010).

Das Interesse dieser Arbeit besteht jedoch weniger an einer vergleichenden Diskussion über Theoriearchitektur, sondern vielmehr an der Frage eines generalisierten Antisemitismusbegriffs und seine Unterscheidung von anderen »gruppenbezogenen Feindlichkeiten«, wie dem Rassismus und Nationalismus. Darauf bezogen ist zu bemerken: Baumann hat ein entscheidendes Strukturmerkmal des Antisemitismus herausgearbeitet, jedoch aufgrund der fehlenden empirischen Bearbeitung fehlt die analytische Differenzierung des Antisemitismus von anderen Weltanschauungen wie dem Rassismus oder Nationalismus. Bei seinen Differenzierungsversuchen zwischen Rassismus, Heterophobie und Fremdenhaß, für welche eine »streng analytische« (S. 79) Unterscheidung notwendig ist, werden psychologische und kommunikative Gehalte unübersichtlich miteinander vermischt und haben keine gemeinsame Kategorie des Vergleichs. Um solche theoretischen Verkürzungen zu vermeiden, ist der Forschungsschritt einer genauen Semantikanalyse unverzichtbar (vgl. Globisch 2008c).

Jedoch hat Baumann mit der Beschreibung ein Strukturmerkmal des Antisemitismus theoretisch vorweggenommen, welches in der empirischen Analyse von Klaus Holz (vgl. im Folgenden 3.5.3) herausgearbeitet und systematisiert wurde: die Juden als ambivalente, nicht-identische Dritte, denen in einer nationalen Ordnung der Welt Ausschluss und Vernichtung droht.

Einerseits betrachtet Baumann den Antisemitismus nicht als hinreichende Erklärung für den Holocaust, da er behauptet, dass eine Ideologie nicht ausreiche, um zur Vernichtung und zum Genozid zu führen. Nicht der Rassismus sei die Grundlage für den Holocaust, sondern er resultiere aus dem modernen nach absteckbarer Ordnung strebendem Denken, andererseits beschreibt er dennoch die ideologieimmanente Handlungsorientierung:

> »Die Konsequenz ist, dass Rassismus zwangsläufig mit der Strategie der Ausgrenzung verknüpft ist. Sind die entsprechenden Bedingungen erfüllt, so lautet das Gebot des Rassismus, ist die anstößige Gruppe aus dem Territorium der Gruppe, die sich gestört fühlt, zu entfernen. Ist das nicht realisierbar, fordert der Rassismus die Vernichtung der anstößigen Gruppe. Vertreibung und Vernichtung sind gegeneinander austauschbare Formen der Ausgrenzung« (Baumann 2002: 80).

3.4.3 Klaus Holz' Semantiktheorie

Mit seiner Habilitationsschrift »Nationaler Antisemitismus. Wissenssoziologie einer Weltanschauung« hat Klaus Holz die bislang reflektierten Defizite einer Entkopplung von Soziologie und Antisemitismusforschung, insbesondere die bislang fehlende Rück-bindung empirischer Forschung an Theorieentwicklung, aufgehoben. Theoretisch bezieht sich Holz auf die Systemtheorie Niklas Luhmanns, die er für die empirische Un-tersuchung antisemitischer Semantiken mit Hilfe der an Oevermann orientierten Objek-tiven Hermeneutik fruchtbar macht. Holz plädiert dabei für ein zweistufiges Verfahren. Ohne vorschnell theoretische Erklärungen einfließen zu lassen, betrachtet er »die Semantikanalyse als relativ eigenständige Forschungsaufgabe« als »unverzichtbar« (Holz 2001: 96). An sechs Fallbeispielen, die über einen Zeitraum von knapp hundert Jahren hinsichtlich zeitlicher und gesellschaftlicher Kontexte variiert werden, untersucht Holz die Semantik des Antisemitismus: vom »postliberalen Antisemitismus« (Treitschke) über den christlich-sozialen Antisemitismus (Stoecker), den rassistischen Antisemitismus in Frankreich (Drumont), den nationalsozialistischen (Hitler) in Deutschland sowie den marxistisch-leninistischen Antizionismus (Slánsk´y-Prozess) und den österreichischen Schuldabwehrmechanismus (Waldheim-Affäre). Er kommt zu dem Ergebnis, dass es sich beim modernen Antisemitismus um eine stabile kulturelle politisch-soziale Semantik handelt, die er »Nationaler Antisemitismus« nennt, womit er einen generalisierten Antisemitismusbegriff vorschlägt, welcher die Bezeichnung moderner Antisemitismus sowie die zahlreichen Differenzierungen (wirtschaftlicher, politischer, rassistischer, sekundärer Antisemitismus) ablöst.

Wie bereits im Begriffskapitel erläutert, versteht Holz den Antisemitismus als kulturelle politisch-soziale Semantik, als Typenschatz der Gesellschaft, ohne welche antisemitische Handlungen und Gewalt nicht identifiziert werden könnten:

»Mit kulturellen Semantiken wird ein bestimmter Wissensvorrat etabliert, der aus der Fülle möglicher Kom-binationen bestimmte nahelegt oder im Extremfall geradezu festschreibt« (ders.: 39). Seine empirischen Rekonstruktionen führten ihn zur Begriffsbildung „Nationaler Antisemitismus", welcher ein nationales Selbstbild komplementär zu einem jüdischen Fremdbild entwirft. Für die Konstruktion von Zugehörigkeit sei, so argumentiert er in Anlehnung an Hausendorf, der Dreischritt »Zuordnen – Zuschreiben und Bewerten« notwendig (ders.: 37 ff.). Im Unterschied zum Entwurf des Antisemitismus als bloßes Fremdbild entwirft Holz mit Bezug auf Koselleck die antisemitische Semantik als as-symetrisches Gegensatzpaar:

> »Asymmetrische Gegenbegriffe leisten [...] mehr als andere Konstruktionen von Wir-Gruppen. Sie sind konstitutiv normativ und machtförmig, indem sie die eine Seite auf-, die andere Seite abwerten. Das eröffnet ein breites Spektrum semantischer Möglichkeiten. Man kann Klage führen, Verbesserungen fordern, mit Sanktionen drohen und vor allem durch tausenderlei Wendungen die Minderwertigkeit ›der Juden‹ als soziale Gewissheit zementieren« (ders.: 39).

Das jüdische Fremdbild wird dabei als asymmetrisches Gegensatzpaar konstruiert, als Nicht-Identität innerhalb einer Ordnung von (nationalen) Identitäten, als Repräsentant des Sozialmodells Gesellschaft, welches gegen das Sozialmodell Gemeinschaft gestellt wird. Juden werden dabei immer als Täter, die Wir-Gruppe als Opfer konstruiert. Diese Kollektivkonstruktionen werden mit den

Regeln der Personifikation, der Ontologisierung, Ethnisierung und Abstraktion sowie im Falle des antizionistischen Antisemitismus nach den Regeln der Camouflage entworfen.

Dabei werden einige Elemente der Postoneschen und Baumannschen Beobachtungen sowie Teile der älteren Kritischen Theorie zu einem Selbst-Fremdbildkomplex integriert. So kommt die Konstruktion des Dritten in Baumanns Beschreibung der Juden, die »rittlings auf den Barrikaden« säßen, zum Ausdruck. Die Kritische Theorie entwickelt das Prinzip des Nicht-Identischen und der Ambivalenz, das Jüdinnen und Juden zugeschrieben wird und in Holz' Ergebnissen als »Nicht-Identität« auftaucht. Postones Beschreibung der Identifizierung von Jüdinnen und Juden mit den abstrakten Seiten der Moderne sowie ihre Wahrnehmung als Feinde und Gegenprinzip der »Nation« als konkreter Gemeinschaft kehren in Holz' Systematisierung der beiden Sozialmodelle Gemeinschaft und Gesellschaft wieder. Die Ähnlichkeit der Beschreibungen liegt nicht an der theore-tischen Nähe der Ansätze, sondern am Phänomen des Antisemitismus und seiner Stabi-lität selbst.

Im Gegensatz zu allen dreien entwickelt Holz seine Beschreibungen strikt empirisch und rekonstruktiv und fasst die Ergebnisse in allgemeinen Regeln zusammen. Die Sys-tematisierungen und damit alle untersuchten Fälle zeichnen sich durch die Verbindung eines nationalen Selbstbildes mit einem jüdischen Fremdbild aus, das auf der semanti-schen Ebene beobachtet werden kann und nicht durch einen psychologischen Mecha-nismus bzw. in einer Charakterstruktur verortet werden muss. Die Einheit des Weltbil-des stellt sich bereits auf der semantischen Ebene dar. Holz' Beschreibungen sind nicht von einer Theorie abgeleitet, auch wenn der Begriff des Antisemitismus theoretisch verortet wird, sondern am Material entwickelt. Es handelt sich um einen Ansatz, der vorerst nicht den Anspruch hat, Antisemitismus zu erklären. Seine Rekonstruktionen und Ausführungen zeigen jedoch, dass der Nationalismus eine konstitutive Bedingung für den Antisemitismus darstellt, sich dies aber bereits auf der Ebene der Semantik zeigt.

Die folgende Arbeit schließt an die Holzsche Forschungsperspektive an, die Antisemi-tismus als Semantik und Kombination von Selbst- und jüdischem Fremdbild untersucht, bezieht den Semantikbegriff jedoch aus einer anderen Theorietradition, und zwar des-halb, weil damit die dem Luhmannschen Semantikbegriff zugrunde liegenden Theo-rieprobleme umgangen werden können. Dies werde ich in der folgenden Darlegung meines Theoriezugangs noch ausführlich darlegen. Den entscheidenden Vorteil der von Holz für die Antisemitismusforschung etablierten Semantikanalyse sehe ich einerseits in der systematischen empirischen Rekonstruktion von Bedeutungsgehalten auf der Ebene der Semantik und der Berücksichtigung des konstitutiven Zusammenhangs von

Selbst- und Fremdbild auf der semantischen Ebene vor jeglicher Einbeziehung von Kontexter-klärungen.

Bevor aber die Semantik auf den Kontext zurückgeführt wird, und Kontexte sind dabei »Trägergruppen (etwa die Mittelschichten), Einzelpersonen (etwa die Autoren einschlä-giger Texte), individuell oder kollektiv Unbewußtes, die kapitalistische Ökonomie, Wirtschaftskrisen, vermeintliche oder tatsächliche Eigenheiten von Juden oder Konflikte zwischen Mehrheit und Minderheit« (Holz 2001: 23), ist es für die Kenntnis dessen, was kommuniziert wird, notwendig, die Struktur der Semantik zu rekonstruieren. Die Interpretation kann zwar in vielen Fällen durch Kontextwissen erleichtert, aber auch erschwert werden, indem vorschnell mit dem Kontextwissen andere mögliche Lesarten ausgeschlossen werden und damit Abweichungen und Neues schwieriger erkannt wird. Geht man beispielsweise davon aus, dass bestimmte Bedeutungsgehalte innerhalb der politischen Linken aufgrund von vorausgesetztem Wissen der Interpretanden oder der Selbstbeschreibungen der Spektren und Zeitschriften nicht auftauchen könnten oder müssten, verbaut man sich den Zugang zu diesen genauso wie bei der Aufklärung eines Kriminalfalles (vgl. Reichertz 1994, 1996). Überraschungen müssen möglich sein. Eine »abduktive Haltung« (Reichertz 2003a: 36) ist dafür Voraussetzung.

4. Theoretischer Zugang

4.1 Semantiken und ihr Theoriekontext I: Ent-bettung

Da ich mich in dieser Arbeit mit Semantiken beschäftige, möchte ich nun noch mein Verständnis des Begriffs erläutern und theoretisch einordnen. Der Begriff der Semantik wurde von Holz in die Antisemitismusforschung eingeführt (Holz 2001). Dies geschah, wie im Forschungsstandkapitel erläutert, insbesondere aus einer Entkopplung der Soziologie und der Antisemitismusforschung (Holz 2001; Bergmann 2004). Holz' Studie ist der Versuch, die Antisemitismusforschung an die soziologische Theoriebildung und das, was in den Sozial- und Kulturwissenschaften als »kommunikative Wende« beschrieben wurde, anzubinden. Für die theoretischen Prämissen der Methodologie hat dies die Konsequenz, dass man sich auf Kommunikation anstatt auf Handlung bezieht. In der Holzschen Theorie geschieht dies mit der Fassung des Semantikbegriffs als Kombination von Systemtheorie und Begriffsgeschichte. Für diese Arbeit möchte ich an die zentralen Ergebnisse der Holzschen Studie anknüpfen und den Gedanken einer empirisch orientierten Rekonstruktion von Semantiken aufnehmen, jedoch einige Modifikationen vornehmen, welche die theoretische Einbettung des Semantikbegriffes und die daraus resultierenden Folgen für eine soziologische Theorie angehen.

Semantiken heißen in der Systemtheorie solche Kommunikationen, welche einen »höherstufig generalisierbaren, relativ situationsabhängigen Sinn« (Luhmann 1993: 19) haben und als stabile Typen oder Muster der Sinnkonstruktion bzw. Sinnverarbeitungsregeln im gesellschaftlichen Wissensvorrat bereitgehalten werden (Luhmann 1993: 19). Auf diese Deutungs- und Erwartungsschemata kann unabhängig von der Situation wiederholt zurückgegriffen werden. Sie dienen zur Selbstbeschreibung der Systeme und sind notwendiger Bestandteil der Autopoiesis von Systemen. Denn diese Muster ermöglichen eine Wiederholung von Kommunikationsabläufen und sind für die Systemstruktur konstitutiv.

> »Die Gesamtheit der für diese Funktion benutzbaren Formen einer Gesellschaft (im Unterschied zur Gesamtheit der Sinn aktualisierenden Ereignisse des Erlebens und Handelns) wollen wir die Semantik einer Gesellschaft nennen, ihren semantischen Apparat, ihren Vorrat an bereitgehaltenen Sinnverarbeitungsregeln. Unter Semantik verstehen wir demnach einen höherstufig generalisierten, relativ situationsunabhängigen Sinn« (Luhmann 1993: 19).

Den Begriff der Semantik übernimmt Luhmann aus der Begriffsgeschichte Reinhart Kosellecks[77] mit Modifikationen in seine differenztheoretisch angelegte Theoriearchitektur. Eine der grundsätzlichen Änderungen liegt im Vorrang des »Sinns«, d. h. in der Betonung der Sinnhaftigkeit aller Prozesse, sowohl der sozialstrukturellen wie der semantischen und damit der Aufhebung des (ontologischen) Dualismus zwischen Sozialstruktur und Semantik, sozialer Realität und sprachlicher Interpretation (vgl. Stäheli 2000: 196 ff.). Sinn dient als gemeinsames Medium für beide Seiten der Unterscheidung. Hier lässt sich Luhmann recht nahe an poststrukturalistischen Theorien lesen (vgl. Stäheli: 197 ff., Weisenbacher 1993: 84). Entscheidend ist dabei nicht die Betrachtung sozialer Wirklichkeit als sinnhaft, denn über diese Betrachtung ist sich ein Großteil der sozialwissenschaftlichen Theorien einig (vgl. zur Bestandsaufnahme Hitzler 2002), unabhängig davon, wie nun Sinn konzeptionalisiert und wo seine Konstitution verortet wird. Luhmann geht aber weit über die Bestimmung von Sinn als Intersubjektivität[78] hinaus: »Es ist überhaupt verfehlt, für Sinn einen ›Träger‹ zu suchen, in dem er eine eigene Reproduktion selbstreferentiell ermöglicht. Und erst die Formen dieser Reproduktion differenzieren sich in psychische und soziale Strukturen« (Luhmann 1987: 141). Das Entscheidende ist die Betonung des »Vorrangs« des Sinnmediums, d. h., dass nur noch die Zirkulation der Zeichen (bei Luhmann: des Sinns)[79] betrachtet wird, aber nicht mehr ihre Produktion und man »sich nicht länger dem dialektischen Erwerbsproßeß von Subjekt und Objekt und damit einem realen Außen als notwendiger Bedingung der Möglichkeit von Erkenntnis [widmet]« (Weisenbacher 1993: 83)[80]. Wegen der Vernachlässigung der Bildungsprozesse von Sprache und Kommunikation und der Verabso-

---

[77] Damit setzt sich Luhmann von einer primär im linguistischen Diskurs verbreiteten Vorstellung von Semantik ab: »Die Wortwahl ›Semantik‹ ist nicht in jeder Beziehung glücklich. Wir schließen nicht an die Lehre von Zeichen und ihrer Referenz an, sondern an das, was man meint, wenn man von ›historisch-politischer Semantik‹ spricht. Vgl. etwa Reinhart Koselleck [...]« (Luhmann 1993: 19).

[78] Zur Kritik des Begriffs der »Intersubjektivität« vgl. Luhmann, 2005: S. 162-179. Primär zielt Luhmann auf eine Kritik des Habermasschen normativistischen Intersubjektivitätsbegriffes, während dem Lebensweltbegriff der Sozialphänomenologie schlicht eine Paradoxie unterstellt wird. Anstelle des Begriffs setzt er den der Kommunikation, die er bekanntlich als emergente, sich selbst realisierende Einheit konzeptionalisiert. Mit seiner Differenztheorie setzt er sich von Relationstheorien ab und handelt sich m. E. mit dieser Perspektive ein Defizit bei der Erklärung der Relata bzw. in seiner Theoriesprache der »strukturellen Kopplungen« ein.

[79] Bei Luhmann wird der Zeichenbegriff durch den Formbegriff ersetzt (vgl. Luhmann 1997 I: 190 ff.).

[80] Die Beziehung zwischen Subjekt und Objekt ersetzt Luhmann durch die Unterscheidung zwischen System und Umwelt.

lutierung von »Sinn«[81] wurde der systemtheoretische Ansatz nicht nur von Seiten der historisch-genetischen Theorie kritisiert (vgl. z. B. auch Opielka 2004: 306 ff.[82]), die im Spezifischen auf deren absolutistische Begründungsstruktur zielt:

> »In der systemtheoretischen Schöpfungsgeschichte liegt der Schöpfungsakt des Systems darin, daß es aus einer Entscheidung für eine erste kontingente Differenz seiner selbst beginnt. Nun entnimmt der Beobachter, der diese Schöpfungsgeschichte schreibt, die erste Entscheidung nicht der undurchsichtigen Immanenz eines Schöpfergottes, sondern dem System selbst. Was aus dem System herausgesetzt wurde, wird im Wege eines aus der Axiomatik der Mathematik entlehnten re-entry wieder in das System eingeführt. Einmal muß das System sich zur Lüge entschließen, einmal eine Unwahrheit als Wahrheit ausgeben, dann geht es« (Dux 2000: 146).

Aus dieser Perspektive ist nicht die Kritik am neuzeitlich-aufklärerischen Subjektverständnis und seine Auflösung in Bedingungsverhältnisse das Problem, auch nicht der Fokus auf »Sprachspiele« und der damit verbundene Hinweis auf die Praxis, in welcher Begriffe verwendet werden[83], sondern der Rekurs auf ein Absolutes (die symbolisch-mediale Welt), ohne eben dieses selbst einsichtig werden zu lassen, d. h. dessen Genese zu rekonstruieren (Weisenbacher 1993: 50 und 85 ff.; Dux 2000: 147 ff.; Weber 2005, aber auch: Schulte 1993). Bevor ich mich weiteren Problemen zuwende, die sich aus der Verwendung des Semantikbegriffes Luhmannscher Provenienz ergeben, möchte ich vorerst mit Luhmanns eigenen Modifikationen am Semantikbegriffes Koselleckscher Prägung fortfahren, da sich daran bereits einige Hinweise auf Folgeprobleme ablesen lassen können, die in der Koselleckschen Version vermieden werden.

---

[81] So werden Erleben und Handeln beispielsweise in der Luhmannschen Lesart nicht als Subjektleistungen, sondern als Unterscheidungs- und Zurechnungsleistungen von Sinnsystemen begriffen (vgl. Luhmann 1987: 124).

[82] Opielkas Kritik zielt primär auf die Vernachlässigung der spezifischen Subjektivitätsstruktur und auf den Begriff der Reflexivität, welcher ihm zufolge nicht ohne Subjektivität gedacht werden kann, sowie daran anschließend auf das Luhmannsche Konzepts der Selbstreferentialität: »Das Erstaunliche menschlicher Subjektivität besteht in dieser strikten Selbigkeit von Erkennendem und Erkanntem sowie ihrer Relation« (Opielka 2004: 315). Bei Luhmanns Konzept der Selbstreferenz, auf die Luhmann sich in der Beschreibung von Reflexion (Kommunikation über Kommunikation, Reden über Reden etc.) bezieht (vgl. auch Luhmann 1995: 113), bestehe keine »strikte Selbigkeit, sondern lediglich eine Artgleichheit der Relate, und die Relation zwischen ihnen ist oftmals noch ein Drittes« (Opielka 2004: 315).

[83] Wittgensteins philosophische Untersuchungen werden aus historisch-genetischer Perspektive explizit als Grundlagenmanifest des so genannten »linguistic turn« hervorgehoben und ihr Verdienst in der »Einbindung der Praxis in den Prozeß der Verständigung« (Dux 2000: 144) gesehen.

109

Im Gegensatz zu Luhmann geht Koselleck von einer klaren Unterscheidung der beiden Wirklichkeitsregister Semantik und Sozialstruktur aus, was an mehrfachen Unterscheidungspaaren wie Handlung/Sprache, Erfahrung/Sinn und Geschichte/Begriff ersichtlich ist. Das Verhältnis zwischen Geschichte und Begriff wurde von Koselleck folgendermaßen bestimmt:

>»Die methodische Antinomie, die zwischen geschichtlicher Einmaligkeit und struktularer Wiederholbarkeit der Sprachfiguren herrscht, ist nur eine Folgerung aus dem oben genannten Befund: dass die Geschichte nie identisch ist mit ihrer sprachlichen Erfassung und ausformulierten Erfahrung, wie sie sich mündlich oder schriftlich niederschlägt, dass sie aber auch nicht unabhängig ist von diesen sprachlichen Artikulationen« (Koselleck 1989: 216).

Die Einmaligkeit geschichtlicher Ereignisse wird demnach der sprachlichen Wiederholbarkeit und Semantik gegenübergestellt und gleichzeitig in ein Verhältnis zueinander gesetzt. Nur in der Semantik können in Kosellecks Konzeption nichtrealisierte, aber bereits sprachlich gefasste Alternativen aufbewahrt und zu einem anderen Zeitpunkt aktualisiert werden. Daran wird deutlich, dass die analytischen Trennungen zwischen Geschichte und Begriff, Handlung und Sprache, Semantik und Sozialstruktur als Bedingungsverhältnisse aufzufassen sind und aus diesem Verhältnis methodische Konsequenzen für eine Verschränkung von Begriffs- und Sozialgeschichte gezogen werden können:

>»Denn alle sprachlichen Vorgaben werden von Menschen sprachlich eingeholt und in der konkreten Rede mit ihrem Tun und Leiden vermittelt. Die gesprochene Sprache oder die gelesene Schrift, die jeweils wirksame – oder die überhörte – Rede verschränken sich im aktuellen Vollzug des Geschehens zum Ereignis, das sich immer aus außersprachlichen und sprachlichen Handlungs- und Erleidenselementen zusammensetzt. Selbst wenn die Rede verstummt, bleibt das sprachliche Vorwissen präsent [...]« (Koselleck 2006: 16).

Die Semantik ist daher nicht nur Repräsentation der historischen Ereignisse, sondern auch Ermöglichungsbedingung zukünftiger Ereignisse. Auch wenn Koselleck einräumt, dass eine Sprechhandlung »unwiderrufbare Folgen auslöst, man denke an den Führerbefehl zum Einmarsch in Polen«, so begreift er eine Sprechhandlung nicht als die Handlung selbst und konstatiert, dass es »über die gesprochene Sprache hinaus noch weitere Vorleistungen und Vollzugsweisen geben [muß], die Ereignisse ermöglichen« (Koselleck 2006: 15). Koselleck denkt hier an den sprachübergreifenden Bereich der »Gestik des Leibes«, der «magischen Rituale«, »der räumlichen Nähe und Ferne, an Distanzen, die je nachdem konfliktträchtig oder konfliktverzögernd sind, an zeitliche Differenzen zwischen den Altersstufen einer Generationseinheit oder an die Bipolarität der Geschlechter« (Koselleck 2006: 15).

Genauso wie das Verhältnis von Sprechen und Handeln empirisch nicht zu trennen ist, verhält es sich in der Koselleckschen Perspektive mit dem Verhältnis von Synchronie und Diachronie, deren Zusammenhang nach Koselleck sowohl die Sozial- wie auch die Begriffsgeschichte voraussetzen (Koselleck 2006: 22). Beide Zugänge zielen auf »die diachron wirksamen Bedingungen, die den jeweiligen Einzelfall ermöglicht haben, und sie fragen nach den langfristigen Vorgängen, die sich aus der Summe der Einzelfälle ableiten lassen« (Koselleck 2006: 24). Analog zur sozialgeschichtlichen Unterscheidung zwischen Struktur und Ereignis differenziert die Begriffsgeschichte zwischen Rede und sprachlicher Vorgabe. Beide jedoch vollziehen sich Koselleck zufolge nicht im selben Zeitwandel. Es ist möglich, dass sich die Wirklichkeit schneller verändert, als dies auf den Begriff[84] gebracht wird, aber auch, dass sich Begriffe gebildet haben, die neue Wirklichkeiten ermöglichen. Interessant an dieser Perspektive ist, dass Semantiken einerseits an Bedingungen anknüpfen, andererseits aber auch bestimmte Wirklichkeiten ermöglichen. Das Verhältnis zwischen Semantik und Gesellschaftsstruktur steht so in einem dialektischen Bedingungsverhältnis. Damit wird es möglich, einerseits zwar die Bildung von Semantiken auf (sich wiederholende) Bedingungen zurückzuführen, aber andererseits Semantiken als Ermöglichungsräume zu denken. Genauso wie Koselleck dies am Akt der Eheschließung erläutert, welcher subjektiv einmalig ist, in dem sich aber wiederholbare Strukturen aktualisierten, so ist es auch möglich, auf der begriffsgeschichtlichen Ebene antisemitische Semantiken als einmalig artikulierte zu betrachten, darin aber sich wiederholende Strukturen zu rekonstruieren.

In seinem Aufsatz »Zur historisch-politischen Semantik asymmetrischer Gegenbegriffe« (Koselleck 1989: 211-259) wird diese Differenz zwischen Einmaligkeit und struktureller Wiederholbarkeit anhand der Trennung zwischen »Wort« und »Begriff« deutlich gemacht. Die asymmetrische Struktur von Gegenbegriffen wird nämlich nicht primär von den Worten bestimmt.[85] So wird die Untersuchung von Strukturen der Semantik, durch die Geschichte abgelöst von ihrer geschichtlichen Einmaligkeit, möglich. Gerade für die Betrachtung antisemitischer Semantiken erscheint mir solch eine Perspektive produktiv, weil sie es ermöglicht, zugrunde liegende Strukturen über längere Zeiträume zu rekonstruieren und eine mögliche Erklärung für Ihre »Hartnäckigkeit« anzubieten.

---

[84] Hier lässt sich erkennen, dass unter einem Begriff etwas anderes als unter einem Wort oder Alltagssprache und -semantik verstanden wird, sondern mit einem Begriff in etwa eine »gepflegte Semantik« aufgefasst wird.

[85] Vgl. dazu auch bezogen auf den Antisemitismus Volkov 2000, zuerst 1990: 61.

Die Struktur ist kulturell verfügbar, die Worte sind austauschbar und können an die geschichtliche Situation angepasst werden. Geschichte wird aus dieser Perspektive im Spannungsfeld zwischen Sprache und Handlung, Erfahrung und Sinn sowie Gesellschaftsstruktur und Semantik gedacht, welche sich gegenseitig beeinflussen und ermöglichen. »Diese Differenz zwischen der Geschichte und ihrem ›Begriffenwerden‹ wird mit der Methodik der historisch-politischen Semantik ausgemessen« (Koselleck 1989: 214).

Der Einwand von Urs Stäheli, der Koselleck in der Beschreibung der Gedächtnisfunktion der Semantik und der Möglichkeit der Transformation von Erfahrungen in Sprache einen immanenten Widerspruch unterstellt (vgl. Stäheli 2000: 193), lässt sich nur aufrecht erhalten, wenn die Differenz zwischen Semantik und Gesellschaftsstruktur innerhalb eines poststrukturalistischen oder systemtheoretischen Konstruktivismus in Richtung »Text« oder »Sinn« aufgelöst wird. Dann kann sich, wie Stäheli folgerichtig ausführt, »die Gedächtnisfunktion der Semantik [...] nur auf die Semantik selbst beziehen« (Stäheli 2000: 193), nicht aber auf Erfahrungen.

Zu Recht hat Stäheli darauf hingewiesen, dass eine differenztheoretisch argumentierende Theorie anders als die Kosellecksche von einem konstruktivistischen Realitätsbegriff ausgehen muss und damit das Verhältnis von Semantik und Gesellschaftsstruktur, ferner die Differenz zwischen Worten und Begriffen neu bestimmen muss. Dann lässt sich ein Begriff nur noch in Differenz zu anderen Begriffen bestimmen und die Geschichte wird ein Ort, der sich selbst nur noch innerhalb eines symbolischen Systems konstituiert und als Resultat systemischer Sinnverarbeitung betrachtet wird, wie dies in der Luhmannschen Systemtheorie der Fall ist. Im Unterschied zu sozialkonstruktivistischen, interaktionistischen Ansätzen stellen Begriffe und Wissen im Allgemeinen kein Wissen von Subjekten dar, sondern sind ein Konstrukt der Selbstreferenz des Systems. Damit verschiebt Luhmann die Frage der Grenzen von Variationen auf die Gesellschaftsstruktur und nicht auf soziale Trägergruppen.

Srubar hat darauf hingewiesen, dass bereits in der phänomenologisch orientierten Wissenssoziologie von Alfred Schütz Probleme der klassischen Wissenssoziologie, die sich aus der Bindung des Wissens an soziale Trägergruppen ergaben, überwunden worden waren, indem »die soziale Wirklichkeit als Ganzes als eine Sinnkonstruktion begriff[en wird], die in Prozessen der Interaktion und Kommunikation hervorgebracht wird« (Srubar 2006: 1). Im Unterschied zu Luhmanns Theorie bleibt die Schützsche Theorie jedoch an den Handlungs- und Subjektbegriff gebunden und betrachtet Wissen als Wissen von Menschen, während Luhmann die Zurechnung des Wissens auf Menschen als notwendige Illusion beschreibt (Luhmann 1990: 164 f.), Menschen aus systemtheoretischer Perspektive ohnehin als psychische Systeme außerhalb von sozialen Systemen verortet werden, genauso wie Handlungen keine sinnkonstituierende Funktion zugeschrieben wird, sondern Handlungen selbst durch Zurechnungsprozesse in Kommunikation konstituiert werden und damit auf eine handlungstheoretische Begründung verzichtet wird:

> »Der Grund hierfür ist: daß der Begriff der Handlung, der nach allgemeinem Verständnis Handelnde voraussetzt, die Grenzen zwischen Systemen und Umwelten verwischt. Das schließt aber keineswegs aus, den Begriff der Handlung als Konstrukt eines beobachtenden Systems wiedereinzuführen, wobei das System Handlungen als Zurechnungspunkte im System und in der Umwelt lokalisieren kann« (Luhmann 1997: 86).

Dieser Verzicht auf den Handlungsbegriff bringt Probleme mit sich, die aus unterschiedlichen Theorieperspektiven vorgetragen wurden. Die an Schütz anknüpfende pragmatische Lebenswelttheorie Srubars (2003, 2005) und die an Piaget anknüpfende historisch-genetische Theorie (Dux 2000) weisen in ihrer Kritik auf den konstitutiven Zusammenhang von Denken, Handeln und Sprechen hin, der von einem Großteil soziologischer Theorien angenommen wird (vgl. u. a. Schütz 1993, zuerst 1932;, Mead 1969 und 1973; zuerst 1934; Bourdieu 1987; Giddens 1992, aber auch Adorno 1998b). Siewenden sich damit gegen eine Betrachtung, welche die Sinnkonstitution allein dem Prozess der Kommunikation zuschreibt und die Verbindung zwischen Handeln und Sprechen durchtrennt.

Auch die an Parsons orientierte Theorie Richard Münchs weist auf Handlungsrahmen bzw. -felder hin und fokussiert auf die Interpenetration der verschiedenen Teilsysteme, die im konkreten Handeln vermischt seien. Hauptkritikpunkt an Luhmanns Systemtheorie ist dabei der fehlende Unterschied zwischen analytischen und empirischen Systemen:

> »Man kann analytisch konstruieren, wie Ökonomie, Politik, Recht und Wissenschaft autopoietisch funktionieren würden. Das konkrete gesellschaftliche Handeln ist jedoch immer ein Geflecht von Ökonomie, Politik, Recht und Wissenschaft zugleich. [...] Gerade in der modernen Gesellschaft sind die empirischen Systeme (oder besser: Handlungsfelder) von Wirtschaft, Politik, Recht und Wissenschaft [...] Interpenetrationszonen von Systemen, die allein analytisch voneinander zu trennen sind, empirisch jedoch stets [...] zusammenwirken« (Münch 1995: 172 f.).

Während erstere Kritikrichtung aus konstitutionstheoretischer Perspektive argumentiert und auf andere Sinnleistungen jenseits der von Kommunikation konstituierten fokussiert, bezieht sich die zweite Kritikrichtung mit Betonung des Handlungsrahmens auf die Strukturierung des Handelns von Akteuren. Letzere betrachtet es als notwendig, jenseits der analytischen Betrachtung von strukturell gekoppelten Systemen diese als Handlungsräume zu begreifen, die konstitutiv für Handlungen sind und nicht nur »Irritationen« erzeugen.

In seiner These, dass es einen Unterschied für Verlauf und Ergebnis von Handlungen ausmacht, wenn sie innerhalb eines Systems organisiert sind und Individuen keine Gesellschaft bilden[86], geht Luhmann so weit, dass individuelles Handeln keine Auswirkungen auf Gesellschaft (bzw. in Luhmanns Terminologie »soziale Systeme«) hat und ohnehin die Zurechnung von Handlungen auf Individuen nur als von sozialen Systemen selbst erzeugte (notwendige) Illusion denkbar ist, deren Funktion die Reduktion von Komplexität ist (vgl. Luhmann 1987: 229). Gesellschaft konzipiert er als emergente Ebene des Sozialen, deren Konstitution einerseits und deren Verbindung zu handelnden Individuen andererseits nicht mehr einsichtig sind.

> »Es [das Vorurteil] besteht in der Zurechnung des Handelns auf konkrete Einzelmenschen – so ob als ›Agent‹ der Handlung immer ein Mensch und immer ein ganzer Mensch erforderlich sei. Daß es psychische, chemische, thermische, organische und psychische Bedingungen der Möglichkeit von Handlung gibt, versteht sich von selbst, aber daraus folgt nicht, daß Handeln nur auf konkrete Einzelmenschen zugerechnet werden kann.[...] Zumeist dominiert – und dies gerade nach dem Selbstverständnis des psychischen Systems! – die Situation die Handlungsauswahl. [...] Zusätzlich ist das Moment der Temporalisierung im Auge zu behalten. Wie von allen Elementen in temporalisierten Systemen gefordert, kombinieren Handlungen Bestimmtheit und Unbestimmtheit. Sie sind in ihrer momentanen Aktualität bestimmt, was immer man als Zurechnungsgrund dafür verantwortlich macht; und sie sind unbestimmt in Bezug auf das, was sie als Anschlußwert in sich aufnehmen« (Luhmann 1987: 230).

Die Bedeutung des Zeithorizontes und damit die Differenz zwischen Handlungsentwurf und Aktualität der Handlung wurde bereits bei Schütz (1993, zuerst 1932) thematisiert, und bei Mead implizit vorausgesetzt (Mead 1959, vgl. dazu Renn 2006: 284). Die Bedeutung des Situationskontextes, insbesondere aber die neben der Vorstrukturiertheit der Handlungssituation situative Aushandlung von Handlungsverläufen, wurde maßgeblich von pragmatistischen Theorien betont (vgl. Joas 1996, Renn 2006).[87] In Luhmanns systemtheoretischer Architektur wird jedoch nicht nur auf die situationsbezogene Spezifikation der Handlung hingewiesen und die (zeitliche) Differenz zwischen Handlungs-

---

[86] Darauf hat allerdings schon Marx hingewiesen: »Die Gesellschaft besteht nicht aus Individuen, sondern drückt die Summe der Beziehungen, Verhältnisse aus, worin diese Individuen zueinander stehn« (MEW 42: 189).

[87] Zum Prinzip der doppelten Strukturierung vgl. Giddens' Strukturierungstheorie (1997).

entwurf und Handlung beobachtet, sondern handelnde Individuen werden nicht mehr als Teil sozialer Systeme betrachtet, auch wenn – wie oft gefolgert wurde – damit nicht behauptet wird, dass es kein Bewusstsein noch soziale Systeme und Kommunikationen ohne Bewusstsein gebe, aber eben nicht als Teil sozialer Systeme (vgl. Luhmann 1987: 234). Auf die Probleme, die sich aus diesem Bedingungsverhältnis einerseits und der Annahme der operationalen Geschlossenheit von Systemen andererseits ergibt, werde ich später noch eingehen.

Zuvor soll darauf hingewiesen werden, welche Konsequenzen sich bei der Ausklammerung der Relevanz individueller Handlungen für soziale Systeme ergeben, da mir dieser Gedanke gerade für die Betrachtung von Verfolgungssemantiken bedeutungsvoll erscheint, insbesondere für den Antisemitismus, der als zentraler weltanschaulicher Bestandteil des Nationalsozialismus auch in der industriell organisierten massenhaften Judenvernichtung real wurde. Die Grundfrage ist dabei, ob es in einer arbeitsteiligen Gesellschaft nicht nur einen moralischen Unterschied macht, ob Individuen einen Teilschritt mit erledigen oder nicht (und vor allem die Handlungsmöglichkeit bzw. immer auch die Negation haben) – wie Hans-Georg Soeffners am Beispiel von der »Pünktlichkeit der Reichsbahn und ihrer Lokführer, [die] für einen reibungslosen Transport an die Konzentrationslager sorgten« (Soeffner 2000: 332) veranschaulicht. Man denke an den in der Friedensbewegung verwendeten Slogan »Es ist Krieg und niemand geht hin«, der auf die Konsequenzen individuellen Handelns und die Verantwortlichkeit jedes einzelnen Soldaten im Vietnam-Krieg referierte. 20 Jahre später sah die Referenz aufgrund veränderter gesellschaftlicher Bedingungen anders aus. So thematisierte der während des Golfkrieges 1991 geprägte Slogan »Stell Dir vor, es ist Krieg und niemand schaltet den Fernseher ein« die gestiegene mediale Bedeutung von Ereignissen, die neue individuelle Verantwortlichkeiten in Bezug auf den Umgang mit Medien mit sich brachten. In allen Fällen wird auf die Relevanz des Einzelnen referiert. Soeffner weist darauf hin, dass individuelle Verantwortlichkeit sich nicht aus reinen Funktionszusammenhängen ableiten lasse (Soeffner 2000: 323), sondern eine Wertbeziehung sich erst durch die Kulturbedeutung einer gesellschaftlichen Institution konstituiere. Folgt man Soeffner, so lassen sich sowohl Institutionen als auch Organisationen als symbolische Formen beschreiben und von den Tätigen als solche verstehen. Nur so habe die Rede vom »Charakter einer Behörde« oder «Unternehmenskultur« Sinn (vgl. Soeffner 2000: 323). Die Annahme der Konstitution einer Wertbeziehung, mit der sich verantwortliches Handeln einfordern ließe (vgl. Soeffner 2000: 323), braucht man jedoch nicht notwendig, um zu begründen, dass es in Institutionen um Handlungssicherheit und damit Entscheidungsentlastung durch bewährte Handlungsvorgaben geht. Trotzdem kann man mit Soeffners Beobachtung darin konform gehen, dass ein zwangsläufiges Wechselverhältnis des Vertrauens von Individuen in die zweckrationale Funktionalität von Arbeitsabläufen und gleichzeitig ein Vertrauen in die Verlässlichkeit von Menschen existiert, umgekehrt aber auch die Interpretation der eigenen Verlässlichkeit als perfektionierter Funktionalität beobachtbar ist, die den Blick auf Geltung außerhalb der Systemgrenzen verliert und nur noch auf einen reibungslosen Ablauf innerhalb der eigenen funktionalen Eingebundenheit fokussiert: »Aus dieser Quelle speist sich die barbarische Moderne« (Soeffner 2000: 324).

Soeffners Analyse der »Individuelle[n] Macht und Ohnmacht in formalen Organisationen« (Soeffner 2000: 310) zeigt uns aber, dass moderne Organisationen und gesellschaftliche Ordnungen nur im Zusammenspiel von Mikro- und Makropolitik angemessen zu betrachten sind. Im Fall formaler Organisationen heißt das, dass einerseits moderne Organisationen über die Ökonomie gegenseitigen Vertrauens funktionieren, aber auch durch sogenannte Störfälle irritiert werden, dass sich andererseits neben den formellen auch immer informelle Beziehungen und Verhaltensmuster herausbilden, die genauso wirksam sein können wie die formellen, und dass zudem die konkurrierenden Interaktions- und Kommunikationsmuster in menschlicher Zusammenarbeit »selbst dort noch Spielräume und (Selbst-)Kontrollmöglichkeiten eröffnen, wo wir sehr eng in Organisationen eingebunden sind« (Soeffner 2000: 324). Letztlich läuft es auf die Beobachtung der Variation von kommunikativen Formen und ihrer möglichen Konkurrenz und der Herleitung aus ihrem Konstitutionsprozess heraus, um die Differenz zwischen Individuum und Organisation bzw. Gesellschaft zu begründen. Soeffner kommt zu dem Schluss, dass »das Individuum als Zentrum und Grenze der Gesellschaft, als gleichzeitig soziales Selbst und isoliertes Ich strukturell niemals restlos verrechenbar ist mit irgendeiner kollektiven Zwangsanstalt, sei es eine formale Organisation, eine alleinseligmachende Kirche oder ein totalitärer Machtapparat« (Soeffner 2000: 334). Auch Luhmann hält »psychische Systeme« für nicht verrechenbar mit Organisationen bzw. sozialen Systemen. Er begreift sie aber weder als Teil sozialer Systeme noch als soziologisch beobachtbar, sondern eben nur anhand von Kommunikationen. Das sind die Luhmannschen »sozialen Tatsachen«. Wenn man davon ausgeht, dass Denken, Handeln und Sprechen einen konstitutiven Sinnzusammenhang bilden und die Sinnkonstitution nicht allein dem Prozess der Kommunikation zukommt, dann muss man auch die sozialen Bedingungen von Kommunikationen mitdenken.

Überzeugend ist Soeffners Begründung, die davon ausgeht, dass das Individuum im Unterschied zu den Abstrakta »Gruppe«, »Nation«, »Gemeinschaft« etc. als das einzig konkrete und »empirisch abgrenzbare Element des Sozialen« (Soeffner 2000: 329) vorgestellt werden und dadurch sowohl als Teil wie auch als Gegenüber von Gesellschaft betrachtet werden kann.

> »Es [das Individuum] bestimmt die Struktur von Gesellschaft als Verhältnis, als Relation von ego und alter, aus der sich alle anderen ›gesellschaftlichen Verhältnisse‹ ableiten. Diese Relation reicht in das Individuum hinein. [...] Diese Grundstruktur bewirkt, dass der einzelne zugleich Teil und Kontrollinstanz jedweden Kollektivs ist. Er und mit ihm seine Erfahrungen – mögen sie noch so sehr sozialisiert und sozial vortypisiert sein – sind das Konkrete, das im Gegensatz zum abstrakten Sozialen steht. Es gibt keine Kollektiverfahrungen. Es gibt nur die Unterstellung, meine Erfahrungen seien dieselben wie die der anderen« (Soeffner 2000: 330).

Ganz in diesem Sinne erscheint es mir sinnvoll, Subjekte nicht – wie Luhmann dies mit der Konzeption von psychischen Systemen tut – in der Umwelt der Gesellschaft, sondern an der Grenze von Gesellschaft zu verorten, wie dies sowohl aus der wissenssoziologischen Perspektive Hans-Georg Soeffners, als auch aus der historisch-genetischen Perspektive vorgeschlagen wird (Dux 2003). Während beide ein konstitutionstheoretisches Argument und die Figur der »Reflexion« des Subjekts bemühen, um diese Bestimmung des Verhältnisses von Subjekt und Gesellschaft zu vollziehen, zielt Soeffner auf die Kreativität des einzelnen Handelnden, seine »Nicht-Verrechenbarkeit« und damit auf die Möglichkeit zur Widerständigkeit und Variation von Kommunikationen in Systemen. Dux hingegen begründet die Verortung des Subjekts an der Grenze der Gesellschaft mit dem Argument, dass der konstruktive Prozess in der Gesellschaft in Auseinandersetzung mit der Außenwelt geschieht und nur durch die Kompetenzen von Subjekten[88] in Gang gesetzt werden kann. Nur sie könnten »Erfahrungen in Erkenntnis und Erkenntnis in die Konstruktivität der Praxisformen [umsetzen]« (Dux 2003: 244). Dadurch wird Gesellschaft zwar in ihrer systemischen Vernetzung denkbar und es wird möglich, die Konstrukte aus der Perspektive des Systems der Gesellschaft zu analysieren, jedoch mit dem Bezug zur realen Außenwelt, d. h. »so, daß in die kommunikativen Konstrukte der Bezug zur Natur eingeht« (Dux 2003: 244). In Abgrenzung zur Systemtheorie geht es dabei jedoch nicht darum, einen »reinen« Begriff des Sozialen zu bilden. Dieser Strategie weist Dux selbst den Status einer metaphysischen Struktur zu.

> »Er [der ›reine‹ Begriff des Sozialen] behält in der Bestimmung des Konstruktiven einen Rest der Vorordnung des Ganzen vor seinen Teilen, der Relation vor seinen Relata bei, auch wenn das Ganze sich selbst erst in seinen Teilen bildet. Wenn man aber gute Gründe dafür zu haben meint, das Soziale gerade in den Beziehungen zwischen Subjekten zu sehen, dann wird man auch die Elemente so bestimmten, daß sie deren Genese durch letztere mitführen« (Dux 2003: 257).

---

[88] Dux geht davon aus, dass sich die Subjekte selbst erst mit den Kompetenzen entwickeln.

Plausibel rekonstruierbar wird das Verhältnis zwischen Subjekten und Gesellschaft daher nur innerhalb einer Konstitutionstheorie.

Aus historisch-genetischer Perspektive reicht ein allein an der Semantik gewonnenes Verständnis nicht aus, um ihre Konstitution zu erklären. Dafür müssten die dem Denken und Gesagten zugrundeliegenden Strukturen, »die sich in die Vielfalt der semantischen Gehalte umsetzen« (Dux 2000: 151), rekonstruiert werden. Ich teile den Einwand, dass die Konstitution der Semantik nicht allein an der Rekonstruktion der Semantik gewonnen werden kann. Für die Beschreibung der Konstitutionsbedingungen müssten die Anfänge der Bildung der Semantik und die Bedingungen ihrer Möglichkeit rekonstruiert werden. Die Rekonstruktion der Semantik einer spezifischen historischen Zeit wäre Voraussetzung. Die Unterscheidung zwischen Struktur und Inhaltsebene, die Dux vornimmt, wenn er die Logiken der jeweiligen Semantiken von Weltdeutung trennt, teile ich jedoch nicht in dieser Radikalität. Ich teile den von Holz konstitutionstheoretisch und methodologisch begründeten Einwand gegen diese strikte Trennung der Ebenen von Weltdeutungen, der besagt, dass kein Weltbild ohne Semantik existiert und »die subjektivische Logik als Grundstruktur eines Weltbildes nur aufgezeigt werden kann, indem man sie als Struktur eines semantisch spezifisch gestalteten Weltbildes rekonstruiert« (Holz 2003: 141). Daher wird im Folgenden die spezifische Gestalt einer Semantik – der antisemitischen – rekonstruiert. Bestimmen lässt sich deren Struktur und Funktion an empirisch verfügbaren Weltdeutungen.

Nach dieser Erörterung und Kritik einiger Grundannahmen der systemtheoretischen Theorie möchte ich mich im Folgenden wieder dem Begriff der Semantik im Besonderen zuwenden. Die Betrachtungen erschienen mir notwendig, um den von Luhmann in der soziologischen Debatte geprägten Begriff der Semantik aus der systemtheoretischen Theorie herauszulösen und in eine andere Theoriearchitektur einzufügen, die das Verhältnis zwischen Handlung und Semantik jenseits des Vorrangs des Zeichens zu denken erlaubt und damit die Verortung von Subjekten oder Individuen in Gesellschaft erlaubt.

Nach dieser Ent-bettung des Semantikbegriffes geht es demnach im Folgenden um eine erneute Ein-bettung in einen anderen Theoriekontext, der mit einer Auseinandersetzung des zeitlichen Verhältnisses von Gesellschaftsstruktur und Semantik eingeführt werden soll.

Die Nachträglichkeit von Semantiken, wie sie in der Luhmannschen Systemtheorie konzeptionalisiert wird, wurde bereits zu Beginn dieses Kapitels mit Referenz auf Holz und Bergmann gegen Claussen in Bezug auf antisemitische Semantiken problematisiert. Auch wenn Luhmann den Semantikbegriff im Sinne des Koselleckschen Begriffs einer historisch-politischen Semantik verstanden haben will, erfährt bei ihm im Unterschied zur Koselleckschen Theoriearchitektur das Verhältnis zwischen Gesellschaftsstruktur und Semantik eine Verschiebung. Werden bei Koselleck beide Ebenen als gleichberechtigte geschichtskonstituierende eingeführt, so liegt bei Luhmann die Gesellschaftsstruktur auf einer der Systemkonstitution vorgeordneten Ebene, während Semantiken als nachträgliche Beschreibungen eingeführt werden. Diese Konzeption der Nachträglichkeit von Semantiken wurde bereits von systemtheoretischer Seite (Stäheli 2000) wie aus pragmatisch lebensweltheoretischer Perspektive kritisiert (Srubar 2006). Die Kritik Srubars erklärt die Luhmannsche Konzeption der Vorrangstellung der Gesellschaftsstruktur zum »systemischen Materialismus« (Srubar 2006: 8), in welchem Ideal- und Realfaktoren gegenübergestellt seien, ganz entgegen dem Luhmannschen Anspruch, diese Fundamentaloppositionen des »alteuropäischen Denkens« überwinden zu wollen.

Des Weiteren wird auf einen theorieimmanenten Widerspruch der Luhmannschen Semantikkonzeption aufmerksam gemacht, sollte man Luhmann nicht gegen ihn selbst lesen wollen. Dann nämlich konfligiert das Argument der Nachträglichkeit von Semantiken mit dem Argument der Autologie. Es kann so in systemtheoretischer Perspektive nicht mehr plausibel erklärt werden, warum die Beschreibungen der Systemtheorie plausibler als andere innersystemische Beobachter sein sollten. Lösen lässt sich dieses Problem nur dann, »wenn man die konstitutive Mitwirkung von Semantiken an der operativen Strukturbildung zuließe« (Srubar 2006: 11). Denn dann könnte die Systemtheorie selbst das Zutreffen ihrer Beschreibung mit dem bereits bestehenden Wissen über die operative Systemstruktur begründen. Nur dann ist das Konzept jenseits seiner theorieimmanenten Widersprüchlichkeit nutzbar und auch für den Gegenstandsbereich des Antisemitismus interessant. Semantiken könnten dann als strukturbildende Kommunikationsmuster gelesen werden, die an der Strukturbildung des Gesellschaftssystems mit beteiligt sind. »Wissensevolution und Strukurevolution können in dieser Sicht in einem Konstitutionszusammenhang gebracht werden [...]« (Srubar 2006: 12).

4.2 Systemtheoretische Konsequenzen der Konzeption des Antisemitismus als kulturelle Semantik

Für das Verständnis des Antisemitismus als kulturelle Semantik würde Luhmanns Konzeption bedeuten, dass Antisemitismus als strukturbildendes Kommunikationsmuster an der Strukturbildung des Gesellschaftssystems mitbeteiligt ist. Antisemitismus ist dann nicht nur ein Teil des Typenschatzes oder Wissensvorrates der Gesellschaft, auf den zurückgegriffen werden kann oder nicht, eine mögliche Alternative, sondern ist Teil der gesellschaftlichen Ordnung und hat eine spezifisch verankerte Funktion, bestimmte Probleme zu lösen oder Dysfunktionalitäten aufzulösen. Zeitdruck könnte ein solches Problem sein, dass zumindest »einen Übergang von eher kognitiven zu eher reaktiven Strategien [zu] erzwingen [scheint]« (Luhmann 1997: 854)[89], wie Luhmann sie in seinen Ausführungen zu Protestbewegungen beschreibt: »Man begnügt sich mit einer stark schematisierten Darstellung des Problems, oft verbunden mit einer Aufmachung als ›Skandal‹, und stellt die eigene Initiative als Reaktion auf unerträgliche Zustände dar. Und auch von den Adressaten wird Reaktion verlangt – und nicht weiteres Bemühen um Erkenntnis. Denn während Bemühungen um mehr Informationen und gut abgesicherte Zukunftsplanung sich verzetteln und in eine Zukunft ohne Ende ausweichen würden, verspricht reaktives Vorgehen schnell erreichbare Wirkungen« (Luhmann 1997: 854)

Eine antisemitisch strukturierte Gesellschaft läge hier nicht im Sinn Detlev Claussens aufgrund der Universalisierung des Warentausches und des ihm inhärenten Gewaltverhältnisses vor, sondern weil Semantiken strukturbildende Kommunikationsmuster sind. Diese erzeugen Erwartungsstrukturen, die wiederum Selektionsmuster für weitere Anschlüsse sind und damit Kommunikation steuern. Das Verhältnis zwischen Semantik und Gesellschaftsstruktur in der Systemtheorie ist nicht als ein Basis-Überbau-Verhältnis zu verstehen und Semantiken daher auch nicht als Oberflächenphänomene zu betrachten, die etwa durch Aufklärung aufzulösen wären, sondern es besteht ein wechselseitiges Verhältnis. Es handelt sich um »gepflegte«, ausformulierte Sinnkonstruktionen, die bestimmte Deutungen nahe legen und den Rahmen bieten für das, was der Fall ist.

Die Annahme, dass es sich beim Antisemitismus um eine kulturelle Semantik handelt, liegt bei Holz darin begründet, dass auf die antisemitische Semantik in allen Funktionssystemen (Recht, Politik, Wissenschaft, Kunst, Ökonomie) moderner Gesellschaften, zu unterschiedlichen Zeitpunkten, in unterschiedlichen Gesellschaftssystemen und unterschiedlichen politischen Spektren zurückgegriffen wurde, auch wenn sie nach 1945 in die Latenz verschoben wurde. Empirisch zu erhärten ist die These nur mit weiteren empirischen Rekonstruktionen, die die Stabilität der von Holz rekonstruierten Struktur der antisemitischen Semantik in den unterschiedlichsten Kontexten und Textformen nachweisen.

Erhärtet sich die These über weitere empirische Rekonstruktionen, so liegt nahe, dass es sich um ein gesellschaftsstrukturelles Problem handelt. Um also

---

[89] Beobachtbar ist, dass der Antisemitismus in eine reaktive Strategie eingebettet ist, die in ein kausales Muster eingebettet ist. Die unerträglichen eigenen Zustände werden »den Juden« zugeschrieben und begründen die eigene Reaktion auf die Verhältnisse.

die Entstehung der Semantik zu erklären, müsste man beschreiben, welche Probleme antisemitische Semantiken in funktional differenzierten Gesellschaften lösen und welche Strukturelemente Anschlüsse für antisemitische Semantiken bieten. Denn Luhmann zufolge lässt die Stabilität von semantischen Typen, wie er dies am Beispiel der asymmetrischen Oppositionen ausführt – und die antisemitische Semantik wäre als solche zu beschreiben –, sozialstrukturelle Korrelate vermuten, »die ihm trotz aller Ambiguität hinreichende Plausibilität verschaffen« (Luhmann 1999: 140). Für die vormodernen Gesellschaften nennt er drei solcher Korrelate für den »semantischen Typ der asymmetrischen Oppositionen« (Luhmann 1999: 140).

Luhmann zufolge verliert »dieser Zusammenhang der Semantik asymmetrischer Gegenbegriffe mit sozialstrukturellen Plausibilitätsbedingungen« mit dem Übergang zu modernen Gesellschaften seine Bedeutung (Luhmann 1999: 141), da beim Übergang von stratifizierten zu funktional differenzierten Gesellschaften einerseits soziale Schichtung nur noch Nebenprodukt der Funktionssysteme sei, andererseits es auch keine regionale Übereinstimmung der Grenzen aller Funktionssysteme mehr gebe[90] und die Gesellschaft mit dieser Umstrukturierung auf die Inklusion der Gesamtbevölkerung angelegt sei, d. h. auch Familienhaushalte ihre Funktion, In- und Exklusion zu regeln, verlieren (vgl. Luhmann 1999: 142 f.). Daher würden auch »Identitätsklassifikationen nach dem Muster ›wir und alle anderen‹ ihre Bedeutung [verlieren] (Luhmann 1999: 142). Ähnlich wie Foucault (1994, 2004) und im Gegensatz zum Desintegrationstheorem von Wilhelm Heitmeyer (vgl. Heitmeyer 2002) beschreibt Luhmann hier die Ausrichtung des Gesamtsystems auf Inklusion der Gesamtbevölkerung[91]:

---

[90] Das heißt beispielsweise, dass Regionen keine Grenzen des Systems der Wirtschaft, der Wissenschaft oder der Massenmedien sind.

[91] Zur Kritik des Heitmeyerschen Desintegrationstheorems für den Bereich der Rechtsextremismusforschung kann hier eine aktuelle, auf Befragungen, Persönlichkeitstests und Gruppendiskussionen basierenden Studie zu rechtsextremen Einstellungen dienen (vgl. Decker/Rothe/Weißmann/Geißler/Brähler). Dort wird das Desintegrationstheorem Heitmeyers deshalb kritisiert, »weil der Begriff sowohl den psychischen Mechanismus vernachlässigt als auch den gesellschaftlich drohenden Zugriff bzw. ›Einschluß‹ eher verschleiert als ihn offenlegt« (ders.: 443). Desintegration beschreibt den Autoren zufolge nur einen Teil des Ausgrenzungsprozesses richtig, aber gerade nicht den sozialen Aspekt. Denn der allgemeine gesellschaftliche Anpassungsdruck sorge für eine Stigmatisierung derer, die diesem Druck nicht standhalten könnten (ders.: 442). Psychisch handle es sich um einen »Ausschluss, der die Aggression gegenüber den Stigmatisierten legitimiert. Gesellschaftlich aber bedeutet Stigmatisierung aufgrund von real oder scheinbar abweichendem Verhalten in den meisten Fällen erhöhten Einschluß, da die Gemeinschaft bis hin zu staatlichen Stellen Zugriffsmöglichkeiten gewinnen [...]« (ders.: 442). In diesem Sinne ist der Begriff der Desintegration, gekoppelt mit einem Verständnis von Exklusion, missverständlich. Luhmann wie auch Foucault beschrieben in unter-

> »Es gibt keine ersichtlichen Gründe, jemanden von der Verwendung von Geld, von der Rechtsfähigkeit oder einer Staatsangehörigkeit, von Bildung oder vom Heiraten auszuschließen oder all dies von systemexternen Genehmigungen oder Sonderkonditionen abhängig zu machen. Bei prinzipieller Vollinklusion aller entscheiden Funktionssysteme selbst, wie weit es jemand bringt: ob er Recht oder Unrecht bekommt, ob sein Wissen als wahr anerkannt wird oder nicht, ob es ihm gelingt, im System der Massenmedien Reputation zu gewinnen, also öffentlich Aufmerksamkeit auf sich zu ziehen, wie viel Geld er ausgeben kann usw.« (Luhmann 1999: 142, vgl. auch Luhmann 1997: 618 ff.).

Luhmann zufolge bieten funktional differenziere Gesellschaften Individuen »keinen Status mehr, der zugleich das definiert, was der Einzelne nach Herkunft und Qualität ›ist‹« (Luhmann 1997: 625). Gesellschaft mache Inklusion von »hochdifferenzierten Kommunikationschancen« (ders.: 625) abhängig, und dem, der diese Chancen nicht wahrnimmt, wird das individuell zugerechnet (ders.: 625). Auf diese Weise – so Luhmann – erspare es sich »die moderne Gesellschaft, zunächst jedenfalls, [...], die andere Seite der Form, die Exklusion, als sozialstrukturelles Phänomen wahrzunehmen« (ders.: 625). Diese Konzeption der Gesellschaft, Inklusion ohne Exklusion zu konzipieren, erfordert Luhmann zufolge eine »totalitäre Logik, die die alte Einteilungslogik nach Arten und Gattungen (wie Griechen und Barbaren) ersetzt. Die totalitäre Logik verlangt, daß ihr Gegenteil ausgemerzt wird« (ders: 625). So würden beispielsweise alle Menschen zu Menschen gemacht, mit Menschenrechten versehen und mit Chancen versorgt (vgl. ders.: 626). Eine Ausnahme dieser »Nichtreflexion der Exklusion« sieht Luhmann im Calvinismus sowie in der Rassenideologie Südafrikas. Auch wenn diese Vorstellungen unter dem Druck von Menschenrechtspostulaten aufgegeben würden, sei das Problem der Exklusion Luhmann zufolge »eher verdeckt als gelöst« (ders.: 629): »Die Idealisierung des Postulats einer Vollinklusion aller Menschen täuscht über gravierende Probleme hinweg« (ders.: 630).

Was heißt dies nun für den Antisemitismus als kulturelle Semantik? Vergleicht man die antisemitische Semantik mit den von Luhmann beschriebenen Semantikformen, müsste sie als Selbstbeschreibung der Gesellschaft in funktional differenzierten Gesellschaften eigentlich die so genannten »Semantiken Alteuropas« überschreiten. Das würde aber bedeuten, dass sie zu Reflexionstheorien der Funktionssysteme umgebaut werden müsste. Holz zufolge aber liegt die antisemitische Semantik quer zu den Funktionssystemen der Gesellschaft, den

---

schiedlicher Weise die Tendenz moderner Gesellschaften zur Vollinklusion (Luhmann 1999: 141 ff., Foucault 1994 und 2004).

Interaktionssystemen, Organisationssystemen und Bewusstseinssystemen. Diese These müsste überprüft werden.

Rekonstruieren müsste man dafür *erstens*, wo, d. h. in welchem Referenzsystem, auf die Semantik zurückgegriffen wird und ob dies tatsächlich in allen genannten Systemen geschieht. *Zweitens* müsste man innerhalb der Luhmannschen Theorie erklären, warum moderne Funktionssysteme darauf zurückgreifen können und wo diese Semantik innerhalb von Funktionssystemen, Interaktionssystemen und Organisationssystemen ihren Platz hat. *Drittens* muss beschrieben werden, um welchen semantischen Typus es sich bei der antisemitischen Semantik handelt, d. h. auch, wie dieser Typus der Semantik zwischen den »Semantiken Alteuropas« und den Reflexionstheorien funktional differenzierter Gesellschaften zu verorten ist und wie er im Verhältnis zu der Inklusionslogik und -semantik moderner Gesellschaften steht. Hierbei wäre zu reflektieren, ob Luhmann vielleicht fehlgeht mit der Annahme, dass die Umformung früherer Exklusionen in Inklusionen in modernen funktional differenzierten Gesellschaften dazu diene, »die Barbaren in die Gesellschaft einzusaugen« (Luhmann 1999: 144). Vielleicht weil er das Gewicht, das Ethnizität und Nation in modernen Gesellschaften besitzen, unterschätzt hat. *Viertens* müsste überprüft werden, ob dieser Typus in segmentären und stratifikatorischen Gesellschaften nicht vorkam bzw. wie sich antijudaistische Semantiken davon strukturell unterscheiden. Wenn man dann die These, dass es sich beim Antisemitismus um eine gepflegte kulturelle Semantik handelt, bestätigen kann, müsste man *fünftens* erklären, welches sozialstrukturelle Korrelat die Semantik hat, das ihr Plausibilitätsgründe verleiht. Dabei würde es sich um ein jahrelanges interdisziplinäres Forschungsprogramm handeln.

In dieser Arbeit wird ein kleiner Teilbereich der unter *erstens* und *drittens* genannten Punkte bearbeitet werden. Allerdings möchte ich aufgrund der voraussetzungsvollen Annahmen des Konzepts der kulturellen Semantik und seines widersprüchlichen Verhältnisses innerhalb der Luhmannschen Theoriearchitektur einerseits und den oben beschriebenen verbauten handlungstheoretischen Annahmen andererseits mit einem weniger voraussetzungsvollen Semantikbegriff arbeiten, der aber eine zusätzliche Perspektive eröffnet, die für meine Fragestellung interessant ist.

Das Aufgreifen antisemitischer Semantiken in unterschiedlichen Handlungskontexten – in dieser Arbeit linken und rechten – sowie den Übergang bzw. die Differenzierung zwischen antisemitischen Äußerungen einerseits und antisemitischer leiblicher Gewalt als Gegenstand von Gesellschaft andererseits erscheint mir der Semantikbegriff der pragmatischen Lebenswelttheorie zu ermöglichen. Dies ändert nichts daran, dass die Strukturierung der antisemitischen Semantik in unterschiedlichen Kontexten untersucht und der Typus der Semantik bestimmt werden kann. In Luhmanns Theoriearchitektur könnte man den untersuchten Kontext als Protest- oder Alternativmedium beschreiben. Mit dem Semantikbegriff innerhalb der pragmatischen Lebenswelttheorie wird nun die Möglichkeit eröffnet, die pragmatische Bedeutung von antisemitischen Semantiken in unterschiedlichen Trägergruppen und die Anknüpfbarkeit an unterschiedliche Weltanschauungen und Relevanzsysteme zu erörtern. Jedoch wäre in dieser Theoriearchitektur die antisemitische Semantik eine von mehreren Semantiken des kulturellen Wissensvorrats bzw. -archivs der Gesellschaft, der Handelnde je nach Plausibilität und Anknüpfbarkeit ihrer Weltanschauungen und Alltagskulturen ablehnend oder zuwendend gegenüberstehen können. Damit kann erklärt werden, warum in machen Handlungskontexten an die antisemitische Semantik angeknüpft wird, in anderen nicht. Angenommen werden kann mit Schütz, dass Semantiken dann aufgegriffen werden, »1. wenn sie den der Alltagskultur immanenten Deutungsmustern entsprechen. 2. Wenn sie als innerhalb der Reichweite des alltäglichen Handlungsfeldes liegend betrachtet werden. 3. Wenn sie der innerhalb einer Alltagskultur geformten Identität der Akteure nicht widersprechen, d. h. wenn sie nicht in Konflikt stehen mit sozialen Erwartungen, die für die normale Selbstdarstellung des Handelnden in seinem sozialen Umfeld relevant sind« (Srubar 2003a: 162). Ob nun Antisemitismus als gepflegte Semantik mit den alltäglichen Semantiken der jeweiligen Handlungskontexte kompatibel ist, muss empirisch untersucht werden.

4.3 Semantiken und ihr theoretischer Kontext II: Ein-bettung

Die Perspektive verschiebt sich damit eher in die Richtung der Rekonstruktion möglicher semantischer Anknüpfungspunkte in unterschiedlichen Handlungskontexten. Mit Handlungskontexten meine ich in diesem Zusammenhang die Typik- und Relevanzstrukturen verschiedener politischer Milieus, die sich in deren Semantiken und weltanschaulichen Wertmustern ausdrücken. Dafür werden in dieser Arbeit deren Presseartikel untersucht, in denen deren weltanschaulichen Bezüge und Semantiken legitimiert und verbreitet werden. Kombinieren möchte ich diese Perspektive der pragmatischen Lebenswelttheorie mit einigen begriffsgeschichtlichen Einsichten über Wir-Gruppen und deren Selbst- und Fremdbeschreibungen, die sich mit der Grunddifferenzierung »vertraut/unvertraut« der Sozialphänomenologie verbinden lassen. Mit der Differenzierung zwischen dem Koselleckschen und dem Luhmannschen Semantikbegriff ist zudem darauf hingewiesen worden, dass die Koselleckschen Begriffsgeschichte die Trennung der Wirklichkeitsregister Handlung und Sprache im Vergleich zu Luhmann aufrecht erhält und dass ein handlungstheoretischer Zugang zur Semantik und Geschichte mit seinem Zugang denkbar ist. So schreibt Koselleck:

> »Alle menschlichen Lebenskreise kennen ein Hier und ein Dort, ein Hüben und Drüben. Das Bekannte und das Unbekannte, das Eigene und das Fremde konstituieren jede Erfahrung – so sehr sich im Laufe eines Lebens deren Grenzen verschieben. Schließen sich Menschen zu Handlungsgemeinschaften zusammen und organisieren sie sich – sozial, wirtschaftlich, politisch, religiös oder sonstwie –, wird aus dem Hüben und Drüben ein Innen und Außen. Die Grenzen verfestigen sich, die Abgrenzungen werden gesellschaftlich institutionalisiert« (Koselleck 2006: 274).

Koselleck geht davon aus, dass es notwendig ist, »dass sich alle Handlungseinheiten nicht nur nach innen verfestigen und nach außen abschirmen, sondern daß sie die institutionalisierten Grenzen ständig überschreiten« (ders.: 274). Er geht ferner davon aus, dass sich mit Zunahme der Ausdifferenzierung der Gesellschaft immer mehr Innen- und Außengrenzen überlappen, ständig neu gezogen werden und Fremdheit und Vertrautheit von ein und derselben Person vom Begegnungsort abhängig sein können. Nicht den Prozess der sich laufend vollziehenden Abgrenzungen beschreibt er als problematisch, sondern die Transformation des »Anderen« oder »Fremden« zum Feind (vgl. ders.: 275). Die Sprache versteht er dabei als »eine notwendige, aber [nicht, C. G.] hinreichende Bedingung, um Feinde ins Feld zu führen« (ders.). Gegenbegriffe im Allgemeinen in »ihrer einsinnigen und einseitigen Oppositionsstruktur« (ders.: 279) sind dabei geeignet, die Selbstbestimmung einer Handlungseinheit, d. h. das »Wir« gegen die anderen sowohl zu artikulieren als auch »als Unterscheidungsmerkmal festzuschreiben« (ders.: 276). Als Gegenbegriffe versteht er dabei Paare wie die Griechen/die Barbaren, die Christen/die Heiden bzw. Ketzer bis zu dem Gegensatzpaar Übermensch/Untermensch sowie Mensch/Unmensch. Gemeinsam ist allen, dass der Feind ausgegrenzt wird. Die letztgenannten beiden Gegensatzpaare beschreibt Koselleck als radikalisierte Feindbegriffe (Koselleck 2006: 279) oder asymmetrische Gegensatzpaare (Koselleck 1989: 211 ff.). Die semantischen Strukturen dieser Gegensatzpaare seien übertragbar und in alle Sprachen übersetzbar. Die antisemitische Semantik wäre den Holzschen Rekonstruktionen zufolge eine Semantik, die solche radikalisierte Feindbegriffe im Juden als Dritten reproduziert. Das Gegensatzpaar »die Deutschen/die Franzosen« wäre ein symmetrisches, das qua Zuschreibung und Bewertung aus der Perspektive der Wir-Gruppe die andere Seite pejorativ beschreibt, aber beide der Kategorie »Nation« zuordnet. »Die Juden« werden in der antisemitischen Konstruktion aber als Nicht-Nation und Bedrohung des nationalen Prinzips, in Luhmanns Sprache als Bedrohung der Einheit der Unterscheidung konstruiert. Auch wenn Luhmann Kosellecks Erklärungen der asymmetrischen Gegenbegriffe als die sogenannte »alte Welt« plausibel beschreibt, haben sie für ihn in modernen Gesellschaften keinen Platz mehr. Dass sie aber empirisch auftauchen, ist unbestreitbar. Die Annahmen Kosellecks zur Konstitution von Handlungseinheiten und zur Konstruktion von radikalen Feindbegriffen können nach wie vor als gültig anerkannt werden und werden in dieser Arbeit erneut überprüft. Wichtig ist hierbei jedoch vorrangig, dass diese Feindbegriffe zur Konstruktion von festgefügten Handlungseinheiten verwendet werden und als semantische Strukturen verfügbar sind.

Semantiken im Verständnis der pragmatischen Lebenswelttheorie stellen nun »jene objektivierte Selektion von Handlungs- und Deutungsschemata dar, die als eine kulturelle ›Konditionierung‹ von Kommunikation, Interaktion und Kognition begriffen werden kann« (Srubar 2005: 169). Damit können Annahmen über Denk- und Handlungsform gemacht werden, auch wenn die Handlungen bereits vorüber sind und nur noch als Protokolle zur Verfügung stehen. In einer Gesellschaft existieren mehrere solcher allgemeinen Deutungsschemata nebeneinander und stehen oftmals in Konkurrenz zueinander.

Dies ist Voraussetzung dafür, dass es sich um eine Selektion von Handlungs- und Deutungsschemata handeln kann. Selektion heißt, dass aus verschiedenen Möglichkeiten ausgewählt und damit erst Bedeutung generiert wird. Dies ist der grundlegende Mechanismus der Sprache, den Srubar für den Prozess der Semiosis (vgl. insbes. Srubar 2007) und Luhmann – wenn auch in Abgrenzung zum Zeichenbegriff und mit Betonung der Kontingenz – für die Kommunikation beschreibt. Bedeutsam an Srubars Zugang ist, dass etwas über den Zusammenhang von Kommunikation, Interaktion und Kognition ausgesagt wird, welcher Semantiken konstituiert. Mit dem Begriff der »Konditionierung« wird auf das machtförmige Element von Semantiken hingewiesen, in welchen bestimmte Deutungsmuster vor einem Horizont von Möglichkeiten nicht nur ausgewählt (Selektion), sondern nahegelegt oder verunmöglicht werden. Mit dem Begriff des Schemas wird hervorgehoben, dass es sich um Typen oder Muster von Sinnkonstruktionen handelt. Eine Semantik ist also kein Einzelfall. Von einer Semantik kann nur gesprochen werden, wenn ein bestimmbares Muster der Sinnkonstruktion immer wieder reproduziert wird. In dieser Arbeit wird es darum gehen, dieses Muster für den Antisemitismus in zwei unterschiedlichen politischen Kontexten zu bestimmen.

Auf diese beiden zentralen Aspekte des Srubarschen Semantikbegriffs – Verknüpfung der Handlungs-, Denk- und Sprachform sowie der damit verbundenen zentralen Sinndimensionen und der selektive Prozess der Semiosis –

möchte ich im Folgenden eingehen und dabei die Grundannahmen erläutern, auf welchen der Semantikbegriff der pragmatischen Lebenstheorie fußt.

4.3.1 Handeln – Denken – Sprechen

Der linguistic turn bzw. das kommunikative Paradigma (Habermas 1981: 51) hat die Aufmerksamkeit in den Humanwissenschaften auf die Ebene der Sprache und Kommunikation verlagert und damit produktive Erkenntnisse über das Verhältnisses zwischen Subjekt und Kommunikation sowie Kommunikation und sozialen Strukturen hervorgebracht. Damit einher ging eine radikale Infragestellung des cartesianischen Subjekts. In der Wissenssoziologie verschiebt sich mit dieser Wende der Schwerpunkt von der Analyse des Zusammenhangs zwischen Wissensformen und Trägergruppen bzw. Sozialstruktur auf die Analyse von Kommunikation und deren Vermittlung: »Ihr Gegenstand sind zwar nach wie vor Sinnzusammenhänge, doch legt sie den Schwerpunkt auf die Vorgänge, in denen Sinnzusammenhänge überhaupt erst objektiviert und vermittelt werden« (Knoblauch 1995: 5). Diese Perspektive ist auch für den Forschungsgegenstand dieser Arbeit relevant, in welcher objektivierte antisemitische Sinnkonstruktionen in politischen Massenmedien untersucht werden. Verbunden mit der kommunikativen Wende waren erkenntnistheoretische sowie methodologische Fragen, und die Fokusverschiebung führte zu einer verstärkten Auseinandersetzung mit qualitativen Methoden, die den Zugang zu den kommunikativen Konstrukten adäquat leisten sollten. Infolgedessen wurden die Deutungsmusteranalyse, die Gattungsanalyse, die ethnomethodologische Konversationsanalyse und die historische Hermeneutik hervorgebracht.

Neben diesen Erkenntnissen wurde in einigen poststrukturalistischen Versionen (vgl. u. a. Lyotard 1985) sowie in der Luhmannschen Systemtheorie der linguistic turn so weit getrieben, dass damit Einsichten in die Konstitution menschlichen Weltzugangs verbaut wurden (vgl. dazu Dux 2000: 144 ff., Srubar 2003). Dies ist hauptsächlich darauf zurückzuführen, dass der Zusammenhang von Handlungs- und Sprachform einerseits, der zwischen Kognition und Sprache andererseits nicht reflektiert wurde.

Dieses Problem wurde aus der Perspektive verschiedener Konstitutionstheorien plausibel kritisiert (Srubar 2003, Dux 2000). Eine Untersuchung von Srubar zeigt, dass die Struktur natürlicher Sprachen sowie sprachliche Verständigung nicht »ohne die sinngebende Funktion der Handlungsdimension zustande kommen« (Srubar 2005 a: 29), und stellt damit die von Luhmann durchgeführte radikale Umstellung von Handlung auf Kommunikation in Frage:

> »Sofern Sprache die Funktion der strukturellen Kopplung von
> sozialen und psychischen Systemen übernehmen soll, und dafür
> spricht vieles, muss man wohl die sinnkonstituierende Funktion
> des Handelns in diesem Zusammenhang und somit auch im Kontext von Co-Evolution von psychischen und sozialen Systemen
> überdenken« (Srubar 2005a: 30).

Die System-/Umweltgrenze in psychischen und sozialen Systemen würde sich dann erwartungsgemäß unverschlossener gestalten.

In der pragmatischen Lebensweltheorie hat das Handeln sinnkonstituierenden Charakter. Das soziale Handeln wird dort zwar nicht mehr als frei schwebender Handlungsentwurf beschrieben, sondern besteht aus dem Interagieren von Wirkhandlungen. Das heißt zwar, dass die Bewusstseinsaktivität wichtig für den Weltzugang ist und wesentliche Voraussetzungen für die Konstitution der Lebenswelt darstellt, wozu die Temporalität des Bewusstseins, die Reflexivität und Appräsentativität gehören (vgl. Srubar 2003). Im Zentrum steht jedoch das Handeln durch Wirken. Der vielfach formulierte Vorwurf an den Sozialkonstruktivismus, dass die »lebensweltliche Praxis noch bewußtseinsphilosophisch als Leistung einer transzendental zugrundeliegenden Subjektivität gedeutet wird« (Habermas 1988: 97; vgl. zur Analyse des Vorwurfs auch Srubar 2007b) und die pragmatisch-kommunikative Ebene der sozialen Wirklichkeit nicht erreiche (Habermas 1981a: 189 ff.), trägt m. E. schon bei Schütz nicht mehr. Aus verschiedenen Perspektiven wurde, wenn auch nicht immer eindeutig, so doch auf die bei Schütz angelegte Ambivalenz der Spannung zwischen bewusstseinsphilosophischer Fundierung und pragmatischer Ausrichtung hingewiesen (Srubar 1983, 1988 und 2007b, Knoblauch 1995, Renn 2006). Srubars pragmatische Lebenswelttheorie hebt hierbei die Verbindung des kognitiven und pragmatischen Aspekts für die Wirklichkeitskonstitution in der Schützschen Theorie hervor:

> »Das phänomenologische, den Prozess der Sinnkonstitution im
> Erlebnisstrom des handelnden Subjekts zum Ausgangspunkt
> nehmende Verfahren führt Schütz schnell vor Augen, dass die
> sinngebenden Akte nicht ausschließlich in der Bewußtseinssphäre des Subjekts zu suchen sind, sondern dass sie eine wesentliche
> Prägung in den Interaktionen der Wirkungsbeziehung erfahren.
> In Wirkungsbeziehungen entstehen immer Verkettungen von
> Typisierungen und Selbsttypisierungen, die als intersubjektive
> Sinnschemata fungieren, in welchen sich das gegenseitige Verstehen und das Verstehen der Situation bzw. Umwelt vollzieht«
> (Srubar 2007b: 230).

Der Begriff des Wirkens in der Lebenswelt umfasst hier in Differenz zu Habermas sowohl das kommunikative sowie das instrumentelle Handeln, und damit auch das Arbeiten (vgl. Schütz/Luckmann 2003: 461 ff., vgl. auch Srubar 2007b: 233) und wird nicht zum harmlosen Ort verklärt, weshalb auch der Umgang mit den Dingen in der Welt sowie auch die Leiblichkeit handelnder Subjekte, die zwischen Innen- und Außenwelt vermittelt, bedeutsam für die Sinnkonstitution sind. So werden über den Leib die räumlichen und zeitlichen Grenzen der Lebenswelt erlebbar und wirksam, aber auch bearbeitbar, genauso wie seine Erlebnisse mit in den subjektiven Wissensvorrat eingehen. Es lässt sich dann auch erklären, warum auf der Ebene des objektiven (intersubjektiven) und kollektiven Wissensvorrates die Grundstrukturierungen der Lebenswelt wiedergefunden und auch innerhalb von Semantiken rekonstruiert werden können.

Während Bewusstsein und Leiblichkeit die Lebensweltstruktur mitbestimmen und hier bereits die zentralen Sinndimensionen – die Zeitlichkeit und Räumlichkeit, aber auch die Zeichenfähigkeit – verankert sind, werden mit der Beschreibung der Akte des Wirkens Interaktion und Kommunikation gefasst. Wissen konstituiert sich in beiden Akten, im Bearbeiten der Objekte sowie in der Kommunikation mit anderen:

> »Kommunikation als Interaktion in einer Wirkensbeziehung verkettet die Handlungsmotivation der Akteure zu einer gemeinsamen Erwartung und ›sozialisiert‹ so die im Erleben der Wirkbeziehung sedimentierten Typik- und Relevanzstrukturen der subjektiven Wissensvorräte. Daher trägt die Sprache die ›Spuren‹ ihres pragmatischen Konstitutionskontextes in sich. Dies führt dazu, daß sie – einmal etabliert und angeeignet – als Träger von Typik- und Relevanzsystemen fungiert und somit dem Handeln und dem Denken Klassifikations-, Interpretations- und Motivationsschemata in zum Teil routinisierter Form anbietet« (Srubar 2003: 79).

Daran wird deutlich, dass die Genese der Sprache einerseits in Handlungsprozesse eingebettet ist und auf ihnen aufbaut, andererseits mit der Entwicklung der Sprache sich das Gewicht des Verhältnisses zwischen Handlungs-, Denk- und Sprechform ändert, die Sprache zum konstitutiven Moment des Wissensvorrates wird und auch Denk- und Handlungsform mit bestimmt. Was ihre Genese angeht, ist sie deshalb jedoch nicht von ihrem Handlungszusammenhang abgelöst, und die pragmatische Relevanz ist in Form von spezifischen Typik- und Relevanzstrukturen in die unterschiedlichen Sprach- und Kulturformen eingeschrieben. Mit der Betonung der pragmatischen Relevanz können neben dem beschriebenen sinnkonstitutiven Charakter insbesondere die Pluralität von Kulturformen und damit unterschiedliche »zeit-, raum- und gruppenbezogenen Realitätskonstruktionen« (Srubar 2005: 160) erklärt werden. Zentral ist dies auch für die Erklärung der Herausbildung unterschiedlicher Semantiken, wie sie in dieser Arbeit einerseits anhand des linken und rechten Spektrums, andererseits mit dem Hinweis auf die Abgrenzung des Antisemitismus zu anderen Semantiken, wie dem Rassismus und Antiziganismus oder einer nicht-judenfeindlichen differenzierten Kapitalismuskritik, behandelt werden. Eine Folie hierfür bietet die konstitutionsanalytisch begründete Sinnstruktur in ihrer zeitlichen, räumlichen und sozialen Dimension, die allen kulturellen Formen gemeinsam ist, die aber unterschiedlich in Form spezifischer Semantiken ausgestaltet werden kann. Das Auftauchen dieser Sinndimensionen auf der Ebene der Semantik ist also konstitutionstheoretisch begründbar.

Der Zusammenhang von Handlungs-, Denk- und Sprechform wird nicht nur aus der Perspektive der an Schütz anschließenden pragmatischen Lebenswelttheorie Srubars, sondern auch aus anderen soziologischen und entwicklungspsychologischen Theoriekontexten behauptet (vgl. Mead 1969 und 1972 (1938), Piaget 1972 (1923), Dux 2000, Renn 2006). Differenzen gibt es dabei hauptsächlich in Bezug auf die Bestimmung der Gleichzeitigkeit oder Vorgängigkeit bei der Genese der drei Formen sowie der Frage, inwieweit mit zunehmender Alltagsferne der Charakter der Handlungslogik verloren/überwunden wird (so Piaget 1972 (1923), Dux 2000). Beides muss meiner Ansicht nach empirisch entschieden werden. Am Forschungsgegenstand des Antisemitismus wird jedenfalls auf der semantischen Eben beschreibbar werden, wie Spuren der Handlungslogik in dieser spezifischen Semantik vorhanden bleiben und sich die Struktur der Duxschen subjektivistischen Logik (vgl. u. a. Dux 1982 und 2000) im Unterschied zu einer funktional-relationalen erkennen lässt.[92]

Die bisherige Rekonstruktion der pragmatischen Lebenswelttheorie hat uns mit Hinblick auf die zu untersuchenden kulturellen Semantiken gezeigt, dass der sinnkonstitutive Mechanismus der Lebenswelt nicht erst auf der Ebene der Semiosis ansetzt, sondern bereits von den Ebenen des Bewusstseins, der Leiblichkeit und des Handelns ausgeht. Aus dieser konstitutionstheoretischen Analyse folgt dann auch, dass der Begriff der »Kultur« nicht rein als Text verstanden werden kann, sondern auch nicht-sprachliche Elemente umfassen muss. In dieser Arbeit werden jedoch nur die sozial-kommunikativen Konstruktionen der Kultur untersucht. Erklären lässt sich mit dieser Herleitung jedoch einerseits der Übergang zu nicht-sprachlichen Formen der Kommunikation, z. B. der antisemitisch begründeten leiblichen Gewalt, sowie der Performativität von Sprache.[93]

---

[92] Gerda Bohmann hat dies anhand des Islamismus, der den Antisemitismus als konstitutiven Bestandteil in sich trägt, mit einer historisch-genetischen Rekonstruktion überzeugend gezeigt (Bohmann 2003).

[93] Die Performativität von Sprache wurde in Bezug auf politische Sprechakte später elementar im postmodern-feministischen Diskurs diskutiert, vgl. besonders Butler 2006. Vgl. grundlegend zur Performanz von Sprache die Sprechakttheorie von Austin (1997, zuerst 1955) und Searle (1969) und zum aktuellen Stand des Performanzbegriffes auch Wirth 2002.

Andererseits kann mit Berücksichtigung der materialen Ebene von Zeichensystemen auch die sinnbildende Funktion der medialen Verwirklichung, hier: die Spezifik von Printmedien und ihre Darstellungsformen, mit berücksichtigt werden.

Aus der pragmatischen Verwendung der Sprache lässt sich nun wiederum erklären, warum die Anwendenden die Gliederung der Lebenswelt in ihren zentralen Sinndimensionen reproduzieren und diese daher auch ein elementarer Bestandteil der Sprache und ihrer Semantiken ist:

>>So lassen sich anhand der pragmatischen Relevanz der Sinnkonstitution auf der semantischen Ebene der Lebenswelt taxonomische Benennungssysteme erwarten, die ebenso wie wir in allen Kulturformen Sozialsemantiken der Inklusion und Exklusion sowie Zeit- und Raumsemantiken zu erwarten haben<< (Srubar 2003a: 164).

Die inhaltliche Ausgestaltung der Semantiken kann sich dabei – wie bereits erwähnt – unterschiedlich ausformen. Allen gemeinsam ist gemäß den drei Dimensionen des Handlungsfeldes auf der Alltagsebene die formale Struktur dieser Sinndimensionen: der Zeit, des Raums und des Sozialen.[94] Sofern sie für die Gliederung von Semantiken von Belang sind, möchte ich im Folgenden diese drei Dimensionen genauer erläutern.

Auf der Ebene des Alltags stellen Semantiken Schemata von Handlungsrelevanzen und Typiken dar, die individuelle Lebensläufe und deren Handeln prägen und zur Konstruktion sozialer Identitäten beitragen. Jedoch gilt dies nicht nur für individuelle Biographien, sondern die Selektivität der Semantiken prägt auch die Typik- und Relevanzschemata kollektiver Gedächtnisse von größeren sozialen Gruppen (vgl. Srubar 2007a). Auch in der pragmatischen Lebensweltstheorie wird unterschieden zwischen Alltagssemantiken und begrifflich kodifizierten Wissenssystemen, die in der Systemtheorie »gepflegte Semantiken« genannt wurden. Zusätzlich wird ein Deutungsangebot unterbreitet, unter welchen Bedingungen gepflegte Semantiken ergriffen und realisiert werden (vgl. Srubar 2003a: 162). Die Bedingungen habe ich oben bereits erläutert. Dies wird in dieser Arbeit nicht für individuelle Biographien untersucht werden, sondern anhand der Semantiken politischer Spektren. Das heißt, es wird analysiert werden, an welche Semantiken Antisemitismus anknüpfbar ist. Vergegenwärtigt man sich die bisher beschriebenen Ebenen der Struktur der Lebenswelt, können vier Ebenen unterschieden werden (vgl. Srubar 2005: 154):

---

[94] In den meisten sozialwissenschaftlichen Theorien ist die Strukturierung des Weltzugangs über die räumliche Dimension unstrittig. Die Luhmannsche Systemtheorie hingegen eliminiert die Raumdimension und ersetzt sie durch die Sachdimension (in Bezug auf Semantiken u. a. Luhmann 1993).

a) die Ebene der subjektiven Sinnkonstitution (Bewusstseinsakte/Leiblichkeit)
b) die Ebene des Handlungsfeldes mit seiner zeitlichen, räumlichen und sozialen Struktur
c) die Ebene der Zeichensysteme und ihrer Realisierung in verschiedenen Semantiken und Medien
d) die Ebene der kommunikativen Interaktion und der Diskurse

Für diese Untersuchung wird die Ebene der Zeichensysteme und spezifisch: die gepflegter Semantiken anhand von Printmedien untersucht, die empirisch als Textprotokolle zugänglich sind und methodisch kontrolliert rekonstruiert werden können.

Für die Analyse der Sinndimensionen von Semantiken hat Srubar ein Schema entwickelt, welches mit Blick auf die Analyse von Transformationsprozessen für die empirische Forschung operationalisiert wurde (2001, 2003a, 2007c). Diese werden auch in dieser Arbeit reflektiert.

4.3.2 Sinndimensionen: zeitlich, räumlich, sozial

4.3.2.1 Zeitdimension

Die Zeitmuster, die auf der Ebene von Semantiken identifizierbar sind, lassen die Orientierung des Handelns in Bezug auf Vergangenheit, Gegenwart und Zukunft erkennen. Zu fragen ist daher, wie sich die Struktur dieses Zeithorizont gestaltet. Da es sich beim Antisemitismus um eine Weltanschauung mit antimoderner Stoßrichtung handelt, ist zu erwarten, dass die Zeitperspektive von immenser Bedeutung ist, weil damit eine Verwerfung dessen, was als modern und/oder gegenwärtig bestimmt wird, einhergeht und damit eine spezifische zeitliche Orientierung an der Vergangenheit oder Zukunft erwartbar ist. Stile der Zeitwahrnehmung können beispielsweise hinsichtlich ihrer Diesseitigkeit oder Transzendenz, ihrer pragmatischen oder utopischen Perspektive, ihrer Offenheit oder Geschlossenheit und ihrer linearen oder zyklischen Ausrichtung charakterisiert werden. Da das zu untersuchende Material aus zwei unterschiedlichen politischen Spektren stammt, ist zu fragen, ob trotz der zu untersuchenden gemeinsamen Semantik (der antisemitischen) unterschiedliche Stile der Zeitwahrnehmung und -bewertung in den verschiedenen politischen Kontexten zu beobachten sind. Mannheim beispielsweise hat diese Differenzen für die konservative und liberal-humanitäre Idee sowie für die sozialistisch-kommunistische Utopie beschrieben (Mannheim 1978).

Ein weiterer Fokus im Srubarschen Analyseschema richtet sich auf die dargestellte Reichweite der Zeitperspektive, die situativ, individuell biographisch, generationenbezogen oder anderweitig gruppenbezogen wahrgenommen werden kann. Im Zusammenhang damit erfolgt auch die Zentrierung der Zeitperspektive auf ein Ego oder eine soziale Gruppierung (individuell/kollektiv) und auf eine räumlich bestimmte soziale Gruppe (lokal/überregional/national/international). Die Selektionen, die auf diese Weise vorgenommen werden, können auf der Ebene von Semantiken beobachtet werden. In Bezug auf den Antisemitismus kann das heißen, dass bestimmte Ereignisse, in diesem Falle kollektiver Art, d. h. insbesondere die Judenvernichtung, nicht oder nur latent thematisiert werden. Dabei spielen dann die besondere Situation nach 1945 und die öffentlich Delegitimierung antisemitischer Semantiken insbesondere im deutschen Kontext eine Rolle und die daraus resultierende noch zu erläuternde Kommunikationslatenz, die spezifisch für den sekundären Antisemitismus gilt. Die Holzsche Analyse antisemitischer Semantiken hat den fehlenden Verweis auf die Judenvernichtung mit Referenz auf die Luhmannschen Sinndimensionen als fehlende sachliche Bestimmung beschrieben. So wurde am Beispiel eines Kommentars zur Waldheim-Affäre in der »Neuen Kronen Zeitung« die Redewendung »unbewältigte Vergangenheit« als eine rekonstruiert, in welcher »das als unbewältigt bezeichnete Problem in der Gegenwart [...] keine sachlich und sozial klaren Konturen [erhält], während die Zeitangabe etwas als vergangen bezeichnet, was gegenwärtig ein Problem ist« (Holz 2001:495 ff.).

4.3.2.2 Raumdimension

Auch durch die Raumdimension kann die Handlungsreichweite auf der semantischen Ebene bestimmt und die In- und Exklusion von Personen und Personengruppen motiviert werden, etwa durch die kollektivistisch oder individualistisch bestimmte Zentrierung des Raumes sowie die Definitionen des sozialen Raumes. Dieser kann mehr oder weniger offen oder geschlossen und politisch, ethnisch, national, regional oder geschlechtsspezifisch homogen oder heterogen definiert sein. Gerade im Antisemitismus ist die Raumdimension eine der zentralen Sinndimensionen, da sie die relationale Anordnung von Selbst- und Fremdbildern gemäß den Unterscheidungen oben/unten, links/rechts, innen/außen ermöglicht. Mit Blick auf den Nationalsozialismus haben die Bezüge zu einem rassistisch bestimmten Raumbegriff Karriere gemacht. Man denke an die Wendung »Volk ohne Raum«, mit welcher der Eroberungsfeldzug im Osten begründet wurde, um »Lebensraum« für die angeblich an Bevölkerungsdruck leidende deutsche Bevölkerung zu schaffen. Der Begriff des »Lebensraums«, wie er von Hitler eingesetzt wurde, war aber bereits in der sozialdarwinistischen Fassung der Friedrich Ratzelschen bio-geographischen Geschichtstheorie zu Beginn des 20. Jahrhunderts präsent, die davon ausging, dass erfolgreiche Völker mit großartiger Kultur sich natürlich ausbreiten werden und der »Kampf ums Dasein« primär durch den »Kampf um den Raum« bestimmt sei (vgl. Ratzel 1966, 1901; zur politischen Raumkonzepten in der Moderne auch: Ó. Tuathail 2001; Schultz 2001).

Während mit dem nationalsozialistischen Vernichtungskrieg tatsächliche geopolitische Neuordnungen geschaffen wurden, wird in dieser Arbeit deutlich werden, dass jede antisemitische Semantik räumliche Ordnungsdimensionen enthält, die soziale Gruppen homogenisiert und räumlich ordnet. Folge solcher Semantiken kann leibliche Gewalt in Form von Vertreibung oder Vernichtung sein.

Mit dem Srubarschen Modell lässt sich die Raumdimension nun auf folgenden Analyseebenen untersuchen: Handlungsreichweite, Zentrierung des Handlungsraumes, Kategorien der Definition des sozialen Raumes und Selektivität von Raumsemantiken (vgl. Srubar 2003a). Wie in der Analyse lokaler Alltagskultur im Transformationskontext deutlich wurde, konnte die Selektivität von Raumsemantiken an Unterscheidungen zwischen »im Ort Geborenen/Angeschwemmten« beobachtet werden. An diesem Beispiel wird deutlich, dass soziale Gruppen nicht nur räumlich angeordnet werden, sondern diese Anordnungen auch bewertet werden und damit soziale Nähe- und Distanz konstruiert wird.

4.3.2.3 Sozialdimension

Die Konstruktion von sozialer Distanz erfolgt in der pragmatischen Lebensweltheorie entlang der Differenzierung Intimität/Anonymität. Der Grad der Anonymität eines sozialen Typus hängt davon ab, wie leicht er in eine Wir-Beziehung transformiert werden kann und damit typische Eigenschaften eines Mitmenschen erfahrbar werden könnten (vgl. Schütz/Luckmann 2003: 125 ff.). Für den Forschungsgegenstand dieser Arbeit ist entscheidend, dass eine solche Überführung bei der Konstruktion von Kollektiven, noch dazu bei solchen, die »schwankenden Begrenzungen unterliegen, wie zum Beispiel ›die Feinde unseres Volkes‹«, laut Schütz/Luckmann sehr schwierig (vgl. Schütz/Luckmann 2003:128), m. E. nach unmöglich wird. Schütz/Luckmann behaupten die Unmöglichkeit der Übersetzung von Typisierungen in mitmenschliche Wirklichkeit erst bei hochanonymen objektiven Sinnzusammenhängen, deren Grenzen noch dazu variabel sind. Als Beispiele dafür werden »der Staat«, »die Wirtschaft« oder »die sozialen Klassen« benannt (Schütz/Luckmann 2003: 128). Der Fokus auf die Sozialsemantik macht die Zuschreibung sozialer Positionen und deren Bewertung beobachtbar.

Zu beachten ist für die Sozialsemantik des Forschungsgegenstandes dieser Arbeit, dass das jüdische Fremdbild in der kommunikativen Konstruktion des Antisemitismus zwar durchaus vertraut erscheinen mag, der Fremde, der in dieser Weltanschauung konstruiert wird, jedoch als höchst generalisiert und anonym gezeichnet wird. Es handelt sich, wie wir noch sehen werden, nicht nur um eine Fremdkonstruktion, sondern um eine Feindkonstruktion, was ich als typisch für politische Semantiken beschreiben würde. Die zwangsläufige Differenzierung in Freund-/Feind-Schemata, wie sie prominent bei Carl Schmitt (Schmitt 1963, zuerst 1932) verwendet und in anderer Weise von Helmut Plessner (Plessner 2003: 191 f.) und Zygmunt Bauman (Bauman 1998: 23; 1995: 73) angenommen wird, bestreite ich.[95] Ich gehe davon aus, dass die Differenzierung der Lebenswelt in Vertrautes und Unvertrautes bzw. Eigenes/Fremdes nicht notwendig in der Konstruktion des Fremden als Feind resultieren muss. Plessner, aber auch Bauman bleiben hier ambivalent. Einerseits wird die Teilung der vergesellschafteten Welt in Freund und Feind behauptet: »Jede wie immer gestaltete Art von Gesellung und Vergemeinschaftung zu Zwecken des Wohnens, Wirtschaftens, Liebens, der religiösen Betätigung, der Nachkommenschaft ist durch diese Freund-Feind-Relation bestimmt« (Plessner 2003: 192). Andererseits wird darauf folgend die Differenz vertraut/unvertraut bzw. fremd synonym verwendet: »Ein vertrauter Kreis setzt sich gegen eine unvertraute Fremde ab« (Plessner 2003:192). Zu beachten ist, dass Plessner in diesem Kontext die alltägliche Handlungsweise beschreibt und nicht die Ebene politischer Semantiken und selbst dort die Unterscheidung Freund/Feind zuweilen als konstitutiv erscheint. Es liegt demnach nahe, Plessner so zu lesen, als ob für ihn die Differenz vertraut/unvertraut mit der von Freund/Feind gleichzusetzen wäre.[96] Dass Konstruktionen auf der alltäglichen sowie der politischen Ebene nicht zwangsläufig Freund-/Feind-Schemata ergeben, zeigt das Vorhandensein von Semantiken wie

---

[95] Auch wenn die Differenzierung Freund/Feind von Plessner und Baumann ebenso verwendet wird, stellen beide mit der Einsicht in die Zufälligkeit dessen, was als eigenes Kollektiv erscheint, die Möglichkeit der Relativierung von bestehenden Freund-Feind-Verhältnissen in Aussicht (vgl. dazu in Bezug auf Plessner auch Srubar 2007a.).

[96] So beispielsweise auch Srubar: »Die Polyzentrik der auf den Menschen zentrierten Lebenswelt lässt dann die Spannung zwischen Vertrautem und Unvertrautem als Konkurrenz von gruppenbezogenen Sinnwelten erscheinen, also als ein Verhältnis von ›Freund und Feind‹« (Plessner 1981: S. 191 f., hier als 2003 im Literaturverzeichnis (Srubar: 300).

dem Philosemitismus oder Exotismus genauso wie Zuordnungen, die zwar unterscheiden, aber nicht abwerten. Untersuchungen der Bewohner von Favelas in Brasilien zeigen beispielsweise auch, dass die Unterscheidung vertraut/-unvertraut bzw. eigen/fremd das Fremde nicht unbedingt als Feind entwerfen und selbst das Kollektiv der »favelados« nicht immer als vertraut und eigen konstruiert wird, genauso wie die Nicht-favelados nicht zwangsläufig als Feinde konstruiert werden (Deffner 2008). Auch die pragmatische Lebenswelttheorie geht von der Differenz der Unterscheidung vertraut/unvertraut und Freund/Feind aus: »Die gegenseitige Freund-Feind-Wahrnehmung von Gruppen ist für Schütz [...] nur eine Möglichkeit, die aus der Struktur der gruppeneigenen Deutungsschemata der Anderen resultieren kann« (Srubar 2003a: 479 f.). Wichtig sind hierbei zwei Punkte: erstens zu unterscheiden zwischen der in der primären Differenzierung definierten Freundschaft und Feindschaft einerseits und einer Definition, die ihre Kriterien in der Sphäre des Politischen reflexiv setzt andererseits, zweitens ist zu berücksichtigen, dass die Heterotypisierung Teil des Vertrauten sein kann, d. h., das Fremd- oder Feindbild ist Teil des gruppeneigenen Deutungsschemas.

Wie anhand der Achse Intimität/Anonymität bzw. Vertrautheit/Unvertrautheit Zugehörigkeit konstruiert wird, wurde auch von Seiten der Konversationsanalyse (Hausendorf 1998) gezeigt, die Zugehörigkeitskonstruktionen in dem Dreischritt Zuordnen-Zuschreiben-Bewerten beobachtet. Dieser Dreischritt lässt sich als Heuristikum sehr gut für die empirische Analyse von Selbst- und Fremdbildern verwenden, weil damit neben den Ordnungskriterien (Zuordnen) die Attribuierungen (Zuschreiben) und Auf- und Abwertungen sozialer Kollektive, die für Fremdkonstruktionen typisch sind, untersucht werden können. So hat Heiko Hausendorf anhand der Analyse alltäglicher Kommunikationen über »Ossis« und »Wessis« dieses Schema, welches er als allgemeines Konzept für die Hervorbringung von Zugehörigkeit in Kommunikationen bezeichnete, erprobt (vgl. Hausendorf 1998: 76 ff.). In die Antisemitismusforschung wurde diese Konzeption von Holz für die Analyse antisemitischer Semantiken aufgenommen (Holz 2001). Darauf werde ich eingehen, wenn ich nach der theoretischen Einbettung des Semantikbegriffes die Spezifik antisemitischer Semantiken beschreiben werde. Vorerst werde ich neben dem nun ausführlich begründeten Zusammenhang von Handeln, Denken und Sprechen und den damit verbundenen Sinndimensionen den zweiten zentralen Punkt des vorgestellten Semantikbegriffs, die Selektivität der Semiosis, erläutern und ihn mit dem Zusatz des Politischen, der für die Analyse politischer Semantiken bedeutsam ist, akzentuieren. Die antisemitische Semantik verstehe ich zwar im Allgemeinen als kulturelle (= soziale) Semantik, die jedoch in diesem Kontext an einer Schnittstelle zum Politischen untersucht wird, da es sich bei den untersuchten Texten um massenmediale Erzeugnisse von politischen Gruppen und Parteien handelt. Daher erscheint es mir notwendig, die möglichen Differenzen politischer Semantiken und deren Konstitutionsbedingungen zu benennen. Die Bedingungen des Politischen können dabei in der conditio humana aufgezeigt werden und sind mit einem spezifischen Verständnis von Macht als Handlungsmacht verbunden. Dabei wird die Strukturierung der Lebenswelt über die Differenz vertraut/unvertraut noch einmal thematisch werden.

4.3.3 Macht: Selektivität der Semiosis und politische Semantikbildung

Um Selektivität als Macht zum zentralen Bestandteil politischer Semantiken erklären zu können, kann man den verschiedenen Quellen der Macht nachgehen, wobei eine in der anthropologischen Verfassung des Menschen begründet liege (vgl. Plessner 2003, 2003a, Dux 1997, Srubar 2007a) und auch in der Sprache wiederzufinden sei. Macht soll hier in seiner dialektischen Form verstanden werden – nicht als negativ diskriminierender, asymmetrisierender Eingriff, sondern primär als konstitutives Organisationsmoment der Gesellschaft. Das heißt nicht, dass sie nicht in Form der Über- und Unterordnung vorkommt und primär vorkam[97], wie dies die Geschichte gezeigt hat. Begründet ist sie allerdings anthropologisch aus der Notwendigkeit des Menschen, »zu tun, um zu sein« (Srubar 1995: 301). Aufgrund seiner anthropologischen Bedingungen ist der Mensch darauf angewiesen, für sich zu sorgen und dafür seine Bedürfnisse und Interessen durchzusetzen. Macht in diesem Verständnis entsteht daher notwendig als kulturelle Form des Handelns innerhalb der Machtpotentiale der jeweils anderen und wird nicht als »Naturtrieb, der auf Unterwerfung zielt« (Dux 1997: 77) verstanden, sondern als sozialer Tatbestand. Das heißt, dass Macht in diesem Verständnis zwangsläufig als kulturelle Form des Handelns entsteht und sich unter den Machtpotentialen der anderen formt, in seinen Grundstrukturen in der familialen Sozialisation. Mit der an Plessner anschließenden Version des Machtverständnisses von Dux kann man davon ausgehen, dass sich Macht innerhalb von Interaktionsformen ausbildet, die »die Anerkennung des anderen beinhalten« (Dux 1997: 78), d. h, sie kann nicht als biologische Form der Aggressivität in

---

[97] Gleiche Machtchancen haben sich, wie Dux gezeigt hat, nur sehr selten ausbilden können. Er weist darauf hin, dass dies gesamtgesellschaftlich nur unter den Bedingungen von Jäger-/Sammler-Gesellschaften möglich war. Die Chance, dass Macht zu Übermacht wird, ist also immens, weil sie einzig durch die genannten zwei Faktoren begrenzt werden kann (vgl. Dux 1997).

einem Kampf aller gegen alle verstanden werden. Begrenzt wird die Macht, wie von Seiten der historisch-genetischen Theorie gezeigt wurde, durch Moral – und das findet primär in den Gemeinschaften unmittelbarer Verbundenheit statt – oder die Gegenmacht des anderen (vgl. Dux 1997, 2004, 2006). Sprache in diesem Verständnis liegt auch nicht außerhalb oder quer zu dieser Organisationsform der Gesellschaft und dient vordergründig dem sozialen Aufbau der Welt, der »mit dem autopoietischen Imperativ verbunden [ist], Handlungskompetenz zu gewinnen. Wenn in diesem Prozess kommunikative Einverständnisse gesucht werden, so sind es Einverständnisse über den Ist-Bestand der Welt« (Dux 1997: 80). Diese Perspektive richtet sich gegen ein Verständnis von Sprache, welches in ihr eine spezifische Verständigungsorientiertheit immanent verortet, nämlich eine, welche auf den Soll-Zustand der Verhältnisse ausgerichtet ist und in seinem Ursprung auf die notwendige Herstellung eines begründeten Einverständnisses zielt (vgl. Habermas 1981 a: 369 f.): »Wie sehr die Grundstruktur des Sprechaktes dem Interesse und mit dem Interesse der Macht verbunden ist, zeigt sich daran, daß die performativ-perlokutionäre Aufforderung, dieses zu tun oder jenes zu lassen, zugleich die Grundstruktur der Norm bildet« (Dux 1997: 84)[98]. Jeder bringt Interessen mit in eine Interaktion und versucht, seine Erwartungen als Aufforderung an den anderen zu adressieren. Wenn sich die Interessen als anerkanntes Interaktionsmuster durchsetzen, werden vorerst nur die pronormativen Erwartungen zur Norm (vgl. Dux 1997: 85). Als ein solches anerkanntes normatives Muster wird auch die Sprache verstanden, deren Normativität es möglich macht, andere in eine semiotisch konstruierte Realität mit einzubeziehen (vgl. Srubar 2007: 288). Diese normierende Selektivität der Sprache versteht die pragmatische Lebenswelttheorie als Quelle ihrer Kreativität und Variabilität. Jeder Prozess der Sinnkonstitution wird als Prozess der Sinnselektion beschrieben. Dies wird einerseits aus der formalen Struktur der Zeichensysteme, andererseits aus dem pragmatischen Zwang zur Anwendung begründet. Was die formale Struktur von Zeichensystemen angeht, ist davon auszugehen, dass sich Zeichen in Differenz zu anderen Zeichen konstituieren, während die Zuordnung von Signifikat und Signifikant gemeinhin als arbiträre aufgefasst wird (vgl. Saussure 1967), durch den kollektiven Gebrauch jedoch Verwendungen festgelegt werden und der semantische Wert des Zeichens über die einmalige situative Anwendung hinaus stabilisiert wird (vgl. Srubar 2007: 287 ff.; vgl. auch Peirce 2000). Aus diesem Gedanken lässt sich einerseits die Institutionalisierung und Herausbildung der Erwartungsstrukturen von Zeichen begründen, andererseits

---

[98] Im Unterschied dazu geht Habermas jedoch davon aus, dass Perlokutionen kein genuiner Bestandteil sprachlicher Äußerungen sind (u. a. Habermas 1984: 579).

kann damit sowohl die Herausbildung unterschiedlicher kommunikativer Gattungen und Regelschemata als auch die Mannigfaltigkeit von Semantiken begründet werden.

Kehren wir zu den anthropologischen Bedingungen zurück, liegt das Verständnis von Macht als Handlungsmacht bzw. Wirkmächtigkeit auch der pragmatischen Lebensweltheorie zugrunde. Die Lebenswelt wird als eine konfliktgeladene, und in diesem Sinne könnte man auch sagen durch Interessensgegensätze geprägte Welt verstanden, in der Menschen aufgrund ihrer anthropologischen Bedingungen handeln müssen, um zu sein. Das Tun und die Wirkmächtigkeit werden hier ähnlich wie bei Plessner verstanden als das Vermögen, Unvertrautes in Vertrautes zu überführen (vgl. Srubar 1995). Die vertraute Zone wird dabei durch Behandlung von Anderen und Objekten sowie durch die soziale Billigung oder Missbilligung der Behandlungen und die daraus resultierenden Schemata hervorgebracht (vgl. u. a. Schütz/Luckmann 2003: 196 ff., Srubar 2003a). Die Schaffung des Vertrauten ist also mit intersubjektiv geteilten Normen und Orientierungen verbunden, sodass durch diese soziale Einbettung die Differenz vertraut/unvertraut den sozialen Raum in in-groups und out-groups einteilt und als eine von Freund/Fremder oder Freund/Feind empfunden werden kann. Die vertraute Sphäre zeichnet sich durch bekannte Schemata von Relevanz und Typik aus, die verschiedenen Gruppen als selbstverständlich gelten (Schütz 1972: 206 f.). So kann man, was für den Forschungsgegenstand hier bedeutsam ist, davon ausgehen, dass ein bestimmtes Wissen, welches in Semantiken objektiviert wird, von den jeweiligen Gruppenmitgliedern, hier diverse radikale linke und rechte Gruppen, verstanden wird – auch wenn in diesem Kontext beachtet werden muss, dass wir uns an den Schnittstellen oder bereits in der Sphäre des Politischen befinden. Zwischen vertraut/unvertraut, dem Eigenen und Fremden wird aber bereits in der primären Differenzierung eine Grenze gezogen, die unterschiedliche Wissensformen, gekennzeichnet durch verschiedene Relevanz- und Typikschemata, voneinander trennt:

> »Das selbstverständliche Eingebettetsein in diese Welt zieht Grenzen von Inklusion und Exklusion durch den sozialen Raum und trennt so in-groups von out-groups, wenn auch zu dem vertrauten System von Relevanz und Typik Heterotypisierungen der unvertrauten out-group gehören« (Srubar 2007 d: 478).

Für diesen Zusammenhang kann diese bedeuten, dass das antisemitische jüdische Fremdbild auf der Ebene der Semantik zum vertrauten System einer spezifisch (!) konstruierten in-group gehört. Die Monographie von Holz hat gezeigt, dass es das nationale Selbstbild ist, welches komplementär zum jüdischen Fremdbild konstruiert wird (vgl. Holz 2001). Schütz und Srubar gehen aufgrund der Annahme der Reziprozität von Perspektiven davon aus, dass das Wissen von

Anderen immer von Vorurteilen geprägt ist und gruppeneigene Annahmen über andere selbst bei nicht gegebener Reziprozität gemacht werden. Das heißt aber natürlich nicht, dass die out-group immer antisemitisch konstruiert würde. Es heißt auch nicht, dass die out-group überhaupt als Feind konstruiert werden müsste. Hier unterscheidet sich die pragmatische Lebensweltheorie von den Annahmen Plessners, der für seine zwangsläufige Einteilung in vertraute Freunde und fremde Feinde anthropologische und psychologische Gründe anführt:

> »Der Grund für die beständige Bildung des Horizontes der Vertrautheit ist in der Tat eine zur Wesensverfassung des Menschen gehörige Angst oder Bedrängtheit, die zugleich die feindselige Reaktion als Gegenschlag im Gefolge hat. Aber diese Angst ist verwurzelt in der Unheimlichkeit des Fremden und nicht in dessen möglicherweise abträglichen Wirkungen auf die eigene Sphäre der Vertrautheit. [...] Denn das Fremde ist das Eigene, Vertraute und Heimliche im Anderen und als das Andere und darum – wir erinnern hier an eine Erkenntnis Freuds – das Unheimliche« (Plessner 2003: 193).

Plessner erklärt daraus auch die Bindung des Menschen an ein »Volk« mit dessen vertrauten Traditionen und die Konkurrenz verschiedener »Völker«. Auch wenn Plessner davon ausgeht, dass sich die Politik mit der Einsicht in die Zufälligkeit des »eigenen Volkstums« (Plessner 2003: 233) zivilisiert, geht er davon aus, dass in dem »Gesichtskreis seines Volkes [...] für den Menschen alle politischen Probleme beschlossen [liegen]« (Plessner 2003: 233) und die Ziele zwar relativer, die gegenseitige Bekämpfung aber nicht weniger heftig ausfallen wird.

Was nun Plessner und die pragmatische Lebenstheorie verbindet, ist die Einsicht in die Mächtigkeit bzw. Wirkmächtigkeit des Menschen und die Erklärung des Politischen aus den Konstitutionsbedingungen der Lebenswelt, die beide entlang der Differenz vertraut/unvertraut strukturiert sehen und davon ausgehen, dass dadurch, dass die Welt im Handeln hervorgebracht wird, verschiedene Vertrautheitszonen konstruiert werden und dies die Produktion unterschiedlicher gruppeneigene Zeichensysteme zur Folge hat, vor deren Hintergrund auch die möglichen In- und Exklusionsmechanismen verstanden werden können. Beiden liegt die »These der Selbstbegrenzung des Handelns durch seine kommunikativ-interaktiv entstehenden Regulative« (Srubar 2003a: 479) für die Erklärung des Politischen zugrunde.

Der pragmatischen Lebensweltheorie zufolge gibt es keine Probleme, solange verschiedene Gruppierungen mit ihren relativ natürlichen Weltanschauungen nebeneinander existieren. Erst durch die Konkurrenz um die Definitionsmacht werden die selbstverständlichen Selbst- und Fremdbildkonstruktionen in Frage gestellt und durch die Durchsetzung derselben Identitätskonstruktionen erschüttert. Bedingungen für die Akzeptanz des neuen Deutungsschemas ist die

Selbstbegrenzung der Handlungsmacht aus der Perspektive der Träger der Deutungsmacht. Sie muss sich reflexiv auf das alltägliche Deutungsschema beziehen und es modifizieren, um zumindest eine teilweise Inklusion der heterotypisierten Gruppe zu ermöglichen (vgl. Srubar 2003a: 481) oder eben auch nicht, wie die Verschiebung der Kriterien der (nationalen und/oder gesellschaftlichen) Zugehörigkeit trotz der rechtlichen Gleichstellung der Juden beispielsweise zeigten.

Das Politische wird den bisherigen Ausführungen zufolge aus der Konfrontation mehrerer Gruppen und ihrer Deutungsschemata erklärt und als die »Redefinition der Reziprozität der Akteursperspektiven« verstanden. Die Vorstellung einer Konfrontation und gegenseitigen Abgrenzung von Handlungseinheiten, »die sich zugleich begrifflich artikulieren« (Koselleck 1989: 214), käme der Koselleckschen Vorstellung von Geschichte bzw. geschichtlicher Bewegung wiederum nahe.

Die Sphäre des Politischen bietet nun einerseits die Chance, die Partikularität des primären Freund-Feind-Verhältnisses zu überschreiten und einen generellen Rahmen zu setzen, um die Gleichheit Verschiedener zu garantieren. Andererseits besteht die Möglichkeit, dass durch die Infragestellung der Selbstverständlichkeit der Gruppendefinition samt Heterotypisierungen das Begehren besteht, die ursprünglichen Freund-Feind-Relationen wieder herstellen zu wollen:

>»In der Tat lassen sich solche reprimitivisierenden (Mannheim 1930) oder gegenmodernisierenden (Beck 1996) sozialen Bewegungen als Reaktionen auf die Emergenz sozialer Reflexivität und Generalisierung von Reziprozitätsbedingungen in der Geschichte häufig finden« (Srubar 2003a: 484).

Als ein historisches Beispiel wird hier mit Bezug auf Gellner (Gellner 1988) die Herausbildung des Nationalismus »als Reaktion auf die Universalisierung moderner Lebensbedingungen durch die industrielle Revolution« (Srubar 2003a: 484) angeführt.

Geht man davon aus, dass der Nationalismus konstitutiv für den modernen Antisemitismus ist, wäre mit dieser Perspektive zu behaupten, dass auch der Antisemitismus als Reaktion auf Universalisierungsprozesse und Reflexivität zu lesen ist. Die systemtheoretische These, dass ein höheres Reflexivitätsniveau mit geringeren Exklusionsbestrebungen einhergeht (Parsons 1972, Luhmann 1997), wäre zumindest auf der Ebene der Semantik in Frage gestellt.

Wie wir später sehen werden, zeigt sich spezifisch in der Konstruktion »des Jüdischen« als Drittem auf der Ebene der Semantik der Universalisierungs- und Reflexivitätsgedanke wieder, um anti-universalistische Konsequenzen damit zu verknüpfen. In der Figur des Dritten erfolgt eine Reflexion der Differenz, um das, was der binären Unterscheidung zufolge nicht sein dürfte, als Bedrohung der Differenz zu zeichnen. Die Vermutung, dass der Antisemitismus in den Prozess der Moderne und die damit verbundenen Universalisierungs- und Reflexivitätsprozesse konstitutiv eingebunden ist, liegt daher nahe.

Die gegenseitige Freund-Feind-Wahrnehmung ist Schütz und Srubar zufolge jedoch nur eine Möglichkeit. Der Unterschied zwischen der primären Differenzierung zwischen Vertrautheit und Unvertrautheit in der relativ natürlichen Einstellung und der Ebene des Politischen kann darin gesehen werden, dass das ursprüngliche Selbst- und Fremdbildverhältnis reflexiv nach gewählten Kriterien (Ethnie, Nation, Religion etc.) für die Unterscheidung von Freund-Feind gesetzt wird. Folgt man Srubar, reicht diese reflexive Redefinition von Freund-Feind-Verhältnissen aber nicht aus, um das Politische zu bestimmen, sondern es kann nur als eine mögliche Reaktion auf die Emergenz des Politischen betrachtet werden, die aus der Konkurrenz und damit auch Legitimierungsbedürftigkeit mehrerer Weltsichten von Gruppen resultiert (vgl. Srubar 2007d: 485).

Wie die Freund-Feind-Verhältnisse, die – wie wir nun gesehen haben – als doppelt konstruierte (in der relativ natürlichen Einstellung und auf der Ebene politischer Semantiken) zu verstehen sind, innerhalb antisemitischer Semantiken beschaffen sind, wird in dieser Arbeit untersucht werden. So beschreibt Srubar anhand der Feind-Definition der Juden im Dritten Reich, wie die zugebilligte Reziprozität soweit abnehmen kann, dass der menschliche Status gänzlich negiert wird (Srubar 2007d: 486). Die Figur der Abnahme zugebilligter Reziprozität in Heterotypisierungen lässt sich auch in der Koselleckschen Beschreibung asymmetrischer Gegenbegriffe finden. Das, was nicht mehr zugebilligte Reziprozität bedeuten würde, beschreibt Koselleck mit dem Begriff des asymmetrischen Gegenbegriffs »Mensch/Unmensch«. Wird dem als Fremden oder Feind konstruierten Anderen Reziprozität zuerkannt, ist die Voraussetzung der Anerkennung bestimmter sozialer und menschlicher Eigenschaften gegeben, vor deren Hintergrund die Einteilung Freund/Feind vorgenommen wird, Freund und Feind werden gemeinhin einer Kategorie (Nation, Religion etc.) zugeordnet, beispielsweise die Deutschen/die Franzosen, die Christen/die Muslime etc. Ist dies nicht mehr der Fall, so wird der menschliche Status des Gegners völlig negiert.

> »Mensch und Unmensch, Übermensch und Untermensch sind solche Begriffspaare, die mit ihrem sprachlichen Argumentationspotential neue politische Möglichkeiten erschlossen und artikuliert haben« (Koselleck 1989: 244).

Damit wären wir bereits an einer Bestimmung des antijüdischen Fremdbildes während einer bestimmten historischen Zeit angelangt, in der mit der Exklusion des Fremden aus der Kategorie des Menschen die Legitimation zur Vernichtung enthalten ist. Wir werden sehen, dass »Juden« in der antisemitischen Konstruktion nach wie vor jenseits von klassischen Freund/Feind-Konstruktionen als Drittes konstruiert werden, welche als Bedrohung der dominanten binären Ordnungskonstruktionen imaginiert werden. Die andere Seite der soeben beschriebenen Exklusionsdimension politischer Semantiken ist die Inklusionsebene, die nach dem Grad ihres Einschlusses heterogener oder homogener Gruppenkonstruktionen analysiert werden kann. Weitere Untersuchungsebenen politischer Semantiken, die zwar für die Ebene von repräsentativen politischen Deutungsschema entwickelt wurden (vgl. Srubar 2007d), aber gerade für die Unterscheidung unterschiedlicher politischer Gruppensemantiken von Belang sind, ist die Art und Weise, wie in der jeweiligen politischen Semantik in die Lebensführung von anderen Individuen und Gruppen eingegriffen wird und wie sich die Semantik legitimiert.

Laut pragmatischer Lebenswelttheorie zeichnen sich politische Semantiken des Weiteren durch die Nutzung des Populären und den Versuch der Unterbindung alternativer Sinnentwürfe aus. Letzteres geschieht durch immunisierende Strategien, die »nicht nur die Semantik der Weltauslegung, sondern auch das diskursive System der generativen Regeln von Semantiken schützen sollen« (Srubar 2003: 299). Gelingt dies nicht, wird auf Formen nicht-sprachlicher Kommunikation zurückgegriffen (beispielsweise auf Legitimation durch Verfahren mit der Möglichkeit gewaltsamer Durchsetzung). Ob die Strategien der Immunisierung und des Populären im Rahmen gegenwärtiger antisemitischer Semantiken zur Anwendung kommen, wird die Untersuchung ergeben.

5. Methodenkapitel

Der theoretisch konstruierte Forschungsgegenstand und die Forschungsfrage legen bestimmte Methoden nahe. Im vorliegenden Falle eignen sich Semantikanalysen, um die Forschungsfragen zu beantworten. Das heißt, dass die antisemitischen Konstruktionen in dieser Studie vorerst nicht aus ihrem Kontext heraus, beispielsweise aus den gesellschaftlichen Verhältnissen (der sozioökonomischen oder politischen Lage etwa) oder der Psychologie der Autoren, erklärt werden, sondern dass die Strukturen des antisemitischen Weltbildes aus den vorliegenden Zeitschriftentexten rekonstruiert werden. Dem zugrunde liegt die wissenssoziologische Annahme, dass sich Kulturen auf der Ebene der vertexteten Sprache und Semantiken empirisch fassen lassen, wie dies im vorherigen Kapitel mit der Einbettung des Semantikbegriffs in die pragmatische Lebenswelttheorie und die damit verbundenen Herleitungen des Sinnkonstitutionsprozesses erläutert wurde. Wie dort bereits erwähnt, resultiert aus der pragmatischen Lebenswelttheorie im Unterschied zu rein kommunikationstheoretischen oder poststrukturalistischen Zugängen, dass der Prozess der Sinnkonstitution nicht nur semiotisch, d. h. nicht nur als Text, verstanden werden kann, andererseits aber Sinn auch nicht nur von der sozioökonomischen Struktur konstituiert wird, wie dies einige der im Forschungsstand besprochenen marxistischen Zugänge tun.

> »Semiotische Praxis erscheint vielmehr in dieser Perspektive als ein Resultat des Bedürfnisses nach Handlungskoordination. Zeichensysteme in ihrer appräsentativen Funktion dienen dann nicht nur der Verarbeitung der Transzendenz der Anderen und der Welt, sondern auch der semantischen Konstruktion von Wirklichkeit, in dem sie kollektives Wissen in Form von Typik und Relevanz transportieren. Pragmatisch generierte Realitätskonstrukte schlagen sich hier in unterschiedlichen Semantiken nieder, die in unterschiedlichen kommunikativen Gattungen und unterschiedlichen Medien übermittelt werden« (Srubar 2008: 261).

Damit haben wir es mit dem Forschungsgegenstand dieser Arbeit zu tun: semantische Konstruktionen von Wirklichkeit, die in der Gattung »Printmedium« bzw. konkreter »Alternativpresse« vorliegen und daran untersucht werden können. Dies soll mit der Kombination eines rekonstruktionslogischen und eines subsumptionslogischen[99] Verfahrens geschehen, d. h. einer Methodentriangulation aus Sequenz- und Inhaltsanalyse, untersucht werden.

---

[99] An dieser Stelle genügt es zu wissen, dass sich rekonstruktionslogische Verfahren von subsumptionslogischen abgrenzen, indem sie bestrebt sind, das zu untersuchende Phänomen nicht vorgefertigten Kategorien unterzuordnen, sondern die Struktur aus dem Phänomen selbst zu er-

Bedingung für Auswahl der Methode ist, dass sie mit den Grundannahmen der Theorie kompatibel sein muss, d. h. mit den im Theoriekapitel explizierten Annahmen der pragmatischen Lebenswelttheorie in Bezug auf das Konzept der »kulturellen Semantik«.

Das Material muss aus unterschiedlichen Kontexten stammen, damit überprüft werden kann, ob es sich um eine kulturelle Semantik handelt, da durch ein vergleichendes Vorgehen neben der Rekonstruktion der Besonderheit jedes einzelnen Textes untersucht werden kann, was den Texten gemeinsam ist. Zudem muss das Material die Erfordernisse der methodischen Verfahren erfüllen. Das heißt für eine struktural-hermeneutische Sequenzanalyse sowie für eine Inhaltsanalyse, dass das empirische Material als Text, in der Sprache Ulrich Oevermanns als »Wirklichkeitsprotokoll«, vorliegen muss:

> »Konkreter Gegenstand der Verfahren der ‚objektiven Hermeneutik' sind Protokolle von realen, symbolisch vermittelten sozialen Handlungen oder Interaktionen, seien es verschriftete, akustische, visuelle, in verschiedenen Medien kombinierte oder anders archivierbare Fixierungen« (Oevermann 1979: 378).

Methodisch kontrolliert kann nur die »Ausdrucksgestalt« (Oevermann 2005: 1) in Form eines verschrifteten Textes untersucht werden.

In diesem Kapitel werde ich zuerst auf die Kompatibilität der pragmatischen Lebenswelttheorie mit der sequenzanalytischen Methode der strukturalen Hermeneutik eingehen, in einem zweiten Schritt das Verfahren der Sequenzanalyse vorstellen, dann auf das Problem der Ergebnisdarstellung sowie auf die Strukturgeneralisierung eingehen, ferner das Verfahren der Inhaltsanalyse vorstellen und schließlich seine Triangulationsmöglichkeit und Kompatibilität mit der Sequenzanalyse diskutieren. In einem weiteren Teil werde ich die Materialauswahl begründen und die untersuchten Medien einführen und vorstellen.

---

schließen (vgl. hierzu ausführlich Oevermann/Allert/Konau/Krambeck 1979, Oevermann 1986 und 1991).

5.1 Methodologie

5.1.1 Sinnverstehender Zugang, Sequenzialität und Regelhaftigkeit des Sinngeschehens

Eine gemeinsam geteilte Annahme sozialwissenschaftlicher Methodologien ist die Sinnhaftigkeit sozialwissenschaftlicher Gegenstände im Unterschied zu allen anderen Gegenständen. Subjekte und Sozialwelt fallen in diesen Bereich sinnhafter Gegenstände, nicht aber die natürliche Außenwelt. Die Gegenstände können dabei sprachlicher sowie nicht-sprachlicher Art sein, müssen also keine Texte sein, sind aber nur in Textform methodisch kontrolliert untersuchbar. Das heißt, dass nicht nur die Gegenstände, sondern auch die methodischen Regeln selbst nur in Textform beschrieben und erklärt werde können: »Soziologie ist somit zwar keine Text-Wissenschaft im engeren Sinne, aber sie ist eine im Hinblick auf die interpretative Arbeit gleichwohl textbedürftige Wissenschaft« (Hitzler 2002: 3).

Strittig ist dabei, wie und von welchem Standort methodisch kontrolliert gültige Aussagen über Sinn- und Bedeutungsgehalte von Texten gemacht werden können und wie diese abgehoben von konkreten Fallanalysen generalisierbar sind. Strittig ist außerdem, welchen Status die sozial konstruierte Wirklichkeit erhält:

> »Gemäßigte konstruktivistische Positionen gehen von einer empirisch zugänglichen, widerständigen Welt aus; radikal konstruktivistische Positionen verweisen auf die selbstreferentielle Operationalität kognitiver Systeme, wobei eine reale Außenwelt nur noch unterstellt werden kann, weil diese prinzipiell unzugänglich bleibt« (Sutter 1997).

Und strittig ist letztlich der Ort der Konstitution von Sinn, wobei innerhalb der interpretativen Soziologie zwischen einer hermeneutischen Wissenssoziologie und einem hermeneutischen Strukturalismus oder Objektivismus unterschieden wird.[100] Für das sequenzanalytische Verfahren macht dies – sieht man sich die Praxis der einzelnen Vertreter dieser Methode an[101] – kaum einen Unterschied, so man das Verfahren von den damit verbundenen Annahmen über die soziale Wirklichkeit trennt. Das liegt erstens daran, dass alle gemeinsame Annahmen haben, auf denen das methodologische Verfahren basiert. Alle gehen von der Sinnstrukturiertheit des sozialwissenschaftlichen Gegenstandes, seiner sequen-

---

[100] Vgl. die Diskussion hierzu bei Hitzler 2002.
[101] Hier sind neben Ulrich Oevermann (Oevermann 1979, 1986), insbesondere Jo Reichertz und Hans-Georg Soeffner zu nennen (Soeffner 2004, Reichertz 1997, Reichertz/Schröer 1994).

ziellen Sinnkonstitution und der prinzipiellen Regelhaftigkeit semiotischer Konstrukte aus. Das sind auch die basalen drei Kriterien, welche die pragmatische Lebensweltheorie mit dem sequenzanalytischen Verfahren der strukturalen Hermeneutik teilen und kompatibel machen. Für die Anwendung des Verfahrens genügen diese Übereinstimmungen deshalb, weil die basale theoretische Annahme für das sequenzanalytische Interpretationsverfahren der strukturalen Hermeneutik darin liegt, dass die Regeln der Interpretation von Sinn mit den Regeln der Konstitution von Sinn übereinstimmen. Diese konstitutionstheoretische Annahme lässt sich mit den wissenssoziologischen Grundlagen der pragmatischen Lebensweltheorie in Einklang bringen bzw. sie deckt sich damit. Auch in der Srubarschen Theorieanlage wird davon ausgegangen, dass Sozialwissenschaften Teil des sinngenerativen Zusammenhangs der sozialen Wirklichkeit sind und »ihre Verfahren [...] strukturell in diesem Zusammenhang verankert« (Srubar 2008: 253) sind. Der Theorie zufolge befinden sich alltäglich Handelnde in einer hermeneutischen Grundsituation, weil dies die Transzendenz der Welt und der Anderen bzw. die Intransparenz subjektiver Intentionen[102] erfordert. Außerdem wird soziale Wirklichkeit »vor aller Wissenschaft in Prozessen von Interaktion/Kommunikation mit Objekten und Anderen konstruier[t]« (Srubar 2008: 254) ebenso wie die Sozialwissenschaften, die diesen hermeneutischen Zusammenhang nicht verlassen können und zugleich Teil ihres Gegenstandes ist, den sie mit ihren Deutungen konstruieren. Rekonstruktion in diesem Sinne wird als Konstruktionsprozess verstanden. Da das Resultat dieser Deutung notwendig relativ (aber nicht beliebig) ist. Insofern es von den gewählten Methoden und wissenschaftlichen Annahmen abhängt, ist die Reflexion der Deutungspraxen sowie die Gegenstandsadäquanz ein oberstes Gebot für Sozialwissenschaftler. Auswertungsmethoden, welche die Lesarten mehrerer sprachkompetenter Sprecher in ihren Interpretationsprozess mit einfließen lassen, werden der pragmatisch bedingten relativen Variation von Textlesarten und dem Reflexionsgebot eher gerecht. Beide also, alltäglich Handelnde und Sozialwissenschaften, befinden sich in einer ähnlichen Situation, wie sie die alltägliche Sinnkonstitution sowie die daraus resultierenden Wissenssysteme und Semantiken »verstehen« möchten. »Verstehen« heißt in diesem Sinne nicht, die rekonstruierte Deutung zu bestätigen oder zu legitimieren, sondern die Sinnkonstitution zu rekonstruieren. Dies mag im wissenssoziologischen Kontext selbstverständlich erscheinen, gerade in Bezug auf die Antisemitismusforschung soll es dennoch betont werden, da gerade wertkritischen sowie einigen ideologiekritischen Ansätzen in Bezug auf die Erforschung des Antisemitismus ein »Verste-

---

[102] Luhmann würde von der doppelten Kontingenz sprechen, die der sozialen Interaktion zugrunde liegt.

hensbegriff« zugrunde liegt, der nicht unterscheiden kann zwischen Rekonstruktion und emphatischem Verständnis (im Sinne von Affirmation) des untersuchten Gegenstandes. Das mag folgender Satz aus der Dissertationsschrift von Grigat verdeutlichen:

> »So sehr Ideologiekritik versuchen kann, Logik und Struktur des antisemitischen Ressentiments nachzuzeichnen, so sehr bleibt am Ende doch stets das Staunen etwa darüber, daß Menschen tatsächlich glauben, Juden würden die ganze Welt beherrschen« (Grigat 2007: 274).

Daher wird in solchen Ansätzen die Konsequenz gezogen, dass der Gegenstand, welcher nicht nur in Bezug auf den Antisemitismus immer als ›Gegenstand der Kritik‹ (Grigat 2007: 274) aufgefasst wird[103], ›zwar nicht begriffen werden kann, aber doch seine Unbegreiflichkeit‹ (Scheit 2004: 38, zitiert nach Grigat 2007: 274).

Es geht den Sozialwissenschaften aus wissenssoziologischer Perspektive hingegen darum, den Prozess der Sinnkonstitution zu verstehen, um die Regelhaftigkeit sozialer Phänomene zu erklären.

Neben der hermeneutischen Grundsituation von alltäglich Handelnden und Sozialwissenschaften besteht die bereits in der Einleitung genannte primäre Differenz zwischen alltäglicher und wissenschaftlicher Deutungsperspektive in der Handlungsentlastung bzw. dem nicht direkten Handlungs- und Interaktionsbezug. In Srubars Worten:

> »Er (der Wissenschaftler, C. G.) will keine konkrete Interaktionssituation lösen, sondern eine kognitive. Er interessiert sich für die formalen Eigenschaften des in der alltäglichen hermeneutischen Grundsituation wirkenden sinngenerativen Zusammenhangs, um seine Strukturen als Deutungsleitfaden für die erklärende Rekonstruktion der konkreten Fäll nutzbar zu machen. Er geht dabei davon aus, dass die Regelhaftigkeit der Sinnkonstitution, die in diesem sinngenerativen Zusammenhang fundiert ist, als ein solcher Leitfaden dienen kann« (Srubar 2008: 258).

Der pragmatisch konstituierte soziale Sinn stellt daher einen selbstbezüglichen Zusammenhang bzw. eine emergente Ebene von Bedeutungen dar, die keine Regeln außerhalb seiner selbst hat. Die kommunikativ hergestellten Sinnstrukturen sind von ihren Produzenten abgetrennt, semiotisch sowie medial objektiviert und auf dieser Ebene untersuchbar. Wie auch für Oevermann ist damit die Ei-

---

[103] Auf den Kritikbegriff und die ihm zugrundeliegende Theoriearchitektur kann hier nicht näher eingegangen werden. Zur Kritik von identitätslogischen und normativistischen Kritikbegriffen vgl. aber Holz 1990, 1993 und 1998, Vobruba 2003, 2007, 2008a und 2009 und Dux/Globisch 2012.

genstrukturiertheit der objektivierten Gehalte nicht mit der Intentionalität individueller Subjekte gleichzusetzen. Im Gegensatz zum »Hineinversetzen« und »Einfühlen« in das subjektive Erleben eines Subjekts oder psychischen Systems muss es bei der Beobachtung ›objektiven‹ Sinns um die Rekonstruktion von Sinnstrukturen gehen, für die Kriterien der *Sachhaltigkeit* angegeben werden können. Das heißt nicht, dass es auf der Ebene individuellen Erlebens nicht so etwas wie »Einfühlen« gibt. Nur lässt sich dies nicht methodisch kontrollieren. »Was ich gerade denke, kann nicht, was ich gerade über Gedanken schreibe, kann überprüft werden« (Holz 2001: 138). Eine objektive Bedeutungsstruktur ist abstrakt. Sie ist nur lesbar, nicht sinnlich wahrnehmbar. Trotzdem ist sie empirisch und aufgrund von geltenden Regeln rekonstruierbar.

Die strukturale Hermeneutik als Verfahren bemüht sich darum, »diese objektiv geltenden Sinnstrukturen intersubjektiv überprüfbar je konkret an der lesbaren Ausdrucksgestalt zu entziffern, die ausdrucksmaterial als Protokoll ihrerseits hör-, fühl-, riech-, schmeck- oder sichtbar ist« (Oevermann 2002: 2).

Die Untersuchung »innerpsychischer Wirklichkeiten« ist der strukturalen Hermeneutik zufolge nur über »Ausdrucksgestalten« möglich:

> »Intentionale Gehalte, generell: innerpsychische Wirklichkeit zum Gegenstand wissenschaftlich-methodisierter Erkenntnis zu machen, setzt deren methodisch greifbare Verkörperung in Ausdrucksgestalten voraus. Einen unmittelbaren Zugriff auf sie haben wir nicht einmal in der Introspektion, ganz abgesehen davon, dass die Introspektion methodisch gesehen eine höchst problematische Quelle von Protokollen innerpsychischer Wirklichkeit ist« (Oevermann 2002: 2).

In Bezug auf das Phänomen »kultureller Semantiken« stellt der Gegenstand aus der Perspektive der strukturalen Hermeneutik wie der pragmatischen Lebensweltheorie ein Sinnkonstrukt dar, dessen Regelhaftigkeit als Text rekonstruiert werden kann, ohne die Fallstruktur mit den Intentionen eines Einzelnen äquivalent zu setzen. In diesem Sinne sind die rekonstruierten Bedeutungen objektiv. Dies ist für die Rekonstruktion von Semantiken entscheidend. Für die Analyse der Texte heißt das, dass untersucht wird, wie etwas dem Sinngehalt nach gemeint ist, und nicht, ob es so intendiert wurde oder nicht. Das heißt, antisemitische Semantiken, welche in Form von Texten vorliegen, können rekonstruiert werden, ohne Zugang zur Psyche des Antisemiten zu haben und ohne die Intention der Aussagen berücksichtigen zu müssen.

Die unterschiedlichen Konstruktionen der Notwendigkeit bzw. Möglichkeit, darauf zurückzugreifen, sind für die Analyse der Sinnstrukturen nicht relevant. Aus der Perspektive der pragmatischen Lebensweltheorie stellen die semiotisch und medial objektivierten Sinnstrukturen und deren Regelhaftigkeit nur eine

Möglichkeit dar, da »›Gebote‹ [...] immer nur den Charakter einer Chance [haben], die sich typischerweise zu erfüllen pflegt, aber auch nicht erfüllt werden muss« (Srubar 2008: 255), weil die beschriebene Regelhaftigkeit »nur im Vollzug des Anzeigens und Deutens existiert« (ebd.).

Damit wären wir, was die Konstruktion von »Objektivität« angeht, bei den unterschiedlichen Wirklichkeitsauffassungen von pragmatischer Lebensweltheorie und objektiver Hermeneutik angekommen. Diese sind jedoch für die Anwendung des Verfahrens der Sequenzanalyse nicht relevant, da das Verfahren auch ohne die ontologischen Annahmen über die soziale Welt auskommt.

5.1.2 Objektiver Sinn und das Verhältnis von Text und Welt

Während die strukturale Hermeneutik zwar auf die konstruktivistische Einsicht in die Zeitgebundenheit wissenschaftlicher Erkenntnis verweist[104], bezieht sie sich andererseits in der Begründung des Konzepts latenter Sinnstrukturen auf einen »methodologischen Realismus« (Oevermann 1993: 118). Ich möchte für diese Arbeit zwischen der *objekttheoretischen* und der *methodologischen* These der Textförmigkeit sozialer Wirklichkeit unterscheiden, da das rekonstruktive Verfahren der Sequenzanalyse ohne die objekttheoretisch begründete voraussetzungsvolle Annahme vorkritisch geltender Regeln auskommt.

> »*Diese Annahme der Textförmigkeit sozialer Wirklichkeit* kann sowohl objekttheoretisch als auch methodologisch eingesetzt werden, was strikt zu unterscheiden ist: *Objekttheoretisch* wird mit dieser Annahme eine Konvergenz von Text und sozialwissenschaftlichem Gegenstandsbereich behauptet. *Methodologisch* wird die Kommunizierbarkeit sowohl des methodisch zugänglichen Gegenstandsbereichs als auch des methodischen Zugangs selbst behauptet« (Sutter 1999: 228).

Auf das methodologische Argument der Textförmigkeit sozialer Wirklichkeit habe ich schon verwiesen, indem ich beschrieben habe, dass nur Texte methodisch kontrolliert, d. h. mit Wahrheitsanspruch versehen, interpretiert werden können. Anhand einiger Beschreibungen Oevermanns gewinnt man den Eindruck, dass auch er zwischen der methodologischen und objekttheoretischen Annahme der Textförmigkeit sozialer Wirklichkeit unterscheidet:

> »Als Soziologen vermögen wir die prinzipiell autonomiefähige Lebenspraxis immer nur in ihren textförmigen Ausdrucksgestal-

---

[104] Die Gültigkeit von Fallrekonstruktionen wird von Oevermann nur bis zum Zeitpunkt neuer, begründeter Zweifel behauptet.

ten zu erfassen. Der direkte Zugriff auf die einzig außerhalb der Textförmigkeit liegende Schicht sozialer Wirklichkeit, die Unmittelbarkeit der Erfahrung der Lebenspraxis ihrer selbst unter der Bedingung der Krise ist uns wissenschaftlich nicht möglich. Wir sind methodisch auf die Vermittlung durch die Textförmigkeit notwendig angewiesen« (Oevermann 1986: 49).

Jedoch führt die These eines konstitutionstheoretischen Vorrangs der Sprache in letzter Konsequenz in eine methodologische wie auch objekttheoretische Konvergenz von Text und Welt als sinnhaftem Geschehen. Diese These teile ich mit einigen Autoren, welche dies vor mir erörtert haben, nicht (vgl. Sutter 1986,1990 und 1997; Weisenbacher 1993; Holz 2001).

»Die Frage nach dem evolutiven bzw. ontogenetischen Übergang von einer sinnfreien (naturalen) zu einer sinnhaft und sprachlich organisierten Lebensform wird zugedeckt, wenn Sinn und Sprache nicht selbst als Entwicklungsresultat, sondern als konstitutionstheoretische Voraussetzung von Sozialität insgesamt konzipiert werden. Setzt man ›Sprache als das ausgezeichnete Element von Regeln und Elementen der Symbolisierung‹ (Oevermann 1986: 46) aller Sozialität voraus, so wird die Regelgeleitetheit von sinnhaften Konstruktionen und deren Rekonstruierbarkeit ontologisch begründet« (Holz 2001: 140).

Im vorherigen Kapitel, in dem der Prozess der Sinnkonstitution zwischen Handeln, Denken und Sprechen erörtert wurde, sollte auch deutlich geworden sein, dass der Prozess der Sinnkonstitution nicht nur semiotisch, d. h. nicht nur als Text, verstanden werden kann.

Folgt man der objekttheoretischen Annahme Oevermanns, müsste man davon ausgehen, dass die sprachliche Bedeutungsfunktion als soziogenetischer Entwicklungsmechanismus den sich bildenden soziokulturellen Organisationsformen vorgelagert ist.

Für meine Untersuchung muss der Diskurs um die Vorgängigkeit der Sprache nicht entschieden werden. Dafür müsste eine grundlegende Debatte über die Genese der Sprache geführt werden, welche an dieser Stelle nicht erfolgen kann. Die methodologische These der Textförmigkeit sozialer Wirklichkeit ist jedoch für jede hermeneutische Sozialwissenschaft zwingend. Die ontologischen Annahmen sind weder nötig, um die Sinnstrukturiertheit und Sequenzialität von Kommunikationen, noch um die Möglichkeit der Rekonstruktion von Regeln zu begründen. Holz hat die Voraussetzungen für das Verfahren der strukturalen Hermeneutik folgendermaßen zusammengefasst:

»Unterstellt werden muss nur, was mit dem Sinnbegriff expliziert wurde: regelgeleitete Sequenzialität des Sinngeschehens und Textförmigkeit des Untersuchungsgegenstandes. Auf Seiten der wissenschaftlichen Interpreten muß prinzipiell nur vorausgesetzt werden, daß sie in objektive Sinnstrukturen einsozialisiert sind und dadurch über (implizites) Regelwissen verfügen« (Holz 2001: 141).

Diese Einsicht gilt auch für diese Arbeit, weil die Annahme der Sequenzialität und Textförmigkeit des Untersuchungsgegenstandes sowohl der strukturalen Hermeneutik wie der pragmatischen Lebensweltheorie (aber auch der Systemtheorie) gemeinsam sind und ausreichen, um das Verfahren der Sequenzanalyse anwenden zu können.

Dass die Interpreten über ein (implizites) Regelwissen verfügen heißt nur, dass sie sprach- und handlungskompetente Sprecher sind[105], und nicht, dass die Interpreten alle Regeln, welche aus den Texten ja erst rekonstruiert werden sollen, bereits kennen:

> »Der Hermeneut ist dann nicht schon im Besitz jener Regeln, die dem Gegenstand unterliegen und die er in Form gemeinsamer Rationalitätsvoraussetzungen mit diesem teilt, sondern er muß diese erst erschließen. Er befindet sich prinzipiell in keiner anderen Lage als nachwachsende Gesellschaftsmitglieder, die neue, unbekannte Regeln erst erwerben müssen, um ihre innere Organisation und ihre Außenwelt auszubilden« (Sutter 1997b: 307).

Für meinen Forschungsgegenstand kultureller Semantiken ist entscheidend, dass es sich um regelgeleitete Konstruktionen handelt. Welchen Regeln die Konstitution einer Äußerungssequenz folgt, ist dabei offen und kann nur an der Gestalt der Sequenz selbst abgelesen werden. Unterstellt wird dabei, dass die Produktion der Sequenz überhaupt bestimmbaren Regeln folgt und nicht zufällig abläuft. Diese Regeln sind jedoch nur in den Strukturen *konkreter Fälle* empirisch beobachtbar und an die *Sequenzialität* des Sinngeschehens gebunden.

Die Sequenzialität des Sinngeschehens ist eine weitere Annahme, welche die pragmatische Lebensweltheorie und die objektive Hermeneutik teilen, und einer der wichtigsten Mechanismen der Regelhaftigkeit von Sinnkonstitution in den verschiedensten Gattungen. Beide gehen davon aus, dass Sinn im Anschluss an zurückliegende Kommunikationen vor einem Horizont weiterer Möglichkeiten gebildet wird und der Prozess des Anschließens nicht beliebig, sondern regelgeleitet ist. Die Sequenzialität liegt letztlich in der Selektivität der Semiosis und damit in den basalen Grundlagen von Zeichensystemen begründet. Dieser Prozess wurde bereits im vorhergehenden Kapitel erläutert.

Das Problem eines absoluten Anfangs (der Sequenzen) stellt sich dabei nicht, »weil wir immer nur Ausschnitte eines sinnhaften Geschehens vor Augen haben, die im Fluß sinnstrukturierter Prozesse stehen« (Sutter 1997: 327). Auch

---

[105] Oevermann zufolge funktioniert das Verfahren daher nur intrakulturell.

die Stelle, mit welcher die Rekonstruktion beginnt, wird dabei als *bereits gebildetes* sinnstrukturiertes System verstanden (vgl. Sutter 1997).

Die Semantiken liegen hier in Form von Texten vor, d. h., der Fall, auf den sich die Rekonstruktion richtet, ist der Text und nicht eine dahinter liegende Wirklichkeitsebene. Ziel der Rekonstruktion ist es, deren objektive Sinnstruktur, d. h. hier die Sinnstruktur, welche die politisch-soziale Semantik des Antisemitismus ordnet, zu rekonstruieren.

5.1.3 Sequenzanalytisches Verfahren

Aus den bisherigen methodologischen Annahmen folgt das forschungspraktische Vorgehen der strukturalen Hermeneutik, deren Ziel es ist, die objektive bzw. soziale Bedeutung eines Textes zu verstehen. Dazu werden Regeln für das interpretative Verfahren der Rekonstruktion der Sinnstruktur von Texten angegeben. Es gibt dabei jedoch eine Differenz zwischen hermeneutischer Rekonstruktion und Darstellung der gewonnenen Ergebnisse. Letztere werden nicht in der »Sprache des Falls« dargestellt, sondern die Konstruktionsregeln werden theoriesprachlich bezeichnet und damit in einen theoretischen Rahmen gestellt, der über die Antisemitismusforschung hinausreicht. Die Übersetzung der Resultate von der Objektsprache in die Theoriesprache stellt mit einem konstruktiven Verständnis der Rekonstruktion, wie es erläutert wurde, kein Problem mehr dar. Im Folgenden möchte ich das hermeneutische Verfahren darstellen und daran mein Vorgehen bei der Textinterpretation erläutern:

Das Analyseverfahren der strukturalen Hermeneutik, welches in dieser Untersuchung angewandt wird, nennt sich Sequenzanalyse und geht von der Sequenzialität menschlichen Sprechens und Handelns aus.

> »Dabei wird unter Sequenzialität nicht ein triviales zeitliches oder räumliches Nacheinander bzw. Hintereinander verstanden, sondern die mit jeder Einzelhandlung als Sequenzstelle sich von neuem vollziehende, durch Erzeugungsregeln generierte Schließung vorausgehender eröffneter Möglichkeiten und Öffnung neuer Optionen in eine offene Zukunft« (Oevermann 2002: 6).

Vor der Interpretation muss entschieden werden, welche Fallstruktur untersucht werden soll. Dabei können der vorliegende Text, die Persönlichkeitsstruktur des Autors oder auch ein spezifisches Interaktionssystem (Familie etc.) den Fall darstellen. In der vorliegenden Untersuchung ist der Text der Fall. Für die Interpretation außerdem von Belang ist die pragmatische Rahmung der Ausdrucksgestalt, um deren spezifische Struktur berücksichtigen zu können: Handelt es sich um ein Interview, einen editierten Text, ein Bild? Welche Funktion hat eine

Überschrift in einem Zeitungsartikel, eine Begrüßung in einer Nachrichtensendung etc.?

Sind diese Entscheidungen gefallen, kann mit der Interpretation begonnen werden, um die fallspezifische Strukturgestalt in der Sprache des Falles nachzuzeichnen. Begonnen wird die Analyse am Anfang eines Textes oder zumindest an Segmenten, welche für die Fragestellung besonders bedeutsam sind. Da Eröffnung und Schließung eines »Protokolls« Oevermann zufolge jedoch besonders aussagekräftig sind (Oevermann 1981: 4 ff.), empfiehlt es sich, mit der ersten »Sequenz«[106] zu beginnen und die einzelnen Sequenzen, der Sequenzialität der Produktion des Textes folgend, nacheinander zu analysieren, ohne im Text nach vorne zu springen. Die Interpretation vollzieht sich dabei an jeder Sequenzstelle in zwei Schritten. Zunächst wird der äußere Kontext des Falls ausgeblendet. Das heißt nicht– um ein verbreiteten Missverständnis auszuschließen –, dass das Kontextwissen des Interpreten nicht herangezogen werden kann, nur darf es nicht zum Ausschluss[107], sondern nur zu Produktion von Lesarten herangezogen werden. An jeder Sequenzstelle ist nach dem Kontext der Bedeutungszusammenhänge zu fragen, in welcher genau diese Selektion der Kommunikation Sinn ergeben würde. Dafür ist es notwendig, möglichst viele kontrastierende Kontexte »gedankenexperimentell zu konstruieren« (Oevermann 1981: 9). Es geht bei diesem ersten Schritt der Analyse nicht um die Bestimmung der konkreten Bedeutung, welche möglicherweise im Bewusstsein des Autors oder den an der Kommunikation Beteiligten existierte, sondern um die Generierung möglichst vieler Lesarten zur Erklärung dieser Selektion. In einem zweiten Schritt wird die Liste der generierten sinnvollen Lesarten der Äußerung mit der folgenden Sequenz konfrontiert, in dem diese Äußerung in derselben Weise untersucht wird und nach möglichen Erklärungen für die Selektion genau dieser Kommunikation gefragt wird. Bei der zweiten Sequenz fließt jedoch die vorhergehende Sequenz mit in die Analyse ein. Wenn sie an die erste untersuchte Sequenz anschließt, bezieht sie sich auf eine oder mehrere entworfene Lesarten – und schränkt damit den möglichen Sinn der ersten Äußerung ein, erzeugt aber einen Verweisungsüberschuss bezogen auf die vorhergehende Sequenz. Im Verlauf der Analyse können nach und nach immer mehr mögliche Lesarten ausgeschlossen und der so bezeichnete objektive Sinn des

---

[106] Die Länge einer Sequenz kann vom Interpretierenden festgelegt werden. Eine Sequenz kann dabei ein Wort, ein Satz, aber auch mehrere Sätze umfassen. In dieser Untersuchung wurden Sätze als Sequenzen bestimmt.

[107] Der Ausschluss einer möglichen Lesart muss am Text selbst ausgewiesen werden. Dies nennt Oevermann »Wörtlichkeitsprinzip«, d. h., man darf nur das gelten gelassen, was im Text wirklich ausweisbar, d. h. manifestiert ist.

Textes »herausgeschält« werden. Die Sequenzanalyse expliziert dabei den Prozess der Strukturierung und bildet im Verlauf Hypothesen über die den Fall strukturierenden Regeln. Wenn es sich um Regeln handelt, müssen sie wiederholt aufgezeigt werden können. Diese Strukturhypothesen werden im Laufe der Interpretation bestätigt oder widerlegt. Das bedeutet, dass das Verfahren ein falsifikatorisches ist: Die generierten möglichen Lesarten einer Sequenzstelle werden im Verlauf der weiteren Rekonstruktion am konkreten Fall selbst immer wieder geprüft und am Text nicht-bestätigte Bedeutungszusammenhänge ausgeschlossen, sodass der tatsächlich aktualisierte Sinn am Ende stehen bleibt und damit der vorläufig gültige ist. Eine Sequenzanalyse ist dann beendet, wenn sich in der Analyse weiterer Sequenzen der Strukturhypothese keine weiteren Aspekte in Bezug auf die Forschungsfragen zufügen lassen und sich eine Reproduktion der bisherigen Fallstruktur erkennen lässt. Von einer Struktur lässt sich mit Oevermann nur sprechen, wenn »die Gesetze ihrer Reproduktion und – wenn möglich – auch ihrer Transformation bekannt sind« (Oevermann 1981: 8). Es besteht daher die Notwendigkeit, »die Reproduktion der Struktur des gemeinten Gebildes angeben können zu müssen« (Overmann 1981: 8). Diese Struktur wird dann als die fallspezifische Sinnstruktur bezeichnet, welche solange gilt, bis sie mit ihr widersprechenden Lesarten am Text falsifiziert werden kann. Die Explikation des Erkennbaren kann dabei »immer nur approximativ« erreicht werden (Oevermann/Allert/Konau/Krambeck 1979: 390).

Die im ersten Fall gebildete Fallstrukturanalyse bildet sowohl die spezifische Struktur dieses Falles als auch eine generalisierte Hypothese über die politisch-soziale Sinnstruktur des Antisemitismus. Diese Hypothese wird am zweiten Fall weiter rekonstruktionslogisch überprüft und entweder in einem weiteren spezifischen Fall nachgewiesen und mit zusätzlichen Aspekten angereichert oder falsifiziert. Um einen möglichst hohen Grad an Falsifizierbarkeit zu ermöglichen, müssen kontrastierende Fälle untersucht werden. Kontraste bilden in dieser Untersuchung Fälle zu unterschiedlichen Zeitpunkten, aus gegensätzlichen politischen Spektren und aus verschiedenen Zeitschriften mit heterogenen politischen Ausrichtungen innerhalb der Spektren. In der Forschungspraxis hat sich gezeigt, dass die Auswertungen beim jeweils nächsten Fall kürzer werden, »weil immer weniger Erkenntniszuwachs über die den Gegenstand kennzeichnenden Strukturgesetzlichkeiten hinzukommt« (Oevermann 2002: 17). Da mit jeder Analyse mehr Fälle expliziert werden, als im Fallmaterial tatsächlich aktualisiert werden, sind in der Regel zehn bis zwölf Fallrekonstruktionen auch für komplexere Fragestellungen ausreichend, um gesicherte Erkenntnisse zu erhalten (Oevermann 2002: 17).

Um unvermeidbare Verzerrungen der Wahrnehmung des einzelnen Interpreten möglichst weitgehend zu reduzieren und genug Lesarten zu produzieren, wurde die Sequenzanalyse meiner Untersuchung in einer Gruppe durchgeführt werden. Ein Teil der Texte wurde in einem einwöchigen Sommerkurs bei Ulrich Oevermann selbst analysiert, ein anderer in einer Methodenwerkstatt bei Jan Kruse an der Universität Freiburg.Das Material wurde zusätzlich kontinuierlich mit der Methoden-AG des Graduiertenkollegs sowie verschiedenen hermeneutisch ausgebildeten Kollegen in Erlangen, Berlin, Hamburg und Konstanz analysiert.

Ob mit dem hier vorgeschlagenen Verfahren der Rekonstruktion interessante Antworten auf die Forschungsfragen gewonnen werden können, müssen die empirischen Analysen zeigen.

5.1.4 Fallstruktur und Generalisierung

Der strukturalen Hermeneutik zufolge stellt eine Fallrekonstruktion als solche schon eine Strukturgeneralisierung dar (Oevermann 2002: 13). Denn

>»bei jeder konkreten Fallrekonstruktion wird nicht nur der im sequenzanalytischen Protokoll verkörperte manifeste Fall zur Explikation gebracht, sondern es werden darüber hinaus andere, weitere Fälle bestimmt, die dieser Fall seinen objektiven Möglichkeiten nach in seiner weiteren historischen, kulturellen und sozialen Umgebung, seinem Milieu, prinzipiell hätte werden können, aber nicht geworden ist« (Oevermann 2002: 14).

Wie gerade am forschungspragmatischen Vorgehen der Sequenzanalyse beschrieben, entsteht an jeder Sequenzstelle ein Spielraum von Möglichkeiten, welche als Lesarten expliziert werden, wobei einige explizierte Möglichkeitsräume an der nächsten Sequenzstelle wieder geschlossen werden. Mit der Konstruktion dieser Möglichkeiten werden jedoch immer schon weitere Fallstrukturen expliziert, welche im konkreten Fall nicht aktualisiert werden, aber auch dadurch, dass bestimmt wird, was möglich ist, sinnvoll möglich gewesen wären.

>»erlaubt [...] die Rekonstruktion einer Fallstruktur Annahmen über den Varianzbereich, innerhalb dessen sich diese Struktur reproduzieren könnte, ohne sich in einem identischen Text bloß zu wiederholen, aber auch ohne sich in eine andere Struktur zu transformieren« (Holz 2001: 153).

Der Kontrast zwischen dem Möglichkeitsraum und der konkreten Selektion dient als Verweis auf die Regeln, welche den Fall strukturieren. Fallstrukturen sind somit Regelkombinationen, die Sinnselektionen ordnen. Die Allgemeinheit dieser Regel wird mit der wiederholten Rekonstruktion der Regelanwendung an verschiedenen Textstellen ermittelt. Die rekonstruierte Fallstruktur stellt damit eine konkrete Variante einer übergeordneten Fallstrukturgesetzlichkeit dar, welche auch in anderen Gestalten auftreten könnte. Um von einer Struktur zu sprechen, ist – wie ich schon ausgeführt habe – die Reproduktion einer Fallstruktur zu rekonstruieren. Sobald mehrere Fallrekonstruktionen in einer Fallreihe bekannt sind, lassen sich die Generalisierungen erhärten.

Im Unterschied zu *empirischen Generalisierungen*, welche mit einer bestimmten empirischen Menge an Beobachtungen aus den Messwerten von Merkmalsträgern begründet werden, ergeben sich *Strukturgeneralisierungen* aus rekonstruierten Sequenzen, welche durch das Zusammenspiel der Eröffnung und Schließung von Möglichkeiten charakterisiert sind. Sie liefern damit einerseits Darstellungen von Regeln nicht aktualisierter Möglichkeiten sowie Gesetzmäßigkeiten, welche den konkreten Fall in seiner Besonderung charakterisieren (Oevermann 2002: 12 f.).

Wie häufig die Fallstruktur reproduziert wird, kann an jedem konkreten Text geprüft werden. Im Gegensatz zu empirischen Generalisierungen können mit Fallrekonstruktionen Fallstrukturgesetzlichkeiten sichtbar gemacht werden, welche bisher nicht bekannt waren oder auch nicht in der Praxis vorkamen.

»Diese Detaillierung zu vervollständigen, lohnt sich dann letztlich nur noch im Hinblick darauf, relative Häufigkeiten über die Verteilung von verschiedenen Typen und darauf beruhend – Schätzungen über die relative Stärke des Zusammenhangs zwischen einzelnen Strukturelementen zu erhalten. Dazu sind dann die üblichen spezifischen, auf standardisierten Messungen beruhenden Erhebungen in größeren Stichproben als Ergänzung zum Zwecke der verwaltungsrationalen Entscheidung über den Einsatz standardisierter praktischer Problemlösungen notwendig« (Oevermann 2002: 17).

Dieser Arbeitsschritt wurde mit einer der Sequenzanalyse folgenden Inhaltsanalyse durchgeführt.

5.1.5 Qualitative Inhaltsanalyse

»Das heißt nun aber nicht, dass die sozialwissenschaftliche Strukturanalyse auf subsumtionslogische Verfahren verzichten soll: Man kann einer rekonstruierten Strukturhypothese weitere Fälle aus unterschiedlichen Bereichen unterwerfen, nur fügen derartige Test- und Prüfverfahren der Strukturhypothese nichts Neues hinzu. Gelingt die Unterwerfung nicht, ist man wiederum notwendig auf ein rekonstruktives Verfahren verwiesen« (Sutter 1990: 135).

Aus forschungspragmatischen Gründen sollen nun die Strukturhypothesen mit solch einem subsumtionslogischen Verfahren, einer qualitativen Inhaltsanalyse, validiert werden. Es handelt sich dabei um ein Triangulationsverfahren auf der Ebene der Dateninterpretation (Flick 2004). Die Sequenzanalysen dienen zur Rekonstruktion von Regelkombinationen, welche zwar fallspezifisch gewonnen werden, aber Strukturgeneralisierungen erlauben. Die qualitative Inhaltsanalyse soll nun für eine weitere Unterwerfung von Fällen zur empirischen Generalisierung taugen, d. h., die Beobachtungen werden in einem zweiten Schritt in ihrer Häufigkeit analysiert.

Notwendig für eine Inhaltsanalyse ist, dass das Kommunikationsmaterial protokolliert ist (Mayring 2003: 469), was durch die bereits vorliegenden schriftlich fixierten Zeitungstexte gewährleistet ist. Das Material, welches ausgewertet werden soll, wird im folgenden Teil des Kapitels noch beschrieben werden. 13 Fälle davon wurden sequenzanalytisch ausgewertet, 60 weitere Fälle sollen den rekonstruierten Regelkombinationen mit Hilfe einer Inhaltsanalyse unterworfen werden. Der erste Schritt einer qualitativen Inhaltsanalyse, die Auswahl der Quellen (Zeitschriften) und die Selektion des relevanten Materials werden im folgenden Kapitel begründet. Im zweiten Schritt werden die Analyseeinheiten bestimmt, d. h., es wird festgelegt, welches der kleinste Materialbestandteil ist, der ausgewertet werden darf, und welches der minimale Textteil ist, welcher unter eine Kategorie fallen kann (Kodiereinheit). Außerdem wird bestimmt, welches der größte Textbestandteil ist, der unter eine Kategorie fallen kann (Kontexteinheit).

Sodann müssen die grundsätzlichen Strukturierungsdimensionen genau festgelegt werden, die aus der Fragestellung abgeleitet und theoretisch begründet werden müssen (Mayring 1995: 77). Da die antisemitische Semantik ein spezifisches Wir- und ein jüdisches Fremdbild integriert, sind die Konstruktion der Wir-Gruppe sowie die Konstruktion der Fremdgruppe grundsätzliche Dimensionen. Die Strukturierungsdimensionen werden weiter differenziert, indem sie in einzelne Ausprägungen differenziert werden, beispielsweise wird die Wir-Gruppe als Opfer, als Gemeinschaft als nationale Identität, als Volk etc. konstruiert, die jüdische Fremdgruppe hingegen als Täter, Gesellschaft, ambivalente/paradoxe Identität etc. Die Konstruktionsregeln, welche mit der Sequenzanalyse ermittelt wurden, kommen hier zur Anwendung. Die Dimensionen und die Ausprägungen werden zu einem Kategoriensystem zusammengestellt. In einem weiteren Schritt müssen Definitionen[108], Ankerbeispiele[109] und Kodierregeln[110]

---

[108] Es wird genau definiert, welche Textbestandteile unter eine Kategorie fallen.
[109] Es werden Beispiele aus den Texten angeführt, welche unter die Kategorie fallen.

zu den einzelnen Kategorien formuliert werden. Die Erkenntnisse, welche mit Hilfe der Sequenzanalyse aus dem Material gewonnen wurden, werden für die Inhaltsanalyse verwandt, indem die in der Analyse entstandenen Regelkombinationen in Kategorien übersetzt werden (Flick 2004: 93 f. und 97). Die ansonsten für eine Inhaltsanalyse übliche induktive Kategorienbildung wird in dieser Untersuchung einerseits ersetzt, indem Kategorien in Form von Konstruktionsregeln bereits mit einer detaillierten Sequenzanalyse an konkreten Fällen bestimmt worden sind, andererseits wurden die aus den Sequenzanalysen bekannten Regeln, die in Kategorien übersetzt wurden, bei der Durchsicht des Materials erweitert.

Der so entstandene Codierplan findet sich im Anhang.

Bei dem angewandten Verfahren der Inhaltsanalyse handelt es sich um eine *formale Strukturierung* (Mayring 1995: 79). Da die Beziehung von einzelnen Bedeutungseinheiten (Sinnstrukturen) rekonstruiert werden soll, wird das inhaltsanalytische Verfahren als »Formale Strukturierung nach semantischen Kriterien« (Mayring 1995: 7) bezeichnet. Zuerst wird das Material durchgesehen und alle Textstellen bezeichnet, die Material zur Einschätzung auf den Dimensionen liefern. Dabei muss beachtet werden, was als Auswertungseinheit bestimmt wurde.

Mit dieser Methode ist es möglich, größere Materialmengen als mit der detailreichen Sequenzanalyse zu bearbeiten und Häufigkeiten von Regelkombinationen zu ermitteln. Für die Erkenntnis neuer Strukturgesetzlichkeiten ist man wieder auf ein rekonstruktives Verfahren verwiesen.

5.2 Methodisches Vorgehen

5.2.1 Begründung des Untersuchungszeitraumes

Mein Fokus liegt aus mehreren Gründen auf dem gegenwärtigen Antisemitismus, den ich ab dem Jahr 1989 bis zum Jahr 2009 untersucht habe. Zum einen lässt sich seit 1989 eine entscheidende Zunahme antisemitischer Straftaten in Europa feststellen. In Deutschland und Großbritannien war dies bereits Anfang der 1990er Jahre der Fall, ab dem Jahr 2000 nahm die Anzahl von Straftaten in Gesamteuropa insgesamt sprunghaft zu. Einen Höchststand solcher Straftaten wurde in Deutschland und Frankreich im Jahre 2001, in Großbritannien bereits

---

[110] Es werden Regeln formuliert, die Kategorien voneinander abgrenzen – dort, wo Abgrenzungsprobleme bestehen.

im Jahre 2000 erreicht (vgl. Bergmann 2004; EUMC 2003; Holz 2005; Taguieff 2004).

Seit 2000 stiegen die absoluten Zahlen antisemitisch motivierter Gewalttaten. Auch der prozentuale Anteil antisemitischer Gewalttaten an der Gesamtzahl rechtsextremistischer Gewalttaten war ab diesem Zeitpunkt gestiegen (vgl. Bundesamt für Verfassungsschutz 2005: 22 f.).

Im Vergleich zu den vergangenen Jahrzehnten ist insbesondere bei Jugendlichen und jungen Erwachsenen der Rückgang antisemitischer Einstellungen mit Beginn der 1990er Jahre aufgehalten worden. Werner Bergmann und Rainer Erb zeigen 1995 sogar eine größere Verbreitung und eine Radikalisierung antisemitischer Einstellungen bei jungen, weniger gebildeten Männern (Bergmann/Erb 1995: 61).

Nicht nur das Ansteigen antisemitischer Straftaten im Allgemeinen und Einstellungen bei einer besonderen Kohorte ab dem Jahre 1989, sondern auch die Zäsur, die dieses Jahr für die beiden zu untersuchenden politischen Spektren bedeutet hat, begründet die Wahl des Zeitraums ab 1989.

5.2.1.1 Die Zäsur in der radikalen Linken

In Teilen der radikalen Linken begannen mit dem Zusammenbruch der DDR und den Debatten um die Wiedervereinigung der beiden Teile Deutschlands heftige Diskussionen um eine befürchtete nationale Euphorie in der Gesellschaft. Die Bilder von schwarz-rot-goldenen Fahnen auf der Straße, damit verbundene Hoffnungen und Euphorien von einem »neuen Großdeutschland« sowie die nationalen Bekenntnisse und Wir-Konstruktionen zum Titelgewinn der deutschen Nationalmannschaft bei der Weltmeisterschaft 1990 bestärkten diese Befürchtungen. Unter anderem die »Nie wieder Deutschland«-Demonstration in Frankfurt im Jahre 1990 und das infolgedessen thematisierte Unbehagen gegen ein erstarkendes Nationalbewusstsein führte zu neuen Selbstdefinitionen einer «Radikalen Linken» (so die Selbstbezeichnung) in Deutschland. Paradigmatisch dafür waren die Debatten und Spaltungen im Kommunistischen Bund (KB), einer innerhalb der neuen sozialen Bewegungen relevante und die bedeutendste aller K-Gruppen. So erklärte das Leitende Gremium (LG) des Kommunistischen Bundes (KB) im Dezember 1989: «Wir lehnen die Wiedervereinigung nicht gezwungenermaßen oder unwillig, nicht bedrückt oder als Verzicht von etwas ab, das man eigentlich gerne hätte. Wir lehnen es ab, weil es nach dem dritten kein viertes Reich geben darf und weil wir Internationalisten sind [...] (ak 313, 11.12.1989).

Heftige Debatten und Spaltungen prägten das Jahr 1990 innerhalb dieses politischen Spektrums. Ein Teil – der Kommunistische Bund (KB) – überlebte den Prozess der Wiedervereinigung nicht. Er spaltete sich in zwei etwa gleich starke Fraktionen, eine »Minderheit« und eine ›Mehrheit‹. Die Gruppierungen, welche aus dieser Spaltung hervorgingen, prägten maßgeblich die Diskussionen der 1990er Jahre innerhalb der radikalen Linken bis heute. Deshalb werde ich im Folgenden kurz auf die sich während der Spaltung entwickelnden Positionen eingehen.

Einschränkend sei bemerkt, dass der Auflösungsprozess des KB nicht aufgrund der Diskussionen um die damals geplante Wiedervereinigung begann, jedoch von ihnen überlagert und verstärkt wurde. Bereits im September 1989 begann die Auflösung des KB mit einem internen Streit um seine Strukturen, welche von einem Teil als undemokratisch, hierarchisch und veraltet beschrieben wurden (vgl. Steffen, 2002: 321).

Die KB-Mehrheit sah es als zentrale Aufgabe an, »eine politische Front aufzubauen, die alle Elemente, die sich gegen das Großmachtstreben wenden, anspricht. [...] Es wäre die Aufgabe, eine ›radikale Linke‹ zu schaffen, die sich nicht entlang ideologischer Übereinstimmung in der antinationalen Auffassung findet, sondern in einem Bestreben, in praktisch politischer Hinsicht alle radikalen Gegner der Großmacht BRD zu vereinigen« (ak 317, 1990). Das bedeutete dann auch eine Zusammenarbeit mit den linken Kräften der ehemaligen DDR, respektive der Nachfolgepartei der SED: der PDS.

Für die KB-Minderheit hingegen war der zentrale Orientierungspunkt der Widerstand gegen Großdeutschland und gegen das drohende ›Vierte Reich‹. These war, dass mit der Wiedervereinigung ein neues ›Deutsches Reich‹ entstehe, was die Gefahr militärischer Aggressivität in der Außenpolitik bedeuten würde. Innenpolitisch wurde ein gefährliches Anwachsen nationalistischer Tendenzen beobachtet und prognostiziert. Ein programmatisches Papier war daher auch »Kein Volk, kein Reich, kein Führer. Thesen gegen deutschen Nationalismus« betitelt (ak 315, 1990: 34).

Im Gegensatz zur KB-Mehrheit betonte die KB-Minderheit daher den »antinationalen Kampf«: »Wichtig erscheint uns, dass wir unsere linken Gemeinsamkeiten nicht in einer vermeintlichen Chance einer gesamtdeutschen Linken suchen, die sich auf ihren Platz im neuen Deutschland einzurichten beginnt« (ak 319, 1990: 32).

Die Minderheitsfraktion des KB spielte eine maßgebliche Rolle bei der Formierung der »Radikalen Linken« und ihrem »Nie-wieder-Deutschland«-Projekt und trug entscheidend zu den Debatten zum Verhältnis von Nationalismus und Antisemitismus sowie zur Thematisierung von Antisemitismus innerhalb der Linken bei.

Auch wenn die Formation »Radikale Linke« nach dem Anschluss der DDR und wegen unterschiedlicher Haltungen zum Golfkrieg 1991 schnell wieder zerfiel, spitzte die aus der KB-Minderheit hervorgehende Gruppe K die Diskussion um Antisemitismus innerhalb der Linken zuerst in Debatten, ab 1992 in der von ihr gegründeten Zeitschrift »Bahamas« zu. Die gemeinsame Zeitschrift »Arbeiterkampf« (AK) wurde auf der anderen Seite von der KB-Mehrheit durch eine weitere neue Zeitschrift, »analyse&kritik«, abgelöst, die zunächst PDS-freundlich orientiert war, sich davon aber Mitte der 1990er Jahre distanzierte. Derzeit ist sie Teil des 2005 gegründeten Netzwerkes »Interventionistische Linke (IL)« und befürwortet die Zusammenarbeit mit unterschiedlichsten Gruppen – Gewerkschaften und kirchliche Gruppen eingeschlossen –, um wirksamen Protest zu organisieren Damit unterscheiden sie sich von den aus der KB-Minderheit hervorgegangenen Gruppierungen. Die Spaltung in KB-Mehrheit und KB-Minderheit und deren unterschiedliche Haltungen zur Zusammenarbeit verschiedener sich als links verstehender Gruppen drückt sich prototypisch in zwei unterschiedlichen Positionierungen zum Golfkrieg 1991 und damit verknüpft zum Nahostkonflikt aus.

Die unterschiedlichen Haltungen zum Golfkrieg, d. h. die Spaltung in Kriegsgegner und Bellizisten, und das damit verbundene Verhältnis zu den USA und Israel zeichnen linke Positionen ab 1991 bis heute aus. So ist bis heute insbesondere die Positionierung zu Israel und dem Israel-Palästina-Konflikt sowie zu den USA das maßgebliche identitätspolitische Thema, welches die sich als links verstehenden Spektren spaltet. Idealtypisch steht ein proisraelisches anti-deutsches Spektrum einem antiisraelischen anti-imperialistischen Spektrum gegenüber. Dazwischen gibt es eine Reihe anti-nationaler Gruppierungen und Zeitschriftenprojekte, die dem anti-deutschen Spektrum nahe stehen (ISF (ab 1981), Konkret, Promodo (ab 2005) sowie die Wiener Ableger Café Critique (2001) und Sans Phrase (2012)) oder sich davon absetzen (Junge Linke (ab 1999), Gegenstandpunkt (ab 1992)) sowie wertkritischer (Krisis, Exit) oder feministisch orientierter Positionen und Projekte (Outside the box). Auf der anderen Seite stehen anti-imperialistische Gruppen und Zeitschriftenprojekte mit trotzkistischen, stalinistischen oder maoistisch Orientierungen sowie solche, die sich auf den frühen Marx beziehen (Linksruck/marx24; Rote Fahne; So oder So; interim; radikal). Parteipolitisch vertreten ist dieses Spektrum über die Partei »Die Linke« (früher PDS, WASG) sowie in der maoistischen Ausrichtung über die MLPD.

5.2.1.2 Die Zäsur in der radikalen Rechten

Dieser Position diametral entgegengesetzt führten die Ereignisse und Debatten um die Wiedervereinigung im rechtsradikalen Spektrum zu einer neu auflebenden nationalen Selbstbestimmung und dem Versuch, die rechtsradikalen Gruppierungen aus der Bundesrepublik und der DDR zu bündeln. Mit Öffnung der Grenzen versuchten rechtsradikale Parteien und Gruppierungen aus dem Westen, das nationale Potential aus dem Osten organisatorisch zu bündeln. So zersplittert der Rechtsradikalismus organisatorisch zu Beginn der 1990er Jahre war, in einer Frage einten sich die rivalisierenden Kräfte: im Bekenntnis zur völkischen Nation.

So propagierte die Coburger Monatszeitschrift »Nation & Europa«, welche in der Typologie der Bewegungsmedien als ideologiebildendes Organ beschrieben wird (Pfeiffer 2004: 188) und sich selbst als »überparteilich« beschreibt, in ihrem Vorwort 1990 den Umbruch folgendermaßen:

> »Zwei weltgeschichtliche Vorgänge werden das Ende dieses Jahrhunderts prägen: die osteuropäische Revolution und die deutsche Neuvereinigung. Der Wunsch der Völker nach Befreiung von falschen Leitbildern, falschen Menschenbildern, falschen Gesellschaftsordnungen ist das Merkmal unserer Umbruchzeit. Der Nationalismus triumphiert über die Götzen des Liberalismus und des Kommunismus. Vielvölkerreiche krachen zusammen, getrennte Völker wachsen wieder zusammen« (Nation & Europa, 40. Jg., Heft1, Januar 1990, S. 3).

Die Rede ist von »Deutschlands Wiedergeburt« (Nation & Europa, 40. Jg., Heft 2, Februar 1990: 3) und »Deutschlands Frühling« (Nation & Europa, 40. Jg., Heft 3/4, März/April 1990: 3). Als Modell einer »Sammlungsbewegung patriotisch-republikanischer Kräfte zur Wiederherstellung der Nation« wird beispielsweise das Ungarische Demokratische Forum (MDF) angesehen und damit versucht Kräfte aus dem Westen und Osten zu verbinden:

»Diese Ungarn schnitten als erste das berühmte Loch in ihre rot-weiß-grüne Nationalfahne. Sie entfernten mehr als nur ein verhasstes Symbol der Fremdbestimmung und Fremdherrschaft. Sie beerdigten damit den marxistischen Sozialismus. Wer beginnt mit der DDR mit dem Herausschneiden? Neuvereinigung jetzt! Laßt uns mit dem Säubern des Banners der deutschen Nation beginnen« (Nation & Europa, 39. Jg., Heft 11/12, Nov./Dez. 1989: 16).

Die zitierten Aussagen stehen exemplarisch für das Verhältnis zur Nation in den rechtsradikalen Parteien und Gruppierungen zu Beginn der 1990er Jahre.

Begleitet wurden die nationalistischen Bekenntnisse von fremdenfeindlicher Gewalt: Fremdenfeindliche Gewalttaten in Hoyerswerda und Rostock-

Lichtenhagen, Brandanschläge auf Wohnhäuser von Migranten in Mölln und Solingen waren nur Höhepunkte einer Gewaltwelle, welche sich gegen Menschen richtete, die nicht in das nationale Weltbild rechtsradikaler Akteure passten: Migranten, Obdachlose, Behinderte, Homosexuelle, Punks etc.

Zumindest auf der parlamentarischen Ebene schlug sich die bei den Demonstrationen und in der rechtsradikalen Presse 1989/90 präsente nationale Euphorie nicht in ein Wahlverhalten zugunsten des rechtsradikalen Spektrums nieder. Vorhandene Hoffnungen, ein übersteigertes Bekenntnis zur völkischen Nation in der Bevölkerung zu gewinnen, wurden nicht erfüllt. Bei der Bundestagswahl 1990 erhielten rechtsradikale Parteien in Ostdeutschland nur 1,6 Prozent, in Westdeutschland 2,6 Prozent der Stimmen (Stöss 1999: 53). Das rechtsradikale Personenpotenzial stieg jedoch zu Beginn der 1990er Jahre sprunghaft an (Bundesamt für Verfassungsschutz 2001, Bundesamt für Verfassungsschutz 2007) und rechtsradikal motivierte fremdenfeindliche Straf- und Gewalttaten pendelten sich im Laufe der 1990er Jahre auf einem Niveau ein, welches deutlich über dem der Jahre vor 1989 liegt.

Die Ergebnisse auf der Parteienebene zu Beginn der 1990er Jahre zeigen daher nicht, dass von einem Niedergang des Rechtsradikalismus gesprochen werden kann. Im Gegenteil. Es lässt sich an den Wahlergebnissen nur ablesen, dass sich die Organisationsformen verändert haben: »weg von einer zentralistischen Organisation, hin zu bewegungsförmigen Strukturen« (Stöss 1999: 95; vgl. auch Jaschke 1993; Leggewie 1994; Bergmann 1994; Bergmann/Erb 1994 und 1996; Rucht 2002; Pfeiffer 2004; Grumke/Klärner: 2006).

Die Versuche der rechtsradikalen Organisationen in Westdeutschland, die nationalen Kräfte der noch unorganisierten Szene in Ostdeutschland zu bündeln und von dem Aufkommen fremdenfeindlicher Gewalt zu profitieren, war nur teilweise erfolgreich, entwickelten sich in Ostdeutschland doch größtenteils eigenständige neonazistische und rechtsradikale Organisationsformen (vgl. Grumke/Klärner 2006: 40). Da sich mit dem Zusammenbruch der DDR rückblickend ein Wandel der Organisationsformen innerhalb der rechtsradikalen Szene – weg von einer zentralen mitgliederregistrierenden Organisation hin zu eher informellen und vielen kleineren lokalen Zusammenschlüssen und Vernetzungen (»Freie Kameradschaften«) – rekonstruieren lässt (vgl. Klärner/Grumke 2006; BMI 2005; Wagner 2000; Rensmann 2005), bietet das Jahr 1990 einen guten Bezugspunkt, um von dort ausgehend zu fragen, wie einer der Kernbestandteile des rechtsradikalen Weltbildes, der Antisemitismus, semantisch geregelt sind.

5.2.2 Strukturierung des Feldes und Feldzugang

5.2.2.1 Experteninterviews

Um mir einen ersten Zugang zum Feld zu verschaffen, erstellte ich mit Hilfe von 15 Experteninterviews eine Kartographie der verschiedenen Gruppierungen sowie Zeitschriften der beiden radikalen Szenen. Die Experten standen dabei nicht im Zentrum meines Interesses, sondern dienten explorativ-felderschließend.

Dabei handelte es sich sowohl um Experten und Expertinnen für Antisemitismusforschung sowie auch um Akteure und Akteurinnen der beiden politischen Spektren, welche ich untersuche. Der Expertenstatus ist dabei ein relationaler (Meuser/Nagel 1991: 443). Ausgewählt wurden solche, welche über einen privilegierten Zugang zu Informationen über das links- und rechtsradikale Feld sowie über Antisemitismus in diesen Spektren verfügen, d. h. Antisemitismusforscher und -forscherinnen verschiedener Disziplinen, Aktivisten und Aktivistinnen sowie Zeitschriftenredakteure und -redakteurinnen aus einem heterogenen linksradikalen Spektrum, Pädagogen und Pädagoginnen aus der Bildungsarbeit, Archivare und Archivarinnen links- und rechtsradikaler Texte (Zeitschriften, Flugblätter etc.) und Experten aus der Abteilung »Linksextremismus« und »Rechtsextremismus« des Verfassungsschutzes. Unter den Interviewten waren Vertreter verschiedenen Geschlechts, jüdischer wie nicht-jüdischer Herkunft und verschiedener politischer Selbstbeschreibung.

Die Experteninterviews hatten eine Dauer von ein bis höchstens zwei Stunden und wurden mit offenen Leitfäden geführt. Der Vorteil eines solchen Leitfadens war einerseits, dass sich das Gespräch nicht in Themen verlor, welche nichts mit der Sache zu tun hatten, erlaubten es aber gleichzeitig dem Experten ihre Sicht der Dinge in das Gespräch einfließen zu lassen. Meuser und Nagel zufolge schließt ein offener Leitfaden außerdem aus, dass sich der Forscher als inkompetenter Gesprächspartner darstellt, und gewährleistet gerade die Offenheit des Interviewverlaufs (vgl. Meuser/Nagel 1991: 448).

Die ersten acht Interviews habe ich mittels Gesprächsprotokollen archiviert, die folgenden sieben wurde mit Minidisc aufgezeichnet und transkribiert.

Neben dem Zugang zum thematischen Feld verschafften mir viele der Experten auch Zugang zu diversen Archiven, in welchen ich das zu untersuchende Material systematisch sichten konnte.

5.2.2.2 Kartographie der Zeitschriften und Zeitschriftenauswahl

Mittels Experteninterviews sowie einschlägigen Veröffentlichungen wurde eine Kartographie der beiden politischen Spektren gewonnen, um die für das Spektrum relevanten Medien für eine Untersuchung antisemitischer Semantiken auszuwählen.

Sowohl in der radikalen Rechten als auch in der radikalen Linken existiert ein breites Kommunikationsnetz, welche über das Internet (Newsgroups, Chatrooms, Foren, Blogs), Rundfunkmedien, Bücher bis hin zu Printmedien (Periodika mit unterschiedlicher Erscheinungshäufigkeit, Zines) reichen.

Während der Rundfunk eine eher untergeordnete Rolle spielt, hat das Internet zunehmend Bedeutung für beide Szenen gewonnen, im linken Spektrum besonders intensiv seit 1995, im rechten Spektrum seit 1997. Vor allem für die aktionsorientierten Teile der Bewegungen ist für kurzfristige Mobilisierungen die Kommunikation über Mobiltelefone und SMS von Bedeutung.

In der rechtsradikalen Szene existiert zudem immer noch ein Netz von Mailboxen und »Nationalen Infotelefonen« (NIT). Dort abrufbare Informationen erstrecken sich von Veranstaltungshinweisen und Links auf rechtsradikale Verlage und Publikationen bis hin zu aktuellen gesellschaftlichen Themen und Ankündigungen von Aktionen der linksradikalen Szene.

> »Konspirative Informationen, d. h. Informationen, an denen das »linke Spektrum« wie auch die Behörden interessiert sein könnten, werden nicht über die NITs verteilt, sondern vor allem über mobile Telefonnetze, zunehmend aber auch über Emails unter Verwendung des Verschlüsselungsprogramms PGP« (vgl. Internetlexikon des Informationsdienstes für Rechtsextremismus (IDGR): www.idgr.de).

Auch wenn die Untersuchung antisemitischer Semantiken ebenso in anderen Medienorganen stattfinden könnte, weil es sich der Theorie nach um einen gesellschaftlichen »Typenschatz« handelt, auf welchen über verschiedene Medien zurückgegriffen werden kann, habe ich mich insbesondere aus methodischen Gründen für die Untersuchung von Printmedien, speziell Periodika, entschieden.

Im Gegensatz zur Analyse von Chatrooms ist der Zugang zu Printmedien über Archive problemlos gewährleistet. Die Dokumentation von Chatkommunikationen beispielsweise hätten eine Protokollierung der Chatkommunikationen vorausgesetzt, ein Back-up-Internetarchiv über den von mir untersuchten Zeitraum existiert jedoch nicht. Ein methodisches Problem, welches sich bei der Untersuchung von Internetforen und Chatrooms ergeben hätte, wäre ein Eintreten in die Kommunikation und damit die Vorgabe von Inhalten gewesen, die den Untersuchungsgegenstand entscheidend beeinflusst hätten. Der Vorteil publizierter Texte ist, dass – in der Sprache der Strukturalen Hermeneutik gesprochen – die protokollierte Handlung und die protokollierte Wirklichkeit übereinstimmen. Die zu untersuchenden Texte in Printmedien liegen für eine Untersuchung objektiv vor. Es handelt sich dabei um zeitenthobene, dauerhafte, materiale Texte, welche eine bestimmte Auflage haben und in Archiven unveränderbar als Druckexemplare vorliegen.

Charakteristisch für originär schriftliche Kommunikationen ist, dass es sich zumeist um längere Sequenzen handelt, eine größere Anzahl an Selektionen vorliegt und vielfältigere Verweisungen im Text vorzufinden sind.

>»Im Unterschied zu Protokollen mündlicher Kommunikationen verzahnen schriftliche Kommunikationen weit stärker verschiedene Sequenzstellen, indem eröffnete, aber liegengebliebene Möglichkeiten, Fragen oder Probleme wiederaufgegriffen werden. Dies geschieht mitunter erst viele Seiten später« (Holz 2001: 147).

Zudem ist es dem Autor in einer schriftlichen Kommunikation möglich, den Text stärker zu ordnen. Die Selektivität des Sinngeschehens tritt in schriftlichen Texten daher langsamer hervor als in mündlicher Kommunikation. Dies muss bei der Analyse in Rechnung gestellt werden.

5.2.2.3 Forschungsgegenstand: rechtsradikale Printmedien

In der Literatur der rechtsradikalen Bewegungsforschung wird zwischen Ideologie-, Zielgruppen- und Scharnierorganen unterschieden (vgl. Pfeiffer: 2000 und 2004). Ideologieorgane fundieren die ideologischen Grundlagen der Bewegung. Sie diskutieren politische Ziele und Strategien, um diese zu erreichen. Zielgruppenorgane sind nicht an die Bewegung als Ganze, sondern an spezifische Teile der Szene gerichtet. Beispielsweise wird ein Teil der rechtsradikalen Skinheadszene mit Musikzines angesprochen. Scharnierorgane schließlich versuchen die Szene mit dem Rest der Gesellschaft und einer gebilligten Öffentlichkeit zu verbinden. Meist werden nationalistische, rassistische und antisemitische Inhalte dort in abgeschwächter Form formuliert und man distanziert sich vom aggressiven Teil der Bewegung, um Anschluss an eine demokratische Öffentlichkeit zu gewinnen. Diese Funktion erfüllt der Großteil der Presse der »Neuen Rechten«, beispielsweise die Wochenzeitung »Junge Freiheit«. Auch wenn der Typologie zufolge alle unterschiedliche Akzente setzen, tragen alle dazu bei, ein gemeinsames symbolisches Fundament zu schaffen: »Sie generieren, verbreiten und festigen integrationsstiftende Begriffe« (Pfeiffer 2004: 190). Für diese Untersuchung wurden aus jedem Funktionsspektrum eine Zeitschrift ausgewählt sowie zusätzlich zwei Parteizeitschriften.

Einige Schlüsselthemen finden sich in nahezu allen rechtsradikalen Zeitschriften. Während nationalistische und rassistische Propaganda gegen »Asylanten« und »Ausländerfluten« die dominanten Mobilisierungsthemen zu Beginn der 1990er Jahre waren, so gewannen mit einer nationalistischen Besetzung der »sozialen Frage« sowie der »Globalisierungskritik« antisemitische Weltverschwörungstheorien an Bedeutung. (vgl. Rensmann 2005, Grumke/Klärner 2006). »Ethnopluralistische« Positionen, die zuerst als Tarnungsstrategie innerhalb der »Neuen Rechten« propagiert und lanciert wurden, sind mittlerweile innerhalb des gesamten rechten Spektrums verbreitet und werden mit antisemitischen Argumentationen verknüpft (vgl. Globisch 2011)

Ein durchgängiges Thema bildet der Komplex »Meinungsfreiheit« und die damit verbundene Behauptung, der Staat und die Eliten unterdrückten die »wahre Volksmeinung« und führten eine »Umerziehungskampagne« im Schilde bzw. versuchten »deutsche Kultur und Werte« durch Fremdes (von »Juden« gesteuertes) zu ersetzen. Auch die Verharmlosung des Nationalsozialismus taucht in unterschiedlichen Varianten (von der Holocaustleugnung bis zu spezifischen Relativierungsstrategien) in fast allen Zeitschriften auf. Mit diesen Themen wird versucht eine Täter-Opfer-Umkehr zu vollziehen, um den Antisemitismus als vermeintlich berechtigte Gegenwehr zu legitimieren und eine vollständige Identifikation mit der völkisch konstruierten Wir-Gruppe zu gewährleisten, welche durch die Vernichtung der europäischen Juden beschädigt ist.

Das alles umgreifende Thema ist daher die Verpflichtung auf eine völkische Nation.

5.2.2.3.1 »Nation & Europa«/»Zuerst!«

Als so genanntes Ideologieorgan wird die älteste, von 1951 bis 2009 erscheinende rechtsradikale Zeitschrift »Nation & Europa« untersucht, die vom für das rechtsradikale Spektrum bekannten Verleger Dietmar Munier aufgekauft und von der Zeitschrift »Zuerst!« abgelöst wurde. Sie wurde 1951 von Arthur Erhard, dem ehemaligen Sturmbannführer und Chef der Bandenbekämpfung im Führerhauptquartier, sowie Herbert Böhme, einem ehemaligen SA-Obersturmführer, gegründet und erschien seitdem monatlich bis zu ihrem Aufkauf (2009) mit einer Auflage von 20.000 Exemplaren (laut Angaben des Verlags). Erhard wählte den Namen (bis 1990: Nation Europa) damals wegen der gleichnamigen »Studie« seines »englischen Freundes Sir Oswald Mosley«, welcher zuvor die »British Union of Fascist« geleitet hatte (Erhardt 1975 : 44, zitiert nach Maegerle 2004: 200). Im Gegensatz zu der Mehrheit seiner Kollegen in der Waffen-SS strebte Erhard nicht ein großgermanisches Reich unter deutscher Führung an, sondern eine »Nation Europa«, verstanden als »die große einige Idee der weißen Menschheit der Zukunft« (Hänsler 1971:12, zitiert nach Maegerle 2004: 200). Die Idee war damals ein Netzwerk europäischer Neofaschisten im Geiste der Waffen-SS nach 1945 aufzubauen. In diesem Zusammenhang ist auch die Finanzierung zu sehen, welche unter anderem von dem Altnazi Gaston-Armand Amaudruz sowie den französischen Bankiers Albertini und Guy Lemonier übernommen wurde. Dieser »Europa-Gedanke« ist allerdings zunehmend zugunsten eines deutschen Nationalismus zurückgetreten.

Die Zeitschrift beschrieb sich als »überparteilich«, »unabhängig« und »nonkonform«, aber parteiergreifend für »ein einiges Deutschland in einem Europa freier Völker und für den Nationalstaat als bewährtes Ordnungsprinzip«, »gegen einen EU-Vielvölkerstaat mit zentralistischem Kommissariat in Brüssel als Vorstufe der ›One World‹«, »gegen den Ausverkauf nationaler Lebensinteressen«, »gegen die ›multikulturelle‹ Zerstörung der Volksidentität, gegen Masseneinwanderung und Asylmissbrauch«, »gegen die zunehmende Einschränkung bürgerlicher Freiheitsrechte«, »für den Schutz aller Völker vor Überfremdung, Ausbeutung« und »globalisierende Gleichmacherei«, »gegen ›Political correctness‹, Zensur und eine Geschichtsschreibung unter Strafrechtsdiktat« und »für demokratischen Patriotismus in Deutschland«. (Nation & Europa, Grundsatzaussagen des Verlags). Die Zeitschrift war bemüht, zur Intellektualisierung der rechtsradikalen Bewegung beizutragen, und bot unterschiedlichen Spektren der Szene eine Plattform. Vorrangiges Ziel seit Beginn der 1990er Jahre war der Versuch die nationalistisch orientierten Kräfte in Deutschland zu einen, um die Zersplitterung der rechtsradikalen Parteien und Organisationen zu überwinden. Seit 1992 war Harald Neugebauer, der seit den 1970er Jahren sowohl Funktionen bei der DVU, den Republikanern, der NPD sowie der »Technischen Fraktion der Europäischen Rechten« übernommen hatte, einer der Mitherausgeber von »Nation & Europa«. Weiterer Herausgeber war Peter Dehoust, der 1971 Chefredakteur der Zeitschrift war und zudem Mitbegründer der »Deutschen Liga für Volk und Heimat« und Vorstandsmitglied der rechtsradikalen »Gesellschaft für freie Publizistik« (GFP) ist. Herausgegeben wurde sie vom Nation Europa Verlag, dem ein Buchdienst angegliedert ist, welcher eng mit der Grabert-Versandbuchhandlung und dem Arndt-Buchdienst kooperiert. Er vertreibt rechtsradikale Literatur und zeitgeschichtliche Materialien wie Disketten und Tondokumente aus der Zeit des Nationalsozialismus sowie Neuausgaben älterer militärhistorisch-revisionistischer Werke.

Autoren, die »konservativ revolutionäre« Positionen vertreten, sind dort: Alain de Benoist, Yvan Blot, Felix Buch, Johanna Grund, Günter Deckert, Georg

Franz-Willing, Henning Eichberg, Jürgen Hatzenbichler, Jean-Marie Le Pen, Andreas Mölzer, Armin Mohler, Wilfred von Oven, Karl Richter und Emil Schlee. Im Jahre 2009 wurde die Zeitschrift von Munier aufgekauft und deren Abonnentenstamm für die Lancierung der Monatszeitschrift »Zuerst!«, die im Gegensatz zur Nation & Europa gemäßigter auftritt und auch am Kiosk erhältlich ist, verwendet.

5.2.2.3.2 »National-Zeitung«

Als eine der Parteizeitschriften im Untersuchungskorpus wurde die National-Zeitung ausgewählt. Die »National-Zeitung/ Deutsche Wochen-Zeitung« wird von der Druckschriften- und Zeitungsverlag GmbH (DSZ-Verlag) herausgegeben, dessen Inhaber Gerhard Frey, der Vorsitzende der rechtsradikalen Partei Deutsche Volksunion (DVU) ist. Die Zeitung ging aus der »Deutschen Soldaten-Zeitung« hervor, an deren Gründung einige ehemalige Mitglieder der Waffen-SS beteiligt waren und erschien zuerst monatlich. Mit der Gründung der «Deutsche Soldaten-Zeitungs-Verlags GmbH» im Jahre 1958 erwarb Frey 50 Prozent der Anteile für diese Zeitung. 1960 kaufte er die restlichen Anteile und benannte die Zeitung in »Deutsche Soldaten-Zeitung und National-Zeitung« um. Unter dem Namen »Deutsche National-Zeitung« erschien sie wöchentlich ab 1963. Ab der Ausgabe 36 (3. September 1999) erfolgte der formelle Zusammenschluss der »Deutschen Wochenzeitung/ Deutscher Anzeiger«, welche Gerhard Frey 1986 von Waldemar Schütz aufkaufte, mit der »Deutschen National-Zeitung«. Seitdem erschien die Wochenzeitung als »National-Zeitung/Deutsche Wochen Zeitung« mit einer Auflage von 44000 Exemplaren und war damit das auflagenstärkste Periodikum im rechtsradikalen Spektrum. Wegen der dominanten Stellung Gerhard Freys in der DVU konnte die »National-Zeitung/ Deutsche Wochenzeitung« als Presseorgan der Partei angesehen werden. Auch wenn er seit 2009 nicht mehr für das Amt des Bundesvorsitzenden der DVU kandidierte, blieb er weiterhin Herausgeber der National-Zeitung, die auch die Auflösung der Partei im Jahre 2011 überlebte. Angegliedert ist dem hauseigenen Verlag die »Druckschriften- und Zeitungsverlags GmbH (DSZ-Verlag)«, dessen Geschäftsführerin Regine Frey, die Ehefrau Gerhard Freys ist.

5.2.2.3.3 »Deutsche Stimme«

Als Parteiorgan der Nationaldemokratischen Partei Deutschlands (NPD) kann die Zeitschrift als Zielgruppenorgan eingeordnet werden. Sie wird vom Bundesvorstand der NPD herausgegeben. Auch wenn es sich um eine Parteizeitschrift handelt, die insbesondere für seine Mitglieder herausgegeben wird, ist die »Deutsche Stimme« am Kiosk und in diversen Zeitschriftenläden erhältlich. Sie erscheint monatlich im Deutsche-Stimme Verlag und hat eine Gesamtauflage von 25000 Exemplaren.

5.2.2.3.4 »Fahnenträger«

Als Zielgruppenorgan wurde prototypisch für das Kameradschaftsspektrum eines der wenigen überregionalen Fanzines ausgewählt. Der Fahnenträger mit dem Untertitel »Rundbrief nationaler Sozialisten« ist das Publikationsorgan der neonazistischen »Pommerschen Aktionsfront« und erscheint mit einer Auflage von 800 Gesamtexemplaren.[111] Die Webseite des Fahnenträgers ist auf den Neonazi Michael Kutschke aus Usedom zugelassen. Das Fanzine beschreibt sich selbst als »befreiungsnationalistisch« bzw. »nationalbolschewistisch«[112] jenseits der alten Lagergrenzen. Es bezieht sich positiv auf den »linken Flügel« der NSDAP um die Brüder Georg und Otto Strasser, welche die Idee eines »dritten Weges« zwischen Kommunismus und Kapitalismus mit Fokus auf den propagierten »nationalen Sozialismus« vertraten und insbesondere eine Kontroverse um den Stellenwert der antikapitalistischen Aspekte mit dem rechten Flügel um Hitler führten. Der Strasser-Flügel definierte sich im Vergleich zum Münchner Umfeld Hitlers durch die Betonung einer vermeintlich sozialen Programmatik, die jedoch eingebettet in ein völkisch-nationalistisches Weltbild soziale Ungleichheit nur als Problem betrachtete, wenn sie sich nicht durch Leistung legitimieren ließ. Die Dichotomie arische/deutsche Arbeiter/Kapitalisten vs. jüdi-

---

[111] In den Recherchen um die Morde der NSU wurde zuerst angenommen, dass dieses Fanzine – der Fahnenträger, der in Heringsdorf in Mecklenburg-Vorpommern produziert wird – ebenfall von der NSU unterstützt wurde, es handelt sich dabei jedoch um ein anderes Fanzine aus Sachsen mit dem gleichen Namen.

[112] Auf der mittlerweile nicht mehr verfügbaren Webseite www.fahnentraeger.net fand sich diese Selbstbeschreibung noch bis 2009 (www.fahnenträger.net, 29.09.2009). In den Heften selbst wird auch immer wieder darauf referiert und die Themen zentrieren sich um eine »nationalrevolutionäre« Standortbestimmung und das Thema »Sozialismus im Nationalismus«. Alle Heftcovers und Inhaltsverzeichnisse sind – außer in Archiven – mittlerweile auch noch auf der Internetseite fanzines.aryan88.com/derfahnentraeger.htm einsehbar.

sche/amerikanische/fremde Arbeiter/Kapitalisten und ihre Zuordnung zu »schaffendem« und »raffendem Kapital«, die innerhalb des rechten Flügels der NSDAP Usus war, war auch im Strasser-Kreis verbreitet. Das Marxsche revolutionäre Klassensubjekt wurde durch das Kollektivsubjekt einer völkischen Nation ersetzt. Bezugspunkte des Strasser-Flügels waren die jungkonservativen Denker Arthur Moeller van den Bruck und Oswald Spengler (vgl. hierzu Weiß 2012, Kühnl), wie Konrad Heiden in seiner Geschichte des Nationalsozialismus folgendermaßen zusammenfasste:

> »Auch in den Straßer-Kreis drang Marx' Weckruf an die Proletarier, freilich nicht als Ruf an die proletarische Klasse, sondern die proletarischen Nationen, von denen Deutschland die erste und oberste zu sein hatte. Ein Nationalmarxismus entstand hier; in dieser Form hat der Nationalsozialismus jener Jahre am mächtigsten auf die junge Generation gewirkt. Das selbständige Denken dieses Kreises ist nicht sehr originell gewesen. Man übernahm, von Wegbereitern wie Nietzsche oder Lagarde, die Anregungen von Zeitgenossen wie Ernst Jünger und Moeller van den Bruck, Zeitgenossen, von denen man fast schon den Abstand wie von Ahnen hatte. Es war genau der Abstand zwischen Philosphie und Tat« (Heiden 1932: 249, zitiert n. Weiß 2012: 300)[113].

Trotz dieser machtpolitischen Differenzen zwischen den verschiedenen Flügeln innerhalb der NSDAP und vermeintlicher sozialer Programmatik des linken Flügels lag die Ausrichtung und Programmatik – auf die sich ebenso gegenwärtige »Nationalrevolutionäre« beziehen – auf einem völkisch-nationalistischen Kapitalismus, der produktive »schaffende Arbeit« mit dem »deutschen Volk« verknüpfte, wohingegen das sog. »Groß- und Finanzkapital« jüdisch besetzt wurde.

5.2.2.3.5 »Junge Freiheit«

Die »Junge Freiheit. Wochenzeitung für Politik und Kultur« (JF) wurde das erste Mal am 1. Juni 1986 in Freiburg im Breisgau vom damals 19jährigen Schüler und heutigen Chefredakteur und Geschäftsführer Dieter Stein herausgegeben. Die Zeitung war zu Beginn als Schüler- und Jugendzeitung, später als Studentenzeitung konzipiert, wurde seit 1990 an öffentlichen Kiosken verkauft und schaffte sich mit der Gründung des Verlags »Junge Freiheit Verlag GmbH«

---

[113] Weiß weist jedoch darauf hin, dass Heiden mit der Verwendung der Bezeichnung Nationalmarxismus Moeller van den Brucks explizit antimarxistische Argumentation nicht berücksichtigt (vgl. Weiß 2012: 457, Fn14).

im Jahre 1990 bessere Bedingungen, um schließlich ab 1993 als Wochenzeitung erscheinen zu können. Im selben Jahr erfolgte der Umzug von Redaktion und Verlag nach Berlin.

Die bis heute wöchentlich erscheinende Zeitung wird vom »Junge Freiheit Verlag GmbH & Co KG« mit einer Druckauflage von 35000 Exemplaren herausgegeben. Sie selbst beschreibt sich heute als »eine der letzten überregionalen, verlagsunabhängigen Zeitungen Deutschlands«, welche »die große kulturelle und geistige Tradition der deutschen Nation in Ehren [hält]«: »Ihr Ziel ist die politische Emanzipation Deutschlands und Europas und die Bewahrung der Identität und der Freiheit der Völker der Welt.« (Internetquelle: www.jungefreiheit.de). Während die Zeitung heute mit ihrer vermeintlichen »Unabhängigkeit« mit dem ehemaligen Generalbundesanwalt Alexander von Stahl mit dem Slogan »Ich lese gern eine unabhängige Zeitschrift. Sie auch?« wirbt, bestand die Werbung um Abbonenten in den früheren Jahren in dem Slogan »Jedes Abo eine konservative Revolution«. Die »Konservative Revolution«, eine Idee aus der Zeit der Weimarer Republik, bildet nach wie vor eine ideologische Konstante der »Jungen Freiheit« (vgl. Puttkamer 2004: 214), deren Gedankengut sie wiederbeleben möchte. Exemplarisch dafür sei die Position Arthur Moeller van den Brucks genannt, für welchen die »Junge Freiheit« im Jahre 1995 eine Aktion zur Finanzierung der Pflege seines Grabes startete, mit der Überschrift »Jede Mark eine Konservative Revolution« (vgl. Puttkamer 2004: 215). Moeller vertrat rassistische und radikal antiliberale Positionen, welche sich gegen den damaligen Weimarer Verfassungsstaat richteten und welche sich in der Rezeption auch heute gegen einen demokratischen Verfassungsstaat richten. Mit antiliberalen Aussagen wie »Der Liberalismus ist der Ausdruck einer Gesellschaft, die sich aus den minderwertigen Bestandteilen des Volkes zusammensetzt« (Moeller 1931:82, zitiert nach Puttkamer 2004: 215) und rassistischen Äußerungen wie »Das Tier im Menschen kriecht heran. Afrika dunkelt in Europa herauf. Wir haben die Wächter zu sein an der Schwelle der Werte« (Moeller 1931: 245, zitiert nach Puttkammer 2004: 215) sind die Grundkonstanten des Moellerschen Weltbildes umrissen. Anstelle der Gleichheit tritt in den Positionen der so genannten »Konservativen Revolutionäre« eine spezifische »innere Wertigkeit«, anstelle sozialer Gerechtigkeit tritt eine natürlich begründete gestufte Gesellschaft.

Bezüge auf die Protagonisten der »Konservativen Revolution« sind in wohlwollender Weise immer wieder in der »Jungen Freiheit« zu beobachten, jedoch oft nur für eingeweihte Leser in codierter Form.

Diese Strategie der »Logik des Andeutens« ist eine, welche die Position der Jungen Freiheit ohnehin auszeichnet. Sie verzichtet auf jegliche Form von NS-Nostalgie und offene Angriffe auf die freiheitlich-demokratische Grundordnung

(FDGO) und beabsichtigt, sich strategisch geschickt im konservativen demokratischen Spektrum zu verorten. So ist auch der Versuch der systematischen Umwertung des Begriffs »konservativ« zu lesen, in dem der »Konservativismus« um rechtsradikale Positionen erweitert wird, womit es gelingen soll, sich dem demokratischen Spektrum zu zuordnen. Der Begriff »rechtsextremistisch« oder »rechtsradikal« existiert im Sprachgebrauch der »Jungen Freiheit« kaum (vgl. Puttkamer 2004: 214). So lassen sich auch die zahlreichen Verfassungsbeschwerden der »Jungen Freiheit« deuten, welche sich gegen eine »Nennung« im Verfassungsschutzbericht wandten. Wurden eine Klage gegen die Erwähnung der Zeitung in den NRW-Verfassungsschutzberichten 1994 und 1995 im Jahre 1997 vom Verwaltungsgericht und der Antrag auf Berufung vom Oberverwaltungsgericht im Jahre 2001 zurückgewiesen, hatte die Verfassungsbeschwerde vor dem Bundesverfassungsgericht vom 23. Juni 2001 Erfolg.

Zentrale Strategie der Zeitung ist das von Antonio Gramsci entwickelte Konzept der »Kulturellen Hegemonie«, wonach die Eroberung der kulturellen Hegemonie als Voraussetzung für die Erlangung politischer Macht betrachtet wird. In diesem Zusammenhang lässt sich auch die Vermeidung bzw. Verschleierung rechtsradikalen Gedankenguts in der »Jungen Freiheit« lesen. Ein langjähriger Redakteur, Roland Bubik, formuliert die Position dazu im Jahr 1994 folgendermaßen: »[D]ie »kulturelle Hegemonie« im Kleinsegment der Bildungseliten stellt lediglich ein Etappenziel auf dem Weg zur Instrumentalisierung der Massenkultur nach eigenen Vorstellungen dar» (Bubik 1994: 11).

Neben dieser Strategie zur Erlangung politischer Macht lässt sich das Konzept des »Ethnopluralismus« als zentraler Bestandteil der Weltanschauung der »Neuen Rechten« und der »Jungen Freiheit« als eines ihrer Publikationsorgane beschreiben. Mit diesem Konzept ist die Vorstellung einer ethnisch homogenen Staatsbevölkerung sowie deren kultureller Trennung von anderen »Ethnien« zu verstehen. Die Zugehörigkeit zur Nation wird allein ethnisch bestimmt. Davon abgeleitet wird die Position gegenüber Migranten, welche demzufolge die ethnische Homogenität stören. Die Forderung der Übereinstimmung von Staat, Volk und Nation lässt sich mit Ernest Gellner (Gellner 1991) und Eric Hobesbawm (Hobeswawm 2004) als Nationalismus bezeichnen. Fremdenfeindliche Positionen sind die Konsequenz aus dieser Position.

5.2.2.4 Forschungsgegenstand: linke Printmedien

Parallel zum rechten Spektrum wurden ebenso Zeitschriften unterschiedlicher Ausrichtungen, Erscheinungshäufigkeit und Funktion innerhalb des linken Spektrums ausgewählt, nachdem mithilfe der ExpertInneninterviews sowie eigenen Recherchen im Feld eine Kartographie der linken Szene in Deutschland ab 1989 angefertig wurde. Die ExpertInneninterviews mit sehr unterschiedlichen ExpertInnen aus der linken politischen Szene, BildungsarbeiterInnen sowie AntisemitismusforscherInnen und die eigenen Recherchen legten eine Auswahl von Zeitschriften aus dem marxistisch-leninistischen orientierten Spektrum (Rote Fahne, Rebell, Unsere Zeit, Marxistische Blätter), dem autonomen Spektrum (Radikal, Autonomie, Wildcat, Interim, Fels, aranca), dem antiimperialistischen Spektrum (So oder So, Antiimperialistische Korrespondenz, Rote Fahne), dem trotzkistischen Spektrum (Linksruck, jetzt marx21, Sozialismus von unten) sowie dem globalisierungskritischen Spektrum (Attac) nahe. Damit sind eine Reihe von Spektren mit unterschiedlichen theoretischen Bezugspunkten sowohl aus dem Parteien- sowie sozialen Bewegungsspektrum abgedeckt.[114] Ebenso wie im rechten Spektrum ist mit der „Roten Fahne" eine Parteizeitschrift, die der „Marxistisch-leninistischen Partei Deutschlands" (MLPD) im Sample vertreten, welche für das Spektrum marxistisch-leninistischer Gruppen ausgewählt wurde. Die „Junge Welt" wurde ausgewählt, um eine Tageszeitung im Korpus zu haben, welche einen Bezug zur Linken in Ostdeutschland hat, da sowohl Leserschaft als auch Mitarbeiter der Jungen Welt zu großen Teilen aus Ostdeutschland kommen. Mit der „So oder So" sollte eine Zeitschrift aus dem antiimperialistischen Spektrum repräsentiert sein, mit der Zeitschrift „Linksruck" eines welche trotzkistische Gruppierungen repräsentiert. Der „SandiimGetriebe" Newsletter ist ein Publikationsorgan einer globalisierungskritischen Bewegung, welche unterschiedliche linksliberale bis linksradikale Kräfte vereint und mit die „Radi-

---

[114] Weitere Forschungsarbeiten könnten Positionen aus dem (klassisch) anarchistischen Spektrum (Direkte Aktion, Graswurzelrevolution) und der Marxistischen Gruppe/ Gegenstandpunkt-Redaktion (ab 1991) (Gegenstandpunkt) sowie des anti-deutschen bzw. anti-nationalen Spektrums (Bahamas, Konkret, Jungle World, Phase 2) ebenso wie des wertkritischen Spektrums (Krisis/Exit) untersuchen, auch wenn die Annahme auf Basis der ExpertInneninterviews und eigenen Recherchen naheliegt, dass damit die hier rekonstruierten Muster der antisemitischen Semantik nicht erweitert werden könnten. Für die gegenwärtige Partei „Die Linke" liegt eine vielfach diskutierte Untersuchung vor (vgl. Salzborn/Voigt 2011, zur Kritik vgl. Ullrich/Werner 2011). Teile der Linkspartei, welche dem Netzwerk Marx 21 angehören stehen in der Tradition des in dieser Arbeit untersuchten Publikationsorgan „Linksruck". Die Frage, ob Teile des antideutschen Spektrums philosemitisch und islamfeindliche Semantiken reproduzieren hätte ebenso einer eigenständigen Forschungsarbeit bedurft.

kal" steht für ein Spektrum, welches lange Zeit der überregionale Bezugspunkt für autonome Gruppen darstellte. Die Zeitschriften bezeichnen sich selbst als links, linksradikal, internationalistisch, sozialistisch, marxistisch, trotzkistisch und referieren damit auf linke Theorietraditionen.

Da linksradikale Gruppen und Zeitschriften ebenso wie rechtsradikale unter Beobachtung des Verfassungsschutzes stehen, muss auch hier berücksichtigt werden, dass Inhalte auch aufgrund möglicher Strafrechtsbestände verfassungskonform und latent kommuniziert werden. Die Zeitschrift „Radikal" stellt hierbei sicherlich das Spektrum dar, welches diesen Rahmen am wenigsten berücksichtigt(e)[115], kriminalisiert war und anonym mit Postadressen in der Schweiz und den Niederlanden erschien.

5.2.2.4.1 »Rote Fahne«

Die hier untersuchte »Rote Fahne« ist die Parteizeitung der Marxistisch Leninistischen Partei Deutschlands (MLPD). Die Partei wurde 1982 gegründet und entstand aus dem Kommunistischen Arbeiterbund Deutschlands (KABD, aus KAB/ML und KPD-ML). Sie hat circa 2000 Mitglieder und ist maoistisch-stalinistisch orientiert. Seither gibt sie die Zeitschrift heraus, die wöchentlich mit einer derzeitigen Auflage von 7500 erscheint.[116] Die Vorläuferorganisation der MLPD, der KABD, gab seit 1970 die Zeitung Rote Fahne heraus. Seit der Gründung der Zeitschrift „Die Rote Fahne" von Karl Liebknecht und Rosa Luxemburg, anfangs als Publikationsorgan des Spartakusbundes, seit 1919 als solches der Kommunistischen Partei Deutschlands und seiner Einstellung nach 1945 gab es seit den siebziger Jahren mehrere Projekte, die eine Zeitschriften unter diesem Namen auflegten. Jedes versteht sich als Nachfolgeprojekt der KPD-Zeitschrift.[117] „Der Name der Zeitung wurde gewählt, um deutlich zu machen, dass sie in der Tradition der ‚Roten Fahne' der früheren Kommunistischen Partei Deutschlands steht." (www.rotefahne.info/ueberun-uns, zuletzt abgerufen: 10.03.2014)

Als Parteizeitung ist die hier untersuchte und von der MLPD herausgegeben Zeitschrift, ein Zielgruppenorgan für MLPD-Mitglieder bzw. LeserInnen des marxistisch-leninistischen Spektrums. „Sie versteht sich als Zeitung der kämpfe-

---

[115] Die bislang letzte Ausgabe erschien 2010.
[116] Es handelt sich hierbei bei der Auflagenzahl um eine Schätzung des Verfassungsschutzes NRW: www.mik.nrw.de/verfassungsschutz/linksextremismus/parteien/mlpd.html
[117] Vgl. dazu die von Stephan Stein im Auftrag der KPD Initiative herausgegebene Zeitung: www.rotefahne.eu.

rischen Opposition und des echten Sozialismus. [...] Wer sich aktuell vom Standpunkt der Arbeiterbewegung und des Marxismus-Leninismus orientieren will, kommt an einem Abonnement nicht vorbei." (www.rotefahne.info, zuletzt abgerufen: 10.03.2013)

Dabei orientiert sich die Partei und die Zeitung am Maoismus und grenzt sich sowohl vom Verständnis des Marxismus-Leninismus der SED in der DDR als auch von den Sozialismus und Kommunismusinterpretationen der Partei „Die Linke" sowie der „DKP" ab: „Der Verrat an den kommunistischen Idealen, die Verbrechen entarteter Elemente an der Spitze der Partei-, Staats- und Wirtschaftsführung in der ehemalige DDR, ihre Machtergreifung als neue Bourgeoisie und der moderne Revisionismus der Sozialistischen Einheitspartei Deutschlands (SED) haben den Begriff des „Kommunismus" bei den Werktätigen in Misskredit gebracht. Die Hauptträger des modernen Revisionismus sind heute die Linkspartei („Die Linke") und die Deutsche Kommunistische Partei (DKP). Um einen neuen Aufschwung um den Sozialismus vorzubereiten, ist es notwendig, sich entschieden von diesen revisionistischen und entarteten „Kommunisten" abzugrenzen. Deshalb nennt sich die Partei marxistisch-leninistisch und ihre Mitglieder nennen sich Marxisten-Leninisten." (www.mlpd.de/partei/grundsaetze/praambel, zuletzt abgerufen: 10.03.2014)

Im Gegensatz zur Partei „Die Linke" ist die MLPD eine kleine Splittergruppe, die keine nennenswerten Erfolge bei Wahlen erzielte, sondern versucht eher in lokalen Zusammenhängen sowie in Betrieben und Gewerkschaften politischen Einfluss zu gewinnen.[118]

5.2.2.4.2 »Junge Welt«[119]

Die Zeitung „Junge Welt" wurde 1947 in der Sozialistischen Besatzungszone (SBZ) als Wochenzeitung gegründet und erscheint seit 1952 als Tageszeitung, bis 1989 als Zentralorgan des Jugendverbandes „Freie deutsche Jugend" als auflagenstärkste Zeitung der DDR. Derzeit erschien sie bis Januar 2013 mit einer Auflage von 18174 Exemplaren und erreicht mit Ihrer Printausgabe circa 50.000 Lesern (www.jungewelt.de/2013/01-19/012.php sowie www.jungewelt.de/werbung/mediadaten.php, zuletzt abgerufen: 10.03.2013). Redaktions-

---

[118] Vgl. die Einschätzung des Verfassungsschutzes NRW: www.mik.nrw.de/verfassungsschutz/-linksextremismus/parteien/mlpd.html.
[119] Die Informationen zur Geschichte der Jungen Welt und insbesondere er Spaltung stammen aus einem Interview mit einem Redakteur der Jungen Welt sowie einem Redakeur der Jungle World im Jahr 2005. Eine gut recherchierte Zusammenfassung gibt aber in diesem Falle auch die wikipedia-Ausführung: http://de.wikipedia.org/wiki/Junge_Welt#cite_note-15.

sitz ist in Berlin. Ihre Hauptleserschaft befindet sich immer noch in Ostdeutschland.

Nach der „Wende" wurde die Junge Welt privatisiert und an eine Westberliner Mediengruppe verkauft (www.jungewelt.de/ueber_uns/diese_zeitung.php). Sie wechselte mehrere Male ihren Verleger sowie die Chefredaktion. Nach dem rapiden Einsturz der Auflagenzahlen leistete Konkret-Herausgeber Hermann L. Gremliza 1994 konzeptionelle Starthilfe, die Zeitung wurde jedoch im April 1995 vom Eigentümer eingestellt. Ein Teil der Redaktion führte die Zeitung noch eine Zeit in Eigenregie weiter. Seit 1995 erscheint sie im Verlag 8. Mai, einer von Lesern gegründeten „Linke[n] Presse Verlags-, Förderungs- und Beteiligungsgenossenschaft junge Welt e.V."

Im Jahr 1997 schließlich kam es zu einer Besetzung der Redaktion durch einen Großteil der MitarbeiterInnen, nachdem Geschäftsführer Dietmar Koschmieder seinen Chefredakteur Klaus Behnken entlassen hatte. Ein Vorgehen, dass für ein genossenschaftliches Kollektiv untypisch ist. Der Streit hatte sich um das Thema Antisemitismus sowie die vom Verlag befürwortete Ausrichtung auf Ostthemen zentriert.

Während der Besetzung wurde von der Redaktionsmehrheit die Zeitschrift „Jungle World" gegründet, welche dann auch unter der Leitung von Behnken weitergeführt wurde. Die Junge Welt wurde von drei RedakteurInnen, die Dietmar Koschmieder loyal blieben, weitergeführt (Holger Becker, Werner Pirker und Ulrike Schulz). Allerdings verließen alle drei im Jahre 2000 die Redaktion. Werner Pirker, dessen Text auch in einer der in dieser Studie präsentierten Analysen vertreten ist, kehrte als Autor zurück. Seit 2000 hat Arnold Schölzel, welcher bis 1989 inoffizieller Mitarbeiter der DDR-Staatssicherheit war, die Chefredaktion übernommen.

Die sich abspaltende Mehrheit war der Ansicht, dass das Verhältnis zwischen Anti-imperialismus und Antisemitismus innerhalb der Jungen Welt problematisch sei und reflektiert werden müsse. Einer der ehemaligen Redakteure, Ivo Bozic, kritisierte besagten junge-Welt Redakteur Werner Pirker noch Jahre später wegen seines „rabiaten Antizionismus". (Bozic 2006) Die Jungle World fährt insbesondere, was das Thema Nahostkonflikt und Reflexionen über Antisemitismus, Nationalismus und positivem Bezug zum Begriff des „Volkes" angeht ein vollkommen konträre Position.

Der Antisemitismusvorwurf an die junge Welt wurde aber nicht nur von ehemaligen Redakteuren gemacht, sondern stand im Fokus zahlreicher Debatten zum Antisemitismus von links. (Brym 2004, Kilpert 2006, Haury 2004 und 2007, Stein 2011)

In Kritik geriet die junge Welt aber nicht nur aufgrund ihrer Haltung zum Nahostkonflikt, sondern ebenso aufgrund ihrer Beschäftigung ehemaliger hauptamtlicher sowie inoffizieller Mitarbeiter des Ministeriums für Staatssicherheit (MfS), so Chefredakteur Arnold Schölzel, ebenso wie Peter Wolter, Rainer Rupp und Till Meyer.

Selbst beschreibt sich die Junge Welt als links und marxistisch: „Die junge Welt ist eine linke, marxistisch orientierte, überregionale Tageszeitung [...]" (ebd.)

Für diese Studie wurde Sie für das anti-imperialistische Spektrum und speziell wegen seiner ostdeutschen Herkunft für dessen Repräsentation ostdeutscher linker Medien nach 1989 ausgewählt.

5.2.2.4.3 »Linksruck«/»marx21«

Die Zeitschrift Linksruck wurde zur Repräsentation der Periodika trotzkistischer Gruppierungen ausgewählt. Die Gruppierung mit dem gleichen Namen wie die Zeitung ist in der Nachfolge der „Sozialistischen Arbeitergruppe (SAG)" entstanden und gehörte zum internationalen Dachverband „International Socialist". Bundesweit hatte die Gruppierung. Die Gruppierung sowie die Zeitschrift existierte von 1994 bis 2007 und ging in das Netzwerk Marx 21 über. Die Mitglieder des Linksruck traten geschlossen in die Partei „Die Linke" ein und sind vorwiegend in der gewerkschaftlich orientierten Strömung „Sozialistische Linke" (SL) organisiert, um Einfluss auf die Partei zu nehmen. Die Bundestagsabgeordnete der Partei „Die Linke" Christine Buchholz war ebenfalls eine Linksruck-Funktionärin.

In den 2000er Jahren waren Linksruck-Mitglieder insbesondere in der globalisierungskritischen Bewegung engagiert und wurde 2001 Mitgliedsorganisation von Attac. Trotz oder gerade wegen der Auflösung von „Linksruck" sind die Mitglieder sowie die Ideologie immer noch in anderen sich als links verstehenden Gruppen und Projekten aktiv.

Die Auflösung geschah in der Mission die eigene Organisation in übergeordnete Zusammenhänge aufgehen zu lassen: „Linksruck hat von Beginn an die Bildung einer neuen vereinigten Linken als politische Sammlungsbewegung gegen den Neoliberalismus unterstützt. Mit der erfolgreichen Gründung der Partei Die Linke sehen wir keinen Sinn mehr in der Aufrechterhaltung von Linksruck als separater Mitgliedsorganisation" (www.linksruck.de/artikel_20-36).

Kritisiert wurde „Linksruck" ähnlich wie die junge Welt wegen Ihrer problematischen Positionen zum Nahostkonflikt, welche u.a. antisemitische und terroristische Gruppen wie die Hamas und Hisbollah als „rechtmäßigen Widerstand" befürworteten: „Hamas und Hisbollah sind Teil des rechtmäßigen palästinensischen Widerstandes. Wer Frieden, Freiheit und Gerechtigkeit im Nahmen Osten will, muss den Widerstand der Palästinenser unterstützen." (Linksruck 2006)

Die Zeitschrift „Linksruck" fungierte als Publikationsorgan der Mitglieder on Linksruck und erschien zuerst monatlich, dann zweiwöchentlich mit einer Auflage von circa 3500 Stück. Sich selbst beschrieb die Zeitschrift als „sozialistisch" und „marxistisch":

„Die gleichnamige Organisation war seit Gründung ein bewegungsorientierter Zusammenschluss von Aktivisten, die sich auf die marxistische Tradition des Sozialismus von unten beriefen. Das Aufkommen der globalisierungskritischen Bewegung und die Mobilisierung gegen den Irak-Krieg prägten die strategische Orientierung von Linksruck ebenso wieder Widerstand gegen die Agenda 2010 der Schröder-Regierung. In den letzten Jahren war Linksruck eine integrale Kraft im Neuformierungsprozess der Linken, der schließlich mit der Vereinigung von WASG und Linkspartei erfolgreich vollzogen wurde." (www.linksruck.de/artikel_2036, zuletzt abgerufen: 10.03.2013)

Sie orientiert sich an einer trotzkistischen Ausrichtung des Marxismus, die sich an Überlegungen Tony Cliffs orientiert. Cliff war jüdischer Herkunft, Mitbegründer der trotzkistischen Socialist Workers Party in Großbritannien sowie des Netzwerkes „International Socialist Tendency" und vertritt eine antiimperialistische sowie antizionstische Position (vgl. www.marxists.de/insoctend/foot/tonycliff.htm, zuletzt abgerufen: 10.03.2013). Linksruck nahm insbesondere die Idee auf, dass es sich bei der Sowjetunion und davon abgeleitet auch der DDR um ein „bürokratisch-staatskapitalistisches" System handelte und nicht um einen „deformierten Arbeiterstaat". Daher wurder auch der Zusammenbruch der Ostblockstaaten als Bestätigung der Theorie gesehen. „Der Sturz des Stalinismus in der DDR beendete das verheerende Trauma in der deutschen Arbeiterbewegung und machte den Weg für den Wiederaufbau einer authentischen revolutionären Linken inder Tradition von Marx, Lenin und Trotzki frei." (Renken 1999/ 2000)

Linksruck verfolgte einen niederschwelligen Ansatz und hatte das Ziel, die gesamte Arbeiterklasse zu erreichen nicht auf die „Elite" zu fokussieren.

5.2.2.4.4 »So oder So«

Bei der „So oder So" handelt es sich um die Zeitschrift der „Kampagne Libertad!. Die So oder So erscheint seit November 1998 zwei bis drei Mal im Jahr und publizierte seine letzte Ausgabe bislang im Jahre 2006. Offiziell eingestellt ist sie jedoch nicht. Gemeinsam mit den Redaktionen der „Analyse und Kritik" (Ak), „Fantomas" und „Arranca" wurde im Jahr 2007 eine Zeitung mit einigen Ausgaben zum G8-Gipfel, die G8Xtra herausgegeben. Daran wird ersichtlich, dass in Bezug auf bestimmte Aktionen und Themen, Kooperationen zwischen Teilen des organisierten autonomen Spektrums („Arranca"), der ehemaligen K-Gruppen-Mehrheit („Ak") sowie Theorieorganen („Fantomas") mit antiimperialistischen Gefangenensolidaritätsbewegungen (Libertad!; „So oder So") funktionieren.

Die Zeitschrift wurde für diesen Kontext für das antiimperialistische Spektrum ausgewählt, welches mit Fokus der Berücksichtigung der „Ostlinken" ebenfalls mit der „jungen Welt" abgedeckt ist. Der Antiimperialismus als Strömung setzte sich ab Ende der 1960er Jahre in ganz unterschiedlichen linken Szenen durch. Ab den späten siebziger und Anfang der Achziger Jahre bestand das Themenspektrum der sogenannten „Antiimps" vor allem in der Solidarität mit den politischen Gefangenen der Roten Armee Fraktion (RAF) und international gesehen mit den als „Befreiungsbewegungen" umgedeuteten politischen Gruppen, vor allem palästinensischen. Ihre Zielgruppe daher insbesondere das Antiimperialistische Spektrum („Antiimps") sowie Solidaritätsgruppen für politische Gefangene.

Die „Kampagne Libertad!", welche die Zeitschrift initiierte, entstand in Folge des Weltwirtschaftsgipfels (G7) 1992 in München. Dort wurde ein „internationaler Kampftag für die Freiheit der politischen Gefangenen und die internationale Zusammenarbeit" (www.libertad.de/siteinfo/weristlibertad.shtml, zuletzt abgerufen am 10.03.2013) vereinbart und seither einige Veranstaltungen in Kooperation mit internationalen Gruppen durchgeführt. Zur Gruppe wurde ein „Förderverein Libertad" für internationale Kommunikation und Solidarität" gegründet, welcher die Veranstaltungen der Gruppe unterstützt.

Libertad! und seine Zeitschrift „So oder So" versteht sich „als Teil einer internationalistischen emanzipatorischen Bewegung für die Abschaffung von Klassenherrschaft. Deswegen geht es uns um die Gefangenen, deren Ziele damit übereinstimmen." (www.libertad.de/siteinfo/weristlibertad.shtml, zuletzt abgerufen am 10.03.2013)

5.2.2.4.5 »Sand im Getriebe«

„Sand im Getriebe" wird auf der Attac-Webseite als „deutschsprachige Ausgabe des elektronischen Rundbriefs der internationalen Attac-Bewegung" (www.attac.de/aktuell/attac-medien/sig zuletzt abgerufen am 10.03.2013) angekündigt und betrachtet sich als Umsetzung der Günter Eichschen lyrischen „Mahnung": „Seid unbequem, seid Sand, nicht das Öl im Getriebe der Welt!" (www.attac.de/aktuell/attac-medien/sig/guenter-eich-sand-im-getriebe, zuletzt abgerufen am 10.03.2013). Der Newsletter erscheint monatlich und ist kostenlos im Internet abrufbar und wird von attac an seine Mitglieder verschickt.

Beim Sand im Getriebe handelt es sich um ein Projekt von Marie-Dominque Vernhes und Peter Strotmann, welches innerhalb Attac kontrovers diskutiert wird, insbesondere auch in Bezug auf Haltungen zum Nahost-Konflikt. Da Attac sich als pluralistisches Netzwerk versteht und sich nicht auf eine Position festschreiben lässt, ist für die Studie hier relevant, welche Positionen mit der Bewegung insoweit als vereinbar gesehen werden, dass sie im Namen der Bewegung verschickt und publiziert werden.

Attac wurde 1998 in Frankreich, 2001 in Deutschland gegründet. Mitglieder von Attac sind einerseits marxistische, gewerkschaftliche orientierte, kritische SozialwissenschaftlerInnen[120], linke und linksradikale Gruppierungen wie die DKP und die ehemalige Linskruck-Gruppe bis hin zu esoterischen und rechtsanarchistisch orientierten Gruppen, Gesellianern beispielsweise. Das Netzwerk organisiert sich einerseits in bundesweiten Aarbeitsgruppen, Regionalgruppen, Attac Hochschulgruppen (Attac Campus) und einem Jugendnetzwerk (Noya), andererseits in (Entscheidungs-)Gremien[121] wie den Attac-Ratschlag, den Attac-Rat sowie den Attac-Koordinierungskries.

Die Positionen von Linksruck sind mit der gleichnamigen Publikation in der Analyse dieser Arbeit bereits abgedeckt. Neben Sand im Getriebe und dem seit 2001 jährlich erscheinenden Attac-Rundbrief, die Attac D-Info, welche zwei- bis dreimal im Monat per Email verschickt werden, themenspezifische Publika-

---

[120] Mitglieder des Wissenschaftlichen Beirates sind beispielsweise Elmar Altvater, Christoph Butterwegge, Alex Demirovic, Klaus Dörre, Peter Grottian, Frigga Haug, Wolfgang Fritz-Haug, Claus Leggewie, Stephan Lesssenich, Brigitte Mahnkopf, Wolf-Dieter Narr, Dieter Rucht

[121] Auch wenn Entscheidungen innerhalb Attacs der Selbstbeschreibung nach konsensuell getroffen werden und Abstimmungen die Ausnahme sein sollen, gibt es ein „höchstes Entscheidungsgremium". Der Attac-Ratschlag verabschiedet u.a. den Haushalt. Der Attac-Rat diskutiert „richtungsweisende Prozesse und notwendige weiterreichende Entscheidungen zwischen den Ratschlägen". Der Attac-Koordinierungskreis vertritt Attac „im Rahmen der politischen Beschlüsse von Attac-Rat und Ratschlag nach Außen vertritt. (www.attac-netzwerk.de/das-netzwerk/gremien)

tionen von Mitgliedern, Attac PodCasts, Bildungsmaterial und ein Radio attac, welches von Attac Österreich organisiert wird.

5.2.2.4.6 »radikal«

Die Zeitschrift „radikal" erschien erstmals 1976 in Berlin[122] und war in den 1980er und 1990er Jahren das einflussreichste Medium des autonomen Spektrums. Bis 1984 erschien die Zeitschrift monatlich mit einer Auflage von 3000 bis 6000 Ausgaben. Seit 1984 wurde die Zeitschrift illegal gedruckt und erschien daher unregelmäßig. Das erste Ermittlungsverfahren gegen die „radikal" begann 1979 wegen des verbotenen Abrucks des „Mescalero-Briefs"[123], der eine „klammheimliche Freude" am Mord von Siegfried Buback formulierte. (Agnoli u. a. 1977).

1982 gab eine weitere Anklage wegen Werbung für eine terroristischen Vereinigung, da ein Texte der Revolutionären Zellen in einer Ausgabe abgedruckt wurde. Auch in dieser Studie steht ein Text der Revolutionären Zellen zur Debatte, der 1991 in der Zeitschrift abgedruckt wurde. Wegen Bildung einer terroristischen Vereinigung (§129a StGB) wurde gegen die Zeitschrift zwischen 1984 und 1997 210 Verfahren geführt. Die radikal war damit die in der Bundesrepublik am häufigsten von Strafverfahren betroffene Zeitung.

Zwischen 2000 und 2003 war die Herausgabe unterbrochen, 2011 erschien die bislang letzte Ausgabe, die Nr. 164.

Die radikal versteht sich selbst als linksradikal und militant. Ihr geht es, „um den Aufbau und Erhalt einer bundesweiten verdeckten Struktur, die verschiedene Gruppen aus dem linksradikalen du im weiteren Sinne militanten Spektrum an einen Tisch bringt [...] (Radikal Nr. 156, Juni 1999).

Sie war insbesondere im autonomen (militanten) Spektrum verbreitet und zwischen 1980 und 1984 das zentrale „Organ des Häuserkampfes der autonomen Bewegung". (vgl. ausführlich Medico International u.a. 1996)

Als Bezugspunkt des autonomen Spektrums wurde die Zeitschrift auch für diese Studie ausgewählt.

---

[122] Von 1976 bis 1979 erschien die Zeitschrift unter dem Namen „Sozialistische Zeitung für Westberlin".

[123] Beim „Mescalero-Brief" handelte es sich um einen pseudonymen Autor de Textes „Bucback – Ein Nachruf", welcher am 25. April 1977 in der Zeitung des AStA der Universität Göttingen veröffentlicht wurde und Stellung zur Ermordung des Generalbundesanwaltes Siegfried Buback durch die Rote Armee Fraktion (RAF) nahm. 2001 bekannte sich Klaus Hülbrock zu seiner Urheberschaft.

5.2.2.5 Status und Auswahl der Ereignisse

Die Zeitschriften wurden nach Kriterien der Relevanz für die Szene sowie der Hetereogenität (verschiedene Spektren, Tages-/Wochen-/Monatszeitschriften) ausgewählt und für den Zeitraum von September 1989 bis März 2009 in mehreren Archivaufenthalten gesichtet. Dies geschah in den Archiven des Zentrums für Antisemitismusforschung, des Antifaschistischen Bildungsarchivs Berlin (Apabiz e. V.), des Papiertigers, der Jungen Welt, des Linksruck, der Bahamas, der Jungle-World, der Friedrich-Ebert-Stiftung in Bonn sowie des Archivs für Alternatives Schrifttum (AFAS) in Duisburg.

Dafür wurden nicht alle Ausgaben gesichtet, was wegen der Menge des Materials aus forschungspragmatischen wie auch sachlichen Gründen nicht sinnvoll gewesen wäre. Die Konzeption von Antisemitismus als kultureller Semantik ermöglicht es, prinzipiell jeden Text auszuwählen. Die Auswahl der Texte erfolgte mit so genannten »Ereignissonden«, mit welchen ich die Kommunikation um die »Sonden« herum beobachten möchte. Als solche dienten »Ereignisse«, welche Anknüpfungspunkte für die Aktualisierung antisemitischer Semantiken boten, d. h. mit der Konstruktion von Selbst- und Fremdbildern und dem Nahostkonflikt zusammenhingen. Diese »Ereignisse« dienten als Anlässe, einerseits das Nachdenken über den Nationalsozialismus, die Shoah und Deutschland nach Auschwitz zu delegitimieren, andererseits in Bezug auf den Nahostkonflikt spezifische Selbst- und Fremdbilder zu entwerfen. Da sich, wie bereits dargelegt, das antisemitische Fremdbild nicht ohne das Selbstbild analysieren lässt, sind »Ereignisse« ausgewählt worden, welche einen Anlass zur Thematisierung von Fremd- und Selbstbildern vermuten ließen.

Begründet ausgewählt habe ich dafür folgende »Sonden«: »Wende« (1989), Wiedervereinigung (1990), Golfkrieg (1991), Osloer Friedensverträge/Ende der 1.Intifada (1993), 50. Jahrestag der Befreiung von der nationalsoz. Herrschaft (1995), Paulskirchenrede Martin Walsers (1998), Beginn der 2. Intifada (2000), 11.September (2001), Rede Martin Hohmanns (2003), Golfkrieg (2003), Sicherheitszaun-/Mauerbau in Israel/Palästina (2004/2005), Äußerungen des iranischen Staatspräsidenten zu Israel und dem Holocaust (2006), Libanonkrieg (2007) und Gaza-Krieg (2008/09).

Je nach Erscheinungshäufigkeit der Zeitschrift sind der gesamte Jahrgang oder nur mehrere Monate um das »Ereignis« herum gesichtet worden.

Diese diskursiven Ereignisse haben dabei einen untergeordneten Status und dienen vielmehr einer begründeten Begrenzung des Materials. Das heißt, ich gehe nicht davon aus, dass die ausgewählten »Ereignisse« die Bedingung für antisemitische Semantiken waren (die Semantiken waren vorher schon verfügbar), sie boten nur verstärkt Anlass, eine gesellschaftlich verfügbare Semantik in Kommunikationen zu aktualisieren.

Aus dem so gewonnenen Material wurden dreizehn besonders typische oder schwierige Fälle für eine sequenzanalytische Interpretation ausgewählt, außerdem 60 weitere Texte für eine darauf folgende qualitativ-inhaltsanalytische Auswertung.

6. Empirische Auswertung

Das folgende Kapitel ist der Darstellung der empirischen Ergebnisse gewidmet. Auf das Darstellungsproblem der sequenzanalytischen Auswertung ist bereits im Methodenkapitel hingewiesen worden. Den dortigen Erörterungen folgend, wird die sequenzanalytische Interpretation der Texte ergebnisorientiert dargestellt. An einzelnen wichtigen Stellen werde ich den Interpretationsgang explizieren, um deutlich zu machen, welche Lesarten ausgeschlossen und wie die Fallstrukturhypothesen »herauspräpariert« wurden. Da mein Forschungsinteresse auf die Sinndimensionen des Antisemitismus zielt, werde ich die Fälle nicht linear diachron und chronologisch nach Zeitschriften geordnet darstellen und die zeitschrifteninternen Entwicklungen beschreiben, sondern die verschiedenen Spielarten des Antisemitismus herausgreifen und ihre Verknüpfungen mit und Unterscheidungen von anderen Weltanschauungen (Rassismus, Nationalismus) vorstellen.

6.1 Antisemitismus von rechts

Die Tatsache, dass es Antisemitismus im rechten Spektrum gibt und der Antisemitismus zentraler Bestandteil rechter Weltbilder ist, ist in der öffentlichen wie sozialwissenschaftlichen Debatte wenig umstritten. Für das linke Spektrum gilt dies nur bedingt. Dennoch gibt es keine Arbeit, die den Fokus auf die Semantik des Antisemitismus im rechten Spektrum legt und innerhalb dessen mögliche Differenzierungen empirisch herausgearbeitet hat. Semantiken sind jedoch – so versuchte ich in der Darlegung meines theoretischen Zuganges zu argumentieren – immer in Kontexte, d. h. auch Kontexte der jeweiligen Spektren, eingebettet und mit spezifischen Weltbildern verknüpft. Um von einem generalisierten Begriff des Antisemismus zu sprechen, darf die antisemitische Semantik in unterschiedlichen Kontexten zwar inhaltlich variieren, aber in ihrer Struktur nicht transformiert werden.

Im Folgenden werde ich daher die Struktur des Antisemitismus samt seiner Variationen im rechten Spektrum empirisch beschreiben.

Die Darstellung der Ergebnisse unterscheidet sich – wie im Methodenteil bereits erläutert – von der Forschungs- und Interpretationspraxis und stellt die Muster des Antisemitismus ergebnisorientiert dar. Dennoch geschieht dies fallbezogen und im Vergleich zu den meisten anderen Forschungsarbeiten im Feld mit der Möglichkeit, Interpretationspraxis und Fälle nachzuvollziehen und zu überprüfen. Da die inhaltsanalytischen Auswertungen hinsichtlich der Struktur des Antisemitismus nichts Neues brachten, werden sie nicht gesondert dargestellt.

Der erste Text entwickelt ausführlich und am nächsten an der Interpretationspraxis die klassischen Grundbestimmungen des Antisemitismus an einem Text aus der »Deutschen Stimme«. In einem zweiten Teil werden wesentliche Varianten aus dem rechten Spektrum dargestellt, um in einem dritten Teil die Differenzierungen und Verknüpfung mit weiteren Semantiken (»Ethnopluralismus«, Islamfeindschaft) sowie Strukturtransformationen (Israelfeindschaft) darzulegen. In einem abschließenden Teil werden die zentralen Ergebnisse in Hinblick auf den Antisemitismusbegriff reflektiert.

6.1.1 Fall I: (Volks-)Gemeinschaft/(moderne funktional-differenzierte) Gesellschaft

6.1.1.1 Einführender Kontext

Der zuerst vorgestellte Fall ist ein Text aus der Parteizeitschrift der Nationaldemokratischen Partei Deutschlands (NPD). Er eignet sich exemplarisch zur Darstellung der Grundmuster des Antisemitismus innerhalb des rechten Spektrums und im Besonderen für eine Schattierung des Antisemitismus innerhalb der »Deutschen Stimme« bzw. der NPD.

In der »Deutschen Stimme« werden Texte für eigene Parteimitglieder und deren Sympathisanten veröffentlicht. Der erste im Folgenden sequenzanalytisch analysierte Text stammt aus der Feder eines innerhalb des rechten Spektrums als Theoretiker geltenden Redakteurs, der seit 2004 Abgeordneter des sächsischen Landtags, Mitglied des Kuratoriums für die sächsische Landeszentrale für politische Bildung sowie seit 2006 im Parteipräsidium tätig ist: Jürgen Gansel. Seine politische Karriere begann 1993 bei der Jungen Union und der CDU, er beteiligte sich auch in der Jungen Landsmannschaft Ostpreußen und schloss sich während seines Studiums der Politikwissenschaft und der Mittleren und Neueren Geschichte in Gießen der Burschenschaft Dresdensia-Rugia an. 1998 wurde er NPD Mitglied, von 2001-2004 war er hauptberuflicher Redakteur der NDP-Zeitung »Deutsche Stimme«, für die er immer noch Artikel verfasst. Innerhalb der Partei gilt er auch wegen eines abgeschlossenen geistes- und sozialwissenschaftlichen Studiums als Intellektueller.[124]

Gansel ist bekannt für seine antisemitischen Umschreibungen der Geschichte, so provozierte er etwa bei seiner Plenarrede im Sächsischen Landtag im Januar 2005 mit der Bezeichnung »Bombenholocaust« und stellte die Alleinschuld Deutschlands am Zweiten Weltkrieg in Frage. Die Verknüpfung der nationalen mit der sozialen Frage zählt zu seinen zentralen Forderungen. Gegen Entwicklungen wie Globalisierung, Einwanderung, Europäisierung und Arbeitslosigkeitsproblematik entwirft er eine völkische Politik. Als gegenaufklärerischen Entwurf zur »Frankfurter Schule« versucht er die »Dresdner Schule« zu begründen.

An folgendem Text wird deutlich werden, dass der Antisemitismus als ausgearbeitete Weltanschauung vorliegt und nicht, wie dies vielfach als Besonderheit für den Antisemitismus nach 1945 festgestellt wurde, nur in latenter Form (vgl. Bergmann 1997, Holz 2001, 2005). Für die Auswahl des Textes, der aus dem Jahr 2004 stammt, war der erwartete Entwurf von Selbst- und Fremdbildern ausschlaggebend. Unter der Überschrift »Geistiger Giftpilz der Gemeinschaftszersetzung. Vor 35 Jahren verstarb mit Theodor W. Adorno einer der Hauptvertreter der ›Frankfurter Schule‹« konnte aufgrund der pejorativen Zuschreibung (»Geistiger Giftpilz«) erwartet werden, dass in dem Text ein Feindbild entwickelt würde, dessen Gegenbild eine noch nicht näher bezeichnete »Gemeinschaft« sein würde. Das Gegensatzpaar (Volks-)Gemeinschaft vs. (moderne funktional-differenzierte) Gesellschaft, ist daher auch das erste, welches als zentrales Muster des Antisemitismus von rechts vorgestellt wird.

---

[124] Ob seine Texte dem Konzept der Intellektualisierung genügen, ist stark zu bezweifeln. In der Partei aber hat er diesen Stellenwert. Der Begriff »Intellektueller« war bei seiner Entstehung negativ geprägt, er wurde im Zuge der Dreyfuß-Affäre »in denunziatorischer Absicht geprägt für Leute, die ›das Fehlen einer Verantwortlichkeit für praktische Dinge‹ auszeichnet und deren Erfolgsaussichten im ›tatsächlichen oder möglichen Wert als Störungsfaktor liegen‹ (Schumpeter 1950: 237)« (Vobruba 2007). Während sich der Begriff in seiner Entstehungsgeschichte als Eigenschaft einer Person entwickelte, veränderte er sich im Laufe der Zeit zur »Selbstbezeichnung von Personen mit gleichsam überschießendem Drang, Wissen, zu kommunizieren« (ders.), und die intellektuellen Wissensbestände wurden zum Gegenstand soziologischer Analysen (vgl. Mannheim 1986). »›Intellektuell‹ bezeichnet danach eine bestimmte Art von in Textform öffentlich kommuniziertem Interpretationswissen« (ders.).

6.1.1.2 Text: »Geistiger Giftpilz der Gemeinschaftszersetzung«

Der Artikel »Geistiger Giftpilz der Gemeinschaftszersetzung« mit dem Untertitel »Vor 35 Jahren verstarb mit Theodor W. Adorno einer der Hauptvertreter der ›Frankfurter Schule‹« erschien in der Augustausgabe der Zeitschrift »Deutsche Stimme« unter der Rubrik »Ideengeschichte« im Jahre 2004 (DS, Jg. 29, Aug. 2004, Nr. 8, S. 16).

6.1.1.3 Gemeinschaft/Gesellschaft

Die Hauptüberschrift »Geistiger Giftpilz der Gemeinschaftszersetzung« (Z. 2) bietet einer verbreiteten Form von Überschriften folgend einen Einstieg ohne Verb, der mit der metaphorischen Wortwahl und dem sprachlichen Stilmittel der Alliteration eine »Eyecatcher«-Funktion übernimmt und den zentralen Sinngehalt des Textes zusammenfasst.

Hier wird mit der Alliteration »geistiger Giftpilz« ein metaphorisches Subjekt[125] eingeführt, welches aufgrund der Vermischung von botanischem und humanem Kontext einen ambivalenten Charakter gewinnt. Innerhalb der Botanik werden mit dem Begriff »Giftpilz« im Gegensatz zu Schimmelpilzen Großpilze bezeichnet, deren Verzehr zu gesundheitlichen Schädigungen beim Menschen führen kann. Das Adjektiv »geistig« wird im allgemeinen Sprachgebrauch im Gegensatz zu »materiell« oder »körperlich«/»leiblich« gebraucht und damit zumindest im nicht-religiösen Bereich der kognitive Bereich des Menschen angesprochen. Im Gegensatz zu anderen Pflanzenmetaphern ist der Begriff »geistiger Giftpilz« eine pejorative Bezeichnung einer Person oder eines menschlichen Produkts, eines Werks, eines Buchs, einer Idee oder Theorie. Während die Tiermetaphern insbesondere aus dem Rassismus bekannt sind (vgl. Jobst 2004), hat die hier verwendete abwertende Pflanzenmetapher jenseits der »Strategie der Entmenschlichung« (Hortzitz 1999: 24) ein besonderes Bedeutungsfeld. Es heißt nicht »geistiger Brandstifter« oder »geistiges Gift«. Giftpilze im wörtlichen Sinne haben die Eigenschaft, dass sie nicht immer sofort erkennbar sind, aber tödlich sein können. Wird ein Mensch oder ein geistiges Produkt als »Giftpilz« beschrieben, so werden ihm die Eigenschaften der Hinterhältigkeit und

---

[125] In einem anderen Kontext, einem Kinder- oder Science-Fictionbuch etwa, könnte auch ein fiktives Subjekt, ein Pilz mit menschlichen Fähigkeiten angesprochen sein, im nichtfiktionalen Bereich bezieht sich jede Kombination mit dem Adjektiv geistig jedoch auf den kognitiven Bereich eines Menschen, so beispielsweise: geistige Behinderung, geistiger Baum, geistiger Heiler usw.

Perfidie zugeschrieben. Diese Zuschreibung fördert eine Hermeneutik des Verdachts: Hinter jedem Pilz könnte ein Giftpilz stecken.

Die Verwendung der »Giftpilz«-Metapher ist denn auch eine, die in der Geschichte auf Juden angewendet wurde. Prominent dafür ist das antisemitische Kinderbuch von Ernst Hiemer und Philipp Rupprecht »Der Giftpilz. Ein Stürmerbuch für Jung und Alt. Erzählungen. Bilder von Fips« von 1938. Ernst Hiemer wurde 1938 verantwortlicher Redakteur der bis dahin von Julius Streicher herausgegebenen nationalsozialistischen Wochenzeitung »Der Stürmer. Deutsches Wochenblatt zum Kampfe um die Wahrheit«. Philipp Rupprecht war unter dem Pseudonym Fips ein bekannter Illustrator für das nationalsozialistische Kampfblatt. Es handelt sich dabei um ein Buch, dass Kindern das nationalsozialistische Judenbild vertraut machen sollte und dabei die aus nationalsozialistischer antisemitischer Perspektive die besondere Gefahr »der Juden«, die im Buch als »die menschlichen Giftpilze« eingeführt werden. Ihre Fähigkeit sich zu tarnen, sollte vermittelt werden: »Wie die Giftpilze oft schwer von den guten Pilzen zu unterscheiden sind, so ist es oft sehr schwer, die Juden als Gauner oder Verbrecher zu erkennen [...]« (Hiemer 1938:), erzählt die Mutter ihrem kleinen Sohn beim Pilzesammeln im Wald in der Eingangserzählung des Buches. »Wie auch immer sie sich verkleiden und wie freundlich sie tun, uns tausendmal ihre guten Absichten einreden wollen, du darfst ihnen nicht glauben! Juden sind Juden, und das bleiben sie auch! Für unser Volk sind sie Gift« (Hiemer 1938:).

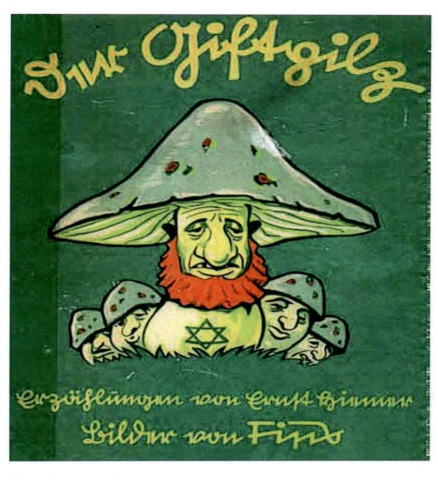

Abb. 1: Internetquelle:
http://www.zdd.dk/der_giftpilz_ernst_hiemer_1938_47_seiten_bfed_zdd.pdf

Abb. 2: Internetquelle:
http://www.zdd.dk/der_giftpilz_ernst_hiemer_1938_47_seiten_bfed_zdd.pdf

Während in dem nationalsozialistischen Kinderbuch die Analogie zwischen »Giftpilzen« und »Juden« explizit gemacht wird und »die Juden« als ewiges, unveränderbares Kollektiv beschrieben werden (»Juden sind Juden. Und das bleiben sie auch!«), wird die Analogie in der Überschrift des Textes nicht expliziert. Allerdings ist bereits an dieser Stelle bekannt, dass es um Adorno geht.

Mit der Giftpilz-Metapher wird gleich in der Überschrift ein zentrales Stereotyp eingeführt, das in der Geschichte oftmals Juden zugeschrieben wurde: Sie seien falsch, tarnten sich, man müsse sich vor ihnen in Acht nehmen und sie seien für die Zerstörung der Gemeinschaft oder, wie im Kinderbuch, »des Volks« verantwortlich. So ist der »geistige Giftpilz« im Artikel der »Deutschen Stimme« durch das Genitivattribut »der Gemeinschaftszersetzung« genauer definiert. Es wird wiederum ein Begriff verwendet, der einerseits in den Naturwissenschaften verwendet wird und dort einen biochemischen Prozess (»Zersetzung«) beschreibt, der die Zerlegung einer chemischen Verbindung in ihre Moleküle bezeichnet, der andererseits im militärischen Sprachgebrauch eine strategische Maßnahme zur Senkung der Kampfmoral mit psychologischen Mitteln beschreibt. Ein anderer Kontext, in dem der Begriff der »Zersetzung« verwendet wurde, war das Ministerium für Staatssicherheit in der DDR. Dort wurde der Begriff ähnlich wie im oben erwähnten militärischen Sinne für den psychologischen Kampf gegen politisch nicht-konforme Menschen verwendet (vgl. Holz 2005a)[126], deren »Moral« zerstört werden sollte. Der Begriff wird sowohl im militärischen Sprachgebrauch wie von der so genannten »Stasi« auf einzelne Personen bezogen, das unterscheidet ihn von der Verwendung im Nationalsozialismus. Im nationalsozialistischen Militärrecht (»Kriegssonderstrafrechtsverordnung«: »Zersetzung der Wehrkraft«; »Wehrkraftzersetzung«) wurden damit alle Äußerungen und Handlungen, die das nationalsozialistische Herrschaftssystem angreifen, geahndet (vgl. Garbe: 103).

In allen drei Bedeutungen geht es um Spaltungen eines vorgestellten Ganzen (Moleküle, Personen, Herrschaftssystem). Der Begriff der »Zersetzung« bezieht sich jedoch auf unterschiedliche Dinge. Im Nationalsozialismus wurde Kritik am herrschenden System und seiner Ideologie als »Zersetzung« bezeichnet und bestraft, in der DDR und im militärischen Sprachgebrauch sollte »Zersetzung« die Folge nicht-konformen Handelns sein.

Die im Text Jürgen Gansels genannte »Zersetzung«, die dem »geistigen Giftpilz« zugeschrieben wird, wird nun nicht mit der »Zersetzung der Wehrkraft« in Verbindung gebracht, sondern mit einer an dieser Stelle nicht weiter bezeichneten »Gemeinschaft«.

Dabei kann es sich um eine Vorstellung der Verbindung von Subjekten handeln, die von einer »Einheit des Differenten« (Tönnies 1979: 16) handeln, in der die Interessen der Einzelnen dem Ganzen untergeordnet werden (vgl. Vobruba 1994: 17 ff.). Aus dieser Vorstellung resultiert eine klare Abgrenzung nach außen, wie es sich beispielsweise beim soziologischen Klassiker Tönnies schon formuliert findet: »Fremde mögen als dienende Glieder oder als Gäste für Zeit oder für Dauer aufgenommen und beschützt werden, und also als Objekte, aber nicht leicht als Träger und Faktoren, dieser Gemeinschaft angehören« (Tönnies

---

[126] Es handelt sich hier um Hartmut Holz.

1979: 212 f.; vgl. kritisch hierzu: Vobruba 1994: 25). Die exkludierende Grundstruktur ist allen Gemeinschaftsbegriffen inhärent, die politischen Implikationen werden dagegen zumeist nicht reflektiert. Es handelt es sich bei »Gemeinschaft« immer um eine Semantik, die »die logische Vorordnung der Gemeinschaft vor ihren Mitgliedern [erzwingt] (Vobruba 1994: 37) und »die Differenz der Beziehungen und der Gemeinschaftsmitglieder [...] unter den Vorrang einer Identität [stellt]« (Holz 2008: 207).

Unterschieden werden können Gemeinschaftskonstruktionen innerhalb moderner Gesellschaften, die auf Reziprozitäts- oder Interessensbeziehungen basieren (Subkulturen, Vereine)[127], und solche, die Gemeinschaft als Gesellschaftsmodell verallgemeinern. Entscheidend sind dabei die Mitgliedschaftskriterien, die in Gemeinschaftsmodellen entworfen werden und damit Zugehörigkeiten entwerfen, möglich machen oder verhindern. Diese sind bislang noch nicht expliziert.

Im hier analysierten Text werden nicht irgendein, sondern ein bestimmtes geistiges Werk und eine bestimmte Person der Tat bezichtigt, dieses noch nicht näher bezeichnete Sozialmodell »Gemeinschaft« zu spalten.

Mit der »Zersetzungsmetapher« wird ein weiteres Stereotyp verwendet, welches in der antisemitischen Konstruktion häufig als Synonym für die analytische Kraft des jüdischen Intellektuellen verwendet wird, welcher das »reine« und gute »Volk« verführe und zerstöre (vgl. Faber 1999: 260). Faber führt als ein Beispiel dafür die Rede des NS-Propagandaministers Josef Goebbels zur Berliner Bücherverbrennung am 10. Mai 1933 an. Darin wettert Goebbels gegen den »überspitzten jüdischen Intellektualismus« (Goebbels 1933), den er als eine Gefahr für den »deutschen Geist« betrachtete. Mit dieser Rede bereitet er die Verbrennung dieses »geistigen Unflat[s]« – so bezeichnet er die Schriften jüdischer Intellektueller – vor. Als Gegenentwurf dazu findet sich bei Goebbels der »kommende deutsche Mensch [...], der nicht nur ein Mensch des Buches, sondern auch ein Mensch des Charakters sein [wird]« (Goebbels 1933). So ist die Feindschaft gegen den als jüdisch definierten Intellektualismus immer mit einem positiven Gegenbild verbunden, das von »Zersetzung« bedroht ist. Aber nicht erst im Nationalsozialismus, sondern bereits bei jungkonservativen Denkern wie Rudolf Pannwitz hieß es schon 1917: »Israel habe ›das Abendland zersetzt‹« (Pannwitz 1917).

---

[127] Hitzler und Pfadenhauer haben eine Variation sozialer Vergemeinschaftungen in modernen Gesellschaften als «posttraditionale Gemeinschaften» beschrieben, die Einzelne nicht auf Mitgliedschaften verpflichten, sondern über ihren Erlebnischarakter nur «verführen» können (Hitzler/Pfadenhauer 2009). Vobruba bezeichnet Gemeinschaftskonstruktionen, die auf Interessensbeziehungen basieren, als «Gemeinschaften ohne Moral» (Vobruba 1994).

1. Fallstrukturhypothese: Konstruktion eines dichotomen Selbst-/Fremdbildes

Es wird ein dichotomisches Selbst-/Fremdbild entworfen, das den jüdisch stereotypisierten Feind (»geistiger Giftpilz«) biologisiert, entmenschlicht und als bedrohlich für ein identitätslogisches Sozialmodell darstellt, welches der Wir-Gruppe zugeordnet wird. Dabei wird dem Feindbild, einem für die konstruierte Gegenwelt repräsentativen Einzelnen oder/und seinem geistigen Produkt sowohl die Macht der Zerstörung und Spaltung eines organischen Ganzen als auch – verschwörungstheoretisch – seine Unerkennbarkeit und Tarnungsstrategie zugeschrieben.

Damit wird nicht nur ein Selbstbild (Gemeinschaft) und ein Fremdbild (hier: ein Individuum) etabliert, sondern die Gemeinschaft als bedrohte dargestellt. Der Aspekt der Machtzuschreibung an einen Einzelnen, der so dargestellt wird, dass er ein Kollektiv intentional bedroht, ist daher ganz zentral. Die Konstruktion, dass einigen Wenigen fälschlicherweise, verborgene Macht über viele zugeschrieben wird, ist ebenfalls Bestandteil der Geschichte des Antisemitismus – so diese Wenigen als jüdisch beschrieben werden.

In der Unterüberschrift wird deutlich, dass der Einzelne (Theodor W. Adorno) für etwas steht, er wird als »einer der Hauptvertreter der Frankfurter Schule« (Z. 4) beschrieben, in dieser Konstruktion also jemand, der eine bestimmte Theorierichtung, die »Kritische Theorie« der Soziologen des Frankfurter Instituts für Sozialforschung vertritt. Es ist nach dem bereits in den Überschriften etablierten Fremdbild zu erwarten, dass in den anschließenden Sequenzen damit angeschlossen wird, diese Schule näher zu bestimmen und zu bewerten, wie dies für Entwürfe typisch ist, in denen Selbst- und Fremdbilder festgeschrieben und damit Zugehörigkeit gemäß dem Dreischritt Zuordnen – Zuschreiben – Bewerten konstruiert wird (vgl. Hausendorf 2000).

6.1.1.4 Identität/Nicht-Identität – Ambivalenz

Im ersten Absatz des genannten Zeitschriften-Artikels wird das soeben analysierte Gegensatzpaar (»geistiger Giftpilz« versus »Gemeinschaft«) – Selbst- und Fremdbild – in der Tat konkretisiert. Es wird ausgeführt, dass Adorno und sein theoretisches Werk als Feinde der »Gemeinschaft« zu betrachten sind. Sowohl er als Person als auch sein Werk und seine intellektuellen Kollegen werden zur »jüdischen Identität« totalisiert, biologisiert und ontologisiert. Dabei wird das Kollektiv, dem er zugerechnet wird (»jüdische Großhirne«) nicht nur als »die

Gemeinschaft«, sondern auch als ein sich selbst zersetzendes Kollektiv dargestellt.

> »Im August 1969 starb Theodor W. Adorno auch an den tiefen Kränkungen und maßlosen Enttäuschungen, die ihm die linksradikale Studentenschaft zufügte, die er zusammen mit den meisten jüdischen Großhirnen der ›Frankfurter Schule‹ selbst herangezüchtet hatte« (Z. 6-10).

Diese Textpassage nennt nicht physische, sondern psychische Todesursachen, die neben anderen, nicht benannten (»auch«) mitschuldig an Adornos Ableben gewesen seien. Diese Ursachen werden letztlich Adorno selbst zugeschrieben; denn er habe die ihn ›Kränkenden‹ und somit ›krank‹ Machenden selbst »herangezüchtet«, aber nicht alleine. Seine Mittäter werden abschätzig metaphorisch als Intellektuelle (»Großhirne«) bezeichnet, die biologistisch rassistisch[128] bestimmt werden (»jüdische Großhirne«). Die genannten Intellektuellen werden zu körperlosen Gehirnregionen verdinglicht. Das Gehirn wird dabei überbetont, der Rest der Person, der Körper wird ausgeblendet. Hortzitz wies nach, dass »Metaphern und bildliche Vergleiche [...] zu den Stilmitteln [gehören], die Judenfeinde in ihren Schriften bevorzugt verwenden« (Hortzitz 1999: 21). Deren Funktion besteht meist in der Wertung und Überzeichnung des »Gemeinten«, indem bestimmte Merkmale bildlich hervorgehoben und oftmals übereinstimmende Gefühlselemente zweier Worte und sich entsprechende freie Assoziationen hervorgehoben werden (ebd.).

Mit dem Ausdruck »züchten« wird wiederholt eine Tätigkeit beschrieben, die im Zusammenhang mit Pflanzen oder Tieren verwendet wird und eine kontrollierte Fortpflanzung bezeichnet, die Selektion sowie gezielte Kreuzung und Paarung impliziert.

Die politisch linke Studentenbewegung wird als ein Produkt dieser als künstlich und jüdisch bezeichneten Hervorbringung beschrieben, die ihre »Väter« selbst zerstört habe. Die ethnisch bestimmten »jüdischen« Akteure hätten demnach ihre eigene Zerstörung hervorgebracht.

2. Fallstrukturhypothese: Konstruktion eines nicht-identischen jüdischen Fremdbildes

Die als jüdische Intellektuelle etikettierten Akteure würden ihre eigene künstliche »Züchtung« nicht erhalten, sondern könnten nur eine nicht-identische

---

[128] Das Wort »rassistisch« verwende ich anstelle von »rassisch«, da jede Bestimmung, die nicht-existierende »Rassen« als real einführt, als rassistisch bezeichnet werden kann. Das Konzept »Rasse« umfasst dabei immer biologische wie kulturelle Zuschreibungen, die miteinander vermengt werden.

Identität ausbilden und andere »natürliche Identitäten« zerstören. Sie werden erneut als (wirk)mächtig hingestellt.

Mit der Einführung eines jüdischen Kollektivs wird die Konstruktion von Selbst- und Fremdbild komplettiert. Auf der einen Seite steht die »eigene« Gemeinschaft, die vom nicht-identischen jüdischen Kollektiv bedroht wird, das sich selbst zerstört und damit dem Konzept einer »identischen Gemeinschaft« gegenübersteht.

Im weiteren Fortgang des Zeitschriften-Artikels wird die »jüdische« Bestimmung Adornos mit dem Hinweis auf den jüdischen Namen seines zum Protestantismus konvertierten Vaters betont: »Der eigentliche Name ist Theodor Wiesengrund« (Z. 11). Ferner beschuldigt der Autor des Artikels Adorno und Horkheimer der Ambivalenz und Widersprüchlichkeit, die zum Protest ihres eigenen »herangezüchteten« Nachwuchses geführt hätten: Adorno wird zwischen falscher »Emanzipationsideologie« und konservativem Elitarismus eingeordnet, als jemand, der Autoritarismus kritisiert und selbst autoritär ist. Horkheimer findet sich wieder zwischen Geldinteressen und Anbiederung an die »bundesrepublikanischen Verhältnisse« (Z. 27), die er, der eigenen Theorie folgend, hätte bekämpfen müssen. Beide Vertreter der Frankfurter Schule werden als in sich widersprüchlich sowie in ihren Ansprüchen kontradiktorisch beschrieben, als »Emanzipationssalbader«, d. h. als seichte Schwätzer. Ihre Schriften seien kontraproduktiv, weil sie den Protest gegen sich selbst »anfeuerten« (Z. 42), die Studenten »fanatisierten« (Z. 34). Die Zuschreibung des »akademischen Hetzers« ist im antisemitischen Stereotypenkatalog verbreitet. Faber fasste sie bereits in den 1930er Jahren in Bezug auf Heinrich Heine zusammen:

> »Heine gilt (nicht nur Goebbels) als Prototyp des ›überspitzten‹ und damit ›jüdischen Intellektualismus‹: – aufgrund seiner ›Kälte‹, bei gleichzeitigem ›Fanatismus‹, seiner analytischen alias ›zersetzenden‹ Kraft, die dennoch oder gerade deshalb eine ›aufhetzende Gewalt‹ beinhaltet« (Faber 1999: 260).

Im genannten Zeitschriften-Artikel wird Adorno nicht als »Kritiker« der »autoritären Persönlichkeit« beschrieben, sondern als »›akademischer Hetzer‹ gegen die ›autoritäre Persönlichkeit‹« (Z. 36), d. h. als jemand, der mit Emotionen aufwiegelt, nicht mehr rational und nüchtern bleibt. Andererseits wird Adornos Konflikt gerade darin gesehen, dass er sich zur »Problemreflexion« (Z. 29) berufen sieht, anstatt zum »Revoluzzertum«, welches im Text den Studierenden zugeschrieben wird. Es heißt nicht »Revolution«, sondern »Revoluzzertum«, welches eher pubertäres, jugendlich-wildes Gebärden beschreibt, aber nicht als Revolution oder ernsthafte Kritik eingeschätzt wird. Adorno und die Frankfurter Schule hätte mit ihren Schriften aber genau diese wild-utopischen Ziele geweckt, an denen sie selbst zugrunde gegangen seien, entweder tatsächlich in Form des Todes, wie das Adorno unterstellt wird, oder in Form von Resignation (Rückzug ins Tessin), wie das Horkheimer zugeschrieben wird. Adorno wird einmal als reflexiv rational, einmal als irrational aufwieglerisch beschrieben. Die zweite Fallstrukturhypothese reproduziert sich an jener Stelle, wenn auf die eigene »Zersetzung« durch eine ambivalente nicht-identische Identität angespielt wird.

6.1.1.5 Täter-Opfer-Umkehr: »Jüdische Emanzipationsideologie« vs. »Volkskörper«-Tradition

In der nächsten Passage des Zeitschriftenartikels wird zum einen ein zeitlicher Sprung vorgenommen, der zum Geburtsdatum Adornos zurückgeht und den hoffnungsvollen Anfang des vermeintlich gescheiterten Lebens in Ausschnitten Revue passieren lässt. Gleichzeitig wird ein Perspektivwechsel angekündigt und damit die eigene Position expliziert. »Hoffnungsvoll« sei der Anfang nur aus Sicht »linker Aufklärungsfetischisten« gewesen, vom Standpunkt des Schreibers werden das Scheitern und der Tod begrüßt, indem er zu Beginn »als Genugtuung« (Z. 15) beschrieben wird. Die Personen, die als Adorno zugewandt beschrieben werden, sind aus dieser Perspektive weder rational noch selbstbestimmt. Sie wurden von einem bestimmten Spektrum produziert und als ihm zugehörig (»linksgestrickt«) beschrieben, sie würden Aufklärung übermäßig und irrational verehren (»Aufklärungsfetischisten«).

Auffällig ist bei der folgenden ausschnitthaften Biographie, dass bei der Darstellung der Herkunft Adornos auf die jüdische Familienherkunft des Vaters sowie dessen Beruf (»jüdischer Weinhändler«) Bezug genommen wird, seine Mutter ohne Berufsbezeichnung nur nach ihrer Herkunft als »Korsin« vorgestellt wird. Des Weiteren wird Adornos akademisches Umfeld am Frankfurter Institut für Sozialforschung mit zwei Attributen bestimmt: »jüdisch« und »reich« (»Herbert Marcuse und Friedrich Pollock, allesamt Söhne reicher jüdischer Väter«, Z. 63/64), genauso wie seine Theorie als »jüdische« beschrieben wird. Es wird hier erneut deutlich, dass »jüdisch« ethnisch bestimmt wird und nicht etwa auf religiöse oder staatsbürgerliche Zugehörigkeiten abgezielt wird. Dann nämlich hätte der Vater als protestantischer deutscher Staatsbürger beschrieben werden müssen, die Mutter als katholische deutsche Staatsbürgerin. Mit dieser Bestimmung ist nun das Fremdbildkonglomerat bestimmt, welches als Gefahr für das bereits in der Überschrift eingeführte Sozialmodell der völkisch bestimmten Wir-Gruppe beschrieben wird:

»Mit scheinhumanitären Forderungen nach Demokratisierung, Emanzipation und Aufklärung rührten diese Köche eine ganz und gar nicht koschere Speise an: einen Giftfraß, der die inneren Organe und das Gehirn des deutschen Volkskörpers angreifen sollte« (Z. 70-74).

Nicht als »falsche« oder »grausame« Forderungen etwa werden die zentralen Ideen der modernen Gesellschaft (»Demokratisierung, Emanzipation und Aufklärung«) beschrieben, sondern als solche gegen die Humanität gerichtete. Dem Text zufolge gibt es andere Kriterien, auf die der Begriff ›human‹ angewendet werden sollte, und es wird unterstellt, dass die besagten Akteure, die nur dem Schein nach humanitäre Forderungen aufstellten, strategisch vorgehen und hiermit entlarvt seien. Ihnen wird unterstellt, dass ihre Schriften sich gegen den »deutschen Volkskörper« (Z. 74) wenden. Es wird also eine historisch-genealogische Personengruppe als Organismus (»Körper«) konstruiert, die von den vorher beschriebenen jüdischen Theoretikern und deren geistigen Produkten bedroht wird. Dazu wird wiederum eine Metapher verwendet, die den »Tätern« ein heimtückisches Vorgehen unterstellt. Denn die jüdischen Akteure (»Köche«) würden mit einem Gift angreifen, welches von innen, unsichtbar wirkt und von dort die lebenden Organe zerfrisst. Man stelle sich das Gegenbild vor, das in diesem Text nicht gewählt wird: Ein offener Angreifer würde sich auf die äußeren Organe richten und diese verletzen. Die hier beschriebene Strategie wirkt jedoch anders: Der scheinhumane »Giftfraß« soll »die inneren Organe und das Gehirn« zerstören. Es handelt sich demnach um eine jüdischen Akteuren zugeschriebene Strategie der vollständigen Vernichtung, die in eine Verschwörungstheorie eingebettet ist: Es gebe Köche, die eine nicht den Reinheitsgeboten unterliegende Speise zusammenbrauten und damit das »Volk« angreifen wollten.

Im übertragenen Sinne wird die als jüdisch bezeichnete Kritische Theorie als heimtückische Strategie beschrieben mit Theoretikern, die den »Volkskörper« von innen auszuhöhlen und zu vernichten planten. Die Theorie stelle quasi ontologisch die »radikale Verneinung« (Z. 76) jeglicher organischen, gewachsenen, »natürlichen« Ordnung dar. Diese »natürliche Ordnung« drücke sich in Staat, Kultur, Erziehung und einem Wesen (»Volkstum«) aus. Der überschwängliche Gestus (»Pathos«) der als Programm bezeichneten Kritischen Theorie täusche über den radikalen Verneinungscharakter hinweg, der den »natürlichen Volkskörper« bewusst zu zerstören plane. Die erste und zweite Fallstrukturhypothese werden erneut reproduziert und mit weiteren Attributen (Aufklärung/Emanzipation (= Künstlichkeit, Heimtücke) vs. »Volkskörper« = Ordnung/Humanität/Natürlichkeit) zu einer Täter-Opfer-Konstruktion verdichtet.

3. Fallstrukturhypothese: Täter-Opfer-Umkehr (für die Gegenwart)
Als Täter wird eine jüdische Gruppe samt deren geistigem Werk bestimmt, die für Ideen der Mündigkeit des Einzelnen steht und als Bedrohung für eine ewige biologisch sowie historisch-genealogisch bestimmte Personengruppe (»Volkskörper«) beschrieben wird, die von der jüdischen Gruppe heimtückisch von innen heraus vernichtet werden soll.

Gleichzeitig wird die Schließung des Frankfurter Instituts für Sozialforschung nach der Machtübernahme Hitlers, die als »nationale Erhebung« (Z. 81) zitiert wird, als logische und legitime Folge dargestellt. Der Grund für die Schließung (»staatsfeindliche Umtriebe«, Z. 82) wird wiederum aus der nationalsozialistischen Sprachregelung zitiert. Sie distanziert sich damit weder bei der Beschreibung der Machtübernahme Hitlers (»nationale Erhebung«) noch bei der Begründung der Schließung des Instituts (»staatsfeindliche Umtriebe«) von der nationalsozialistischen Rechtfertigung. Die nationalsozialistische Herrschaft wird damit implizit als legitime Herrschaft unterstellt, die nationalsozialistischen Verbrechen werden verharmlost.

Die bislang aufgebaute Selbst-/Fremdbild-Konstruktion, die eine völkisch imaginierte Abstammungsgemeinschaft als von einzelnen jüdischen Individuen bedroht konstruiert, wird hier noch verdichtet, indem der Opferstatus des Wir-Kollektivs durch die Relativierung des Nationalsozialismus erhöht und der Täterstatus der jüdischen Gruppe vergrößert wird, indem diese nicht nur als geistige Bedrohung in den 1970er Jahren bis heute beschrieben wird, sondern ihr bereits zu Zeiten des Nationalsozialismus illegitime Handlungen zugeschrieben werden.

Fallstrukturhypothese 4: Täter-Opfer-Umkehr (in der Vergangenheit)

Als Täter (gegen das »Volk«) werden Adorno und die Frankfurter Schule bezeichnet, während die Verbrechen des Nationalsozialismus, die Gewaltherrschaft und ihre Taten (wie beispielsweise die explizit erwähnte Schließung des Frankfurter Instituts für Sozialforschung) unterschlagen bzw. legitimiert werden.

6.1.1.6 Reproduktion der Fallstruktur: Volksgemeinschaft/-Gesellschaft – Identität/Nicht-Identität – Täter-Opfer-Umkehr

In den weiteren Textabsätzen des Artikels wird die nun vorliegende Fallstruktur, bestehend aus den bislang verdichteten Fallstrukturhypothesen, mit seinen Hauptbestimmungen des Antisemitismus immer wieder reproduziert. Auffällig ist dabei insbesondere, dass es zwar strukturell keine Neuerungen gibt, aber die Konstruktion der biologisch-ethnischen »Volksgemeinschaft« mit ihrem zugehörigen Fremd- und Feindbild der ethnisch gedachten jüdischen Gruppe, im Laufe der Entwicklung des Textes immer offensiver expliziert wird.

Ich werde den Lauf der Argumentation samt Interpretation ergebnisorientiert zusammenfassen: Während Adornos »Studien zur autoritären Persönlichkeit« als lächerlich beschrieben werden, wird ihm unterstellt, mit »grotesk[en]« (Z. 97) Methoden sowohl alle US-Amerikaner unter Faschismusverdacht zu stellen als auch mit diesen Ergebnissen die Basis für die »Umerziehung der Deutschen« (Z. 100) und die »Vergabe von Medienlizenzen« (Z. 101) zu schaffen. Adorno wird die Macht zugeschrieben, die Kriterien für die »Reeducation« aufgestellt zu haben, die dann von den Alliierten in den verschiedenen Maßnahmen umgesetzt wurden, um das Fortleben der nationalsozialistischen Ideologie zu verhindern. Außerdem sollen Adornos Analysen für den Zugang zur Medienöffentlichkeit entscheidend gewesen sein. Die Macht falscher jüdischer Analysen soll demnach die »Umerziehung« der Deutschen und die Medienöffentlichkeit geprägt haben. Das bereits fallstrukturell vorliegende Element der Zuschreibung von Macht an wenige einzelne jüdische Akteure wird hier wiederum reproduziert. Verknüpft wird es mit einer verschwörungstheoretischen Zuschreibung an jüdische Akteure, die »hinter« der Medienöffentlichkeit stecken bzw. diese steuern würden.

Auch die Regel der Ambivalenz und damit verbundenen Darstellung einer nicht-identischen jüdischen Identität wiederholt sich: Neben der bereits beschriebenen Widersprüchlichkeit der Person Adornos wird auch das theoretische Werk als in zweifacher Hinsicht verkehrt beschrieben (»doppelbödig«[129], »richtige Krankheitsdiagnose mit völlig falschem Therapieansatz«) und wiederum die »Selbstzerstörung« der eigenen Gruppe als Folge der von Adorno propagierten Emanzipationsidee. Während Kapitalismus- und Kulturindustriekritik eine gemeinsame Basis der Linken und der Rechten bildeten, wird bei Letzteren die

---

[129] Die Lesart, dass es sich dabei um einen «doppelten Boden« mit der Absicht des Verbergens, wie beispielsweise beim zweiten Boden eines Koffers, handelt, ist anhand der nachfolgenden Sätze ausgeschlossen worden.

Erziehung eines autonomen Individuums zur Mündigkeit als falsche Idee (der ›falsche Therapieansatz‹) bezeichnet, denn Autonomie führe zu Anomie, und dem Programm einer mythischen, »sinnstiftenden Volksgemeinschaft« als der richtigen Idee gegenübergestellt. Atomismus wird einem Organismus entgegengestellt.

Als Begründung für die Manipulierbarkeit wird die Zerstörung der historisch-genealogischen Personengruppe (»Volk«) genannt. Diese wird als notwendige Überlebensgrundlage für Gemeinschaft, Kultur und Einzelnen betrachtet und in einen Gegensatz zu den zeitgenössischen »verstreuten menschlichen Sozialatomen« (Z. 177) gesetzt. Diese sollten, so der Vorschlag des Textes, wieder in die «sinnstiftende Volksgemeinschaft« (Z. 177) aufgenommen werden (»Wiedereinwurzelung«, Z. 176), d. h., es wird davon ausgegangen, dass die beschriebene »Volksgemeinschaft« schon einmal existiert hat.

Der Idee dieser »Volksgemeinschaft« liegt die Vorstellung einer Gesellschaft (sic) als naturwüchsiger, ursprünglicher Lebensgemeinschaft zugrunde, deren Mitglieder eine homogene ethnische Einheit bilden. Hinter jeglichen pluralen Interessen wird eine gemeinsame volkliche Substanz vermutet, »die zugleich das Wesen einer ›wahren‹ Demokratie ausmacht« (Lenk 1989: 152). Die Berücksichtigung individueller Interessen erübrigt sich, da Eigennutz und Gemeinnutz in der Idee der »Volksgemeinschaft« zusammenfallen (Vobruba 1994: 53).

Kurt Lenk hat diese mythische Sicht des Politischen und deren Vorstellung von Demokratie als Volksgemeinschaft folgendermaßen zusammengefasst: »Demokratie wird hier nicht als Strukturprinzip des Interessenausgleichs, sondern als Inbegriff eines in kleinen, überschaubaren Einheiten ›organisch‹ lebenden Volksganzen begriffen: familiale Blutsgemeinschaft bildet in sich schon echte Demokratie« (Lenk 1989).

Während die Analysen Adornos zum autoritären Charakter als grotesk beschrieben wurden und ihnen Mächtigkeit unterstellt wurde, wird dieser Gedanke mit der biographischen Erzählung über Adorno und seine Rückkehr an das Frankfurter Institut für Sozialforschung im Jahre 1949 wieder aufgenommen. Ihm wird unterstellt, dort Deutschland als Experimentierfeld zu benutzen, um einen unnatürlichen, anti-nationalen, zwanghaften Menschen zu planen[130], der entgegen der natürlichen Bestimmung durch das »deutsche Wesen« (Z. 198) nach der Ideologie der Frankfurter Schule funktioniert. Diese wiederum wird als mit mächtiger Gewalt ausgestattet beschrieben (»Sprengkraft«) und dem eignen Demokratieverständnis entgegengestellt, welches – wie gerade ausgeführt – in

---

[130] Die zu Beginn des Artikels verwendete experimentell-naturwissenschaftliche Semantik (Züchtung, Nährboden) wird hier wiederholt.

der gemeinsamen volklichen Substanz, jenseits pluraler Interessen von Individuen, begründet liegt.

Das Menschenbild Adornos wird hingegen pathologisiert. Die Umerziehungsidee der Deutschen wird als krankhaftes, auf jüdischen Ideen basierendes Konstrukt beschrieben, das dem wirklich demokratischen »völkischen« Menschen einen anti-nationalen Neurotiker entgegensetzt. Das jüdische Denken wird als ekelhaft und krankhaft beschrieben. Damit wird die Ablehnung des Jüdischen nicht nur auf einer rationalisierten, sondern ebenso auf einer emotionalen Ebene (»Ekel«) produziert.

Sowohl in der Zuschreibung pathologisierender Attribute sowie solcher der Heimtücke, drückt sich der allgemeine Gestus des Textes als entlarvender aus. Das vom Fremdkollektiv verbreitete Wissen wird als Lüge (»Emanzipationssalbader«) bzw. Ideologie, die eigene Darstellung als ehrlich gemeinte Wahrheit präsentiert.

6.1.1.7 Resümee. Erster Fall: »Volksgemeinschaft«

Die Interpretation hat ergeben, dass durch den gesamten Text hindurch ein Feindbild des Juden konstruiert wird, das als Gegenbegriff zur identitätsstiftenden deutschen »Volksgemeinschaft« fungiert. Mit dem Begriff der »Volksgemeinschaft« ist die Vorstellung einer biologisch und historisch-genealogischen Personengruppe verbunden, in welcher Individuen nur als Exemplare eines Kollektivs, und zwar eines völkisch gedachten, existieren (dürfen). Kultur wird in diesem Weltbild immer naturalisiert und im Rahmen des »Volksbegriffes« gedacht, als Ausdruck der »Volksseele«. »Denn wo das Volk zerstört wird, stirbt die Gemeinschaft, wo die Gemeinschaft zerstört wird, stirbt die Kultur und wo die Kultur zerstört wird, stirbt der Einzelne« (Z. 168-171). Differenz wird nicht zwischen Individuen, sondern zwischen »Volksgruppen« gedacht. Ethnische Gemeinschaft wird dabei zum Gesellschaftsmodell verallgemeinert und produziert zu diesem Modell zugehörige Fremdbilder. Selbst- und Fremdbild werden manichäisch einander gegenübergestellt und als zwei getrennte völkisch und kulturell bestimmte Vorstellungskomplexe konstruiert, denen widersprechende Eigenschaften und Ideen zugeordnet werden. Adorno und die Frankfurter Schule werden als Personifikationen jüdischer Intellektueller sowie des gegenwärtigen demokratischen Gesellschaftsmodells beschrieben. Dieses wird abgelehnt und diffamiert und einem »Volksgemeinschaftsmodell«, welches als das eigentlich demokratische und humanitäre dargestellt wird, negativ kontrastiert. Der Begriff der Demokratie wird umgedeutet, wie dass aus der Geschichte des völkischen Nationalismus bekannt ist. Lenk hat dies folgendermaßen zusammengefasst: »Die Grundformel lautet: Ein jedes Volk kann nur das werden, was es von Natur, vom Ursprung her, stets schon war (…). Ideenpolitisch und strategisch bedeutet die Ineinssetzung von Volk und Natur das stillschweigend Zugeständnis der Volkssouveränität als Legitimation von Demokratie« (Lenk 1989: 154 f.). Ein »Volk« ist aus dieser Perspektive – wie man dies bereits bei den völkischen Denkern der Weimarer Republik, so etwa bei Carl Schmitt oder Arthur Moeller van den Bruck, nachlesen kann – bereits als in seinem »schicksalsmäßigen Verbundenheitsgefühl« (Moeller van den Bruck 1931: 31), als homogenes harmonisches Ganzes gedacht, wesentlich demokratisch. Jegliche Vermittlung und Repräsentation durch Parteien beziehungsweise Parlamentarismus stellt in dieser Vorstellung eine Beeinträchtigung des »Volkswillens« dar und wird als undemokratisch abgelehnt (vgl. ebd.: 119; Schmitt 1991). Die Vorstellung identitärer Unmittelbarkeit von Regierenden und Regierten resultiert notwendig in Homogenitätsforderungen. Auf das nationalsozialistische Herrschaftssystem, welches auf der Idee der »Volksgemeinschaft« basierte, wird positiv Referenz genommen und die Verbrechen des Nationalsozialismus werden legitimiert. Als Störenfriede und heimtückische »Zersetzer« des »Volkes« werden hingegen Adorno und die Frankfurter Schule samt ihrem geistigen Werk angesehen.

Betrachtet man den Text hinsichtlich der zentralen Sinndimensionen Zeit, Raum und Soziales, so lässt sich die Semantik hinsichtlich ihrer Zukunfts- und Handlungsorientierung verdichten: Es wird eine geschlossene, rückwärtsgewandte, diesseitige Utopie entworfen, die an der ethnisch bestimmten nationalen Wir-Gruppe orientiert ist. Die Utopie ist dabei an der nationalsozialistischen Idee der »Volksgemeinschaft« ausgerichtet. Diese definiert den sozialen Raum als ethnisch national und homogen. Der gegenwärtige soziale Raum ist eingeteilt in linke und rechte Gruppen, wohingegen die rechten als ethnisch national und wahr, aber unterdrückt, d. h. auf einer gegenwärtigen räumlichen Perspektive »unten«, bestimmt werden, die linken Gruppen und der bundesrepublikanische Mainstream wird mit »dem Jüdischen« verknüpft bzw. als davon unterlaufen betrachtet. Diese Gruppe wird als nicht-identische und falsche im Gesellschaftsgefüge »oben« angeordnet, die es in der utopischen Zukunftsperspektive räumlich und sozial zu exkludieren gilt. Die Sozialdimension ist damit bereits überlagert, d. h., aus der Perspektive des Textes gibt es Gruppen, die völkisch homogen sind (»Volksgemeinschaft«), und solche, die heterogen sind (»Sozialatome«, »Gesellschaft«). Die Kriterien für die Homogenität sind dabei durchgängig rassisch, ethnisch, kulturell und national bestimmt. Juden und Linke werden dem heterogenen modernen Gesellschaftsmodell, Rechte dem völkischen Sozialmodell zugeordnet. Ersteres wird als derzeit Mächtiges abgewertet und als Bedrohung für Letzteres dargestellt.

Systematisiert man die Fallanalyse nach der Konstruktion der beiden dichotomischen Vorstellungskomplexe, ergibt sich folgendes Bild:

Selbstbild	Judenbild
Volksgemeinschaft	*Moderne funktional-differenzierte Gesellschaft*
Identität	*Nicht-Identität/Ambivalenz*
Opfer	*Täter*
	Macht/Strategie/Heimtücke/Tarnung
völkische Kultur	Kollektivismus der herunternivellierten Masse
national	anti-national
Natürlichkeit	Künstlichkeit
Organismus	Atomismus
Volksgeist	Individualismus
Gesundheit	Krankheit
Humanität/wahre Demokratie	Schein-Humanität/Schein-Demokratie
Autorität	Anti-autorität/Egalität
Tradition	Emanzipation
Wahrheit	Ideologie

Regeln: Ethnisierung, Homogenisierung, Ontologisierung, Personifikation Macht/Verschwörungszuschreibung, Strategien der Entmenschlichung

In der zentralen Sinndimensionen ergibt sich folgendes Bild:

Zeitdimension	*geschlossene, rückwärtsgewandte diesseitige Utopie an der nationalen/ethnischen Wir-Gruppe orientiert*
Raumdimension	*gegenwärtig: heterogen: links/rechts, oben/unten zukünftig: homogen ethnisch/ national*
Sozialdimension	*+ national, ethnisch/- nicht-national, ethnisch + homogen/- heterogen + Deutsche/- Juden Figur des Dritten: »Volksgemeinschaft«/»Volksgemeinschaft« vs. Nicht-Volk*

Die Konstruktion des Judenbildes als nicht-identisch, ambivalent, anti-völkisch und entmenschlicht innerhalb einer für die Zukunft angestrebten völkischen Ordnung der Welt, rückt Juden in einen Raum außerhalb dieser Ordnung. In einer Ordnung von »Völkern« gibt es keinen Platz für Ambivalentes, Nicht-Völkisches, Nicht-Identisches, »Ent-wurzeltes« – wie Juden und das ontologisierte »Jüdische« innerhalb dieses Textes konstruiert werden. Die Baumannsche Beschreibung der Konstruktion der Juden im Antisemitismus, die darin »rittlings auf den Barrikaden« (Baumann 1992: 55) säßen, die das Freund-/Feind-Schema (bestehend aus Völkern vs. Völkern) errichte und die von der modernen Ordnungsmanie bekämpft werden müssten (Baumann 1995: 82), findet in diesem Text seine Bestätigung. Im Antisemitismus wird Juden (und solchen, die dazu gemacht werden) als Repräsentanten des Sozialmodells Gesellschaft zwangsläufig der Ort des Dritten außerhalb der Ordnung der (Volks-)-Gemeinschaften zugewiesen.[131]

---

[131] Die zweistufige Struktur »(Volks-)Gemeinschaft/(Volks-)Gemeinschaft vs. jüdische Gesellschaft« wird anhand des Falles »Heute tolerant, morgen fremd im eigenen Land«, der zur Darlegung der Differenzierung und Verknüpfung des Antisemitismus dient, noch einmal ausgeführt.

6.1.2 Fall II und III: Täter-Opfer-Umkehr

Wie bereits im ersten Fall dargelegt, ist die Täter-Opfer-Umkehr ein zentraler Bestandteil des Antisemitismus und Teil einer Rationalisierungsstrategie. Juden werden Taten zur Last gelegt und die Wir-Gruppe wird als Opfer dieser Taten dargestellt, um einen angeblich daraus folgenden Antisemitismus zu rechtfertigen. Dies geschieht auf unterschiedliche Weisen, einmal wird mehr am Täter-Status, einmal mehr am Opfer-Status gearbeitet, einmal wird mehr auf die Gegenwart, einmal mehr auf die Vergangenheit Bezug genommen.

Im ersten dargelegten Fall war der Täter-Status direkt auf eine Person (Adorno) und deren Werk bezogen, die verschwörungstheoretisch mit der bundesrepublikanischen Medienöffentlichkeit »verkuppelt«, als Gefahr für eine »deutsche Volksgemeinschaft« dargestellt wurden. Die nationalsozialistische Ermordung der europäischen Juden in der Vergangenheit wurde verharmlost, die angeblich wie Gift wirkenden Schriften »des Judentums« zu verbrecherischen Taten an der »Volksgemeinschaft« in der Gegenwart umgedeutet. In den beiden nun folgenden Fällen werden Variationen von Täter-Opfer-Konstruktionen und -umkehrungen als zentrales Muster antisemitischer Argumentationen vorgestellt.

Holz hat eine Typologie der Täter-Opfer-Umkehr vorgenommen, die drei Variationen unterscheidet. Eine zielt darauf ab, die Schuld kleinzureden und eine angemessene Bezeichnung der Judenvernichtung zu vermeiden. Dies geschieht meist mit dem Hinweis darauf, dass die Wir-Gruppe auch Opfer war und schon gesühnt habe. Eine zweite Variation fokussiert nicht auf die schon geleistete Sühne, sondern nutzt die Zeitdimension und wirft Juden vor, dass sie illegitim Nutzen aus der Shoah ziehen. Sie fordert einen Schlussstrich unter die Vergangenheit. Eine dritte Variation arbeitet weniger am Tatvorwurf, sondern am Status der Opfer und stilisiert die Juden als Täter, indem sie diese in die Nähe der nationalsozialistischen Praktiken rückt. Gemeinsam ist allen »dass sie das Ausmaß der Tat wie der Schuld für übertrieben halten« (Holz 2005: 61). Je kleiner die Schuld geredet ist, desto leichter lässt sich die Täter-Opfer-Umkehr vollziehen.

Die folgenden beiden Fälle stellen Variationen der Täter-Opfer-Umkehr dar. Beide repräsentieren Varianten des Typs 2 der Holzschen Typologie, die, gründend auf dieser Empirie, differenziert und erweitert werden können.

6.1.2.1 Einführender Kontext

Der ausgewählte Text wurde zu Beginn der neunziger Jahre verfasst, zur Zeit des »Zweiten Golfkrieges« im Jahre 1991. Der Krieg begann mit dem Einmarsch irakischer Soldaten in Kuwait begann und wurde im Mai 1991 von den USA und deren Koalitionsstreitkräften beendet. Da der irakische Präsident Saddam Hussein bereits im Jahr 1990 den Koalitionsstreitkräften im Falle eines Angriff mit einem Angriff auf Israel drohte und er seinen Rückzug aus Kuwait unter anderem mit dem Rückzug israelischer Truppen aus dem Westjordanland, dem Gazastreifen, den Golanhöhen sowie dem Südlibanon verband, war Israel von Beginn an mit in den Krieg einbezogen. Durch den Beschuss Israels mit Scud-Raketen eine Dynamik auszulösen, die die anderen arabischen Staaten zum Austritt aus dem Koalitionsbündnis gegen den Irak bewegen sollte.

Die Ereignissonde wurde deshalb gewählt, weil im politischen Diskurs während des Golfkrieges Entscheidungen für oder gegen eine Partei und mit der Einbeziehung Israels auch der Konflikt zwischen Israel und den Palästinensern thematisiert wurde. Dies trug zur Aktualisierung spezifischer Selbst- und Fremdbilder bei. Erwartbar war deshalb, dass dieses Ereignis auch wieder zur Aktualisierung spezifischer jüdischer Fremdbilder führen würde.

Der Text erschien im Februar 1991 in der Monatszeitschrift »Nation & Europa«, die in der Zeitschriftenbeschreibung im Methodenkapitel bereits als Ideologieorgan klassifiziert wurde (Pfeiffer 2002a: 106). Pfeiffer wies bereits daraufhin, dass der Wirkungsbereich der Zeitschrift sich im Laufe der 1990er Jahre stärker auf das so genannte Scharnierspektrum (Pfeiffer 2002: 175 f.) als auf das traditionelle rechtsextreme Spektrum konzentrierte. So war die Zeitschrift bis zur ihrer Aufgabe im Jahre 2009 maßgeblich an einer geplanten Intellektualisierungsstrategie beteiligt, die durch einige neu-rechte Autoren, die in der Zeitschrift schrieben, zu realisieren versucht wurde. Auch durch ihre Kontinuität als eine der ältesten rechtsextremen Zeitschriften sowie ihr Ziel einer »Einheit der Rechten«, die sie durch die Veröffentlichung von Texten prominenter europäischer Rechter – wie beispielsweise den »Ethnopluralisten« Alain de Benoist, aber auch Jean-Marie Le Pen oder Julius Evola – zu schaffen versuchte, trug sie zur Vernetzung der Rechten in Europa bei (vgl. Grumke/Wagner 2002: 454 f.). Mittlerweile wurde sie von der Zeitschrift »Zuerst!« abgelöst, die als eine Fortsetzung dieses Versuchs gelesen werden kann. So hat seit März 2011 auch Manuel Ochsenreiter, ein Mitarbeiter der »neurechten« Zeitschrift »Junge Freiheit« und ebenfalls Chefredakteur der deutschen Militärzeitung, die Chefredaktion von »Zuerst!« übernommen.

Autor des folgenden Textes ist der 1996 verstorbene Adolf von Thadden, ehemaliges NSDAP-Mitglied, Mitglied der deutschen Rechtspartei (DKP-DRP) und Mitbegründer der NPD sowie deren zweiter Bundesvorsitzender ab 1967. 1971 trat er als Vorsitzender der NPD zurück, 1975 verließ er die Partei. Neben Peter Dehoust und Harald Neubauer war er ab 1992 Mitherausgeber der Zeitschrift »Nation & Europa« (vgl. Grumke/Wagner 2002: 249).

Ausschlaggebend für die Auswahl des Textes war wiederum die Überschrift »Wir sind schon wieder schuld«, die explizit die Thematisierung einer Wir-Gruppe sowie deren (vermeintliche) Schuld ankündigt. Ob in dem Text auch ein Judenbild eingeführt wird, war an der Überschrift noch nicht abzusehen. Da jedoch nach 1945 die Thematisierung von Schuld häufig auf Auschwitz Bezug nahm und davon ausgehend Wir- und Judenbild zum Zweck einer Täter-Opfer-Umkehr thematisiert wurden, lag dies zumindest im Möglichkeitsbereich.

6.1.2.2 Text: »Wir sind schon wieder schuld«

Ich werde die Interpretation der Überschrift und des ersten Absatzes noch einmal ausführlicher darlegen, um dann ergebnisorientiert die Variation der Täter-Opfer-Umkehr zusammenzufassen.

Mit der Überschrift wird ein kollektives Wir-Subjekt eingeführt, welches noch unbestimmt bleibt. Es könnte damit ein nationales, ein ethnisches, ein politisches oder religiöses Kollektiv, eine berufliche Gruppe, jedenfalls ein Zusammenhang mehrerer Personen gemeint sein. Eindeutig ist, dass es sich um ein partikulares Kollektivsubjekt handelt, »wir« heißt nicht »alle«, und dass eine Selbstbezeichnung vorgenommen wird. Dieses Wir thematisiert einen moralischen Vorwurf, eine moralische Norm, die übertreten wurde: »Schuld« (Z. 1). Die Wir-Gruppe hat sich schuldig gemacht, der Vorwurf wird eingeführt und steht im Raum. Unklar ist noch, ob es sich dabei um a) einen Selbstvorwurf/eine Selbstkritik oder b) um einen Fremdvorwurf handelt. Und wenn b) der Fall ist, dann ist offen, ob der Vorwurf angenommen oder ironisiert bzw. abgelehnt wird. Erwartbare Anschlüsse an diese Stelle sind a) eine Selbstbeschreibung der Wir-Gruppe und b) die Beschreibung der Schuldigkeit sowie darauf folgend a) eine Bestätigung oder b) eine Abgrenzung von der Wir-Gruppe bzw. a) eine Zuwendung oder b) eine Abgrenzung von der Schuldigkeit. Mit der Einführung verschiedener funktional bestimmter Personen werden im einleitenden Satz verschiedene Referenzen eingeführt, auf die sich die Wir-Gruppe beziehen kann:

> »Bundestagspräsidentin Rita Süßmuth hatte vor ihrer neuesten Reise nach Jerusalem ein Gipfeltreffen mit Heinz Galinski, dem Vorsitzenden des Zentralrats der Juden in Deutschland« (Z. 1-3).

In diesem einführenden Satz wird keine Wir-Gruppe, sondern eine Person mit politischer Funktion (»Bundestagspräsidentin«) genannt. Diese politische Person wird in ihrer Repräsentationsfunktion des politischen Systems der Bundesrepublik Deutschland vorgestellt und eine zurückliegende politische Tätigkeit, eine Konferenz bzw. ein politisches Treffen mit einem Funktionsvertreter einer Interessensgruppe (Zentralrat der Juden in Deutschland) sowie eine vorausliegende (»Reise nach Jerusalem«, Z. 1 f.) erwähnt. Mit der Nennung des Ortes Jerusalem kann erwartet werden, dass das Treffen Süßmuths mit Galinski einen Zusammenhang mit der späteren Reise nach Jerusalem hat, bei der es um jüdische Interessen geht.

Die in der Überschrift eingeführte Wir-Gruppe könnte nun 1) entweder mit der Bundestagspräsidentin als Funktionsvertreterin Deutschlands identifiziert sein (staatsbürgerlich nationale Wir-Gruppe) oder 2) mit Galinski als (religiösem/ kulturellem/ nationalem) Interessenvertreter oder 3) gegen beide vorgestellten Funktionsträger als Kollektiv abgegrenzt werden. Insbesondere in einem rechten Text wäre letztere Deutung denkbar, wenn beispielsweise die Bundestagspräsidentin als »Parteibonzin« und der Zentralratsvorsitzende als »Jude« gegen »die echten Deutschen« konstruiert würden bzw. das »deutsche Volk« gegen das gegenwärtige politische System bzw. den Staat. Auch als Lesart vorstellbar wäre, dass sich eine »jüdische Gruppe« – mit dem »Wir« bezeichnet und dem Fremdvorwurf, dass Juden wieder schuldig seien – ironisch reflektiert. Letzteres ist für eine rechte Zeitschrift untypisch, der politische Kontext war aber dem Interpretationsteam zu Beginn nicht bekannt.

Da sowohl der Verweis auf Schuld sowie ein Vertreter des Zentralrats der Juden in den Text eingeführt werden, ist eine nahe liegende Deutungsmöglichkeit, dass es sich um Schuld in Bezug auf die Shoah und damit verbundene Entschädigungszahlungen oder Schuld in Bezug auf aktuellen Antisemitismus handelt. Da die Überschrift von einer Wiederholung spricht (»schon wieder«) muss ein neues Ereignis eintreten, welches den Schuldvorwurf rechtfertigt. Zuerst aber wird im Text weiter mit dem Unterredungsthema zwischen Galinski und Süßmuth angeschlossen:

> »Diesmal ging es nicht um die von Galinski geforderte Einwanderung einiger hunderttausender Juden aus der Sowjetunion, sondern um die Lage Israels im Golf-Krieg« (Z. 3-6).

Es wird darauf verwiesen, dass es schon mehrere Treffen zwischen der Bundestagspräsidentin und dem Zentralratsvorsitzenden gab, die ein bestimmtes Thema, nämlich die Forderung nach »massenhafter« (»hunderttausend«, Z. 4 f.) jüdischer Zuwanderung aus der Sowjetunion, zum Thema haben. Juden werden dabei als Juden religiös oder ethnisch bestimmt. Sie wanderten aus der Sowjetunion aus, werden im Text aber nicht als sowjetische Staatsbürger vorgestellt. Bei diesem Treffen aber geht es um »die Lage Israels im Golf-Krieg«. Die Thematisierung einer »Lage« verweist wiederum auf ein Problem. Da Israel am Golfkrieg nicht beteiligt ist, aber Saddam Hussein Raketen in Richtung Israel hat aufstellen und abschießen lassen, könnte die bedrohliche Lage Israels das Thema zwischen der Bundestagspräsidentin und dem Zentralrat sein. Der Zentralrat wird hier in seiner Funktion als Vertreter der Juden in Deutschland für ein Anliegen in Bezug auf Israel als jüdischen Staat konsultiert, d. h., es ist erwartbar, dass es die Forderung gibt, dass Israel geschützt werden soll. Ohne die Kontextinformation über die Lage Israels könnte jedoch auch die Lesart möglich sein, dass Israel als Veranlasser von Konfliktsituationen mit involviert ist und mit dem »Wir« in der Überschrift eine jüdische Selbstbezeichnung gemeint ist, Juden demnach erneut an einem Konflikt als schuldig benannt werden. Die Lesart, dass mit »Wir« »die Deutschen« gemeint sind ist aber auch noch offen, und könnte mit den weiteren Textinformationen nun bedeuten, dass Deutschland an der Unterstützung des Iraks, beispielsweise mit Waffen, beteiligt ist und sich daher an Israels Bedrohungslage schuldig macht. Die Lesart, dass mit »Wir« auf eine jüdische Wir-Gruppe in Gestalt von Israel verwiesen wird, wird direkt im nächsten Satz ausgeschlossen. Die Forderung, dass Israel Geld braucht und unterstützt werden muss, würde sich anders darstellen, wenn Israel als Schuldiger bezeichnet würde. Die noch offenen Lesarten werden mit Hilfe der nächsten beiden Sätze eindeutig:

>»beide waren sich einig, daß Israel viel Geld benötige, und beide waren sich einig, daß nunmehr endlich etwas gegen jene deutschen Firmen unternommen werden müsse, die Saddam Hussein angeblich mit Material- und Waffenlieferungen unterstützt hätten« (Z. 6-10).

Süßmuth und Galinski wird demnach ein Konsens zugeschrieben. Die Textperspektive legt nahe, dass deutsche Firmen zu Unrecht beschuldigt werden. Die Wir-Gruppe in der Überschrift ist geklärt. Es handelt sich um die Lesart, die ein »eigentliches nationales Wir« (»die deutschen Firmen, »das deutsche Industriekapital«), in den Gegensatz zu einer Regierung stellt, die mit dem Interessensvertreter der Juden in Deutschland sowie außenpolitisch mit Israel kooperiert. Süßmuth wird daher nicht als Repräsentantin der »wirklichen« nationalen Wir-Gruppe, sondern als eine Repräsentantin des offiziellen Staates dargestellt. Sie wird von der Wir-Gruppe unterschieden, und ihr wird unterstellt, aus Staatsräson mit Juden (innenpolitisch wie außenpolitisch) zusammenzuarbeiten. Es ergibt sich folgende Fallstrukturhypothese:

1. Fallstrukturhypothese

Die »deutsche Regierung« wird in Kooperation mit einem Repräsentanten der Juden in Deutschland und Israel gegen »das deutsche Industriekapital« konstruiert, welches gegenwärtig mit einem illegitimen Schuldvorwurf konfrontiert wird.

Diese Fallstrukturhypothese wird im Laufe des Textes wiederholt und mit klassischen antisemitischen Stereotypen unterlegt. Die Argumentation werde ich im Folgenden nur noch zusammenfassen, nicht aber die einzelnen Lesarten der Interpretation erneut darlegen.

Behauptet wird, dass es sich bei dem Vorwurf, dass deutsche Techniker und Chemiker Hussein unterstützt hätten, um einen bloßen Vorwurf ohne Beweise handelt, hinter dem »Israel« und die »amerikanische Ostküste«, ein Synonym für das »jüdische Finanzkapital« und die Börse, steckten. Es wird eine jüdische Medienverschwörung konstruiert, die den Schuldvorwurf an »die Deutschen« instrumentalisiere.

»Die Machart ist ganz einfach. Es genügen ein paar Telefongespräche zwischen New York und Tel Aviv – und prompt läuft eine gut geölte Propagandamaschinerie an, die dann auch ohne große geistige Unkosten mit den einseitigen deutschen Missetaten vor einem halben Jahrhundert verbunden werden kann« (Z. 33-37).

Dass sich Deutsche im Nationalsozialismus schuldig gemacht haben, wird nicht bestritten, die Verbrechen aber mit der Beschreibung »Missetaten« relativiert. Der Begriff Missetat enthält rechtsbegrifflich noch nicht mal einen Mord. Der Begriff Judenvernichtung wird vermieden. Behauptet wird aber, dass die Juden, angedeutet über New York (»Ostküste«) und Tel Aviv (Israel) ein umspannendes Netz und die Macht hätten, den Schuldvorwurf an »die Deutschen« zu instrumentalisieren. Eine Bestätigung dass die Macht wirksam ist, ergibt sich aus der Textperspektive daraus, dass andere gesellschaftliche Gruppen (»Friedensbewegung, Sozis, DGB und Artverwandte«) keinen Widerspruch gegen den Schuldvorwurf explizieren würden, andererseits deutsche Politiker in »Büßerhaltung« Israel finanziell unterstützten. »Den Juden« wird »Schlauheit« und Verschlagenheit unterstellt: »Man muß eben wissen, wie man es macht« (Z.41). Dass die Medienverschwörung wirkt und mächtig ist, wird mit Verweis darauf zu beweisen versucht, dass über die Waffenlieferungen anderer Akteure (Frankreich, Sowjetunion, USA) an Saddam Hussein im Ersten Golfkrieg nicht berichtet werde und nur über Deutschland Lügen verbreitet würden. Der Beweis, dass es sich um Lügen handelt, wird anhand zweier Bildgrafiken, einer Karikatur und einer Statistik, zu führen versucht. Dort wird einerseits der prozentuale Waffenlieferungsanteil an die Dritte Welt und die größten Waffenkunden aufgelistet. Deutschland befindet sich bei den Waffenlieferanten dabei hinter der Sowjetunion, den USA, Frankreich, China und Großbritannien. In der Bildkarikatur wird ironisiert dargestellt, dass Deutschland (repräsentiert durch den damaligen Bundeskanzler Kohl mit einem schwarzen Kreuz auf der Brust) mit seinen Waffenlieferungen, repräsentiert durch Raketen (auch wiederum mit schwarzem Kreuz) mit den Aufschriften »German Gas for Saddam«, »Extended German Scuds« und »Saction busting firms«, doch am Krieg teilnehme, aber behaupte, nicht direkt teilzunehmen.

6.1.2.3 Resümee Fall II: Schlussstrichdiskurs: Juden als Nutznießer

Es ergibt sich demnach folgende erweiterte Fallstrukturhypothese:

Die »deutsche Regierung« wird in Kooperation mit einem Repräsentanten der Juden in Deutschland und Israel gegen das »deutsche Industriekapital« konstruiert, welches gegenwärtig mit einem von Juden verbreiteten illegitimen Schuldvorwurf konfrontiert wird. Juden auf der ganzen Welt seien fähig und mächtig, den Schuldvorwurf und das schlechte Gewissen deutscher Regierungsvertreter zu instrumentalisieren, um sich finanziell zu bereichern.

Dieser Fall stellt eine Variation der im ersten Fall entwickelten Fallstruktur dar, der nicht nur im radikalen rechten Spektrum, sondern ebenso im demokratischen Spektrum verbreitet ist (vgl. Holz 2005: 54 f.). Zentral ist die Umkehr des Täter-Opfer-Verhältnisses, sowie die damit verknüpfte Verschwörungstheorie. Die nationalsozialistische Judenvernichtung wird hier nicht geleugnet oder befürwortet, sondern eher verdrängt und nicht benannt. In diesem Text wird sie als »Missetat« verharmlost, die so lange zurückliegt, dass man sich nicht mehr an sie zu erinnern braucht. Juden werden dagegen als Störenfriede beschrieben, die Deutsche mit dem Schuldvorwurf drangsalieren. Holz hat die Vermeidung einer angemessenen Bezeichnung der Judenvernichtung als typisch für den Antisemitismus im demokratischen Spektrum beschrieben und deren Zweck folgendermaßen bestimmt:

»Vergegenwärtigt und versprachlicht man die Judenvernichtung gar nicht erst in einer angemessenen Weise, fällt es um so leichter, den sich aus der ›Vergangenheit‹ ergebenden Schuldvorwurf für übertrieben zu halten. Kleinreden der Tat und der Schuld soll Auschwitz pflichtschuldig thematisieren, ohne sich dem Grauen der Todesmärsche, den Gesichtern der ausgemergelten menschlichen Skelette, den Bergen von Haaren, Zähnen, Brillen und Leichen zu stellen. Sonst könnte man nicht so leicht das Thema wechseln, die zwölf ›schlimmen‹ Jahre mit den tausend guten und Hitler mit Goethe verrechnen« (Holz 2005: 62).

Nicht nur im demokratischen Spektrum, sondern auch im radikalen rechten Spektrum wird diese Argumentationsstrategie angewandt, die sozusagen die harmlosere Variante der Auschwitzleugnung oder Affirmation darstellt und auf die Täter-Opfer-Umkehr fokussiert. In diesem Fall ist die zweite Variante der Holzschen Typologie verwirklicht, in der »den Juden« vorgeworfen wird, Nutzen aus dem Schuldvorwurf zu ziehen und »die Deutschen« als Opfer der dauernden Thematisierung ihrer Schuld an der Judenvernichtung zu bezeichnen. Es werden ihnen aber nicht nur die Instrumentalisierung des Schuldvorwurfs und der daraus folgende Nutzen vorgeworfen, sondern auch Macht, Schlauheit und Verschlagenheit unterstellt. Die Täter-Opfer-Umkehr ist in eine Verschwörungstheorie eingebettet. In der Öffentlichkeit würden Lügen verbreitet und die Wahrheit unterdrückt. Dahinter steckten »die Juden«, um finanziellen Nutzen daraus zu ziehen. So lautet die Struktur der Argumentation und hat damit wie im ersten Fall wiederum Entlarvungscharakter: Den spezifischen Anderen, d.h. Juden und von ihnen instrumentalisierten gesellschaftlichen Kräften, wird Ideologie und Lüge unterstellt, der eigenen Gruppe die ehrliche und wahre Perspektive. Damit sind wesentliche Strukturmuster der bereits im ersten Fall entwickelten Fallstruktur in einer Variation und mit Fokus auf die Täter-Opfer-Umkehr und die Instrumentalisierung des Schuldvorwurfs reproduziert.

Dass der Fokus antisemitischer Argumentationen insbesondere in der Zeitung »Nation&Europa« auf der Verknüpfung eines Schlussstrichdiskurses mit einer Verschwörungstheorie liegt, haben auch die inhaltsanalytischen Analysen bestätigt (vgl. Anhang A2).

6.1.2.4 Einführender Kontext

Der folgende Text ist in der auflagenstärksten Wochenzeitung des rechtsradikalen Spektrums, der »National-Zeitung – Deutsche Wochen-Zeitung«, erschienen, die als Parteiorgan der ehemaligen Deutschen Volksunion (DVU) fungierte. Aufgrund der mehrfachen Funktionen Gerhard Freys, der zugleich Parteivorsitzender der DVU, Herausgeber der »National-Zeitung - Deutsche Wochenzeitung« und Verlagsinhaber der Zeitung war, konnte diese gewissermaßen als Presseorgan der DVU bezeichnet werden, auch wenn sie aufgrund ihrer Auflage und Kontinuität Wirkung auf weitere Teile des rechtsradikalen Spektrums hat.

Während die »Deutsche Stimme« und die »Junge Freiheit« zumindest als Ziel eine Intellektualisierung anstreben, gilt dieses Blatt als die niveauloseste, unprofessionellste und am vulgärsten aufgemachte Zeitung. Pfeifer beschreibt sie als »altbacken, antisemitisch und geschichtsklitternd« (Pfeiffer 2002a: 108). Die beiden letztgenannten Adjektive treffen auf alle hier besprochenen rechten Zeitungen zu, aber auf unterschiedliche Weise. Der sprachliche Stil in der National-Zeitung ist am direktesten und der am wenigsten differenzierteste aller untersuchten rechten Medien.

Der Autor des nachfolgend vorgestellten Artikels ist besagter Zeitungsherausgeber und ehemaliger DVU-Vorsitzender Dr. Gerhard Frey. Er studierte Rechts- und Staatswissenschaften und promovierte an den Universitäten München und Graz. Er war Mitarbeiter einiger Zeitungen und Zeitschriften, so beispielsweise der »Deutschen Soldatenzeitung« (DSZ), einer Zeitung, die von ehemaligen NSDAP- und Waffen-SS-Mitgliedern gegründet wurde. Der DSZ-Verlag, der auch die »National-Zeitung – Deutsche Wochenzeitung« herausgibt, hat seine Wurzeln in dieser Zeit. Frey kaufte im Jahre 1958 fünfzig Prozent der Anteile der »Deutschen Soldatenzeitung« und gründete die »Deutsche Soldaten Zeitung Verlag GmbH«, die heute »Druckschriften- und Zeitungsverlag GmbH«/»DSZ-Verlag« heißt (vgl. Grumke/Wagner 2002: 255 f.). 1960 erwarb Frey die gesamte Verlags-GmbH und kaufte einige Zeitschriften auf. So hielt er jahrelang dreißig Prozent der Zeitschrift »Nation Europa«, die im nächsten Fall besprochene, später in »Nation & Europa« benannte und mittlerweile eingestellte Zeitung. Wegen der Verquickung von wirtschaftlichen und politischen Interessen war er in der rechten Szene umstritten (vgl. Grumke/Wagner 2002: 258).

Frey hat eine lange radikale rechte politische Karriere in verschiedenen rechten Vereinen und Parteien hinter sich (Deutsche Volksunion e.V., NPD, DVU) und war in der europäischen rechtsradikalen Szene gut vernetzt, so auch mit dem britischen Revisionisten David Irving und mit Jean Marie Le Pen. Er starb am 19. Februar 2013.

Der im Folgenden interpretierte Artikel wurde wegen der Teilüberschriften des Artikels ausgewählt, die sowohl auf einen verschwörungstheoretischen Kontext (»Weltkongreß«, »Weltregierung«, Z. 13) als auch auf die Thematisierung von »Vergangenheitsbewältigung« (Z. 27) verwiesen und damit die Thematisierung eines Selbst- sowie Fremdbildes vermuten lassen.

Der Artikel fiel in die Zeit des so genannten »Osloer Friedensabkommens«. Damit ist die Osloer Prinzipienerklärung (Declaration of Principles) gemeint, die nach monatelangen Verhandlungen in Oslo vom damaligen israelischen Ministerpräsidenten Jitzchak Rabin, dem damaligen PLO-Chef Jassir Arafat sowie dem US-amerikanischen Präsidenten Bill Clinton in Washington unterzeichnet wurde. Das Abkommen regelt eine Teilautonomie der Palästinenser im Gazastreifen und im Westjordanland, zunächst in der Stadt Jericho. Die Osloer Friedensverträge gelten gemeinhin als Beendigung der 1987 begonnenen ersten Intifada und als Symbol für Zugeständnisse von palästinensischer wie israelischer Seite. Arafat, Rabin und der israelische Außenminister Shimon Peres erhielten danach zusammen den Friedensnobelpreis. Trotz allem gab es Gegner auf beiden Seiten, die gegen die Anerkennung des jeweils anderen Staates waren. Zudem waren viele umstrittene Fragen, wie die Zukunft der jüdischen Siedlungen und der palästinensischen Flüchtlinge als auch der Grenzverlauf zwischen den beiden Staaten und der Status Jerusalems, nicht geregelt. Genauso gab es Positionierungen und Kommentierungen der Ereignisse von linker und rechter Seite und damit verbunden Positionierungen für oder gegen die Palästinenser oder Israel.

Wie bereits im methodischen Kapitel erläutert, stehen Ereignisse und die damit verbundenen gewählten Sonden nicht in kausalem Verhältnis mit den Berichterstattungen und antisemitischen Semantiken. These ist aber, dass bestimmte Themen antisemitische Semantiken aktualisieren. Der folgende Artikel hingegen, auch wenn er zeitlich nicht weit nach dem Abkommen erschien, bezieht sich thematisch keineswegs auf die Osloer Verträge, sondern behandelt ein anderes Themenspektrum, an welchem das Selbst- und das jüdische Fremdbild aktualisiert wurden. Hintergrund war der Vorschlag Helmut Kohls und der CDU, den sächsischen Justizministers Steffen Heitmann für das Bundespräsidentenamt vorzuschlagen. Heitmann trat jedoch nach einigen umstrittenen fremden- und frauenfeindlichen Äußerungen sowie Forderungen eines Schlussstrichdiskurses von der Kandidatur zurück. So behauptete er: »Jedes Land kann nur ein bestimmtes Maß an Überfremdung vertragen«, die Nazizeit müsse »enttabuisiert« werden (zitiert nach Bartsch 2000). Er bewertete es als bedenklich, dass »fünfzig Prozent Frauen in männliche Strukturen eindringen«, und empfahl der sächsischen Frauen-Union doch »wieder die Mutterschaft ins Zentrum der Gesellschaft zu rücken«. Außerdem warnte er »angesichts der ansteigenden Ausländerfeindlichkeit vor der Überfremdung der deutschen Kultur« (zitiert nach Brink 1993). Dieses politische Ereignis hat der folgende Artikel zum Thema genommen. Ich werde wiederum die Entwicklung der Fallstrukturhypothese darstellen und ihre Reproduktion im weiteren Text nur kursorisch aufzeigen, um diese Variation der Täter-Opfer-Umkehr mit Fokus auf die Konstruktion »der Deutschen« als Opfer in der Gegenwart empirisch zu exemplifizieren.

6.1.2.5 Text: »Heitmanns Verdammung«

Der Artikel mit der Überschrift »Heitmanns Verdammung« erschien unter der temporären Rubrik »Präsidentenwahl« und kündigt die Verurteilung bzw. noch stärker die Exkommunikation einer politischen Person an. Der Begriff Verdammung geht auf das lateinische Wort »damnum« ([Geld]buße, Verlust, Schaden, Nachteil) zurück und wurde ursprünglich in der Kirchensprache verwendet. Dort bezeichnete es den Ausstoß oder die Verfluchung aus der göttlichen Gnade (vgl. Wermke 2001). Auch im religiösen Antijudaismus wurde damit auf Gottes Verwerfung des »jüdischen Volkes« als »auserwähltes Volk« abgezielt. Im vorliegenden Text wird das Fluchwort, bezogen auf eine politische Person (»Heitmann«, Z.1), eingeführt. Die Exklusion im folgenden Kontext bezieht sich, wie sich aus der Unterüberschrift ergibt, nicht auf den Ausschluss aus der Kirchengemeinde, sondern aus einem politischen Kontext: Der in sein politisches Amt eingeführte Heitmann (»sächsischer Justizminister«) »darf« nicht Bundespräsident werden. Es muss jemanden geben, der es verhindert oder verbieten kann. Eine Erklärung dafür kündigt der Text mit der Unterüberschrift an: »Warum der sächsische Justizminister nicht Bundespräsident werden darf« (Z. 2). Zu Beginn wird jedoch keine Erklärung aus der Perspektive des Textes gegeben, sondern zur Erklärung wird der damalige Zentralratsvorsitzende der Juden in Deutschland, Ignatz Bubis, zitiert. Mit dem Statement des Zentralrats wird eine Erklärung eingeführt, die bereits die Fallstruktur des Textes im Wesentlichen bestimmt:

> »Man wird Heitmann einsehen lassen, dass er nicht der richtige
> Mann als Bundespräsident ist. Er darf sich sein Handeln nicht
> von der Volksmeinung aufdrängen lassen, selbst wenn sie die
> Mehrheitsmeinung ist« (Z. 5-12),

lautet das im Teaser abgedruckte Zitat von Bubis. Mit Bubis' Zitat wird zum Ausdruck gebracht, dass eine Allgemeinheit (»man«) Heitmann zur Einsicht nötigen werde. Bubis' Zitat wird aus der Textperspektive bestätigt. Jedoch wird im Laufe des Artikels deutlich werden, dass die Aussage in eine verschwörungstheoretische Weltanschauung eingebettet ist und einen spezifischen Sinn ergibt. Das Zitat besagt, dass Heitmann von einer Allgemeinheit zur Einsicht genötigt (oder überzeugt) wird, dass er nicht für das Bundespräsidentenamt geeignet ist oder bestimmte Voraussetzungen dafür nicht erfüllt. Da Heitmann bereits ein politisches Amt (Justizminister in Sachsen) innehatte, ist es unwahrscheinlich, dass es sich dabei um formale Kriterien handelt, sondern es muss etwas mit dem Repräsentationscharakter des Amtes und den damit verbundenen Erfordernissen moralischer und politischer Integrität zu tun haben. Mit dem Wissen um die fremdenfeindlichen und geschichtsklitternden Aussagen Heitmanns liegen die Gründe auf der Hand.

Der zweite zitierte Satz von Bubis integriert eine zusätzliche Perspektive. Es handelt sich dabei um einen Appell, der Heitmann auffordert, sich nicht an der »Volksmeinung« (Z. 9/10) zu orientieren, auch wenn sie quantitativ überwiegt. Das verweist darauf, dass es aus Bubis' Perspektive qualitative Kriterien für eine Bundespräsidentschaft geben muss, die unabhängig von der Mehrheitsgesellschaft gelten.

Mit der nächsten Teilüberschrift »›Weltkongreß‹ als ›Weltregierung‹« (Z. 13/14) wird nun die Frage gestellt, ob es die (universale) internationale Versammlung gibt, die eine Weltregierung wäre (Lesart 1) oder dies mit einer rhetorischen Frage behauptet (Lesart 2). Mit dem vorherigen Textwissen und der Einführung des Zentralrats der Juden ist anzunehmen, dass auf einen partikularen »Weltkongreß«, nämlich dem Jüdischen Weltkongress (World Jewish Congress, WJC) verwiesen wird. Dabei handelt es sich um eine internationale Vereinigung jüdischer Gemeinden und Organisationen, die sich als Interessensvertretung aller in der Diaspora lebenden Juden versteht. Beide Worte »Weltkongreß« und »Weltregierung« sind in Anführungszeichen geschrieben. Entweder werden sie in Frage gestellt, d. h., es wird in Frage gestellt, ob es sich bei dem Kongress und der Regierung um eine Vertretung der Welt handelt, oder es wird auf nicht politisch korrekte oder im Sprachgebrauch nicht-existierende Eigennahmen referiert.

Im weiteren Verlauf des Textes stellt sich heraus, dass mit dem »Weltkongreß« der »Jüdische Weltkongress« gemeint ist, eine partikulare Interessensvertretung, welcher unterstellt wird, eine Weltregierung zu sein. Der weitere Text behauptet, dass Heitmann Repräsentant der Mehrheitsmeinung sei, aber aufgrund der Macht des »Jüdischen Weltkongresses« nicht hätte Bundespräsident werden sollen. Deutlich wird in der Folge, dass mit dem »Jüdischen Weltkongress« nicht nur der real existierende »Jüdische Weltkongress« gemeint ist, sondern ein Konglomerat aller Juden und jüdischen Vertreter auf der Welt. Als Institutionen dabei werden folgende genannt: »Zentralrat«, »Weltkongreß« und »Simon-Wiesenthal-Zentrum«.

Betont wird im Text wiederholt und am Beispiel aller drei genannten Institutionen die Partikularität der Interessensvertretung der Juden, die, obwohl es sich nur um wenige handle, viel Einfluss hätten und denen dabei insbesondere die ihnen unterstellte Verbindung mit »Massenmedien« (Z. 30) zu Macht verhelfe. Diese Konstruktion der Juden als wenige Einflussreiche kennen wir bereits von den vorherigen Fällen. So heißt es:

»Die Mitgliederzahl des sogenannten Weltkongresses hält sich zwar in engen Grenzen, doch seine Macht ist groß, da Massenmedien rund um die Welt und speziell in der Bundesrepublik Deutschland ganz und gar auf ihn hören« (Z. 26-33).

Dabei werden die als jüdisch bezeichneten Personen mit Geld und Macht assoziiert und als moralisch zweifelhaft gezeichnet (»Alkohol-Milliardär«). Unterschieden wird eindeutig zwischen den Interessen der als partikular bestimmten, aber mit homogenem Interesse ausgestatteten Gruppe der Juden und dem »deutschen Volk«, die sich nicht überschneiden würden. Juden aber wird die Macht zugeschrieben, ihre Interessen durchzusetzen. Dies wird nicht als Einzelfall, sondern mit Verweis auf die so genannte »Waldheim-Affäre« als kontinuierlicher Tatbestand beschrieben.

Wie bereits in der Fallstrukturanalyse des vorherigen Textes rekonstruiert, ergibt sich in diesem Text eine ähnliche Fallstruktur insofern, als Juden große Macht zugeschrieben wird, sie mit Geld und Medien verknüpft werden und Interessen gegen das »deutsche Volk« mit Erfolg vertreten.

Es ergibt sich daraus folgende Fallstrukturhypothese:

Juden im Allgemeinen, repräsentiert durch verschiedene jüdische Institutionen, werden als Gruppe mit homogenen Interessen gegen das »deutsche Volk« konstruiert. Sie werden als partikulare kleine Gruppe mit großem Einfluss und Medienmacht verknüpft vorgestellt, und es wird behauptet, dass es sich um eine gegen die Mehrheitsmeinung (nicht nur in Deutschland, sondern auf der Welt) etablierte »Weltregierung« handelt.

Warum sich Juden nun gegen die Präsidentschaftskandidatur aussprechen, wird im zweiten Teil des Textes entfaltet.

Heitmann wird dort als im Gegensatz zu anderen Politikern (»im Gegensatz zu anderen heute als Politiker wirkenden Theologen«) sowohl in der DDR-Vergangenheit wie in der bisherigen Zeit innerhalb der Bundesrepublik als »ohne Fehl und Tadel« beschrieben. Seine Aussagen, die Frauen auf die Mutterrolle festlegten, sowie sein geäußerter Wunsch nach Normalisierung »des deutschen Volkes«, d. h. nach Verdrängung der nationalsozialistischen Vergangenheit, werden als positiv dargestellt, und man behauptet, dass Heitmanns Aussagen Tatsachen entsprächen, die ihm zum moralischen Vorwurf gemacht würden. Er sage die Wahrheit, die aufgrund der Macht einer partikularen Gruppe nicht handlungsmächtig würde. Ähnlich wie in dem zu Beginn analysierten Text über Adorno taucht wieder das Muster auf, jüdische Vorstellungen seien ideologisch und falsch. Die Ideen des »deutschen Volkes« hingegen seien zwar wahr, würden aber unterdrückt von wenigen.

Nicht nur dieses Muster, sondern auch die Parallelisierung von als jüdisch sowie als links bezeichneten Interessen, wiederholt sich in diesem Text. Rita

Süßmuth wird als »linke Gestalt« bezeichnet, der moralisch zweifelhafte Eigenschaften und politische Verfehlungen zugeschrieben werden (»Abtreibungs-Befürworterin«, »Dienstwagen-Affäre«, »einst verantwortliche Bundesgesundheitsministerin, da die Blutkonserven mit Aids verseucht wurden«, Z. 91-95). Die ehemalige FDP-Politikerin und damalige Konkurrenzkandidatin Heitmanns, Hildegard Hamm-Brücher wird als Lieblingskandidatin Süßmuths sowie wegen der Erziehung durch ihre jüdische Großmutter ebenfalls dem jüdischen Kollektiv zugeordnet. Auch wird behauptet, dass es »Meinungsmacher« (Z. 133) gebe, denen sie gefällig sei, und zwar wegen ihrer bewussten Erinnerung an die nationalsozialistische Judenvernichtung. Bezeichnet werden allerdings nicht die Verbrechen der Nationalsozialisten, die mit Hilfe der Zeitdimension (»Vergangenheit«) ausgespart werden. Die Erinnerung an diese Zeit werde der im Text eingeführten Wir-Gruppe, dem »deutschen Volk«, oktroyiert:

> »Ihr Vorzug in der Sicht vieler Meinungsmacher: Sie möchte dem deutschen Volk, wie es von Weizsäcker unternimmt, Generation für Generation Vergangenheitsbewältigung auf Knien verordnen« (Z. 133-136).

Der Text fährt dann fort, verschiedene alternative Präsidentschaftskandidaten und deren Strategien zu antizipieren. Wiederholtes Muster bei der Betrachtung der Strategien ist die Behauptung, es gebe die Norm, dass Kandidaten, die Deutschland repräsentieren wollen, »schuld- und sühnefreudig« (Z. 45/46) sein müssen und es nur zu politischem Einfluss schaffen, wenn sie den jüdischen Organisationen sowie Israel gefällig sind.

Bebildert ist der Artikel mit verschiedenen Fotografien, auf denen die bisherigen Bundestagspräsidenten abgebildet und ihre strategischen Überlegungen als Untertitel zugefügt sind. Fazit ist: Alle Präsidenten hätten eine Neigung zur politischen Linken gehabt, außer Theodor Heuss, dessen Präsidentschaft in eine »noch recht normale Zeit« gefallen sei, in der er nicht wegen seiner nationalsozialistischen Vergangenheit »unter Druck« gesetzt worden sei. Deutlich ausgedrückt wird, was mit »normaler Zeit« gemeint ist: eine, in welcher kein Schuldbekenntnis notwendig war und sich politische Träger zum ethnischen Nationalismus bekennen konnten.

6.1.2.6 Resümee: Schlussstrichdiskurs: Deutsche als Opfer/Juden als Störenfriede

Wie bereits der sequenzanalytisch interpretierte Text in der Zeitschrift »Nation & Europa« steht auch in dem soeben rekonstruierten Text die so genannte

»Vergangenheitsbewältigung« im Vordergrund. Im Unterschied zu dem vorherigen Text wird in diesem jedoch nicht darauf fokussiert, dass Juden einen finanziellen Nutzen aus der Thematisierung der Judenvernichtung ziehen. Ihnen wird hingegen vorgeworfen, dass sie sich illegitimerweise in »deutsche Belange« einmischen und die politischen Belange Deutschlands und der gesamten Welt bestimmen, obwohl sie nur eine kleine Gruppe mit partikularen Interessen seien. Der verschwörungstheoretische Aspekt überwiegt bei diesem Text. In der Holzschen dreigliedrigen Typologie (vgl. Holz 2005: 61 ff.) der Täter-Opfer-Verhältnisse ist dieser Fall wiederum als Typ 2 einzuordnen, bei dem nicht auf die bereits geleistete Sühne der Deutschen als Opfer abgezielt wird (Typ1) und auch nicht versucht wird, den Status der Juden als Opfer durch Nazivergleiche in Abrede zu stellen (Typ 3), sondern vorwiegend am Status der Deutschen als Opfer der dauernden Thematisierung der Judenvernichtung von jüdischen Akteuren gearbeitet wird. Diesen Typ (2) lässt sich durch die Unterscheidung in zwei Ausgestaltungen erweitern: eine, die eher den Opferstatus »der Deutschen« betont und Juden als Störenfriede zu deren Schaden bezeichnet, und eine, die eher den Täterstatus der Juden zu ihrem eigenen Nutzen betont. Dieser Text wäre ein Repräsentant der ersten Ausgestaltung

Handlungsaufforderung beider Texte ist die »Schlussstrichforderung«, die darauf abzielt, sich wieder problemlos mit dem »deutschen Volk« identifizieren zu können.

Die vorgestellten sozialen Gruppen (»deutsches Volk«, »Juden«, »linke Gestalten«) werden, wie bereits in den bisher interpretierten Texten, dichotomisiert, ethnisiert und in unterschiedlichen Weisen personalisiert (Bubis, Süßmuth, Hamm-Brücher). Unterschieden wird zwischen ethnisch gedachtem »deutschem Volk« einerseits und Juden zusammen mit Linken anderseits. Linke werden nicht ethnisch, sondern als die abstrakten jüdischen Ideen verkörpernd, bestimmt. Deutsche stünden für Wahrheit, erforderlichen »Schlussstrich« und Normalisierung, Juden und Linke für Ideologie sowie moderne und antinationale Ideen. Nation wird dabei immer ethnisch gedacht.

6.1.3 Fall IV: Zwischen antisemitischem Anti-Amerikanismus und befreiungsnationalistischem Anti-Imperialismus

Die Konstruktion homogener ethnisch-nationaler Identität und deren Gegenbild heterogener anti-nationaler ambivalenter Nicht-Identität, dass es gemäß der Vorstellung einer ethnisch-nationalen homogenen Ordnung der »Völker« nicht geben darf, bestimmt die Struktur des Antisemitismus. Zentrales Muster dieser

Konstruktion ist das bislang rekonstruierte Sozialmodell (Volks-)Gemeinschaft, welches dem Sozialmodell Gesellschaft entgegengestellt wird, sowie die Konstruktion einer Bedrohung der Wir-Gemeinschaft durch spezifische Andere, die als Teil der modernen funktional-differenzierten Gesellschaft betrachtet werden. Um Ambivalenz und Heterogenität aus dem Vorstellungsbild homogener Gemeinschaft zu eliminieren, werden – wie in den vorherigen beiden Fällen dargelegt – unterschiedliche Täter-Opfer-Konstruktionen bedient, alle mit dem Ziel, als vermeintlich berechtigte Gegenwehr Antisemitismus zu rechtfertigen. Eingebettet in eine sogenannte »befreiungsnationalistische« anti-imperialistische Position, die meist mit einer Prise Antiamerikanismus, Globalisierungsfeindlichkeit und Verschwörungstheorie verknüpft wird, können diese Muster auch auf die Interpretation des Nahostkonflikts angewandt werden. Diese Spielart des israelbezogenen Antisemitimus ist der nächste Fall gewidmet und kann als typisch für das Kameradschaftsspektrum betrachtet werden. Vertreten wird hier ein völkischer Nationalismus, der von den Akteuren selbst als »Befreiungsnationalismus« bzw. »nationalrevolutionär« bezeichnet wird. In der Beschreibung des Fanzines »Der Fahnenträger« (vgl. Kap. 5.2.2.3) wurde bereits erläutert, dass sich dieser auf den linken Flügel der NSDAP und die beiden Brüder Georg und Otto Strasser bezieht, die wiederum auf die Ideen des »konservativ revolutionären« Denkers Arthur Moeller van den Bruck referierten. In der historischen machtpolitischen Konstellation ergriff dieser Flügel für vermeintlich anti-kapitalistische soziale Aspekte Partei, jedoch unter einer völkischen Perspektive. Dies bedeutete nichts anderes, als dass die soziale Frage völkisch-national besetzt wurde und solche, die nicht zum ethnisch-nationalen Kollektiv gezählt wurden, eliminiert werden und nicht an Sozialleistungen partizipieren sollten – ebenso wie Arbeitslose. Produktive »schaffende Arbeit« wurde – wie in vermeintlich anti-kapitalistischen völkischen Konstruktionen – mit dem ethnisch gedachten »deutschen Volk« verknüpft, »Groß- und Finanzkapital« mit dem jüdischen Fremdbild.

6.1.3.1 Einführender Kontext

Der folgende Text fiel in den Ereigniszeitraum des »Dritten Golfkriegs«, eines Präventivkrieges gegen die akute Bedrohung durch den Irak und dessen vermeintliche Massenvernichtungswaffen. Er fand zwischen März und April des Jahres 2003 statt und wurde von den Streitkräften der USA, Großbritanniens und den verbündeten Staaten geführt, die als »Koalition der Willigen« bezeichnet wurden. Von vielen Kritikern wurde der Krieg als Angriffskrieg bewertet, was sich angesichts der Tatsache, dass keine Massenvernichtungswaffen gefunden werden konnten, als zutreffende Bezeichnung erwies. Nach der Kapitulation der irakischen Streitkräfte gab es im Irak bürgerkriegsähnliche Zustände. Insbesondere sunnitische und schiitische Gruppen bekämpften sich gegenseitig und setzten Guerillatruppen gegen die US-amerikanischen Besatzungskräfte sowie die neu zusammengesetzten irakischen Sicherheitskräfte ein.

Der Krieg war von Beginn an begleitet von massiven Protesten sowie harscher Kritik aus verschiedenen politischen Spektren in vielen Staaten der Welt.Innerhalb der Rechten gab es nur Positionen, die den Krieg ablehnten, innerhalb der Linken spaltete sich eine größere Fraktion in Kriegsgegner, eine kleinere Fraktion, die dem anti-deutschen Spektrum der Linken zugeordnet werden kann, als Befürworter des Krieges. Letztere begründeten die Befürwortung primär mit der Bedrohung Israels durch den Irak. In der deutschen Mehrheitsbevölkerung war eine ablehnende Haltung gegenüber diesem Krieg zu beobachten, was der Medienberichterstattung entsprach. Eine Analyse der Medienberichterstattung über diesen Dritten Golfkrieg kam zu dem Ergebnis, dass »in und von deutschen Medien allenthalben dazu aufgefordert [wurde], Berichten und Bildern mit großer Vorsicht zu begegnen, weil diese von den Kriegsparteien gezielt zu Propagandazwecken eingesetzt würden« (Jäger 2003: 30), während ein Vergleich mit der Medienberichterstattung des Krieges in Jugoslawien 1999 ergab, dass diese »vor allem durch die visuelle Darstellung der Flüchtlinge starke Betroffenheit hergestellt« (ebd.) hatte.

Der im Folgenden analysierte Text aus dem rechten Fanzine »Fahnenträger« wird die Beschreibung dieses Krieges aus der Perspektive des Kameradschaftsspektrums vorstellen. Der »Fahnenträger« wurde oben als Zielgruppenorgan eingeordnet und kann als »impulsgebend für den Stil- und Symbolwandel in Teilen des Spektrums der ›Freien Kameradschaften‹« (Asp 2008) betrachtet werden.

>»Bemühte sich das Blatt bis vor zwei Jahren mit Titelblatt-Aussagen wie ›Der Umerziehung zum Trotze wir bleiben braun‹ und Wehrmachts-Symbolik um neonazistische Eindeutigkeit, so griff es danach verstärkt Themen wie Globalisierung auf und reproduziert populistische Symboliken der globalisierungskritischen Bewegung« (Asp 2008)«.

Diese Tendenz lässt sich nicht nur in dieser Zeitschrift, sondern auch auf diversen Internetseiten der »freien Kräfte« und auf Demonstrationen beobachten. Globalisierungsfeindschaft, Anti-Kapitalismus und damit verbunden die völkisch-nationale Besetzung der sozialen Frage stehen inhaltlich im Mittelpunkt, aber auch der Stil hat sich modernisiert. Die Aufmachung von Internetseiten wie auch vieler Fanzines bis hin zur Kleidung hat sich »verjugendlicht« und mutet wie eine Kopie des ursprünglich linken autonomen Stils an. Nicht mehr Frakturschrift, sondern moderne Schriftgestaltung sowie Farbdruck und professionelles Layout kennzeichnen den »Fahnenträger«. Nicht mehr Rückwärtsgewandtheit, sondern Aktion und Revolution stehen im Mittelpunkt. Die auf der Webseite des »Fahnenträger« veröffentlichte Position zu Israel ist untypisch für den rechten Diskurs:

> »Hierbei kritisieren wir Israel allerdings nicht als heimliche Zentrale einer jüdischen Weltverschwörung oder gar als Drahtzieher der angeblich von Juden, wahlweise auch ›den Zionisten‹, kontrollierten Regierungen des Westens. Stattdessen kritisieren wir seine negativen Seiten, wie sie jeder Staat sein eigen nennt. Im Falle Israels wäre das beispielsweise die Herrschaft einer korrupten Oligarchie, eine verbrecherische Besatzungspolitik, die strukturelle Diskriminierung der muslimischen Bevölkerungsgruppen, aggressiver Militarismus, politische Repression und himmelschreiende soziale Ungerechtigkeit. Mit Antisemitismus und ›Juden ins Meer‹ hat das in unseren Augen nichts zu tun. Ohnehin halten wir die erwähnte ›jüdische Weltverschwörung‹ für hanebüchenen Unsinn.«

Trotzdem wird als bedenkenswert erachtet, dass »auch das jüdische Volk ein Recht auf einen eigenen Nationalstaat haben soll« (ebd.), wohingegen andererseits behauptet wird, dass »Antisemitismus, ein oftmals von keinerlei Sachkenntnis geprägter Antizionismus und Verschwörungstheorien optimale Einfallstore für eine verkürzte Kapitalismuskritik [...]« (ebd.) bieten. So stand es auf der Webseite des »Fahnenträgers«.

Der im Folgenden analysierte Text wird in der Frühjahrsausgabe des Jahres 2003 im »Fahnenträger« als »Propagandaflugblatt« (Z. 1) bezeichnet und mit »Nationaler Medienverbund« unterzeichnet. Dabei handelt es sich um die mittlerweile aufgelöste länderübergreifende Plattform diverser radikaler rechter Zeitungsprojekte. Auf der Webseite »widerstand.info«, einem Informationsportal des so genannten »Nationalen Widerstands« heißt es zur Auflösung dieses Medienverbundes:

»Da sich aber die verschiedensten Einzelschriften prächtig entwickelt haben, ist eine zentrale Steuerung der Herausgabe nicht mehr notwendig« (widerstand.info 2009).

Ansonsten gibt es keine weitere Autorenangabe, nur eine für Flugblätter übliche V. i. S. d. P.-Adresse. Abgedruckt ist der Text in der Frühjahrsausgabe 2003 der Zeitschrift »Fahnenträger – Rundbrief für nationale Sozialisten«.

6.1.3.2 Text: »Der Kampf gegen den Weltfeind!«

Der Text wird gerahmt durch die Kennzeichnung als ein »Propagandaflugblatt zur aktuellen Lage«. Inhalte von Flugblättern sind gewöhnlich kurze Zusammenfassungen oder Thesensammlungen politischer Anschauungen für eine bestimmte Zielgruppe mit dem Ziel offener Agitation. Die Beschreibung des Flugblattes als »Propagandaflugblatt« verweist auf das rechte politische Spektrum. Im linken Spektrum wäre »Propaganda« eher negativ mit Assoziationen wie Manipulation und strategischer Beeinflussung verbunden, und zudem würde der Begriff mit NS-Propaganda und der Erinnerung an einen »Propagandaminister« assoziiert. Angekündigt wird außerdem, dass das Flugblatt sich auf die »aktuelle Lage« bezieht, d. h. eine Analyse der gegenwärtigen politischen Situation zum Inhalt hat, die bisher noch auf keine örtliche Begrenzung verweist.

Die Überschrift kündigt das zentrale Ziel des Flugblattes an: »Der Kampf gegen den Weltfeind!« (Z. 3), der mit einem Ausrufzeichen als Aufforderung gedruckt ist. Es wird nicht ein Kampf angekündigt, sondern ein bestimmter Kampf, der zeitlich noch unbestimmt ist. Man weiß nicht, ob dieser Kampf schon im Gange ist oder noch bevorsteht. Mit Kampf kann ein Angriffs- oder Verteidigungskampf gemeint sein, ein physischer oder psychischer, ein Kampf kann für oder gegen etwas stattfinden, aber mit dem Ziel zu siegen bzw. den Gegner auszuschalten. Ein Kampf impliziert daher immer eine Freund-/Feind-Bestimmung. In diesem Text heißt der Feind »Weltfeind« (Z. 3). Bezeichnet wird damit ein Feind, der sich gegen die gesamte Welt richtet, d. h. eine Bedrohung für die Welt darstellt. Der Imperativ lautet nicht »Kämpft gegen den Weltfeind«, sondern der Kampf wird als Subjekt angekündigt und verweist auf Relevanz. Es wird aufgefordert zu diesem bestimmten wichtigen Kampf (!). Weiter heißt es:

> »Der sanktionierte Massenmord am irakischen Volk hat nun seinen neuen Höhepunkt erreicht« (Z. 4-5).

Behauptet wird, dass zum gegenwärtigen Zeitpunkt (»nun«) ein »Massenmord« verübt werde. Ein Massenmord bezeichnet eine geplante Tat mit Ziel der Vernichtung bestimmter Gruppen. Es impliziert gleichzeitig eine moralische Bewertung: Es wird damit eine Straftat an Unschuldigen, ein Verbrechen angekündigt, denn die Bezeichnung »Massenmord« bezieht sich auf die (unschuldige) Zivilbevölkerung. Ein Soldat im Krieg wird gewöhnlich nicht des Mordes angeklagt. Dieser »Massenmord« soll an einem national bestimmten »Volk«, dem »irakischen Volk«, begangen worden sein. Der bezeichnete Mord ist demnach weder auf schiitische, sunnitische noch kurdische Bevölkerungsgruppen beschränkt, sondern bezieht sich auf die gesamte im Staatsgebiet des Irak lebende Bevölkerung. Der »Massenmord« (Z. 4) wird aber noch weiter spezifiziert. Es habe sich um einen »sanktionierte[n] Massenmord« gehandelt. Da es keine UN-Sanktionen gegen diesen Krieg gab, sind moralische Sanktionen in Form von Drohungen und Protesten verschiedener Gruppen gemeint. Diagnostiziert wird, dass der »Massenmord« zum gegenwärtigen Zeitpunkt eine neue Qualität, einen Endpunkt erreicht habe. Ein »neuer Höhepunkt« impliziert eine Steigerungslogik. Auch nach der Unterüberschrift ist noch nicht bestimmt, wer nun als »Weltfeind« bezeichnet wird. Bisher ist nur ein Akteur (»irakisches Volk«) genannt, der als »Weltfeind« agieren könnte. In diesem Fall würde der angekündigte »Kampf gegen den Weltfeind« den »Massenmord« implizieren, und der Artikel müsste in der Folge beschreiben, warum das »irakische Volk« »Weltfeind« und der »Massenmord« dagegen gerechtfertigt sei. Wahrscheinlich ist diese Lesart ob des moralisch empörenden Wortes »Massenmord« allerdings nicht.

Auch der nächste Absatz macht diese Lesart unwahrscheinlich. Dort werden das Leiden und Sterben der unschuldigen Bevölkerung anhand der Situation der Kinder im Irak während des Krieges ausgeführt und bereits Schuldige für das Sterben der Kinder bestimmt: eine nicht näher bestimmte UNO-Resolution und ein US-Embargo, die den Medikamenten- und Nahrungsmitteltransfer in den Irak verhindert hätten. Schuld an den »Morden« sei die »menschenverachtende Politik der Weltgemeinschaft«, die über einen Zeitraum von 12 Jahren, d. h. seit dem zweiten Irakkrieg 1991, Kontinuität habe. Mit »Weltgemeinschaft« sind in diesem Artikel nicht alle Länder der Welt bezeichnet, sondern die UNO und die USA. Der Irak hingegen wird als nicht zur »Weltgemeinschaft« gehörig bestimmt.

Die weitere Beschreibung führt dann auch Israel relativ unverbunden ein, das zusammen mit den USA als Teil einer »Propagandamaschinerie« (Z. 16) bestimmt wird. Die Maschinenmetapher bezeichnet einen Apparat mit einem Motor, der relativ autonom funktioniert, quasi subjektlos. Es braucht nur jemanden, der die Maschine betätigt. Davon werden zwei in diesem Text benannt: USA und Israel. Dieser Apparat ist »US-israelisch« (Z. 16) bestimmt und umfasse »alle[n] medialen Bereiche[n]« (Z. 17). Sein Ziel sei es, »uns« (Z. 17) einer »Gehirnwäsche« (Z.19) zu unterziehen, d. h. das Denken »gleichzuschalten«, selbständiges Denken zu verhindern und zu manipulieren. Eine noch nicht näher bestimmte Wir-Gruppe wird von einer abstrakt bestimmten Sie-Gruppe (»US-israelische Propagandamaschinerie«) bedroht. Bezogen auf die gegenwärtige politische Lage bedeute das, es sei das Ziel dieser Maschinen-Akteure, den »bevorstehenden Angriffskrieg gegen den Irak als legitim, ja sogar notwendig ein[zu]bläu[en]« (Z. 22 f.). Bezogen auf die allgemeine zukünftige Lage, bedeutet das noch mehr: eine Drohung gegen jedes »freie Volk«, »welches sich den imperialistischen Weltherrschaftsansprüchen der USA in den Weg stellt« (Z.

25 f.). Israel hingegen wird als von den USA ungerechterweise privilegierter Staat konstruiert, der die eigentlich größte Bedrohung qua seiner unbestimmbaren »Massenvernichtungswaffen« darstellen würde.

Im weiteren Textverlauf wird eine klare dichotomische Ordnung der einzelnen Positionen vorgenommen. Auf der einen Seite steht die Wir-Gruppe, identifiziert als von »Fremdherrschaft« unterdrückte »freie(n) Völker« als schutzlose Gruppe, als Opfer. »Völkern« im Allgemeinen wird die Eigenschaft zugeschrieben, frei zu sein, Staaten werden als Imperialisten beschrieben. Auf der anderen Seite steht die Moderne, repräsentiert durch Maschinerie und Medien, identifiziert mit den USA, personifiziert im ehemaligen Staatspräsidenten Bush, dem Imperialismus, Großleihkapital und Israel, welche die »freien Völker« bedrohen, unterdrücken und zu verdummen suchen. Israel und die USA werden demnach nicht als »freie Völker« kategorisiert, sie sind etwas anderes. Ihr »imperialistischer Weltherrschaftsanspruch« (Z. 26 f.) wird als allumfassend beschrieben. Den USA gehe es um Öl, größere Sicherheit für Israel und einen direkten Zugang zum Iran als Gegner. Aus Perspektive des Textes stellt sich die Lage wiederum genau gegenteilig dar: Alle Personen, welche von den fraglichen »Demokraten« (Z. 39), den USA, als Terroristen bezeichnet werden, seien nichts als »Freiheitskämpfer«, die eine Folge von »Fremdherrschaft« (Z. 42) und »Besatzung« (Z. 43) seien. In einer solchen Vorstellung gilt auch Deutschland als »national unterdrücktes Volk«, es bedürfe einer Befreiung, eines anti-imperialistischen Kampfes gegen die »Besatzer«. Diese im anti-imperialistischen Weltbild begründeten »befreiungsnationalistischen« Ideen teilen die Welt manichäisch in »gute unterdrückte Völker« und »böse mächtige fremde Imperialisten und Besatzer« ein, deren Herrschaft es zu durchbrechen gelte. Beide werden als homogene Gruppierungen gegeneinander gestellt. Beide werden nicht sozialstrukturell differenziert.

Bezogen auf die politische Analyse des Irakkriegs heißt es nun:

> »Ein Größenwahnsinniger G. W. Bush, der im Auftrag des Großkapitals die Welt unterjocht, ist ein gefährlicher Gegner für die Freiheit der Völker als ein Staatschef, wie Sadam Husein [sic!], der seinem Volk lediglich das Selbstbestimmungsrecht zugestehen will« (Z. 61-69).

Bush wird als pathologisch Handelnder, als »Größenwahnsinniger« bestimmt, der nach einem Plan handle, der ihm von einer spezifischen Seite der ökonomischen Ordnung (»Großkapital«) gegeben worden sei. Das »Großkapital« jedenfalls wird als der »Drahtzieher« bestimmt, der die Aufträge gibt und die »Fäden in der Hand« hält, um die als frei bezeichneten »Völker« zu unterjochen. Bush wird nur als Ausführender bestimmt. Saddam Hussein hingegen wird nicht als pathologisch Handelnder, sondern als »Staatschef« bezeichnet, der »sein[em]

Volk« Autonomie geben möchte. Unterschieden wird demnach zwischen Staatschefs, die mit den Interessen des »Volkes« übereinstimmen und solchen, die durch eine spezifische Seite des Kapitals (»Großkapital«) gelenkt werden.

Der letzte Teil des Artikels endet mit einer wiederholten Beschreibung des »US-amerikanischen Terrors« (Z. 74 f.), nun bezeichnet als »Anglo-Amerikanischer Bombenhagel«. Die Terminologie verweist auf den innerhalb der Rechten vielfach verwendeten Begriff des »Bombenhagels«, der für die Angriffe der Alliierten im Jahre 1945 auf Dresden verwendet wird, und zielt auf die Dichotomie »unterdrücktes Volk« und »Besatzer«. Der Text endet dann auch mit einer Solidaritätsbekundung mit den »tapferen Kämpfern« gegen den in der Überschrift betitelten »Weltfeind« und einer als Drohung formulierten Prophezeiung:

> »Einst kommt der Tag der Rache, einmal da werden wir frei...!«
> (Z. 82).

Damit ist eine Erlösungsphantasie formuliert, die eine Reaktion auf ein beschriebenes Unrecht mit einer alttestamentarischen Rachelogik prophezeit. Es ist einem Flugblatt entsprechend als Versprechen an die politischen »Genossen« gerichtet, ebenso wie als Drohung an die, die als Feinde gelten.

In dem Text wird eine Verschwörungstheorie entworfen, die Kapitalisten differenziert, in kleine und große, gute und schlechte und eine Seite davon, das sogenannte »Großleihkapital« als maßgeblicher Drahtzieher bestimmt, das die USA steuere. Wenn man von »Verkürzung« sprechen möchte, wird demnach das Kapital auf das »Großleihkapital« und seine Ablehnung verkürzt.

Juden tauchen in Form des Staates Israel auf, der einerseits als Teil einer alles umfassenden »Propagandamaschinerie«, andererseits als bedrohlicher Staat beschrieben wird, der von den USA ungerechterweise geschützt wird.

Wie dies von Haury bereits für den anti-imperialistischen Antizionismus beschrieben wurde, finden wir auch in diesem Text nicht den

> »klassisch[e] antisemitische[n] Topos, der die Juden zum weltverschwörerischen Übel der kapitalistischen Moderne erklärt, [...], diese Funktion bekommt eher der ›US-Imperialismus‹ zugewiesen« (Haury 2004: 149).

Wird diese Grundkonstruktion des anti-imperialistischen Weltbildes, welches durch die »manichäische Entgegensetzung des abstrakten absoluten Bösen« in Form des Imperialismus und des »konkreten Guten, in Gestalt des geschlossen kämpfenden, opferbereiten Volkes« (Haury 2004: 149) charakterisiert ist, jedoch auf die Deutung des Nahostkonflikts zwischen Israel und den Palästinensern übertragen, so ergibt sich daraus zwangsläufig die Entgegensetzung von Zionismus und »künstlichem Staat aus der Retorte« sowie auf der anderen Seite das »geschlossen kämpfende, opferbereite Volk[...es] der Palästinenser« (ebd.: 150). In diesem Falle jedoch wurde die strukturell gleiche Entgegensetzung zwischen »irakischem Volk« und »US-Imperialismus« vorgenommen und nicht Israel oder »die Juden«, sondern das »Großkapital« als »Steuerzentrale« bestimmt. Das ursprüngliche Übel wird daher dem Imperialismus der USA zugeschrieben. Mit dem Stichwort »US-Israel« wird die Verbindung und der Code für jüdische Interessen hinter dem Imperialismus aufgerufen.

Resümieren wir den bisher rekonstruierten Text hinsichtlich seiner Strukturmuster und Selbst-/Fremdbildbestimmungen, ergibt sich folgendes Bild:

Wiederum erfolgt eine ontologisierte Gegenüberstellung von homogen gedachten Gemeinschaften, mit denen man sich identifiziert: »freie Völker«. Auf der anderen Seite des Vorstellungskomplexes herrscht ein Fremdbild vor, welches mit moderner Staatlichkeit, Medien und Ökonomisierung verbunden und mit nur bestimmten Staaten (USA, Israel) verknüpft wird. Diesen Staaten wird verkürzend sowohl ein expansiver Kapitalismus (»Imperialismus«) als auch die spekulative Seite des Kapitalismus (»Großleihkapital«) zugeordnet. Die handelnden Akteure dieses Fremdbildes werden als Bedrohung und Täter angeklagt, deren Machenschaften ein hinreichender Grund ist, zur Befreiung der unterdrückten »Völker« von »Fremdherrschaft« und »Besatzung« aufzurufen.

Die zentralen Sinndimensionen betreffend wird die Welt in national bestimmte (»Völker«) und ökonomisch bestimmte Gruppen (»Imperialisten«) eingeteilt. Letztere hätten gegenwärtig die Macht sind daher in der Raumdimension oben angeordnet. Die gegenwärtige Raum- und Zeitachse soll in der Zukunft durchbrochen werden.

Der vorgestellte Artikel wurde ausgewählt, weil er der seit einigen Jahren modernisierten Ideologie des »Fahnenträgers« entspricht und primär auf Anti-US-Imperialismus, Anti-Globalisierung und Anti-Kapitalismus abzielt. Israel wird zwar dabei mit den USA zusammengedacht, aber als das ursprüngliche und personifizierte »Böse« und als Prototyp des »Imperialismus« und des »Großkapitals« werden die USA hingestellt. Andere Artikel verknüpfen Israel und die USA nicht nur im Rahmen einer Medienverschwörungstheorie, sondern auch militärisch mit der Rede von »USraelischer Kriegstreiberei«. Für die Freund-/Feind-Dichotomie folgt daraus dasselbe: »Unsere nationalrevolutionäre Kampagne gegen die USraelische Kriegstreiberei wird dennoch in unterschiedlicher Form und Härte weitergeführt. Für die Souveränität der Völker – Nur Nationaler Sozialismus!« (FT So 2003, Abs. 5).

Die dargelegten Strukturprinzipien dieses Weltbildes lassen erkennen, dass sie eine Verwandtschaft mit den bisher bestimmten zentralen Strukturmerkmalen des Antisemitismus aufweisen. Antiamerikanismus und Antisemitismus werden in einem anti-imperialistischen Weltbild leicht verknüpft.

Ebenfalls auf Israel bezogen sind die nächsten beiden Fälle, die erneut zwei verschiedene Schattierungen der auf Israel bezogenen Feindschaft darstellen.

6.1.4 Fall V + VI: Figur des Dritten und des Zweiten: israelbezogener Antisemitismus und Israelfeindschaft

6.1.4.1 Einführender Kontext

Beide im Folgenden interpretierten Texte stammen aus der im Methodenkapitel als »Scharnierorgan« eingeordneten »neu-rechten« Zeitung »Junge Freiheit«. Beide Artikel werden zeigen, dass der Schreibstil in dieser Zeitschrift sich von den bisherigen analysierten Artikeln abhebt. Es wird darin versucht, die Position eines Bericht erstattenden Kritikers einzunehmen, was jedoch nicht immer gelingt. Mit dem ersten Text wird eine neue strukturelle Form der Feindschaft beschrieben, die sich von der antisemitischen Israelfeindschaft unterscheidet. Damit trägt der erste Text zur weiteren Differenzierung bei. Dass die Formen jedoch eine beträchtliche Nähe aufweisen und sich überlappen können, werden die beiden vom selben Autor im Abstand von zwei Monaten publizierten Texten zeigen.

Beide Texte fallen in die Ereignisssonde um den 11.September 2001, wobei der erste Text »Auge um Auge« nach, der zweite (»Die Logik des Terrors«) vor dem 11. September erschien. Autor des am 17. August 2001 auf der Seite 1 der »Jungen Freiheit« veröffentlichten Artikels »Die Logik des Terrors« sowie des am 26. Oktober 2001 auf der Seite 2 (»Meinung«) veröffentlichten Artikels »Auge um Auge« ist Michael Wiesberg.

Michael Wiesberg ist seit circa 1994 Stammautor der »Jungen Freiheit« und war von 1995 bis mindestens 1999 wissenschaftlicher Mitarbeiter der »Republikaner«-Landtagsfraktion Baden-Württemberg und Bundesgeschäftsstellenleiter zwischen 1997 und 2001. Er schreibt außerdem in den rechten Zeitungen »Der Republikaner«, »Wir selbst«, »Criticón« und »Das Ostpreußenblatt«. Zudem war er Referent beim »Institut für Staatspolitik« sowie der Sommerakademie der »Jungen Freiheit« (vgl. Dietzsch u. a. 2004: 215).

6.1.4.2 Text: »Auge um Auge«

Der Text erschien geringfügig später als der anschließend vorzustellende Text »Die Logik des Terrors«, steht aber hier an erster Stelle, weil er noch die klassische Struktur des modernen Antisemitismus reproduziert, der zweite eine neue Form der gegen Israel gerichteten Feindschaft begründet. Interessant ist das insbesondere deshalb, weil derselbe Autor in der gleichen Zeitschrift sowohl israelfeindliche wie antisemitische Texte veröffentlicht. Die Grenzen zwischen beiden können auf der semantischen Ebene zwar strukturell beschrieben werden und dennoch können beide Formen in einer Zeitschrift und sogar von einer Person reproduziert werden, wie wir sehen werden.

Zwischen beiden Texten stand das Ereignis, aus welcher die Wahl der Ereignissonde resultierte: der 11. September 2001. Auf dieses Ereignis wurde bereits im einführenden Kontext des vorherigen Textes eingegangen. Ob nun der 11. September und der dadurch ausgelöste Diskurs zur Aktualisierung der antisemitischen Semantik beigetragen hat, muss an dieser Stelle Spekulation bleiben. Der Artikel nimmt jedoch nicht auf den 11.September Bezug, sondern Anlass ist die Ermordung des israelischen Tourismusministers Rehavam Zeevi und die israelische Reaktion darauf.

Der folgende Text wurde am 26. Oktober 2001 unter der Rubrik »Meinung« auf Seite 2 der Jungen Freiheit veröffentlicht. Die Überschrift verwendet eine Redewendung, »Auge um Auge«, mit welcher auf das alttestamentarische Racheprinzip verwiesen wird. Recht wird dort über archaische Gesetze, über Rache und Vergeltung geregelt und nicht wie in einem modernen Staat, in dem ein formales Rechtsprinzip gilt, welches von Akteuren abstrahiert und institutionalisiert ist. Es fungiert in modernen Staaten als dritte Instanz, die mit dem staatlichen Gewaltmonopol den Dritten mit Durchsetzungskraft ausstattet. Die Überschrift kündigt an, dass im folgenden Text entweder die allgemeine Logik des »Auge um Auge«-Prinzips oder ein spezifischer Fall beschrieben wird, in welchem diese Logik zur Anwendung kommt.

Hier wird zuerst einmal mit der Regionalangabe »im Nahen Osten« (Z. 2) die Region der beschriebenen Ereignisse bestimmt. Es ist die Rede von einer »Eskalation der Gewalt« (Z. 2), der eine Steigerungslogik zugeschrieben wird. Ein nicht kontrollierbarer Tatbestand (»Eskalation«) wird der Vergangenheit und der Gegenwart zugeschrieben. Im Nahen Osten werden Geschehnisse beschrieben, die jedes erwartbare Maß sprengen und Kontinuität haben.

Der nächste Blick fällt auf die Hauptthese, die in der Mitte des Textes in größerer Schrift und fett optisch hervorgehoben ist: »Scharon steht zweifelsohne in der Tradition einer israelischen Politik, die die Eskalation als Mittel der Politik kalt in Kauf nimmt, um eigene Ziele durchzusetzen«.

Scharon als Repräsentant der israelischen Regierung wird als kalt und egoistisch, auf Verluste keine Rücksicht nehmend beschrieben. Er nehme brutale Mittel für die Durchsetzung seiner Interessen in Kauf. Sharons Politik sei aber kein Einzelfall, sondern eine beobachtbare kontinuierliche Linie israelischer Politik.

Anlass dieses Artikels ist die Ermordung des israelischen Tourismusministers Rehavam Zeevi. Auf dieses Ereignis wird im einleitenden Satz verwiesen. Besagter Minister wird dabei als jemand vorgestellt, der sich selbst als Palästinenserfeind eingeführt. Er wird damit beschrieben als einer, der gegen »die Palästinenser« als Kollektiv Feindschaft hege. Über den Mörder erfährt man hingegen nichts, auch nicht, ob es sich beispielsweise um einen »Israelfeind« und Selbstmordattentäter handelte.

Bezieht man den Einleitungssatz auf die in der Hauptüberschrift beschriebene Rachelogik, so könnte die Feindschaft (»Palästinenserfeind«) des Ministers als Grund für die Ermordung oder sogar als Legitimation gelesen werden.

Durch die Ermordung des Tourismusministers wird – so der Text – eine »neue Welle der Gewalt« (Z. 5) ausgelöst, die von Israel ausgeht und ein wiederholtes »Einrücken« der israelischen Armee in palästinensisches Autonomiegebiet zur Folge hat. Dieses Ereignis wird als Auslöser nicht als Ursache für eine »neue Welle der Gewalt« beschrieben.

Des weiteren wird die Reaktion der israelischen Regierung (»Israels Premier Scharon«) auf die Ermordung des Tourismusministers beschrieben. Der Premierminister fordert in seiner Amtsrolle eine Auslieferung des verantwortlichen Mörders. Eine Reaktion der Gegenseite auf diese Forderung wird im Artikel nicht wiedergegeben, dafür aber eine weitere Handlung Israels genannt: Gleichzeitig mit der Forderung nach der Auslieferung drohe Scharon den Palästinensern mit Krieg.

Täter-Opfer-Umkehr

Nach weiteren Ausführungen darüber, unter welchen Bedingungen ein »Krieg« von israelischer Seite ausgeführt werde, nimmt der Autor eine Täter-Opfer-Umkehr vor. Scharons wird die Auffassung in den Mund gelegt, dass

>»Arafat die Alleinschuld an der Eskalation [trägt]. Israel nehme nur sein Recht auf Selbstverteidigung gegen immer neuen Terror seitens der Palästinenser wahr. Doch die vom israelischen Militär umzingelten Palästinenserreservate produzieren nur eines: Haß auf Israel, der sich in terroristischen Anschlägen Luft verschafft. Israels Antwort ist alttestamentarischer Natur: Auge um Auge, Zahn um Zahn« (Z. 18-21).

Wie bereits zu Beginn die Palästinenserfeindschaft des israelischen Ministers Zeevi zumindest als Mitgrund für seine Ermordung genannt wird und seine Ermordung nicht als Teil, sondern als Auslöser einer »Welle der Gewalt« beschrieben wird, wird hier nun Israel an den Anfangspunkt der »Gewaltspirale« gesetzt und der Terror als Folge israelischer Taten beschrieben. Mit dem Ausdruck »Palästinenserreservate« wird ein Begriff verwendet, der auf die Indianerreservate in den USA anspielt. Übertragen auf die Palästinenser bedeutet dies, dass die Palästinenser eine autochthone Bevölkerung sind, die von Kolonisatoren, in diesem Falle Israel, vertrieben und entrechtet wird. Damit wird nahegelegt, dass Terror als legitime Reaktion auf Vertreibung zu verstehen ist. Israel würde nun nicht einem modernen Staat gemäß, sondern nach dem alttestamentarischen Racheprinzip reagieren, in der Gegenwart wie auch in der Vergangenheit.

Verschwörungstheorie/NS-Vergleich/Hinterlistigkeit

In einem historischen Rückblick wird Israel mit Hilfe einer Verschwörungstheorie abermals dargestellt als Täter gegen ägyptische Kriegsgefangene, gegen die ihnen zugewandten USA sowie als Bedrohung für die gesamte Welt.

Israel wird dabei aber nicht nur als Täter angeprangert, sondern in die Nähe von nationalsozialistischen Verbrechen gerückt. Im Zuge des Sechs-Tage-Krieges habe Israel »1000 wehrlose ägyptische Kriegsgefangene [...] niedergemetzelt« (Z. 28 f.), weil es »keine Möglichkeit« gehabt habe, »diese unterzubringen oder zu bewachen« (Z. 27): »Deshalb ließen israelische Soldaten die Gefangenen antreten, ein Grube ausheben und erschossen sie« (Z. 27f.). Diese Behauptung erinnert an eine verbreitete Darstellung des Vernichtungskrieges der Wehrmacht in Osteuropa. Israel wird unterstellt dort Massaker begangen zu haben. Das beschriebene Massaker sei zudem – so der Autor – in »Reichweite amerikanischer Spionageohren« (Z. 32) geschehen, auf die Israel auf »eigene Art« reagierte und die Beweisspuren wie folgt verschleierte:

> »Es [Israel] erteilte den Befehl zum Angriff. Düsenjäger beschossen die ›USS Liberty‹ zunächst mit konventioneller Munition, dann auch mit Napalm. [...] Um zu verhindern, dass von dem schwer getroffenen amerikanischen Schiff auch nur ein Verwundeter entkam, zerstörten sie auch die Rettungsflöße« (Z. 33-36).

Israel handelt damit als Täter gegen seine eigenen Verbündeten, wird also als Verräter, als falscher Freund und grausam beschrieben. Behauptet wird weiterhin, dass »die NSA belastendes Material gegen noch lebende israelische Politiker in Händen« (Z.44) halte und nichts dagegen unternehme, obwohl diese für den Angriff auf das US-amerikanische Schiff damals verantwortlich gewesen sei. Dies unterstellt ein spezifisches Verhältnis Israels zu den USA und stellt Israel als falschen und hinterlistigen Verbündeten dar.

Bei der Darstellung bezieht sich der Autor auf das Buch von James Bamford zur National Security Agency mit dem Titel »NSA«. Dort wird behauptet – so zitiert es der Text –, dass »die Aussage Israels, die ›USS Liberty‹ mit einem ägyptischen Schiff verwechselt zu haben, nicht wahr sein könne« (Z. 42 f.). Die »Massaker« (Z. 29) seien alle im Verantwortungsbereich Scharons geschehen, der eine »Aufarbeitung israelischer Kriegsverbrechen« (Z. 30) arrogant ablehne.

Im Weiteren wird die Täter-Opfer-Umkehr weiter verfolgt. Während »israelischen Historiker[n] wie Dan Diner oder Moshe Zimmerman« (Z. 45) unterstellt wird, dass sie sich nicht mit den tatsächlichen Verbrechen der israelischen Armee beschäftigen, sondern mit »angeblichen«, d. h. historisch nicht belegten, »Verbrechen der deutschen Wehrmacht«, werden wiederum die Verbrechen der Wehrmacht geleugnet und Israelis sowohl Angriffe auf »die Deutschen« sowie die Palästinenser unterstellt. Nicht die Wehrmacht vor 70 Jahren habe Verbrechen begangen, sondern die israelische Armee heute. Eine Wir-Perspektive weißt der Text nicht eindeutig aus, übernimmt aber die Perspektive der Palästinenser und der Wehrmacht. Bis hierher erfolgt eine Täter-Opfer-Umkehr und kein NS-Vergleich und es werden damit konstitutive Muster des modernen Antisemitismus reproduziert. Strukturell ist jedoch noch nicht klar, ob Israel die Position des Zweiten oder des Dritten zugewiesen wird.

Figur des Dritten

In einem weiteren Absatz wird die Fallstruktur eindeutig bestimmt, indem Israel in die Position des Dritten gerückt wird. Dort wird behauptet, »dass Israel im Sechs-Tage-Krieg einen Weltkrieg vom Zaun zu brechen versuchte« (Z. 47), indem versucht worden sei, die USA mit in den Krieg hineinzuziehen: »Den USA wurde im Frühjahr 1967 die Mär aufgetischt, Ägypten werde in Kürze gegen Israel losschlagen« (Z. 48) Es wird weiter behauptet: »Ein Atomkrieg wäre im Bereich des Möglichen gewesen« (Z. 52).

Den Israelis wird folglich unterstellt, eine Bedrohung für die gesamte Welt zu sein. Die ihrem Wesen unterstellte Rachsucht sei grenzenlos und würde dabei – wie das im Text sowie mit der optisch hervorgehobenen These des Textes in Bezug auf die »kalte« Politik Scharons immer wieder anklang – die Zerstörung aller in Kauf nehmen.

Mit dieser Zuschreibung wird die Figur des Dritten etabliert. Der Text zeichnet das Bild des potentiellen Weltzerstörers, der sogar Verbündete heimtückisch täusche und dabei sogar in Kauf nehme, sich selbst zu töten (»Atomkrieg«). Das bereits im ersten sequenzanalytisch interpretierten Text (»Adorno«) etablierte Bild des »Volkes«, welches keines ist, weil es sich selbst zerstört, taucht auch in der nun folgenden letzten Textanalyse zum rechten Spektrum auf.

Israelis werden in diesem Text alle Eigenschaften zugeschrieben, die gemeinhin Juden im Antisemitismus zugeschrieben werden, bis hin zur Konstruktion Israels als des Dritten, der nicht nur die gesamte Weltordnung, sondern auch sich selbst zerstört, d.h. eine nicht-identische Identität darstellt.

6.1.4.3 Text: »Die Logik des Terrors«

In der Retrospektive lässt sich sagen, dass bereits in den beiden Überschriften die Struktur des Textes impliziert ist. Deshalb werde ich mich sowohl der Hauptüberschrift sowie der Unterüberschrift noch einmal etwas ausführlicher widmen, auch weil der hier vorgestellte Text für eine vom modernen Antisemitismus abweichende Struktur steht. Mit »Logik« ist eine Strukturgesetzlichkeit gemeint, die entzifferbar ist. In diesem Fall ist die Rede von einer bestimmten Logik, nicht einer Logik, die auf ein Genitivattribut bezogen ist: »des Terrors«. Daraus ergeben sich zwei Lesarten, entweder es wird eine allgemeine Logik bezeichnet, die allgemeine Logik des Terrors, oder es soll ein bestimmter Fall beschrieben werden, der die Logik des Terrors exemplifiziert. Mit Terror ist eine gewaltförmige Auseinandersetzung beschrieben, die nicht Krieg, Bürgerkrieg oder Kapitalverbrechen bedeutet, sondern Gewalttaten, die gegen die Regeln eines demokratischen Staates verstoßen und Menschen um der Einschüchterung willen in Angst und Schrecken versetzen. Es handelt sich daher um eine Sozialform der Gewalt, die nicht von einem Staat ausgeht und außerdem die Abweichung von der Norm des Staates bezeichnet. Die Überschrift gibt nun vor, eine Analyse und Explizierung der Logik des Terrors zu leisten, behauptet also, dass eine Gesetzlichkeit des Terrors bestimmbar ist.

In der Unterüberschrift wird zuerst eine Regionalangabe gemacht: »Nahost« (Z. 2), d. h. darauf verwiesen dass sich die Analyse auf eine bestimmte Region bezieht und entweder die Logik des Terrors im Nahen Osten bestimmt oder die allgemeine Logik des Terrors am Beispiel Nahost exemplifiziert wird. Die beiden vorhin beschriebenen Lesarten (fallspezifische Logik oder allgemeine Logik) bleiben bestehen. Weiter heißt es:

>»Israels Härte spielt palästinensischen Extremisten in die Hände«
>(Z. 2).

Bei der Beschreibung kann es sich nun um eine Generalisierung oder um eine zu berichtende Gegebenheit handeln. Zuerst genannt wird »Israels Härte«. Gemeint ist damit das Vorgehen der israelischen Armee. Diese verhalte sich so, dass die palästinensischen Extremisten daraus eine Berechtigung für ihr Handeln ableiten könnten und deren Interessen gestärkt würden. Die Wendung »jmd. in die

Hände spielen« legt einen Interessensgegensatz bzw. eine Feindschaft zugrunde. Es wird damit eine Schuldzuweisungsspirale konstruiert, wonach jeder Opfer und zugleich Täter ist. Es wird behauptet, dass Israels hartes Vorgehen den palästinensischen Extremisten einen Vorteil verschaffe. Gleichzeitig werden Palästinenser als Extremisten beschrieben, d. h. als Leute dargestellt, die nicht an Frieden interessiert sind. Andererseits heißt es nicht »die palästinensischen Extremisten spielen Israels Härte in die Hände«, sondern die Schuldzuweisungsspirale wird als von Israel in Gang gesetzt beschrieben, womit impliziert ist, dass Israel die stärkere Partei ist, die gemäß dem Motto »der Klügere gibt nach« nachgeben könnte. Die Stellung zur Schuldzuweisungsspirale von Seiten des Textes bleibt jedoch ambivalent. Es gäbe drei Möglichkeiten, Stellung zur Schuldzuweisungsspirale zu nehmen: Die erste Möglichkeit wäre, sich agierend zu beteiligen. Indem der Text die Israelis als Beginn der Täter-Opfer-Spirale beschreibt, wird tendenziell für die palästinensische Seite Partei ergriffen. Mit der Benennung »Extremisten« wird diese Parteinahme jedoch wieder eingeschränkt. Eine zweite Möglichkeit wäre, sich pro Israel zu positionieren. Das geschieht nicht. Dann müssten die palästinensischen Extremisten an den Beginn der Spirale gesetzt werden und Israelis als Opfer von palästinensischen Selbstmordattentaten auftauchen. Und eine dritte Möglichkeit wäre neutralisierend, wertfrei: als Dritter von außen die Schuldzuweisungsspirale zu beschreiben. Die Hauptüberschrift (»die Logik des Terrors«) weist darauf hin, dass eine allgemeine Strukturgesetzlichkeit, in welcher die Leute, die daran beteiligt sind, alle gewissermaßen Opfer (der Logik) sein können, neutral beschrieben wird. Die Unterüberschrift (»Nahost: Israels Härte spielt palästinensischen Extremisten in die Hände«) hingegen scheint für die Palästinenser Partei zu ergreifen, was durch die Bezeichnung »Extremisten« aber wieder eingeschränkt wird. Diese Ambivalenz in der Positionierung kennzeichnet die Struktur des Textes. Er bewegt sich durchgängig zwischen Beschreibung und einseitiger Übernahme der palästinensischen Perspektive, die jedoch immer durch den Verweis auf deren Extremismus gebrochen wird. Wenden wir uns nach der erfolgten Analyse der Überschriften dem Bild, einer Fotografie, zu.

Das Bild zeigt eine zerstörte Betonlandschaft, die vermuten lässt, dass die Häuser gesprengt wurden. Inmitten des Trümmerhaufens befindet sich auf der Bildvorderseite eine Person, die eine wehende palästinensische Flagge in die Luft hält. Dieselbe Fahne ist im Hintergrund des Bildes noch einmal zu sehen. Dort steckt sie auf einem Gebäude. Damit bleibt das Bild für sich genommen nicht eindeutig. Weder die Verursacher der Zerstörung sind eindeutig, noch die Beweggründe für die Geste des Fahnenträgers. Entweder soll damit eine Eroberung der Palästinenser gekennzeichnet werden oder das angegriffene palästinensische Gebiet und das Opfer im Trümmerhaufen würde die Fahne als Widerstandsgeste heben.

Erst mit der Bildunterschrift wird das auf dem Bild gezeigte in eine Sequenz eingeordnet. Dort steht: »Nach israelischem Raketenangriff«. Das Bild wird so in eine zeitliche Kausalität eingeordnet und der Verursacher der Zerstörung ist benannt. Weiter heißt es nach dem Doppelpunkt:

> »Auge um Auge, Zahn um Zahn – nichts stoppt den Teufelskreis der Rache.«

Die Bildunterschrift radikalisiert die bereits in der Überschrift thematisierte Spirale und reiht die Geschehnisse in eine Handlungslogikstrategie ein, die als Rachelogik beschrieben wird. Jedem wird damit ein Vorwand gegeben, sich zu wehren. Es wird angekündigt, dass dem israelischen Raketenangriff eine Handlung folgen wird. Thematisiert wird mit der Unterüberschrift, dass es ohne vermittelnde Dritte kein Ende der Spirale geben wird. Mit der Bildunterschrift ist das Bild demnach vereindeutigt. Der Fahnenträger ist eine Gestalt des Widerstandes der mit kämpfender Geste auf die bevorstehende Rache anspielt. Der alttestamentarischen Rachelogik unterliegen – gemäß dem Text – beide Parteien.

Fasst man Haupt- und Unterüberschrift sowie Bildunterschrift zusammen, liegt zuerst einmal die Lesart nahe, dass es sich bei der «Schuldzuweisungs-« bzw. »Gewaltspirale« um die »Logik des Terrors«, d. h. die spezifische Strukturgesetzlichkeit des Terrors handelt. Da die »Schuldzuweisungsspirale« auch in anderen Kontexten bzw. sozialen Beziehungen zu finden ist, stellt sich die Frage, ob sie als hinreichendes Kriterium der »Logik des Terrors« beschrieben wird. Dies ist aber – wie sich an späterer Stelle herausstellen wird – nicht der Fall.

Da Israel als Akteur an den Beginn der Kausalkette gesetzt wird und damit die Handlungen palästinensischer Extremisten befeuert, wird Israel schon zu Beginn ein unkluges Vorgehen unterstellt. Diese Deutung wird mit Verweis auf die Weisheit eines chinesischen Kriegsphilosophen zu Beginn bestärkt. Dort heißt es:

> »Von dem chinesischen Krieger-Philosophen Sun Tsu stammt die Einsicht, dass ›jede Kriegshandlung für den Staat von größter Bedeutung‹ sei. Diese sei ›der Grund von Leben und Tod, der Pfad, der das Überleben sichert oder in den Untergang führt‹. Daher sei es ›unumgänglich, sie eingehend zu prüfen‹« (Z. 4-7).

Diese Aussage ist im Grunde eine Banalität. Mit Verweis auf einen chinesischen Kriegstheoretiker wird ihr aber besondere Bedeutung beigemessen. Es ist anzunehmen, dass die eigenen Aussagen damit durch Verweis auf eine Autorität legitimiert werden, besonders gebildet oder weise erscheinen sollen und/oder vermieden werden kann, die Aussagen selbst getätigt zu haben. Sie verweisen aber auf einen weiteren Aspekt, der für die weiteren Erklärungen im Text entscheidend sind: auf die Asymmetrie des Konflikts und die Andeutung der Unvernunft des israelischen Staates. Denn eine Kriegshandlung kann nur von einem Staat ausgehen, und nur Israel kann damit gemeint sein. Verwiesen wird an dieser Stelle bereits auf das asymmetrische Verhältnis zwischen Israel und den Palästinensern. Aus der banalen Erkenntnis, dass eine Kriegshandlung bedeutsam für einen Staat ist, wird jedoch die normative Regel und Aufforderung abgeleitet, dass ein Staat, wenn er nicht untergehen will, seine Kriegshandlungen vernünftig überprüfen sollte. Die Deutungsmöglichkeit, dass Israel dies nicht eingehend getan habe, wird hier mit Verweis auf den Kriegerphilosophen zumindest eröffnet und im weiteren Absatz auch ausgeführt.

Denn seit der »israelische[n] Übernahme palästinensischer Einrichtungen im Osten Jerusalems« (Z. 11 f.) müsse israelischerseits von »Kriegshandlungen« (Z. 10) Israels gesprochen werden, da diese Einrichtungen als »Ausdruck des Anspruchs« (Z. 13) der Palästinenser »auf Ost-Jerusalem als Hauptstadt eines unabhängigen Palästinenserstaates verstanden« werden (Z. 14). Der folgende Verlauf des Textes beschreibt die Asymmetrie des Konflikts, allerdings zu größten Teilen aus der Perspektive der Palästinenser. Folgende Zuordnungen, Zuschreibungen und Bewertungen sind dabei zentral:

Dichotomie und Asymmetrie

1a) Israel kommt nur als Staat und Militärwesen ohne Bevölkerung und innere Interessensgegensätze vor. Die politischen Handlungen Israels werden als homogen unterstellt.
1b) Israel als Staat und Militärwesen handele strategisch unklug, kurzsichtig, unvernünftig, unangemessen, ignorant, brutal, rachsüchtig, aber eben auch strategisch (Z. 25). Ihm wird einerseits Rationalität, andererseits aber Versagen zugeschrieben.

So heißt es weiter: Mit der Besetzung des Orienthauses[132] schwäche Israel Arafats Position noch weiter und wolle »auf seine Weise demonstrier[en], dass es seiner als Gesprächspartner überdrüssig ist« (Z. 17). Es verlange von ihm etwas, wozu Arafat nicht in der Lage sei, nämlich die Unterbindung terroristischer Aktivitäten und unterstelle ihm »Tatenlosigkeit« (Z. 22). Der Text distanziert sich von der Unterstellung (»angeblich«, Z. 22). Als Antwort auf die unterstellte Tatenlosigkeit hätte Israel »die Protagonisten der beiden Terrorgruppen zum Abschuß frei gegeben« (Z. 20 f.), d. h. sie in inhumaner Weise für vogelfrei

---

[132] Das Orienthaus war von 1983 bis 2001 das Hauptquartier der PLO in Ostjerusalem.

erklärt, ohne zu berücksichtigen, ob Arafat das Verlangte überhaupt leisten kann.

Weitere Akteure der palästinensischen Seite (Islamischer Dschihad und Hamas) hätten an Verhandlung und Frieden kein Interesse, »im Gegenteil: In ihren Reihen breitet sich, je massiver der Konflikt wird, umso mehr der Wille zur Zerschlagung des Staates Israel aus« (Z. 32 f.). Israels Vorgehen wird als dafür verantwortlich erklärt, dass dieser Wille befeuert wird.

Wie zu Beginn des Textes wird hier Israel an den Anfang der »Schuldzuweisungsspirale« gesetzt. Die Spirale ist schon in Gang, aber Israel stehe an deren Anfang und durchbreche sie nicht. Unterstellt wird, dass Israel das könnte. Damit wird einerseits an Israel als rationalen Akteur appelliert, andererseits sein als unklug beschriebenes Vorgehen weiter bestätigt.

Dadurch, dass Israel nur als Staat und Armee beschrieben wird, mit Eigenschaften wie Unvernunft, Unklugheit, Ignoranz, Rachsucht und Kurzsichtigkeit, wird unterstellt, dass es einen »Pfad der Vergeltung« (Z. 39) eingeschlagen habe und das ein Merkmale des israelischen Wesens sei. Mit Hilfe des Zitats des chinesischen Kriegerphilosophen wird mittels der Pfadmetapher über den Untergang Israels spekuliert, nicht aber über den Untergang der Palästinenser. Der Pfad für Israel wird als Lebens- oder Todespfad beschrieben.

2a) Die Palästinenser werden unterschieden in Terrorgruppen, palästinensische Einrichtungen, Behörden und Arafat einerseits, Individuen mit unterschiedlichen Interessen andererseits.

2b) Sie werden als machtlos (Z. 53) dargestellt, die Strategie palästinensischer Terrorgruppen und Extremisten aber wird als »effektive Form der Kommunikation« (Z. 68) bezeichnet.

Asymmetrisches Verhältnis/Täter-Opfer-Konstruktion
3) Das Verhältnis zwischen Israelis und Palästinensern wird als asymmetrisch dargestellt, wobei Israel überwiegend als handlungsmächtiger Akteur und Täter und die Palästinenser als Opfer auftreten. Da sich aber beide in eine »Spirale der Gewalt« (Z. 9) verstrickt hätten, seien beide gleichzeitig auch Opfer der Spirale. Aber Israel wird zugeschrieben, diese durchbrechen können. Die Reaktion der Palästinenser wird über weite Strecken des Textes in eine deskriptive rationale Abhandlung über die Funktionen und Möglichkeiten von Terrorismus eingebettet, ohne bewertet zu werden; die Handlungen Israels werden dagegen negativ bewertet: »Ihr unkluges Vorgehen heizt diesen Willen [zur Zerschlagung des Staates Israels] weiter an« (Z. 35). Genauso wie bereits in der Unterüberschrift »Israels Härte« als Ursache bezeichnet wird, wird Israel an dieser Stelle wiederum als unkluger Befeuerer des Konflikts gedeutet.

Indem Israel zugeschrieben wird, »einen Pfad der Vergeltung« (Z. 39) eingeschlagen zu haben und nach einer Rachelogik zu handeln, werden bekannte Stereotype des Antisemitismus verwandt, welche Israel an diesen Stellen nicht als modernen und rational agierenden Staat beschreibt, sondern als einen, welcher sich an alttestamentarischem Recht orientieren würde. Dass auch den Palästinensern diese Rachelogik unterstellt wird, relativiert dies nicht.

Überwiegend ist jedoch die Unterstellung politischer Rationalität, auch wenn von Beginn an behauptet wird, dass Israel unklug sei und ihm an manchen Stellen unterstellt wird, dass es die Situation nicht verstanden habe (Z. 41). Es gibt auch eine Stelle, an welcher ein Perspektivenwechsel erfolgt und emphatisch auf israelische Tote als Folge eines palästinensischen Terroranschlags Bezug genommen wird. Fazit ist aber, dass Israel als Staat versagt und sich daher eine »bedrohliche Situation« (Z. 99) geschaffen habe, die aus der Perspektive des Textes nicht »entschuldbar« (Z. 98) ist. Der Staat Israel sei mit seinem Vorgehen also selbst für sein Schicksal verantwortlich.

Der Artikel changiert also zwischen verschiedenen Perspektiven. Dabei ergibt sich an den meisten Stellen die Konstellation, dass nur zwei Gruppen gegeneinander dargestellt werden, wobei der Autor Partei für die palästinensischen Gruppe ergreift. An manchen Stellen übernimmt der Autor dagegen die Position eines neutralen beobachtenden Dritten.

6.1.4.4 Resümee: Zwischen Israelfeindschaft, Antisemitismus und neutraler Beschreibung

Der soeben beschriebene Text geht über eine Kritik an der israelischen Regierungspolitik hinaus, indem er die Regel der Dichotomie und Asymmetrie anwendet, d. h., es werden zwei einander entgegengesetzte Kollektive konstruiert, wobei das eine auf- und das andere abgewertet wird und politische Handlungen von einer wesensmäßig bestimmten Eigenschaft des Kollektivs abgeleitet werden. Außerdem wird Israel das Einschlagen eines »Pfads der Vergeltung« und damit das alttestamentarische Racheprinzip zugeschrieben, womit ein in der Geschichte bekanntes und kulturell verfügbares antisemitisches Stereotyp verwandt wird. Über den Untergang Israels wird spekuliert, über den der Palästinenser nicht. Israels Zukunft wird als Pfad auf Leben und Tod dargestellt. Als Ziele der Palästinenser werden Kommunikation und Diplomatie zur Schaffung eines Palästinenserstaates angegeben. Der Wille der Hamas zur Zerschlagung des Staates Israel sowie Antisemitismus unter einem Teil der Palästinenser werden nicht erwähnt. Arafat hingegen wird als Staatsführer ausgezeichnet und mit Empathie bedacht: Er darf seine Position nicht gefährden.

Israel wird kein Ziel, sondern nur unkluges Vorgehen attestiert. Als homogenem Kollektiv, welches nur als militärischer Staat ohne Bevölkerung besteht, werden ihm unterschiedliche Interessen und Positionen zugeschrieben, bestimmte Eigenschaften unterstellt.

Jedoch wird Israel nicht gegen alle anderen Nationen und Völker in Stellung gebracht; ihm wird keine weltumspannende Macht zugesprochen, und es wird nicht für alle Übel der Moderne verantwortlich gemacht, wie dies für den modernen Antisemitismus typisch ist und an einigen Texten bisher nachgewiesen werden konnte. Israelis tauchen zudem nicht als Juden auf, es erfolgt keine Leugnung der NS-Täterschaft und keine Täter-Opfer-Umkehr. So unterscheidet sich die Charakterisierung Israels von dem bisher beschriebenen modernen Antisemitismus, der in fast allen bisher rekonstruierten Texten deutlich wurde.

Mit der Beschreibung Israels als Ausgangspunkt der Spirale der Gewalt und damit als selbstzerstörerisch, gepaart mit der Zuschreibung des antisemitischen Stereotyps der »Rachsucht« ist der Möglichkeitsraum, Israel als »jüdischen Staat« in die Position des Dritten zu rücken, eröffnet. Der Verweis gegen Ende, dass sich der Konflikt ausweiten und Israel eine globale Gefahr werden könnte, erweitert diese Perspektive.

Des Weiteren entfällt eine explizite Beschreibung einer Wir-Gruppe oder die Identifikation der Wir-Gruppe mit einer stellvertretenden Gruppe. Zwar wird die Perspektive der Palästinenser vorwiegend übernommen, nicht aber mit Bezug auf ein »palästinensisches Volk« und einer prinzipiellen Solidarisierung mit »Völkern« gegen Staaten, sondern mit Bezug auf die Unvernunft des israelischen Staates.

Der Text bewegt sich in den größten Teilen auf der Position des Zweiten, d. h., es erfolgt eine einseitige Parteinahme für die Palästinenser und gegen Israel. An einigen Stellen nimmt der Text auch die Position des Dritten, d. h. des neutralen Beobachters ein und an wiederum anderen Passagen neigt die Perspektive des Textes aufgrund der Beschreibung Israels mit antisemitischen Stereotypen dazu, Israel in die Position des Dritten zu stellen. Israels Position des Dritten ist jedoch eine, die zur Position des Dritten als eines Mediators insofern unterschieden ist, als der Dritte in Gestalt Israels einen prekären Status gewinnt, weil es als bedrohlich hingestellt wird. Der Dritte kann aber prinzipiell auch den Status des Mediators, Übersetzers oder der Institution des Rechts gewinnen. Das heißt, systematisch gedacht bewegt sich der Text zwischen drei Perspektiven, einerseits selbst Dritter im Sinne von neutraler Beobachter zu sein, andererseits Zweiter zu sein im Sinne der Perspektivenübernahme für die Palästinenser und drittens Israel in die Position des Dritten zu rücken und der Struktur nach antisemitisch zu konstruieren.

Weil zwar antisemitische Stereotype auftauchen, die Struktur aber von der des bisher primär rekonstruierten modernen Antisemitismus verschieden ist und der Text primär die Position des Zweiten im Sinne der einseitigen Perspektivenübernahme für die Palästinenser übernimmt, möchte ich diese Form »nationalistische Israelfeindschaft« nennen.

6.1.4.5 Begriffsbildung: Nationalistische Israelfeindschaft

Israelfeindschaft setzt die Existenz eines Staates Israel voraus, welcher als ›jüdischer Staat‹ verstanden wird. ›Israel‹ wird dabei nicht als Drittes gegen eine nationale Ordnung der Welt verstanden, sondern als Nationalstaat neben anderen. Es wird also, wie dies auch für den Rassismus gilt, eine Unterscheidung vorgenommen, wobei die eine gegen die andere Seite abgewertet wird. Beim modernen Antisemitismus hingegen wird eine zweite Unterscheidung vorgenommen, welche »die Juden« oder Israel gegen alle anderen »Nationen/Völker/Staaten/Kulturen« als Drittes konstruiert.

Die Feindschaft richtet sich gegen Israel als eine Nation neben anderen Nationen. Israel taucht dabei semantisch nicht als jüdisch auf. Es findet in der Argumentation keine Täter-Opfer-Umkehr auf Seiten der Opfer statt, und der Nationalsozialismus wird nicht geleugnet. Strukturell gleicht diese Feindschaft einer Feindschaft gegen andere Nationen. Charakterisieren möchte ich diese Form durch die Regel der Dichotomie und Asymmetrie, wobei zwei überschneidungsfreie Sinnsysteme konstruiert werden, Israel als jüdischem Staat bestimmte wesenhafte Eigenschaften (hier: Kurzsichtigkeit, Unklugheit usw.) zugeschrieben werden und die eine Seite des Gegensatzpaares (Israel) gegen die andere abgewertet wird: ein moderner Nationalstaat Israel vs. die Palästinenser. Eine Kritik ist sie deshalb nicht mehr, weil sie politische Handlungen einem Kollektiv zurechnet und auf bestimmte Eigenschaften dieses Kollektivs zurückführt.

Während die Struktur des modernen Antisemitismus eine zweiseitige Unterscheidung beinhaltet (wir/sie vs. Dritte), möchte ich die Spielarten des Rassimus in »ethnischen Nationalismus«, »Ethnopluralismus« und »Islamfeindschaft« differenzieren. Diese basieren auf einer einseitigen Struktur: wir vs. sie. Der Antisemitismus kann jedoch gut mit diesen einseitig unterschiedenen Weltanschauungen verknüpft werden. Abschließend möchte ich daher einen Fall darlegen, in welchem dieses Verhältnis gezeigt wird. Dieser letzte für das rechte

Spektrum exemplarisch ausgewählte Text ist vom selben Autor wie der erste hier dargelegte Text. Allerdings handelt es sich um eine andere Textgattung, nämlich um einen Redebeitrag bei einer Demonstration. Der Text wurde auf der Webseite der NPD veröffentlicht und soll dazu dienen, das Verhältnis von Antisemitismus und Rassismus, welches in der Forschung oftmals miteinander in eins gesetzt wird, zu bestimmen. Dies betrifft hier die Spielart einer »ethnopluralistischen« Islamfeindschaft.

6.1.5 Fall VII: Antisemitismus und Rassismus: »Ethnopluralismus« und Islamfeindschaft

6.1.5.1 Teil 1: Ethnopluralismus

Bei dem Text mit der Überschrift »Heute tolerant und morgen fremd im eigenen Land!« handelt es sich um einen Redebeitrag Jürgen Gansels bei einer Demonstration der NPD am 20. Oktober 2007, welche unter dem Motto »Stoppt die Islamisierung Deutschlands – Keine Großmoschee in Frankfurt-Hausen« stattfand. Schon in der Überschrift wird in Form einer politischen Parole ein im Text noch ausgeführter zeitlicher und kausaler Bedingungszusammenhang zwischen den Eigenschaften »tolerant« und »fremd« konstruiert. In Form einer Prophezeiung wird der Zustand der Toleranz, d. h. einer Ethik der Anerkennung des Anderen, mit einem darauf in der Zukunft folgenden Zustand der Fremdheit, d. h. der Nicht-Vertrautheit/-Bekanntheit gekoppelt. Referenzpunkt beider Eigenschaften ist der »eigene« Nationalstaat (»eigenes Land«). Das verweist darauf, dass es eine Wir-Gruppe gibt, die territorial bestimmt ist und sich innerhalb dieses Territoriums als vertraut erlebt, wohingegen eine Zukunftsperspektive entworfen wird, in der das vertraute Territorium zum fremden wird. Der soziale Raum wird nationalstaatlich bestimmt (eigenes Land/fremdes Land) und das Eigene mit Vertrautheit verbunden. Der Satz hat nur Sinn, wenn Tolerantsein zur Folge hat, dass sich der der Wir-Gruppe vertraute Nationalstaat verändert. Tolerantsein verweist außerdem auf ein Bezugsobjekt. Die Interpretation hat ergeben, dass dieses Bezugsobjekt solche sind, die als »Fremde« kulturell und religiös verschieden zur »Wir-Gruppe« bestimmt werden. Kultur und Religion sind aber wiederum über räumliche Duale (Orient/Okzident; Europa/Islam) homogen bestimmt, d. h., »der Orient« ist aus der Perspektive von Gansels Rede genauso mit einer bestimmten Kultur, Religion und Lebensform verbunden wie »der Okzident.« Einzelne Personen werden in der Entwicklung des Textes nach und nach zuerst Territorien, Kulturen, Religionen und weiterhin größeren Dualen zugeordnet.

Die Interpretation des Textes ergab folgende Struktur:

Der erste Teil des Textes ist nach folgenden Konstruktionsregeln aufgebaut: (1) Es wird ein symmetrisches[133] Gegensatzpaar (wir/sie) entworfen, wobei beide Seiten (2) kulturalisiert, ethnisiert und ontologisiert werden und (3) die Sie-Gruppe als kultureller Fremdkörper konstruiert wird, der in der Raum-Zeitperspektive aus dem »eigenen Lebens- und Kulturraum« (»in rechtsstaatlicher Weise«, Z. 94)[134] entfernt und in einen für ihn vorgesehenen »Kulturraum« zurückgeführt werden soll (Zukunfts-/Lösungsperspektive). Der Text entwirft also deutlich eine Zukunftsdimension und fordert zur Handlung auf. Die Wir-Gruppe wird im Text als »Kulturnation« (»deutsche Kulturidentität«, Z. 7) bestimmt. Da jedoch alle in dem Text genannten in Deutschland lebenden Migranten als kulturfremd bestimmt werden, ist anzunehmen, dass aus dieser Perspektive Mitgliedschaft qua kultureller Assimilation ausgeschlossen ist und es sich daher nicht um die Vorstellung einer »Kulturnation«, sondern einer »Volksnation« handelt, die ihre Identität qua Abstammung definiert.[135] Diese Lesart wird gegen Ende des Beitrags explizit eingelöst. Dort werden »Völker« und »Kulturen« (Z. 106) in eins gesetzt.[136] Doch bereits an dieser Stelle wird bei der Thematisierung aller in Deutschland lebender Migranten deutlich, dass Kultur ethnisch bestimmt wird und damit eine Weltanschauung zur Norm erhoben wird, die »Volk«, »Kultur«, »Staat« und »Nation« in eins setzt. Die Strategie manchmal nur den Begriff der »Kultur« zu verwenden, v. a. aber den Begriff der »Ras-

---

[133] Das bedeutet, dass beide Gruppen (wir/sie) der gleichen Oberkategorie zugeordnet werden, einer völkisch bestimmten Gruppe, die zwar über lange Strecken des Textes abwechselnd kulturell, religiöse und national bestimmt ist, am Ende aber doch wieder völkisch. Ein asymmetrisches Gegensatzpaar im Koselleckschen Sinne wäre die Unterscheidung Mensch/Unmensch oder, bezogen auf diesen Text, Volk/Nicht-Volk.

[134] Das bedeutet die Ausweisung aller in der Bundesrepublik lebenden Menschen mit Migrationshintergrund, ob mit deutschem Pass oder ohne, also aller von der NPD als »Ausländer« verstandenen Menschen.

[135] Zur Typologie und Diskussion der Begriffe »Staatsnation«, »Kulturnation« und »ethnische« oder »Volksnation« vgl. auch Minkenberg 1998, zur Begriffsgeschichte von »Volk«.

[136] In anderen Artikel, so beispielsweise zur Wahl Barack Obamas im Jahr 2008 wird klar, dass Gansel sich mit den Begriffen Volk und kulturelle Identität nicht auf die Vorstellung einer Kultur- oder Staatsnation, sondern auf eine mal ethnische mal rassische Volksnation bezieht: »Schon das weiße Amerika war eine kulturelle Zumutung für die Welt und zwang freien Völkern mit Waffengewalt ihr multirassisches und damit rassenvernichtendes Gesellschaftsmodell auf; ein nicht-weißes Amerika ist jedoch eine Kriegserklärung an alle Menschen, die eine organisch gewachsene Gemeinschaftsordnung aus Sprache und Kultur, Geschichte und Abstammung für die Essenz des Menschlichen halten. Barack Obama verbirgt diese Kriegserklärung nur hinter seinem penetranten Sonnenschein-Lächeln« (Gansel 2008).

se« zu umgehen, ist eine mittlerweile im rechten Spektrum geläufige Praxis, um sich aus strafrechtlichen, wahl- oder werbetaktischen Gründen vom Nationalsozialismus abzugrenzen bzw. weniger aggressiv zu wirken.

Einzelne Personengruppen werden im Laufe des Textes größeren Einheiten zugeordnet, die jeweils eine homogene Kultur und Identität haben. Die Wir-Gruppe gehört dabei zu Europa und dem Abendland.

Die Fremdgruppe, die den als nationalkulturell (»deutsche Kulturidentität«, Z. 7) bestimmten Stadtteil in Frankfurt angeblich bedroht, wird hingegen »dem Orient« (Z. 21, Z. 93) zugeordnet und besteht aus Islamisten, Türken und Muslimen, die allesamt als »Fremde aus dem Morgenland« (Z. 34) etikettiert werden. Die räumliche Überschneidung der beiden als homogen konstruierten Kollektive wird als kulturelles Problem interpretiert.

So wird die Präsenz von Muslimen im Frankfurter Stadtteil Hausen als »Ausländerproblem« (Z. 33) und nicht etwa als religiöses Problem ausgewiesen. Das Problem wird als eines bestimmt, das mit einer Bedrohung der nationalen Wir-Gruppe verbunden ist: einerseits für die gedachte kulturelle Homogenität, andererseits für Menschenleben. Muslime werden als Terroristen denunziert, die »zuerst ihre Moschen bauen und uns dann die Bomben um die Ohren werfen« (Z. 35).

Dieser Wendung des »Ausländerproblems« liegt die Annahme zugrunde, dass einerseits Muslime nicht Deutsche sein können und andererseits der Stadtteil vor dem Bau von Moscheen und vor dem Zuwachs muslimischer Bürger eine homogene Identität hatte (die erhalten bleiben soll). Die Identität des Stadtteils ist der Konstruktion zufolge nicht etwa städtisch oder im Sinne einer Kiezkultur geprägt, sondern nationalkulturell, d. h, sie wird in Bezug auf die Kultur einer Großgruppe (Okzident/Abendland/Europa vs. Orient) rassifiziert. In diesem Text lässt sich die rassische Bestimmung aufgrund der sequentiellen Zuordnung zum »Orientalen« nur implizit interpretieren, in anderen Texten wird der Begriff »Rasse« vom selben Autor explizit verwendet. Dort ordnet Gansel den Islam dem »Orientalen« als »rassische[m] Hauptträger« (zitiert n. Weiß 2007) zu.

Bereits Adornos Interviews im Gruppenexperiment wiesen auf diese mehrfache Zugehörigkeitsbestimmung und das hartnäckige Erhalten der Rassentheorie hin:

> »Die Ausrottungspolitik ist hier neutralisiert: man hat sich eben über das Rassenproblem Gedanken gemacht. [...] Anstelle der Arier und der Herrenrasse geht es hier nun um die weiße Rasse, welche die abendländische Kultur verteidigen soll:
>
> *E: Es geht ja hier nicht um Amerikaner oder Engländer oder um die Russen, sondern es dreht sich hier doch darum, daß wir die*

weiße Rasse, in diesem Fall die abendländische Kultur verteidigen [...] (Protokoll 23, S. 27).

Die Stelle erlaubt einen Einblick in die subtilen Mechanismen der Anpassung der Rassentheorie an die veränderte politische Lage. An die Stelle der »weißen Rasse« setzt der Sprecher »in diesem Fall« – also doch wohl im Gedanken an den gegenwärtigen Konflikt zwischen Westen und Osten – die »abendländische Kultur«. Nicht selten verwandelt sich der faschistische Nationalismus in einen gesamteuropäischen Chauvinismus, so wie es etwa der Titel der Zeitschrift von Hans Grimm ›Nation Europa‹ verrät« (Adorno 1998j: 276 f.).

Die genannte Fremdgruppe (»Fremde aus dem Morgenland«, »die Muslime«, »Islam«) ist »in Europa kultur- und lebensfremd und deshalb unerwünscht« (Z. 59). »Die Muslime« hätten ihre Existenzberechtigung, aber an dem für sie vorgesehenen und historisch begründeten Ort. Kultur wird territorial gedacht und mit Lebensberechtigung gleichgesetzt. Bestimmte Kulturen, verstanden als Ausdruck von »Völkern«, werden als naturwüchsige an bestimmte Territorien gebunden. Die Strategie, den Rassebegriff durch den Kulturbegriff zu ersetzen, und zwar mit Hilfe eines Changierens zwischen unterschiedlichen Kollektivkonstruktionen, ist für die Weltanschauung des »Ethnopluralismus« typisch. Die Weltanschauung des »Ethnopluralismus« ist zwar eine Strategie der »Neuen Rechten«, Bezugspunkte hat sie jedoch in vornationalsozialistischen Zeiten bei den Denkern der sogenannten »Konservativen Revolution« der 1920er Jahre der Weimarer Republik. Da es sich dabei um die verbreitetste Form des Rassismus innerhalb der europäischen Rechten handelt und »Ethnopluralismus« als Form des Rassismus mit dem Antisemitismus häufig verknüpft wird, werde ich Struktur sowie Bezugspunkte des Konzeptes im nächsten Kapitel kurz zusammenfassen und seine Verknüpfbarkeit mit dem Antisemitismus erläutern. Diesen Zusammenhang stellt auch der soeben analysierte Text im weiteren Verlauf her.

Dort heißt es: »Gegen den Neokolonialismus Amerikas und gegen den Staatsterrorismus Israels können sich die Muslime zuhause der Solidarität nationaler Deutscher sicher sein« (Z. 62-64).[137]

---

[137] Relativ neu ist die Beobachtung, dass es bezüglich der außenpolitischen Solidarität mit Muslimen und dem innenpolitischen Anti-Islamisierungsdiskurs innerhalb der organisierten Rechten zwei Lager gibt, nämlich eines, das diese Differenz aufrechterhält und eine verstärkte außenpolitische Solidarität und Kooperation mit Muslimen fordert, und eines, bei dem die außenpolitische Dimension wegfällt. Letztere Position findet sich in der Zeitung »Junge Freiheit«, während die erstgenannte Position in der »Deutschen Stimme« und innerhalb der NPD verbreitet ist, am dominantesten jedoch in der Kameradschaftsszene. Die Diskussion entzündete sich im September 2008 insbesondere im Rahmen der Vorbereitungen des Anti-Islamisierungskongresses der Initiative Pro-Köln, der sich u. a. gegen den Bau einer geplanten Großmoschee in Köln richtete, aber bereits vorher war es im Hamburger Landesverband der NPD und der Hamburger Kame-

Bezogen auf die weiteren Konstruktionsprinzipien des Textes, die bislang zwei Duale (Abendland/Morgenland) einander gegenüberstellten und die räumliche Segregation von Exemplaren, d. h. einzelnen Personen beider, forderte, heißt das, dass mit Amerika (gemeint ist US-Amerika) und Israel in diesem Text ein Drittes konstruiert wird, das diese »Wir-sie«-Unterscheidung (Volk/Volk; Orient/Okzident; Muslime/Europa) bedrohe. In diesem Fall werden ihnen neokolonialistische und terroristische Praktiken zugeschrieben, die moderner Staatlichkeit widersprechen. So wird dann auch der Angriff auf beide (USA und Israel) legitimiert: Die islamische Hamas wird als »legitimer Ausdruck des palästinensischen Überlebenskampfes« beschrieben und die Anschläge im Irak werden gerechtfertigt, da es sich um irakische »Freiheitskämpfer« (Z. 68) handle.

Unterschieden wird zwischen einer außenpolitischen Dimension, in welcher Solidarität mit anderen »Völkern« gegen Amerika und Israel gefordert wird und einer innenpolitischen: Darin geht es um »die Kultur und Identität Deutschlands und Europas« (Z. 75/76), gegen »die Islamisierung« (Z. 74) der als orientalisch beschriebenen Kulturen.

6.1.5.2 Begriffsbildung: Ethnopluralismus

Beim Ethnopluralismus handelt es sich um eine

> »rassistische Weltanschauung, die Menschen unter die Kategorie ›Volk‹ subsumiert und die räumliche Separierung der ›Völker‹ fordert. Jedem ›Volk‹, verstanden als eine durch Abstammung verbundene partikulare Personengruppe, wird eine unverwechselbare ›kulturelle Identität‹ zugeschrieben und im Kern unveränderliches Wesen (Volkstum) unterstellt. Laut dieser Weltanschauung setzt ›Völkervielfalt‹ die staatliche Trennung von ›Ethnien/Völkern‹ voraus« (Globisch 2008: 66).

Das Konzept wurde von dem mittlerweile in Dänemark tätigen Kultur- und Sportsoziologen Henning Eichberg, einem führenden Protagonisten bei der Herausbildung der Neuen Rechten in den 1970er Jahren, im Zusammenhang mit einer »nationalrevolutionären Befreiungsphilosophie« entwickelt. Vor dem Hintergrund eines angenommenen kausalen Zusammenhangs zwischen Kapitalismus, Entfremdung und einer daraus angeblich resultierenden Nicht-Identität sah er einen nationalen Kampf für »die Kulturen« (immer im Plural verwendet) als einzigen »kulturerhaltenden« Weg:

---

radschaftsszene im Vorfeld einer geplanten Demonstration gegen den Bau einer Moschee in Hamburg-Bergedorf zu Kontroversen gekommen (vgl. zur Thematik: Landesamt für Verfassungsschutz, Hamburg 2008 sowie Weiß 2007 und 2008).

> »Wer also heute in Europa den Kampf für die ›Freiheit der Kultur‹ ernst nimmt, sowie die dahinter sich aufbauenden Strukturen des multinationalen Kapitals ins Zentrum der Auseinandersetzung rückt, muss wissen: ›Freiheit der Kulturen‹ impliziert eine antikapitalistische Strategie in globalem Ausmaß« (Eichberg 1978: 33).

Ein oberflächlicher Blick auf die Semantik könnte annehmen lassen, dass sich bei der Analyse des Zusammenhangs zwischen Kapitalismus und Entfremdung und im Rahmen eines auf »Kulturerhalt« zielenden Antikapitalismus, die Linke und die Rechte treffen würden. Dies trifft zu, wenn der Begriff der Kultur auf Vorrang der (Volks-)Gemeinschaft vor der einzelnen Person zielt und diese Gemeinschaft als ethnisch/kulturell homogen mit gleichgerichtetem Interesse konstruiert und an ein Terriorium gebunden wird. Eichberg kritisiert die universalistischen Inhalte der Aufklärung und bezeichnet marxistische Theorien als »Herrschaftsideologie«, die an der »Umerziehung Deutschlands« besonders nach 1945 teilgehabt hätten (Eichberg 1978: 10). Dem Dualsimus »Romantik/Aufklärung« stellt er den Dualismus »Identität/ Entfremdung« entgegen (vgl. ebd.). Identität ist für ihn jedoch immer kollektive und zugleich nationale Identität, die er dem Kapitalismus als Ursache für Entfremdung gegenüberstellt (ebd.: 11). Die dominante Ordnung der Welt setzt sich zusammen aus der Partikularität der »Völker und Kulturen«, die sich durch unterschiedliche Entwicklungs- und Modernisierungsprozesse auszeichneten: »Den Geschichtsprozess gibt es nicht, sondern nur die Prozesse der Völker« (ebd. 10). So folgert er daraus in Carl Schmittscher Manier: »Wer von den Völkern nicht sprechen will, soll von den Menschen schweigen« (ebd.: 11). Damit reiht er sich in die Tradition der Denker der »Konservativen Revolution« ein, deren Grundelemente der Antiliberalismus, der Antiindividualismus, der Antiuniversalismus sowie der auf Herder verweisende identitätslogische »Volksbegriff« sind. Zur Einheit des »Volkes« zurückzukehren war erklärtes Ziel der »Konservativen Revolution« war (vgl. Lenk 1989). Das »Volk« wird als das neue Subjekt der Geschichte, als Mythos konstruiert und angerufen. In der Beschreibung des rechten »konservativ-revolutionären« Leipziger Soziologen Hans Freyer lässt sich der »Volksbegriff« und dessen Entgegensetzung zum Gesellschaftsbegriff, wie wir ihn in den vorhergehenden Fällen ebenso als Muster des Antisemitismus rekonstruiert haben, recht gut exemplifizieren. Als »Volk« bezeichnete er das, was »nicht Gesellschaft, nicht Klasse, nicht Interesse, also nicht ausgleichbar, sondern abgründig revolutionär« sei (Freyer 1931: 37) und in eine Emanzipation des Staates »aus einer jahrhundertelangen Verstrickung in gesellschaftliche Interessen« münde (ebd.: 55). Lenk hat die Stoßrichtung Freyers folgendermaßen zusammengefasst:

> »Das Zum-Volk-Werden der Deklassierten aller Stände und Schichten gleicht einem Naturprozess, der nach der Idee der Identitätsphilosophie reine Bewegung, interesseloses Sein ist. Die Richtung der Bewegung ist Freyer zufolge ‚rechts', weil hier keine Gesellschaftsklasse gegen ihrer Beherrscher angeht (das war die Stoßrichtung von links), sondern das Volk ‚von unten her', quer zu allen Interessengesgensätzen, in die industrielle Gesellschaft einbricht« (Freyer 1931: 54).

Dieser Gedanke einer »Auferstehung« des »Volkes«, »von unten«, wird auch von Henning Eichberg gegenwärtig noch betont (vgl. Eichberg im Gespräch mit Brodkorb 2010). Verknüpft mit diesem »Volksbegriff« ist ein Demokratiebegriff, der die Ineins-Setzung von Volk und Natur impliziert. Das bedeutet, dass ein Volk nur das werden kann, was es vom Ursprung her immer schon ist. Aus dieser Perspetive ist ein »Volk« bereits in seinem »schicksalsmäßigen Verbundenheitsgefühl« (Moeller van den Bruck 1931: 31), wie das ein anderer »konservativ revolutionärer« Denker, Moeller van den Bruck, formuliert, als homogenes harmonisches Ganzes gedacht, wesentlich demokratisch. Jeglich Vermittlung und Repräsentation durch Parteien bzw. Parlamentarismus stellt in dieser Vorstellung eine Beeinträchtigung des »Volkswillens« dar und wird als undemokratisch abgelehnt (vgl. ebd.: 119; Schmitt 1991). Die Vorstellung identitärer Unmittelbarkeit von Regierenden und Regierten resultiert notwendig in Homogenitätsforderungen: »Zur Demokratie gehört also notwendig erstens Homogenität und zweitens – nötigenfalls – die Ausscheidung oder Vernichtung des Heterogenen« (Schmitt 1991: 4). Demokratisch sind in dieser Vorstellung Faschismus und Bolschewismus gleichermaßen, es genügt »wenn sich der aktive Teil des Volkes im Willen und in den Entscheidungen des Herrschers wiedererkennt und dies durch Akklamation bekundet« (Lenk 1989: 156). Kultur wird dabei immer naturalisiert und im Rahmen des »Volksbegriffes« gedacht, als Ausdruck der »Volksseele«. Mit dieser Vorstellung von Homogenität der kollektiven Einheiten bei unbedingter Forderung der Anerkenntnis der Pluralität von »Völkern« wird der Begriff der Demokratie umgedeutet. Differenz wird nicht zwischen Individuen, sondern zwischen »Volksgruppen« gedacht. Typisch ist dabei das »Jonglieren« mit dem Volksbegriff, nicht nur wie im empirischen Beitrag soeben beschrieben zwischen »Volks-/Kultur- und Rassebegriff«, sondern ebenfalls einem innerhalb des Begriffs, der »einmal als soziale Kategorie die Unterschichten bezeichnet, die sich gegen die entfremdenen Macht der Konzerne zur Wehr setzen sollen, dann wieder als ethnisch-kulturelle Kategorie den deutschen ›Stamm‹ meint, der zur Hegemonie über Fremdstämmige aufgerufen wird« (Priester 2003: 265). Dies kann alles als Strategie betrachtet werden, um sich in der Öffentlichkeit vom Nationalsozialismus abzusetzen.

Da der Begriff der »Rasse« durch den Begriff der »Kultur» ersetzt wird, wird das Theorem (Ethnopluralismus), welches im Diskurs der »Neuen Rechten« insbesondere von Frankreichs Nouvelle Droite, insbesondere von der Organisation GRECE (Groupement de recherche et d' études pour la civilisation européenne) und ihrem Kopf Alain de Benoist verbreitet wurde, auch als »Rassismus ohne Rassen«[138] bezeichnet (vgl. auch Aftenberger 2007). Diese Bezeichnung lässt aber außer Acht, dass auch der biologische Rassismus nicht ohne kulturelle Deutungen zu denken ist. Zentral ist beim Konzept des Ethnopluralismus, dass die Bewahrung »kultureller Gruppenidentitäten«, die letztlich völkisch oder rassisch bestimmt sind, durch genetische Abgrenzung erreicht werden soll. Eine wertende Hierarchie wird dabei vordergründig abgelehnt, weshalb Vertreter der »Neuen Rechten« wie Benoist sich selbst als Anti-Rassisten bezeichnen, aber dennoch die Existenz von »Rassen« voraussetzen (vgl. Krause/de Benoist 1998). Die Höher- bzw. Minderwertigkeit von »Rassen« wird im neu-rechten Diskurs durch eine angeblich kulturell bedingte Fremdheit von Ethnien ersetzt, welche die Trennung der verschiedenen »Volksgruppen« legitimieren soll. Von neu-rechter Seite wird behauptet, dass man gerade ihre Eigenarten, Traditionen und kulturelle Identität erhalten wolle. Im Gegensatz zum menschenrechtlichen Universalismus betont der Ethnopluralismus eine kulturelle und genetische Ungleichheit und Geschlossenheit von »ethnischen Kulturgemeinschaften« sowie das Recht auf Verteidigung ihrer Verschiedenheit. Annahme ist, dass sich jeder Mensch nur in seiner kulturell-organisichen Verwurzelung als »originäres Kulturwesen« entwickeln könne, weshalb die eigene Kultur immer die bestmögliche sei (Weber 2004: 151). Das Gattungswesen Mensch existiert in dieser Weltanschauung nicht, sondern nur als Mensch als Mitglied eins Volkes. Hauptfeind einer solchen Weltanschauung sind universalistische Postulate, die den Tatbestand des Ethnopluralismus sowie Kulturrelativismus negieren. Als solche Ideologieformen werden das Christentum, der kapitalistische Liberalismus sowie der Marxismus genannt (vgl. Eichberg 1978: 29 ff.), aber auch der traditionelle Antirassismus von links, der laut Benoist seinen Ursprung im Universalismus hat und mit der Behauptung der

---

[138] Die Begriffe »Rassismus ohne Rassen« (Balibar 1998, Hall 1989, Çağlar 2002), »Neo-Rassismus« (Balibar 1998), »differentialistischer Rassismus« (Taguieff 1998) oder »kulturalistischer Rassismus« (Fredrickson 2004) wurden aber nicht durch den neu-rechten Diskurs geprägt und beziehen sich auf Naturalisierungen und Essentialisierungen mit Hilfe des Begriffes der Kultur. Auch Adorno hat auf diese Konstruktion bereits hingewiesen: »Das vornehme Wort Kultur tritt anstelle des verpönten Ausdrucks Rasse, bleibt aber ein bloßes Deckbild für den brutalen Herrschaftsanspruch« (Adorno 1998j: 277). Das heißt aber nicht, dass der »alte« biologische Rassismus nicht bereits auch kulturalistisch ist (vgl. Taguieff 2000).

Gleichheit aller Menschen Unterschiede einebne und somit alle Kulturen ihrer Identität beraube. Benoist behauptet, dass der universalistische Antirassismus zum gleichen Ergebnis führe wieder Rassismus, da er die Unterschiede und besonderen Identitäten der Völker als vorrübergehend oder nebensächlich betrachte. Der »differentielle Antirassismus« hingegen, wie Benoist seine Position beschreibt, bewahre die »Völkervielfalt«, in dem sie »die Völker« trenne. So sagt er in einem Interview mit der »Jungen Freiheit:

> »Die Nouvelle Droite verteidigt das Prinzip des Rechts auf Differenz, auf Unterschiedlichkeit. Aber dieses Prinzip wiegt durch seine Allgemeinheit. Da bedeutet, dass ich mich nicht nur stütze auf die Verteidigung meiner Unterschiedlichkeit, sondern dass ich auch diejenigen der anderen verteidige. Was meine Identität am meisten bedroht, ist nicht die Identität des Anderen, sondern dasjenige, das sowohl meine als auch ihre Identität gleichermaßen bedroht« (Benoist 1998).

Die größte Bedrohung sieht Benoist demnach in der Infragestellung des Identitätsprinzips, konkreter: der Infragestellung der »Identität der Völker«. »Kollektive Identitäten«, d. h. in dieser Weltanschauung »Völker«, bekommen in dieser Ideologie einen Platz zugewiesen. Die Bedrohung wird im Universalismus sowie solchen Ideen gesehen, die eine die Homogenität von »Völkern« in Frage stellen, und damit als Auflösung der »Völker« und ihrer unterstellten Differenzen interpretiert wird. In den meisten rechten Argumentationen wird der Komplex »Globalisierung-Kapitalismus-USA-Israel-Zionismus« zusammenhängend eingesetzt und als Anti-Prinzip zur Identität der »Völker« verwendet. Der Antisemitismus ist an den »Ethnopluralismus« insofern anschließbar, als Juden als »Nicht-Volk« und damit Nicht-Identität vorausgesetzt werden und damit als solche, die die dichotome Differenzierung in Frage stellen. Während Einheiten, die als »Volk« betrachtet werden, die Position der »Sie-Gruppe« zugeordnet bekommen und dem Rassimus, beispielsweise der nationalistischen Xenophobie, zugeschlagen werden, wie vielmals in Sprüchen wie »Türkei den Türken« , »Griechenland den Griechen« usw., werden Juden durch ihre Fremdkonstruktion als Nicht-Volk in die Position des Dritten gerückt. Während die Struktur des Rassismus (sowie des Ethnopluralismus[139]) auf einer einfachen Unterscheidung (wir/sie) basiert, lässt sich an dieser Stelle festhalten, dass Israel und den USA eine dritte Position zugeordnet wird (wir/sie vs. Israel/USA). Der Dritte steht außerhalb der dominanten Ordnung der Welt, wird als Bedrohung für die gesamte Weltordnung betrachtet, und Gewalt gegen ihn ist legitim. Dem »Zwei-

---

[139] Ethnopluralismus kann als eine Form des Rassismus gefasst werden, der von der Struktur her dem biologischen Rassismus gleicht, nur nimmt er keine Bewertung der eingeteilten »Rassen« vor.

ten« (Sie-Gruppe) hingegen wird ein natürlich begründeter kultureller und geographischer Ort zugewiesen. Dass Israel synonym für Zionismus und Judentum verwendet wird, wird an anderer Stelle noch deutlich werden. Strukturell lässt sich jedenfalls hier bereits erkennen, dass Israel in die Position des Dritten gerückt wird.

Dass die Bedrohung beider auch in der angeblichen Nivellierung von »ethnokulturellen« Unterschieden gesehen wird und damit der eigenen ethnopluralistischen Raumordnung der Welt widerspricht, geht aus einem anderen Textausschnitt hervor, den ich der Verdeutlichung wegen hinzuziehen möchte:

> »Die alte Selbstbehauptungsstrategie des Judentums, Inländervorrechte durch Minderheitenrechte zu ersetzen und ethnokulturelle Unterschiede zwischen dem Eigenen und dem Fremden zu verwischen, deckt sich mit den Interessen aller Minderheiten, Mischlinge und Entwurzelten im Schmelztiegel Amerika« (Gansel 2008).

6.1.6 Zusammenfassung: Antisemitismus von rechts

Der Antisemitismus im gegenwärtigen rechten Spektrum hat verschiedene Schattierungen, die in den Kontext der Zeitschrift des jeweiligen Spektrums eingebettet sind. So argumentieren Texte aus der »Deutschen Stimme«, d. h. dem Spektrum der NPD, weitaus direkter gegen jüdische Einzelpersonen sowie offensiv biologistisch rassistisch, als dies das Spektrum der »Jungen Freiheit« tut, deren Antisemitismus primär auf Israel bezogen ist.[140] Die Struktur der antisemitischen Argumentation verändert sich dabei jedoch nicht. Die mittlerweile eingestellte und von der Zeitschrift »Zuerst – Deutsches Nachrichtenmagazin« abgelöste Zeitschrift »Nation und Europa«, welches ebenso wie die »National-Zeitung« als Theorie- und Strategieorgan gehandelt wurde, fokussiert auf die »Schuldfrage«. Diese ist ein zentraler Bestandteil des Antisemitismus, da er Täter- und Opfer konstruiert um ein unbeschädigtes ethnisch-nationales Kollektiv herzustellen, welches als von Juden bedroht dargestellt wird.

Mit Texten aus dem »Fahnenträger«, welcher als FanZine und Repräsentant der Kameradschaftsbewegung sowie der »freien Kräfte« untersucht wurde, wird eine weitere Variation des Antisemitismus offengelegt, der in völkisch anti-kapitalistische, anti-amerikanische sowie Anti-Globalisierungsargumenta-

---

[140] Trotzdem finden sich auch pro-israelische Argumentationen in der »Jungen Freiheit«. Dies geschieht zumeist mit der Konstruktion Israels als »starker Staat«, der als solcher insbesondere militärisch geachtet und als Teil des Abendlandes »dem Islam« gegenübergestellt wird.

tionen eingebettet ist, die in verschwörungstheoretischer Manier Israel als Teil einer alles umfassenden »Propagandamaschinerie« zeichnet. Dieser Antisemitismus ist in ein anti-imperialistisches Weltbild eingepasst, welches – wie wir im zweiten empirischen Teil sehen werden – mit einigen linken Texten korreliert.

Gemeinsam ist allen rechten Argumentationen die Konstruktion eines ethnischen Kollektivs, welches überlegen, aber prinzipiell bedroht ist: bedroht von dialektischen Errungenschaften der Moderne, die am treffendsten unter Pluralisierung und Individualisierung von Lebensformen, bürgerlicher Vertragsförmigkeit, Ausdifferenzierung gesellschaftlicher Subsysteme sowie Herausbildung einer kapitalistischen Marktgesellschaft und damit verbundenen Geldwirtschaft beschrieben werden können. Im rechten Weltbild tauchen diese Entwicklungen als Bedrohungen auf, die abstrakt und personalisiert bestimmten Gruppen (Juden und Israel als jüdischem Staat, US-Amerikanern, der Europäischen Union, der westlichen Wertegemeinschaft) sowie mit diesen identifizierten Entwicklungen (Intellektualität, Medien und Virtualität, Multikulturalismus/-Pluralismus) zugeschrieben werden. Sie werden als dekadent und zerstörerisch für die eigene angeblich natürliche höherwertige Lebensform betrachtet. Die Unterscheidung zwischen einer homogenen eigenen »Volksgemeinschaft« und einer Fremdgruppe ist zentral für das rechte Weltbild und ebenso Grundunterscheidung für dessen Antisemitismus. Die Antwort auf die imaginierte Identitätsbedrohung des rechten Spektrums ist der Aufruf zu »völkisch nationaler Selbstbehauptung« eines homogenen ethnischen Kollektivs. Neben den genannten modernen Entwicklungen kommt der Migration als Bedrohungsszenario für den Antisemitismus eine besondere Rolle zu. Juden werden als diejenigen Akteure betrachtet, die Einwanderung zur Schwächung der substanziellen »Volksgemeinschaft« im Hintergrund steuern. Bergmann hatte diese »Doppelrolle der Juden« treffend beschrieben: »Sie werden als fremde Minderheit abgelehnt und als mächtige Feinde projiziert« (Bergmann 1999: 154). Daher unterscheidet sich – wie im folgenden empirischen Teil noch genauer gezeigt werden wird – die Xenophobie bzw. der Rassismus strukturell auch vom Antisemitismus. Während Migranten im rechten Weltbild eine vermeintlich historisch begründete Territorialität zugewiesen wird, bleiben Juden als »Dritte« die eigentlichen Zerstörer der »ethnisch-nationalen Weltordnung«, denen jeder territoriale Ort sowie Volks- und Nationsbildungsfähigkeit abgesprochen wird. Als »ortlose Zerstörer« folgt ihnen im Antisemitismus – wenn auch unausgesprochen – die Elimination. Sie bilden aufgrund des Massenmordes im Nationalsozialismus die größte Barriere für eine positive nationale Identifikation. Strategien des Leugnens, Relativierens sowie Täter- und Schuldzuschreibungen in Vergangenheit und

Gegenwart zur Entlastung des eigenen ethnisch-nationalen Kollektivs sind daher im gesamten rechten Spektrum in unterschiedlichen Formen verbreitet.

Bei näherer Bestimmung gibt es Differenzierungen zwischen Kollektivvorstellungen, welche zwischen »ethnopluralistischen« und völkisch-rassifizierenden Überlegungen variieren. Die »ethnopluralistischen« Kollektivkonstrukte haben sich originär im neurechten Spektrum, in dieser Arbeit repräsentiert durch die »Junge Freiheit«, konstituiert, mittlerweile aber Eingang in das gesamte rechte Spektrum in Deutschland wie Europa gefunden. Sie werden gemäß ihrer Struktur empirisch mit dem Antisemitismus verknüpft.

Die im rechten Spektrum interpretierten Artikel – von denen eine Auswahl hier ausführlicher präsentiert wurde – bestätigen die Strukturmuster des modernen Antisemitismus, die in der Holzschen Studie für den Zeitraum vor 1989 herausgearbeitet wurden. Ergänzt werden muss die Regel »Manichäismus« mit der Entgegensetzung des Gegensatzpaares »Wahrheit/Ideologie«, welche der Wir- bzw. der jüdischen Fremdgruppe zugeordnet wird. Die Aufnahme dieser Regel als normative Bewertung des Eigenen als »Wahrheit« sowie der Fremdgruppe als »Ideologie« greift ein Strukturmerkmal des modernen Antisemitismus auf, welches Haury in seiner Studie »Antisemitismus von links« bereits explizierte (Haury 2002: 109).

Die in allen analysierten Artikeln präsente Zuschreibung von Macht und Verschwörung an die jüdische Sie-Gruppe muss als Regel extra mit aufgenommen werden. Die Zuschreibung konkret/abstrakt, welche von Moishe Postone für die Charakterisierung des Antisemitismus entwickelt wurde, erscheint mir zumeist im Gegensatzpaar Gemeinschaft/Gesellschaft aufzugehen. Die als natürliche und identische Sozialform entworfene Gemeinschaft wird als Konkretes bestimmt, naturalisiert, und Gesellschaft wird als moderne, von Interessengegensätzen und -konflikten geprägte Sozialform für die negativen Folgen der Moderne verantwortlich gemacht und mit »Juden« sowie »Linken« identifiziert. Dabei wird dem Sozialmodell der Gemeinschaft »produktive Arbeit als Selbstzweck« zugeordnet, während dem Sozialmodell Gesellschaft die »abstrakte, gesellschaftliche Vermittlung« zufällt.

Wichtig ist die Aufnahme dieses Gegensatzpaares aber zur spezifischen Charakterisierung antisemitischer Texte, die ihre Argumentation in ein antiimperialistisches und antikapitalistisches Weltbild einbauen. Denn dort wird das Kapitals in eine konkrete und eine abstrakte spekulative Seite gespalten und einseitig kritisiert. So dann werden das »Großleihkapital«, »der Finanzkapitalismus«, »die Spekulanten« oder »Heuschrecken« als der »böse Teil« des Kapitals kritisiert, wobei ein »guter kleiner Kapitalismus« erhalten bleibt.

Das ergibt folgendes Freund/Feind-Schema, wobei die Konstruktion des jüdischen Feindbildes in dieser Kombination die Juden in die Position des Dritten rücken. Das wird insbesondere durch das Gegensatzpaar Identität/Nicht-Identität ausgedrückt, die auch als Identität/Identität vs. Nicht-Identität gelesen werden kann. Dies konnte insbesondere an dem vorgestellten ethnopluralistischen Artikel (»Heute tolerant, morgen fremd im eigenen Land«) in der »Deutschen Stimme« herausgearbeitet werden.

WIR-Gruppe	Judenbild
(Volks-)Gemeinschaft	Gesellschaft
Identität	Nicht-Identität/Dritter
Täter	Opfer
Wahrheit	Ideologie
Konkret	Abstrakt
	Macht, Verschwörung

In allen Artikeln wird ein Selbst-/Fremdbildschema etabliert, welches zwei überschneidungsfreie Kollektive konstruiert (Dichotomie) und ihnen ein Wesen unterstellt (Ontologisierung). Die Bestimmung der Kollektive erfolgt dabei immer ethnisch national (Ethnisierung), teilweise verknüpft mit einem religiösen Selbstbild, zuweilen explizit rassifizierend. In vielen Artikeln werden die Zuordnungen zu »Rasse«, »Nation«, »Volk«, »Religion« und »Kultur« verknüpft. Dies kann nur dann erfolgen, wenn das Grundideologem ein »völkischer Nationalismus« ist, in welchem ein »Volk« als historisch-genealogische Personengruppe vorgestellt wird, der ein Wesen und per Abstammung tradierte kulturelle (oft inklusive religiöse) und biologisch/rassifizierende Eigenschaften unterstellt werden. Die so konstruierte (Volks-)Gemeinschaft wird den Interessen der Einzelnen übergeordnet. Interessenpluralismus sowie Interessensgegensätze werden ausgeschlossen. Alles Heterogene im homogenen Eigenen wird als innerer Feind betrachtet. Und alles, was die Homogenität in Frage stellt, ist ein äußerer Feind. Die Konstruktion von Juden als sowohl heterogen, kosmopolitisch, intellektuell usw. und als Anti-Nation und Anti-Volk macht sie zum prädestinierten Feindbild.

Nun hat die Analyse der vorgestellten rechten Zeitschriften ergeben, dass auch in ethnopluralistischen und nationalistisch-israelfeindlichen Artikeln Feindsemantiken vorkommen, die jedoch unterschiedliche Funktionen erfüllen. Holz hat die Funktion antisemitischer Semantiken von der Funktion xenophober Semantiken (worunter bei ihm die ethnopluralistische und die israelfeindliche strukturell fallen) folgendermaßen beschrieben:

> »Die Definition der eigenen nationalen Gemeinschaft durch Abgrenzung von anderen partikularen Gemeinschaften und die Si-

> cherung der Identität der nationalen Gemeinschaft angesichts der Frage, ob es in der modernen Gesellschaft kollektive Identität und nationale Gemeinschaft überhaupt geben kann. Wird das erste Problem angegangen, führt der Nationalismus zur Xenophobie, während im zweiten Fall Antisemitismus entsteht« (Holz 2008: 212).

Das jüdischen Kollektiv wird dabei zumeist mit der bundesrepublikanischen »Linken« kurzgeschlossen und beiden werden gemeinsame Eigenschaften unterstellt, die das Anti-Prinzip zur »Volksgemeinschaft« bzw. zu überhaupt homogen gedachten Kollektiven darstellen und kulturpessimistisch einer moralisch verwerflichen, interessensbasierten, individualistischen, pluralistischen, heterogenen Gesellschaft zugeordnet werden.

Mit dem innerhalb der »Jungen Freiheit« vorgestellten Artikel »Die Logik des Terrors« aus der »Jungen Freiheit« konnte jedoch eine Strukturtransformation zur Struktur des modernen Antisemitismus festgestellt werden, die hinsichtlich der gesichteten Zeitschriften marginal und typisch für die »Junge Freiheit« ist: Israelfeindschaft. Dabei handelt es sich um eine Position, die Israel und andere Staaten in der Position des Zweiten belässt und sie wie andere Nationalstaaten und deren »Nationen« abwertet. Da gezeigt werden konnte, dass der Artikel zwischen der israelfeindlichen und einer klassisch antisemitischen Position changiert, wäre weiter zu untersuchen, ob es sich dabei um eine neue Form der Umwegkommunikation für Antisemitismus handelt oder ob damit konkrete Auswirkungen der Gesellschaftsstruktur, in diesem Falle der Existenz eines jüdischen Nationalstaates, auf die Semantik beobachtet werden können.

Die Analyse der rechten Texte in ihren unterschiedlichen Ausprägungen vom nationalsozialistischen, nationalrevolutionären bis zum jungkonservativen Spektrum lässt jedenfalls auf ein stabiles Deutungsmuster schließen, welches über die gesellschaftlichen Veränderungen der letzten Jahrzehnte hinweg bzw. mit Bezug auf die Holzsche Studie über das gesamte 20. Jahrhundert hinweg relativ stabil reproduziert wurde. Die Untersuchung des rechten Spektrums trägt daher dazu bei, die These einer kulturellen Semantik zu erhärten. Nun gilt es, die Muster auch für das linke Spektrum zu prüfen Das heißt jedoch nicht, dass die Fallstruktur subsumptionslogisch an den Fällen geprüft wurde. Zur Ermittlung seiner Struktur wurden ebenso Sequenzanalysen durchgeführt, deren Ergebnisse im Folgenden nun wiederum fallweise dargestellt werden. Dabei sollen wie im vorausgehenden Teil verschiedene Sinndimensionen des Antisemitismus präsentiert werden.

6.2 Antisemitismus von links

6.2.1 Fall I: Auschwitz-Relativierung in Namen des »werktätigen Volkes«

6.2.1.1 Einführender Kontext

Der hier zuerst darzulegende Fall erschien in der »Roten Fahne«, der Parteizeitung der Marxistisch-Leninistischen Partei Deutschlands (MLPD). Wie bereits im Methodenkapitel charakterisiert, ist sie dem maoistischen Spektrum zuzuordnen und aus einer der K-Gruppen, dem Kommunistischen Arbeiterbund Deutschlands (KABD), hervorgegangen ist. Erinnert sei daran, dass sie »den Maoismus im Grunde als eine Aktualisierung des Marxismus-Leninismus der Stalinära « (Böke 2007: 125) auffasste und ihn in erster Linie als Kritik an der politischen Linie der Sowjetunion nach Stalin und der daran orientierten Ausrichtung der Deutschen Kommunistischen Partei (DKP) verstand.

Autorin des Artikels »Jeder Kritiker Israels, ein Antisemit?« ist Anna Bartholomé. Sie wurde 1949 geboren und war ab 1971 in einer Vorläuferorganisation der MLPD, dann in der MLPD organisiert und arbeitet als Fotografin und Journalistin für die »Rote Fahne«. Sie ist Mitglied des Zentralkomitees der MLPD sowie deren frauenpolitische Sprecherin. Außerdem ist sie im Freidenkerverband und kommunalen Wahlbündnis »Alternativ – Unabhängig – Fortschrittlich« (AUF) Gelsenkirchen organisiert. Die MLPD arbeitet in verschiedenen überparteilichen Personalwahlbündnissen, unter anderem in dem AUF für verschiedene Kommunalwahlen mit. Neben der »Roten Fahne« schreibt sie außerdem für die Zeitschrift »Neue Perspektiven für die Befreiung der Frau«. In der »Roten Fahne« beschäftigt sie sich primär mit frauenpolitischen Themen und der politischen Lage im Nahen Osten.

Der Artikel wurde am 18.04.2002 veröffentlicht und stammt aus der Stichprobe, die aus den Jahren entnommen wurde, die nicht in die »Ereignissonden« fielen.

6.2.1.2 »Jeder Kritiker Israels, ein Antisemit?«

Die Überschrift des Artikels wirft eine Frage auf, die auf das Verhältnis zwischen einem »Kritiker Israels« und einem »Antisemit[en]« zielt. Dass damit ein israelischer Kritiker gemeint ist, wurde im Laufe des Textes ausgeschlossen. Israel, möglicherweise als Staat, Gesellschaft, »Nation« und/oder jüdisches Kollektiv, ist Objekt des Kritikers. Ein Kritiker nimmt Stellung, beurteilt, unterscheidet und entscheidet. Ob ihn diese Stellungnahme zu Israel zum Antisemiten macht, will der Text gemäß seiner Ankündigung klären. Es kann sich dabei um ein allgemeines Problem handeln oder um einen konkreten Vorwurf, zu dem Stellung bezogen wird. Suggeriert wird, dass Kritik an Israel nicht erlaubt ist, wenn die Frage bejaht wird. Nur wenn man Israel als jüdisch versteht, hat der Anschluss »ein Antisemit« Sinn, denn die Verbindung zwischen Israel und Antisemitismus kann nur über den Bezug zum »Jüdischen« hergestellt werden.

Anschließend gibt sich der Artikel mit der Definition des Wortes Antisemitismus als »Judenfeindschaft« (Z. 4) aufklärerisch und behauptet, dass von führenden Vertretern, die sich für die Belange von Juden in Deutschland einsetzten, jeder, der »den Staatsterror Israels gegenüber dem palästinensischen Volk« kritisiere mit dem »Schlagwort« (Z. 4) des Antisemitismus »belegt« (Z.6) würde. Als solche Personen werden der damalige Vorsitzende des Zentralrats der Juden in Deutschland, Paul Spiegel, und der damalige Außenminister Joschka Fischer genannt.

Täter-Opfer-Konstruktion – und Umkehr: »wir« und das »palästinensische Volk« vs. Israel und der »US-Imperialismus«

Unmissverständlich wird Israels politische Praxis schon zu Anfang als »Staatsterror« ausgegeben. Staatsterror bezeichnet gemeinhin die bewusst und gezielt geschürte Angst vor der Gewalt der staatlichen Institutionen gegen seine Bürger. Der Begriff »Staatsterror« wird in einem strukturellen Sinn auf Staaten angewendet, die keine rechtsstaatliche Grundlage besitzen. In jedem Falle wird damit der Staat an einem Demokratieideal gemessen und seine Legitimität in Frage gestellt. Der Staat verübe eine Praxis, die sonst individuellen oder organisierten Terroristen zugeschrieben wird. Er agiert wie diese, nur mit Staatsmacht. Staatsterror wird in westlich-demokratischen Staaten kategorisch als illegitim betrachtet. Hannah Arendt hat Terror als konstitutiv für totalitäre Staaten beschrieben. Bei ihr heißt es: »Der Terror ist nicht ein Mittel zum Zweck, sondern die ständig benötigte Exekution der Gesetze natürlicher oder geschichtlicher Prozesse« (Arendt 2005: 955). Das würde bedeuten, Israels politische Praxis stünde in der Tradition totalitärer Staaten.

»Staatsterror« wird dem Text zufolge vom Staat gegen eine ethnisch bestimmte Gruppe (das »palästinensische[n]Volk«, Z. 7) eingesetzt. Wer nun diese dem Text zufolge illegitime Praxis kritisiere, werde von repräsentativen Akteuren in Deutschland mit einem »Schlagwort« »belegt«. Antisemitismus wird als Judenfeindschaft übersetzt und des Weiteren als »Phrase« bezeichnet. Um jemanden mit einem »Schlagwort« belegen zu können, ist aber diskursive rhetorische Macht notwendig, die den Akteuren (Paul Spiegel als Funktionär der Interessensvertretung der Juden und Joschka Fischer als Regierungsrepräsentant) zugeschrieben wird. Bereits in diesem ersten Satz wird ein Täter-Opfer-Verhältnis konstruiert. Täter sind der israelische Staat (»Staatsterror«), ein Vertreter des Zentralrats der Juden in Deutschland sowie der damalige Außenminister der Bundesregierung, der die Beziehungen zu anderen Staaten regelt. Deren Opfer sind Kritiker einer als illegitim bezeichneten Staatspraxis und das »palästinensische Volk« (Z. 7). Palästinenser sind aus der Perspektive des Textes also nicht Opfer kapitalistischer Verhältnisse, einer palästinensischen Regierung oder arabischer Staaten – zum Beispiel von Ländern, deren palästinensische Flüchtlingslager an das Gebiet der Autonomiebehörde angrenzen wie im Falle Jordanien, sondern ausschießlich der als Terrrorregime bestimmten israelischen Regierung, welche mit ihren jüdischen Vertretern sowie bestimmten Regierungsvertretern in Deutschland gemeinsame Sache machen. Die Täterschaft beschränkt sich demnach nicht nur auf das Gebiet des Nahen Ostens, sondern sondern es finden sich Täter und Opfer dort wie in Deutschland; solche, die mit Israel und Juden in einem Komplex zusammengefasst werden, und solche, die mit Palästinensern einem Kollektiv zugeordnet werden. Juden werden dabei ausschließlich auf der Täterseite identifiziert.

Die »Judenfrage« wird demnach über den Antisemitismusvorwurf angegangen, bevor im folgenden Absatz betont wird, dass es Antisemitismus historisch gegeben habe, und zwar als Antijudaismus und rassistischen Antisemitismus, deren Propagandisten in den christlichen Kirchen und allgemein bei den »Herrschenden« (Z. 12) zu finden seien. Zweck des Antisemitismus sei dabei immer die »Ablenkung von eigenen Verbrechen« (Z. 13) und die »Spaltung der Unterdrückten« (Z. 14) gewesen. Unterschieden wird zwischen »Herrschenden« und »Unterdrückten« als jeweils homogenen Kollektiven, wobei »den Herrschenden« unterstellt wird, dass sie Verbrechen begehen würden und es Kontinuität habe, dass sie kontinuierlich Antisemitismus als Spaltungsinstrument verwenden würden.

Neben diesem habe es den Antisemitismus des »Hitlerfaschismus« (Z. 15) gegeben, der mit sechs Millionen ermordeten Juden ein Höhepunkt in der Geschichte des Antisemitismus gewesen sei. Es gab demnach Antisemitismus nur als etwas Historisches. Das, was gegenwärtig von jüdischen Vertretern als Antisemitismus bezeichnet wird, wird als Antisemitismusvorwurf und nicht als Antisemitismus nahegelegt.

Relativierung der Verbrechen an der jüdischen Bevölkerung und Dimitroffs Faschismustheorie

Daran anschließend wird die Haupttäter-Opfergeschichte (zwischen »Herrschenden« und »Unterdrückten«) entwickelt. Es wird behauptet, dass die Tatsache von sechs Millionen ermordeten Juden zur Annahme führe, dass Juden die Hauptopfer gewesen seien. Diese Folgerung aber wird zurückgewiesen. Als Hauptopfer wird im Folgenden die »Arbeiterbewegung« (Z. 23) bezeichnet, deren »Zerschlagung« das »vordringlichste Anliegen« (Z. 21) der »Terrorherrschaft« (Z. 21) gewesen sei. Das sei die Voraussetzung der »insgesamt 55 Millionen Toten« (Z. 22) des Zweiten Weltkriegs gewesen. Die Verbrechen an der jüdischen Bevölkerung werden dabei auf drei Ebenen relativiert: über die Beschreibung der ›Ursache‹ der Terrorherrschaft (nicht Judenhass, sondern die Bekämpfung der Arbeiterbewegung wird als zentrale Ursache des NS beschrieben), über die Bewertung der ›Intention‹ (die Intention der Bekämpfung der Arbeiterschaft steht über den Morden an den Juden), und auf der Ebene der ›Konsequenzen‹ werden die Verbrechen gegen die jüdische Bevölkerung im Nationalsozialismus relativiert. Die ursächliche Intention, die Zerschlagung der Arbeiterbewegung, sei die Voraussetzung für den Zweiten Weltkrieg gewesen, welcher 55 Millionen Tote forderte, die implizit den 6 Millionen Juden gegenübergestellt werden.

Eine »Kollektivschuld« (Z. 28) hingegen wird abgelehnt, da die »Arbeiterbewegung« immer gegen den Faschismus gekämpft habe. Als Begründung für die Ablehnung einer kollektiven Schuld wird angeführt, dass dies von den »wirklich Verantwortlichen für die Finanzierung und Machtentfaltung des Faschismus [...], Großkonzernen [...], die ihre Weltherrschaftspläne mit Hilfe der Faschisten zu verwirklichen hofften« (Z. 29-32), ablenke. Damit wird die Täter-Geschichte konkretisiert: »Großkonzerne« seien die eigentlich Verantwortlichen für den Faschismus, der als »reaktionärer Klassenkrieg« (Z. 32 f.) bezeichnet wird, und Antisemitismus wird als deren Verschleierungsinstrument gedeutet. Die instrumentalistische Deutung des Faschismus als »Agentur« des herrschenden Kapitals erinnert an die Sozialfaschismusthese, die

> »Faschismus als nichts weiter [verstand] als ein Instrument in den Händen des Großkapitals zur Stabilisierung des bestehenden Status quo, der die faschistische Massenbewegung durch propagandistische Hilfe finanzierter Zuwendungen künstlich aus dem Boden stampfte« (Saage 2007: 37).

Die Sozialfaschismusthese wurde aufgrund der historischen Erfahrungen durch die Faschismustheorie Georgi Michajlow Dimitroffs ersetzt. Dort wird Faschismus als die »offene terroristische Diktatur der reaktionärsten, am meisten chauvinistischen, am meisten imperialistischen Elemente des Finanzkapitals« (Dimitroff 1974: 58) verstanden.

»Werktätige Völker« vs. »Imperialistische Staaten« und »Staatsterror«

Nicht nur »die Herrschenden« im Allgemeinen hätten eine spalterische Wirkung entfaltet, auch »der Zionismus« (Z. 48), der zudem als »reaktionär« (Z. 48) bezeichnet wird, heißt es im nächsten Absatz. Dieser sei nicht als Folge des Nationalsozialismus zu verstehen, sondern als eine »Ideologie ›vom auserwählten‹ Volk« (Z. 47), womit der Zionismus vorerst als religiöse Ideologie charakterisiert wird, gleichzeitig aber als heute prägende »Ideologie des israelischen Staates« (Z. 40). Zulauf hätte der Zionismus von jüdischer Seite nach dem Nationalsozialismus bekommen, auch wenn er nicht als Antwort auf den Nationalsozialismus zu verstehen sei. Mit der Gründung des Staates Israel 1948 habe auch »der US-Imperialismus seine Liebe zum Zionismus [entdeckt]« (Z. 54). Imperialismus wird mit den USA verknüpft, als Kollektivsubjekt kategorisiert und ihm eine (emotionale) Verbindung mit »dem Zionismus« (Z. 54) unterstellt. Dieses Kollektivsubjekt wird als Gegner zu den »arabischen Völker[...]n]« (Z. 55) doppelt definiert: einerseits als historische Stufe des Kapitalismus (»Imperialismus«) und andererseits durch seine partikulare Zugehörigkeit zu einem Land (USA). Der »Imperialismus« unterdrückt in diesem Verständnis nicht einfach die über Ländergrenzen hinweg bestimmte »arbeitenden Klasse«, sondern ganze ethnisch bestimmte (»arabische«) »Völker«. Aufgrund der affirmativen Referenz zum Begriff des »Volkes« kommt als Feindbild nicht ein anderes »Volk« in Frage, wie dies etwa beim Rassismus der Fall wäre. Klassentheoretisch konsequent wäre bei Annahme einer Dichotomie von zwei Klassen die ausbeutende Klasse als Feindbild zu bestimmen. Auch dies geschieht im Text nicht, sondern als Feind wird ein expansiver Kapitalismus (»Imperialismus«) bestimmt, der jedoch gemäß der Textkonstruktion besonders mit zwei Staaten, USA und Israel, verbunden ist, die nicht als »Völker« bestimmt werden. Ähnliches geschieht im oben vorgestellten »Ethnopluralismus«.

Die Opfer des »US-Imperialismus« werden vorerst nur ethnisch eingeordnet. Im sequentiellen Aufbau des Textes später wird jedoch eine doppelte Bestimmung des »Volkes« vorgenommen: die Zugehörigkeit zu einer »Ethnie« (»Araber«) und gleichzeitig zu einer Klasse (»Werktätige«).

Diese Konstruktion erinnert an die Tradition des Marxismus-Leninismus und den daran anschließenden Antisemitismus von links in den sich selbst als »volksdemokratisch« verklärenden Ostblockstaaten. Dort wurde der Klassenbegriff mit dem Volksbegriff verbunden, »um die volksdemokratischen Staaten sozialistisch und national zu legitimieren: werktätige Völker/Staaten auf dem

Weg zum Sozialismus« (Holz 2001: 453). Das war die Zukunftsperspektive, die Utopie, in den fünfziger Jahren im Marxismus-Leninismus. Seit dem Zusammenbruch der »volksdemokratischen Staaten« sind nicht mehr diese die Referenz, sondern das noch nicht zu einem Staat formierte »werktätige Volk« (auf dem Weg zu Staat und Sozialismus) sowie die »volksdemokratisch« euphemisierten »arabischen Staaten«. Unter diese ethnische, klassenbestimmte Großgruppe werden »arabische werktätige Völker« sowie das »palästinensische Volk« im Verlauf des Textes subsumiert.

Der »US-Imperialismus« ist zwar ein ursprünglicher Feind, jedoch mit »dem Zionismus« verbunden. Folge dieser Bindung sei, dass

»Israel als Kettenhund der USA zur Niederhaltung der arabischen Völker in dieser erdölreichen Region hochgepäppelt [wird] – mit Dollarmilliarden und Rüstungsprogrammen und der politischen Rückendeckung für jede Ausweitung des Staates Israel auf Kosten der Palästinenser und der arabischen Nachbarländer« (Z. 55-59).

Der »US-Imperialismus« wird als Haupttäter identifiziert, der einen »Kettenhund«– wie der israelische Staat bezeichnet wird – an der Leine hat. Die Bezeichnung »Kettenhund« wird für einen Hund verwendet, welcher tagsüber an einer Kette angebunden ist und nachts freigelassen wird, um ein Gelände zu bewachen. Bewacht und damit »niedergehalten« würden die – wie oben bereits erläutert – vorerst ethnisch, später dann klassentheoretisch homogen bestimmten »werktätigen« »arabischen Völker« sowie als Teil davon »die Palästinenser« und die »arabischen Nachbarländer«. Mit den »arabischen Völkern«, im Besonderen dem »palästinensischen Volk«, macht sich die im Text konstruierte Wir-Gruppe das Kollektiv des »werktätigen Volkes« und der »Völkerfreundschaft« im letzten Absatz gemein. Dies sei eine antifaschistische Verpflichtung. Im Gegensatz zu Israel, welches mit Zionismus gleichgesetzt wird, werden die Palästinenser als proletarisches »werktätiges Volk« verstanden, das von Seiten Israels (als »Kettenhund« des »US-Imperialismus«) doppelt, d. h. national und sozial, durch den »zionistischen Staatsterror« unterdrückt werde. Die Deutung, dass es sich bei Israel um eine »faschistische Organisation« (Z. 62) handelt, wird nahe gelegt[141]:

---

[141] Wie die Differenz zwischen »Hitlerfaschismus« und »faschistischen Organisationen« heute gezogen wird, wird nicht explizit gemacht. Wird Faschismus mit dem Dimitroffschen Ansatz interpretiert, so könnte der »Hitlerfaschismus« als »terroristische Diktatur der reaktionärsten, am meisten chauvinistischen, am meisten imperialistischen Elemente des Finanzkapitals« (Dimitroff 1957 [1935]: 87) betrachtet werden und die heutigen »faschistischen Organisationen«, u. a. der Zionismus, der bereits als »reaktionär« und zudem als ein Element des »US-Imperialismus« ausgewiesen wird, als ein bisschen weniger reaktionär.

»Wenn es eine besondere Verpflichtung der Werktätigen in Deutschland aus den geschichtlichen Erfahrungen gibt, dann die, den Kampf gegen alle faschistischen Organisationen und ihre Propaganda, die immer noch häufig antisemitische Züge trägt, in aller Entschlossenheit zu führen. Vor allem aber für Völkerfreundschaft und einen proletarischen Internationalismus einzutreten – und dazu gehört die Unterstützung des gerechten Kampfs des palästinensischen Volkes für seine nationale und soziale Befreiung – gegen den zionistischen Staatsterror« (Z. 60-68).

Aus der Tatsache, dass es bereits vor der Staatsgründung Israels Zionismus gegeben hat, wird geschlossen, dass »Zionismus [...] keineswegs eine Antwort auf die grauenvolle Verfolgung der Juden durch den Hitlerfaschismus [war]«, und nahegelegt, dass diese Behauptung im Raum stehe. Da der Zionismus mit dem israelischen Staat gleichgesetzt wird, bestätigt sich das Argument, der israelische Staat sei keine Folge der Judenvernichtung im Nationalsozialismus gewesen und sei daher illegitim. So taucht er auch als illegitim herrschender Staat mit den Bezeichnungen »Staatsterror« und Feind der »werktätigen Völker« auf. »Völker« werden in diesem Kontext homogen und affirmativ als »werktätige Völker« apostrophiert. Der Feind wird außerhalb dieser »Völker« ausfindig gemacht. In diesem Text ist Israel verknüpft mit dem Zionismus, und zwar an der Kette (»Kettenhund«) der USA, verstanden als »US-Imperialismus«. Die Konstruktion hier ist ähnlich gebaut wie dies bereits im Gerichtsprotokoll des antizionistischen Schauprozesses gegen Rudolf Slánsky, der 1952 in Prag stattfand, der Fall war (vgl. Holz 2001). Die Holzsche Interpretation, dass mit Zionismus dort nicht »jüdischer Naitonalismus« gemeint sein konnte, trifft mit der gleichen Rekonstruktion zu:

> »›Zionismus‹ als Bezeichnung eines Nationalismus und Imperialismus als Bezeichnung eines Entwicklungsstadiums des Kapitalismus sind zwei kategorial verschiedene Begriffe, so dass das eine nicht ›Agentur‹ (hier: ›der Kettenhund‹, C. G.) des anderen sein kann« (Holz 2001: 464),

schreibt Holz in seiner Analyse des Gerichtsprotokolls des antizionistischen Schauprozesses gegen Rudolf Slánsky´, der 1952 in Prag stattfand. Und weiter:

> »Versteht man unter ›Zionismus‹ nicht die Selbstbezeichnung jüdischer Nationalisten, sondern eine Fremdbezeichnung für die ›jüdische Nation‹, so löst sich diese Inkonsistenz auf. ›Zionismus‹ bezeichnet hier das besondere ›Wesen‹ der jüdischen Nation (hier: Israel, C. G.): die weltweite Vertretung des Imperialismus« (Holz 2001: 464).

Möglich wäre, dass mit »Zionismus« die Organisation der »jüdischen herrschenden Klasse« gemeint ist, es sich demzufolge um ein klassentheoretisches

Konzept handelt. Dann wäre in diesem Fall Israel, das mit dem Zionismus gleichgesetzt wird, als homogenes Kollektiv einer »herrschenden jüdischen Klasse« zu verstehen. Zu fragen wäre dann aber, warum es in diesem Land/Staat, das nicht als »Volk« im marxistisch-leninistischen Sinne beschrieben wird, keine Klassengegensätze geben sollte. Warum soll gerade dieses Kollektiv, im Gegensatz zu den vorher benannten »arabischen Nachbarländern« im Besonderen mit einem Entwicklungsstadium des Kapitalismus eng verknüpft sein, im Gegensatz zu den vorher benannten »arabischen Nachbarländern«?

»Werktätige Israelis« tauchen nämlich in diesem Text nicht auf. »Gute Juden« tauchen in diesem Text, im Unterschied zu dem von Holz rekonstruierten Protokoll des Slánsky-Prozesses, nicht als »werktätige Juden« auf, sondern nur als tote Juden. Das »palästinensische Volk« hingegen wird als homogenes Kollektiv doppelt bestimmt, ethnisch (»arabisch«) und klassentheoretisch (»werktätig/ proletarisch«). Das heißt, dass es innerhalb des »palästinensischen Volkes« keine Klassengegensätze gebe. Israel aber wird nicht als »Volk«, sondern als illegitimer Staat, als Ideologie und mit einem spezifischen Stadium des Kapitalismus (»Imperialismus«) verknüpft. Ein explizit ethnisch bestimmter Feind darf in einem sich als klassentheoretisch verstehenden Weltbild nicht auftauchen. Daher taucht auch der Begriff Jude nicht auf, wohingegen es mit der ethnischen Bestimmung der Solidargemeinschaft der »arabischen Völker« scheinbar kein Problem gibt, weil diese als »Volk« und »Klasse« durchgehen.

> »›Jude‹ im Sinne einer Volksbezeichnung würde es erfordern, permanent die Klassenbezeichnung mitzuführen, also explizit nur die ›jüdische Bourgeoisie‹ anzuklagen. Damit wäre der Klassengegner nur verdoppelt, ohne eine neue, andersartige ›Agentur‹ des Imperialismus zu konstruieren« (Holz 2001: 465).

Daher taucht hier nur das Kollektiv Israel/Zionismus als Ableger des »US-Imperialismus« und Klassenfeind (Gegner der proletarischen »werktätigen Völker«) auf.

Mit der »Kettenhund«-Metapher wird eine »jüdische Unterabteilung« des Imperialismus imaginiert, die den jüdischen Staat, in besonderer Verbindung mit dem »Imperialismus« konstruiert. Damit wird eine typische antisemitische Zuschreibung, die originäre Verbindung von Juden und Kapitalismus, reproduziert. Mit Holz kann daraus gefolgert werden, dass

> »das Wort ›Zionismus‹ dazu [dient], den Antisemitismus in den Marxismus-Leninismus [in dessen Tradition sich die »Rote Fahne« versteht, C. G.] einbauen zu können, indem einerseits die Klassenbegrifflichkeit nicht gefährdet wird, sie andererseits aber auf das Jüdische möglichst nicht angewandt wird. Die daraus erwachsenden Inkonsistenzen werden vor allem durch die Erset-

zung des Wortfeldes ›jüdisch‹ durch ›zionistisch‹ verschleiert [...]« (Holz 2001: 466).

Mit dem Umbau des Antisemitismus zum Antizionismus kann ein Einbau des Antisemitismus in das marxistisch-leninistische Weltbild erfolgen. Dafür ist es im Vergleich zu den bisher rekonstruierten rechten Texten notwendig, einerseits die Wir-Gruppe doppelt zu bestimmen, als »Volk« und »Klasse« (»werktätiges Volk«) sowie diese mit einer Partei im Nahostkonflikt – mit dem »palästinensischen Volk« – zu identifizieren, andererseits ist es notwendig das »Jüdische« durch das »Zionistische« zu ersetzen und mit dem »expansiven Kapitalismus« per se (»Imperialismus«) zu verknüpfen.

6.2.1.3 Resümee

Die Rekonstruktion zeigte, dass im Vergleich zu den völkisch-national argumentierenden Texten im rechten Spektrum eine Veränderung in der Bestimmung der Wir-Gruppe stattgefunden hat, der Antisemitismus aber in Form des Antizionismus in das anti-imperialistische Weltbild eingebettet wird. Die Wir-Gruppe und deren Solidarsubjekte werden genauso wie ihr Feindbild doppelt bestimmt: als universale Klasse (Werktätige/arbeitende Klasse vs. Bourgeoisie/herrschende Klasse) und durch ihre partikulare Zugehörigkeit zu einem Staat (»arabische Länder« vs. USA/Israel) oder als »Ethnie« (Palästinenser, Araber vs. Juden). Der Begriff des »Volkes» wird dabei »durch die Verbindung mit dem Klassenbegriff notwendig weltweit zu einer affirmativen Referenz« (Holz 2001: 456). Der Feind der »werktätigen Völker« wird daher nicht als »Volk« bestimmt, aber inkonsequenterweise auch nicht als Klasse, sondern als Stadium des Kapitalismus (»Imperialismus«) mit Nationalstaatsreferenz (USA, Israel). Israel und »dem Zionismus« wird dabei eine besondere Verbindung zum expansiven Kapitalismus (»Imperialismus«) nachgesagt und damit der »Klassenfeind« nur verdoppelt, aber spezifiziert: als Bedrohung für »die werktätigen Völker«. Die Wir-Gruppe, das »werktätige Volk«, wird verknüpft mit den »arabischen Völkern«, als deren Teil »die Palästinenser« und deren »arabische[r] Nachbarländer« klassifiziert werden. Diesen wird »Volkscharakter« zugestanden, und zwar im Bedeutungssinne des Marxismus-Leninismus, in dem »das Volk« ohne Klassengegensatz existiert.

Im Unterschied zu den im rechten Spektrum analysierten Texten werden in diesem Text zwei Strukturvariationen vorgenommen, die der Einbettung des Antisemitismus als Antizionismus in das marxistisch-leninistische Weltbild entspringen. Die erste Strukturvariation ist die doppelte Bestimmung der Wir-

Gruppe als »werktätiges Volk« und »Klasse«. Diese Verbindung konnte in der ehemaligen UdSSR und den Blockstaaten als Legitimation der Nationalstaatlichkeit dienen. Für die an die stalinistische Version des Marxismus-Leninismus anschließende Marxistisch-Leninistische Partei Deutschlands konnte diese Verbindung für die »nationale« Legitimation eines Parteienstaates als Zukunftsutopie dienen. Die Struktur der Argumentation heute unterscheidet sich nicht von der des Marxismus-Leninismus der stalinistischen Ära. Unterschied ist, dass »gute Juden« hier nicht als »werktätige Juden«, sondern nur als »tote Juden« (»6 Millionen Opfer«) auftauchen. Die Nichtnennung »werktätiger Juden« ist mit der Fiktion Israel als eines abstrakten Staates (ohne »Volk«) möglich. So bestätigt sich die Holzsche Einschätzung des antisemitischen Antizionismus:

> »Werktätige Völker: Im Antizionismus wird zur nationalen und sozialistischen Legitimation der UdSSR und der Volksdemokratien ein Volks- und Klassenbegriff zum Selbstbild der Wir-Gruppe verschmolzen. ›Werktätige Völker‹ sind weltweit eine affirmative Referenz, so dass das Feindbild nur anhand des politisch-ökonomischen Kriteriums konstruiert werden kann: Kapitalismus, Imperialismus, Bourgeoisie« (Holz 2001: 164).

Die zweite Strukturvariation betrifft die Bestimmung des »Jüdischen«. Die erforderliche doppelte Bestimmung von Gruppen (»Volk«/»Klasse«) müsste auch Juden als »werktätiges Volk« vorstellen. Dann würden sie aber nicht mehr als Feindbild in Frage kommen. Daher muss die doppelte Bestimmung in Bezug auf die ethnische Differenzierung zwischen »uns« und »den Juden« verschleiert werden. Die Existenz eines »jüdischen werktätigen Volkes« kommt in diesem Text daher überhaupt nicht vor und ist mit dem Gebilde Israel als Staat (als »Nicht-Volk«) und dem Zionismus als Ableger des »US-Imperialismus« möglich.

Die von Holz rekonstruierte These der »Camouflage« als Regel für den antizionistischen Antisemitismus taucht ebenso als Charakteristikum wieder auf. Ein Unterschied liegt darin, dass in dem aktuellen Texte wie erwähnt »gute Juden« nicht als »werktätige Juden«, sondern nur als »tote Juden« auftauchen:

> »Camouflage: Verschleierungen sind eine spezifische Form von Struktursicherungsoperationen, durch die textimmanente Inkonsistenzen, die den Zusammenbruch der Fallstruktur provozieren würden, verborgen werden. Im Antizionismus dient die Ersetzung des Wortfeldes ›jüdisch‹ durch ›zionistisch‹ als Camouflage der Inkonsistenz, dass auch die Juden als ›werktätiges Volk‹ vorgestellt werden müssten, damit aber nicht als anti-semitisches Fremdbild in Frage kämen« (Holz 2001: 164).

Von beiden genannten Strukturvariationen (im Vergleich zu den rechten Texten) sind alle bisher rekonstruierten Regeln des Antisemitismus betroffen. Es müssen demnach alle Gruppen doppelt bestimmt sowie »das Jüdische« camoufliert werden. Während das »Wir« in den rechten Texten immer ethnisch bestimmt war (mit den Variationen »rassifiziert«, »völkisch« oder »völkisch« + religiös), wird es in Texten mit Bezug auf den Marxismus-Leninismus doppelt als »Volk« und »Klasse« bestimmt. Die Regel der Ethnisierung und Ontologisierung will man daher vermeiden, vor allem aber die Bestimmung der ethnischen Differenzierung zwischen »uns«/den »arabischen Völkern« und »den Juden«, die in Form der Gestalt Israels und des Zionismus, abgeleitet vom »US-Imperialismus«, vorkommen.

Explizit wird zwar auf das Schicksal der Juden im Nationalsozialismus Bezug genommen, aber selbst dort versucht, die Judenvernichtung und den Antisemitismus nur als Nebeneffekt zu bestimmen, um die Haupttäter und Opfergeschichte zu etablieren, die die »Wir-Gruppe« (»Arbeiterbewegung«, »werktätiges Volk«) zu Opfern macht. Die überlebenden Juden heute aber werden mit dem bereits zur Zeit des Nationalsozialismus bestimmen Haupttäters (»Großkapital«), von dem der Faschismus abgeleitet wurde, zusammengeführt.

Die Täter-Opfer-Konstruktion dient immer dazu, den Antisemitismus als vermeintlich legitimes Instrument zu rechtfertigen. Da die nationalsozialistische Judenvernichtung explizit anerkannt wird, wenn auch als Tat des »Großkapitals«, das als eigentliches Übel bestimmt wird, muss eine jüdische Täterbestimmung in Form des Zionismus und Israels einerseits, andererseits der »jüdischen Erinnerer« (Zentralrat) stattfinden, um den Antisemitismus zu rechtfertigen. Da die Welt im Marxismus-Leninismus manichäistisch in eine »gute« und eine »schlechte« »Klasse« eingeteilt ist und das »Großkapital« als ursprüngliches Übel bestimmt wird, muss das jüdische Fremdbild in diese Konstruktion eingepasst und mit dem Kapitalismus verknüpft werden.

Der Sinn der Täter-Opfer-Umkehr ist hier, einerseits einen zionistisch-imperialistischen Feind zu konstruieren, andererseits die Verantwortung der Arbeiterklasse in ihrer doppelten Bestimmung als »deutsches werktätiges Volk« zu entlasten. Dabei wird die mit sich selbst identische Wir-Gruppe (»werktätige Völker«) als homogenes Gemeinschaftskonstrukt gegen eine durch Interessengegensätze und expansiven Kapitalismus bestimmte Gesellschaft als Nicht-Volk entworfen, so dass wir eine ähnliche Entgegensetzung wie in den bislang rekonstruierten rechten Texten haben, nur dass der Volksbegriff eine Klassenbestimmung (»Arbeiter«, »Werktätige«) integriert.

Zusammenfassend lassen sich die Muster folgendermaßen visualisieren:

Wir-Gruppe	Judenbild
»werktätige Völker« (Volk + Klasse): »arabischeVölker«, »palästinensisches Volk«	»US-Imperialismus« → Zionismus«, Israel → Nicht-Volk → **DRITTER**
Gemeinschaft (»Volk« + »Klasse«) Identität	**Gesellschaft (»Nicht-Volk«) Nicht-Identität**
Opfer (»werktätige Völker«, in der Vergangenheit: auch Juden, aber primär »die Arbeiterklasse«)	Täter (Juden, Israel, Zionismus, US-Imperialismus)
	Abstraktion (Imperialismus, Kapitalismus), **Personifikation** (Zentralrat)
	Macht, Verschwörung (»Antisemitismus als Spaltungsinstrument der Herrschenden«)
	Camouflage (Verschleierung der Differenz zwischen ethnischer Bestimmung von »wir« und »Juden«)
Sozialdimension/Raumdimension/Zeitdimension	Einteilung der Gesellschaft in ethnisch klassenbestimmte »Völker« und »Klassenfeinde/Imperialisten« Gegenwärtige Analyse: US-Imperialismus/Zionismus/Israel (»Nicht-Volk«) oben; arabische Völker, palästinensisches Volk/ werktätige Völker (»Volk«) unten/unterdrückt Zukunftsutopie: Herrschaft der »werktätigen Völker«

6.2.2 Fall II: Nicht-Identität: »faschistischer Staat aus der Retorte« vs. »klassenloses Volk«

6.2.2.1 Einführender Kontext

Beim folgenden Artikel handelt es sich auch um einen, welcher aus einer Stichprobe der »Zwischenjahre«, d. h. jenseits der ausgewählten »Ereignissonden«, ausgewählt wurde.

Er erschien am 24. April 2002 unter der Rubrik »Ausland« in der »Jungen Welt«.

Im Methodenkapitel wurde bereits ausgeführt, dass es sich bei der »Jungen Welt« um eine 1947 in der Sowjetischen Besatzungszone gegründete Zeitschrift handelt, die seit März 1952 als »Zentralorgan der Freien Deutschen Jugend (FDJ)« und als Tageszeitung in der DDR erschien und sich bis 1989 zur auflagenstärksten Zeitung in der DDR entwickelte, die mit einer Unterbrechung bis heute mit stark verringerte Auflage fortbesteht. Die Zeitung wurde als Repräsentant für eine linke »Ostzeitung« ausgewählt, weil einerseits in der Redaktion ehemals ostdeutsche Redakteure beteiligt sind und die Zeitung in Ostdeutschland heute stark verbreitet ist.

Sie bezeichnet sich selbst als »linke, marxistisch orientierte, überregionale Tageszeitung« und ist dem antiimperialistischen Spektrum zuzuordnen. Gerade im Bereich internationaler Politik sind mit Werner Pirker und Rüdiger Göbel zwei Autoren vertreten, die in der antiimperialistischen sowie antizionistischen Tradition stehen. Pirker ist einer der Autoren, der wegen seines »rabiaten Antizionismus« und seiner »Sympathien für den islamistischen Terror im Irak« (Bozik, 2.02.2006) innerhalb verschiedener linker Gruppen, insbesondere im antideutschen Spektrum, in die Kritik geraten. Sein zusammen mit dem Wiener Antiimperialisten Wilhelm Langthaler veröffentlichtes Buch »Ami go home. Zwölf Gute Gründe für einen Antiamerikanismus« (Pirker/Langthaler 2003) im Jahre 2003 zeugt von einem im anti-imperialistischen Spektrum gepflegten Hass auf US-Amerika. Zeugnis darüber kann auch die von Pirker im Januar 2004 maßgeblich mitunterstützte antiimperialistische Spendenaktion »10 Euro für den irakischen Widerstand« ablegen. In einem Artikel von ihm heißt es zum irakischen Widerstand:

»Der irakische Widerstand ist nicht mehr und nicht weniger terroristisch als es die französische Resistance war. [...] Der Terror [...] ist zum legitimen Mittel dieses Kampfes geworden. Und welche Lehren zieht die Antikriegsbewegung daraus? Bisher noch keine. Mag schon sein, daß Pazifisten eine offene Solidarisierung mit dem irakischen Widerstand nicht zugemutet werden kann. Aber die erfolglos gebliebene Bewegung zur Verhinderung des Krieges in eine Bewegung gegen die Besetzung des Iraks zu transformieren, wäre wirklich nicht zu viel verlangt. Zumal ein solcher Kampf – dank des irakischen Widerstandes – durchaus Erfolgschancen hätte« (Pirker, 27.10.2003).

Von dem Autor der Zeilen ist auch der folgende Artikel geschrieben. Werner Pirker ist 1947 in Kärnten geboren und war von 1975 bis 1991 Redakteur des Zentralorgans der Kommunistischen Partei Österreichs, »Volksstimme«. 1994 wurde er Redakteur der Zeitschrift »junge Welt«, deren Chefredakteur er zwischen 1997 und 2000 war. 1997 war er einer der drei Redakteure, der nach der Spaltung der Redaktion im Jahre 1997, aus welcher die Zeitschrift »Jungle World« hervorging, bei der »jungen Welt« blieb. Dabei waren es maßgeblich die Auseinandersetzungen über Antisemitismus in der »Jungen Welt«, an deren Verschärfung Werner Pirker beteiligt war, welches zur Spaltung der »Jungen Welt« führte. Seit 2000 ist er freier Journalist in Wien, schreibt aber noch für die »Junge Welt«.

6.2.2.2 Text: »Einer anderen Zionismus gibt es nicht«

Beginnen werde ich mit der Interpretation der Haupt- und Unterüberschrift und dem ersten Sinnabschnitt (Z. 1-30), weil dort der erste zentrale Teil der Fallstruktur des Textes entwickelt wird. Dort werden die Hauptakteure und ihr Verhältnis zueinander eingeführt: »die Linke« in Deutschland, die Palästinenser als «Volk« und Israel als »jüdischer Staat«. Die Linke in Deutschland wird dabei als Täter gegenüber den Palästinensern angeklagt, weil sie deren Situation nicht gerecht werde und sich aus einem Schuldbewusstsein heraus mit dem jüdischen Staat solidarisiere. Israel wird als jüdischer Staat mit »zionistischer Staatsräson« (Z. 22) als »weitgehende Negation« (Z. 14) eines »antifaschistischen Staat[es]« (Z. 14) konstruiert und damit ein unterstellter »linker Bekenntnisdrang« (Z. 4) zum israelischen Staat als Paradox eingeführt.

Täter: Israel als »faschistischer Staat«

Mit der Überschrift »Einen anderen Zionismus gibt es nicht« wird der Zionismus als ein bestehendes Phänomen eingeführt, der nicht in verschiedenen Formen denkbar sei. Mit Zionismus ist gemeinhin die jüdische Nationalbewegung gemeint, die sich im Zeitalter des europäischen Nationalismus ausprägte und historisch bis zur Gründung des Staates Israels 1948 ohne Nationalstaat war. Bis zur Gründung des Staates Israels gab es sehr unterschiedliche Vorstellungen innerhalb der zionistischen Bewegung, wie und wo ein Staat als »jüdische Heimstätte« errichtet werden sollte.

Bereits recht früh, mit der Entstehung der »Demokratischen Fraktion« innerhalb der zionistischen Bewegung entwickelte sich bereits ab 1901 auf einem Zionistenkongress eine Aufsplitterung, die maßgeblich von einer intellektuellen Gruppe um Chaim Weizmann, Leo Motzkin und Martin Buber entstand: »Sie sah ihre Hauptaufgabe nicht ausschließlich darin, den Juden eine sichere Heimstätte vor Verfolgungen zu errichten, sondern auch eine neue säkular geprägte jüdische Kultur in hebräischer Sprache zu schaffen« (Brenner 2002: 76).

Die Überschrift in dem hier vorgestellten Text gibt bisher weder eine Antwort noch eine zeitliche wie sachliche Referenz darauf, was in dem Text unter dem »einen« Zionismus verstanden werden soll. Sie behauptet aber, dass es überhaupt nur einen bestimmten Zionismus gebe und das nicht verhandelbar sei.

Die Unterüberschrift führt sodann den damaligen israelischen Ministerpräsidenten Ariel Scharon ohne politische Funktionsbezeichnung als Akteur ein, der durch besonders grobe und aggressive (»rabiat«) Handlungen charakterisiert wird. Bereits an dieser Stelle liegt die Deutung nahe, dass man sich unter Zionismus eine solch aggressive Staatspraxis vorzustellen habe, die von anderen Staatspraxen sowie Nationalismen unterschieden sei. Denn sonst müsste Zionismus nicht als Sonderform des Nationalismus vorgestellt werden. Sodann wird ein Kausalzusammenhang zwischen den Handlungen Scharons und einer als homogen bestimmten linken Position behauptet:

»Je rabiater Scharon vorgeht, desto stärker wird linker Bekenntnisdrang zu Israel« (Z. 3/4)

Es wird erstens behauptet, dass es eine linke Position gebe, die sich zum Staat Israel wie zu einem Glauben verhalte, d. h. sich zu ihm bekenne. Eine religiöse Dimension ist der linken Position damit unterstellt. Zum Bekenntnis gebe es einen »Drang«. Das Bekennen hat dem Text zufolge also einen nicht bewusst beeinflussten Grund. Bekenntnis zu Israel kann bedeuten, dass das Existenzrecht Israels anerkannt wird und Israel damit als Staat akzeptiert wird oder es kann damit gemeint sein, dass das politische Handeln der Regierung als Repräsentation des Staates bestätigt wird, und drittens kann damit die bisher existierende Staatsform, d. h. eine nationalstaatliche organisierte kapitalistische Gesellschaft bestätigt werden.

Im einleitenden Satz wird die Position eines Vertreters zweier spezifischer linker Gruppierungen (Deutsche Kommunistische Partei (DKP) sowie Vereinigung der Verfolgten des Naziregimes (VVN) mit einem Zitat eingeführt. Dieser soll behauptet haben, dass ein »klares Bekenntnis zum jüdischen Staat als Staat der Holocaust-Überlebenden« (Z. 8 f.) für »jeden deutschen Anti-faschisten« (Z.8) eine »Selbstverständlichkeit« (Z. 7) sei.

Der Text nimmt zu dieser Position Stellung und entlarvt sie als falsche Position. Die Begründung lautet, dass Israel die »weitgehende Negation« (Z. 14) eines »antifaschistischen Staates« sei, es dort auch »Faschisten« gebe und »der Rechtsradikalen immer mehr werden« (Z. 16). Aus der Feststellung, dass es in einem Staat auch Faschisten oder Rechtsradikale geben soll, wird gefolgert, dass es sich dabei um die »weitgehende Negation« eines »anti-faschistischen Staat« handelt. Dem Text zufolge dürfte das in einem »anti-faschistischen Staat« hingegen nicht der Fall sein. Es wird also ein Faschismusbegriff nahegelegt, der durch die Präsenz von Rechtsradikalen in einem Staat diesen zu einem »faschistischen Staat« werden lässt. Da es in fast allen Staaten Rechtsradikale gibt, würde das bedeuten, dass alle anderen Staaten ebenfalls als »faschistische Staaten« bezeichnet werden müssten. Über diese Konstruktion wird Israel als »faschistischer Staat« vorgestellt und damit eine Täter-/Opfer-Umkehr vorgenommen, denn der nationalsozialistische Staat, war ein faschistischer Staat, der Juden vernichtete. Hier wird Israel als jüdischer Staat als ein solcher konstruiert und nahegelegt, dass Israel als Täter, ebenso wie unter der nationalsozialistischen Herrschaft mit den Juden geschehen, seine Opfer vernichte.

Dies wird im Anschluss ausgeführt und weiter begründet, warum die »Bekenntnis zum jüdischen Staat als Staat der Holocaust-Überlebenden« (Z. 8 f.) abzulehnen sei. Eine solche Position »missachte[n]« (Z. 21) die »legitimen Interessen der Palästinenser« (Z. 21) und ordne sie einer »zionistischen Staatsräson« (Z. 22) unter. Damit wird behauptet, dass die zitierte linke Position mit einer Anerkennung des Staates Israel die »kaltschnäuzige Unterordnung« der als legitim beschriebenen Interessen der Palästinenser reflektiere. Was die »legitimen Interessen der Palästinenser« dabei genau sind, wird nicht expliziert, nur die Legitimität unspezifisch betont. Der faschistische Staat bzw. die als zionistisch bezeichnete Staatsklugheit würde sie unterdrücken.

Der Text unterstellt der zitierten linken Position weiter einen »gesinnungspolizeilich[en]« (Z. 24) Gestus, weil sie »das Recht der Selbstbestimmung der Palästinenser« erst gestatten würde, wenn das beschriebene »Bekenntnis« (Z. 25) zu Israel erfüllt sei. Mit dem Einschub, dass »die Palästinenser kein Volk von Holocaust-Überlebenden« (Z. 22) und daher einem solchen untergeordnet seinen, impliziert der Text, dass ein »Volk von Holocaust-Überlebenden« wegen der nationalsozialistischen Judenvernichtung privilegiert behandelt würden. Dem »Volk der Holocaust-Überlebenden«, und damit werden explizit Juden bezeichnet, wird damit unterstellt, dass sie heute Nutzen aus dem Holocaust zögen. Ebenso wird einer bestimmten linken Position unterstellt, dass sie die Macht habe, als »Gesinnungspolizeit« zu agieren und damit andere Standpunkte zu kontrollieren bzw. zu tabuisieren. Offensichtlich wird hier eine Täter-Opfer-Geschichte erzählt, die Juden als Profiteure des Holocaust beschreibt und deren Staat als faschistischen entlarvt. Dem jüdischen Staat wird demnach attestiert, dass er ähnliche Methoden anwende wie andere faschistische Staaten respektive der nationalsozialistische Staat. Der Begriff der »Gesinnungspolizei« ist aus dem verschwörungstheoretischen Begriffsrepertoire bekannt und wird immer dann – ebenso hier – verwendet, wenn behauptet wird, dass bestimmte Inhalte nicht kommuniziert werden dürften und von der Macht Weniger unterdrückt würden.

Gemeinschaft/Gesellschaft: »Wir Antifaschisten« + »autochthone Bevölkerung« vs. »Faschistischer Staat aus der Retorte«

Im weiteren Absatz (Z. 30-56) werden die Konsequenzen aus dieser Analyse konkretisiert. Israel sei ein »Staat aus der Retorte« (Z. 30), d. h. ein künstlicher Staat und wegen seiner »zionistischen Definition« (Z. 41) ein »exklusiv jüdisches Projekt« (Z. 42), die Palästinenser hingegen die »autochthone Bevölkerung« (Z.53), d. h. eine ursprünglich mit einem Territorium verbundene Sozialform. Ein Bekenntnis zu Israel sei ein Bekenntnis zu der »Vertreibung« (Z. 34) und »ethnischen Säuberung Palästinas« (Z. 24), womit »der Antifaschismus [...] in einen fundamentalen Gegensatz zum antiimperialistischen Befreiungskampf eines Volkes« (Z. 36 f.) gerate.

Es wird mit dieser Konstruktion einerseits unterschieden zwischen einer homogenen ursprünglichen »Gemeinschaft« (autochthone Bevölkerung), die mit einem Territorium (»Palästina«) verbunden ist, und einer künstlichen »Gesellschaft«. Mit der Bezeichnung »Staat aus der Retorte« wird insinuiert, dass es künstliche und nicht-künstliche Staaten gebe. Israel gehöre zu Ersteren. Die Bezeichnung »Staat des jüdischen Volkes« wird durch die Anführungsstriche desavouiert, d. h., Israel wird abgesprochen »Staat des jüdischen Volkes« zu sein. Wenn im Anschluss daran für die Palästinenser jedoch eine »nationale Existenz« gefordert wird, wird deutlich, dass es hier nicht um eine Infragestellung der Form »Nation« geht, sondern nur um eine Infragestellung einer »jüdischen Nation«. Zionismus, hier definiert als jüdischer Nationalstaat, wird abgelehnt.

Ähnlich wie im Text zuvor wird das Gegensatzpaar Gemeinschaft/Gesellschaft auch hier auf Israel (als nun »künstlicher« Staat«) und die Palästinenser als »Volk« angewendet. Man solidarisiert sich mit dem »antiimperialistischen Befreiungskampf[es] eines Volkes« (Z. 38), wie die gegenwärtigen politischen Handlungen der Palästinenser beschrieben werden, aus einem hier als anti-faschistisch beschriebenen Selbstverständnis heraus. »Volk« muss daher

273

auch hier doppelt bestimmt sein, auch wenn nicht auf eine Klasse referiert wird. Einerseits wird »Volk« ethnisch (»palästinensisch«) bestimmt, gleichzeitig aber auch in Kontrast zu einem Stadium des Kapitalismus (»Imperialismus«). Feind der Wir-Gruppe (»Antifaschisten«) sowie der Palästinenser ist wiederum der »Zionismus«, der mit dem »jüdischen Staat« und »Israel« gleichgesetzt wird.

Der Text aber geht noch einen Schritt weiter. Er rückt Israel nochmals in die Nähe des Nationalsozialismus, in dem er ihm nationalsozialistischer Methoden, konkret »ethnische[r] Säuberung«, bezichtigt. Der Begriff ist die beschönigende Beschreibung für die gewaltsame Vertreibung einer Bevölkerungsgruppe aufgrund zugeschriebener »ethnischer« oder rassifizierender Merkmale. Israel wird damit unterstellt, die Palästinenser zu ethnisieren und gewaltsam zu entfernen oder zu töten. Dies wird als Grundvoraussetzung des »künstlichen Staates« beschrieben, weshalb der Staat dem Text zufolge aus »antifaschistischer Pflicht« abgelehnt werden müsse.

Israel als Staat mit »zionistischer Staatsräson« wird demzufolge als Täter bestimmt, der sich ähnlicher Methoden bediene wie die Nationalsozialisten früher gegen Juden. Palästinenser hingegen sind als ursprüngliche »(Volks-)Gemeinschaft« Opfer dieses Staates. Gegen Ende des Absatzes wird daraus gefolgert, dass genau das unter »Zionismus« zu verstehen sei, ein »exklusives Projekt« (Z. 42), welches auf »ethnischer Säuberung« beruhe und nicht anders zu denken sei. Wiederholt wird dann wiederum die in der Überschrift behauptete These: »Einen anderen Zionismus als den existierenden gibt es nicht, in welcher Spielart der auch immer aufzutreten beliebt« (Z. 46 f.).

Die bisher rekonstruierte Fallstruktur ergibt demnach folgendes Muster:

Fallstrukturhypothese: Israel (= jüdischer Staat = Zionismus) wird als »künstlicher Staat« mit einer homogene »autochthone[n] Gemeinschaft« (ethnisch und klassenbegrifflich bestimmtes »Volk«) kontrastiert, wobei Israel als Täter, die Palästinenser als Opfer fungieren. Feind des Antiimperialismus und Antifaschismus ist das »jüdische Kollektiv«, welches von »der Linken« fälschlischerweise aus einem Schuldbekenntnis heraus gegenüber dem »palästinensichen Volk« bevorzugt wird.

In der folgenden Textpassage wird dann ausführlich das Verständnis der Entwicklung des Zionismus beschrieben (Z. 58-164), um den Zionismus weiter zu dämonisieren und die schon entwickelte These vom »künstlichen Staat«, der abzulehnen sei, zu konkretisieren.

Täter: Zionismus als Kolonialismus, Antisemitismus und Rassismus

Erstens wird dem Zionismus eine Verwandtschaft mit dem Antisemitismus zuerkannt. Die Argumentation geht folgendermaßen: Der Zionismus ist genauso wie der »ethnische Antisemitismus« (Z. 60) eine »Erscheinung des europäischen Nationalismus« (Z. 58 f.) er ist das jüdisch-nationalistische Äquivalent des Antisemitismus, da beide auf denselben Argumentationenfiguren beruhen:

> *»Er (der Zionismus) bildete vielmehr die jüdisch-nationalistische Entsprechung der von Antisemiten behaupteten Unverträglichkeit von Juden und Nichtjuden in einer mehrheitlich nichtjüdischen Gesellschaft [...] ›Juden raus!‹ – die zionistischen Pläne entsprechen dieser Parole« (Z. 66).*

Das bedeutet, dass der Entwurf für einen jüdischen Nationalstaat, mit dem Plan, Juden zu vernichten, gleichgesetzt wird. Der Zionismus als »jüdisches Projekt« und Israel, welches bereits mit dem Zionismus gleichgesetzt wurde, wird damit in die Nähe des Antisemitismus gerückt.

Zweitens wird Zionismus als Kolonialismus und damit gewalttätiges reaktionäres Projekt beschrieben: Dem prominentesten Vertreter des politischen Zionismus, Theodor Herzl, der seine Ideen zur Gründung eines jüdischen Staates als Reaktion auf die Dauer des Antisemitismus in der Schrift »Der Judenstaat« (Herzl 2000) im Jahre 1896 niederlegte, wird die Behauptung zugeschrieben, dass »der jüdische Staat eine Bastion der europäischen Zivilisation inmitten der asiatischen Barbarei bilden werde« (Z. 75). Der Text beschreibt diesen Anspruch, den Herzl den »europäischen Kolonialmächten« (Z. 73) versichert haben soll, als »elitäres Unternehmen« (Z. 72) sowie als »reaktionäre Utopie, die zu materieller Gewalt werden sollte« (Z. 75). Diese sei selbst »ein Kind des europäischen Kolonialismus« (Z. 71) gewesen. Aber nicht die europäischen Kolonialisten, sondern Herzls »reaktionäre Utopie« (Z. 75) und deren Umsetzung sowie die dem Projekt inhärente Überheblichkeit (»Anmaßung«, Z. 78) seien Ursache des Nahostkonflikts.

Mit der Charakterisierung des Zionismus als Produkt des Kolonialismus kommt nun noch eine weitere Dimension der bereits referierten Täterbestimmung hinzu. Der Zionismus wird als Produkt des Kolonialismus bestimmt und damit der zusätzlich imperiale expansive Charakter dieses »exklusiven Projekts« (Z. 42) beschrieben.

Hinzu kommt in einem weiteren Absatz die Unterstellung der rassistischen Dimension des Zionismus: Denn es wird behauptet, dass der Zionismus ein »weißes Projekt« (Z. 112) gewesen sei und »›schwarze‹ (arabische und afrikanische) Juden«, (Z. 113) unterdrückt habe, die nur mit der Erneuerung einer religiösen Definition des Zionismus »ruhiggestellt« (Z. 114: »deren Ruhigstellung«) werden konnten.

Nicht-Nation – Nicht-Volk – Nicht-Identität

Daraus folgert Pirker, dass es keine »spezifisch jüdische Identität« (Z. 123) »außerhalb der religiösen Vorstellungswelt« gebe (Z. 122). Juden werden damit religiös bestimmt und ihnen aus dieser Bestimmung heraus die Möglichkeit, einen nicht künstlichen »Staat« oder ein »Volk« auszubilden, abgesprochen.

So wird denn auch wiederholt betont, dass es sich um einen illegitimen und »künstlichen« Staat handele: »Er ist ein Staat aus der Retorte« (Z. 103), »die Künstlichkeit seiner Existenz« sei »evident« (Z. 103), »Israel entstand als Nationalstaat ohne Nation« (Z. 108) und ihm wird »Unvollkommenheit« (Z. 157) attribuiert, die sich »nicht nur im Fehlen einer geschriebenen Verfassung« (Z. 158) äußere. Er sei außerdem »weniger aus sich selbst heraus entstanden als durch einen Beschluss der Uno« (Z. 105). Der Staat Israel wird nicht wie andere Staaten als solcher mit Staatsvolk und als »organisch gewachsener« betrachtet, sondern als einer der widersprüchlich und nicht-identisch sei, erstens deshalb, weil Juden kein »Volk« und keine »Nation« seien, zweitens weil Israel von der Legitimation einer Organisation gewesen abhängig sei und außerdem »nicht der politische Ausdruck seiner Bürger, sondern der Juden der Welt« (Z. 143). Daraus wird ein latenter Konflikt zwischen religiösem und säkularem Bewusstsein abgeleitet. Juden sind dem Text zufolge religiös bestimmt, Israelis säkular. In Israel treffen »israelisches und jüdisches Bewusstsein« (Z. 144) aufeinander, wohingegen das eine Bewusstsein als modern, das andere als »archaisch« (Z. 149) beschrieben wird. Somit sei Israel ein nicht-identischer Staat, der mit gewöhnlichen Staaten kontrastiert wird. Mit diesem Verständnis wird nahegelegt, dass es Staaten gebe, die nicht gewaltsam gegründet, sondern »organisch« gewachsen seien.

Aufgrund all der resümierten Eigenschaften sei »die Existenz des Staates Israel« (Z. 167) entgegen dem »DKP-Theoretiker Robert Steigerwald«, dessen Zitat zu Beginn als Aufhänger für die Debatte verwendet wurde[142], nicht zu akzeptieren und seine »rechtsextremen Tendenzen« (Z. 175) zu benennen. Bevor in einem letzten Sinnabschnitt der Staat Israel weiter klassenbegrifflich be-

---

[142] Im Text wird zu Beginn folgendermaßen darauf referiert: »Ein Mitglied des Vorstandes der Vereinigung der Verfolgten des Naziregimes (VVN) und DKP-Mitglied erachtet es als Selbstverständlichkeit eines jeden deutschen Antifaschisten, ein klares Bekenntnis »zum jüdischen Staat, als Staat der Holocaust-Überlebenden« abzulegen. Das ist eine in mehrerlei Hinsicht der Katastrophe im Nahen Osten würdige Position.« (Z.7-12)

stimmt wird und das Alternativmodell dazu entworfen wird, wird beiläufig der Vorwurf der »Auschwitzkeule« verschlüsselt: »dennoch gilt im gegenwärtigen Diskurs die Benennung einer schlichten Tatsache als unstatthaft, als Relativierung des Holocaust« (Z. 179).

Israel als Klassenstaat vs. »volksdemokratischer Staat« und »Intifada«

Als Gegenmodell zu dem Staat Israel wird nun ein »volksdemokratischer Staat« (Z. 186) angeführt, der es ermögliche, dass »Juden, Christen und Muslime friedlich nebeneinander leben« (Z.187). Eine Zwei-Staaten-Lösung sei für die »palästinensische Linke« immer noch ein Übergangsstadium auf dem Weg zu einem »volksdemokratischen Staat« (Z. 186) Mit dieser Position identifiziert sich der Text.

Eine Entscheidung könne, so der Text weiter, nur im »Klassenkampf« (Z. 203) fallen, weil dies immer so gewesen sei. Dafür nennt er zwei historische Beispiele, die er in die Geschichte des Klassenkampfes einordnet: »Israel würde auch existieren, wenn es nur von den USA anerkannt wäre. Die DDR ist als weltweit anerkannter Staat untergegangen. Die Entscheidung fiel im Klassenkampf« (Z. 201 f.)

Die vorangegangene Charakterisierung Israels wird um das Attribut »Apartheid-Staat« (Z. 206) erweitert, womit Israel mit den rassifizierenden und segregierenden Praktiken in Südafrika verglichen wird. Weiter wird der Staat konträr zu einem »demokratisch-säkularen Staat« (Z.214) gesetzt, um dann zur lange vorbereiteten These zu kommen, dass Israel nicht als »solidarischer Staat der Überlebenden« (Z. 221), sondern als »Klassenstaat« (Z. 221) und Staat von Kolonialisten (Z. 222) zu verstehen sei.

Jenseits aller möglichen »unterschiedlichen Strömungen« (Z. 229) des Zionismus, die nun eingeräumt werden, sei es der Grundsatz aller, »die Existenz Israels als kolonialistischer Apartheid-Staat dauerhaft zu etablieren« (Z.231).

Damit ist die klassenbegriffliche Bestimmung Israels als Staat »ohne Volk« und »kolonialistischer Apartheid-Staat« (Z. 231) vollzogen. Israel als jüdisches Kollektiv kann problemlos in das anti-imperialistische Weltbild eingebaut werden und mit den Attributen kolonialistisch und damit imperialistisch sowie klassenantagonistisch zum Hauptfeind avancieren. Im Gegensatz dazu werden die Palästinenser als unterdrücktes klassenloses »Volk« bezeichnet. Gegen Ende wird eingeräumt, dass »ein autokratisches Regime in Palästina etabliert [wurde], das als hässliches Gegenbild zur israelischen parlamentarischen Demokratie zu fungieren hat« (Z. 253 f.). Es wird als scheinbar machtlos in Bezug auf Israel beschrieben. Unterstellt wird ein klassenloses sowie ethnisch bestimmtes »palästinensisches Volk«, welches als »Intifada« um »demokratische Rechte«

277

(Z. 255 f.) kämpfen würde und »national« unterdrückt würde (»nationale Unterdrückung«, Z. 258). Eine empfohlene Lösung des Autors ist die »Überwindung dieses Staates« (Z. 271), gleichzeitig aber wird eine »nationalen Existenz« (Z. 44) der Palästinenser empfohlen. Hieran wird deutlich, dass nicht eine allgemeine Nationalismus- und Nationalstaatkritik formuliert werden soll, sondern, dass allein dem Staat Israel die Legitimität abgesprochen wird.

6.2.2.3 Resümee

Ähnlich wie in dem Text davor wird Israel über die Bestimmung als »zionistischer« und »kolonialistischer« »Klassenstaat« in das anti-imperialistische Weltbild eingebaut. Um eine Täter-Opfer-Umkehr zu rechtfertigen, wurde auch wieder und in diesem Text expliziter als in dem ihm vorangegangenen eine Nähe zum »Faschismus« sowie Antisemitismus und Nationalsozialismus konstruiert. Dies kann als eine innerhalb der anti-imperialistischen Linken gängige Argumentationspraxis beobachtet werden. So ergab bereits die Analyse der Texte und Pamphlete der »Roten Armee Fraktion (RAF)«:

> »Vor allem die Verwendung von der Geschichte des Nationalsozialismus entlehnten Kategorien in bezug auf Israel sollte den antiimperialistischen Kampf gegen das Land legitimieren. Mit der so vollzogenen Definition Israels als ›faschistischer‹ Staat und der Gleichsetzung von Faschismus und Nationalsozialismus fällt in diesem Analyseschema der Antisemitismus auf die Juden zurück. Der auf die Kontinuität NS – BRD aufbauende Faschismusbegriff wandelte sich zu einem von einer Identität ausgehenden, der zwischen dem ›Dritten Reich‹, der BRD und Israel die Grenzen zu ziehen nicht mehr in der Lage war. In dieser Beziehung nehmen die Texte der RAF die weitere analytische Kapitulation der Linken vor dem Nahostkonflikt vorweg« (Weiß 2005: 227).

Israel existiert in diesem Weltbild, wie auch im Text rekonstruiert werden konnte, als monolithischer Block, der mit den Attributen »Klassenstaat« und »Kolonialist« sowie der Unterstellung »faschistischer« Praktiken dämonisiert und zum anti-imperialistischen Klassenfeind erklärt wird. Opfer dieses Feindbildes sind die doppelt (ethnisch und klassenlos) bestimmten »Völker«, worunter in diesem Text Palästinenser gefasst werden, deren Standpunkt unterstützt wird. Israel hingegen sei kein »Volk«, sondern nur ein »Staat«, aber ein »künstlicher«, nämlich ohne »Nation«. Die israelischen Staatsbürger werden daher als »Nicht-Nation« beschrieben, womit ein bereits in den rechten Texten auftauchendes Muster der antisemitischen Beschreibung »des Jüdischen« in Bezug auf Israel verwendet wird. Israel wird als »jüdischer Staat« beschrieben, der anders als alle anderen Staaten und als »Klassenstaat« abzulehnen sei. Der israelische Staat wird einerseits in einem klassenbegrifflichen Feindbild als Klassenstaat und kolonialistischer (= imperialistischer) Staat konstruiert, andererseits als besonderer »zionistischer Staat« beschrieben, der sich durch seine Nähe zum Faschismus und durch seine Nicht-Identität und »Künstlichkeit« auszeichne. Er stehe damit im Gegensatz zu anderen »Völkern« und sei als illegitim abzulehnen. Dabei geht es nicht um eine allgemein Staatskritik, sondern nur um eine Kritik des jüdischen Staates.

Die Strategie, die Ethnisierung zwischen »uns« und »den Juden« zu verschleiern, erfolgt in diesem Text dadurch, dass Juden als religiöse Kategorie qualifiziert werden und Israelis als ethnische. Die guten Juden tauchen als »religiöse« Juden bzw. als solche auf, die die Perspektive der Palästinenser unterstützen, diese aber seien nicht als »Volk«, sondern als »Religion« zu betrachten. Ansonsten wird das Feindbild Israel nicht über ethnische Kategorien gebildet, sondern über die Kategorie der Klasse und des expansiven Kapitalismus sowie seiner Dämonisierung als rassistischer Staat.

Die Muster des Textes können folgendermaßen visualisiert werden:

Wir-Gruppe	Judenbild
Gemeinschaft »Volk« (Ethnie + klassenlose Utopie)	**Gesellschaft** Staat (ohne »Volk«) Attribute: Imperialismus, Kolonialismus, Nationalismus, Rassismus, Faschismus
Opfer	**Täter**
Identität	**Nicht-Identität → Dritter**
	Macht (»Auschwitzkeule«, USA)
	Camouflage Unterscheidung zwischen Juden (als religiöse) und Israelis (als ethnische Kategorie)
Handlungsaufforderung	Überwindung Israels, »nationalistischer Befreiungskampf« der Palästinenser
Sozialdimension/-Raumdimension/Zeitdimension	Einteilung der Gesellschaft in ethnisch klassenlose »Völker« und »Klassenfeinde« Gegenwärtige Analyse: USA/Israel (»Nicht-Staat«, Kolonialist) oben; Palästinenser (»Volk«) unten/unterdrückt Zukunftsutopie: Herrschaft der bisher »national« Unterdrückten, »volksdemokratischer Staat«

6.2.3. Fall III: Die Palästinenser als »die Juden von heute«

6.2.3.1 Einführender Kontext

Im Folgenden werde ich mich einem Text widmen, der in der Zeitschrift »Linksruck« unter der Rubrik »Hintergrund« am 28. Januar 2003 erschien. Er fällt in die »Ereignissonde« des Irakkrieges bzw. Dritten Golfkrieges. Somit wurde der Ereigniskontext in dieser Arbeit bereits vor der Analyse des Textes »Wir sind schon wieder schuld« aus der Zeitschrift »Nation & Europa« erläutert. Der folgende Artikel ist vor dem Krieg (20.März 2003) am 20. Januar 2003 erschienen, beginnt aber mit einer Perspektive auf den bereits zu der Zeit antizipiert diskutierten Irakkrieg und sein Verhältnis zu Israel und den Palästinensern.

»Linksruck« war eine der von der gleichnamigen Organisation 14-täglich herausgegebenen Zeitschrift. Das Zeitschriftenprojekt ist mittlerweile eingestellt, weil sich die Organisation »Linksruck« am 1. September 2007 auflöste und geschlossen in die Partei »Die Linke« eintrat. Bis zu ihrer Auflösung gehörte die Organisation zum internationalen trotzkistischen Dachverband »International Socialist« und wurde in der Materialbeschreibung im Methodenkapitel dem trotzkistischem Spektrum zugeordnet und als Repräsentant für dieses Spektrum ausgewählt. Ehemalige Linksruck-Mitglieder haben als Nachfolgenetzwerk, »zusammen mit anderen Marxistinnen und Marxisten« (www.marx.21.de, Stand: 2.03.2013) das Netzwerk »marx21« gegründet, um von dort die Partei »Die Linke« zu stärken (vgl. www.marx21.de, Stand: 2.03.2013).

Jan Maas, der Autor des im folgenden analysierten Artikels, war einer der Stammautoren der Zeitschrift »Linksruck« und berichtete in so gut wie jeder Rubrik. Er ist mittlerweile auch Teil des marx21-Netzwerkes. Sehr typisch für seine Artikel ist die Strukturierung in verschiedene Fragen, die in relativ einfacher Sprache beantwortet werden sollen.

6.2.3.2 »Frieden in Nahost: In weiter Ferne?«

Der folgende Artikel ist mit einer in großen Lettern fett gedruckten Hauptüberschrift, einer darüber liegenden Oberüberschrift und einer Unterüberschrift in 5 Fragestellungen unterteilt und strukturiert sowie mit zwei Fotografien bebildert. Anhand von fünf Fragestellungen und Antworten darauf wird das Verhältnis zwischen Israel, den Palästinensern und Irakern aus der in »Linksruck« verbreitenden Perspektive bestimmt. Ich beginne chronologisch mit den Überschriften, wende mich danach den beiden Fotografien zu und werde mich dann dem

Haupttext entlang seiner Fragestruktur zuwenden und ausgewählte Stellen genauer analysieren.

Mit der Oberüberschrift »Krieg gegen Iraker und Palästinenser – 5 Fragen, 5 Antworten« führt der Artikel zwei regional bestimmte Bevölkerungsgruppen ein, gegen die Krieg geführt wird. Nicht Staaten werden als Kriegsgegner benannt, sondern Bevölkerungsgruppen. Kriege erklären gewöhnlicherweise Staaten. Welche dies sind, ist nicht benannt. Ebenfalls nicht der Ort, an welchem der Krieg geführt wird. Auch wenn es sich um einen Krieg gegen mögliche irakische Minderheiten, beispielsweise in Frankreich, handeln könnte, liegt es nahe, auch für den Leser von »Linksruck«, an die Region im Nahen Osten zu denken. Über einen bevorstehenden Einmarsch der US-amerikanischen sowie britischen Truppen in den Irak wurde zu der Zeit bereits spekuliert. Mit dem Krieg gegen die Bevölkerung der Palästinenser wird als Dauerkonfliktgegner Israel gemeint sein, auch wenn ein Krieg gewöhnlicherweise nur zwischen Staaten geführt wird und selbst bezogen auf die Autonomiegebiete der Palästinenser in der ersten Hälfte des Jahres 2003 kein Krieg zwischen Israel und der palästinensischen Autonomiebehörde geführt wurde. Die israelischen Truppen marschierten im Mai 2003 in das Westjordanland und den Gazastreifen ein.

Angekündigt werden »5 Fragen, 5 Antworten« zu der eingeführten Thematik »Krieg gegen Iraker und Palästinenser« (Z. 1).

In der fettgedruckten Hauptüberschrift wird nun mit Regionalangabe das Kriegsgebiet, auf welches sich der Artikel richten wird, konkretisiert: »Nahost« (Z. 2) Nach der Bestandsaufnahme »Krieg« in der Oberüberschrift folgt eine Frage nach seinem Gegenteil: »Frieden« und der Zukunftsaussicht dafür. »Frieden in Nahost: In weiter Ferne? « (Z. 2) Angenommen werden kann, dass es sich in »Nahost« um den Krieg »gegen Iraker und Palästinenser« handelt (Z. 1). In der Unterüberschrift wird nun ein weiterer Akteur eingeführt:

> *»Während US-Präsident Bush zum Krieg rüstet, ist Gerechtigkeit*
> *für die Palästinenser nicht in Sicht. Ein Krieg gegen den Irak*
> *wird den Nahost-Konflikt weiter anheizen« (Z. 5-9).*

Der US-Präsident tritt in seiner politischen Funktion als Gegner des Irak auf und zwischen einem Krieg im Irak und Gerechtigkeit für die Gruppe der Palästinenser wird eine Verbindung hergestellt. Indirekt wird behauptet, dass »die Palästinenser« unter Ungerechtigkeit litten und das auch ihre Zukunftsperspektive sei. Die Verbindung wird im nächsten Satz konkretisiert. Der Irakkrieg, mit dem gewöhnlicherweise der Konflikt zwischen Israel und den Palästinensern gemeint ist, verstärke den Nahost-Konflikt. Es wird dabei eine affektive Sprache verwendet. Der US-amerikanische Staatspräsident »rüstet« »zum Krieg« (Z. 5) Krieg gegen den Irak, der Nahost-Konflikt wird »angeheizt«(Z.8).

Trotz dieser emphatischen Sprache wird weiter ein deskriptiver Berichtsmodus suggeriert:
»Linksruck beleuchtet die Hintergründe und schlägt einen Weg zum Frieden vor« (Z. 8 f.).
Richtet man den Blick zuerst auf das Bild unter der Überschrift, erkennt man im Bildvordergrund einen kleinen Jungen, der einen Stein gegen ein den Bildhintergrund ausfüllendes riesiges Panzerfahrzeug wirft. Das Bild klärt mit der Bildunterschrift die Konfliktparteien: »Ein kleiner Junge wehrt sich gegen einen israelischen Panzer, der im Rahmen der jüngsten Angriffe auf palästinensische Siedlungen vordringt.«

Das Bild zeigt ein asymmetrisches Verhältnis zwischen einem wehrlosen palästinensischen Jungen und einem Kriegsfahrzeug der israelischen Armee. Es ist ein typisches Bild für den Großteil der linken Berichterstattung: Palästinenser werden als wehrlose Menschen, Israel als Militär präsentiert. Bilder von israelischen Kindern oder Opfer von Selbstmordattentätern sowie Hamas-Kämpfer selbst werden kaum gezeigt. Das zweite Bild auf der Seite setzt diese Logik fort. Es zeigt eine Frau, die vor einem zerstörten Haus auf einem Stuhl sitzt und ein Baby in einer Decke gehüllt im Arm hält, neben ihr steht ein kleines Kind. Die Bildunterschrift macht die Stuatiopn konkret und persönlich: »Familie Kamalat in den Trümmern ihres Hauses, das die israelische Armee am 12. Januar zerstörte.«

Das Bild lässt den Leser die mittellose Familie mit Kindern ansehen, die dem Leser mit persönlichem Familiennamen vorgestellt wird, die israelische Armee bleibt als Verursacher des Leids abstrakt.

Die Bilder verweisen darauf, dass der Konflikt zwischen Israel und den Palästinensern im Mittelpunkt steht. Natürlich auch deshalb, weil der Irakkrieg zu dieser Zeit noch nicht begonnen hatte und es demzufolge keine Bilderproduktion zum Krieg oder Kriegstätern- und -opfern gab.

Der Text widmet sich im Hauptteil der Beantwortung von fünf Fragen. Die erste führt das in der Überschrift angekündigte Verhältnis zwischen Israel, Palästinensern und US-Präsident Bush aus: »Was haben Israel und Palästinenser mit Bushs Krieg zu tun?«

In der Antwort tauchen die bereits bekannten Koalitionen auf: USA und Israel als Staaten und jahrzehntelange Verbündete sowie personifiziert in den beiden zu diesem Zeitpunkt amtierenden Staatspräsidenten George W. Bush und Ariel Scharon. Israel werde von den USA »beschützt« (Z. 24) und könne aufgrund der Mächtigkeit der USA eine Vielzahl von UN-Resolutionen missachten. Israel ist ignorant, aber seine Ignoranz wird von den USA gegen die Weltöffentlichkeit geschützt. Auch geschützt werden gegenwärtig Scharons Pläne, »die Palästinenser endgültig zu vertreiben« (Z. 34), der »im Schatten des Krieges«

(Z. 32) agieren könne. Zu Opfern werden demnach »die Palästinenser« (Z. 34) stilisiert, so wie »Araber« (Z. 25) im Allgemeinen. »Die Araber« im Allgemeinen werden weiterhin als »Menschen« apostrophiert, die sowohl die USA als auch Israel wegen des unterstellten Abzugs der »Öl-Millionen« (Z. 25) hassen. Der Grund für deren Hass liegt gemäß dem Text darin, dass bei den »Arabern« (Z. 25) von den »Öl-Millionen«, die im Nahen Osten zirkulieren, nichts ankommt, obwohl das Öl aus der Region der arabischen Staaten stammt. Angeschlossen daran wird die Entstehung der »zweiten Intifada« die als »Aufstand der Palästinenser« als Reaktion darauf beschrieben wird.

Eine zweite Frage widmet sich der Ursache der Gewalt im Nahen Osten, die vorher bereits als Reaktion mit dem ungerechten Abzug der »Öl-Millionen« erklärt worden ist. Eingeführt wird der Absatz damit, dass die »Intifada« seit Gründung Israels gegen Unterdrückung kämpfe. Aussage des Absatzes ist: Juden waren historisch Opfer »antisemitischer Pogrome« (Z. 45), und zwar im 19. Jahrhundert und im Nationalsozialismus. Daraus wird die Besiedelung des ursprünglich »Palästina« (Z. 40) genannten Gebietes abgeleitet.

Eine ähnliche Argumentationsstrategie, welche den historischen Opferstatus der Juden einräumt, um sich vor einer Holocaustrelativierung zu schützen, und gegenwärtigen Juden den Täterstatus zuschreibt, fand sich im hier behandelten ersten Fall »Jeder Kritiker Israels ein Antisemit?« Anders als im ersten Fall wird aber nicht nur am Täterstatus der Juden in der Gegenwart gearbeitet, sondern auch in der Vergangenheit. Denn, so geht es im Text weiter: Juden seien nicht nur Opfer gewesen, sondern bereits 1936 hätten »rechte zionistische Milizen« (Z. 55) bei der Niederschlagung eines »arabischen Generalstreiks« (Z. 56) geholfen, in dem »mehrere tausend Araber« »ermordet wurden« (Z. 57). Später nach dem Teilungsplan der UNO, d. h. mit der Gründung des Staates Israel, hätten die »Milizen« (Z. 65), die vorher »zionistisch« genannt wurden, ungerechtfertigterweise mehr Land besetzt, als ihnen zugestanden habe. Die als »zionistische Milizen« beschriebene Gruppe nämlich betrachtete Juden als »Nation, deren Heimat Palästina« (Z. 49) sei, und nicht nur als Religionsgemeinschaft. Juden, die Juden als »Nation« betrachteten, werden zu »böse[n] Juden« gemacht, während »gute Juden« solche sind, die Juden nur als Religionsangehörige betrachten. Wir haben es hier also einerseits wie im empirischen Teil anhand der der rechten Texte gezeigt wurde, mit einer Täter-Opfer-Umkehr zu tun, die Juden sowohl in der Vergangenheit als auch in der Gegensart in Täter verwandelt. Ebenso wie im ersten Fall von links wird Juden wieder der Status als »Volks« und »Nation« abgesprochen und ihre Identität auf eine Religionsgemeinschaft reduziert. Daraus folgt aus Perspektive des Textes, dass sie als »Volk« und »Nation« kein Recht auf einen Staat hätten. Opfer ist diese Mal analog dem ersten Fall ebenfalls wieder eine ethnische Großgruppe: die »Araber«.

Diese Täter-Opfer-Tranformation wird im nächsten Frageteil »Ein Kampf zwischen Gleichen?« (Z. 78) weiter ausgestaltet: Es sei ein ungleicher Kampf, der biblisch bestimmte jüdische David wird nun zum palästinensischen David und Israel als Staat zum Goliath. Der palästinensische David kämpfe, wie bereits im Bild verdeutlicht, »mit Steinen gegen Panzer« (Z. 103). Der Hass der als Opfer beschriebenen Palästinenser wird mit ihrer Unterdrückung begründet und daraus resultierenden »Selbstmordanschläge« (Z. 105) geschähen aus Verzweiflung und Mangel an »Waffenalternativen« (»weil sie keine anderen Waffen haben«, Z.104) und nicht als Folge einer Ideologie. Die »Selbstmordanschläge« richten sich laut dem Text vorerst gegen »israelische Armeestützpunkte«, danach gegen »zionistische Siedler« und als Letztes aber auch »gegen unschuldige Israelis« (Z. 107).

Nachdem nun Israel und dem Zionismus eine legitime Existenz abgesprochen worden ist und Juden gegenwärtig als Mörder »arabischer Opfer« bezeichnet sowie neben ihrem Opferstatus im Nationalsozialismus auch damals schon als Mittäter bei der Ermordung von »Arabern» sich schuldig gemacht hätten, wird die vierte Frage gestellt: »Ist Kritik an Israel antisemitisch?« (Z. 109)

Dieser Absatz bezieht sich zuerst noch einmal auf die nationalsozialistischen Verbrechen gegen Juden und zieht als Konsequenz daraus: »Damit Nazis nie wieder stark werden können, wollen wir überall jede Art von Unterdrückung bekämpfen« (Z. 111-114).

Mit dem feststehenden und innerhalb antifaschistischer Semantiken häufig verwendeten »Nie-wieder«-Terminus wird impliziert, dass eine antifaschistische Linke per se nicht antisemitisch sein kann, weil sie auch gegen Nazis kämpft, indem sie gegen jegliche »Art von Unterdrückung (Z. 114) kämpft. Die historische Spezifik und Unterscheidung zwischen Nationalsozialismus und anderen Formen der Unterdrückung wird damit eingeebnet.

Erinnern wir uns an den zu Beginn analysierten linken Text aus der »Roten Fahne«, erkennen wir eine ähnliche Argumentation, auch dort wurde als antifaschistische Praxis die Bekämpfung aller «faschistischen Organisationen« gefordert, und zwar als Konsequenz aus dem Nationalsozialismus und seiner Gleichsetzung mit Faschismus. Hier wird nun die Konsequenz gezogen, gegen »Unterdrückung« zu kämpfen. Die Unterdrückten heute seien die Palästinenser. So wird die Täter-Opfer-Konstellation in diesem Abschnitt noch etwas zugespitzt. Israels Taten würden »den Palästinensern die Lebensgrundlage« (Z. 118) nehmen, das heißt sie letztlich töten. Der Zionismus, der mit Israel gleichgesetzt wird, habe sich von einer »Reaktion auf den Antisemitismus« (Z. 122) zu einer »rassistischen Staatsideologie« (Z. 122) entwickelt. Die »zionistische Idee«

(Z. 123) wird hier ebenfalls wieder als Kolonialismus bezeichnet mit dem Ziel, »die Araber zu vertreiben« (Z. 124). Letztlich wird von dem Ziel einer »totalen Vernichtung« (Z. 128) gesprochen, womit eindeutig Referenz auf einen nationalsozialistischen Sprachjargon genommen wird. Zu dieser »totalen Vernichtung« aber wird es – so prophezeit der Text – nicht kommen. Die Konsequenz aus dieser Täter-Opfer-Umkehr in Bezug auf die »Juden in Israel« (Z. 127) sowie den Zionismus als implizites Äquivalent zum Nationalsozialismus wird die Solidarisierung mit den Palästinensern gefordert und mit Noam Chomsky, der »selbst Jude« (Z. 132) sei und als Kronzeuge angeführt wird, gesagt: »Solidarität mit den Palästinensern ist in Wirklichkeit Solidarität mit den Juden« (Z. 133 f.) Und das sei, so behauptet der Text, »nicht antisemitisch« (Z. 131). So beantwortet er die selbst gestellte Frage dieses Abschnitts.

Mit der letzten Frage »Wie kann es Frieden in Nahost geben?« (Z. 136) wird im letzten Absatz nun eine Reihe von Handlungsvorschlägen verknüpft, die neben einigen moderaten Vorschlägen (Abbau der israelischen Siedlungen, gleiche Rechte für Palästinenser) mit der Forderung des »Rückkehrrechts für Flüchtlinge« letztlich für die Auflösung eines israelischen Staates plädierten. Ganz am Ende erfährt der Leser noch, wer denn eigentlich »dahinter steckt«: »westliche imperialistische Staaten« (Z. 155), welche »die zionistische Strömung für ihre Ziele missbrauchten« (Z. 156).

Damit wird nahegelegt, dass der Zionismus, wie bereits in den beiden vorherigen Texten ausführlich dargelegt, letztlich wieder nur eine »Agentur«, »ein Kettenhund« oder ein »Ableger« des Imperialismus sei. Er bekommt aber einen besonderen Stellenwert eingeräumt.

6.2.3.3 Resümee

Ähnlich wie in den anderen beiden linken Texten werden ähnliche Opfer- (Araber, Palästinenser) und Täterkonstruktionen (USA, Israel, Zionismus, Juden in Israel, Imperialismus) vorgenommen und noch stärker als in den beiden anderen Texten Zionismus und Israel in die Nähe nationalsozialistischer Praktiken gerückt. D.h. Es wird deren Täterstatus herausgearbeitet sowie aus antifaschistischer Verpflichtung die Solidarität mit den »neuen Opfern«, den unterdrückten Palästinensern, gefordert. Mit der »Nie-wieder«-Semantik wird die Differenz zwischen Nationalsozialismus und anderen Formen der Unterdrückung eingeebnet und nahegelegt, dass der israelische Staat der heutige »Faschismus« und die Palästinenser »die Juden von heute« sind. Damit wird eine Täter-Opfer-Umkehr vollzogen: Einerseits werden die historischen Opfer zu Tätern, andererseits werden die historischen Opfer selbst zu Mittätern erklärt. Mit den heutigen Opfern solidarisiert sich die Wir-Gruppe, die sich anti-faschistisch gibt.

Anders als in den anderen Texten wird aber nicht explizit die Bezeichnung »Volk« in seiner doppelten Bestimmung (»Volk« + »Klasse« bzw. »klassenlose Gemeinschaft«) verwendet, sondern »Araber« und Palästinenser als ethnische Gruppen bestimmt, die aber gleichzeitig dem Komplex der »Anti-imperialisten« zugeordnet werden, mit Ausnahme der derzeit existierenden arabischen Staaten, die vom Imperialismus korrumpierte würden. Auffällig ist, dass »Araber« und »Palästinenser« als Menschen, d. h. als personifizierte Identifikationskategorie, fungieren, Israel hingegen nur als abstrakter Staat.

Der Feind bleibt der derselbe wie in den anderen Texten (Imperialismus), wobei dem Zionismus wiederum eine besondere Verbindung zum Imperialismus unterstellt wird. Eine Camouflage findet über die Vorstellung von Judentum als Religion statt, um die ethnische Konstruktion nicht der Wir-Gruppe, sondern der Palästinenser und »Araber«, mit welchen man sich solidarisiert, zu verschleiern. Im Unterschied zu dem ersten analysierten Text in der »Roten Fahne« jedoch wird keine Schuldabwehr über die Konstruktion der Arbeiterschaft als Hauptopfer im Nationalsozialismus vorgenommen, sondern primär die Täterschaft »der Juden« sowohl in der Vergangenheit als auch in der Gegenwart betont.

Wir-Gruppe	Judenbild
Opfer (Palästinenser, Juden im Nationalsozialismus)	Täter (Imperialismus, USA, Israel, Zionismus, Jude in Israel, jüdische Milizen im Nationalsozialismus)
	Macht/ Priveligierung (erhalten Staatsbürgerschaft
Identität	Nicht-Identität: Nicht-Nation
	CamouflageUnterscheidung zwischen Juden (als religiöse) und Israelis (als ethnische Kategorie)
Konkret (Menschen)	Abstrakt (Staat)

6.2.4 Fall IV: Israel als rassistischer Staat vs. die Palästinenser

6.2.4.1 Einführender Kontext

Der folgende Artikel wurde in der »So oder So«-Ausgabe »Herbst 2000« veröffentlicht und ist aus der Ereignissonde »Zweite Intifada« gesampelt. Während der Zweiten Intifada (2000-2005) begann quer durch das linke Spektrum in Deutschland ein erneuter Antisemitismusstreit, welcher sich zwischen den bekannten Polen der »Antiimperialisten« und »Antideutschen« bewegte. Während die Antiimperialisten Solidarität mit dem als heldenhaft betrachteten Kampf des »palästinensischen Volkes« einforderten, kritisierten die Antideutschen den Antisemitismus ihres Gegenübers.

Die »So oder So« ist als Repräsentant der Antiimperialisten ausgewählt worden. Sie ist – wie zu Beginn dieser Studie vorgestellt – das Publikationsorgan der Gruppe »Kampagne Libertad! Zeitschrift für internationale Solidarität für die Freiheit der politischen Gefangenen!«, die sich selbst als Teil einer internationalistischen emanzipatorischen Bewegung für die Abschaffung der Klassenherrschaft versteht (vgl. www.libertad.de, zuletzt: 2.03.2013). Neben der Solidarität mit internationalen Gefangenen steht Solidarität mit als »befreiungsnationalistisch« bezeichneten Bewegungen, darunter der palästinensischen, auf deren Programm.

Bei dem ausgewählten Artikel handelt es sich um eine »Collage«. Den größten Teil nimmt ein Bild ein, das zwei DIN-A3-Seiten füllt. In das Bild sind zwei Landkarten eingefasst und in weißen Lettern ein Text von Gilles Deleuze eingeschrieben. Um das Bild herum sind vier Textteile angeordnet, von denen drei aufgrund ihrer chronologisierenden Nummerierung als fortlaufender Text gelesen werden können (I. Yom Kippur, II. Tödliches »Gummi« und III. Gefängnis Jerusalem), während ein Textteil im Stil eines Berichts gesondert unter dem Bild steht und mit »Apartheid 2000« betitelt ist. Letzterer ist von Peter Schäfer unterzeichnet, welcher regelmäßig zum Nahostkonflikt für die Rosa-Luxemburg-Stiftung schreibt und dort mittlerweile Büroleiter für das Auslandsbüro Nordafrika im Aufbau ist (vgl. www.rosalux.de/publikationen/autorenprofil/profil_detail/peter-schaefer.html, zuletzt: 2.03.2013). Der erste Teil des Textes (I. Yom Kippur) ist als Bericht des »So oder So«-Kolumnisten Hans Lebrecht gezeichnet. Der Rest des Artikels ist nicht unterzeichnet und kann daher dem Autorenkollektiv der Zeitung zugeschrieben werden.

Hans Lebrecht schreibt regelmäßig Kolumnen für die »So oder So«. Er wurde 1915 in Ulm geboren, ist jüdischer Herkunft, war seit 1937 aktiv im antifaschistischen Widerstand engagiert und arbeitete u. a. für die KPD. 1938 wanderte er nach Palästina aus und trat dort der KP Israels bei. Lebrecht schreibt heute für verschiedene Zeitschriften. Er arbeitet derzeit im »Friedensblock« Gusch Schalom, der von Uri Avnery mitbegründet wurde. Außerdem ist er Vorsitzender des Verbandes der Antifaschisten und Opfer des Nazismus in Israel und Vizepräsident der Internationalen Föderative der Widerstandskämpfer F.I.R. (vgl. www.sooderso.net/inhaltlebrecht.shtml#lebrecht, zuletzt: 2.03.2013).

6.2.4.2 Antirepression: Israel als rassistischer Staat

Während in den vorherigen Fällen Israel als jüdischer Staat bereits mit besonderer Verbindung zum Faschismus, Imperialismus sowie Zionismus dämonisiert wurde und einer homogenen klassenlosen oder als werktätig klassenbestimmten ethnischen »Volksgruppe« entgegengesetzt wurde, wird im folgenden Text diese Dimension der Täter-Opfer-Konstruktion noch einmal um die Dimension des Rassismus erweitert und Israel explizit als rassistischer Staat bezeichnet und seine Methoden mit den Methoden des Nationalsozialismus verglichen. Ebenso wird mit der Text- und Bildsemantik eine Handlungsperspektive eröffnet, die mit Rache der Opfer in der Zukunft droht. Bei der Interpretation wurden die Text-Bild-Teile in der angenommenen Wahrnehmungsfolge sequenzanalytisch interpretiert: Überschrift – Bild – Text im Bild – Bildunterschrift – Text interpretiert und werden im Folgenden ergebnisorientiert dargestellt.

Der Artikel ist mit der Überschrift »Tage des Zorns« betitelt, die in fetten schwarzen serifenlosen Lettern innerhalb des Bildteils abgedruckt ist. Mit »Tage des Zorns« wird ein wiederkehrendes kommendes Ereignis prophezeit, das an die biblische Bestrafung am »Jüngsten Gericht« erinnert. Die Prophezeihung wird durch die Bilddarstellung und den Text im Bild, welches ohne Quellenangabe publiziert ist, unterstrichen. Auf dem Bild sieht man einen Ausschnitt einer männlichen Person: seine linke Hand, einen Teil des Arms und sein schwarzer Hosenrücken – mit dem Rücken zum Betrachter. Seine Hand hält drei gut sichtbare Steine und mindestens einen im Verborgenen. Der Blick der Person richtet sich zum Geschehen. Die Steine sind in seiner linken Sammelhand hinter dem Rücken verborgen und ein Indiz dafür, dass es einen Gegner gibt. Horizontal durch das Bild zieht sich eine breite Straße, an welcher keine Gebäude zu sehen sind. Die Straße führt zum Geschehen. Auf der linken Seite sieht man Häuser, eine Stadtstruktur ist angedeutet, weiter im Hintergrund ist ein höheres Gebäude mit einer Kuppel zu sehen sowie ein Kran. Ein Brand geht von dieser Seite aus, Rauchschwaden ziehen von dort trichterförmig auf die rechte Bildseite. Die Person steht gerade da, ist nicht in Bewegung und blickt auf die Rauchschwaden. Die Überschrift interagiert mit den Steinen, die Gewalt als Zorn bzw. mit dem Zorn verbunden ankündigen oder einen im Gange befindlichen Angriff anzeigen. Der Brand kann entweder als Produkt seiner Gewalt oder der Gewalt des Gegners verstanden werden. Der Text-im-Bild

»Mehrheit setzt ein Herrschaftsverhältnis voraus und nicht umgekehrt. Anderes als diese Konstante wird als minderheitlich angesehen, das heisst als ausserhalb des System liegend, wie auch immer das Zahlenverhältnis sein mag. Wir müssen das Mehrheitliche als homogenes System, das Minderheitliche als potentielles, erschaffenes und schöpferisches Werden begreifen. Ein Quentchen Schönheit, ein Auswuchs oder eine Lücke können genügen; sie sind Pfropfenreisser des Werdens. Das Problem kann nie darin bestehen, die Mehrheit zu erlangen, selbst wenn man dabei eine neue Konstante einführen sollte. Es gibt kein mehrheitliches Werden. Mehrheit ist niemals Werden. Das Werden ist immer minderheitlich. Wenn man die Figur eines universellen minoritären Bewusstseins entwirft, wendet man sich an die Kräfte des Werdens, die aus einem anderen Bereich stammen als die des Rechts und der Herrschaft.«

gekennzeichnet als Deleuze-Zitat, wird ohne Referenzangabe aus dem Zusammenhang gerissen und reflektiert philosophisch auf das Verhältnis zwischen Mehrheiten und Minderheiten, Recht und Herrschaft. Quasi sakral, wie ein Gebet ergreifen die Worte Partei für die Minderheit, der »Kräfte des Werdens« jenseits von Recht und Herrschaft zugeschrieben werden. Eine erste Lesart könnte lauten, dass die Tage des Zorns angebrochen sind und eine Person, die der Minderheit zugerechnet wird, Zorn auf die Herrschaft der Mehrheit empfindet und mit Steinen zurückschlägt. Die Bildperspektive, die die Betrachter auf das Szenario aus der Position des Steinewerfers/der Steinewerferin blicken lässt, ermöglicht eine Identifikation mit diesem/dieser.

Auf der linken Seite des Bildes sind zwei Landkarten eingefügt, die mit der Betitelung »Teilungsplan der Vereinten Nationen 1947« sowie »Palästinensische Gebiete 2000« das Bild kontextualisieren. Israel ist auf der Karte des Jahres 2000 überdimensional groß dargestellt, die palästinensischen Gebiete sehr klein. In der zugehörigen Legende ist Israel nicht als Staat bezeichnet. Die Legende kennt nur »palästinensische Gebiete« und »israelisch besetzte Gebiete«. Der Text geht demnach davon aus, dass es kein legitimes Territorium für Israel gibt, sondern nur besetztes.

Bild, Karten und Bildtext ergeben eine David-gegen-Goliath-Bild-Semantik, wobei David im biblischen Kontext jüdisch ist, hier aber palästinensisch dargestellt wird. Der (kleine) David hat im biblischen Kontext gewonnen, was hier ebenfalls in der Bild- und Deleuzschen Text-Semantik nahegelegt wird. Die Minderheit kämpft als Opfer mit Steinen, die Mehrheit hat die Herrschaft und kämpft mit anderen Mitteln, welche später im Text beschrieben werden. Es ist ein Kampf zwischen ungleichen Gegnern dargestellt. Ein Panzer ist nicht auf dem Bild gezeigt, seine Präsens wird aber durch die David-Goliath-Bild-Text-Semantik hervorgerufen. Die Bild-Semantik kehrt für die Jetzt-Zeit das Täter- und Opferverhältnis um. Jüdinnen und Juden sind Täter, Palästinenser sind Opfer.

Wendet man sich daraufhin dem Fließtext zu, wird die Korrelation zwischen Bild und Fließtext eindeutig. Im Text wird die Unterdrückung der Minderheit, hier der Palästinenser, durch die hinterlistigen und brutalen Waffen (Pseudo-»Gummigeschosse«) Israels beschrieben und verurteilt. Im Text überwiegen die (stärkeren) hinterlistig kämpfenden Angreifer, auf dem Bild dominiert die »ehrlich« mit Steinen kämpfende Minderheit.

Für einen eine autonome Leserschaft ist zu vermuten, dass die Bild-Text-Semantik hingegen bereits durch den Aufruf weniger Elemente vorher bekannt ist, auch wenn dies nicht in eine struktural-hermeneutische Analyse mit einbezogen wird.[143] Dieses Täter-/Opfer-Bild ist typisch für das Spektrum und auch diese Bild-Text-Semantik bezieht sich darauf, wie dies bereits bildsemantisch rekonstruiert werden konnte. Allerdings ist das Bild der Kollektive in diesem Text etwas anders aufgebaut, in dem anstelle »der Zionisten« Israel samt seinen jüdischen Bewohnern zu Beginn als jüdischer rassistischer und faschistischer Staat erscheint und der Begriff des Volkes für die Palästinenser nicht vorkommt. Ebenfalls gibt sich der Text als »objektiv« und detailgetreu berichtender aus und leitet den Fließtext mit Hans Lebrechts »Zeitzeugenbericht« als Authentizitätsnachweis ein. Die Angabe »Kibbutz, Beit Oren, 11.10.2000« neben dem Autorennamen Hans Lebrecht suggeriert, dass hier jemand von den aktuellen Geschehnissen berichtet, der »dabei« war. Die Überschrift »Yom Kippur« nimmt Bezug auf den traditionellen jüdischen Fastenfeiertag Yom Kippur, den im Oktober 1973 Syrien und Ägypten nutzten, um den Yom-Kippur-Krieg zu beginnen. Im Text wird nun behauptet, dass ein Teil der jüdischen Bevölkerung, der als »klerikal-faschistische Elemente« bezeichnet wird, am Vorabend dieses

---

[143] »Ich denk an Palästina und an die Repression. Da kämpfen Sie mit Steinen, gegen scharfe Munition. Zionisten zetteln jeden Tag dieselbe Scheiße an. Doch Palästina Dein Volk wird siegen irgendwann« (www.golyr.de/yok-quetschenpaua/songtext-tu-was-671777.html, zuletzt: 2.03.2013) lautet das im antiimperialistischen Szenespektrum einschlägig bekannte Lied des Liedermachers »Quetschenpaua«.

höchsten Feiertages »mörderische Pogrome« und »Angriffe auf palästinensische Zivilisten« verübt habe. Dieser Teil der jüdischen Bevölkerung wird einerseits einer Gruppe zugeordnet, die als sogenannte »Siedler« und Kolonialisten beschrieben werden, andererseits ebenso jüdischen Nicht-Siedlern. Vom Begriff der »Siedler« distanziert sich der Autor, um zu suggerieren, dass es sich um Personen handelt, die auf illegitime Weise auf dem Territorium leben.

Die Bezeichnung »klerikal-faschistische Elemente« deutet einerseits auf einen sozialistischen Kontext, in welchem Autoritätskritik an einem Teil der Kirche geübt wird, die als faschistisch bezeichnet wird, andererseits ist der Begriff »Elemente« zur Bezeichnung von Personen und Aufforderung derer Eliminierung auch aus der NS-Sprache bekannt. Deren Pogrome sowie Mordaufrufe hätten sich gegen »arabische Bürger« und Palästinenser in den »besetzten Gebieten« sowie in Israel gerichtet. Es handelt sich demnach um ein ethnisches Kollektiv als Opferkollektiv. Dieses wird als barbarisch bezeichnet (»Mord«, »Verwüstung«, »an Ort und Stelle totgeschlagen«). Die Rede von »besetzten Gebieten« und »Israel« auf der andere Seite impliziert die Vorstellung des Vorhandenseins eines palästinensischen und eine israelischen Territoriums sowie daneben illegitim besetzter Gebiete.

In diesem ersten Teil des Textes, der als Zeitzeugenbericht des Kolumnisten Hans Lebrecht ausgewiesen wird ist, geht es also um eine Täter-Opfer-Geschichte, die jüdische Bevölkerung, Militär und Staat als faschistisch, rassistisch und kolonialisierend bezeichnet und ihnen pogromartige Taten zur Last legt, die mit der nationalsozialistischen Judenvernichtung gleichgesetzt werden. Der Vergleich mit der nationalsozialistischen Judenvernichtung wird dem damaligen israelischen Kabinettsmitglied Matan Vilnai als Kronzeugen in den Mund gelegt. Es wird damit nahegelegt, dass die Aussage mehr Wahrheit beanspruchen könne, wenn selbst ein jüdisch-israelischer Minister einen solchen Vergleich vornimmt. Dessen Realitätsgehalt will man vorher im Text jedoch bereits mit Taten belegen. Jüdische Personen als »Kronzeugen« aufzurufen, ist eine bekannte Strategie, die davor schützen soll, als antisemitisch zu gelten.

Im anschließenden zweiten Teil wird weiter an der Täterkonstruktion gearbeitet. Palästinenser werden nicht differenziert, sie sind alle Opfer, Juden kommen als orthodoxe Juden und nicht-orthodoxe Juden, »Kolonisten)siedler'«, israelische Soldaten und Israelis im Text vor, alle auf der Täterseite. Akribisch werden die hinterlistig dargelegten Methoden der jüdisch-israelischen Seite beschrieben, die als »Gummigeschosse« getarnte Stahlkugeln zur Tötung von Palästinensern verwenden, was einer Menschenrechtsverletzung gleichkommt. Wiederum mit Bezug auf eine vermeintlich seriöse Quelle (ohne Quellenangabe) wird eine Statistik der damit getöteten Palästinenser angeführt, die mit »etwa«-Maßen (»etwa tausend Palästinenser erschossen«) angegeben wird. Eine ähnliche Beweisführung mit Referenz auf Quellen, die objektiv erscheinen sollen, wird angewandt, wenn im weiteren Verlauf andere detailgetreue Informationen über die Munition mit Referenz auf eine »unabhänige Prüfstelle für Baustoffe« gegeben werden, um darzulegen, dass von jüdisch-israelischer Seite willkürlich, brutal, hinterhältig und moralisch zu verurteilend (»Finessen«, »niedere Intensität«) gegen das Kollektiv der Palästinenser vorgegangen wird, einmal mit Scharfschützen (unsichtbar), mit tückischer Munition (Wirkung der Waffe ist nicht einzuschätzen) und Schalldämpfern (nicht hörbar). Jüdische Israelis werden hier so dargestellt, als ob sie willkürlich und ohne Grund morden würden: »Die Getroffenen fielen ›einfach hin und bluten‹« wird mit Bezug auf die Zeitschrift »Times« berichtet.

Der dritte Teil, betitelt mit der Überschrift »Gefängnis Jerusalem«, bezichtigt Israel, in der bislang »ethnisch« und »national« geteilten Stadt, eine Ethnisierungskampagne zu betreiben mit dem Ziel, Palästinenser, die dem arabischen Kollektiv zugeordnet werden, zu vertreiben, damit jüdische Israelis sich ausbreiten können. Dieser Plan wird wiederum als hinterhältiger demographischer Plan Israels und der Juden beschrieben.

Der Bildunterschrifttext zielt wiederum auf die Konstruktion Israels als repressiven, illegitimen Herrscher und der Palästinenser als homogen Unterdrückte. Die Überschrift »Apartheid 2000« ruft die rassistische Politik in Südafrika in der Vergangenheit wach und kündigt eine gegenwärtige solche Politik im Jahre 2000 an: Israel erhält hier das Attribut Apartheidsstaat: Der israelische Staat und seine Bevölkerung werden beschuldigt, seit 1967 das Gebiet, das eigentlich als Ganzes palästinensisch sei, illegitim zu besetzen. Israel erhält einen Besatzer-, Repressions- und Gönnerstatus, indem es »den Palästinensern Teile des eigenen Staatsgebietes großmütig überlasst«, obwohl es ihm gar nicht gehört. Das unterdrückte Kollektiv seien die Palästinenser, die immer wieder durch Machtdemonstrationen der Israelis provoziert würden. Als eine solche Machtdemonstration wurde Ariel Scharons Besuch auf dem Tempelberg im September 2000 interpretiert, der nicht Ursache, aber Auslöser für einen vom Autor bezeichneten »Aufstand«, die sogenannte »Zweiten Intifada«, gewesen sei. Mit Billigung der sogenannten »Internationalen Gemeinschaft« übertrete Israel völkerrechtliche Bestimmungen. Von der »Internationalen Gemeinschaft« distanziert man sich. Im Kontrast dazu sei eine Lösung des Konflikts nicht in Sicht, »solange das Menschenrecht des israelischen Kampfhubschrauberpiloten über dem des Palästinensers steht, der gegen seine Unterdrücker kämpft«. Der einzelne Palästinenser wird hier dem israelischen Luftsoldaten, nicht dem Bodensoldaten, gegenübergestellt und suggeriert, dass dessen Menschenrecht nicht mehr wert sein könne als das eines Palästinensers. Das Recht auf Territorium wird Israel in der Argumentation nun nach und nach abgesprochen. Ebenso – durch das in diesen

Kontext gesetzte Deleuze-Zitat die Fähigkeit zu »werden«. Einem Staat, dessen Bevölkerung und Territorium die Fähigkeit zu werden, d. h. sich zu entwickeln, abgesprochen wird, wird aus der nationalen Ordnung der Welt hinaus und in die Position des nicht-identischen Dritten gedrängt im Gegensatz zu dem angesprochenen palästinensischem »Minderheitenkollektiv«.

6.2.4.3 Resümee

Eingebettet ist diese Argumentation nicht wie in den andere Texten in einen antikapitalitischen, sondern einen antirassistischen Antirepressionszusammenhang. Im ersten Teil werden die sogenannten jüdischen Unterdrücker als faschistisch und kolonial beschrieben, im zweiten Teil wird Israel als Apartheidsstaat ohne Recht auf Territorium qualifiziert. Es wird deutlich, dass diese Argumentation in eine bestimmte politische Weltanschauung, für welche das Spektrum Libertad! steht, eingepasst ist. In solch einer Weltanschauung gibt es Repression von Seiten des Staates auf der einen und unterdrückte soziale Bewegungen auf der anderen Seite. Der jüdisch-israelische Staat wird dort als repressiver faschistischer Staat betrachtet und damit erfolgt für die Gegenwart eine Täterumkehr. Der Opferstatus wird auf die Palästinenser als homogene Gruppe externalisiert und sich mit diesen solidarisiert. Israel und jüdische Israelis werden einseitig dämonisiert, ihnen wird das Werden (Deleuze) sowie die territoriale Zugehörigkeit abgesprochen. Es gibt demnach Minderheiten (hier nicht mit dem Volksbegriff auftauchend), die »werden«, und solche, die »nicht werden«. Israel wird zu Letzteren gezählt und wird damit außerhalb des Rechts auf Territorium in die Figur des nicht-identischen Dritten gedrängt.

Der gesamte Text changiert zwischen den Bezeichnungen Israel (als Staat), jüdische Israelis, israelische Soldaten, jüdische Klerikalfaschisten und Siedler, die alle demselben Kollektiv und denselben hinterhältigen Methoden zugeordnet werden. Auf der anderen Seite steht das Kollektiv der arabischen Palästinenser. Israel wird in diesem Fall mit dem Begriff Zionismus camoufliert, um die ethnische Differenz zwischen dem Solidarsubjekt und Juden nicht so häufig aufscheinen zu lassen und die Faschismus und Rassismuszuschreibungen vermeintlich problemlos durchführen zu können.

Die Muster des Textes können folgendermaßen visualisiert werden:

Wir-Gruppe	Judenbild
Gemeinschaft/ Homogenität Palästinenser, palästinensische Zivilisten, Araber Attribute: Minderheit, Unterdrückte	**Gesellschaft** Israel, jüdische Israelis, israelische Soldaten, jüdische Klerikalfaschisten, Siedler, Scharon Attribute: Staat/ Herrschaft, Hinterlistigkeit, Brutalität, Kolonialismus, Rassismus, Faschismus
Opfer	**Täter**
Identität	**Nicht-Identität→ Dritter** (Israel = illegitimer Staat, ohne Anspruch auf Territorium und »Werden«)
	Macht (Internationale Gemeinschaft
	Camouflage Unterscheidung zwischen Arabern (ethnische Kategorie) und Israel (als staatliche Kategorie)
Handlungsaufforderung	Kampf gegen den faschistischen Staat Israel
Sozialdimension/- **Raumdimension/Zeitdimension**	Einteilung der Gesellschaft in Minderheiten und Mehrheiten Gegenwärtige Analyse: Israel illegitimer Staat) und »Internationale Gemeinschaft« oben; Palästinenser und Araber unten/unterdrückt Zukunftsutopie: Herrschaft der bisher (national-)staatlilch Unterdrückten

Im nächsten Text taucht der Begriff „Jude" explizit überhaupt nicht mehr auf, auch wenn natürlich, wenn von Israel und den Israelis gesprochen wird zum überwiegenden Teil von Juden gesprochen wird. Interessant ist im folgenden Text, dass die Zuschreibungen an Israel und die Palästinenser bzw. »Araber« den antisemitischen Zuschreibungen gleichen und die Konstruktion einer moralischen westlichen Empörungsgemeinschaft einhergeht mit der Legitimierung des Terrorismus.

6.2.5 Fall IV: Die Anrufung Europas gegen den »rassistischen« jüdischen Staat

6.2.5.1 Einführender Kontext

Der nächste Fall erschien in der 45. Ausgabe des monatlichen Newsletters »Sand im Getriebe« (SiG45), »der deutschsprachigen Ausgabe des elektronischen Rundbriefs der internationalen Attac-Bewegung« (www.attac.de/aktuell/attac-medien/sig, zuletzt: 7.03.2013) am 20. Juli 2005 und wurde aus der »Ereignissonde« »Sicherheitszaun-/Mauerbau 2004/05« gesampelt. Wie in der Zeitschriftenbeschreibung bereits erläutert versteht sich der Rundbrief als »Medium für Menschen, die eine Welt jenseits der neoliberalen Globalisierung verwirklichen wollen« (SiG 45: 1), und dabei als pluralistisches Medium, welches Texte von Menschen unterschiedlicher Gesinnung publiziert. In der Ausgabe steht der Gegengipfel Afrikas zu G8 in Mali im Fokus sowie Kritiken an »Imperialismus« und »Besatzung« im Irak, Afghanistan und Israel. Der Artikel wurde unter der Rubrik »Westasien« von Ellen Rohlfs publiziert. Rohlfs wurde 1927 in Tübingen geboren, ist in einem christlichen Elternhaus aufgewachsen, studierte Naturwissenschaften und Pädagogik und arbeitete danach als Lehrerin, Entwicklungshelferin und in vielen ehrenamtlichen Projekten der ev.-lutherischen Gemeinden, einem Jerusalemverein und verschiedenen Friedensgruppen. 1993 wurde sie mit dem Bundesverdienstkreuz ausgezeichnet. Sie ist deutsche Vertreterin der israelischen Friedensgruppe »Gush Shalom«, autorisierte Übersetzerin von Uri Avneri, deren Gründer, sowie Gründungsmitglied von International Committee fort he Protection of Palestinian People, Sektion Deutschland (ICPPP). Ebenso ist sie Mitglied des Übersetzernetzwerkes tlaxcala, dessen antiisraelischen sowie antisemitischen Texte vom rechtsradikalen Netzwerk »altermedia« publiziert werden.

6.2.5.2 »Höre Israel!« – »Höre Europa!«

Mit der Überschrift, einem Imperativ im Singular, nimmt sich die Sprecherin heraus aus der Gruppe der Hörenden obwohl sie »mithört«. Es soll wortgemäß nicht ums »Lauschen« gehen, sondern »hören« ist immer auf etwas oder jemanden bezogen: hören auf jemanden. Die Sprecherin weiß entweder schon, befiehlt (und ist selbst vom Befehl nicht betroffen), will den anderen etwas mitteilen und befindet sich auf einer Metaebene gegenüber den angesprochenen Identitäten (»Israel«, »Europa«). Es werden drei Gruppen konstruiert: a) die angesprochenen Kollektive, b) Exkludierte und c) die Sprecherin. Es gibt zwei Adressaten, Israel als »gelobtes Land« und jüdischer Nationalstaat, Europa als Kontinent, westliche Wertegemeinschaft und Wirtschaftsraum. Beide sind als Subjekte angesprochen wegen eines gemeinsamen Interesses oder gemeinsamer Verantwortlichkeit. Bei deren imperativischer Anrufung wird der Gestus des Befehlens eingenommen, es handelt es sich nicht wirklich um eine Bitte, sondern um eine Drohung und Warnung. Die Anrufung »höre« klingt althergebracht und könnte auf einen lyrischen bzw. feierlichen Kontext, ein Gebet oder Gedicht verweisen, insbesondere da die Überschrift in Anführungszeichen gesetzt ist. Die Anführungszeichen deuten auf ein Zitat, a) einen Bibelkontext, b) eine Rundfunksprache, c) ein kulturelles Zitat. Es gibt denn auch ein Gedicht mit dem Titel ›Höre Israel‹, aus Erich Frieds Gedichtzyklus zum Sechstagekrieg, auf welchen – so ergab die Rekonstruktion – referiert wird. Erich Frieds berühmter Gedichtzyklus sowie gleichnamiges anitisemitisches Gedicht handelt von Juden, die in dem Gedicht mit den Nationalsozialisten gleichgesetzt und angeklagt werden.[144] Dass es sich um ein Zitat des jüdischen Glaubensbekenntnisses (Höre Isarel, der Ewige ist Gott, der Ewige ist einzig ...) handelt, wurde im Verlauf des Textes ausgeschlossen. Angeschlossen wird mit der Beschreibung des Nahostkonflikts in den bereits bekannten Akteurskonstellationen. Es wird die Zerstörung eines namenlosen, ethnisch und geographisch (»palästinensisch«) bestimmten Dorfes behauptet zu einem genau bestimmten Zeitpunkt (5. Juli 2000), wiederum ein versuchter Authentizitätsbeleg. Der Hinweis auf den Zustand des »Waffenstillstandes« impliziert zwei Gegner, die diesen Zustand gebrochen haben. Im Anschluss wird idyllische Stille konstruiert, in die unbemerkt Vernichtung und Zerstörung einbrechen, illegitm, gewaltsam und willkürlich. Die ganze Welt sei abgelenkt und konzentiere sich auf ein Ereignis des Friedens im Gazastreifen,

---

[144] »[...] Eure Sehnsucht war, wie die anderen Völker zu werden die euch mordeten. Nun seid ihr geworden wie sie. Ihr habt überlebt die zu euch grausam waren. Lebt ihre Grausamkeit in euch jetzt weiter? [...]« (www.deutschelyrik.de/index.php/hoere-israel.html, zuletzt: 7.03.2;13, Zeichensetzung im Original).

während an einem anderen Ort (leise, still und heimlich) unauffällig und verdeckt Schlimmes passiert. Dabei sei ein Dorf zerstört worden. Es wird Ländlichkeit, Beschaulichkeit, räumliche Überschaubarkeit, Einfachheit und Idylle impliziert, die Bewohner des Dorfes, Bauern und Hirten, werden als friedliche Leute beschrieben, die sonst nur Schafe füttern und hilf- und orientierungslos sind. Als Agressor tritt zuerst das Militär Israels auf, das beiläufig und vermeintlich willkürlich eine Notiz an eine Hauswand »pinnt«, die die Zerstörung ankündigt. In die friedliche traditionell idyllische Lebensweise mit jahrhundertealter Tradition wird das Einbrechen des gewalttätigen modernen Staatsapparates dargestellt, welcher Familientraditionen und die soziale Infrastruktur zerstört. Daraus folgend wird Israels demokratischer Status in Frage gestellt (Z.34/35). Kontrastiert werden in diesem ersten Teil also zwei Kollektive, ein jahrtausendealtes Land mit heiligen Büchern auf der einen, ein Staat, der die Bildung mit Füßen tritt, auf der anderen Seite.

Für diese brutal dargestellten und als Verbrechen bezeichneten Geschehnisse gebe es keine Zeugen. Selbst »Simon, der Kameramann, sieht ›nicht‹ ›die Planierraupen der letzten Trümmer der Araberhäuser zermalmen‹« wird als Zitat in den Text eingebaut und mit Simon eine biblische Referenz gemacht. Selbst der, der im Neuen Testament Jesus als Erster als Messias erkannte, sieht nicht, auch wenn er als »Kameramann« heute qua Beruf die Aufgabe hätte, mit der Kamera zu sehen. Die Zerstörungen der Israelis werden als maßlos, willkürlich und moralisch verwerflich bezeichnet. Behauptet wird, dass diese Aktionen ohne Protest »Internationaler« (Z. 24), deren Zuständigkeit dafür suggeriert wird, vonstattengehen. Darauf folgend wird ein schlimmer Verdacht in Form einer Frage formuliert, der nahelegt, dass der Grund dieser Zerstörung Rassismus und großflächiger Landraub sowie Expansion qua Unterdrückung seien. Vernichtung und Vertreibung werden demnach entlang rassistischer Kriterien behauptet und auf einen Genozid (»ethnische Säuberung«, Z. 45) angespielt. Der Hinweis auf »entsetzte Schreie der Mütter, das Weinen der Kinder« – ein typisches rhetorisches Merkmal moralischer Kommunikation – verstärkt die Beschreibung des behaupteten Genozids. Angeschlossen wird dann in Erich Friedscher Manier mit einer Beschwörung der deutschen Nachkriegslehren. Es werden Bilder der Aussichtslosigkeit aufgerufen und mit dem Bild der »vor Schreck erstarrten Blicke« (Z. 48) auf Deportationen und Genozid angespielt, ebenso wird Israel wiederum mit dem rassistischen Apartheidsregime in Südafrika verglichen. Opfer sind friedliche, unschuldige Palästinenser, mit einer Mahnung wird die Reaktion auf die israelischen Aktionen in Aussicht gestellt (»bis jetzt war keiner ›Terrorist‹«, Z. 50). Mit der Distanzierung vom Begriff des Terroristen durch die Anführungsstriche wird einerseits daran erinnert, dass es diese Bezeichnung für Palästinenser gebe und dies eine Legitimationssemantik für israelische Zerstörung sei, und zugleich wird zeitlich in Aussicht gestellt, dass die bislang friedlichen Opfer aufgrund der israelischen Angriffe »Terroristen« werden könnten. Dies wird dann auch – wiederum als Frage formuliert – im Folgenden bestätigt. Es wird implizit behauptet, dass Israel Zorn gesät (Z.52) habe und Zorn, Wut, Hass und Terror eine Reaktion darauf sein könnten, nicht aber dem »Wesen« der Palästinenser entsprächen, das stehe im Kontrast zur als rassistisch beschriebenen israelischen Reaktion. Dies wird noch zugespitzt, indem eine »Zeitbombe« angekündigt wird: die Möglichkeit, dass sich das nun als ethnisch bezeichnete Kollektiv (»Araber«, Z. 55) »in die Luft sprengt und Unschuldige mit in den Tod reißt« (Z. 55/56). Selbstmordattentate werden in diesem Text aus dem Jahre 2000 als Reaktion auf die moralisch verwerflichen und illegitimen Handlungen des jüdisch-israelischen Kollektivs an Unschuldigen dargestellt und legitimiert. Am Ende wird Europa noch einmal – fast gottesgleich – angerufen und um Erlösung gebeten. Die »Höre, Europa, höre doch!«-Konstruktion spielt außer auf das antisemitische Fried-Gedicht auf die im linken Spektrum bekannte »Internationale« »Völker hört die Signale« sowie den Slogan »Es ist Krieg und keiner geht hin« an. Es wird eine als verantwortlich bezeichnete Identität »Europa« als westliche Wertegemeinschaft angerufen, die an die nationalsozialistische Judenvernichtung erinnert wird und damit eine für die Wir-Gruppe wichtige Referenz gesetzt. Der Wertegemeinschaft wird nahegelegt, dass sie aus den Lehren »der Vergangenheit« lernen und dieses Mal tätig werden muss, da dasselbe wieder passiere, nur Juden (camoufliert für Israel) heute die Täter und »Araber« die Opfer seien.

6.2.5.3 Resümee

An diesem im »Sand im Getriebe«-Newsletter der »Attac-Bewegung« veröffentlichten Text wird eine weitere Einbettungsmöglichkeit der Muster des Antisemitismus in einen zielgruppenspezifischen Kontext erkennbar. Konstruiert wird – ähnlich wie bei den bereits bekannten Kollektivkonstruktionen im linken Spektrum – wiederum ein Täterkollektiv Israel, welches als grausam, gewalttätig, brutal, maßlos und willkürlich dargestellt wird. Auf der anderen Seite steht das friedliche Opferkollektiv einer arabisch-palästinensischen Gruppe aus friedlichen, traditionellen Bauern und Hirten. Während das palästinensische Kollektiv ethnisiert wird, steht Israel zuerst als Staat und Militär da und wird als jüdischer Staat identifiziert. Auf dem Umweg über den Begriff Israel wird versucht, die Ethnisierung zwischen dem Wir-Solidarsubjekt »arabische Palästinenser« und den Juden zu vermeiden. Der jüdischen Staat steht für Zerstörung und Amoralität, das palästinensische Kollektiv ist eine moralisch integrierte, altehrwürdige traditionelle Gemeinschaft. Dem jüdischen Staat wird mit einer Holocaustvernichtungssemantik Rassismus und Genozid vorgeworfen. Die bekannte Sozialmodellkonstruktion moralisch integrierter vormoderner Gemeinschaften und moderner amoralischer Gesellschaften wird hier reproduziert. Als Reaktion auf die als Genozid bezeichnete Zerstörung wird Terrorismus von Seiten der Opfer, der »Araber« angekündigt und somit legitimiert. Appeliert wird an Menschenrechte und Demokratie, die der einen Seite, Israel, abgesprochen werden. Angerufen wird ein europäisches Kollektiv als moralische Empörungsgemeinschaft, welchem nahegelegt wird zu »hören«, aufmerksam zu sein und einzugreifen, damit nicht nochmal eine nationalsozialistische Judenvernichtung mit umgekehrten Rollen geschehe. Der jüdische Staat wird in die Rolle des Vernichters gedrängt, außerhalb der europäischen Wertegemeinschaft und außerhalb der moralisch integrierten demokratischen Staaten. Wir-Gruppe ist eine verantwortliche, demokratische europäische Wertegemeinschaft, welche die Sprecherin, die »mehr hört«, aufruft, sich mit dem arabisch-palästinensischen Kollektiv zu solidarisieren und es zu retten.

Europa tritt hier erstmals kontextspezifisch für eine an Menschenrechte und Demokratie appellierende soziale Bewegung auf die Agenda. Angesprochen wird damit eine Zielgruppe, die sich als antifaschistisch und im Namen des Friedens und der Menschenrechte denkend und handelnd versteht und sich mit nicht-staatlich organisierten sozialen Bewegungen solidarisiert. Diese konstruiert sie als unterdrücktes homogenes »friedliches« und »gutes« Kollektiv, meist als Klasse und ethnisiert sie dennoch. In Bezug auf den Nahost-Konflikt wird bei der Konstruktion der Kollektive – der Zuordnungen, Zuschreibungen und Bewertungen – auf antisemitische Muster zurückgegriffen. Dies spricht für die These einer kulturell verfügbaren politisch-sozialen Semantik spricht.Die Muster des Textes können folgendermaßen visualisiert werden:

Wir-Gruppe	Judenbild
Gemeinschaft Palästinenser, palästinensische Araber Attribute: friedliche, hilflose Bauern und Hirten Europäische Wertegemeinschaft Attribute: derzeit nicht »hörend«, aber eigentlich wachsam, vernünftig, aufgeklärt	**Gesellschaft** Israelisches Militär, Israel, Israelis Attribute: Faschismus, Rassismus/Apartheid, Genozid
Opfer	**Täter**
Identität	**Nicht-Identität→ Dritter**
	Camouflage Unterscheidung zwischen Arabern (ethnische Kategorie) und Israel (als staatliche Kategorie)
Handlungsaufforderung	Eingreifen Europas gegen den faschistischen und rassistischen Staat Israel
Sozialdimension/Raumdimension/Zeitdimension	Einteilung der Gesellschaft in hilflose ethnische Minderheiten, vernünfte Kollektive und barbarische Staaten (»Israel«) Gegenwärtige Analye: Israel (illegitimer Staat) oben; Palästinenser und Araber unten/unterdrückt; Europäisches Wir außerhalb Zukunftsutopie: Herrschaft der bisher (national-)staatlich Unterdrückten

6.2.6 Fall V: Agitatorischer Befreiungsnationalismus - Völker vs. Imperialisten

6.2.6.1 Einführender Kontext

Der hier nun letzte sequenzanalytisch vorgestellte Text stammt aus der Zeitschrift »Radikal« und steht repräsentativ für das militante autonome Spektrum, da es in den 1980er und 1990er Jahren das auflagenstärkste und wahrscheinlich auch einflussreichste Medium der autonomen Szene war. Die Zeitschrift wurde ab 1984 anonym herausgegeben und war nur in einschlägigen Linken Läden »unter der Ladentheke« erhältlich. Der vorgestellte Artikel stammt aus der »Ereignissonde« »Zweiter Golfkrieg« aus dem Jahre 1991. Der erste Golfkrieg begann am 2. August 1990 mit der Besetzung Kuwaits durch den Irak, darauf folgte die durch die UN-Sicherheitsrat-Resolution 678 legitimierte militärische Intervention einer Koalition angeführt von den USA. Wichtig für das linke Spektrum war der Golfkrieg 1991, weil damit der »antizionistische Konsens« endgültig aufgebrochen wurde (Haury 2004: 145):

»Die von vielen linken Gruppen mitgetragene Friedensbewegung prangert die USA als aggressive und kriegslüsterne Macht an und erinnerte immer wieder an die ‚Bombennächte' des Zweiten Weltkriegs. Einige zeigten gar klammheimliche Sympathien für den dem ‚US-Imperialismus' die Stirn bietenden Diktator Saddam Hussein. Die Bedrohung Israels durch mit deutschem Giftgas bestückte irakische Mittelstreckenraketen dagegen wurde kaum zur Kenntnis genommen oder, zum Beispiel von Christian Ströbele als ‚logische, fast zwingende Konsequenz' der israelischen Besatzungspolitik gerechtfertigt« (Haury 2004: 145).

Es handelt sich dabei um die Ausgabe Nr. 143, die im Mai 1991 erschienen. Der Artikel erschien unter der »Rubrik« »Alhorn/Niedersachsen» und ist von den »Revolutionären Zellen« (RZ) unterzeichnet. Bei den »Revolutionären Zellen« (RZ) handelte es sich um ein militantes Netzwerk autonomer Gruppen in Deutschland, welches sich in kleinen Zellen ohne zentrale Führung organisierte und anders als die Rote Armee Fraktion (RAF) nicht im Untergrund agierte, sondern in der Legalität arbeitete und lebte, auch wenn es Kontakte zur RAF, zu Bewegung 2. Juni sowie palästinensischen Gruppen gab. Einzelne Mitglieder der RZ waren ebenfalls an verschiedenen internationalen Anschlägen beteiligt, so an der für diesen Kontext wichtigen Entführung der Air-France-Maschine von Tel-Aviv nach Entebbe im Jahr 1976, in deren Verlauf es erstmals nach der nationalsozialistischen Judenvernichtung zur Selektion von Juden durch Deutsche kam, nämlich seitens der Terroristen. An der Aktion nahmen – wie bereits zu Beginn der Studie erläutert (vgl. Kap. 2.5) - ebenfalls Mitglieder der palästinensischen Gruppe Waddi Hadad, einer Untergruppe der Volksfront für die Befreuung Palästinas (PFLP), teil. Zwei Gründungsmitglieder der RZ, Wilfried Böse und Brigitte Kuhlmann, wurden bei der Entführungsaktion von einer israelischen Sondereinheit erschossen. Innerhalb der »Revolutionären Zellen« differenzierten sich zwei Flügel, ein antimperialistisch und ein sozialrevolutionär orientieres Spektrum heraus, die heftige Auseinandersetzungen führten. Dass nach den vielfältigen Ermittlungsverfahren gegen die »Radikal« wegen Bildung einer terroristischen Vereinigung in den 1980er und 1990er Jahren 1991 noch Texte der RZ abgedruckt wurden, ist beachtlich.

Da die Fallstruktur im Vergleich zu den bislang dargestellten nichts Neues mehr bringt, aber expliziter und radikaler thematisiert und »Lösungsperspektiven« formuliert, d. h. die aus der antiimperialistischen Weltanschauung und Semantik folgenden Imperative und Handlungen propagiert, die von den jeweiligen Gruppen umgesetzt werden, soll dieser Text hier ergebnisorientiert dargestellt werden. Insbesondere auch deshalb, weil er antiimperialistisch und »befreiungsnationalistisch« argumentiert und so mit dem »befreiungsnationalistischen« Text im »Fahnenträger« des rechten Kameradschaftsspektrum vergleichbar ist.

6.2.6.2 »Krieg dem imperialistischen Krieg«

Der Text fordert mit der Überschrift »Krieg dem imperialistischen Krieg« dazu auf, mit militärischen Mitteln einen expansiv-kapitalistischen Krieg zu bekämpfen. Ziel ist nicht ein Krieg gegen ein bestimmtes Land, sondern gegen eine bestimmte Ideologie und Praxis bzw. einen militärischen Krieg, der aufgrund einer Ideologie geführt wird.

> »Heute wurde von uns eine Pumpstation zusammen mit der Leitung der Nato-Pipeline bei Ahlhorn/Niedersachsen gesprengt« (Z. 3-6).

Der collageartig schräg gedruckte Textteil, der auf die Überschrift folgt, gibt sich selbst als Bekennerschreiben. Er schildert einen Anschlag auf einen militärischen Zusammenschluss mehrerer Länder (NATO), die mit dem in der Überschrift angekündigten »imperialistischen Krieg« in Verbindung stehen muss. Da der Erste Golfkrieg im April 1991 mit dem Waffenstillstand zwischen den kriegsführenden Parteien, dem Irak und den Koalitionsstreitkräften, sein offizielles Ende f, könnte es sich dabei um den als imperialistischen Krieg bezeichneten Krieg handeln, an welchem die Nato maßgeblich beteiligt war. Im Folgenden wird dann auch die Erwartung eingelöst, dass es sich um einen Anschlag auf eine Nato-Pipeline handelt, mit der Transportflugzeuge von US- und NATO-Truppen versorgt wurden, und dass es bei der von den USA angeführten Koalition um den imperialistischen Gegner geht. Mit der Pipeline wurde die kontinuierliche Nachschublinie unterbrochen, d. h., militärische Flugzeuge konnten von den Notflugplätzen Oldenburg und Ahlhorn nicht mehr starten, um US- und Nato-Truppen zu unterstützen.

Obwohl die reale Koalition aus einer Vielzahl von Staaten, u. a. sogenannte arabische Staaten (Syrien, Ägypten, Afghanistan, Bahrain, Vereinigte Arabische Emirate, Saudi-Arabien, Katar, Kuwait, Marokko), bestand, wird in der Begründung des Bekennerschreibens behauptet, dass »sie [die imperialistischen Staaten] versuchen, die Schwäche unseres Widerstandes und die Zerissenheit der Sowjetuntion als einmalige Chance zu nutzen, um ihre neue Weltordnung gegen die ausgebeuteten arabischen Völker und als Drohung gegen alle Völker Asiens, Afrikas und Lateinamerikas durchzusetzen« (Z.17-124).

Aus der Perspektive der RZ, die sich als ebenbürtigen Gegner der imperialistischen NATO-Staaten betrachten, wird mit dem Golfkrieg ein geschwächter Gegner ausgenutzt, mit dem sich die RZ solidarisieren. Einerseits sei der Gegner man selbst (»die Schwäche unseres Widerstandes«), d. h. die RZ als Teil des anti-imperialistischen Widestandes sowie andere autonome und antiimperialistische Gruppen, außerdem die Sowjetuntion, die als Gegensatz zum Imperialismus definiert wird. Ziel aller imperialistischen Staaten sei im Gegensatz zum Ziel der Wir-Gruppe und deren Solidar- und Identifikationssubjekten (Sowjetunion und »die arabischen Völker«) eine neue Weltordnung.

Das »Volk« wird in diesem Kontext wiederum in Gegnerschaft zu den »imperialistischen Staaten« gesetzt und gleichzeitig ethnisch bestimmt (»arabische[n] Völker). Ebenfalls findet, wie aus anderen hier präsentierten linken Fällen deutlich wurde, eine Fusion des Klassen- und Volksbegriffs statt. Völker und unterdrückte Klassen werden zusammengedacht und dem Kapitalismus und den mit diesem besonders verbundenen Staaten entgegengesetzt. Opfer und Ausgebeutete sind in diesem Text «Wir – Anti-imperialisten«, solidarisiert mit den »arabischen Völkern« sowie den »Völker[n] der 3 ausgeplünderten Kontinente« (Z. 39/40). Die Kollektivkonstrukte werden im Anschluss verdichtet: Die imperialistischen Staaten finden sich personifiziert. Auf der einen Seite stehen die den Imperialismus, Kolonialismus, Sexismus und Rassismus personifizierenden Kolonialherren, die in den modernen industrialisierten Metropolen herrschten, die Fäden in der Hand hätten und ihren Profi steigern würden. Diesen zeichneten sich durch Macht, Brutalität und Maßlosigkeit (»ungehemmte Ausbeutung«, Z. 34) aus, sie schüchterten ein, beuteten aus und betrieben Gehirnwäsche. Ebenso würden die Werte diesen »weißen Kolonialherren« (Z. 31) (Gleichheit, Brüderlichkeit, Menschenrechte, Freiheit, Demokratie) ungerechtfertigterweise zugeschrieben. Sie seien nur Schein und Teil der Rechtfertigungsstrategie für den Krieg. Der eigentliche Grund sei aber Machterhalt zur Profitsteigerung. Der Begriff der Metropole ist einer, der hier erstmals in den linken Texten verwendet wird. Unterschieden wird nämlich in diesem Weltbildes zwischen Metropole und dezentraler Peripherie, wobei die Ausbeuter den Metropolen zugeordnet werden und die ausgebeuteten »Völker« der Peripherie. In dem Text wird darauf referiert, dass es ein paar Widerständige gibt, denen sich ebenfalls die Schreibenden zuordnen, die ebenfalls in den Metropolen leben, aber eigentlich nicht mit ihr verknüpft sind. Die Metropolen aber werden differenziert in Klassen, Ausgebeutete und Ausbeutende, wohingegen die ethnisch bestimmten Völker (»arabische Völker«) homogen und als ausgebeutete Klasse bestimmt werden. Entlarvt werden sollen die in den Kolonialherren personifizierten, den Imperialismus repräsentierenden Staaten, die für hemmungslose Ausplünderung der homogenen »Völker« stehen. Der Kapitalismus, der mit den koalitionsführenden Parteien insbesondere in Verbindung stünde, wird als Hauptfeind des Friedens bestimmt und erläutert, dass dieser ein taktisches Spiel einiger Kapitalisten sei, welche die »Schachfiguren«, die wie Saddam Hussein unter Vortäuschung falscher Tatsachen gezogen würden. Es sei ein Spiel von Gewinnern und Verlierern. Verlierer seien die »arabischen Völker«, die ethnisch und durch eine gemeinsame Geschichte verbunden seien, nämlich über einen jahrhundertelangen Kampf »gegen den Kolonialismus« (Z. 71) sowie gegen die »zionistische Besetzung Palästinas und mit – vom Imperialismus gestütze[n] – eigene[n] reaktionäre[n] Regierungen« (Z.73-76). Die ethnisch bestimmten »arabischen Völker«, nicht etwa die palästinensische Bevölkerung, seien mit einer spezifischen Besetzung, der »zionistischen«, konfrontiert ebenso aber auch mit vom Imperialismus korumpierten »eigenen reaktionären Regierungen«. Der Feind des ethnischen Kollektivs ist demnach einerseits der Imperialismus, andererseits der Zionismus. Daran schließt sich eine einseitig bewertende Parteinahme an, nicht für eine Klasse, sondern für »Völker« (palästinensischer und kurdischer Volksaufstand), für die gekämpft werden sollte. Diese werden mit der Logik des Kapitalismus kontrastiert. Um die »Völker« zu befreien, wird zum Kampf gegen die Logik des Kapitalismus aufgerufen, dessen Ziel die »hemmungslose[n] Ausplünderung von Rohstoffen und Arbeitskraft der anderen Völker« (Z. 57/58) ist. Im Unterschied zu globalisierungsfeindlichen und/oder kritischen Gruppen, welche ihre Kapitalismuskritik primär gegen die abstrakte Seite der Finanzsphäre richten, ist hier konkret die Produktionssphäre als Objekt der Kritik gemeint. Dennoch werden die Kollektive nicht nach ihrer Stellung zum Produktionsprozess differenziert, sondern nach ethnischen Kategorien, die der Stellung im Produktionsprozess zugeordnet werden. Beispielsweise gehören alle »arabischen Völker« zum Kollektiv der Ausgebeuteten. Gegen Ende wird ein agitatorischer Gestus mit Aufruf zum revolutionären bewaffneten Kampf gegen den Imperialismus eingenommen, welcher Partei ergreift für die unterdrückten »Völker« im Nahen Osten und zum »Sieg des kurdischen und palästinensischen Volksaufstands« (Z. 94) aufrufen. Auch wenn den USA und Israel eine besondere Nähe zum Imperialismus unterstellt wird, wird ebenso zum Kampf gegen den Kapitalismus in den Metropolen, und das heißt konkret in den europäischen Städten, aufgerufen: »Bewaffneter Antiimperialismus auch im Herzen der Bestie!« (Z. 95/96). Als Alternativmodell nach dem Kapitalismus fungiert der Kommunismus, für den bewaffnet und revolutionär gekämpft werden muesse. Dem Imperialismus wird wiederum eine besondere Nähe zu Israel und den USA unterstellt, während als Gegenbild homogene und klassenbestimmte (ausgebeutete) »Völker« auf der anderen Seite stehen.

Die Muster des Textes können folgendermaßen visualisiert werden:

Wir-Gruppe	Judenbild
Gemeinschaft »Unterdrückte«, »arabische Völker«, unterdrückte Klassen, Antiimperialisten	**Gesellschaft** Imperialistische Metropolen, besondere Nähe zum Zionismus/Israel und den USA Attribute: Kolonialismus, Rassismus, Sexismus personifiziert in »weißen Kolonialherren«
Opfer	**Täter**
Identität	**Nicht-Identität → Dritter**
	Camouflage Unterscheidung zwischen Arabern (ethnische Kategorie) und Israel (staatliche Kategorie)
Handlungsaufforderung	Bewaffneter Kampf gegen den Imperialismus
Sozialdimension/Raumdimension/Zeitdimension	Einteilung der Gesellschaft in klassenlose unterdrückte »Völker« und imperialistische Metropolen Gegenwärtige Analyse: Imperialisten/Zionisten oben; unterdrückte Völker, insbes. arabische, palästinensische und kurdische sowie die Völker in den »ausgeplünderten 3 Kontinenten« Afrika, Asien und Lateinamerika Zukunftutopie: Herrschaft der bisher von imperialistischen Staaten unterdrückten »Völker«

6.2.6.3 Resümee

Dieser Text aus dem antiimperialistischen Spektrum bedient sich erneut der Konstruktion manichäischer Kollektive unter dem Rubrum der Sozialmodelle Gemeinschaft/Gesellschaft, hier insbesondere durch den Begriff der Metropole, die dem gesellschaftlichen Sozialmodell zugeordnet wird. Auf der einen Seite gibt es imperialistische, kapitalistische Metropolen mit »weißen Kolonialherren«, auf der anderen Seite – an der sogenannten Peripherie – werden ausgebeutete Kollektive, welche erneut als homogene Klasse sowie Ethnie vorgestellt werden. Hier die imperialistischen Metropolen und kleine anti-imperialistische Bewegungen, dort die »arabischen, palästinensischen und kurdischen Völker«, mit denen man sich solidarisiert. Den USA und Israel wird dabei erneut eine besondere Nähe zum Kapitalismus sowie Imperialismus zugeschrieben, wohingegen einige »arabische Regierungen« zwar vom Imperialismus korrumpiert sind, sie ansonsten jedoch als moralisch integrierte Gemeinschaften (»arabische Völker«) simplifiziert werden. Anders als am Marxismus-Leninismus orientierte antiimperialistische Argumentationen wird in diesem Text als Feindbild nicht »das Finanzkapital« und abgetrennt von der Produktionssphäre die spekulative Sphäre bestimmt. Explizit wird in dieser Argumentation auf Ausbeutungsstrukturen auf der Ebene der Produktionssphäre Bezug genommen. Es erfolgt in diesem Text keine Spaltung des Kapitals in konkretes, produktives und abstrakt spekulatives, sondern es erfolgt eine Einteilung und Spaltung von »ausgebeuteten Völkern« und »ausbeutenden Staaten«, die nicht als »Völker« bezeichnet werden. Beide Seiten werden klassenlos und homogen konstruiert. Dem jüdisch-zionistischen Kollektiv wird dabei neben den USA eine besondere Nähe zum Kapitalismus und Imperialismus zugeordnet. Beide werden nicht sozialstrukturell differenziert, aber auch nicht als »Völker« konstruiert. Auf den Volksbegriff wird affirmativ Bezug genommen zur Bezeichnung eines »guten« klassenlosen, homogenen Kollektivs und utopisches revolutionäres Subjekt.

Ebenso wird – wie wir es auch von den in diesem Sample rekonstruierten rechten Texten kennen – eine Entlarvungsstrategie suggeriert, welche den Lesern mit kämpferischem Gestus eine Differenz zwischen Wahrheit und Ideologie darlegen möchte. Der explizite Aufruf zum bewaffneten Kampf und zum Angriff auf imperialistische Infrastrukturen und Staaten tauchte bislang im linken Spektrum nicht als Handlungsaufforderung auf und ist charakteristisch für das militante autonome anti-imperialistische und sozialrevolutionäre Spektrum. Dieses steht nicht im Gesamten für die Zeitschrift »Radikal«, jedoch lässt der Abdruck des Bekennerschreibens der RZ ohne Kommentierung doch eine gewisse Nähe vermuten.

6.2.7 Zusammenfassung: Antisemitismus von links

Anhand unterschiedlicher Kontexte des heterogenen linken Spektrums wurden mit Hilfe begründeter »Ereignissonden« und einem zugrunde gelegten Antisemitismusbegriff, der davon ausgeht, dass die antisemitische Semantik spezifische Selbst- und Fremdbilder integriert, Texte ausgewählt, deren sequentieller Aufbau rekonstruiert wurde. In einem zweiten Schritt wurde eine Inhaltsanalyse mit 60 weiteren Texten durchgeführt, um zu sehen, ob die bislang rekonstruierten Fallstrukturen sich dort reproduzierten oder durch neue Sequenzanalysen ergänzt werden mussten. Dies war nicht der Fall.

Die hier dargestellten Fallrekonstruktionen zeigen die Variation der Muster antisemitischer Semantiken im untersuchten Spektrum. Sie geben Evidenz davon, dass die Muster des modernen Antisemitismus mit kontextspezifischen Wir-/Sie-Gruppenkonstruktionen und damit verbundenen Camouflierungen und Argumentationseinbettungen auch in den unterschiedlichen linken Spektren reproduziert werden. Zentral für jeden Antisemitismus – so wurde deutlich – sind überschneidungsfreie homogene Kollektivkonstruktionen, die manichäisch angelegt sind, einmal als moralisch integrierte Gemeinschaften, einmal als amoralische Gesellschaften. Konstitutiv sind ebenso die daran geknüpften Täter-Opfer-Konstruktionen, die sich an ethnischen Modellen orientieren, aber – typisch für den linken Kontext – Ethnisches mit einerseits klassentheoretischen und kapitalismusbezogenen andererseits ideologiebezogenen (Rassismus/-Faschismus/Nationalismus/Staatsform) Freund-/Feindschemata verbinden und sich affirmativ auf den Begriff des »Volkes« beziehen. Dabei wird das homogene jüdische Kollektiv, zumeist Israel, Israelis und der Zionismus, immer im Gesamten eine besondere Nähe zur feindlichen Klasse, dem feindlichen Stadium des Kapitalismus (Imperialismus) oder der zu bekämpfenden Ideologie und Praxis (Faschismus, Rassismus, Nationalismus, Staatsform) zugeordnet, da ethnische Differenz im Kontrast zur Wir-Gruppe gemäß eines anti-rassistischen Verständnisses linker Gruppen vermieden werden soll. Je nach Kontext und Selbstverständnis der Wir-Gruppe wird ein jüdisches Kollektiv mit Imperialismus, Faschismus, Rassismus, Nationalismus oder staatlicher Repression gleichgesetzt. Entweder es wird nur am Täterstatus in der Gegenwart gearbeitet, um moralisch nahezulegen, dass „Juden" aus dem Nationalsozialismus gelernt haben sollten, oder es wird zusätzlich am Täterstatus in der Vergangenheit gearbeitet und eine Zusammenarbeit von Juden („jüdischen Milizen") und Nationalsozialisten behauptet. Als Kontrast zum jüdischen Fremdbild werden die Wir-Gruppe sowie die Solidargruppe »palästinensisches Volk«, Palästinenser, »Araber«, »arabisches Volk« herangezogen, welche als homogenes Kollektiv unterdrückt würden. Der Hass dieses Kollektivs, mit welchem sich die Wir-Gruppe gemein macht, resultiere aus den Taten von Juden und Israel – so wird argumentiert[145], Selbstmordattentate werden mit solchen Argumentationen legitimiert.[146]

Typisch für den linken Kontext ist, dass der Antisemitismus sich nicht auf Einzelpersonen beschränkt, sondern auf Israel und den Zionismus als Ganzes bezogen ist. Diesen Antisemitismus gibt es – wie im ersten empirischen Teil rekonstruiert – auch im rechten Spektrum. Zentral ist dabei, dass die Wir-Gruppe zusammen mit dem Solidarsubjekt eines real existierenden Konfliktes identifiziert wird, das als ethnisch sowie klassentheoretisch unterdrücktes Opfer verstanden wird. Die Ordnung der Welt wird weder konsequent klassentheoretisch noch funktional differenziert verstanden, sondern die ethnisch-nationale Ordnung der Welt wird verknüpft mit einer klassentheoretischen und spielt trotz des klassentheoretischen Selbstverständnisses eine Rolle. Der Feind der Wir-Gruppe samt Solidarsubjekt wird als Klassenfeind und Repräsentant des Kapitalismus oder als Repräsentant der zu bekämpfenden Ideologie (Rassismus, Faschismus, Nationalismus, Staatsform) bezeichnet. Die explizite Benennung einer ethnischen Differenz zwischen Wir- und Solidarkollektiv kommt auf der Seite des Feindbildes, »den Juden«, vorwiegend nicht vor. Durch die Verwendung der Termini »Israel« und »Zionismus« kann die Referenz auf ein explizit als jüdisch bezeichnetes Kollektiv camoufliert werden kann. Rekonstruiert wurde jedoch, dass das jüdische Kollektiv gemeint ist und keine allgemeine Staats- oder Nationalismuskritik formuliert wird, die neben Israel bzw. der jüdische Nationalbewegung auch andere Staaten und Nationalbewegungen betreffen würde. Für das als palästinensisch oder arabisch bezeichnete Kollektiv hingegen wird explizit ein Nationalstaat und eine Nationalbewegung befürwortet. Ebenso wird der Terrorismus islamistischer Selbstmordattentäter als Reaktion erklärt und legitimiert, der Israel zugeschriebene Terrorismus hingegen moralisch verworfen und seine staatliche Legitimität in Frage gestellt.

Identifiziert wird sich mit den im eigenen Weltbild geltenden Opfern. Das sind im Nahost-konflikt seit dem Sechstagekrieg, aus dem Israel als Sieger hervorging, das palästinensische Kollektiv und die »arabischen Völker«. Bis Mitte der 1960er Jahre herrschte ein »pro-israelischer Konsens« (Haury 2004: 144). Typisch für alle hier dargestellten linken Argumentationen ist, dass eine Identi-

---

[145] So beispielsweise »Wo immer die Palästinenser flohen, kam Israel nach und brachte Zerstörung und Armut ins Land. Daher stammt der Hass der Palästinenser und der Mehrheit der Araber auf der Insel. « (Schah 2000).

[146] Siehe die Rekonstruktion »Höre Israel! « – »Höre Europa!« aus dem Attac Newsletter »Sand im Getriebe« in dieser Arbeit (Kap. 6.2.5.2).

fikation mit Opferkollektiven erfolgt und diese Identifikation als moralische Verpflichtung formuliert wird. Eingebettet sind diese Täter-Opfer-Konstruktionen in kontextspezifische Weltbilder. Für das linke Spektrum, das den Antisemitismus reproduziert, sind das manichäische antiimperialistische[147], antikapitalistische, antifaschistische, antizionistische, Antirepressions- und Antiglobalisierungs-Argumentationen. Von differenzierender Kritik sind diese Anti-Argumentationen[148] zu unterscheiden. Eingebettet in die szenespezifischen Weltbilder wird ein Realkonflikt für antisemitische Zuschreibungen genutzt. Ob der Begriff »Jude« oder »jüdisch« genannt wird, spielt hierbei keine Rolle, wenn latent darauf referiert wird. Aufgrund des real bestehenden Konfliktes zwischen Israel, der palästinensischen Autonomiebehörde sowie der Hamas, ist es möglich, eine Umwegkommunikation über Israel durchzuführen. Israel wird dabei als faschistisch, rassistisch, imperialistisch und zionistisch charakterisiert und ihm damit im Gegensatz zu anderen Kollektiven immer eine besondere Verbindung zu den genannten Weltanschauungen unterstellt. Seine Existenz wurde durchweg als illegitim und/oder nicht schützenswert angegeben und/oder ihm die Fähigkeit einer »normalen« nationalstaatlichen Existenz abgesprochen.

Zu beobachten war, dass sich die als antiimperialistisch und antifaschistisch verstehenden Positionen mit nicht-staatlich organisierten sozialen Bewegungen solidarisieren, die sie automatisch als unterdrücktes homogenes »friedliches« und »gutes« Kollektiv, meist als Klasse, konstruieren und trotzdem ethnisieren. Trotz vermeintlicher Betonung von Internationalität scheinen diese Positionen eine Vorliebe für kleinräumige, traditionell verklärte und unaufgeklärte, nicht-staatliche Kollektive zu haben und die Lebenswelten zu verharmlosen.[149]

---

[147] Anti-imperialistische Argumentationen treten in zwei Ausrichtungen auf, einmal in der Konstruktion des Feindbildes anhand der Differenzierung »produktives/spekulatives Kapital«, wobei dem imperialistischen Feind die Sphäre des »Finanzkapitals« oder »Großkapitals« zugeordnet wird – so beispielsweise in diesem Sample in der »Roten Fahne«. Eine weitere Ausrichtung nimmt nicht die Spaltung des Kapitals in eine konkrete und eine abstrakte Sphäre vor, bezieht sich aber ähnlich wie die erste Variante affirmativ auf den Volksbegriff, den sie ethnisch und klassenlos als revolutionäres Subjekt bestimmt. Demgegenübergestellt wird nicht das abstrakte Kapital, sondern die nicht als »Volk« verstandenen »imperialistischen« und »zionistischen« Metropolen.

[148] Damit sind Argumentationen gemeint, die Handlungsträger und Kollektive nicht differenzieren gemäß ihrer stratifikatorischen, segmentären und funktionalen Zugehörigkeiten und den konstruierten Kollektiven als Kollektive Eigenschaften zuschreiben von welchen sie Handlungen ableiten. Kritische Betrachtungen würden im Gegensatz dazu Handlungsträger differenzieren sowie den Einfluss von (Mehrfach-)Zugehörigkeiten und systemtischen Einbettungen auf Handlungen reflektieren.

[149] Vgl. Srubar, Ilja (1997): Ist die Lebenswelt ein harmloser Ort? Zur Genese und Bedeutung des Lebensweltbegriffs, in: Wicke, Michael (Hg.) (1997): Konfiguration lebensweltlicher Struktur-

Typisch für den linken Antisemitismus ist, dass die Judenfrage eingeführt wird, entweder über einen behaupteten Antisemitismusvorwurf oder über eine Mahnung aus den Lehren der Vergangenheit zu lernen. Um den Antisemitismusvorwurf außer Kraft zu setzen, wird die Existenz von Antisemitismus in der Vergangenheit und im faschistischen Spektrum bestätigt und von der eigenen Wir-Gruppe ferngehalten, um sich in einem zweiten Schritt der Täter-Opfer-Konstruktion und –umkehr anhand des Nahostkonfliktes zuzuwenden. Um zu mahnen wird der Bezug zum Nationalsozialismus, der als Faschismus verallgemeinert wird, hergestellt und die Opfer von damals als die heutigen Täter vorgestellt. Mit denen, die heute als Opfer betrachtet werden, solidarisiert sich die Wir-Gruppe, um zusammen eine moralisch integrierte Gemeinschaft bilden sowie eine unverstellte Identifikationsmöglichkeit zum eigenen Kollektivkonstrukt bewahren zu können.

In Bezug auf den Nahost-Konflikt wird bei der Darstellung der Kollektive – den Zuordnungen, Zuschreibungen und Bewertungen – auf antisemitische Muster zurückgegriffen, was für die These einer kulturell verfügbaren politisch-sozialen Semantik spricht. Allerdings geschieht dies mit Einpassungen in die zielgruppenspezifischen Wir-Gruppen-Konstruktionen und Weltbildkontexte

---

phänomene. Soziologische Varianten phänomenologisch-hermeneutischer Welterschließung, Opladen: Leske+Budrich, S. 43-59.

7. Zusammenfassung

Ziel der Arbeit war es, die Sinnstruktur der antisemitischen Weltanschauung im gegenwärtigen linken und rechten Spektrum ab 1989 zu rekonstruieren und dabei zu untersuchen, ob sich ein stabiles Muster für beide Spektren nachweisen lässt und ob damit die These, dass der Antisemitismus eine kulturelle Semantik ist, bestätigt werden kann. Beide Spektren reproduzieren – so das Ergebnis der Studie – die kulturelle, politisch-soziale Semantik des modernen Antisemitismus mit kontextspezfischen Strukturvariationen. Es handelt sich dabei um eine spezifische Inklusions- und Exklusionssemantik, in welche beide Spektren spezifische Selbst- und Fremdbilder einbauen. Die Wir-Gruppen-Konstruktion und die argumentative Einbettung der Semantik unterscheidet das linke vom rechten Spektrum.

Zentral für jeden Antisemitismus – so zeigte sich – sind überschneidungsfreie homogene ethnische Kollektivkonstruktionen, die manichäisch angelegt sind, einmal als moralisch integrierte Gemeinschaften, einmal als amoralische Gesellschaften. Konstitutiv sind ebenso die daran geknüpften Täter-Opfer-Konstruktionen, die sich an ethnischen Modellen orientieren aber – typisch für den linken Kontext – ethnische mit klassentheoretischen und kapitalismusbezogenen Freund-/Feindschemata verbinden und sich affirmativ auf den Begriff des »Volkes« beziehen. Die Ordnung der Welt wird von links weder konsequent klassentheoretisch noch funktional differenziert verstanden, sondern die ethnisch-nationale Ordnung der Welt wird verknüpft mit einer klassentheoretischen.

Während im rechten Spektrum die explizite Benennung einer ethnischen Differenz zwischen Wir-Gruppe und jüdischer Fremdgruppe normal ist, findet diese explizit ethnische Differenzierung im linken Spektrum nicht statt. Durch die Verwendung der Termini »Israel« und »Zionismus« kann die Referenz auf ein explizit als jüdisch bezeichnetes Kollektiv camoufliert werden kann.

Dieses so konstruierte jüdische Kollektiv, vorwiegend Israel, Israelis oder der Zionismus, wird im Gesamten der feindlichen Klasse, dem feindlichen Kapitalismus und Imperialismus oder der feindlichen Ideologie (Rassismus, Nationalismus, Faschismus, Staatsform) zugeordnet. Je nach Weltbild des Spektrums wird entweder mehr die Nähe des jüdischen Kollektivs zum Imperialismus, zum Faschismus, zum Rassismus, zum Nationalismus oder die Nähe zu einem repressiven Staat betont. Damit wird am Täter-Status der jüdischen Gruppe in der

Gegenwart gearbeitet. Das geschieht nicht, um die jüdischen Opfer zur Zeit des Nationalsozialismus nicht anzuerkennen, sondern um in der Gegenwart Juden zu Tätern und die Wir-Gruppe zu Opfern zu machen. Spezifisch ist dabei für die antisemitische Konstruktion von links, dass die Wir-Gruppe mit einer Solidargruppe, dem »palästinensischen Volk«, den Palästinensern, den »Arabern«, dem »arabische Volk«, verknüpft wird und im Kontrast zum jüdischen Fremdbild als unterdrücktes Opfer vorgestellt wird. Opfer sind »Volksgruppen«, die im Gesamten als ausgebeutete Klasse einerseits, aber andererseits auch als »ethnische« Gemeinschaft betrachtet werden. Sozialstrukturelle Differenzierungen scheint es im ausgebeuteten »Volk« nicht zu geben. Auch auf der Seite des jüdischen Kollektivs wird wenig differenziert. Die Welt wird manichäisch eingeteilt in »Gut und Böse» »Volk und Staat«, »Imperialisten und Anti-Imperialisten«, »Faschisten und Anti-Faschisten«, »Kapitalisten und Anti-Kapitalisten«. Den dichotomen Kollektiven werden von linker Seite primär moralische und kulturelle Attribute zugeschrieben und nicht etwa »rassenbiologische«. Von rechter Seite sieht dies anders aus Die rechten Texte, welche die Semantik des Antisemitismus reproduzieren, argumentieren völkisch und »ethnopluralistisch« sowie im »nationalrevolutionären« Spektrum mit klassentheoretisch-nationalistischen Streotypen. Bei der Konstruktion der Kollektive wird zwischen den Begriffen »Volk«, »Nation«, »Kultur« und »Rasse« changiert, damit werden die Grenzen des Gemeinten offengelassen. Derartige Kollektivkonstruktionen finden sich im linken Antisemitismus nicht.

Dabei gibt es unterschiedliche Varianten der Täter-Opferkonstruktion und -umkehr. Geleugnet wird die Judenvernichtung zur Zeit des Nationalsozialismus im linken Spektrum nicht. In manchen Texten wird sie relativiert, indem die Arbeiterbewegung als Hauptopfer im Nationalsozialismus und Juden nur als sekundäres Opfer beschrieben werden. Hauptsächlich geht es in den linken Argumentationen um die heutige Konstruktion von Juden als Täter, um sich mit den »Volksgruppen« zu solidarisieren, die derzeit als Opfer betrachtet werden. Die Hauptstrategie im linken Spektrum ist es, Taten von Juden mit den Verbrechen Anderer gleichzusetzen, entweder mit dem NS, der zumeist als Faschismus verallgemeinert wird, mit dem südafrikanischen Apartheidsstaat oder mit Kolonialstaaten.

Eine Täterkonstruktion geschieht meist mit implizit oder explizit moralischem Verweis, dass die jüdische Gruppe heute doch aus ihrer eigenen Vernichtung gelernt haben sollte. So sind denn auch die antisemitischen Semantiken – sowohl von rechts als auch von links – immer moralische Kommunikationen mit Entlarvungscharakter. Die eigene Weltsicht wird als Wahrheit beschrieben, die Weltsicht des jüdischen Kollektivs sowie Gruppen, die mit diesem als vernetzt gelten, werden als Ideologie und Lüge beschrieben und haben einen verschwörungstheoretischen Charakter. Einigen wenigen wird fälschlicherweise große Macht über die Wir-Gruppe und die Solidargruppe zugeschrieben. Diese hermetische Einteilung der Welt und Absicherung der eigenen Position durch unbedingten Manichäismus trägt Züge der im theoretischen Teil reflektierten Strategien des Populären und sowie der Immunisierung, welche charakteristisch für politische Semantiken sind.

Auch im rechten Spektrum finden sich unterschiedliche Täter-Opferkonstruktionen: Neben solchen, die den Täterstatus der Wir-Gruppe im Nationalsozialismus leugnen, sind solche häufiger verbreitet, die darauf fokussieren, Juden heute als (finanzielle) Nutznießer der nationalsozialistischen Judenvernichtung darzustellen und solche, die am Opferstatus der Wir-Gruppe heute arbeiten. Letzere machen Juden für die Erinnerung an die Schuld der Wir-Gruppe verantwortlich und stellen sie als Störenfriede dar, die eine ungehinderte Identifikation mit dem eigenen nationalen Kollektiv verhinderten und/oder sich in Belange der Wir-Gruppe einmischten, welche sie nichts angingen. Sinn und Zweck dieser Opfer-Täter-Konstruktionen sind die vermeintliche legitime Anklage der Täter heute und die Entlastung der Wir-Gruppe und/oder Solidargruppe von den Verbrechen zur Zeit des Nationalsozialismus.

Zu beobachten war, dass bei der Konstruktion dieses spezifischen Wir-Sie-Gruppen-Konglomerats die Zuschreibungen an die Kollektive wenige Stereotype aus dem Antijudaismus enthielten, z. B. Brunnenvergifter, Hostienschänder oder die Zuschreibung von Ritualmorden. Dies spricht gegen die zu Beginn der Arbeit aufgeworfene Überlagerungsthese und eher für eine Ablösungsthese bzw. eigenständige Strukturentwicklung des modernen Antisemitismus. Wenn Stereotype der christlichen Judenfeindschaft verwendet werden, sind das solche, die Juden eine besondere Nähe zum Kapitalismus und Imperialismus im Allgemeinen oder nur Nähe zu einer bestimmten Seite des Kapitalismus, der abstrakten, unterstellen. Dies findet sich, wenn Juden eine besondere Nähe zu Geld und zum spekulativen Kapital (Finanz- oder Großkapital) unterstellt wird und diesem ein nicht-spekulatives Industriekapital kontrastiert. Ebenso können daran selbstverständlich Unterscheidungen zwischen realer und fiktiver Wirtschaft, wie sie insbesondere während der gegenwärtigen Interpretation der Wirtschaftskrise vorgenommen wurden, angeschlossen werden. Zentral ist dabei, dass abstrakte systemische Verhältnisse durch Personalisierung, Moralisierung und einseitige Zuordnung von Kollektiven zu gesellschaftlichen Entwicklungen erklärt werden sollen und die jüdische Gruppe dabei als amoralische antinationale Gruppe auftritt, die als nicht-identische Identität, kulturell oder ökonomisch, die klare Ordnung der Welt in Frage stellt.

Die rekonstruierten Muster der antisemitischen Semantik sind im Folgenden in einer Grafik zusammengefasst, welche die hier entwickelten Forschungsergebnisse in ein von Holz entwickelte Schaubild integriert und modifiziert.

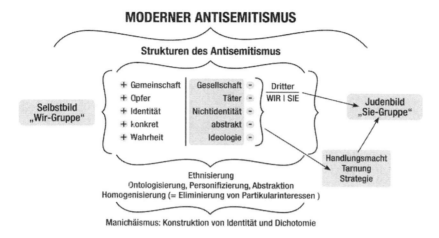

Abb. 3: eigene Darstellung

Im linken Spektrum sind Strukturvariationen notwendig, um die Sinnstruktur des (nationalen) Antisemitismus in die dem Spektrum eigene klassenbegriffliche Weltanschauung einzubauen. Das deutet darauf hin, dass die antisemitische Semantik nicht konstitutiv mit linken (klassenbegrifflichen) Weltanschauungen verbunden ist, aber daran angeschlossen werden kann, insbesondere wenn eine Kombination zwischen klassenbegrifflichen und ethnisch-nationalen Gruppenbestimmungen vorgenommen wird. Alle vorgestellten Fälle aus dem linken Spektrum bestimmen die Wir-Gruppe (oder eine Solidaritäts-sie-Gruppe) sowie das Judenbild nicht strikt klassentheoretisch, sondern gleichzeitig ethnisch-national. Die ethnische Differenz zwischen Wir-, Solidaritäts- und Judenbild wird aber verschleiert, weil diese Konstruktion nicht in ein klassenbegriffliches antifaschistisches und antirassistisches Weltbild passt. Während die Wir-Gruppe oder Solidaritätsgruppe immer doppelt als Einheit und »Gemeinschaft« verwendet wird, taucht die jüdische Fremdgruppe als Feindbild immer nur camoufliert auf. Anstelle des Wortfeldes »Jude« wird »Zionismus« oder »Israel« eingesetzt, die als Synonym für »Jüdisches« im Allgemeinen verwendet werden. »Juden« tauchen im linken Spektrum nie in Überschneidung mit einer Zuordnungskategorie der Wir-Gruppe auf, beispielsweise als »doppelt bestimmtes Volk« oder als »arbeitende Klasse«. Wenn »Juden« nicht in einem Feindbild auftreten, dann als Religionsgemeinschaft oder als Opfer des Nationalsozialismus oder von Pogromen im 19. Jahrhundert. Das heißt, dass »gute Juden« immer nur »tote Juden« sind bzw. »lebende gute Juden« mit ihrer Religionszugehörigkeit verbunden werden. Der Status eines »Volkes« oder einer »Nation« analog zur Wir-Gruppe wurde ihnen in den Texten abgesprochen. »Juden« tauchen sowohl im rechten wie im linken Spektrum als »Anti-Volk« oder »Anti-Nation« auf, komplementär zum »Volksbegriff« der jeweiligen Wir-Gruppe. Mit der Bestimmung als »Anti-Volk« oder »Anti-Nation« werden Juden in die Position des nichtidentischen Dritten gerückt und prinzipiell von allen anderen »Völkern/Nationen« abgetrennt.

Im rechten Spektrum wird die Wir-Gruppe konsistent völkisch national bestimmt, in einigen Fällen werden Nation und (christliche) Religionszugehörigkeit zu einer Einheit verschmolzen. Die religiösen Stereotype gewinnen hierbei jedoch keine eigene Dimension, sondern werden in die Struktur des modernen Antisemitismus eingepasst.

Ein sequenzanalytischer Fall (»Die Logik des Terrors«, Kap. 6.1.4.3) weicht von der semantischen Form des modernen Antisemitismus ab. Er weist eine ambivalente Struktur auf und changiert zwischen drei Positionierungen: der Position des neutralen »objektiven« dritten Beobachters Israels und der Palästinenser, der Position des Zweiten, der die Perspektive »der Palästinenser« übernimmt, und drittens der Position, die Israel antisemitische Stereotype zuschreibt, um es in den Status des Dritten zu drängen. Für eine ambivalente Struktur war dieser Text untypisch. Da er jedoch vorwiegend zwei Sie-Gruppen beschreibt und eine davon auf-, die andere abwertet und eine einseitige Perspektive übernimmt sowie einem Kollektiv Eigenschaften zuschreibt, mit denen Handlungen des Kollektivs abgeleitet und erklärt werden, wurde in dieser Arbeit ein neuer Begriff für diese Form der Feindschaft geprägt: nationalistische Israelfeindschaft. Diese semantische Form unterscheidet sich von der des modernen Antisemitismus und ist strukturell wie eine xenophobe oder nationalistische Konstruktion, die sich auch gegen andere Kollektive (»Nationen«/»Völker«/-»Staaten«) richten kann. Daher kann bei diesem Text von einer Strukturtransformation gesprochen werden. Die antisemitische Israelfeindschaft wurde in eine »nationalistische/xenophobe Israelfeindschaft« transformiert.

Diese Struktur tauchte aber nur in diesem Fall auf, weshalb zu beobachten wäre, ob sich die Häufigkeit dieser semantischen Form in Zukunft entwickelt. Geht man von der korrespondenztheoretischen These aus, dass der Antisemitismus etwas mit der heterogenen Zugehörigkeitsbestimmung von Juden selbst zu tun hat, hätte erwartet werden können, dass sich der Antisemitismus mit der Gründung des Nationalstaats Israel in eine xenophobe bzw. nationalistische

Feindschaft transformiert und Israel wie jeder andere Staat als Fremdbild bestimmt wird.

Das empirische Material deutet jedoch mit Ausnahme dieses Falls darauf hin, dass sich durch die Staatsgründung Israels nichts an der semantischen Struktur des Antisemitismus verändert hat. Israel wird, wie vorher die Juden, in die Position des Dritten gedrängt und mit allen stereotypen Eigenschaften versehen, die sonst Juden zugeschrieben wurden. Die Nationalstaatsgründung ist demzufolge keine Abhilfe, um den Antisemitismus abzuschaffen.

Die Ergebnisse der Fälle wurden in einer weiteren Grafik systematisiert. Damit wurde ein Kategorienschema entwickelt, das die unterschiedlichen Anschlüsse an die antisemitische Semantik deutlich macht und Abgrenzungen aufzeigt, um den Begriff des Antisemitismus zu schärfen und von anderen Feindlichkeiten oder Kritik unterscheiden zu können. Insbesondere dargelegt werden soll damit – in Rückbezug auf den zu Beginn entwickelten Antisemitismusbegriff –, dass sich der hier verwendete Antisemitismusbegriff vom Verständnis der bloßen Zuschreibung antisemitischer Stereotype unterscheidet. Stereotype Zuschreibungen gibt es für jede Gruppenzugehörigkeit und auch im Antisemitismus haben sich spezifische antijüdische Stereotype herausgebildet. Der Antisemitismus aber ist mehr als die bloße Zuschreibung antijüdischer Stereotype an ein »jüdisches« Kollektiv. Beim Antisemitismus handelt es sich um eine Weltanschauung, die ein spezifisches Selbstbild mit einem spezifischen Judenbild integriert, und zwar vorwiegend ein ethnisch-nationales oder ethnisch-national/klassenbestimmtes. Dies kann bereits auf der semantischen Ebene beobachtet werden und hat Konsequenzen für den Antisemitismusbegriff, der jenseits bloßer Stereotype als Integration eines spezifischen Selbst- und Fremdbildes verstanden werden muss. Die Differenzierung des Antisemitismus in einen ökonomischen, politischen, kulturellen, sekundären, linken und rechten kann durch einen generalisierten Begriff des modernen nationalen Antisemitismus ersetzt werden.

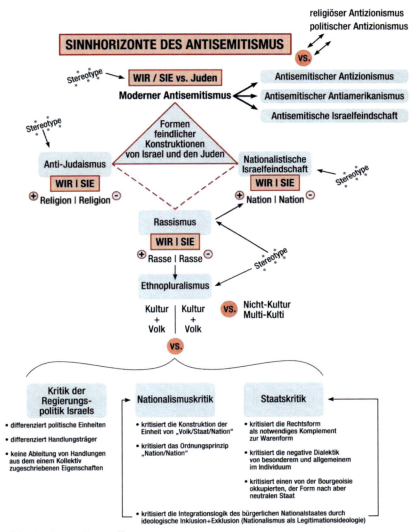

Abb. 4: eigene Darstellung

Die Arbeit hat den Versuch unternommen, mit einer empirischen Untersuchung den semantischen Gehalt des Antisemitismus weiter zu differenzieren, und dabei die Spezifika und Variationen zweier politischer Spektren herausgearbeitet. Diese Muster sind modern und antimodern zugleich, aber nur unter modernen Bedingungen denkbar.

Es haben sich dabei stabile Muster des Antisemitismus gezeigt, welche die These vom Antisemitismus als einer kulturellen Semantik im Verständnis der pragmatischen Lebensweltheorie bestätigen. Das heißt, dass spezifische semantische Muster im gesellschaftlichen Wissensvorrat bzw. Archiv vorhanden sind und von unterschiedlichen Spektren darauf zurückgegriffen werden kann. Gezeigt werden konnte auch, dass sich zwar die Muster der Semantik in beiden Spektren reproduzieren, aber je nach Kontext Modifikationen notwendig sind, um die Struktur der Semantik in die gruppenspezifische Weltanschauung einzubauen.

Die Rekonstruktion hat gezeigt, dass insbesondere die Struktur manichäischer Weltbilder mit einer klaren Einteilung der Welt in homogene und duale Kollektive (mit gleichgerichteten Interessen) strukturell mit antisemitischen Semantiken verknüpfbar ist.

Einer der von mir interviewten Experten hat diese »Antiheterogenisierung« als eines der entscheidenden Merkmale des Antisemitismus gekennzeichnet:

»P.: Ja, eine Anti-Heterogenisierung von dem, was eigentlich als heterogen zu begreifen ist. Es gibt eben solche Juden und solche Juden, es gibt eben wie in jeder Kollektivität, es gibt eben eine ganz heterogene Klassenschichtung, es gibt bestimmte menschliche Eigenschaften, die es bei diesen und bei anderen gibt usw. usf. So wie ich es nicht zulassen kann, dass man von den Deutschen redet, so würde ich auch nicht zulassen wollen, dass man von den Juden redet. Es sei denn Juden im Sinne einer religiösen Zuordnung. Und selbst da wird es prekär.

I.: Hm, dann müsste man auch wieder zwischen verschiedenen religiösen ...

P.: Vor allem es gibt auch nicht-religiöse Juden, was soll man machen. Es gibt also Juden im Sinne einer religiösen Zuordnung, aber es gibt auch nicht-religiöse Juden. Ich bin z. B. ein nicht-religiöser Jude und ich würde mich unbedingt als Jude anschauen. Unbedingt. Ich möchte als Jude angeschaut werden. Und ich bin kein religiöser Mensch.

I.: Und ...

P.: Aber dann stellt sich natürlich die Frage: Was macht mich dann zum Juden? Ist es dann die Tatsache, sozusagen, dass ich mich dann über das Negative bestimme? Oder dass ich beispielsweise eine bestimmte Tradition als meine Tradition anschaue, z. B. eine weltläufige, kosmopolitische, universalistische Position, eine gesellschaftsverändernde Tradition, also beispielsweise, was weiß ich was, Moses Mendelssohn, Heine, Marx, Freud, Einstein, Karl Kraus, Adorno. Das ist meine Tradition. Das ist eine jüdische Tradition. Da meine ich, da kann ich auch da den gemeinsamen Nenner sehen. Das ist eine emanzipative Tradition. Das würde ich unbedingt als eine jüdische Tradition anschauen wollen. Ansonsten würde ich dann sozusagen Goebbels dann die Definition des Juden überlassen und das möchte ich nicht. Ich möchte mich nicht über den Antisemitismus definieren« (Experteninterview 5).

Am Ende bleibt, mit Adorno zu sprechen und festzuhalten, wohin weitere theoretische Anstrengungen gehen könnten:

> »Das heißt nicht, dass Juden Haß auf sich ziehen müssen oder dass eine unabwendbare historische Notwendigkeit sie eher als andere zum Angriffsziel sozialer Aggressivität macht. Es genügt, dass sie diese Funktion im psychischen Haushalt vieler Individuen erfüllen können. Dem Problem der ›Einzigartigkeit‹ des jüdischen Phänomens und folglich des Antisemitismus kann man nur durch den Rekurs auf eine Theorie nahe kommen, die den Rahmen dieser Studie überschreitet. Eine solche Theorie würde weder eine Vielfalt von ›Faktoren‹ aufzählen noch einen spezifischen als ›den‹ Anlaß wählen, sondern eher einen geschlossenen Rahmen entwickeln, in dem alle ›Elemente‹ konsistent miteinander verbunden sind, was auf nichts weniger als auf eine Theorie der modernen Gesellschaft als Ganzes hinauslaufen würde« (Adorno 1995: 108 f.).

Eine Theorie der modernen Gesellschaft aber, welche die erkenntnistheoretischen Bedingungen der Moderne reflektiert, kann letztlich nur entwickelt werden mit empirischer Fühlung und in gesellschaftsvergleichender Perspektive. Daran wäre auch die bereits in der »multiple modernities«-Debatte aufgeworfene Frage nach unterschiedlichen Entwicklungslogiken empirisch zu klären. Die Ergebnisse der vorliegenden Studie konnten weitere Anhaltspunkte geben, an welchen Fragen eine Theorie der modernen Gesellschaft anzusetzen hat und welche Phänomene sie erklären muss.

Im Vordergrund stehen dabei als Ergebnis insbesondere die Personalisierung systemischer Prozesse, die Kulturalisierung sozialer Prozesse, die Stabilisierung der dominanten Ordnung binärer Identitätskonstruktionen durch die Konstruktion eines Dritten, die Aufwertung des als eigen imaginierten Kollektivs, die Konstruktion von Gemeinschaft als Erlösungsmodell für Gesellschaft und damit verbunden die Konstruktion homogener Kollektive ohne Differenz innerhalb des Eigenen. Viele der Konstruktionsprozesse können als absolutistisch und mit Bezug auf Günter Dux als einer subjektivischen Logik unterworfen betrachtet werden (vgl. u. a. Dux 1982 und 2000). Da dies die Logik ist, welche jedes Subjekt als Handlungslogik zuerst ausbildet, ist seine universale Verbreitung verständlich. Dass sie nicht vollständig von der funktional-relationalen Logik abgelöst wird, lässt sich damit erklären, dass zumindest handlungstheoretisch gefasst nach wie vor Handlungen mit Subjekten verbunden sind. Der Begriff Subjekt sagt dabei schon, dass es sich nicht um autonome Individuen oder Akteure handelt, sondern Subjekte sich unter Bedingungen bilden und handeln, aber empirisch beobachtbar nicht »gleichgeschaltet« noch ohne Variabilität oder Varianz handeln. Dass systemische Bedingungen sich von Handlungen nicht irritieren lassen noch ohne sie existieren würden, ist selbst wiederum ein absolutistischer Fehlschluss. Diese Annahme lässt sich nicht nur in einigen soziologischen Theorien, sondern auch im politischen Feld beobachten. Lenk hat dies an einem Beispiel veranschaulicht »Der jüdische Journalist Rafael Seligmann hat vor kurzem seine Ablehnung eines Bundesbeauftragten zur Beobachtung antisemitischer Tendenzen in der Bundesrepublik mit der Frage verbunden, ›Was nützt es, den Antisemitismus zu verdammen, obwohl er wie eine Naturgewalt wieder über uns hereinbrechen wird? Der Posten eines neuen Judenreferenten ist ebenso sinnlos wie jener eines Bundesbeauftragten gegen das schlechte Wetter‹ (Rafael Seligman. Wir wissen uns schon zu wehren, in: Rheinischer Merkur, 31.10.2008). In dieser Stellungnahme spiegelt sich zweifellos eine weitverbreitete fatalistische Mentalität, für die Politik letztlich allen menschlichen Bemühungen spottet. Sie wird damit zum ›Schicksal‹« (Lenk 2008: 16).

Dass trotz oder gerade wegen der Komplexitätssteigerung moderner Gesellschaften und funktionaler Differenzierung auf der Ebene der Sozialstruktur in kultureller Hinsicht eine Tendenz zu Komplexitäts- und Reflexivitätsreduktion u. a. in Form der Bildung von Kollektivsingularen, Homogenisierung, Ethnisierung und Ontologisierung besteht, zeigt sich nicht nur in den Ergebnissen dieser Arbeit. Auch wenn die Tendenz in dieser Arbeit nur anhand zweier Spektren empirisch festgestellt wurde, weisen die Untersuchungen, die Welterklärungen in der »Mitte« der Gesellschaft erforscht haben, in eine ähnliche Richtung.

Dass Identität durch Differenz gebildet wird, ist vielfach beobachtet worden, warum dies aber durch Identifikation mit als homogen vorgestellten Kollektiven geschieht und nicht durch Betonung von personaler Autonomie und Heterogenität, mag auch mit der Erfahrung von individueller Ohnmacht und Entfremdung in modernen Gesellschaften zu tun haben. Der Versuch der Berücksichtigung von Komplexität im Spannungsfeld zwischen systemischen Prozessen und nicht immer eindeutig einzelnen, zumindest aber nie Kollektivsingularen zurechenbaren Handlungen sowie die Anerkennung von Verschiedenheit ohne Kollektivkonstrukte, ohne Kulturalisierung, welche in Ethnopluralismus einerseits oder kulturalisierenden Multikulturalismus andererseits führt, ohne den Exotismus als umgekehrten Rassismus, ohne »celebrity» von Differenz und Mehrfachzugehörigkeit, welcher es nur um Inwertsetzung des Verschiedenen unter den Bedingungen kapitalistisch verfasster Marktgesellschaften geht, das könnte ein normatives Postulat für politische Subjekte in emanzipierten Gesellschaften sein. Ob sich empirische Subjekte dies aber zur Norm machen, steht nicht in der Macht der Theorie noch der Wissenschaft. Wenn man Emanzipation als Norm anlegt, dann ließe sich mit Adorno festhalten:

> »Eine emanzipierte Gesellschaft jedoch wäre kein Einheitsstaat, sondern die Verwirklichung des Allgemeinen in der Versöhnung der Differenzen. Politik, der es darum im Ernst noch ginge, sollte die abstrakte Gleichheit der Menschen nicht einmal als Idee propagieren. Sie sollte [...] den besseren Zustand aber denken als den, in dem man ohne Angst verschieden sein kann« (Adorno 1964: 130 f.).

Die Trockenübungen an Deck sind hiermit beendet. Das Schiff geht nun auf See – der Versenkung, Eroberung oder beschaulichen Betrachtung offen.

Literaturverzeichnis

»Gegen die antisemitische Internationale – Antideutsche kommunistische Konferenz am 6./7. Juni 2003«, URL: http://www.adf-berlin.de/html_docs/berichte_deutschland/antideutsche_konferenz.html.

A. G. Gender-Killer (Hg.): Antisemitismus und Geschlecht. Von »effeminierten Juden«, »maskulinisierten Jüdinnen« und anderen Geschlechterbildern, Münster: Unrast.

A. G. Gender-Killer 2005; Hödl 2005; von Braun 1992, 2005; Jakubowski 1995, 2005; Ziege 1995, 2005; Adamczak 2005, Frübis 2005).

Achinger, Christine (2007): Gespaltene Moderne. Gustav Freytags Soll und Haben. Nation, Geschlecht und Judenbild, Königshausen & Neumann: Würzburg.

Ackerman, Nathan W./Jahoda, Marie (1948): The dynamic base of anti-semitic attitudes, in: Psychoanalytic Quaterly 17. S. 240-260.

Ackerman, Nathan W./Jahoda, Marie (1950): Anti-Semitism and Emotional Disorder. A Psychoanalytic Interpretation, New York: Harper&Brothers.

Adorno, Theodor W. (1959): Was bedeutet Aufarbeitung der Vergangenheit, in: ders. (1998): Kulturkritik und Gesellschaft II. Gesammelte Schriften. Darmstadt: Wissenschaftliche Buchgesellschaft, S. 555-572.

Adorno, Theodor W. (1971, zuerst 1969): Erziehung zur Mündigkeit, in: ders.: Erziehung zur Mündigkeit. Vorträge und Gespräche mit Hellmut Becker 1959-1969, hrsg. v. Gerd Kadelbach, Frankfurt a. M.: Suhrkamp, S. 133-147.

Adorno, Theodor W. (1995, zuerst 1950): Studien zum autoritären Charakter, übersetzt von Milli Weinbrenner, Frankfurt a. M.: Suhrkamp.

Adorno, Theodor W. (1998): Gesammelte Schriften, 20 Bde., hrsg. v. Rolf Tiedemann unter Mitwirkung von Gretel Adorno, Susan Buck-Morss und Klaus Schultz, Darmstadt: Wissenschaftliche Buchgesellschaft.

Adorno, Theodor W. (1998b): Studies in the Authoritarian Personality, in: ders., Soziologische Schriften II. Erste Hälfte, Gesammelte Schriften, Darmstadt: Wissenschaftliche Buchgesellschaft, S. 142-509.

Adorno, Theodor W. (1998d): Negative Dialektik, Gesammelte Schriften, Darmstadt: Wissenschaftliche Buchgesellschaft.

Adorno, Theodor W. (1998e): Erziehung nach Auschwitz, in: ders.: Kulturkritik und Gesellschaft II, Gesammelte Schriften, Darmstadt: Wissenschaftliche Buchgesellschaft, S. 674-690.

Adorno, Theodor W. (1998f): Was bedeutet Aufarbeitung der Vergangenheit, in: ders.: Kulturkritik und Gesellschaft II, Gesammelte Schriften, Darmstadt: Wissenschaftliche Buchgesellschaft, S. 555-572.

Adorno, Theodor W. (1998g): Vorurteil und Charakter, in: ders.: Soziologische Schriften II. Zweite Hälfte, Gesammelte Schriften, Darmstadt: Wissenschaftliche Buchgesellschaft, S. 360-373.

Adorno, Theodor W. (1998h): Meinung Wahn Gesellschaft, in: ders.: Kulturkritik und Gesellschaft II, Gesammelte Schriften, Darmstadt: Wissenschaftliche Buchgesellschaft, S. 573-594.

Adorno, Theodor W. (1998i): Auf die Frage: Was ist deutsch, in: ders.: Kulturkritik und Gesellschaft II, Gesammelte Schriften, Darmstadt: Wissenschaftliche Buchgesellschaft, S. 691-701.

Adorno, Theodor W. (1998j): Schuld und Abwehr, in: ders.: Soziologische Schriften II. Zweite Hälfte, Gesammelte Schriften, Darmstadt: Wissenschaftliche Buchgesellschaft, S. 121-324.

Adorno, Theodor W. (1998k): Empirische Sozialforschung, in: ders.: Soziologische Schriften II. Zweite Hälfte, Gesammelte Schriften, Darmstadt: Wissenschaftliche Buchgesellschaft, S. 327-359.

Adorno, Theodor W. (1998l): Die revidierte Psychoanalyse, in: ders.: Soziologische Schriften I. Erste Hälfte, Gesammelte Schriften, Darmstadt: Wissenschaftliche Buchgesellschaft.

Adorno, Theodor W. (1998m, zuerst 1954): Bemerkungen über Politik und Neurose, in: ders.: Soziologische Schriften I, Gesammelte Schriften, Darmstadt: Wissenschaftliche Buchgesellschaft, S. 434-439.

Adorno, Theodor W. (1998n): Zweite Lese, in: ders.: Minima Moralia, Gesammelte Schriften, Bd. 4, Darmstadt: Wissenschaftliche Buchgesellschaft, S. 123-128.

Adorno, Theodor W./Horkheimer Max (1998c): Dialektik der Aufklärung, Gesammelte Schriften, Darmstadt: Wissenschaftliche Buchgesellschaft.

Adorno, Theodor W./Horkheimer, Max (1998a): Elemente des Antisemitismus. Grenzen der Aufklärung, in: dies.: Dialektik der Aufklärung. Philosophische Fragmente, Gesammelte Schriften, Darmstadt: Wissenschaftliche Buchgesellschaft, S. 192-234.

Agentur für soziale Perspektiven ev. (asp) (2008): Das Versteckspiel, Berlin, URL: http://www.dasversteckspiel.de/publikation3.html (Stand: 16.02.2009).

Agnoli, Johannes u. a. (1977): Buback – ein Nachruf. Glasnost Privatarchiv, abrufbar im Internet: www.staff.uni-mainz.de/franz/vda/proj1968/-ueberreg/doku/mescale.htm (zuletzt: 16.03.2013).

Ahlheim, Klaus/Heger, Bardo (2002): Die unbequeme Vergangenheit. NS-Vergangenheit.

Allport (1971, zuerst 1954): Die Natur des Vorurteils, Köln: Kiepenheuer & Witsch.

Anderson, Benedict (1991, zuerst 1983): Imagined Communities: Reflections on the Origin and Spread of Nationalism, London/New York: Verso.

Arendt, Hannah (1971, zuerst 1959): Vita Activa, München: Piper.

Arendt, Hannah (2005, zuerst 1951): Elemente und Ursprünge totaler Herrschaft. Antisemitismus, Imperialismus, totale Herrschaft, München: Piper.

Aristoteles (1973): Politik, Zürich: Artemis.

Aristoteles (1985): Nikomachische Ethik, Hamburg: Meiner.

Assmann, Jan (2001): Moses der Ägypter. Entzifferung einer Gedächtnisspur, Frankfurt a. M.: Fischer.

Assmann, Jan (2003): Die mosaische Unterscheidung oder der Preis des Monotheismus, München/Wien: Carl Hanser Verlag.

Auchter, Thomas (2004): Zur Psychoanalyse des Antisemitismus, Aachen: Internetquelle: http://www.aachener-friedenspreis.de/seminare/03-2003/Referat_Auchter_0303.pdf (Stand: August 2008).

Austin, John Langshaw (1997, zuerst 1962): How to do things with words, Cambridge, Massachusetts: Harvard University Press.

Bach, Maurizio (2004): Jenseits des rationalen Handelns. Zur Soziologie Vilfredo Paretos, Wiesbaden: VS Verlag.

Backes, Uwe/Jesse, Eckart (1984): Totalitarismus, Extremismus, Terrorismus. Ein Literaturführer und Wegweiser zur Extremismusforschung in der Bundesrepublik Deutschland, Opladen: Leske und Budrich.

Backes, Uwe/Jesse, Eckart (1989): Politischer Extremismus in der Bundesrepublik Deutschland, Bundeszentrale für Politische Bildung, Bonn.

Backes, Uwe/Jesse, Eckart (2005): Vergleichende Extremismusforschung, Baden-Baden: Nomos.

Backes, Uwe/Jesse, Eckart (2006): Gefährdungen der Freiheit. Extremistische Ideologien im Vergleich, Göttingen: Vandenhoeck und Ruprecht.

Balibar, Etienne (1993): Nation, Gemeinwesen, Imperium: Das Problem der modernen bürgerlichen Form, in: Die Grenzen der Demokratie, Hamburg: Argument, S. 124-136.

Balibar, Etienne (1998): Der Rassismus. Auch noch ein Universalismus, in: Bielefeld, Ulrich (Hg.): Das Eigene und das Fremde. Neuer Rassismus in der alten Welt?, Hamburg: Hamburger Edition, S. 175-188.

Bandura, A. (1973): Aggression: A social learning analysis, Oxford: Prentice-Hall.

Bartsch, Michael (2000): Das oberflächliche Lächeln, in: Freitag, 1.09.2000, URL: http://www.freitag.de/2000/36/00360602.htm, archiviert durch WebCite unter: http://www.webcitation.org/5eraONzLN.

Baumann, Zygmunt (1995): Moderne und Ambivalenz. Das Ende der Eindeutigkeit, Frankfurt a. M.: Fischer Verlag.

Baumann, Zygmunt (1995): Kleine Gärten, Allosemitismus: Vormodern, Modern, Postmodern, in: Werz, Michael (1995): Antisemitismus und Gesellschaft. Zur Diskussion um Auschwitz, Kulturindustrie und Gewalt, Frankfurt am Main: Verlag Neue Kritik, S. 44-61.

Baumann, Zygmunt (2002, zuerst 1989): Dialektik der Ordnung. Die Moderne und der Holocaust. Aus dem Englischen übersetzt von Uwe Ahrens, Hamburg: Europäische Verlagsanstalt.

Beland, Hermann (2004): Psychoanalytische Antisemitismustheorien im Vergleich, in: Bergmann, Werner/Körte, Mona (2004): Antisemitismusforschung in den Wissenschaften, Berlin: Metropol.

Benz, Wolfgang (2001): Bilder vom Juden. Studien zum alltäglichen Antisemitismus, München: C. H. Beck Verlag.

Benz, Wolfgang (2004): Was ist Antisemitismus?, München: Verlag C.H. Beck.

Berding, Helmut (1988): Moderner Antisemitismus in Deutschland, Frankfurt a. M.: Suhrkamp.

Bergmann, Werner (1988) (Hg.): Error without Trial. Psychological Research on Antisemitism, Berlin/New York: de Gruyter.

Bergmann, Werner (1997): Antisemitismus in öffentlichen Konflikten. Kollektives Lernen in der politischen Kultur der Bundesrepublik 1949-1989, Frankfurt a. M./New York: Campus.

Bergmann, Werner (2004): Starker Auftakt – schwach im Abgang. Antisemitismusforschung in den Sozialwissenschaften, in: Bergmann, Werner/Körte, Mona (Hg.): Antisemitismusforschung in den Wissenschaften. Berlin: Metropol, S. 219-240.

Bergmann, Werner (2008): Antisemitismus. Erscheinungen und Motive der Judenfeindschaft, in: Benz, Wolfgang (Hg.): Der Hass gegen die Juden. Dimensionen und Formen des Antisemitismus, Berlin: Metropol, S. 9-22.

Bergmann, Werner (2008): Zur Entwicklung antisemitischer Einstellungen der Bevölkerung, Stellungnahme zur öffentlichen Anhörung des Innenausschusses des Deutschen Bundestages zum Thema »Antisemitismus in Deutschland« am 16. Juni 2008, Ausschussdrucksache 16(4)432A, Internetquelle: http://www.bundestag.de/ausschuesse/a04/anhoerungen/-Anhoerung14/Stellungnahmen_SV/Stellungnahme_01.pdf (Stand: 28.11.2008).

Bergmann, Werner/Erb, Rainer (1986): Kommunikationslatenz, Moral und öffentliche Meinung. Theoretische Überlegungen zum Antisemitismus in der Bundesrepublik Deutschland, in: Kölner Zeitschrift für Soziologie und Sozialpsychologie 28, S. 223-246.

Bergmann, Werner/Erb, Rainer (1991): Antisemitismus in der Bundesrepublik Deutschland. Ergebnisse der empirischen Forschung 1946-1989, Opladen: Lese+Budrich.

Bergmann, Werner/Körte, Mona (2002): Antisemitismusforschung in den Wissenschaften, Berlin: Metropol.

Bergmann, Werner/Wetzel, Juliane (2003): Manifestations of Anti-Semtism in the European Union. Synthesis Report on Behalf of the EUMC, Wien.

Bering, Dietz (2004): Vom kleinen zum großen Ganzen. Etappen der Antisemitismusforschung in der Sprachwissenschaft, in: Bergmann, Werner/Körte, Mona (Hg.): Antisemitismus in den Wissenschaften, Berlin: Metropol: S. 375-398.

Bettelheim, Bruno/Janowitz, Morris (1950): Dynamics of Prejudice. A Psychological and Sociological Study of Veterans, New York: Harper & Brothers.

Bielefeld, Ulrich (2011): Natioalistische Rassisten, in: Globisch, Claudia/Pufelska, Agnieszka/Weiß, Volker (Hg.): Die Dynamik der europäischen Rechten. Geschichte, Kontinuitäten und Wandel, Wiesbaden: VS Verlag, S. 41-52.

Billig, Michael (1976): Social Psychology and Intergroup Relations, London: Academic Press.

Blank, Thomas/Schmidt, Peter (1997): Konstruktiver Patriotismus im vereinigten Deutschland? Ergebnisse einer repräsentativen Studie, in: Mummendey, Amély/Simon, Bernd (Hg.): Identität und Verschiedenheit. Zur Sozialpsychologie der Identität in komplexen Gesellschaften, Bern/Göttingen/Toronto/Seattle: Verlag Hans Huber, S. 127-148.

Blank, Thomas/Schmidt, Peter (2003): National identity in a united Germany: Nationalism or patriotism? An empirical test with representative data, Political Psychology 24, S. 289-312.

Bogdal, Klaus-Michael/Holz, Klaus/Lorenz, Michael (2007) (Hg.): Literarischer Antisemitismus nach Auschwitz, Stuttgart/Weimar: J. B. Metzler Verlag.

Bohmann, Gerda (2003): Radikaler Islamismus – beharrlicher Traditionalismus, oder Aufbruch in die Moderne? Eine historisch-genetische Provokation, in: Wenzel, Ulrich/Bretzinger, Bettina/Holz, Klaus (Hg.): Subjekte und Gesellschaft. Zur Konstitution von Sozialität, Weilerswist: Velbrück.

Böke, Henning (2007): Maoismus. China und die Linke – Bilanz und Perspektiven, Stuttgart: Schmetterling Verlag.

Bourdieu, Pierre (1987): Sozialer Sinn, Frankfurt a. M.: Suhrkamp.

Bozic, Yvo (2006): »Rotbraunes Waffenarsenal«, in: Jungle World Nr. 5, 1.2.2006.

Brähler, Elmar/Richter, Horst-Eberhard (2002): Politische Einstellungen in Deutschland. Ergebnisse einer repräsentativen Erhebung, Juni 2002, Frankfurt a. M.: Sigmund-Freud-Institut.

Braun, Christina von (1992): »Der Jude« und »Das Weib«. Zwei Stereotypen des »Anderen« in der Moderne, in: Heid, Ludger/Knoll, Joachim (Hg.): Deutsch-jüdische Geschichte im 19. und 20. Jahrhundert, Stuttgart/Bonn: Burg, S. 289-322.

Braun, Christina von (2000): Und der Feind ist Fleisch geworden. Der rassistische Antisemitismus, in: Braun, Christina von/Heid, Ludger: Der ewige Judenhass, Berlin/Wien, S. 149-213.

Braun, Christina von (2005): Der Körper des »Juden« und des »Ariers« im Nationalsozialismus, in: A. G. Gender-Killer (Hg.): Antisemitismus und Geschlecht. Von »effeminierten Juden«, »maskulinisierten Jüdinnen« und anderen Geschlechterbildern, Münster: Unrast

Braun, Stephan/Vogt, Ute (Hg.) (2007): Die Wochenzeitung »Junge Freiheit«. Kritische Analysen zu Programmatik, Inhalten, Autoren und Kunden, Wiesbaden: VS Verlag.

Braun, Stephan/Hörsch, Daniel (2004): Rechte Netzwerke – eine Gefahr, Wiesbaden: VS Verlag.

Brenner, Michael (2002): Geschichte des Zionismus, München: C. H. Beck.

Brink, Nana (1993): »Besonderes Individuum«, in Fokus Nr. 36, URL: http://www.focus.de/politik/deutschland/bundespraesident-besonderes-individuum_aid_144033.html (Stand 15.02.2008), archiviert durch WebCite unter: http://www.webcitation.org/5erZJeLIA.

Bröckling, Ulrich (2007): Das unternehmerische Selbst. Soziologie einer Subjektivierungsform, Frankfurt a. M.: Suhrkamp.

Bröckling, Ulrich/Krasman, Susanne/Lemke, Thomas (Hg.) (2000): Gouvernementalität der Gegenwart. Studien zur Ökonomisierung des Sozialen, Frankfurt a. M.: Suhrkamp.

Bröckling, Ulrich/Krasman, Susanne/Lemke, Thomas (Hg.) (2004): Glossar der Gegenwart, Frankfurt a. M.: Suhrkamp.

Brodkorb, Mathias (2007): Die Dresdner Schule der NPD – Gibt's die wirklich?, in: Endstation Rechts (Stand 7.11.2008), URL: http://www.endstation-rechts.de/index.php?option=com_content&view=article&catid=108%3Alandesverband-sachsen&id=431%3Adie-dresdner-schule-der-npd-gibts-die-wirklich&Itemid=240, archiviert unter http://www.webcitation.org/5c9r0Od7c.

Brosch, Matthias u. a. (Hg.) (2007): Exklusive Solidarität. Linker Antisemitismus in Deuschland, Berlin: Metropol.

Brumlik, Micha/Kiesel, Doron/Reisch, Linda (Hg.) (1991): Der Antisemitismus und die Linke. Frankfurt am Main.

Brumlik, Micha (2000): Deutscher Geist und Judenhass. Das Verhältnis des philosophischen Idealismus zum Judentum, München: Luchterhand Literaturverlag.

Butler, Judith (2006): Hass spricht. Zur Politik des Performativen, Frankfurt a. M.: Suhrkamp.

Butterwegge, Christoph (1996): Rechtsextremismus, Rassismus und Gewalt: Erklärungsmodelle in der Diskussion, Darmstadt: Wissenschaftliche Buchgesellschaft.

Çağlar, Gazi (2002): Der Mythos vom Krieg der Zivilisationen. Der Westen gegen den Rest der Welt. Eine Replik auf Samuel P. Huntingtons »Kampf der Kulturen«, Münster: Unrast.

Chasseguet-Smirgel, Jeannine (1988, franz. zuerst 1984): Die archaische Matrix des Ödipuskomplexes, in: dies.: Zwei Bäume im Garten. Zur psychoanalytischen Bedeutung des Vater- und Mutterbildes, München/Wien: Verlag Internationale Psychoanlyse, S. 88-112.

Christie, Richard/Jahoda, Marie (1954) (Hg.): Studies in the Scope and Method of »The Authoritarian Personality«, Glencoe/Illinois: Free Press.

Claussen, Detlev (1987): Über Psychoanalyse und Antisemitismus, in: Psyche 41, S. 1-21.

Claussen, Detlev (1988): Unter Konformitätszwang. Zum Verhältnis von Kritischer Theorie und Psychoanalyse, Bremen: Waxmann.

Claussen, Detlev (1994): Veränderte Vergangenheit. Vorbemerkung zur Neuausgabe 1994, in: ders.: Grenzen der Aufklärung. Zur gesellschaftlichen Genese des modernen Antisemitismus, Frankfurt am Main: Fischer, S. 7-32.

Claussen, Detlev (2005, zuerst 1987): Grenzen der Aufklärung. Die gesellschaftliche Genese des modernen Antisemitismus, Frankfurt a. M.: Fischer Taschenbuchverlag (Titel der Originalausgabe: Grenzen der Aufklärung. Zur gesellschaftlichen Geschichte der Aufklärung).

Claussen, Detlev (2011): Ist der Antisemitismus eine Ideologie? Einige klärende Bemerkungen, in: Globisch, Claudia/Pufelska, Agnieszka/Weiß, Volker (Hg.): Die Dynamik der europäischen Rechten. Geschichte, Kontinuitäten und Wandel, Wiesbaden: VS Verlag, S. 175-185.

Cohn, Thomas (1952): Is the F Scale indirect?, in: Journal of Abnormal and Social Psychology 17, S. 125-134.

Dahrendorf, Rainer (1965): Gesellschaft und Demokratie in Deutschland, München: Piper.

De Lagarde, Paul (1935): Juden und Indogermanen. Eine Studie nach dem Leben, in: ders.: Ausgewählte Schriften.

Decker, Oliver/Kiess, Johannes/Elmar, Brähler (2012): Die Mitte im Umbruch. Rechtsextreme Einstellungen in Deutschland, Bonn: Dietz Verlag.

Decker, Oliver/Brähler, Elmar/Geißler, Norman (2006): Vom Rand zur Mitte. Rechtsextreme Einstellungen und ihre Einflußfaktoren in Deutschland, hrsg. von der Friedrich-Ebert-Stiftung, Forum Berlin, Berlin.

Decker, Oliver/Rothe, Katharina/Weißmann, Marliese/Geißler, Norman/Brähler, Elmar (2008a): Ein Blick in die Mitte. Zur Entstehung rechtsextremer und demokratischer Einstellungen, hrsg. von der Friedrich-Ebert-Stiftung, Forum Berlin, Berlin.

Decker, Oliver/Brähler, Elmar (2008b): Bewegung in der Mitte. Rechtsextreme Einstellungen in Deutschland 2008 mit einem Vergleich von 2002-2008 und der Bundesländer, hrsg. von der Friedrich-Ebert-Stiftung, Forum Berlin, Berlin: Wagemann Medien GmbH.

Deffner, Veronika (2008): Immaterielle Grenzziehungen und Naturalisierung sozialer Ungleichheit im stadträumlichen Gefüge von Salvador de Bahia (Nordostbrasilien). Eine sozialgeographische Studie über das Verhältnis von Gesellschaft, Macht und Raum aus handlungstheoretischer Perspektive, Dissertation, Manuskript.

Derrida, Jacques (2006): Die Schrift und die Differenz, Frankfurt a. M.: Suhrkamp.

Derrida, Jacques (1988): Randgänge der Philosophie, hrsg. v. Peter Engelmann, Wien: Passagen.

Dimitroff, Georgi (1957 [1945]): Die Offensive des Faschismus und die Aufgaben der Kommunistischen Internationale im Kampf für die Einheit der Arbeiterklasse gegen den Faschismus, S. 85-176, in: Pieck, Wilhelm, Dimitroff/Georgie/Togliatti, Palmiro (1935): Die Offensive des Faschismus und die Aufgaben der Kommunisten im Kampf für die Volksfront gegen Krieg und Faschismus. Referat auf dem VII. Kongreß der Kommunistischen Internationale (1935), Berlin: Dietz.

DISS (2000): Der Nahost-Konflikt in deutschen Printmedien. Analyse diskursiv.

Dollard, John/Doob, Leonard W./Miller, Neal E./Mowrer, Orval H./Sears, Robert R. (1994): Frustrations and Aggression, Weinheim: Beltz Psychologie Verlag Union.

Duckitt, John (1989): Authoritarianism and group identification: A new view of an old construct, in: Political Psychology 1, S. 63-84.

Dudenverlag (Hg.) (2001): Das Herkunftswörterbuch. Etymologie der deutschen Sprache. Mannheim u. a.: Dudenverlag.

Duisburger Institut für Spach- und Sozialforschung (DISS) (Hg.) (2003): DISS Journal kuluRRevolution – Sondernummer zum Irakkrieg, Duisburg, URL: http://www.diss-duisburg.de/DJ_03_11/krr-diss-sondernummer-.pdf (Stand: 16.02.2009).

Durkheim, Émile (1983, zuerst 1897): Der Selbstmord, Frankfurt a. M.: Suhrkamp.

Durkheim, Émile (1984, zuerst 1885): Die Regeln der soziologischen Methode, Frankfurt a. M.: Suhrkamp.

Dux, Günter (1972): Anthropologie und Soziologie. Zur Propädeutik gesamtgesellschaftlicher Theorie, S. 425-454, in: KZfSS, 24. Jhg. 1972.

Dux, Günter (1982): Die Logik der Weltbilder. Sinnstrukturen im Wandel der Geschichte, Frankfurt a. M.: Suhrkamp.

Dux, Günther (1986): Denken vom Vorrang der Welt, in: Schatz, Oskar/-Spatzenegger, Hans (Hg.): Wovon werden wir morgen geistig leben? Mythos, Religion und Wissenschaft in der »Postmoderne«, Salzburg: A. Pustet, S. 197-223.

Dux, Günter (1997): Die Spur der Macht im Verhältnis der Geschlechter. Über den Ursprung der Ungleichheit zwischen Frau und Mann, Frankfurt a. M.: Suhrkamp.

Dux, Günter (2000): Historisch-genetische Theorie der Kultur. Instabile Welten. Zur prozessualen Logik im kulturellen Wandel, Weilerswist: Velbrück.

Dux, Günter (2003): Das Subjekt in der Grenze der Gesellschaft, in: Psarros, Nikos/ Stekeler-Weithofer, Pirmin\Vobruba, Georg (Hg.): Die Entwicklung sozialer Wirklichkeit. Auseinandersetzungen mit der historisch-genetischen Theorie, Weilerswist: Velbrück , S. 233-267.

Dux, Günter (2008): Warum denn Gerechtigkeit. Die Logik des Kapitals. Die Politik im Widerstreit mit der Ökonomie, Weilerswist: Velbrück.

Dux, Günther/Globisch, Claudia (2012): Soziologie der Kritik, in: Soziologische Revue, Vol. 35, No. 4, S. 417-428.

Fahnenträger (Hg.) (2009): » Fahnenträger und Nationale Sozialisten für Israel«, URL: http://www.fahnentraeger.net/index.php?option=com_content&task=view&id=169&Itemid=88 (Stand: 14.09.2009).

Feldmann, Stanley (2000): Die Konzeptionalisierung und die Messung von Autoritarismus: Ein neuer Ansatz, in: Rippl, Susanne/Kindervater, Angela/Seipe, Christian (Hg.): Autoritarismus. Kontroversen und Ansätze der aktuellen Autoritarismusforschung, Opladen: Leske u. Budrich, S. 239-260.

Fenichel, Otto (2002, zuerst 1946): Elemente einer psychoanalytischen Theorie des Antisemitismus, in: Simmel, Ernst (Hg.): Antisemitismus, Frankfurt a. M.: Fischer, S. 35-57.

Foucault, Michel (1994): Überwachen und Strafen. Die Geburt des Gefängnisses, Frankfurt a. M.: Suhrkamp.

Foucault, Michel (2004): Geschichte der Gouvernementalität I. Sicherheit, Territorium, Bevölkerung. Vorlesung am Colleges de France 1977/1978, Frankfurt a. M.: Suhrkamp.

Fredrickson, George, M. (2004): Rassismus. Ein historischer Abriß. Hamburg: Hamburger Edition.

Freud, Sigmund (1991, zuerst 1900): Die Traumdeutung, Frankfurt a. M.: Fischer.

Freud, Sigmund (1993, zuerst 1919): Das Unheimliche, in: ders., Der Moses des Michelangelo. Schriften über Kunst und Künstler, Frankfurt a. M.: Fischer, S. 137-172.

Freud, Sigmund (2000, zuerst 1939): Der Mann Moses und die monotheistische Religion: Drei Abhandlungen (1939 [1934-38]), in: ders., Fragen der Gesellschaft, Ursprünge der Religion, Studienausgabe, Frankfurt a. M.: S. Fischer Verlag, S. 457-581.

Freyhold, Michaela von (1971): Autoritarismus und politische Apathie, Frankfurt a. M.: Europäische Verlagsanstalt.

Frindte, Wolfgang (1998): Soziale Konstruktionen, Opladen: Westdeutscher Verlag.

Frindte, Wolfgang (2006): Inszenierter Antisemitismus. Eine Streitschrift, Wiesbaden: VS-Verlag.

Frindte, Wolfgang/Funke, Fritz/Jacob, Susanne (1997): Autoritarismus, Wertorientierungen und jugendkulturelle Identifikationen – eine soziapsychologische Analyse deutscher Jugendlicher, in: Gruppendynamik. Zeitschrift für angewandte Sozialpsychologie, Jg. 28, 3/1997, S. 273-289.

Frindte, Wolfgang/Wettig, S./Wammelsberger, Doris (2005): Old and new anti-Semitic attitudes in the context of Autoritarianism and Social Dominance Orientation – Two studies in Germany, in: Peace and Conflict. Journal of Peace Psychology 11, S. 239-266.

Fromm, Erich (1987, zuerst 1936): Sozialpsychologischer Teil, in: Horkheimer, Max (Hg.): Studien über Autorität und Familie, Lüneburg: Klampen, S. 77-135.

Fromm, Rainer (2005): Denkfabrik Dresdner Schule. Kulturkampf von außen rechts. ZDF.de (Stand: 7.11.2008), URL: http://frontal21.zdf.de/-ZDFde/inhalt/6/0,1872,2339046,00.html?dr=1, archiviert auf http://-www.webcitation.org/5c9sKTl25.

Gansel, Jürgen Werner (1999): Antikapitalismus in der ›Konservativen Revolution‹ in Deutschland 1918-1932, Magisterarbeit, Gießen.

Gansel, Jürgen Werner (2008): Afrika erobert das Weiße Haus, URL: http://www.npd-freising.de/afrika_erobert_das_weibe_haus_.html (Stand: 15.02.2009), archiviert durch WebCite unter http://www.webcitation.org/5eoZ1iZgk.

Garbe, Detlef (2000): Im Namen des Volkes? Die rechtlichen Grundlagen der Militärjustiz im NS-Staat und ihre »Bewältigung« nach 1945, in: Nolz, Bernhard/ Popp, Wolfgang (Hg.): Erinnerungsarbeit. Grundlage einer Kultur des Friedens, Münster: LIT Verlag, S. 93-124.

Gebauer, Ronald (2007): Arbeit gegen Armut. Grundlagen, historische Genese und empirische Überprüfung des Armutsfallentheorems, Wiesbaden: VS Verlag.

Gebauer, Ronald/Petschauer, Hanna/Vobruba, Georg (2002): Wer sitzt in der Armutsfalle? Selbstbehauptung zwischen Sozialhilfe und Arbeitsmarkt, Berlin: Sigma.

Geiger, Theodor (1930): Panik im Mittelstand, in: Die Arbeit. Zeitschrift für Gewerkschaftspolitik und Wirtschaftskunde 7, 1930, S. 637-654.

Gellner, Ernest (1997): Nationalism, London: Weidenfeld & Nicholson.

Gellner, Ernest (2006, zuerst 1983): Nations and Nationalism, Malden/Oxford/Carlton: Blackwell Publishing.

Gessenharter, Wolfgang (2002): Intellektuelle Strömungen und Vordenker in der deutschen Neuen Radikalen Rechten, in: Handbuch Rechtsradikalismus. Personen – Organisationen – Netzwerke – vom Neonazismus bis in die Mitte der Gesellschaft, Opladen: Leske+Budrich, S. 189-201.

Giddens, Anthony (1992): Die Konstitution der Gesellschaft, Frankfurt a. M.: Campus.

Gilcher-Holtey, Ingrid (2007): Eingreifendes Denken. Die Wirkungsgeschichte von Intellektuellen, Weilerswist: Velbrück.

Globisch, Claudia (2008a): Gegenwärtige linke und rechte Semantiken zwischen Antisemitismus, antisemitischem Antizionismus und Israelfeindschaft, in: Die Natur der Gesellschaft. Verhandlungsband des 33. Kongresses der Deutschen Gesellschaft für Soziologie in Kassel 2006, Karl-Siegbert Rehberg (Hg.), Frankfurt a. M. [u. a.]: Campus Verlag CD-Rom.

Globisch, Claudia (2008b): Was ist neu am „neuen" Antisemitismus? Antizionistische und islamistische Begründungsmuster, in: Trenkle, Norbert, u.a.: Krisis 32: Kreuzzug und Jihad – Der gefährliche Mythos vom Kampf der Kulturen, Münster: Unrast Verlag.

Globisch, Claudia (2008c): Semantikanalysen als kulturhermeneutische Methode, in: Ernst, Christoph/Wagner, Hedwig/ Sparn, Walther : Kulturhermeneutik, München: Fink Verlag, S. 289-310.

Globisch, Claudia (2011): »Deutschland uns Deutschen, Türkei den Türken, Israelis raus aus Palästina«. Ethnopluralismus und sein Verhältnis zum Antisemitismus, in: Globisch, Claudia/Pufelska, Agnieszka/Weiß, Volker (Hg.): Die Dynamik der europäischen Rechten. Geschichte, Kontinuitäten und Wandel, Wiesbaden: VS Verlag, S. 203-225.

Goebbels, Josef (1933), Rede zur Bücherverbrennung, URL: http://www.kerbernet.de/literatur/deutsch/prosa/tucholsky/buecherverbrennung1.htm (Stand 9.02.2009), archiviert durch WebCite unter http://www.webcitation.org/5eW31zrJs.

Goldhagen, Daniel Jonah (2000): Hitlers willige Vollstrecker. Ganz gewöhnliche Deutsche und der Holocaust, München: Bertelsmann.

Greiffenhagen, Martin (1986): Das Dilemma des Konservatismus in Deutschland, Frankfurt a. M.: Suhrkamp.

Griffin, Roger (2007): Modernism and Fascism. The Sense of a Beginning under Mussolini and Hitler, Basingstoke: Palgrave Macmillan.

Grigat, Stephan (2007): Fetisch und Freiheit. Über die Rezeption der Marxschen Fetischkritik, die Emanzipation von Staat und Kapital und die Kritik des Antisemitismus, Freiburg: Ça ira.

Grunberger, Béla (1988, zuerst 1962): Der Antisemit gegenüber dem Ödipuskomplex, in: ders., Narziss und Anubis. Die Psychoanalyse jenseits der Triebtheorie, München/Wien: Verlag Internationale Psychoanalyse, S. 1-13.

Grunberger, Béla/Dessuant, Pierre (2000, franz. Zuerst 1984): Narzißmus, Christentum, Antisemitismus. Eine psychoanalytische Untersuchung, Stuttgart: Klett-Cotta.

Günther, Meike (2005): Wider die Natur: Zur Verkörperung antisemitischer Stereotype durch Geschlechterkonstruktionen, in: A. G. Gender-Killer (Hg.): Antisemitismus und Geschlecht. Von »effeminierten Juden«, »maskulinisierten Jüdinnen« und anderen Geschlechterbildern, Münster: Unrast

Habermas, Jürgen (1981 a): Theorie des kommunikativen Handelns. Band 2. Zur Kritik der funktionalistischen Vernunft, Frankfurt a. M.: Suhrkamp.

Habermas, Jürgen (1981): Theorie des kommunikativen Handelns. Band 1. Handlungsrationalität und gesellschaftliche Rationalisierung, Frankfurt a. M.: Suhrkamp.

Habermas, Jürgen (1984): Erläuterungen zum Begriff des kommunikativen Handelns, in: ders., Vorstudien und Ergänzungen zur Theorie des kommunikativen Handelns, Frankfurt a. M.: Suhrkamp, S. 571-606.

Habermas, Jürgen (1988): Der philosophische Diskurs der Moderne. Zwölf Vorlesungen, Frankfurt a. M.: Suhrkamp.

Hall, Stuart (1989): Rassismus als ideologischer Diskurs, in: Das Argument 178, S. 913-921.

Hamp, Vinzenz/Stenzel, Meinrad/Kürzinger, Josef (1994) (Hg. und Übers.): Die Heilige Schrift des Alten und Neuen Testamentes, Augsburg: Pattloch Verlag im Weltbild Verlag.

Hartleb, Florian (2008): Der (Anti-) Globalisierungsdiskurs der NPD, in: Gesellschaft – Wirtschaft – Politik (GWP), Heft 2/2008, S. 173-180.

Haury, Thomas (1992): Zur Logik des bundesdeutschen Antizionismus, in: Poliakov, Léon (Hg.): Vom Antizionismus zum Antisemitismus. Freiburg: ça ira, S. 125-159.

Haury, Thomas (2002): Antisemitismus von links. Kommunistische Ideologie, Nationalismus und Antizionismus in der frühen DDR, Hamburg: Hamburger Edition.

Haury, Thomas (2004): Der neue Antisemitismusstreit in der deutschen Linken, in: Rabinovici, Doron/Speck, Ulrich/Sznaider, Natan: Neuer Antisemitismus? Eine globale Debatte. Frankfurt a. M.: Suhrkamp, S. 143-167.

Haury, Thomas (2004): Der neue Antisemitisusstreit der deutschen Linken, in: Rabinovici, Doron/Speck, Ulrich/Sznaider, Natan (Hg.): Neuer Antisemitismus? Eine globale Debatte, Frankfurt a. M.: Suhrkamp.

Haury, Thomas (2005): »…ziehen die Fäden im Hintergrund« No-Globals, Antisemitismus und Antiamerikanismus, in: Loewy, Hanno (Hg.): Gerüchte über die Juden. Antisemitismus, Philosemitismus und aktuelle Verschwörungstheorien, Essen: Klartext, S. 69-100.

Haury, Thomas (2007): »Das ist Völkermord«. Das »antifaschistische Deutschland« im Kampf gegen den »imperialistischen Brückenkopf Israel« und die deutsche Vergangenheit, in: Brosch, Matthias u. a. (Hg.): Exklusive Solidarität. Linker Antisemitismus in Deutschland, Berlin: Metropol, S. 285-300.

Hausendorf, Heiko (1998): Zugehörigkeit durch Sprache. Eine linguistische Studie am Beispiel der deutschen Wiedervereinigung, Tübingen: Niemeyer.

Hausendorf, Heiko (2000): Zugehörigkeit durch Sprache. Eine linguistische Studie am Beispiel der deutschen Wiedervereinigung, Tübingen: Niemeyer.

Häußermann, Hartmut/Siebel, Walter (2004): Einführung in die Stadtsoziologie, München: Campus Verlag.

Heberle, Klaus H. (1981): Ferdinand Tönnies: Politischer Publizist.

Heiden, Konrad (1932): Geschichte des Nationalsozialismus. Die Karriere einer Idee, Berlin: Rowohlt

Heinsohn, Gunnar (1995): Warum Auschwitz? Hitlers Plan und die Ratlosigkeit der Nachwelt, Reinbek: Rowohlt.

Heintz, Peter (1957): Soziale Vorurteile. Ein Problem der Persönlichkeit, der Kultur und der Gesellschaft, Köln: Verlag für Politik und Wirtschaft.

Heitmeyer, Wilhelm (2002-2007): Deutsche Zustände. Folge 1-6, Frankfurt a. M.: Suhrkamp.

Heitmeyer, Wilhelm (2012) (Hg.): Deutsche Zustände – Folge 10, Berlin: Suhrkamp Verlag.

Heni, Clemens (2007): Salonfähigkeit der Neuen Rechten. »Nationale Identität«, Antisemitismus und Antiamerikanismus in der politischen Kultur der Bundesrepublik Deutschland 1970-2005: Henning Eichberg als Exempel, Marburg: Tectum Verlag.

Herz, Thomas (1987): Nur ein Historikerstreit? Die Soziologen und der Nationalsozialismus, in: Kölner Zeitschrift für Soziologie und Sozialpsychologie 39, 1987, S. 560-570.

Herzl, Theodor (2000): Der Judenstaat, Augsburg: Ölbaum Verlag.

Heyder, Aribert/Schmidt, Peter (2002): Deutscher Stolz. Patriotismus wäre besser, in: Heitmeyer, Wilhelm (Hg.): Deutsche Zustände, Bd. 1, Frankfurt a. M.: Suhrkamp, S. 71-82.

Hirsch, Rudolf/Rosemarie, Schuder (1999): Der gelbe Fleck. Wurzeln und Wirkungen des Judenhasses in der deutschen Geschichte, Köln: Papyrossa.

Hitzler, Ronald (2002): Sinnrekonstruktion. Zum Stand der Diskussion (in) der deutschsprachigen interpretativen Soziologie, in: Forum Qualitative Sozialforschung, URL: www.qualitative-research.net/fqs-texte/2-02/2-02hitzler-d.htm (Stand: 18.02.2009), archiviert durch WebCite unter http://www.webcitation.org/5egex421K.

Hitzler, Ronald (2002): Sinnrekonstruktion. Zum Stand der Diskussion (in) der deutschsprachigen interpretativen Soziologie, in: Forum Qualtative Sozialforschung, Volume 3, No 2, Mai 2002. (Internetquelle: http://-www.qualitative-research.org/fqs-texte/2-02/2-02hitzler-d.htm, Stand: 12. Mai 2008).

Hobsbawm, Eric J. (2005, zuerst 1990): Nationen und Nationalismus. Mythos und Realität seit 1780, Frankfurt a. M./New York: Campus.

Hödl, Klaus (2005): Genderkonstruktion im Spannungsfeld von Fremd- und Selbstzuschreibung. Der »verweiblichte Jude« im diskursiven Spannungsfeld im zentraleuropäischen Fin de Siècle, in: A. G. Gender-Killer (Hg.): Antisemitismus und Geschlecht. Von »effeminierten Juden«, »maskulinisierten Jüdinnen« und anderen Geschlechterbildern, Münster: Unrast

Höhne, Thomas (2007): Pädagogische Diskurse zum Antisemitismus der Gegenwart. Magisterarbeit, Manuskript.

Holz, Hartmut (2005): Zersetzung: Machtmittel des Ministeriums für Staatssicherheit in der ehemaligen DDR, in: Psychiatrische Praxis, 23, Stuttgart/New York: Thieme Verlag, S. 308-310.

Holz, Klaus (1993): Historisierung der Gesellschaftstheorie. Zur Erkenntniskritik marxistischer und kritischer Theorie, Pfaffenweiler: Centaurus.

Holz, Klaus (1996): Immer noch auf dem Weg zu einer Theorie des Antisemitismus, in: Soziologische Revue, Jahrgang 19, 1996, S. 173-180.

Holz, Klaus (1998): Begründungslogische Evolutionstheorie. Bemerkungen zur »Theorie des kommunikativen Handelns«, in: Welz, Franz/Weisenbacher, Uwe (Hg.): Soziologische Theorie und Geschichte, Opladen/Wiesbaden: Westdeutscher Verlag, S. 218-232.

Holz, Klaus (2001): Nationaler Antisemitismus. Wissenssoziologie einer Weltanschauung. Hamburg: Hamburger Edition.

Holz, Klaus (2003): Form und Gegenwart der Religion. Zum Religionsbegriff der historisch-genetischen Theorie, in: Psarros, Nikos/Stekeler-Weithofer, Pirmin/Vobruba, Georg (Hg.): Die Entwicklung sozialer Wirklichkeit. Auseinandersetzungen mit der historisch-genetischen Theorie, Weilerswist: Velbrück, S. 139-157.

Holz, Klaus (2005): Die Gegenwart des Antisemitismus. Islamistische, demokratische und antizionistische Judenfeindschaft, Hamburg: Hamburger Edition.

Holz, Klaus (2008): Gemeinschaft und Identität. Über den Zusammenhang nationaler und antisemitischer Semantiken, in: Benz, Wolfgang (Hg.): Der Hass gegen die Juden. Dimensionen und Formen des Antisemitismus, Berlin: Metropol, S. 197-218.

Homann, Ursula (2004): Welche Konsequenzen hatte die Mosaische Unterscheidung oder Wie heil war die Welt des Polytheismus? Der Ägyptologe Jan Assmann und seine Kritiker, Internetquelle: http://www.-literaturkritik.de/public/rezension.php?rez_id=7283&ausgabe=200408 (Stand: August 2008).

Hopf, Christel/Rieker, Peter/Sanden-Marcus, Martina/Schmidt, Christiane (1995): Familie und Rechtsextremismus. Familiale Sozialisation und rechtsextreme Orientierung junger Männer, Weinheim/München: Juventa.

Hopf, Christel/Hopf, Wulf (1997): Familie, Persönlichkeit, Politik. Eine Einführung in die politische Sozialisation, Weinheim/München: Juventa.

Horkheimer, Max (1932): Die gegenwärtige Lage der Sozialphilosophie und die Aufgaben eines Instituts für Sozialforschung, in: ders., Gesammelte Schriften, Bd. 3, Frankfurt: Fischer, S. 20-35.

Horkheimer, Max (1988a, zuerst 1936): Autorität und Familie, in: ders., Gesammelte Schriften, Bd. 3, Frankfurt a. M.: Fischer.

Horkheimer, Max (1988b, zuerst 1947/49): Autorität und Familie in der Gegenwart, in: ders., Gesammelte Schriften, Bd. 5, Frankfurt a. M.: Fischer.

Horkheimer, Max (2002, zuerst 1946): Der soziologische Hintergrund des psychoanalytischen Ansatzes, in: Simmel, Ernst (Hg.): Antisemitismus, Frankfurt a. M.: Fischer, S. 23-34.

Horkheimer, Max/Flowerman, Samuel, H. (1949) (Hg.): Studies in Prejudice, New York.

Horkheimer, Max/Fromm, Erich/Marcuse, Herbert u. a. (2005, zuerst 1936): Studien über Autorität und Familie. Forschungsberichte aus dem Institut für Sozialforschung, Lüneburg: Dietrich zu Klampen Verlag.

Hormel, Ulrike/Scherr, Albert (2005): Bildung für die Einwanderergesellschaft. Perspektiven der Auseinandersetzung mit struktureller, institutioneller und interaktioneller Diskriminierung, Bonn.

Hortzitz, Nicoline (1988): »Früh-Antisemitismus« in Deutschland (1789-1871). Strukturelle Untersuchungen zu Wortschatz, Text und Argumentation, Tübingen: Niemeyer.

Hyman, Herbert H./Sheatsley, Paul B. (1954): The Authoritarian Personality. A Methodological Critique, in: Christie, Richard/Jahoda, Maria (Hg.): Studies in the Scope and Method of ›The Authoritarian Personality‹, Glencoe, Illinois: Free Press, S. 50-122.

Institut für Demoskopie (1986): Deutsche und Juden vier Jahrzehnte danach. Eine Repräsentativbefragung im Auftrag des »Stern« von Renate Köcher, Allensbach: Institut für Demoskopie.

Imhoff, Maximilian Elias (2011): Antisemitismus in der Linken. Ergebnisse einer quantitativen Befragung, Frankfurt am Main, Peter Lang Verlag.

Jäckel, Eberhard (1987): Hitlers Weltanschauung. Entwurf einer Herrschaft, Stuttgart: DVA.

Jaecker, Tobias (2004): Antisemitische Verschwörungstheorien nach dem 11. September. Neue Varianten eines alten Deutungsmusters, Münster: LIT Verlag.

Jaerisch, Ursula (1975): Sind Arbeiter autoritär? Zur Methodenkritik politischer Psychologie, Frankfurt a. M.: Europäische Verlagsanstalt.

Jäger, Siegfried/Jäger, Margarete (2003): Medienbild Israel. Zwischen Solidarität und Antisemitismus, Münster: LIT Verlag.

Jakubowski, Jeanette (2005): Walsers Griff in die antisemitische Mottenkiste oder die verführerische Macht der jüdinnen- und judenfeindlichen Stereotype, in: A. G. Gender-Killer (Hg.): Antisemitismus und Geschlecht. Von »effeminierten Juden«, »maskulinisierten Jüdinnen« und anderen Geschlechterbildern, Münster: Unrast

Jay, Martin (1985): Dialektische Phantasie. Die Geschichte der Frankfurter Schule und des Instituts für Sozialforschung 1923-1950, Frankfurt a. M.: Fischer.

Jesse, Eckardt (2008a): Linksruck im geistigen Klima Deutschlands. Schieflage im Umgang mit Exzessen extremistischer Art, in: Neue Zürcher Zeitung, 7.Mai 2008.

Jesse, Eckardt/Lang, Jürgen P. (2008): Die Linke – der smarte Extremismus einer deutschen Partei, München: Olzog.

Joas, Hans (1996): Die Kreativität des Handelns, Frankfurt a. M.: Suhrkamp.

Jobst, Paul (2004): Das »Tier«-Konstrukt und die Geburt des Rassismus, Münster: Unrast Verlag.

Kant, Immanuel (1999, zuerst 1784): Beantwortung der Frage: Was ist Aufklärung?, in: Berlinische Monatszeitschrift, Dezember 1784, S. 481-494, in: Kant, Immanuel (1999): Was ist Aufklärung? Ausgewählte kleine Schriften, hrsg. von Horst D. Brandt, Hamburg: Meiner, S. 20-22.

Kauffmann, Heiko/Kellershohn, Helmut/Paul, Jobst (Hg.) (2005): Völkische Bande. Dekadenz und Wiedergeburt – Analysen rechter Ideologie, Duisburg: Edition Diss.

Keßler, Mario (1993): Antisemitismus, Zionismus und Sozialismus. Arbeiterbewegung und jüdische Frage im 20. Jahrhundert, Mainz: Decaton.

Keßler, Mario (2007): Die SPD und der Antisemitismus in der ersten Hälfte des 20. Jahrhunderts. Ein Überblick, in: Brosch, Matthias u. a. (Hg.): Exklusive Solidarität. Linker Antisemitismus in Deutschland, Berlin: Metropol, S. 49-68.

Kilpert, Daniel (2006): Antisemitismus von links. Dossier. Bundeszentrale für Politische Bildung, abrufbar im Internet: www.bpb.de/politik/extremismus/antisemitismus/37960/antisemitismus-von-links?p=all (zuletzt: 16.03.2013).

Kirscht, John P./Dillehay, Ronald C. (1967): Dimensions of authoritarianism: A review of research and theorey, Lexington: University of Kentucky Press.

Kistenmacher, Olaf (2007): Vom »Judas« zum »Judenkapital«. Antisemitische Denkformen in der Kommunistischen Partei Deutschlands der Weimarer Republik, 1918-1933, in: Brosch, Matthias u. a. (Hg.): Exklusive Solidarität. Linker Antisemitismus in Deutschland. Vom Idealismus zur Antiglobalisierungsbewegung, Berlin: Metropol, S. 69-86.

Kistenmacher, Olaf (2008): Gegen das »jüdische Kapital« und den »zionistischen Faschismus«, in: Phase 2, Ausgabe 2/29.

Kistenmacher, Olaf (2008a): Antisemitische Denkformen in der KPD der Weimarer Republik. 1918-1933, Dissertation, Manuskript.

Kistenmacher, Olaf (2010): "Jüdischer Warenhausbesitzer finanziert Nazipropaganda". Antifaschismus und antisemitische Stereotype in der Tageszeitung der Kommunistischen Partei Deutschlands, der Roten Fahne, am Ende der Weimarer Republik, 1928-1933, in: Gideon Botsch/Christoph Kopke/Lars Rensmann/Julius H. Schoeps (Hg.): Politik des Hasses. Antisemitismus und radikale Rechte in Europa, Hildesheim/New York/Zürich: Georg Olms , S. 97-112.

Kistenmacher, Olaf (2011): 'Gerechtigkeit' für Palästina? Die mediale Agitation der KPD gegen den "zionistischen Faschismus" während der Weimarer Republik, in: Alexandra Böhm/Antje Kley/Mark Schönleben (Hg.): Ethik - Anerkennung - Gerechtigkeit. Philosophische, literarische und gesellschaftliche Perspektiven, München: Wilhelm Fink, S. 369-380.

Kistenmacher, Olaf (2013), Peter Nowak: Kurze Geschichte der Antisemitismusdebatte in der deutschen Linken, abrufbar im Internet: http://www.rote-ruhr-uni.com/cms/Peter-Nowak-Kurze-Geschichte-der.html (zuletzt abgerufen 26.04.2013).

Kistenmacher, Olaf (2013a): Arbeit und "jüdisches Kapital". Antisemitische Aussagen in der Tageszeitung der KPD, "Die Rote Fahne", während der Weimarer Republik, 1918 bis 1933, Bremen (im Erscheinen).

Kloke, Martin (1990): Israel und die deutsche Linke. Zur Geschichte eines schwierigen Verhältnisses, Frankfurt a. M.: Haag und Herchen.

Kloke, Martin (1994): Israel und die deutsche Linke. Zur Geschichte eines schwierigen Verhältnisses. 2., erweiterte und aktualisierte Ausgabe, Frankfurt a. M.: Haag und Herchen.

Kloke, Martin (2007) : Israel – Alptraum der deutschen Linken?, in: Brosch, Matthias u. a. (Hg.): Exklusive Solidarität. Linker Antisemitismus in Deutschland, Berlin: Metropol, S. 301-324.

Klönne, Arno (1955): Die Jugend und ihre Organisation im Dritten Reich, Hannover: Norddeutsche Verlags-Anstalt.

Knoblauch, Hubert (1995): Kommunikationskultur. Die kommunikative Konstruktion kultureller Kontexte, Berlin/New York: Walter de Gruyter.

Knothe, Holger (2009): Eine andere Welt ist möglich – ohne Antisemitismus? Antisemitismus und Globalisierungskritik bei Attac, Bielefeld: Transcript.Kohrt, Wolfgang (1998): »Pflöcke in verstepptem Land«. Deutsche Rechtsextremisten und ihre Projekte auf russischem Boden. Eine Spurensuche im früheren Ostpreusen, Berliner Zeitung, 24./25. Januar 1998, Magazin.

Koselleck, Reinhart (1989): Vergangene Zukunft. Zur Semantik geschichtlicher Zeiten, Frankfurt a. M.: Suhrkamp.

Koselleck, Reinhart (2006): Begriffsgeschichten. Studien zur Semantik und Pragmatik der politischen und sozialen Sprache, Frankfurt a. M.: Suhrkamp.

Köttig, Michaela (2004): Lebensgeschichten rechtsextrem orientierter Mädchen und junger Frauen – Biographische Verläufe im Kontext der Familien- und Gruppendynamik, Gießen: Psychosozial Verlag.

Krause, Peter/de Benoist, Alain (1998): Einwanderung bedroht unsere kollektive Identität nicht, in: Junge Freiheit 30/98, URL: http://www.jf-archiv.de/archiv98/308aa7.htm (Stand: 15.02.2009), archiviert durch WebCite® unter http://www.webcitation.org/5eoQbxFhH).

Kraushaar, Wolfgang (2005): Die Bombe im Jüdischen Gemeindehaus, Hamburg: Hamburger Edition.

Kraushaar, Wolfgang (2013): »Wann endlich beginnt bei Euch der Kampf gegen die heilige Kuh Israel?« München 1970: Über die antisemitischen Wurzelnl des deutschen Terrorismus, Reinbek: Rowohlt Verlag.

Kristeva, Julia (1990): Fremde sind wir uns selbst, Frankfurt a. M.: Suhrkamp.

Kuhar, Z. S. (2003): »NSA bestätigt: USS ›Liberty‹ wurde versehentlich versenkt«, URL: http://www.nahostfocus.de/page.php?id=1544.

Kulke, Christine/Lederer, Gerda (Hg.): Der gewöhnliche Antisemitismus. Zur politischen Psychologie der Verachtung, Pfaffenweiler: Centaurus.

Kühnl, Reinhard (1966): Die nationalsozialistische Linke 1925-1930. Marburger Abhandlungen zur politischen Wissenschaft, Band 6, Meisenheim am Glan.

Landesamt für Verfassungsschutz Hamburg (2008): Rechtsextremismus. Neonazis verteidigen Islam gegen »Bürgerbewegung Pro Köln« (Stand: 14.02.2009), URL: http://www.hamburg.de/schlagzeilen/615734/neonazis-verteidigen-islam.html., archiviert durch WebCite® unter http://www.webcitation.org/5eodEmIxq.

Lange, Alfred (1971): Frustration-aggression: A reconsideration, in: European Journal of Social Psychology, 1971/1, S. 59-83.

Lederer, Gerda/Schmidt, Peter (1995) (Hg.): Autoritarismus und Gesellschaft. Trendanalysen und vergleichende Jugenduntersuchungen von 1945-1993, Opladen: Leske+Budrich.

Lener, Michael (1995): Amerikanische Linke und Antisemitismus. Über fortschrittliche Politik in Zeiten gesellschaftlicher Sinnkrise, in: Werz, Michael (Hg.): Antisemitismus und Gesellschaft, Frankfurt a. M.: Verlag Neue Kritik, S. 159-171.

Lenk, Kurt (1972): Marx in der Wissenssoziologie, Neuwied/Berlin: Luchterhand Verlag.

Lenk, Kurt (1989): Deutscher Konservatismus, Frankfurt a. M.: Campus Verlag.

Lenk, Kurt (2008): Die Geburt des modernen politischen Antisemitismus, Vortragsmanuskript.

Lenk, Kurt/Franke, Berthold (1987): Theorie der Politik. Eine Einführung, Frankfurt a. M./New York: Campus.

Lepsius, Rainer (1966): Der extreme Nationalismus. Strukturbedingungen nationalsozialistischer Machtergreifung, Stuttgart: Klett.

Lepsius, Rainer M. (1989): Das Erbe des Nationalsozialismus und die politische Kultur der Nachfolgestaaten des »Großdeutschen Reiches«, in: Kultur und Gesellschaft, Verhandlungen des 24. Deutschen Soziologentages, des 11. Österreichischen Soziologentages und des 8. Kongresses der Schweizerischen Gesellschaft für Soziologie in Zürich 1988, Frankfurt a. M./New York: Campus, S. 247-264.

Lessenich, Stephan (2003): Soziale Subjektivität. Die neue Regierung der Gesellschaft, in: Mittelweg 36, 12. Jhg., Heft 4, S. 80-93.

Lessenich, Stephan (2008): Die Neuerfindung des Sozialen, Bielefeld: transcript.

Linksruck (2006): Der Terror kommt aus Israel, Linksruck, Nr. 221, 19. Juli 2006, abrufbar im Internet www.linksruck.de/artikel_1890.html (zuletzt: 16.03.2013).

Loewenstein, Rudolph M. (1967, franz. zuerst 1946): Psychoanalyse des Antisemitismus, in: Psyche 32, S. 492-527.

Loewy, Hanno (Hg.) (2005): Gerüchte über die Juden. Antisemitismus, Philosemitismus und aktuelle Verschwörungstheorien, Essen: Klartext.

Longchamp, Claude/Dumont, Jeannine/Leuenberger, Petra (2000): Einstellungen der SchweizerInnen gegenüber Jüdinnen und Juden und dem Holocaust, Bern.

Löwenthal, Leo/Guterman, Norbert (1949): Prophets of Deceit. A Study of the Techniques of the American Agitator, New York: Harper & Brothers.

Luhmann, Niklas (1987): Soziale Systeme. Grundriß einer allgemeinen Theorie. Frankfurt a. M.: Suhrkamp.

Luhmann, Niklas (1990): Die Wissenschaft der Gesellschaft, Frankfurt a. M.: Suhrkamp.

Luhmann, Niklas (1993): Gesellschaftsstruktur und Semantik. Studien zur Wissenssoziologie der modernen Gesellschaft. Band 1. Frankfurt a. M.: Suhrkamp.

Luhmann, Niklas (1997): Die Gesellschaft der Gesellschaft, 2 Bde., Frankfurt a. M.: Suhrkamp.

Luhmann, Niklas (1999, zuerst 1995): Gesellschaftsstruktur und Semantik. Studien zur Wissenssoziologie der modernen Gesellschaft, Bd. 4, Frankfurt a. M.: Suhrkamp.

Luhmann, Niklas (2000): Die Politik der Gesellschaft, Frankfurt a. M.: Suhrkamp.

Luhmann, Niklas (2005): Intersubjektivität oder Kommunikation: Unterschiedliche Ausgangspunkte soziologischer Theoriebildung, in: ders.: Soziologische Aufklärung 6. Die Soziologie und der Mensch, Wiesbaden: VS Verlag, S. 162-179.

Lyotard, Jean-François (1994): Das postmoderne Wissen, Frankfurt a. M.: Suhrkamp.

Machiavelli, Niccolo (2006, zuerst 1531): Discorsi: Staat und Politik, Frankfurt a. M.: Insel.

Mannheim, Karl (1978): Ideologie und Utopie, Frankfurt a. M.: Verlag G. Schulte-Bulmke.

Mannheim, Karl (1986, zuerst 1925): Konservatismus. Ein Beitrag zur Soziologie des Wissens, hrsg. von Kettler, David/Meja, Volker/Stehr, Nico, Frankfurt a. M.: Suhrkamp.

Mantell, David M. (1972): Familie und Aggression. Zur Einübung von Gewalt und Gewaltlosigkeit, Frankfurt a. M.: Fischer.

Marin, Bernd (2000): Antisemitismus ohne Antisemiten. Autoritäre Vorurteile und Feindbilder, Frankfurt a. M./New York: Campus.

Markovits, Andrei S. (2004): Antiamerikanismus und Antisemitismus in Europa, in: Rabinovici, Doron/Speck, Ulrich/Sznaider, Natan (Hg.): Neuer Antisemitismus? Eine globale Debatte, Frankfurt a. M.: Suhrkamp, S. 211-233.

Markovits, Andrei S. (2007): Europäischer Antiamerikanismus und Antisemitismus: Immer gegenwärtig, obwohl immer verleugnet, in: Brosch, Matthias u. a. (Hg.): Exklusive Solidarität. Linker Antisemitismus in Deutschland, Berlin: Metropol, S. 239-262.

Marx, Karl (1983, zuerst 1857/58): Grundrisse der Kritik der politischen Ökonomie, in: MEW 42, Berlin: Dietz.

Massing, Paul (1949): Rehearsal for Destruction. A Study of Anti-Semitism in Imperial Germany, New York: Harper & Brothers.

Mead, George H. (1959): The Philosophy of the Present, La Salle IL: Open Court.

Mead, George H. (1969): Philosphie der Sozialität. Aufsätze zur Erkenntnisanthropologie, Frankfurt a. M.: Suhrkamp.

Mead, George H. (1972, zuerst 1938): The Philosophy of Act, Chicago: University of Chicago Press.

Mead, George H. (1973, zuerst 1934): Geist, Identität und Gesellschaft aus der Sicht des Sozialbehaviorismus, Frankfurt a. M.: Suhrkamp.

Meloen, Jos D. (1993): The F-Scale as a preolicetor of facism. An overview over 40 years of authoritarian research, in: Stone, William F./Lederer, Gerda/Christie, Richard (Hg.): Strength and Weakness. The Authoritarian Personality Today, New York u. a.: Springer, S. 47-69.

Meuser, Michael/Sackmann, Reinhold (Hg.) (1992): Analyse sozialer Deutungsmuster. Beiträge zur empirischen Wissenssoziologie. Pfaffenweiler: Centaurus.

Milburn, Michael/Conrad, Sheree/Sala, Fabio/Carberry, Sheryl (1995): Childhood punishment, denial and political attitudes, in: Political Psychology 3, S. 447-478.

Minkenberg, Michael (1998): Die neue radikale Rechte im Vergleich. USA, Frankreich, Deutschland, Opladen/Wiesbaden: Westdeutscher Verlag.

Müller, Andreas (2006): Antisemitische Elemente in der Kritik an Israel. Am Beispiel der Berichterstattung über die israelische Invasion im Libanon sowie die erste und zweite Intifada, Magisterarbeit, Manuskript.

Münch, Richard (1992): Die Struktur der Moderne. Grundmuster und differentielle Gestaltung des institutionellen Aufbaus der modernen Gesellschaften, Frankfurt a. M.: Suhrkamp.

Münch, Richard (1995): Dynamik der Kommunikationsgesellschaft, Frankfurt a. M.: Suhrkamp.

Münkler, Herfried (2003): Pax Americana – die USA, ein neues Rom? Historische Vergleiche und ihre Grenzen (Stand 22.01.2009) in: NZZ Online, 23.01.2009, URL: http//www.nzz.ch/2003/29/fe/article8RC7V.html, archiviert unter http://www.webcitation.org/5e3OSnURp.

Narr, Wolf-Dieter (1980): Radikalismus, Extremismus, in: Greiffenhagen, Martin (Hg.): Kampf um Wörter? Politische Begriffe im Meinungsstreit, München/Wien: Hanser, S. 366-375.

Nassehi, Armin/Schroer, Markus (2003) (Hg.): Der Begriff des Politischen, Baden-Baden: Nomos.

Neumann, Franz (1984, zuerst1942): Behemoth: Struktur und Praxis des Nationalsozialismus, Frankfurt a. M.: Fischer.

Nipperdey, Thomas/Rürup, Reinhardt (1972): Antisemitismus, in: Geschichtliche Grundbegriffe. Historisches Lexikon zur politisch-sozialen Frage, hrsg. v. Otto Brunner/Werner Conze/Reinhart Koselleck u. a., Bd. 1, Stuttgart: Klett-Cotta, S. 129-153.

Nowak, Peter (2013): Kurze Geschichte der Antisemitismusdebatte in der deutschen Linken, Münster: Edition Assemblage.

Ó Tuathail, Gearóid (2001): Geopolitik – zur Entstehungsgeschichte einer Disziplin, in: Zeilinger, Einhard u. a. (Hg.): Geopolitik. Zur Ideologiekritik politischer Raumkonzepte. Kritische Geographie 14, Wien: Promedia, S. 9-28.

Oesterreich, Detlef (1993): Autoritäre Persönlichkeit und Gesellschaftsordnung. Der Stellenwert psychischer Faktoren für politische Einstellungen – eine empirische Untersuchung von Jugendlichen in Ost und West, Weinheim/München: Juventa.

Oesterreich, Detlev (1996): Flucht in die Sicherheit. Zur Theorie des Autoritarismus und der autoritären Reaktion, Opladen: Leske+Budrich.

Oesterreich, Detlef (1997): Krise und autoritäre Reaktion. Drei empirische Untersuchungen zur Entwicklung rechtsextremistischer Orientierungen bei Jugendlichen in Ost und West von 1991 bis 1994, in: Gruppendynamik 3, S. 259-272.

Oesterreich, Detlef (1998): Ein neues Maß zur Messung autoritärer Charaktermerkmale. Zeitschrift für Sozialpsychologie 29: S. 56-64.

Oevermann, Ulrich (1986): Kontroversen über sinnverstehende Soziologie. Einige wiederkehrende Probleme und Missverständnisse in der Rezeption der »objektiven Hermeneutik«, in: Aufenanger, Stefan/Lennsen, Margit (Hg.): Handlung und Sinnstruktur. Bedeutung und Anwendung der objektiven Hermeneutik. München: Kindt, S. 19-83.

Oevermann, Ulrich (1991): Genetischer Strukturalismus und das sozialwissenschaftliche Problem der Erklärung der Entstehung des Neuen, in: Müller-Doohm, Stefan (Hg.): Jenseits der Utopie: Theoriekritik der Gegenwart, Frankfurt a. M.: Suhrkamp, S. 267-336.

Oevermann, Ulrich (2001): Zur Analyse der Struktur von sozialen Deutungsmustern, in: Sozialer Sinn, Heft 1, Jg. 2, S. 3-33.

Oevermann, Ulrich (2002): Klinische Soziologie auf der Basis der Methodologie der objektiven Hermeneutik – Manifest der objektiv hermeneutischen Sozialforschung, URL: http://www.ihsk.de/publikationen/-Ulrich_Oevermann-Manifest_der_objektiv_hermeneutischen_Sozialforschung.pdf (Stand: 18.02.2009).

Oevermann, Ulrich/Allert, Tilmann/Konau, Elisabeth/Krambeck, Jürgen (1979): Die Methodologie einer ‚objektiven Hermeneutik' und ihre allgemeine forschungslogische Bedeutung in den Sozialwissenschaften, in: Hans-Georg Soeffner (Hg.): Interpretative Verfahren in den Sozial- und Textwissenschaften, Stuttgart, S. 352-434.

Opielka, Michael (2003): Was spricht gegen die Idee eines aktivierenden Sozialstaats. Zur Neubestimmung von Sozialpädagogik und Soziapolitik, in: Neue Praxis 6/2003, S. 543-547.

Opielka, Michael (2004): Gemeinschaft in Gesellschaft. Soziologie nach Hegel und Parsons, Wiesbaden: VS Verlag.

Orr, Douglass W. (2002, zuerst 1946): Antisemitismus und Psychopathologie des Alltagslebens, in: Simmel, Ernst (Hg.): Antisemitismus, Frankfurt a. M.: Fischer, S. 108-118.

Ostow, Mortimer (1988): Apokalyptische Archetypen in Träumen, Phantasien und religiösen Schriften, in: Jahrbuch Psychoanalyse 23, S. 9-25.

Pallade, Yves (2008): Aktueller Antisemitismus in der Bundesrepublik, in: Helas, Horst/Rubisch, Dagmar/Zilkenat, Reiner (Hg.): Neues vom Antisemitismus: Zustände in Deutschland. Dietz: Berlin, S. 97-106.

Pannwitz, Rudolf (1917), zitiert nach: Faber, Richard (1999): Zwanzigstes Bild: »Der Zersetzer«, in: Schoeps, Julius H./Schlör, Joachim (Hg.): Bilder der Judenfeindschaft. Antisemitismus. Vorurteile und Mythen, Augsburg: Bechtermünz Verlag im Weltbild Verlag.

Parin, Paul (1978, 1963-1978): Der Widerspruch im Subjekt. Ethnopsychoanalytische Studien, Frankfurt a. M.: Syndikat, EVA.

Parsons, Talcott (1942): The Sociology of Modern Anti-Semitism, in: Graeber, Isacque/Henderson, Stuart (Hg.): Jews in a Gentile World, NY.

Parsons, Talcott (1972): Das System moderner Gesellschaften. München: Juventa.

Parsons, Talcott (1993, zuerst 1942): The Sociology of Modern Anti-Semitism, in: Gerhardt, Uta (Hg.): Talcott Parsons on National Socialism, New York: de Gruyter, S. 111-152.

Pau, Petra (2012): Mündliche und schriftliche Anfragen über antisemitismische Straftaten, die dem Phänomenbereich »Politisch motivierte Kriminalität« zugeordnet werden, abrufbar im Internet: www.petrapau.de/-17_bundestag/dcck/down/2012_zf_antisemitische_straftaten.pdf (zuletzt: 16.03.2012).

Paxton, Robert O. (2006): Anatomie des Faschismus, München: DVA.

Payne, Stanley (2001): Geschichte des Faschismus. Aufstieg und Fall einer europäischen Bewegung, Berlin: Propyläen.

Peirce, Charles Sanders (1976): Schriften zum Pragmatismus und Pragmatizismus, Frankfurt a. M.: Suhrkamp.

PewResearchCenter (Hg.) (2008): Unfavorable views of jews and muslims on the increase in Europa, Washington, URL: http://pewglobal.org/reports/pdf/262.pdf (Stand 24.11.2009).

Pfeiffer, Thomas (2002): Für Volk und Vaterland. Das Mediennetz der Rechten – Presse, Musik, Internet, Berlin: Aufbau Taschenbuch.

Pfeiffer, Thomas (2002a): Publikationen und Verlage, in: Grumke, Thomas/Wagner, Bernd (Hg.): Handbuch Rechtsradikalismus. Personen – Organisationen – Netzwerke vom Neonazismus bis in die Mitte der Gesellschaft, Opladen: Leske+Budrich, S. 105-116.

Piaget, Jean (1972, zuerst 1923): Sprechen und Denken des Kindes, Düsseldorf: Schwann.

Pirker, Werner (2003): »Legitime Attacke – Anschlag auf Vizechef des Pentagon knapp gescheitert«, in: Junge Welt, 27.10.2003, S. 3.

Platon (1989): Politeia, Hamburg: Meiner.

Plessner, Helmuth (2003, zuerst 1931): Macht und menschliche Natur, in: ders.: Gesammelte Schriften V, Frankfurt a. M.: Suhrkamp, S. 135-234.

Plessner, Helmuth (2003a, zuerst 1924): Die Grenzen der Gemeinschaft. Eine Kritik des sozialen Radikalismus in: ders.: Gesammelte Schriften V, Frankfurt am Main, Suhrkamp, S. 7-134.

Poliakov, Léon (Hg.) (1992): Vom Antizionismus zum Antisemitismus. Freiburg: ça ira.

Pollock, Friedrich (Hg.) (1955): Das Gruppenexperiment. Ein Studienbericht. Frankfurt a. M.: Europäische Verlagsanstalt.

Postone, Moishe (1995, zuerst 1979): Nationalsozialismus und Antisemitismus. Ein theoretischer Versuch, in: Werz, Michael (Hg.): Antisemitismus und Gesellschaft. Zur Diskussion um Auschwitz, Kulturindustrie und Gewalt, Frankfurt a. M.: Verlag Neue Kritik, S. 29-43.

Postone, Moishe (2005): Deutschland, die Linke und der Holocaust, Freiburg: Ça ira.

Psyche XVI 1962, S. 241-317.

Rabinovici, Doron/Speck, Ulrich/Sznaider, Natan (Hg.): Neuer Antisemitismus? Eine globale Debatte, Frankfurt a. M.: Suhrkamp.

Ratzel, Friedrich (1966, zuerst 1901): Der Lebensraum, Darmstadt: Wissenschaftliche Buchgesellschaft.

Reich, Wilhelm (1986, zuerst 1933): Massenpsychologie des Faschismus, Köln: Kiepenheuer & Witsch.

Reichertz, Jo (1994): »Das stimmt doch hinten und vorne nicht!« Begründung und Überprüfung von Verdacht am Beispiel einer Mordermittlung, in: KrimJournal, S. 123-137.

Reichertz, Jo (1996): Spurenlesen oder Konstruktion? – Über die Lesbarkeit von Tatspuren, in: Reichertz, Jo/Schröer, Norbert (Hg.): Qualitäten polizeilichen Handelns, Opladen: Leske+Budrich, S. 12-34.

Reichertz, Jo (1997). Plädoyer für das Ende einer Methodologiedebatte bis zur letzten Konsequenz, in: Sutter, Tilmann (Hg.): Beobachtung verstehen – Verstehen beobachten, Opladen: Westdeutscher Verlag, S. 98-133.

Reichertz, Jo (2003): Die Abduktion in der Sozialforschung, Opladen: Leske+Budrich.

Reichertz, Jo (2003a): Hermeneutische Polizeiforschung, in: Möllers, Martin/van Ooyen, Robert (Hg.): Jahrbuch Öffentliche Sicherheit, S. 29-56.

Reichertz, Jo /Schröer, Norbert (1994): Erheben, Auswerten, Darstellen. Konturen einer hermeneutischen Wissenssoziologie, in: Schröer, Norbert (Hg.): Interpretative Sozialforschung. Auf dem Weg zu einer hermeneutischen Wissenssoziologie, Opladen: Westdeutscher Verlag, S. 24-55.

Reichertz, Jo/Schröer, Norberg (Hg.): Hermeneutische Wissenssoziologie. Standpunkte zur Theorie der Interpretation, Konstanz: UVK, S. 319-346.

Reiter, Margit (2000): Unter Antisemitismusverdacht. Die Österreichische Linke und Israel nach der Shoah, Insbruck: Studien Verlag.

Renken, Frank (1999/2000): Staatskapitalismus in Rußland – Tony Cliff, in: Sozialismus von unten, Nr. 3, Winter 1999/2000, abrufbar im Internet: www.linksruck.de/artikel_1077.html (zuletzt: 16.03.2013).

Renn, Joachim (2006): Übersetzungsverhältnisse. Perspektiven einer pragmatistischen Gesellschaftstheorie, Weilerswist: Velbrück.

Rensmann, Lars (1998): Kritische Theorie über den Antisemitismus. Studien zu Struktur, Erklärungspotential und Aktualität, Berlin/Hamburg: Argument Verlag.

Rensmann, Lars (2005): Demokratie und Judenbild. Antisemitismus in der politischen Kultur der Bundesrepublik Deutschland, Wiesbaden: VS Verlag.

Rensmann, Lars (2006). Der Nahost-Konflikt in der Perzeption des Rechts- und Linksextremismus, in: Faber, Klaus/Schoeps, Julius H./Stawski, Sascha (Hg.) (2006): Neu-alter Judenhass. Antisemitismus, arabisch-israelischer Konflikt und europäische Politik, Berlin: Verlag für Berlin-Brandenburg, S. 33-48.

Rensmann, Lars (2007): Zwischen Kosmopolitismus und Ressentiment: Zum Problem des sekundären Antisemitismus in der deutschen Linken, in: Brosch, Matthias u. a. (Hg.): Exklusive Solidarität. Linker Antisemitismus in Deutschland, Berlin: Metropol, S. 165-190.

Rippl, Susanne/Kindervater, Angela/Seipel, Christian (2000): Die autoritäre Persönlichkeit: Konzept, Kritik und neuere Forschungsansätze, in: dies. (Hg.): Autoritarismus. Kontroversen und Ansätze der aktuellen Autoritarismusforschung, Opladen: Leske+Budrich, S. 13-30.

Roghmann, Klaus (1966): Dogmatismus und Autoritarismus, Meisenheim a. G.: Hain.

Rosenberg, Hans (1967): Große Depression und Bismarckzeit, Berlin.

Rosenfeld, Herbert (1988, zuerst 1984): Narziss und Aggression, in: Die psychoanalytische Haltung, München/Wien

Rosenfeld, Herbert A. (1981): Zur Psychopathologie des Narzißmus – ein klinischer Beitrag, in: ders. (Hg.): Zur Psychoanalyse psychotischer Zustände, Frankfurt a. M.: Suhrkamp.

Rosenthal, Gabriele (1990): »Als der Krieg kam, hatte ich mit Hitler nichts mehr zu tun«. Zur Gegenwärtigkeit des »Dritten Reiches« in erzählten Lebensgeschichten, Opladen: Leske&Budrich.

Rosenthal, Gabriele (1995): Erlebte und erzählte Lebensgeschichte. Gestalt und Struktur biographischer Selbstbeschreibungen, Frankfurt a. M.: Campus.

Rosenthal, Gabriele (1997) (Hg.): Der Holocaust im Leben von drei Generationen. Familien von Überlebenden der Shoah und von Nazi-Tätern, Gießen: Psychosozial Verlag.

Rürup, Reinhard (1975): Die Judenfrage der bürgerlichen Gesellschaft und die Entstehung des modernen Antisemitismus, Göttingen.

Salzborn, Samuel (2010a): Antisemitismus als negative Leitidee der Moderne. Sozialwissenschaftliche Theorien im Vergleich, München: Campus.

Salzborn, Samuel (2010b): Antisemitismus und Nation. Zur historischen Genese der sozialwissenschaftlichen Theoriebildung, in: Österreichische Zeitschrift für Politikwissenschaft, Heft 4/2010, S. 393-407.

Salzborn, Samuel/Voigt, Sebastian (2011): Antisemiten als Koalitionspartner? Die Linkspartei zwischen antizionistischem Antisemitismus und dem Streben nach Regierungsfähigkeit, abrufbar im Internet: www.salzborn.de/txt/2011_zfp.pfd (zuletzt: 16.03.2013).

Sartre, Jean-Paul (1943): Réflexions sur la question juive, Paris: Gallimard.

Schah, Ahmed (2000): Kommentar: Israel: Bollwerk gegen Antisemitismus, in: Linksruck, Nr. 100, 13.12.2000.

Schandl, Franz (2007): Der Schleier des Abendlands. Erkundungen im Reich des männlichen Blicks. Rechtzeitig zur Integrationsdebatte, in: Freitag 29, URL: www.freitag.de/2007/29/07291701.php (abgerufen 03.01.2009) (archiviert durch WebCite® unter www.webcitation.org/5dYOFLBxZ).

Schäuble, Barbara/Scherr, Albert (2006): »Ich habe nichts gegen Juden, aber...« Widersprüchliche und fragmentarische Formen von Antisemitismus in heterogenen Jugendszenen, in: Fritz Bauer Institut, Jugendbegegnungsstätte Anne Frank (Hg.): Neue Judenfeindschaft? Perspektiven für den pädagogischen Umgang mit dem globalisierten Antisemitismus, Frankfurt a. M./New York: Campus, S. 51-79.

Scheit, Gerhart (2001): »Deutscher Geist – en groß und en detail. Über den Judenhaß im Deutschen Idealismus – anlässlich des neuen Buchs von Micha Brumlik«, in: Konkret 3/2001, URL: http://www.cafecritique.priv.at/brumlik.html (Stand: 24.01.2009), archiviert durch WebCite unter http://www.webcitation.org/5eF7u7WNV.

Scherr, Albert /Schäuble, Barbara (2007): »Ich habe nichts gegen Juden, aber...«, Berlin: Amadeu-Antonio-Stiftung, verfügbar im Internet: http://www.amadeu-antonio-stiftung.de/w/files/pdfs/ich_habe_nichts_2.pdf (Stand 12.09.2008).

Scherr, Albert/Schäuble, Barbara (2008): »Wir« und »die Juden«, in: Berliner Debatte Initial 19, 2008, 1/2, S. 3-14.

Schindel, Robert (2005): Wortsucht, in: ders.: Wundwurzel, Frankfurt am Main: Suhrkamp, S. 10.

Schmidt, Holger J. (2010): Antizionismus, Israelkritik und „Judenknax". Antisemitismus in der deutschen Linken nach 1945, Bonn: Bouvier Verlag.

Schmitt, Carl (1963, zuerst 1932): Der Begriff des Politischen, Berlin: Duncker & Humblot.

Schoeps, Julius H. (Hg.) (1996): Ein Volk von Mördern? Die Dokumentation zur Goldhagen-Kontroverse um die Rolle der Deutschen im Holocaust, Hamburg: Hoffmann und Campe Verlag.

Schoeps, Julius H./Schlör, Joachim (Hg.) (1999): Bilder der Judenfeindschaft. Antisemitismus. Vorurteile und Mythen, Augsburg: Bechtermünz Verlag im Weltbild Verlag.

Schultz, Hans-Dietrich (2001): Geopolitik »avant la lettre« in der deutschsprachigen Geographie bis zum ersten Weltkrieg, in: Zeilinger, Einhard u. a. (Hg.): Geopolitik. Zur Ideologiekritik politischer Raumkonzepte. Kritische Geographie 14, Wien: Promedia, S. 29-50.

Schütz, Alfred (1972): Die Gleichheit und die Struktur der sozialen Welt. In: Gesammelte Aufsätze II. Den Haag: Nijhoff, S. 203-255.

Schütz, Alfred (1993, zuerst 1932): Der sinnhafte Aufbau der sozialen Welt. Eine Einleitung in die verstehende Soziologie. Frankfurt a. M.: Suhrkamp.

Schütz, Alfred/Luckmann, Thomas (2003): Strukturen der Lebenswelt, Konstanz: UVK.

Searle, John (1969): Speech acts: An essay in the philosophy of language, Cambridge, England: Cambridge University.

Shils, Edward A. (1954): Authoritarianism. »Right« and »Left«, in: Christie, Richard/ Jahoda, Marie (Hg.): Studies in the Scope and Method of »The Authoritarian Personality«, Glenoce, IL: Free Press, S. 24-49.

Silbermann, Alphons (1982): Sind wir Antisemiten? Ausmaß und Wirkungen eines sozialen Vorurteils in der Bundesrepublik, Köln: Verlag Wissenschaft und Politik, S. 95-114.

Silbermann, Alphons/ Schoeps, Julius H. (1986) (Hg.): Antisemitismus nach dem Holocaust. Bestandsaufnahme und Erscheinungsformen in deutschsprachigen Ländern, Köln: Verlag Wissenschaft und Politik.

Silberner, Edmund (1949): Was Marx an Anti-Semite?, in: Historia Judaica, 11.Jg./1949, S. 3-52.

Silberner, Edmund (1983): Kommunisten und Judenfrage. Zur Geschichte von Theorie und Praxis des Kommunismus, Opladen: Westdeutscher Verlag.

Simmel, Ernst (2002, zuerst 1946) (Hg.): Antisemitismus, Frankfurt a. M.: Fischer.

Simmel, Ernst (2002, zuerst 1946): Antisemitismus und Massen-Psychopathologie, in: ders. (Hg.): Antisemitismus, Frankfurt a. M.: Fischer.

Simmel, Georg (2006, zuerst 1903): Die Großstädte und das Geistesleben, Frankfurt a. M.: Surhkamp.

Soeffner, Georg (2000): Individuelle Macht und Ohnmacht in formalen Organisationen, in: ders.: Gesellschaft ohne Baldachin. Über die Labilität von Ordnungskonstruktionen, Weilerswist: Velbrück, S. 310-353.

Soeffner, Hans-Georg (2004): Auslegung des Alltags – Der Alltag der Auslegung, Konstanz: UVK.

Sottopietra, Doris (1997): Wissenschaftliche Antisemitismusforschung, in: Österreichische Zeitschrift für Soziologie, 22. Jg., 3/1997, S. 86-97.

Späti, Christina (2006): Die schweizerische Linke und Israel. Israelbegeisterung, Antizionismus und Antisemitismus 1967 und 1991, Essen: Klartext Verlag.

Srubar Ilja (2007e): Marx` Konstruktion sozialer Lebens-Welten, in: ders.: Phänomenologie und soziologische Theorie. Aufsätze zur pragmatischen Lebenswelttheorie, Wiesbaden: VS Verlag.

Srubar, Ilja (1983): Abkehr von der transzendentalen Phänomenologie: Zur philosophischen Position des späten Schütz, in: Grathoff, Richard/Waldenfels, Bernhard (Hg.): Sozialität und Intersubjektivität. München: Fink, S. 68-86.

Srubar, Ilja (1988): Es wurde kein Kalb geschlachtet...Sozialwissenschaftliche Emigration und Deutschland vor und nach 1945, in: Cobet, Christoph (Hg.): Einführung in Fragen an die Soziologie in Deutschland nach Hitler 1945-1950, Frankfurt a. M.: Verlag Christoph Cobet.

Srubar, Ilja (1988): Kosmion. Die Genese der pragmatischen Lebenswelttheorie von Alfred Schütz und ihr anthropologischer Hintergrund, Frankfurt a. M.: Suhrkamp.

Srubar, Ilja (1995): Macht und soziale Institutionalisierung. In: J. Friedrich/B. Westermann (Hg.), Unter offenem Horizont. Zu Plessners Anthropologie der Macht. Zum 100. Geburtstag Helmuth Plessners, Berlin, Max-Planck-Institut für Bildungsforschung. Peter Lang GmbH, Frankfurt a. M.: Europäischer Verlag der Wissenschaften, S. 299-306.

Srubar, Ilja (1996): Neoliberalismus, Transformation und bürgerliche Gesellschaft, in: Balla, Bállint/Sterbling, Anton (Hg.): Zusammenbruch des Sowjetsystems – Herausforderung für die Soziologie, Hamburg: Krämer Verlag, S. 61-80.

Srubar, Ilja (1997): Ist die Lebenswelt ein harmloser Ort? Zur Genese und Bedeutung des Lebensweltbegriffs, in: Wicke, Michael (Hg.)(1997): Konfiguration lebensweltlicher Strukturphänomene. Soziologische Varianten phänomenologisch-hermeneutischer Welterschließlung, Opladen: Leske+Budrich, S. 43-59.

Srubar, Ilja (2001): Longue durée, cyclicity and social transformation, in: Dittrich, Eckhard (Hg.): Wandel, Wende, Wiederkehr. Transformation as epochal change in Central and Eastern Europe: Theoretical concepts and their empirical applicability, Würzburg: Ergon-Verlag, S. 50-66.

Srubar, Ilja (2003): Handeln, Denken, Sprechen. Der Zusammenhang ihrer Form als genetischer Mechanismus der Lebenswelt, in: Wenzel, Ulrich/Bretzinger, Bettina/Holz, Klaus (Hg.): Subjekte und Gesellschaft, Weilerswist: Velbrück, S. 70-116.

Srubar, Ilja (2003a): Alltagskultur als Hintergrund politischen Handelns. Ein Beitrag der »phänomenologischen« Soziologie zur Analyse des Transformationsprozesses postsozialistischer Länder, in: Srubar, Ilja/Vaitkus, Steffen (Hg.): Phänomenologie und soziale Wirklichkeit. Entwicklungen und Arbeitsweisen, Opladen: Leske+Budrich, S. 159-174.

Srubar, Ilja (2005): Die pragmatische Lebenswelttheorie als Grundlage interkulturellen Vergleichs, in: Srubar, Ilja/Renn, Joachim/Wenzel, Ulrich (Hg.): Kulturen vergleichen. Sozial- und kulturwissenschaftliche Grundlagen und Kontroversen, Wiesbaden: Verlag für Sozialwissenschaften.

Srubar, Ilja (2005a): Sprache und strukturelle Kopplung. Das Problem der Sprache in Luhmanns Theorie, in: KZfSS, Heft 4, Jg.57, 2005, S. 599-623.

Srubar, Ilja (2006): Systemischer Materialismus oder Konstitutionsanalyse sinnverarbeitender Systeme? Zwei Wege systemsoziologischer Wissenssoziologie, in: Soziologische Revue, 1/2006, S. 1-12.

Srubar, Ilja (2007): Von der Macht des Kapitals zur Macht der Semiosis. Politische Semantiken als gesellschaftliche Immunisierungsmechanismen, in: Winter, Rainer/v. Zima, Peter (Hg.): Kritische Theorie heute, Bielefeld: transcript, S. 283-302.

Srubar, Ilja (2007a): Woher kommt »das Politische«? Zum Problem der Transzendenz in der Lebenswelt, in: ders. Phänomenologische und soziologische Theorie. Aufsätze zur pragmatischen Lebenswelttheorie, Wiesbaden: VS Verlag, S. 463-489.

Srubar, Ilja (2007b): »Phänomenologische Soziologie« als Theorie und Forschung, in: ders.: Phänomenologische und soziologische Theorie. Aufsätze zur pragmatischen Lebenswelttheorie, Wiesbaden: VS Verlag, S. 225-246.

Srubar, Ilja (2007c): Lebenswelt und Transformation. Zur phänomenologischen Analyse gegenwärtiger Gesellschaftsprozesse, in: ders. Phänomenologische und soziologische Theorie. Aufsätze zur pragmatischen Lebenswelttheorie, Wiesbaden: VS Verlag, S. 511-537.

Srubar, Ilja (2007d): Ethnizität und sozialer Raum, in: ders.: Phänomenologische und soziologische Theorie. Aufsätze zur pragmatischen Lebenswelttheorie, Wiesbaden: VS Verlag, S. 539-560.

Stäheli, Urs (2000): Sinnzusammenbrüche. Eine dekonstruktive Lektüre von Niklas Luhmanns Systemtheorie. Weilerswist: Velbrück.

Stein, Timo (2011): Zwischen Antisemitismus und Israelkritik. Antizionismus in der deutschen Linken, Wiesbaden: VS Verlag.

Steinmetz, Willibald (2007) (Hg.): »Politik«. Situationen eines Wortgebrauchs im Europa der Neuzeit, Frankfurt a. M./New York.

Stern, Frank (1991): Im Anfang war Auschwitz. Antisemitismus und Philosemitismus im deutschen Nachkrieg, Gerlingen: Bleicher Verlag.

Sternhell, Zev/Sznajder, Mario/Asheri, Maia (1999): Die Entstehung der faschistischen Ideologie. Von Sorel zu Mussolini, Hamburg: Hamburger Edition.

Sternhell, Zev (1978): La droite révolutionaire, 1875-1914. Les origines francaises du fascisme, Paris: Seuil.Stöss, Richard (2000): Rechtsextremismus im vereinten Deutschland, Berlin: Friedrich-Ebert-Stiftung.

Sutter, Tilmann (1990): Moral aus der Perspektive der Amoral. Pfaffenweiler: Centaurus.

Sutter, Tilmann (1990a): Die Entzauberung der postkonventionellen Moral, in: Holz, Klaus (Hg.): Soziologie zwischen Moderne und Postmoderne. Untersuchungen zu Subjekt, Erkenntnis und Moral, Gießen: Fokus Verlag.

Sutter, Tilmann (1997a): Einleitung: Beobachten und Verstehen – eine überwundene Differenz, in: Sutter, Tilmann (Hg.): Beobachtung verstehen, Verstehen beobachten. Perspektiven einer konstruktivistischen Hermeneutik. Opladen: Westdeutscher Verlag, S. 11-31.

Taguieff, Pierre-André (1998): Die ideologischen Metamorphosen des Rassismus und die Krise des Antirassismus, in: Bielefeld, Ulrich (Hg.): Das Eigene und das Fremde. Neuer Rassismus in der Alten Welt?, Hamburg: Hamburger Edition, S. 221-268.

Taguieff, Pierre-André (2000): Die Macht des Vorurteils. Der Rassismus und sein Double, Hamburg: Hamburger Edition.

Tajifel, Henri (1982): Gruppenkonflikt und Vorurteil, Bern: Huber.

Tönnies, Ferdinand (1963, zuerst 1887): Gemeinschaft und Gesellschaft, Darmstadt: Wissenschaftliche Buchgesellschaft.

Ullrich, Peter (2008): Neuer Antisemitismus von links?, in: Berliner Debatte Initial 19, 2008, S. 57-69.

Ullrich, Peter (2008): Die Linke, Israel und Palästina. Nahostdiskurse in Großbritannien und Deutschland, Berlin: Dietz.

Ullrich, Peter/Werner, Alban (2011): Ist »DIE LINKE« antisemitisch? Über Grauzonen der »Israelkritik« und ihre Kritiker, in: Zeitschrift für Politik 58 (4), S. 424-441.

Van Helsing, Jan (1995): Geheimgesellschaften und ihre Macht im 20. Jahrhundert, Ewert Verlag (in Deutschland indiziert).

Vobruba Georg (1983): Gemeinschaftsbewusstsein in der Gesellschaftskrise, in: ders. (Hg.): »Wir sitzen alle in einem Boot«. Gemeinschaftsrhetorik in der Krise, Frankfurt a. M./New York: Campus, S. 9-35.

Vobruba, Georg (1986): Die populistische Anrufung der Gemeinschaft, in: Dubiel, Helmut (Hg.): Populismus und Aufklärung, Frankfurt a. M.: Suhrkamp, S. 221-247.

Vobruba, Georg (1991): Moderne, Modernisierung, Sozialpolitik, Diskussionspapier, 4-91, Hamburger Institut für Sozialforschung, abrufbar im Internet: (Stand: 29.09.2008).

Vobruba, Georg (1997): Autonomiegewinne. Sozialstaatsdynamik, Moralfreiheit, Transnationalisierung, Wien: Passagen.

Vobruba, Georg (2002): Freiheit und soziale Sicherheit. Autonomiegewinne der Leute im Wohlfahrtstaat, Arbeitspapier des Instituts für Soziologie der Universität Leipzig, Nr. 29, August 2002.

Vobruba, Georg (2002a): , in: Allmendinger, Jutta (Hg.): Entstaatlichung und soziale Sicherheit. Verhandlungen des 31. Kongresses der deutschen Gesellschaft für Soziologie in Leipzig 2002, Opladen: Leske+Budrich, S. 163-176.

Vobruba, Georg (2003): Kritik an der Gesellschaft in der Gesellschaft, in: Psarros, Nikos/Stekeler-Weithofer Pirmin/Vobruba, Georg (Hg.): Die Entwicklung sozialer Wirklichkeit. Auseinandersetzungen mit der historisch-genetischen Theorie, Weilerswist: Velbrück.

Vobruba, Georg (2007): Kritik der Europakritik. Die intellektuelle Perspektive auf die europäische Integration, in: Eurozine, URL: http://www.eurozine.com/articles/2007-09-03-vobruba-de.html (Stand: 10.02.2009), archiviert durch WebCite® unter http://www.webcitation.org/5eU9AJpKJ.

Vobruba, Georg (2008): Freiheit. Autonomiegewinne der Leute im Wohlfahrtsstaat, in: Lessenich, Stephan (Hg.): Wohlfahrtsstaatlichen Grundbegriffe. Historische und aktuelle Diskurse, München: Campus, S. 137-156.

Vobruba, Georg (2008a): Gestaltung und Kritik der Gesellschaft. Zur Soziologie der Intellektualität, in: Sigmund, Steffen/Albert, Gert/Bienfait, Agathe/Stachura, Mateusz (Hg.): Soziale Konstellation und historische Perspektive. Festschrift für M. Rainer Lepsius, Wiesbaden: VS Verlag, S. 405-426.

Vobruba, Georg (2009): Die Gesellschaft der Leute. Kritik und Gestaltung der sozialen Verhältnisse, Wiesbaden: VS Verlag (Manuskript).

Volkov, Shulamit (1994): Die Juden in Deutschland 1780-1918, München.

Volkov, Shulamit (2000, zuerst 1990): Antisemitismus als kultureller Code, in: ders., München: Verlag C. H. Beck, S. 13-36.

Volkov, Shulamit (2000a, zuerst 1990): Das geschriebene und das gesprochene Wort. Über Kontinuität und Diskontinuität im deutschen Antisemitismus, in: ders.: Antisemitismus als kultureller Code, München: Verlag C. H. Beck, S.54-75.

Von Stein, Lorenz (1855, zuerst 1850): Der Begriff der Gesellschaft und die sociale Geschichte der französischen Revolution bis zum Jahre 1830, Leipzig: Wigand.

Wacker, Ali (1979): Zur Aktualität und Relevanz klassischer psychologischer Faschismustheorien – Ein Diskussionsbeitrag, in: Paul, Gerhard/Schoßig, Bernhard (Hg.): Jugend und Neofaschismus: Provokation oder Identifikation? Frankfurt a. M.: Europäische Verlagsanstalt, S. 105-138.

Wagner, Gerhard (1999): Herausforderung Vielfalt. Plädoyer für eine kosmopolitische Soziologie, Konstanz: UVK.

Wamper, Regina (2008): Das Kreuz mit der Nation. Christlicher Antisemitismus in der Jungen Freiheit, Münster: Unrast Verlag.

Weber, Andreas (2005): Subjektlos. Zur Kritik der Systemtheorie, Konstanz: UVK.

Weber, Max (1980): Wirtschaft und Gesellschaft, Tübingen: Siebeck/Mohr.

Weisenbacher, Uwe (1993): Moderne Subjekte zwischen Mythos und Aufklärung. Differenz und offene Rekonstruktion. Pfaffenweiler: Centaurus.

Weiss, Hilde (1984): Antisemitische Vorurteile in Österreich nach 1945. Theoretische und empirische Analysen, Wien: Braumüller.

Weiss, Hilde (1986): Antisemitische Vorurteile in Österreich nach 1945. Ergebnisse empirischer Forschungen, in: Silbermann, Alphons/Schoeps, Julius H. (1986) (Hg.): Antisemitismus nach dem Holocaust. Bestandsaufnahme und Erscheinungsformen in deutschsprachigen Ländern, Köln: Verlag Wissenschaft und Politik, S. 53-70.

Weiss, Hilde (1994): Latenz und Aktivierung antisemitischer Stereotype und Ideologien in Österreich, in: Kulke, Christine/Lederer, Gerda (Hg.): Der gewöhnliche Antisemitismus. Zur politischen Psychologie der Verachtung, Pfaffenweiler: Centaurus, S. 105-124.

Weiss, Hilde (1994a): Latenz und Aktivierung antisemitischer Stereotype und Ideologien in Österreich, in: Kulke, Christine/Lederer, Gerda (Hg.): Der gewöhnliche Antisemitismus. Zur politischen Psychologie der Verachtung, Pfaffenweiler: Centaurus, S. 105-124.

Weiß, Volker (2005): »Volksklassenkampf« – Die antizionistische Rezeption des Nahostkonflikts in der militanten Linken der BRD, in: Zuckermann, Moshe (Hg.): Antisemitismus Antizionismus Israelkritik. Tel Aviver Jahrbuch für deutsche Geschichte XXXIII, Göttingen: Wallstein Verlag, S. 214-238.

Weiß, Volker (2007): Etwas mehr Kopftuch für deutsche Mädel, in: F.A.Z., 21.08.2007, Nr. 193, S. 36.

Weiß, Volker (2008): Droht ein Bündnis mit Islamisten?, in: Dornbusch, Christian/ Virchow, Fabian (Hg.): 88 Fragen und Antworten zur NPD. Weltanschauung, Strategie und Auftreten einer Rechtspartei – und was Demokraten dagegen tun können, Schwalbach: Wochenschau Verlag, S. 259-262.

Weiß, Volker (2009): Moderne Antimoderne. Arthur Moeller van den Bruck und der Konservatismus in der Moderne, Dissertationsschrift, Manuskript.

Weiß, Volker (2012): Moderne Antimoderne. Arthur Moeller van den Bruck und die Transformation des Konservatismus in Deutschland, Paderborn/München/Wien/Zürich: Ferdinand Schöningh Verlag.

Wermke, Matthias u. a. (2001) (Hg.): Duden. Herkunftswörterbuch. Etymologie der deutschen Sprache, Bd. 7, Mannheim/Leipzig/Wien/Zürich: Dudenverlag.

Wetzel, Juliane (2008): Entwicklungen seit der Berliner Antisemitismus-Konferenz 2004, in: Helas, Horst/Rubisch, Dagmar, Zilkenat/Reiner (Hg.): Neues vom Antisemitismus: Zustände in Deutschland, Dietz: Berlin, S. 97-106.

Weyand, Jan (2006): Zum Stand kritischer Antisemitismusforschung, in: Benz, Wolfgang (Hg.): Jahrbuch für Antisemitismusforschung 15, S. 233-258.

Whang, M. (1962): Psychoanalytische Betrachtungen zur Dynamik und Genese des Vorurteils, des Antisemitismus und des Nazismus, in: Psyche XVI, S. 273-284.

Widerstand.info (2006): »»Nationaler Medienverbund« stellt Arbeit ein – Regionale Mediengruppen werden aktiv«, 8.11.2006, URL: http://www.-widerstand.info/58/nationaler-medienverbund-stellt-arbeit-ein-regionale-mediengruppen-werden-aktiv/ (Stand 14.09.2009).

Wiggershaus, Rolf (1986): Die Frankfurter Schule. Geschichte – Theoretische Entwicklung – Politische Bedeutung. München/Wien: Hanser.

Wildmann, Daniel (1998): Begehrte Körper. Konstruktion und Inszenierung des »arischen Männerkörpers« im »Dritten Reich«, Würzburg: Königshausen und Neumann.

Winkler, Jürgen R. (2000): Rechtsextremismus: Gegenstand, Erklärungsansätze, Grundprobleme, in: Schubarth, Wilfried/Stöss, Richard (Hg.): Rechtsextremismus in der Bundesrepublik Deutschland: Eine Bilanz, Bonn: Bundeszentrale für Politische Bildung, S. 38-68.

Winock, Michel (2003): Das Jahrhundert der Intellektuellen, Konstanz: UVK.

Wirth, Uwe (2002) (Hg.): Performanz. Zwischen Sprachphilosophie und Kulturwissenschaften, Frankfurt a. M.: Suhrkamp.

Wittenberg, Reinhard (2000): Antisemitische Einstellungen in Deutschland zwischen 1994 und 1998, in: Kölner Zeitschrift für Soziologie und Sozialpsychologie, Jg. 52, 1/2000, S. 118-131.

Wittenberg, Reinhard/Schmidt, Manuela (2003): Antisemitische Einstellungen in Deutschland in den Jahren 1994 und 2002. Eine Sekundäranalyse repräsentativer Bevölkerungsumfragen aus den Jahren 1994, 1996, 1998 und 2002, in: Benz, Wolfgang (Hg.): Jahrbuch für Antisemitismusforschung 13, Berlin 2004, S. 161-183.

Wodak, Ruth u. a. (1990): »Wir sind alle unschuldige Täter«, Frankfurt a. M.: Suhrkamp.

Ziege, Eva (1995): Die Mörder der Göttinnen, in: Schoeps, Julius H./Schlör, (Hg.): Antisemitismus. Vorurteile und Mythen, München: Piper, S. 180-195.

Ziege, Eva-Maria (2005): Die Bedeutung des Antisemitismus in der Rezeption der Muterrechtstheorie, in: A. G. Gender-Killer (Hg.): Antisemitismus und Geschlecht. Von »effeminierten Juden«, »maskulinisierten Jüdinnen« und anderen Geschlechterbildern, Münster: Unrast.

Anhang

Anhang

A1. Primärquellen
Dargestellte Sequenzanalysen

A.1.1 Übersicht

Text 1: »Geistiger Giftpilz der Gemeinschaftszersetzung« (Deutsche Stimme, August 2004) (DS, Jg. 29, Aug. 2004, Nr. 8, S. 16, Autor: Jürgen Gansel)

Text 2: »Wir sind schon wieder schuld« (Nation & Europa, Februar 1991) (Nation & Europa, 41.Jg., Heft 2, Februar 1991, S. 8/9, Autor: Adolf von Thadden) (NZ, Nr. 44, 29. Oktober 1993, S. 3/4, Autor: Dr. Gerhard Frey)

Text 3: »Heitmanns Verdammung« (National-Zeitung – Deutsche Wochen-Zeitung, Oktober 1993

Text 4: »Der Kampf gegen den Weltfeind!« (Fahnenträger, Frühlingsausgabe 2003) (Fahnenträger, Frühlingsausgabe 2003, S. 43, keine Autorenangabe)

Text 5: »Auge um Auge« (Junge Freiheit, Oktober 2001 (JF, Jg. 16, Nr. 44/01, 26. Oktober 2001, S.2, Autor: Michael Wiesberg)

Text 6: »Die Logik des Terrors« (Junge Freiheit, 17. August 2001) (JF, 17. August 2001, S. 1, Autor: Michael Wiesberg)

Text 7: »Heute tolerant und morgen fremd im eigenen Land! « (NPD, 20. Oktober 2007) (Redebeitrag, Autor: Jürgen Gansel, Internetseite der NPD: www.npd.de, zuletzt abgerufen: 17.02.2009)

Text 8: »Jeder Kritiker Israels, ein Antisemit?« (Rote Fahne, 18. April 2002) (RF, Nr. 16/02, 18. April 2002, Autorin: Anna Bartholomé)

Text 9: »Einen anderen Zionismus gibt es nicht« (Junge Welt, 24. April 2002) (JW, 24. April 2002, Autor: Werner Pirker)

Text 10: »Frieden in Nahost: In weiter Ferne?« (Linksruck, 28. Januar 2003) (Linksruck, Nr. 146, 28. Januar 2004, S. 8, Autor: Jan Maas)

Text 11: » Tage des Zorns« (So oder So, Herbst 2000) (SooderSo, Herbst 2000, S. 10/11, Autor: Hans Lebrecht, Peter Schäfer und ohne Angabe)

Text 12: » „Höre Israel!" – Höre Europa!" « (SandimGetriebe, SiG 45, 20. Juli 2005) (SiG, Nr. 45, S. 26, Autorin: Ellen Rohlfs)

Text 13: » Krieg gegen den Imperialistischen Krieg « (Radikal, Mai 1991) (Radikal, Nr. 143, Mai 1991, S. 46, Autor: Revolutionäre Zellen)

A.1.2 Primärquellen

Ideengeschichte

Geistiger Giftpilz der Gemeinschaftszersetzung

Vor 35 Jahren verstarb mit Theodor W. Adorno einer der Hauptvertreter der Frankfurter Schule"

Von Jürgen W. Gansel

Im August 1969 starb Theodor W. Adorno auch an den tiefen Kränkungen und maßlosen Enttäuschungen, die ihm die linksradikale Studentenbewegung zufügte, die er zusammen mit den meist jüdischen Großhirnen der "Frankfurter Schule" selbst herangezüchtet hatte. Im Falle Adornos – der eigentliche Name ist Theodor Wiesengrund – hat die 68er Revolution förmlich einen ihrer Erzväter gefressen, was angesichts seines bis in unsere Tage nachwirkenden Zersetzungswerkes durchaus mit Genugtuung aufgenommen werden kann.

Die Frankfurter Schule hatte den Ausspruch Karl Marx': "Die Philosophen haben die Welt nur verschieden interpretiert, es kommt aber darauf an, sie zu verändern" reaktualisiert und damit bei Teilen der Studentenschaft wild-utopische Ziele und revolutionäre Ansprüche genährt. Deshalb rückten 1969 Marx Horkheimer und Adorno immer mehr in die Kritik ihrer Jünger: der erste, weil er seine Aufgabe zunehmend nur noch darin sah, das Institut für Sozialforschung finanziell abzusichern und deshalb zu Zugeständnissen an die bundesrepublikanischen Verhältnissen bereit war, der zweite, weil er seine eigentliche Aufgabe in der Problemreflexion und nicht im Revoluzzertum sah. Hinzu kam, daß Adorno einer bildungsbürgerlichen Familie entstammte und trotz seiner traditionsfeindlichen Emanzipationsideologie an einem konservativen, teilweise sogar elitären Kulturbegriff festhielt.

Als im Januar 1969 das Institut durch fanatisierte

Studenten besetzt wurde, rief Adorno, dieser akademische Hetzer gegen die "autoritäre Persönlichkeit", ganz autoritär nach der unter Faschismusverdacht gestellten Staatsmacht. Gegen seinen beteiligten Doktoranden Hans-Jürgen Krahl erstattete er Strafanzeige wegen Hausfriedensbruchs. In der Folgezeit wurden die Vorlesungen des in den Ruch der Reaktion geratenen Altmeisters systematisch gestört. Angefeuert durch den Emanzipationssalbader seiner Schriften "Dialektik der Aufklärung" und "Minima Moralia" stürmten im April 1969 Studentinnen seine Vorlesung, verteilten Flugblätter mit der Losung "Adorno als Institution ist tot" und entblößten ihre Brüste neben dem hilflos am Rednerpult stehenden Adorno. Bald darauf starb er, der die studentischen Anfeindungen als Rückfall ins Unaufgeklärte auffaßte; das zweite Haupt der Frankfurter Schule, Max Horkheimer, zog sich ernüchtert ins Tessin zurück.

Angefangen hatte aus Sicht linksgestrickter Aufklärungsfetischisten alles hoffnungsvoller: 1903 wurde Theodor Wiesengrund als Kind eines jüdischen Weingroßhändlers und einer Korsin in Frankfurt am Main geboren. 1921 begann er ein Studium der Philosophie, Musikwissenschaften und Psychologie, dem Promotion und Habilitation folgten.

Seit 1930 war Adorno Assistent am Frankfurter Institut für Sozialforschung, dessen Gründung 1923 der jüdische Millionärssohn Felix Weil finanziert hatte. Zusammen mit Max Horkheimer, Herbert Marcuse und Friedrich Pollock, allesamt Söhne reicher jüdischer Väter, machte Adorno das Institut schon zu Weimarer Zeiten zu einer neomarxistischen und neofreudianischen Denkschule, d.h. die "Kritische Theorie" verband in ihrer Gesellschaftstheorie sozioökonomische Auffassungen des Juden Karl Marx mit der Psychoanalyse des Juden Sigmund Freud. Mit scheinhumanitären Forderungen nach Demokratisierung, Emanzipation und Aufklärung rührten diese Köche eine ganz und gar nicht koschere Speise an: einen Giftfraß, der die inneren Organe und das Gehirn des deutschen Volkskörpers angreifen sollte. Die Kritische Theorie war nichts anderes als eine Theorie der radikalen Verneinung jeder gewachsenen Ordnung in Staat, Volkstum, Kultur und Erziehung. Überwölbt wurde dieses Programm von dem Pathos einer neuen Menschheitsbefreiung von Autoritäten und Ungleichheiten kraft der aufklärerischen Vernunft.

Nach der "nationalen Erhebung" 1933 wurde das Institut folgerichtig wegen "staatsfeindlicher Umtriebe" geschlossen. Adorno emigrierte mit seinen Gesinnungsgenossen in die USA, wo Horkheimer die Frankfurter Destruktions-Einrichtung als "Institute of Social Research" fortführte. In den amerikanischen Jahren entstanden dann Adornos Hauptwerke "Studien zum autoritären Charakter", "Minima Moralia" und die "Dialektik der Aufklärung".

Mit Verve machte er sich an eine Studie über die "autoritäre Persönlichkeit", der er den "demokratischen Menschen" entgegensetzte. Anstoß dafür war die historische Niederlage der Arbeiterbewegung in den "faschistischen" Ländern und die Anfälligkeit kleinbürgerlicher Massen für die Propaganda der rechtsautoritären Bewegungen gewesen. Adorno versuchte - teilweise geradezu grotesk - Erkennungsmerkmale des autoritären Typus aufzudecken, die den US-Besatzungsbehörden später als Orientierungshilfe bei der Umerziehung der Deutschen und der Vergabe von Medienlizenzen dienten. Mit der Einbeziehung der Psychoanalyse in die Soziologie - konkret anhand der Beantwortung von Interviewfragen - glaubte Adorno, den potentiellen Faschisten und Antisemiten entlarven zu können. Die Aussage etwa: "Es wird immer Kriege und Konflikte geben, die Menschen sind nun einmal so", wird in der Studie ernsthaft als Indikator für die autoritäre Persönlichkeit angeführt. Jeder befragte

Durchschnittsamerikaner erzielte so spielend leicht Höchstwerte auf der Faschismus-Skala.

In "Minima Moralia" legte Adorno dar, daß die "Barbarei" des Nationalsozialismus nicht gleichsam über Nacht entstanden, sondern ein nicht unerwartetes Entwicklungsprodukt der bürgerlichen Gesellschaft sei. Auch nach der Vernichtung des Nationalsozialismus steuere die westliche Gesellschaft nicht auf das Marxsche "Reich der Freiheit" zu, sondern auf einen Zustand global organisierter Unmündigkeit in einer verwalteten Welt, in der die Freiheit und Würde des menschlichen Subjekts liquidiert werde.

In "Minima Moralia", erst recht aber in der "Dialektik der Aufklärung", stößt man auf eine Ambivalenz des Theoriewerkes: das Nebeneinander von teilweise bestechender Gesellschaftsanalyse und völlig verkorkster ideologischer Interpretation. Die "Dialektik der Aufklärung" ist doppelbödig, weil sie eine teils richtige Krankheitsdiagnose mit völlig falschem Therapieansatz verbindet. Wer will etwa nicht in die Kritik der westlichen "Kulturindustrie" und Konsumgesellschaft einstimmen, die den Menschen in Manipulation und Ohnmacht gefangenhalten? Wer will ernsthaft die unerträglich hohen Kosten des kapitalistischen Fortschrittsprozesses leugnen, wer das kalte Nützlichkeitskalkül durch die "instrumentelle Vernunft" gutheißen?

Die "Dialektik der Aufklärung" ist ein düsterer Abgesang auf den liberalkapitalistischen Fortschrittsglauben. Sie ist eine Protestschrift gegen die liberalen Optimisten, die das Erbe der Aufklärung auch unter den Bedingungen der Spätmoderne noch gesichert glauben. Die harsche, oft einen Ton der Hoffnungslosigkeit anschlagende Gesellschaftskritik und die negative Geschichtsphilosophie nimmt Anleihen bei den großen Demokratie-Skeptikern und Kulturpessimisten vom Schlage eines Thomas Hobbes, Alexis de Tocqueville oder Oswald Spengler. Die

Grundthese lautet: In einem dialektischen Prozeß ist die
Aufklärung, die immer als mit Freiheit verbunden
aufgefaßt wird, in ihr Gegenteil umgeschlagen. Freiheit
von Unterdrückung sei in die Unfreiheit einer verwalteten
Welt umgekippt, Mündigkeit in die Unmündigkeit der
Konsumenten und Mediennutzer. Schließlich erweise sich
"Aufklärung als Massenbetrug".

So stark die düstere Prophetie auch eine gewisse
Verwandtschaft zu "rechten" Denkfiguren aufweist, so
entschieden man die Kritik an der westlichen
Konsumgesellschaft aus dem Geist der Kulturkritik teilen
muß, bleibt ein Trennungsstrich doch deutlich zu ziehen:
die grundfalsche Prämisse der Aufklärung vom
autonomen Individuum. Das, was Adorno gerne als
Medizin gegen die neuerliche Entfremdung und
Entmündigung des Menschen verschreiben würde, ist das
eigentliche Gift. Wer sich wie Adorno und seine Mitstreiter
vom Institut für Sozialforschung die Zerstörung der
Identität, Halt und Zusammengehörigkeit stiftenden
Volksgemeinschaft aufs Panier geschrieben hat, darf sich
doch nicht verwundert die Augen reiben, wenn die
entwurzelten Einzelnen plötzlich zum manipulierbaren
Spielball anonymer Machtstrukturen und eines
Verblödungsregimes werden. Denn wo das Volk zerstört
wird, stirbt die Gemeinschaft, wo die Gemeinschaft
zerstört wird, stirbt die Kultur und wo die Kultur zerstört
wird, stirbt der Einzelne. Vernunftfrommer
Individualismus führt zwangsläufig zum Kollektivismus
der heruntemivellierten Masse. Nicht ein Mehr an Freiheit
und Autonomie ist die Lösung für die teilweise richtig
diagnostizierte Gesellschaftslage, sondern die
Wiedereinwurzelung der verstreuten menschlichen
Sozialatome in die sinnstiftende Volksgemeinschaft. Auch
in seinem gefeierten Hauptwerk, das er zusammen mit
Horkheimer verfaßte, kann Adorno nicht von Reflexionen
über den Antisemitismus ablassen. Judenfeindschaft
interpretierte er als Haß der Herrscher und Beherrschten

auf eine kleine Gruppe, die Träger einer menschheitsbeglückenden Utopie sei. In diesem Sinne ist die "Dialektik der Aufklärung" auch ein unappetitlich jüdisches Buch.

Im Jahr 1949 kehrte Theodor W. Adorno nach Frankfurt zurück, wo er das neueröffnete Institut für Sozialforschung mitleitete und an der Universität Philosophie und Soziologie lehrte. Das niedergeworfene Deutschland war für die Frankfurter Schule ein ideales Laboratorium, um die Sprengkraft ihrer antiautoritären, egalitären und universalistischen Ideologie zu testen. Durch die Heranzüchtung des "demokratischen Menschen", der sich vom "falschen Bewußtsein" freigemacht hatte, sollte vor allem der Nährboden von Faschismus und Antisemitismus ausgetrocknet werden. Für Deutschland hieß das, einen totalen Bruch mit der nationalen Vergangenheit und die Diffamierung des deutschen Wesens ins Werk zu setzen, denn der demokratische Mensch sollte auch ein antinationaler Neurotiker sein.

Im April 1966 hielt Adorno deshalb im Hessischen Rundfunk seinen Vortrag "Erziehung nach Auschwitz", der Wesentliches seines pathogenen Denkens enthielt, das wirklich nur dem Gemeinschaftshaß des entwurzelten jüdischen Intellektuellen entspringen konnte. Schon die Wortwahl verriet den geifernden Hasser, hinter dem der Wissenschaftler völlig verschwindet. Die Rede war von "Nazimonstren", dem "sadistisch-autoritären Grauen" und der "Entbarbarisierung". An anderer Stelle meinte er, nach Auschwitz ein Gedicht zu schreiben, sei barbarisch. Mit einem solchen, akademisch aufpolierten Neurotisierungsprogramm mußte Adorno zum Säuligenheiligen der Umerziehungsrepublik werden. Der Giftpilz starb vor 35 Jahren, das Gift wirkt noch heute.

Quelle: Deutsche Stimme (August 2004)

A7

Ideengeschichte

Geistiger Giftpilz der Gemeinschaftszersetzung

Vor 35 Jahren verstarb mit Theodor W. Adorno einer der Hauptvertreter der »Frankfurter Schule«

Im August 1969 starb Theodor W. Adorno auch an den tiefen Kränkungen und müßigen Einmischungen, die ihm die linksradikale Studentenbewegung zufügte. Auch wenn diese akademischen Großinquisitoren nicht mehr gläubig auftraten, so erreichten sie der Frankfurter Schule selbst hervorgebracht hatte. Im Falle Adornos – der eigentliche Name ist Theodor Wiesengrund – hat die 68er Revolution förmlich einen ihrer Erzväter gefressen, wie angesichts seines bis in unsere Tage nachwirkenden Zersetzungswerkes durchaus mit Genugtuung aufzunehmen ist. Die Philosophen haben die Welt »Die Philosophen haben die Welt nur verschieden interpretiert, es kommt aber darauf an, sie zu verändern«, ein radikaltaumelndes Zitat bei Karl Marx, das bei Teilen der Studentenschaft wild-utopische Ziele und revolutionäre Ausprüche gesandt. Deshalb richteten 1969 Marx-Horkheimer und Adorno einer ähnlichen Verwünschung erfuhr. Hinzu kam, daß Adorno einer bildungsbürgerlichen Familie entstammte und trotz seiner traditionsfeindlichen Emanzipationsideologie an einem konservativen, feinsinnigen und gebildeten Kulturerbe festhielt.

Als im Januar 1969 das Institut durch finanzierte Studenten besetzt wurde, rief Adorno, dessen akademische Hetzer gegen die autoritäre Persönlichkeit, ganz materiell nach der unter Faschismus-Schlagworten geschundenen Staatsgewalt. Gegen seinen ehemaligen Doktoranden Hans-Jürgen Krahl erstattete er Strafanzeige wegen Hausfriedensbruchs. In den Folgezeit wurden die Vorlesungen der Reaktion geradezu in das Buch der Reaktion gerissen. Adornos »Altmeister« geschlossen. Sein Einsichtenverhalten Kollegen, sein Schriften »Dialektik der Aufklärung« und »Minima Moralia« stützten im April 1969 Maskierte seine Vorlesung, verteilten ein »Adorno als Institution ist tot« und Flugblätter mit der Losung und enthüllten ihre Brüste neben

dem hilflos am Rednerpult stehenden Adorno. Bald darauf starb er, der die sustenischen Anfeindungen als Rückfall ins Unaufgeklärte auffaßte, im Urlaub in der Schweiz, zog sich zurück ins Tessin zurück.

Angefangen hatte aus Sicht linksgestrickter Aufklärungsfetischisten alles hoffnungsvoller: 1903 wurde Theodor im Grund als Kind eines jüdischen Weingroßhändlers und einer Korsin in Frankfurt am Main geboren. 1921 begann er ein Studium der Philosophie, Musikwissenschaft und Psychologie, dem die Promotion und Habilitation folgten.

Seit 1930 war Adorno Assistent am Frankfurter Institut für Sozialforschung, dessen Gründung 1923 auf das jüdische Millionärserbe Felix Weil finanziert hatte. Zusammen mit Max Horkheimer, Herbert Marcuse und Friedrich Pollock, allesamt Söhne reicher jüdischer Väter, machte Adorno das Institut schon in der Weimarer Zeit zu einer meinungsstark gemoderen sozialistischen Denkschule, d.h. die »Kritische Theorie« verband in der Gesellschaftstheorie sozialökonomische Auffassungen des Juden Karl Marx mit der Psychoanalyse des Juden Sigmund Freud. Mit diesem Mischmasch-Forderungen nach Demokratisierung, Emanzipation und Aufklärung rührten diese Köche eine ganz neue und nicht unbesondere Speise an, einen Giftpilz, der die unseren Organismus der Gelehrten des deutschen Volkskörpers bereits heute ze-mmindest anhaltend infiltriert hat, wenn nicht sogar schon geradezu befallen hat. Ungeklärte gewesen: Ungleichartiges kraft der aufklärerischen Vernunft.

Nach der sustenischen Erhebung 1933 wurde das Institut folgerichtig wegen »staatsfeindlicher Umtriebe« geschlossen. Adorno emigrierte zu seinen Lehrer-Kollegen in die USA, wo Horkheimer der Frankfurter Denken-tradition-Einschätzung als »Institute of Social Research« fortführte. In den amerikanischen Jahren entstanden dann Adornos Hauptwerke »Studien zum autoritären Cha-

rakter«, »Minima Moralia« und die »Dialektik der Aufklärung«. Mit ihren machte er sich zu einem der bekanntesten Vertreter der linksintellektuellen Persönlichkeit, der er seinem nicht linksdenkenden Zeitgenossen ein »faschistischer« Gehabe unterstellte. Für Adorno waren Nichtlinke, die Bourgeoisie oder das radikalisierte Kleinbürgertum, Geburtenhelfer der Propaganda oder Konsum in Bewegungen gewesen. Adornos »vasallenfaschistische« Geradezu groteske – Erkenntnisweise den »autoritären« Typus aufzufinden, das die US-amerikanische Gesellschaft als »Ordensburg« der Deutschen und die Vergabe von Medikationen dienten. Mit der Einbeziehung der Psychoanalyse in die Soziologie – konkret anhand der Beantwortung von Fragenkatalogen – glaubte Adorno, den peinlichen Vorwurf antisemitisch auf die westlichen Kulturentfälten-entfalten zu können. Die Aussagen etwa »Es wird immer Kriege und Konflikte geben, die Menschen sind nun einmal so«, so wird in der Studie demonstrativ als Indikator für die faschistische Persönlichkeit gesehen. Jeder Befragte öder schuldtraumatisiert erzielte den »außerordentlich bockigen, leicht schwerkranken Deutsch-fall« in den »autoritären Kranken-fallen« wie der »Barbarei der Faschismus-Skala«.

In »Minima Moralia« legte Adorno dar, daß die Aufklärung

auf den liberalkapitalistischen Forschungsstrukturen. Sie ist eine Provokation für die liberalen Optimisten, die das Ende der Aufklärung auch unter den Bedingungen der Spätmoderne noch gesichert glauben. Die baruche, offenkundige ein Ton der Hoffnungslosigkeit anschlagende Gesellschaftskritik und die negative Geschichtsphilosophie nimmt Anleihen bei den großen Denker Thomas Hobbes, Alexis de Tocqueville oder Oswald Spengler. Die Grundthese lautet: In einem dialektischen Prozeß ist die Aufklärung, die immer als mit Freiheit, Erwachsenheit und Mündigkeit im Gegensatz verwandten Welt umschlägt. Freiheit wo Unterdrückung sei in die Unfreiheit an der verwalteten Welt umschlägt. Mündigkeit in die Unmündigkeit der Konsumeters und Medien-nutzer. »Aufklärung als Massenbetrug« so nannte die diese Prophetie

schaft und eine große Verwundschaft und die die Verwand-schutzenden Denkfiguren aufweist, an der Kritik an der westlichen Konsumkultur der Gesellschaft gewinnt. Adornos in Transzendenz doch deutlich auf jüden-die grundsätzliche Feindseligkeit der Aufklärung von autonomen Individuum. Daß, wie Adornos zu gerne als Medizin gegen die verwaltete Freilassungen und Entwürdigungen unter seiner Mitmenschen würde, ist das eigentliche Gift. Wo es wie Adorno und sein Mitstreiter von Machtgewalt Sozialbetrachtung der Zersetzung der Identität, Halt und Zusammengehörigkeit jene offenbaren Verlust, daß der einzeln nicht verwandert die Augen oben, sondern plötzlich eine manipulierten Spielballung seiner Machtmachern und eines Verbindlichkeitsgrundes wird. Denn wo gestalt zerstört wird, stürzt die Gemeinschaft zerstört wird, stürzt die Kultur und die Kultur zerstört wird, sieht der Einzelne, Verfahrensumformender Individualismus ihn zwangsläufig zum Kollektiv mit zwanghafter oder sonstigen Massen. Nicht mehr an Freiheit und Autonomie ist die Lösung für die teilweise richtig diagnostizierten Gesellschaftsplagen.

Die »Dialektik der Aufklärung« ist die diestere Abgesang

sondern die Wiederentwurzelung der vertrauten menschlichen Sozialstrukturen in die sinnstiftende menschliche Gemeinschaft, durch einen gefertigten Hauptwerk, der zusammen mit Horkheimer erschien, kann Adorno nicht nur Reflexionen über die Antisemitismus ableiten. Judenfeindlich interpretiere er als Fall der Herrscher und Beherrschten und der kleinen Gruppe, die Träger einer menschheitsbildenden Utopie sei. In diesem Sinne ist die »Dialektik der Aufklärung« auch ein ungetrübt jüdisches Buch.

Im Jahr 1949 kehrte Theodor W. Adorno nach Frankfurt zurück. wo er des neueröffneten Instituts für Sozialforschung mittelstete und an der Universität Philosophie und Soziologie lehrte. Das niedergeworfene Deutschland war für die Frankfurter Schule ein ideales Laboratorium, um die Sprengkraft ihrer antitraditionellen und universalistisch-christlichen Ideologie zu testen. Durch die Heranziehung des »demokratischen Menschen«, der sich vom »falschen Bewußtsein« freigemacht hatte, sollte vor allem der Patzbedarf von Faschismus und Antisemitismus ausgemerzt werden. Deutschland hieß nun, einen in den totalen Bruch mit der nationalsozialistischen Vergangenheit und die Diffamierung der deutschen Wesens im Werk zu setzen, denn der demokratische Mensch sollte auch ein politisch korrekter sein.

Im April 1966 hielt Adorno deshalb im Hessischen Rundfunk seinen Vortrag »Erziehung nach Auschwitz«, der Westanstaltlichung seines politischen Denkens entfaltet. Wer sich wirklich ein Gegenbild zu Auschwitz entwerfen könnte. Schon der Wortwahl verrät ein verfilzten Haßdenken, lauter der das Wasser-schaftler völlig verwehrt.

Die Rede war von »Nationalsozialismus«, sondern schlicht natürlich des Deutschtums autoritär. An anderer Stelle meinte er, nach Auschwitz ein Gedicht zu schreiben, sei barbarisch. Mit einem solchen, akademischen und durchaus auf polittisch-programmatischer Neurotisierungsprogramm aufbaute Adorno die bundesdeutsche Öffentlichkeit, Der Giftpilz stak weiterhin werden. Der Giftpilz wirkt noch vor 35 Jahren, das Gift wirkt noch heute. Jürgen W. Gansel

Wir sind schon wieder schuld

Bundestagspräsidentin Rita Süßmuth hatte vor ihrer neuesten Reise nach Jerusalem ein Gipfeltreffen mit Heinz Galinski, dem Vorsitzenden des Zentralrats der Juden in Deutschland. Diesmal ging es nicht um die von Galinski geforderte Einwanderung einiger hunderttausend Juden aus der Sowjetunion, sondern um die Lage Israels im Golfkrieg. Beide waren sich einig, daß etwas geschehen müsse; beide waren sich einig, daß Israel viel Geld benötige, und beide waren sich einig, daß nunmehr endlich etwas gegen jene deutschen Firmen unternommen werden müsse, die Saddam Hussein angeblich mit Material- und Waffenlieferungen unterstützt hätten.

Es wird behauptet, daß es deutsche Techniker gewesen seien, die Saddam Hussein dabei geholfen hätten, die schon etwas betagten, von der Sowjetunion gelieferten Scud-Raketen zu modernisieren. Irgendein stichhaltiger Beweis wurde nicht vorgelegt. Deutsche Techniker und Chemiker seien es gewesen, die Saddam zu jenem Giftgas verholfen hätten, mit dem dieser nun Israel tödlich bedrohe. Irgendwelche stichhaltigen Belege oder Beweise wurden bislang nicht vorgelegt, es gibt nur entsprechende Presseberichte aus Israel und von der amerikanischen Ostküste.

Es ist ziemlich belanglos, ob Wischnewski in Bagdad ein gutes Wort dafür eingelegt habe, daß eine deutsche Firma den Auftrag erhielt, für Saddam Hussein in Bagdad einige Bunker zu bauen. Damals stand der Irak im Krieg mit Khomeini und dessen Mullahs in Teheran. Für den „guten Zweck", also die Niederlage des Iran, lieferten die Sowjets Raketen, Flugzeugabwehrgeschütze, T-55- und T-72-Panzer und vieles andere Kriegsgerät, einschließlich der Mig-29-Flugzeuge, von deren hervorragender Qualität die Experten der deutschen Luftwaffe schwärmen. Die Franzosen lieferten Mirage-Jagdflugzeuge. Mit denen liefern sich jetzt die aus der gleichen Firma Dassault stammenden französischen Jaguar-Kampfflugzeuge heftige Gefechte. Die Amerikaner sind damit beschäftigt, mühsam jene Radar- und Nachrichtensysteme auszuschalten, die sie einst an den Irak geliefert haben.

Über all diese Geschehnisse wird kaum ein Wort verloren, geredet wird nur über die angebliche Rolle Deutschlands in diesem Zusammenhang. Die Machart ist ganz einfach. Es genügen einige wenige Telefongespräche zwischen New York und Tel Aviv – und prompt läuft eine gut geölte Propagandamaschinerie an, die dann auch ohne große geistigen Unkosten mit den einseitigen deutschen Missetaten vor einem halben Jahrhundert verbunden werden kann. Und niemand wehrt sich bei uns dagegen, vielmehr gießen „Friedensbewegung", Sozis, LGB und Artverwandte immer neues Öl ins Feuer. Und Herr Genscher läßt sich zwingen, vor der Übergabe einiger hoher Schecks nach Jerusalem zu pilgern, um dort seinen tiefen Diener zu machen. Man muß eben wissen, wie man es macht. Die Bonner werden es niemals lernen.

A. v. Th.

Lüge und Wahrheit: Die zwei Bilder beweisen mehr als tausend Worte, wie unbegründet der Kriechgang der Deutschen ist und wohin er führt.

Es ist total unnütz, daß wir Deutsche nicht am Krieg teilnehmen, schrieb der Karikaturist Cummings unter seine Zeichnung im „Sunday Express"- und ließ „deutsche Raketen auf die Alliierten fliegen.

Waffen für die Dritte Welt
Volumen des Handels mit konventionellen Waffensystemen 1985 - 1989 in Mrd. Dollar

Die größten Waffenlieferanten (der Urbane West)
- Sowjetunion 45,4
- USA 21,4
- Frankreich 12,3
- China 6,7
- Großbritannien 5,9
- BR Deutschland (am Kriegsanfang) 5,6
- Italien 1,9
- Niederlande 1,4
- Brasilien 1,3
- Israel 1,0
- ČSFR 0,9
- Schweden 0,8

Die größten Waffenkunden in der dritten Welt
- Irak 17,3 hatten 12,0
- Saudi-Arabien 8,8
- Syrien 5,9
- Ägypten 5,8
- Nordkorea 5,3
- Afghanistan 4,6
- Angola 3,7
- Libyen 3,2
- Taiwan 2,9
- Iran 2,9
- Pakistan 2,9

Quelle: SIPRI

Ob schuldig oder nicht, ob „kriegslüstern" oder friedlich, die Deutschen sind das Verbrechervolk der Welt und haben zu zahlen.

Heitmanns Verdammung

Schluß mit der Verleumdung!

Warum der sächsische Justizminister nicht Bundespräsident werden darf

Der Vorsitzende des Zentralrats der Juden in Deutschland, Bubis, bringt es auf den Punkt: „Man wird Heitmann einsehen lassen, daß er nicht der richtige Mann als Bundespräsident ist. Er darf sich sein Handeln nicht von der Volksmeinung aufdrängen lassen, selbst wenn sie die Mehrheitsmeinung ist."

„Weltkongreß" als „Weltregierung"?

Bubis sprach für die vielleicht 50 000 (bzw. anfolge der unbeschränkten Zuwanderung aus den GUS-Staaten bald 100 000 oder 200 000) in den jüdischen Gemeinden der Bundesrepublik organisierten Personen, von denen viele deutsche Staatsbürger sind oder werden. Der gleichfalls mächtige Jüdische Weltkongreß unter Führung des Alkohol-Milliardärs Bronfman erklärt Heitmann als bundesdeutschen Staatsoberhaupt für absolut ungeeignet. Die

Mitgliederzahl des sogenannten Weltkongresses hält sich zwar in engen Grenzen, doch seine Macht ist groß, da Massenmedien und um die Welt und ...

Heuss wirkte als Bundespräsident segensreich und war in der damaligen doch recht normalen Zeit mit seiner „NS-Vergangenheit" offenkundig nicht unter Druck zu setzen: Heuss hatte als Reichstagsabgeordneter 1933 mit seiner Zustimmung zum Ermächtigungsgesetz Hitler mit auf den Weg zur totalen Diktatur freigemacht und später als Autor für das Sprachrohr „Das Reich" des Propagandaministers Goebbels geschrieben.

Lübke (Dritter von links) als kleines Licht 1941 im Raketenzentrum Peenemünde, stand im Mittelpunkt kommunistischer Attacken als „KZ-Baumeister". Der „rote Heinrich" neigte vor 1933 und nach 1945 stark nach links.

...zeugnis, daß Kinder geradezu zur Selbstentfaltung der Frau einen wesentlichen Beitrag leisten. Frauen, die „Kinder haben", Familien, die Kinder haben, müssen echte steuerliche Vorteile in der Bundesrepublik erfahren."

Diesen „Weltkongreß" hatte es seinerzeit nicht im geringsten gestört, daß die überwältigende Mehrheit der österreichischen Bevölkerung Waldheim zum Staatsoberhaupt der Alpenrepublik wählte, und eine infame Verleumdungskampagne in der gesamten westlichen Welt ließ an Waldheim kein gutes Haar.

Dritter im Bunde neben dem „Zentralrat" und dem „Weltkongreß" ist das aus wenigen Personen bestehende „Simon-Wiesenthal-Zentrum" in Los Angeles, dessen Dreistigkeit gegenüber Heitmann und dem deutschen Volk wirklich keine Grenzen kennt. „Deutschland kann sich dem Holocaust ebensowenig entziehen wie Ägypten der Tatsache, daß es das Land der Pyramiden ist, Jones Land wird immer als das der Pharaos bekannt sein, und Deutschland wird immer das Land des Holocausts mit dem Einfluß des Holocausts auf das Ende des Kalten Krieges abgeschlossen sein. Das wurde dazu führen, der Begrenzung für die Erinnerung an den Holocaust zu etablisieren."

Heitmanns „Todsünden"

Was hat Heitmann verbrochen? Seine Persönlichkeit war in der DDR-Vergangenheit im Gegensatz zu anderen heute als Politiker wirkenden Theologen...

„Auslaufende Modelle"

Linke Gestalten wie Bundespräsidentin Süssmuth sehen eine Gefahr, Heitmann werde stärker in den Mittelpunkt rücken". Allerdings ist Süssmuth nach ihren Dienstwagen-Affären mit Berlin-Feindin „Abtreibungs-Befürwortalin und einer „versehentlichen Bundesgesundheitsministerin, die Bundesbürger mit Aids versucht hatte, bei einer großen Mehrheit der CDU/CSU-Bundestagsfraktion längst in Ungnade gefallen. Selbst Kohl sieht in ihr ein „auslaufendes Modell". Doch Kohl war es, der einst eine Vielzahl seiner Dauerkontrahenten in der CDU erst hochhievte, von Geißler bis Blüm und von Biedenkopf bis Süssmuth – und von einer zu nennen.

Ein Staatsoberhaupt nach Süssmuths Herzen ist sicher FDP-Linksausleger Hans Harnm-Brücher, die zu ihrem Schrecken der Vereinigung von Bundesrepublik und DDR erfahren mußte, gegen die sie noch im Oktober 1989 anstänkerte. „Unser- und Europas-Interesse kann nicht eine schwache, sondern muß eine stabile, aber entscheidend reformierte DDR sein. Und im August 1989 verlangte sie vom Kohl Vorsorge, „daß keine DDR-Bürger mehr in die Vertretungen der Bundesrepublik einströmen können". Für Harnm-Brü-

---

DIE BESTEN SOLDATEN DER WELT

Helwig Adolph-Auffenberg-Komarow (Hg.)

Die Deutsche Wehrmacht aus der Sicht berühmter Ausländer

Ganz neu! Nur DM 19,95!

Ehre den deutschen Soldaten.
Ein Buch, das Umerzieher schockt!
Die Wahrheit auf 120 Seiten!
Zahlreiche Abb. und Faksimiles.

Erscheint Anfang 1994. Vorbestellung jetzt!
DM 19,95. Best.Nr. 3666.

Ich bestelle _____ Exemplar(e) des neues Titels
DIE BESTEN SOLDATEN DER WELT (je DM 19,95).

Einsenden an FZ-Verlag, 81238 München

Name _____ Vorname _____
Straße _____ PLZ, Ort _____
Datum _____ Unterschrift _____

„Wunderbar!" – „Prächtig!" – „Vorbildlich!"

Prominente Ausländer über die Deutsche Wehrmacht

Man muß sich wirklich wundern, daß eine so bestechende und nahliegende Idee bislang noch nicht verwirklicht wurde: Ein Buch zu veröffentlichen, bezug auf menschliches Verhalten einzig die Deutsche Wehrmacht aus der Sicht für unparteilich einstiger Kriegsgegner zeigt, das der FZ-Verlag schließt jetzt diese Lücke auf dem zeitgeschichtlichen Buchmarkt. Herausgegeben von Helwig Adolph-Auffenberg-Komarow, dem Sproß des berühmten österreichisch-deutschen Generalgeschlecht, erscheint das Werk DIE BESTEN SOLDATEN DER WELT – Die Deutsche Wehrmacht aus der Sicht berühmter Ausländer. Es enthält be-

– Britanniens bedeutender Militärschriftsteller Sir Basil Liddel Hart notierte: „Die Wehrmacht erwarb sich in bezug auf menschliches Verhalten einen besseren Ruf als die der deutschen Armeen 1870 und 1914. Rauste man nach dem Kriege durch die befreiten Länder, so hörte man allenthalben das Lob des deutschen Soldaten und nur zu oft wenig freundliche Betrachtungen über das Verhalten der Befreiertruppen."

– Frankreichs Staatspräsident Mitterrand 1984 bei seiner Ansprache auf dem Schlachtfeld von Stalingrad: „Die

Heitmanns Verdammung

Fortsetzung von Seite 3

tlich wirklich wie die Faust aufs Auge. Ihr Vorzug in der Sicht vieler Meinungsmacher: Sie möchte dem deutschen Volk...

Linke Mehrheit droht in Bonn

Nach der jüngsten Emnid-Umfrage droht beiden Bundestagswahlen des Oktober 1994 eine linke Mehrheit in Bonn. Nach Emnid übersprängen vier Parteien die 5-Prozent-Hürde, nämlich die SPD mit 39 Prozent (Bundestagswahl 1990: 33,5 Prozent) und Bündnis 90/Grüne, die vereinigten Linksaußen-Parteien mit 9 Prozent (zusammen erhielten sie bei der Bundestagswahl 1990 5 Prozent). Dem stünden CDU/CSU mit 33 Prozent (Bundestagswahl 1990: 43,8 Prozent) und die FDP mit 12,1 Prozent gegenüber. 1990: 11 Prozent. Da somit auf den linken Block 48 Prozent entfallen, auf die Parteien der Mitte aber lediglich 45 Prozent, ergibt sich ein daraus im Bundestag eine knappe absolute Mehrheit der SPD zusammen mit den Grünen/Bündnis 90/Grünen.

Auch laut der jüngsten Wickert-Umfrage kommen die oben genannten vier Parteien in den Bundestag mit gleichfalls einer klaren linken Mehrheit. Danach erhielte SPD 37,1 Prozent und Bündnis 90/Grüne 10,9 Prozent, zusammen 48 Prozent. Dem stünden gegenüber 36,2 Prozent CDU und 9,0 Prozent FDP, also 45,2 Prozent.

Ein vordem nicht vorstellbares Maulnehmen an Kollektivankläger gegen das deutsche Volk leistete Bundespräsident von Weizsäcker, dessen Vater als Staatssekretär des Ribbentrop-Außenministeriums um ihn zu ermöglichen, Stellvertreter der Hitler-Regierung angehörte, General der Schweren SS war und Urlaubsreisen in dritter Wohlfahrt Ihre Reise bekommt sie wenigstens nicht aus einer Reihen. Gegensatz zu Weizsäckers Abwertung Zwickeldienen und Rau empfindende Verkürzungen in das damalige Unrecht aufsaugt. Unser Bild zeigt Weizsäcker mit dem Vorsitzenden des Zentralrats der Juden in Deutschland, Bubis.

wie es von Weizsäcker unterzeichnet. Staatsoberhaupt zu verhindern, nicht Generation von Generation vergangen. Sie wird Generationsbewältigung auf Knien vorgerechnet, "deshalb" in dritter Person in SS-Umformierung oder und Urlaubsreisen in "Zwickeldienen und Rau" empfindet aus einer Reihen.

FJS-Familie, noch war Tür Vater der +Kohl als *Stein der Weisen*
CDU/Staatssekretärin Reichstagsvertreterin Weimar war "Ich bekannt ist der, formelle Johannes"
N/CDU-Regierung. Weimar wurde, was die NRW-Ministerpräsident in sei-
"doch in Harnburg-Bücke von ihrer 'Pöbelney', zwei die NRW-Ministerpräsident in sei-
"/Staats-Vergangenheit (Carl) als gleichfalls es wünschenswertes Signal für eine linke
lierte de Maizière genannt. 6/Regierung in Deutschland, dienlich der
7Präsidentschaft Heitmanns und die Früh-

Als angebliche Korrex-Kandidatin seiner eigenen Partei tritulert wird, durch-
worden der sehr schuld- und sühne-weiße in Dutzenden Israel-Reisen doku-
" "trauzig Herzog (der als Mainz-Asel-mentierte Hinweisung zum Heiligen
nstant große Förderung erfuhr, sich je-Land und seine in tausend Verzwei-
doch nach Meinung von Kennern zum Konnen zur Kyun Berlin als Handelsan-
schmerzlichen Erfolg und der Ablehnung Bürgermeister wagen sein Herzen durch abgeblich wegen seinem Dienst, eilte von Harlem-Brücke wäre ein

Hintzes Denkfehler

CDU-Generalsekretär Hintze entp- Jae nicht einfachste Lösung, einen mög-
ppt sich als Stein der Weisen, in dritter"licherweise über Jahrzehnte währen-
Teufel, als Stein der Weisen, in dritter "Länderspielstationen-Wahlgang am 23 "den Machtwechsel in Bonn bzw. Ber-
März 1994 sollte die FDP ihre Kandidatin "lin zu verhindern, ist die Kandidatur Kohls
Narem-Büchse... nicht zurückziehen, "als Bundespräsident. Ganz Schäuble
Bundeskanzler Kohl für sie tu sie stimmen. Dann "kommt für die Bundestagswahl des
Diele die CDU ihren Kandidaten "Jahres 1994, klar jedoch nach
"Jahres 1994, klar jedoch nach
Erdmann durchsetzen, ohne daß die FDP "feichten gar nicht Schäuble, könnte im
... sich für ihn stimmt. Denn wenn die jetztliche "Wellenangriff" noch
andidaten abgelehnt wurden, haben... der "Zentrum roch das Wiesentha-
ICDU und CSU in der Bundesversamm- "Zentrum könnten gegen Kohl, der su-
nung die relative Mehrheit.

PRÄSIDENTENWAHL

Neu im DSZ-Verlag:

1000 Argumente für Deutschland

Ich bin stolz, Deutscher zu sein

Das Buch für Deutschland
Die Antwort an die Nestbeschmutzer

Bilder · Zitate · Dokumente, DM 49,90, Über 300 S., Best.Nr. 4688.

Einer konzertierten Aktion schon informeller Verteufelung ist der sächsische Justizminister als Kandidat für das Amt des Bundespräsidenten unterworfen. Massenmedien geben ihm nicht die Spur einer Chance zur fairen Erwiderung. Lediglich die CSU steht bisher geschlossen hinter Heitmann. Unser Bild zeigt ihn mit dem bayerischen Ministerpräsidenten Stoiber.

war Nationalsozialist, interessierte sich als Bundespräsident aber in keiner Weise für persönliche oder kollektive Vergangenheitsbewältigung, sondern nur für die schönen Seiten des Lebens.

Carstens (in der Uniform eines Luftwaffenoffiziers des Zweiten Weltkriegs) war als bundesdeutsches Staatsoberhaupt um Ausgleich und dem des Bundesverfassungsgerichts bemüht. Vielleicht auch deshalb wurde ihm häufig vorgeworfen, daß er 1933 in die SA, 1937 in die NSDAP eintrat und 1943 als ...

... der wenig später als Wiedergutmachungs-Großgauner entlarvt worden ist. Herzog beschwor „im Namen einer großen Anzahl persönlicher Freunde" „die herrlichen Eigenschaften Nachmanns und rühmte in glühenden Farben seinen „stets klaren Blick für das Notwendige wie das Machbare und für das Wesentliche eines Problems", „seine Offenheit der Argumentation" und als Höhepunkt die „absolute Redlichkeit". Herzog rief seinen Freunde nach: „Es reicht nicht, zu sagen, daß wir ihn nicht vergessen werden, er wird uns bitter fehlen."

Der mit allen Stufen des Bundesverdienstkreuzes dekorierte Nachmann war 1945 als französischer Unteroffizier aus der Emigration zurückgekehrt und zu schnellen Reichtum gekommen. Nach zwei mysteriösen Bränden in seiner Textilverwertungsfabrik kassierte er große Versicherungssummen. Über die Firma hieß es 1987 in einem Nachschlagewerk für die deutsche Wirtschaft: „Otto Nachmann, Lumpensortieranstalt, Putzlappenwäscherei, Alteisen, Metalle. Inhaber: Werner Nachmann." Nachmann veruntreute sodann Zinsen in Höhe von ...

National-Zeitung
Das Gewissen der Nation

Der ideale Kandidat für das Amt des Bundespräsidenten ist nach Auffassung eingeschworener Vergangenheitsbewältiger der derzeitige Präsident des Bundesverfassungsgerichts, Herzog, vordem Innenminister in Baden-Württemberg. Herzog hatte für großes Aufsehen durch seine ...

... dent de Maizière, der nach der Wiedervereinigung seine politischen Funktion niederlegte, als die Stasi-Belastungen sich nicht länger vertuschen ließen. Als DDR-Ministerpräsident war de Maizière gegenüber dem jüdischen Weltkongreß sehr großzügig mit finanziellen Verpflichtungen, die später die Bundesrepublik einzulösen hatte. Unser Bild zeigt de Maizière (rechts) beim feierlichen Gastmahl in New York Mitte 1990 an der Seite des mächtigen Vorsitzenden des Jüdischen Weltkongresses, Bronfman.

70 Jahre türkische Republik

Der Mustafa Kemal Pascha 1934 vom Parlament in Ankara verliehene Ehrenname „Atatürk" (Vater der Türken) würdigt den großen persönlichen Anteil des nach Max Webers Herrschaftstypologie „charismatischen Führers" an der Gründung und am Aufbau der am 29.10.1923 ausgerufenen türkischen Republik. Der Titel sollte darüber hinaus durch seinen patriarchalischen Klang zu einer persönlichen Bindung der großen Masse der traditionsverhafteten türkischen Bevölkerung an ihn führen. Die von Atatürk autoritär festgesetzten 6 Prinzipien (Nationalstaat, Säkularisierung, Republik, Demokratie, Staatswirtschaft und Reformismus) bildeten das – wenn auch mittlerweile modifizierte – Grundgesetz des türkischen Staates, sie sind gewissermaßen „präkonstitutionell". Auf ihre grundsätzliche Wahrung achtet besonders die sich als Hüterin des Kemalismus verstehende Generalität, die bisher dreimal, zuletzt 1980, korrigierend in die Politik eingriff. Der relative Erfolg des Kemalismus beruht aber auch darauf, daß Atatürk in ...

Geschicke der Türkei von 1938 bis 1950 als Präsident und von 1961 bis 1965 noch einmal als Ministerpräsident lenkte. Damit ist die Republik in ihrer ...

> Propagandaflugblatt zur aktuellen Lage –
> bei Interesse meldet euch unter den bekannten Adressen

Der Kampf gegen den Weltfeind!

Der sanktionierte Massenmord am irakischen Volk hat nun seinen neuen Höhepunkt erreicht.

Über eine halbe Millionen Kinder mußten sterben, weil die UNO-Resolution und die US-Embargos es verhinderten haben das genügend Medikamente und Nahrungsmittel in den Irak gelangen. Seit 12 Jahren herrschen Aufgrund dieser menschenverachtenden Politik die Weltgemeinschaft im Irak Hunger, Elend, Krankheit und Tod.

Wieder wird gemordet

Täglich und mit stupider Eintönigkeit grassiert die US-israelische Propagandamaschinerie durch alle medialen Bereiche. Im Irak. Das Ziel dieses immer wiederkehrenden Versuchs einer Gehirnwäsche ist klar: Der Welt soll der bevorstehende Angriffskrieg gegen den Irak als legitim, ja sogar notwendig eingebläut werden. Dabei wird unmißverständlich klar gemacht, was jedem freien Volk bis heute schon immer die größten westlichen Wertschätzungen der USA in den Weg stellt: Ziel ist es, eine Zeit, in der dies zurzeit fundamentalen Angriffs gegen den islamischen Welt zuzieht, gesicherten Zugriff auf das traktionale Ölvorkommen zu haben.

...

lichte Bedrohung durch das »Schurkenstaat Irak? Liegt die Bedrohung in den betreffenden waffen? Haben nicht die USA selber das größte Arsenal an Atomaren-, Chemischen- und Biologischen Waffen? Der Staat Israel hat bis heute die Atomwaffenkonvention nicht unterzeichnet. Niemand kennt die Größe des israelischen Arsenals an Massenvernichtungswaffen. Israel läßt auch keine Inspektionen seines friedlichen Atomprogramms zu - ganz im Gegensatz zum Irak, der der entsprechenden Verträge unterzeichnet hat und dessen Atomanlagen regelmäßig von der internationalen Atomenergiebehörde inszipiert werden. Warum wird Israel nicht angegriffen?

Ein Größenwahnsinniger G.W. Bush, der im Auftrag das Großkapitals die Welt unterjocht, ist ein gefährlicher Gegner für die Freiheit der Völker als ein Staatschef, wie Sadam Husein, der seinem Volk lediglich das Selbstbestimmungsrecht zugestehen will. Tausende werden sterben... Im Anglo-Amerikanischen Bombenhagel werden nicht nur Soldaten getötet, auch ausgehungerte Kinder und wehrlose Zivilisten werden wieder einmal Opfer des US-amerikanischen Terrors. In dieser schweren Stunde fühlen wir mit dem irakischen Volk. Der hohe Blutzoll den es zu zahlen hat, haben schon viele Freiheitsliebende Völker in der ganzen Welt an die Imperialistischen Aggressoren gezahlt. Unser Ruf gilt den tapferen Kämpfern dieser schweren Zeit.

Als nächstes zerstören sie Deine Heimat!

Einst kommt der Tag der Rache, einmal da werden wir frei...!

Nationaler Medienverbund

Kontakt: IG. Deutsches Volk, Innerlab der P.A.F.

V.i.S.d.P. Michell, K. Postfach 1203, 17431 Wolgast

E-Post: medienverbund@web.de

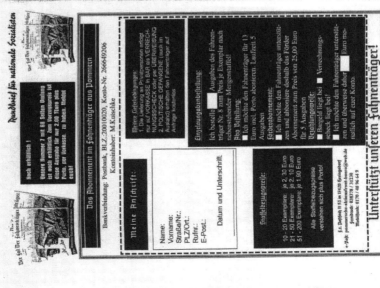

Rundbrief für nationale Sozialisten

Noch erhältlich!
Unsere Nummer 7 mit 68 Seiten Umfang ist noch erhältlich. Zum Vorzugspreis ist eine Ausgabe für nur 2.00 Euro plus Porto, per Vorkasse zu haben. Meldet euch!

Das Abonnement in Fahnenträger aus Pommern

Bankverbindung: Postbank, BLZ 20010020, Konto-Nr. 266649206
Kontoinhaber: M.Kulschke

Meine Anschrift:

Name:
Vorname:
Straße/Nr.:
PLZ/Ort:
Rufnr.:
E-Post:

Datum und Unterschrift

Staffelbezugspreise:
10 - 20 Exemplare: je 2, 30 Euro
21 - 50 Exemplare: je 2, 10 Euro
51 - 200 Exemplare: je 1,90 Euro

Alle Staffelbezugspreise verstehen sich plus Porto!

Meine Bestellungen:
1. Die Lieferung der Printausgaben erfolgt auf VORKASSE IN BAR als VERRECHNUNGSSCHECK oder per ÜBERWEISUNG
2. POLITISCHE GEFANGENE (auch in Auslands) erhalten den Fahnenträger auf Antrag kostenlos.

Einzelausgabenbestellung:
☐ Ich bestelle _____ Ausgaben des Fahnenträgers Nr. 8 zum Preis je Exemplar für 3 Euro inkl. Porto abonieren. Laufzeit: 5 Ausgaben

Städteabonnement:
☐ Ich möchte den Fahnenträger unterstützen und abonniere deshalb das Förderabonnement zum Preis von 25,00 Euro für 5 Ausgaben

Zahlungsweise:
☐ Bargeld liegt bei ☐ Verrechnungsscheck liegt bei
☐ Ich möchte den Fahnenträger unterstützen und überweise dafür _____ Euro monatlich auf euer Konto.

Unterstützt unseren Fahnenträger!

s.t. Depot, H 53 in 17439 Springhorst
p-Post: pommersche-aktionsfront-nord@web.de
Festnetz: 038378 / 31230
Mobilfunk: 0170 / 48 96 649

Frühlingsausgabe 03

Seite 42

Die Logik des Terrors

Nahost: Israels Härte spielt palästinensischen Extremisten in die Hände

Von dem chinesischen Krieger-Philosophen Sun Tsu stammt die Einsicht, daß „jede Kriegshandlung für den Staat von größter Bedeutung" sei. Diese sei „der Grund von Leben und Tod, der Pfad, der das Überleben sichert oder in den Untergang führt". Daher sei es „unumgänglich, sie eingehend zu prüfen".
Daß im Hinblick auf die Spirale der Gewalt, in die sich Israelis und Palästinenser verstrickt haben, inzwischen durchaus von Kriegshandlungen gesprochen werden kann, hat spätestens die israelische Übernahme palästinensischer Einrichtungen im Osten Jerusalems gezeigt, die einer Kriegserklärung gleichkommt. Denn diese Behörden werden von Palästinensern als Ausdruck des Anspruchs auf Ost-Jerusalem als Hauptstadt eines unabhängigen Palästinenserstaates verstanden. Die Besetzung des Orienthauses in Ost-Jerusalem kommt darüber hinaus einer weiteren Schwächung der Position Arafats gleich, dem Israel auf seine Weise demonstriert, daß es seiner als Gesprächspartner überdrüssig ist. Arafat wird angelastet, die terroristischen Aktivitäten der Organisationen Hamas und Islamischer Dschihad bisher nicht unterbunden bzw. deren Rädelsführer nicht festgenommen zu haben. Die Frage, ob Arafat überhaupt noch dazu in der Lage ist, ohne seine eigene Position zu gefährden, interessiert die Israelis offenbar nicht. Israel hat als Antwort auf die angebliche Tatenlosigkeit Arafats die Protagonisten der beiden Terrorgruppen zum Abschuß freigegeben. Augenscheinlich orientieren sich die Israelis bei diesem Vorgehen an einem Strategem, das besagt, wenn es gelingt, die führenden Köpfe einer gegnerischen Organisation auszuschalten, diese danach mit geringer Mühe schachmatt gesetzt werden kann. Diese Hoffnung freilich dürfte sich noch als Irrglauben der Israelis erweisen.
Mit wem, wenn nicht mit Arafat, will Israels Ministerpräsident Scharon eigentlich verhandeln? Die Aktivisten des Islamischen Dschihad oder der Hamas, die vom Iran und anderen islamistischen Regimen unterstützt werden, haben keinerlei Interesse, den Friedensprozeß mit Israel fortzusetzen. Im Gegenteil: In ihren Reihen breitet sich, je massiver der

Konflikt wird, um so mehr der Wille zur Zerschlagung des Staates Israels aus. Israels unkluges Vorgehen heizt diesen Willen weiter an.

Das Verhalten der Israelis zeigt, daß sie augenscheinlich nicht eingehend geprüft haben, wohin der Pfad der Vergeltung führt, den sie eingeschlagen haben, um das Palästinenserproblem in den Griff zu bekommen. Dies vielleicht auch deshalb, weil sie den Charakter des Konfliktes bisher nicht angemessen erfaßt haben. Dieser trägt alle Kriterien einer asymmetrischen Kriegführung. Diese kann als Bündel von operativen Maßnahmen beschrieben werden, die von seiten einer weit unterlegenen Partei ergriffen werden, um die Vorteile eines weit überlegenen Gegners zunichte zu machen und dessen Verwundbarkeiten auszunutzen, ohne daß es zu einer Auseinandersetzung zwischen regulären Streitkräften im klassischen Sinne kommt. Der Anreiz, einen asymmetrischen Krieg zu führen, liegt also naturgemäß auf der schwächeren Seite. Asymmetrische Operationen versuchen das vorgegebene Terrain und die militärischen Möglichkeiten in einer Art und Weise zu nutzen, die militärisch eher atypisch ist und von der gegnerischen Militärführung deshalb kaum antizipiert werden kann.

Zwischen terroristischen Aktivitäten und einer asymmetrischen Kriegsführung gibt es also einen inneren Zusammenhang. Machtlosigkeit wie die der Palästinenser gegenüber Israel war und ist in der Geschichte häufig ein Argument gewesen, um Terrorhandlungen zu rechtfertigen. Die konkreten Opfer von entsetzlichen Terrorhandlungen, wie im Falle des Anschlages im Zentrum von Jerusalem am 10. August, bei dem mit dem Selbstmordattentäter 16 Menschen ums Leben kamen, sind aus Sicht einer asymmetrischen Kriegsführung eher sekundär. Die zweckgerichtete Gewalt derartiger Anschläge muß zuvorderst als Bestandteil psychologischer Operationen gedeutet werden, deren eigentliches Ziel die Herstellung von Öffentlichkeit ist. Das zentrale Ziel der Terroristen besteht in der Verbreitung von Furcht. Auch hierzu findet sich bei Sun Tsu Einschlägiges, wenn dieser schreibt: „Ermorde eine Person und versetze damit Millionen in Furcht." Diese Maxime hat vor dem Hintergrund internationaler Kommunikationswege mehr denn je Gültigkeit, weil diese den Terroristen die Möglichkeit eröffnen, ihren psychologisch gemeinten Terrorattacken erheblich mehr Nachdruck zu verleihen. Auf diese Weise kann Terrorismus, verstanden als „agitatorischer

Terror", auch als eine sehr effektive Form von Kommunikation gedeutet werden.

Terroristische Anschläge verursachen auf der Seite der Betroffenen ein Gefühl der Unsicherheit und schaffen damit über kurz oder lang eine Veränderung der Verhaltensweisen und der Wertehierarchien beim Gegner bzw. der betroffenen Bevölkerung. Als effektive Manifestation asymmetrischer Kriegsführung kann Terrorismus gegen militärisch weit überlegene Staaten durchaus eine erfolgreiche Waffe sein.

Terrorismus dient darüber hinaus auch als Mittel, die Initiative an sich zu reißen, um den eigenen außenpolitischen Zielen Nachdruck zu verleihen. Terrorismus ist damit, so Politikprofessor Stephen Sloan von der Universität von Oklahoma, ein „asymmetrisches Element einer bewaffneten Diplomatie".

Mit Blick auf den Nahen Osten kann vor diesem Hintergrund festgehalten werden, daß die terroristischen Handlungen dort noch von eher begrenzter Natur sind. Da Israel aber mit der (ultimativen?) Besetzung des Orienthauses demonstriert hat, daß es vor einer weiteren Eskalation des Konfliktes nicht zurückschreckt, muß damit gerechnet werden, daß die Antwort islamistischer Organisationen in Zukunft noch weit radikaler als bisher ausfallen wird. Der moderne Terrorismus hat heute die Möglichkeit, global aktiv zu werden. Terroristen sind in der Lage, Operationen weit entfernt von ihren Heimatbasen ausführen zu können. Die weitere Zuspitzung der Lage im Nahen Osten könnte dazu führen, daß demnächst auch israelfreundliche Staaten durch einen nicht territorial gebundenen Terrorismus in den Konflikt hineingezogen werden. Dafür steht zum Beispiel der saudiarabische Topterrorist Osama bin Laden, der die Ereignisse in den palästinensischen Autonomiegebieten mit Interesse beobachten dürfte.

Vor diesem Hintergrund zeigt die jüngste Demütigung der Palästinenser durch die Besetzung des Orienthauses durch die Israelis nur eines: eine kaum entschuldbare strategische Kurzsichtigkeit, die für Israel eine existenziell bedrohliche Situation schaffen könnte. Scharon hat sich auf einen Pfad begeben, der die Zukunft Israels eher gefährdet als sichert. Ob und wie dieser Pfad verlassen werden kann, ist derzeit nicht ersichtlich.

Mit dem Rücken zur Wand

Interview mit
Sprecher der Hamas in Gaza,
Abdel Aziz Rantisi

Der Friedensprozeß im Nahen Osten scheint gescheitert zu sein. Kaum jemand in Palästina glaubt noch an eine schnelle Beseitigung der von einem Jahr ausgebrochenen Al-Aksa-Intifada. Yassir Arafat gibt den nun indirekt zu, wenn er Gespräche mit der Hamas und dem Dschihad Islami sucht. Die Palästinenserführer verhandeln mit dem Rücken zur Wand, erklärte der Sprecher der palästinensischen Flügels der Hamas im Gaza-Streifen, Dr. Abdel Aziz Rantisi. Nun sei "die Armee haben wir schließlich nicht", so Rantisi Kritik ihr erklärt, nur an Ayel Sharons sondern auch an Schimon Peres, der sich vom zornalen Sonntagsrede nicht mehr enthielten. "Jerusalem steht nicht mehr auf der Tagesordnung der Israelis".

IM GESPRÄCH S. 3

Suche nach Sündenböcken

J-Autor Olaf K. Wolterig liefert Standardwerk zur Antifa

Der Faschismus hat in Deutschland seit 1945 praktisch keine Rolle gespielt. Um so stärker wirkt der Antifaschismus. Der Antifaschismus richtet sich aber gegen eine Anspra-

Die Logik des Terrors

Nahost: Israels Härte spielt palästinensischen Extremisten in die Hände

Von den islamischen Kriegspilosphen Sun Tzu stammt die Einsicht, daß jede Kriegshandlung für den Staat von größter Bedeutung sei. Denn sei der Grund von Leben und Tod, der Pfad, der zum Überleben sichert oder in den Untergang führt. Dies ist es, unangesfehlt, was empfohlen zu prüfen gibt.

Doch im Hinblick auf die Spirale der Gewalt, in die sich Israel und Palästinenser verstrickt haben, inzwischen durchaus von Kriegshandlungen gesprochen werden. Übernahmeplatzfestlichen Einschätzungen im Osten Jerusalems genügt, die einer Kriegserklärung gleichkommen. Denn die Arteredies werden von Palästinensern als nachhaltige Angriffe auf Ost-Jerusalem, als Hauptstadt eines zu können ...

Nach israelischem Raketenangriff: Auge um Auge, Zahn um Zahn – nichts stoppt den Teufelstanz der Rache

...von Öffentlichkeit ist. Das zentrale Ziel vor diesem Hintergrund empfundene war, den, daß die verschiedenen Handlungen von Fatah. Auch hier findet sich bei dort noch viele Menschen. Sun Tzu Einstellungen, wenn diese macht. Einmal die Forderung, erreichen sich zerstraftigen Israels Millionen in Funden. Dies daß es vor einer weiteren Eskalation der

INHALT

GLOBALISIERUNG
Postmoderne Haltung
Die Globalisierung erreicht...

MEINUNG S. 1 2

BUNDESWEHR
„REIHE im kalten Krieger"

POLITIK S. 5

SORGEN
Sprache ist Kultur

Auge um Auge
Die Eskalation der Gewalt im Nahen Osten geht weiter

Die Ermordung des israelischen Ministers und erklärten Palästinenserfeindes Rehawam Zeevi hat im Nahen Osten eine neue Welle der Gewalt ausgelöst. Die israelische Armee rückte erneut in palästinensisches Autonomiegebiet ein. Israels Premier Scharon forderte die palästinensische Autonomieregierung auf, die Verantwortlichen für Zeevis Ermordung auszuliefern. Gleichzeitig drohte er den Palästinensern offen mit Krieg. In einer Erklärung des israelischen Sicherheitskabinetts hieß es, wenn Arafat den israelischen Forderungen, darunter auch ein Verbot militanter Organisationen, nicht nachkomme, werde Israel dessen Regierung als „den Terrorismus unterstützende Einrichtung" einstufen und entsprechende Maßnahmen ergreifen. Die Zeitung Maariv zitierte Scharon mit den Worten, wenn Arafat den Forderungen nicht binnen einer Woche nachgekommen sei, „werden wir gegen ihn in den Krieg ziehen". Die Palästinenser reagierten kühl: „Wir nehmen keine Befehle von Scharon oder seiner Regierung entgegen", entgegnete der palästinensische Informationsminister Yassir Abed Rabbo.
Israels Außenminister Peres hat die Äußerungen Scharons inzwischen zu relativieren versucht. Er erklärte, seine Regierung habe vor, die Palästinenser-Regierung zu zerstören. Israel ziehe es vor, einen Gesprächspartner zu haben. Dennoch steht die Kriegsdrohung Scharons im Raum. Seiner Auffassung nach trägt Arafat die Alleinschuld an der Eskalation. Israel nehme nur sein Recht auf Selbstverteidigung gegen immer neuen Terror seitens der Palästinenser wahr. Doch die vom israelischen Militär umzingelten Palästinenserreservate produzieren nur eines: Haß auf Israel, der sich in terroristischen Anschlägen Luft verschafft. Israels Antwort ist alttestamentarischer Natur: Auge um Auge, Zahn um Zahn.
Die „westliche Wertegemeinschaft" bietet dabei ein trauriges Bild. Denn geltendes Völkerrecht und UN-Beschlüsse reden eine eindeutige Sprache: Weder hat Israel das Recht, Siedlungen in den palästinensischen Autonomiegebieten zu errichten, noch hat es das Recht, diese willkürlich zu besetzen. Nur ein Beispiel: Drei Tage nach Beginn des Sechs-Tage-Krieges (1967) wurde das US-Spionageschiff „USS Liberty" Zeuge eines israelischen Massakers: Israel hatte viele ägyptische Kriegsgefangene gemacht, aber keine Möglichkeit, diese unterzubringen oder zu bewachen. Deshalb ließen israelische Soldaten die Gefangenen antreten, eine Grube ausheben und erschossen diese. Etwa 1.000 wehrlose ägyptische Kriegsgefangene wurden niedergemetzelt. Diese Massaker geschahen im Verantwortungsbereich von Ariel Scharon. Dieser erklärte 1995 zur Frage der Aufarbeitung israelischer Kriegsverbrechen: „Israel braucht das nicht, und niemand kann uns deswegen Moral predigen - niemand."
All das passierte in Reichweite amerikanischer Spionageohren. Israel reagierte auf die Abhöraktion auf eigene Art: Es erteilte den Befehl zum Angriff. Düsenjäger beschossen die „USS Liberty" zunächst mit konventioneller Munition, dann auch mit Napalm. Fünfzehn israelische Flugzeuge beteiligten sich an dieser Aktion. Um zu verhindern, daß von dem schwer getroffenen amerikanischen Schiff nur ein Verwundeter entkam, zerstörten sie auch die Rettungsflöße Der US-Journalist James Bamford hat über dieses in der Öffentlichkeit kaum bekannte Kapitel amerikanisch-israelischer Geschichte in seinem Buch „NSA" berichtet. Ziel dieser Aktion sei es gewesen, die Beweise für die israelischen Massaker, die „USS Liberty" mutmaßlich aufgezeichnet hatte, zu vernichten: „Damit hätten Hunderten von hohen israelischen Offizieren schwere Kriegsverbrechen nachgewiesen werden können. In der Tat hatte die 'Liberty' viele israelische Funksprüche aufgefangen."
Bamford behauptet vor dem Hintergrund seiner Recherchen, daß die Aussage Israels, die „USS Liberty" mit einem ägyptischen Schiff verwechselt zu haben, nicht wahr sein könne. Nach seinen Angaben hält die NSA belastendes Material gegen noch lebende israelische Politiker in Händen. Israelische Historiker wie Dan Diner oder Moshe Zimmermann, die sich gerne mit den angeblichen Verbrechen der deutschen Wehrmacht beschäftigen, hätten allen Grund, sich kritisch mit Israels Militärgeschichte zu beschäftigen. Dabei würde zutage treten, daß Israel im Sechs-Tage-Krieg einen Weltkrieg vom Zaun zu brechen versuchte. Den USA wurde im Frühjahr 1937 die Mär aufgetischt, Ägypten werde in Kürze gegen Israel losschlagen.
Der ehemalige israelische Ministerpräsident Menachem Begin hat 1982 zugegeben, daß es sich hierbei um eine Lüge gehandelt habe - eine Lüge, die furchtbare Konsequenzen hätte

haben können. Denn wäre es Israel gelungen, die USA in einen Krieg mit Ägypten hineinzuziehen, wäre eine sowjetische Intervention nicht mehr zu vermeiden gewesen. Ein Atomkrieg wäre im Bereich des Möglichen gewesen.
Scharon steht zweifelsohne in der Tradition einer israelischen Politik, die die Eskalation als Mittel der Politik kalt in Kauf nimmt, um die eigenen Ziele durchzusetzen. Er war es, der am 28. September 2000 den blutigen Konflikt mit den Palästinensern ausgelöst hat. Sein Besuch auf dem Platz, den die Moslems Haram-al-Sharif und die Juden Tempelberg nennen, war eine für die Palästinenser nicht hinnehmbare Provokation: eine Provokation, die Scharon ganz offensichtlich gesucht und gewollt hat, um das Palästinenserproblem auf seine Weise bereinigen zu können.

"Heute tolerant und morgen fremd im eigenen Land!"

„Sehr geehrte Bürgerinnen und Bürger Frankfurts, liebe Landsleute! Die ... demonstriert hier und heute unter dem Motto ‚Stoppt die Islamisierung Deutschlands – Keine Großmoschee in Frankfurt-Hausen'.

Wir wollen es nicht widerstandslos hinnehmen, daß mit Hausen ein ganzer Stadtteil seine deutsche Kulturidentität verliert, weil immer mehr und immer größere Moscheen aus dem Boden schießen.   Wir erinnern uns: Im Jahr 2003 wurde im Stadtteil Hausen gegen den Mehrheitswillen der Deutschen schon die ‚Abu-Bakr-Moschee' eingeweiht. Und nun – wenige Jahre später – soll eine Großmoschee mit zwei 16 Meter hohen Minaretten entstehen, die zwangsläufig das Stadtbild dominieren werden.   Schon heute leben nach ungenauen Schätzungen des Magistrats 60.000 bis 70.000 Muslime in Frankfurt – und täglich werden es mehr. Eine Großmoschee in Frankfurt-Hausen darf es nicht geben, weil dieser Stadtteil damit kulturell und religiös endgültig kippen würde. Im Frankfurter Römer war der NPD-Stadtverordnete Jörg Krebs der einzige von 93 Stadtverordneten, der einen Antrag gegen den Moscheebau einbrachte, der von den Überfremdungspolitikern natürlich niedergestimmt wurde. Ein einziger Abgeordneter hat also Partei ergriffen für die deutschen Bürger Hausens, die mit Recht keine Orientalisierung und Islamisierung ihres Stadtteils wollen.   An Schäbigkeit nicht zu überbieten war das Verhalten des Frankfurter Ordnungsdezernten Boris Rhein von der ach so christlichen CDU, der gegen das moderate Demonstrationsmotto ‚Stoppt die Islamisierung – Keine Großmoschee in Frankfurt-Hausen' den Knebel-Paragraphen 130 des Strafgesetzbuches in Stellung brachte. Der CDU-Politiker hatte umgehend angekündigt, eine Strafverfolgung gegen die Demo-Anmelder wegen angeblicher Volksverhetzung zu prüfen. Soweit sind wir in diesem multikulturellen Absurdistan schon gekommen, daß bereits ein Aufruf gegen die Islamisierung unserer Heimat zur Strafverfolgung wegen Volksverhetzung führt.   Wir Deutschen haben aber das verdammte Recht, das

Ausländerproblem beim Namen zu nennen und zu sagen, daß wir es nicht wollen, daß Fremde aus dem Morgenland hier zuerst ihre Moscheen bauen und uns dann die Bomben um die Ohren werfen. Deshalb haben die NPD-Fraktionen in den Landtagen von Sachsen und Mecklenburg-Vorpommern die Streichung des Ausländerschutzparagraphen 130 StGB gefordert.

Die von Boris Rhein beabsichtigte Kastration der Meinungsfreiheit ließ ihm das Verwaltungsgericht Frankfurt aber nicht durchgehen und gab dem Widerspruch der NPD gegen das verhängte Demonstrationsverbot statt. Damit scheiterten die Stadtoberen mit ihrer Behauptung, die NPD-Losung gegen die Islamisierung Deutschlands störe das friedliche Miteinander von Menschen unterschiedlichen Glaubens und unterschiedlicher Herkunft. Nicht diejenigen stören das friedliche Miteinander, die den Willen der Mehrheitsbevölkerung zur Geltung bringen, sondern aggressive Minderheiten, die der Mehrheit ihr Wertsystem aufzwingen wollen. Eine solche aggressive Minderheit sind die Islamisten, die in Deutschland und Europa eine planvolle Landnahme betreiben, um die grüne Fahne des Propheten überall dort hinzutragen, wo sie noch nie wehte und auch niemals wehen darf. Wir als geschichtsbewußte Deutsche erinnern uns noch der Jahre 1529 und 1683, als vor der deutschen Stadt Wien die Türken geschlagen wurden und damit die Islamisierung Mitteleuropas verhindert wurde. Was den Muslimen 1529 und 1683 militärisch nicht gelang, wollen sie heute auf schleichendem Weg erreichen: den Bau von Brückenköpfen für die Islamisierung Deutschlands. Dazu sagen wir Nein und nochmals Nein! Dabei richtet sich unser Volksprotest nicht gegen den Islam als solchen, sondern gegen seine Ausbreitung bei uns. In Europa ist er kultur- und lebensfremd und deshalb unerwünscht. Dort aber, wo er historisch beheimatet ist und die Lebensordnung der Menschen prägt, hat er eine uneingeschränkte Existenzberechtigung. Und ich gehe noch einen Schritt weiter: Gegen den Neokolonialismus Amerikas und gegen den Staatsterrorismus Israels können sich die Muslime zuhause der Solidarität nationaler Deutscher sicher sein. Natürlich hat der Iran das Recht auf eine selbstbestimmte Nutzung der Atomenergie. Natürlich ist die islamische Hamas ein legitimer Ausdruck des palästinensischen Überlebenskampfes. Und natürlich handelt es sich bei den irakischen

Widerständlern um Freiheitskämpfer, wenn sie das Feuer auf amerikanische Besatzungssoldaten eröffnen. Die islamische Welt führt gegenwärtig einen moralisch gerechten Verteidigungskampf gegen den Weltaggressor Amerika, gleich ob in Afghanistan, im Irak oder zukünftig im Iran. Das ist die außenpolitische Sicht der Dinge. Wichtiger ist uns aber die innenpolitische Sicht, die uns zu einer klaren Frontstellung gegen die Islamisierung zwingt. Es geht um nichts Geringeres als unsere Freiheit und unser geschichtliches Erbe, es geht um die Kultur und Identität Deutschlands und Europas. Überall sprießen die Moscheen als Herrschaftssymbole eines Islam aus dem Boden, der Deutschland längst zum Missionierungsgebiet erkoren hat. Laut dem Islamarchiv in Soest gibt es in Deutschland schon 159 klassische Moscheen, und 184 weitere befinden sich im Bau oder in der Planung. Dazu kommt die offizielle Zahl von 2.600 Gebetshäusern. Ganz Westdeutschland ist mittlerweile von einem Spinnennetz islamischer Gotteshäuser überzogen, in denen die Landnahme im Land der Ungläubigen religiös überhöht wird. In muslimischen Quellen heißt es ganz offen: ‚Die Grenze des Islam ist die Grenze der Welt.' Was sagte ganz in diesem Sinne 1994 der damalige Bürgermeister von Istanbul, Erdogan: ‚Die Minarette sind unsere Bajonette, die Kuppeln unsere Helme, die Moscheen unsere Kasernen, die Gläubigen unsere Soldaten.' Der, der diese Kampfansage an Europa formulierte, ist heute türkischer Ministerpräsident. Selbst die Zentralratsvorsitzende der ehemaligen Muslime sagt: ‚Die Moscheen werden immer größer, die Minarette immer höher. Das ist ein purer Machtbeweis, der einschüchtern soll.' Und eines ist doch klar: wer baut, der will bleiben. Wir wollen die Orientalen hier aber nicht haben, sondern sie in rechtsstaatlicher Weise in ihre Heimatländer zurückführen. 3,4 Millionen Muslime leben bereits in Deutschland und stellen immer dreistere Forderungen. Bei mehreren Konferenzen ließ sich Bundeskanzlerin Merkel von der Islam-Lobby regelrecht vorführen und machte noch 750 Millionen Euro für „Integrationsarbeit" locker, obwohl sich die Muslime doch gar nicht integrieren wollen. Dieses Geld droht nun auch in islamische Zentren zu fließen, die latente Brutstätten des Terrorismus sind. Was hat Europa in der jüngeren Zeit nicht alles als Vorboten eines Kampfes der Kulturen erleben müssen: Vorstadtkrawalle in

Frankreich, den Karikaturenstreit in Dänemark, Ehrenmorde in Deutschland und den Islamisten-Mord an einem Filmemacher in Holland. Die Zeit der Multikulti-Illusionen und der falschen Toleranz ist vorbei. Realitätsverweigerung kann tödlich für Völker und Kulturen sein. Heute tolerant und morgen fremd im eigenen Land? Mit uns von der NPD niemals. Liebe Freunde, werte Landsleute: Wir haben uns heute hier versammelt, um Nein zu sagen zur Islamisierung Deutschlands! Um Nein zu sagen zum Moscheebau in Frankfurt Hausen und anderswo! Tragen wir den Volkszorn am 27. Januar in die Wahlkabinen, damit dem nächsten hessischen Landtag mit der NPD eine Partei angehört, die unmißverständlich sagt: Deutschland ist das Land der Deutschen und kein Missions- und Aufmarschgebiet des Islam. In diesem Sinne: alles für Volk und Heimat!" Frankfurt am Main, den 20.10.2007

Jeder Kritiker Israels - ein Antisemit?

Mit dem Schlagwort des »Antisemitismus« (Judenfeindlichkeit) wird vom Vorsitzenden des Zentralrats der Juden in Deutschland, Spiegel, und auch von Außenminister Fischer jeder belegt, der den Staatsterror Israels gegenüber dem palästinensischen Volk kritisiert.

Über Jahrhunderte waren - nicht zuletzt von den christlichen Kirchen - Vorbehalte und Hass gegen Juden geschürt worden, die in vielen europäischen Ländern als Minderheit lebten. Von den Herrschenden wurde der mit rassistischen Vorurteilen geschürte Antisemitismus immer zur Ablenkung von eigenen Verbrechen und zur Spaltung der Unterdrückten genutzt. Den Höhepunkt des Antisemitismus erreichte zweifellos der Hitlerfaschismus, der schließlich im Mord an sechs Millionen deutschen und europäischen Juden gipfelte.

Aber es ist verfehlt, die Verbrechen des Hitlerfaschismus darauf zu reduzieren - er richtete sich zunächst und vor allen Dingen gegen die Arbeiterbewegung. Sie zu zerschlagen, war das vordringlichste Anliegen ihrer Terrorherrschaft als Voraussetzung, den II. Weltkrieg mit seinen insgesamt etwa 55 Millionen Toten zu beginnen. Die Arbeiterbewegung hat immer Verantwortung dafür übernommen, den Hitlerfaschismus nicht verhindert zu haben. Aber weil insbesondere von den Kommunisten auch im Innern der entschiedenste Kampf gegen den Faschismus organisiert wurde, ist es unsinnig von einer »deutschen Kollektivschuld« zu sprechen. Das lenkt nur von den wirklich Verantwortlichen für die Finanzierung und Machtentfaltung des Faschismus ab - Großkonzernen wie Krupp, Thyssen, IG Farben und anderen - die ihre Weltherrschaftspläne mit Hilfe der Faschisten zu verwirklichen hofften. Das war ein reaktionärer Klassenkrieg, der sich insbesondere gegen die damals noch sozialistische Sowjetunion richtete - Rassismus und Antisemitismus waren vor allem Vehikel, um diesen Charakter zu verschleiern. Dagegen kämpften in den Reihen der Arbeiterbewegung und des antifaschistischen Widerstands ganz selbstverständlich auch viele Menschen jüdischer Herkunft.

Der Zionismus - die heute noch prägende Ideologie des israelischen Staates - war keineswegs eine Antwort auf die grauenvolle Verfolgung der Juden durch den Hitlerfaschismus. Er entstand zum Ende des 19. Jahrhunderts als religiöse und kulturelle Sammlungsbewegung - aus biblischen Texten wurde das Recht konstruiert, in Palästina einen eigenen Staat mit hebräischer Sprache zu installieren und dafür das Recht zu beanspruchen, die dort ansässige palästinensische Bevölkerung zu vertreiben. Mit seiner Ideologie vom »auserwählten Volk« hat der Zionismus von Anfang an eine zutiefst reaktionäre, spalterische Wirkung entfaltet. Einen Schub bekam diese zunächst auch innerhalb der Juden isolierte Bewegung mit der Massenvernichtung der Juden durch den Hitlerfaschismus. Als 1948 das bis dahin bestehende britische Protektorat über Palästina aufgehoben und der Staat Israel gegründet wurde, »entdeckte« der US-Imperialismus seine Liebe zum Zionismus. Seitdem wird Israel als Kettenhund der USA zur Niederhaltung der arabischen Völker in dieser erdölreichen Region hochgepäppelt - mit Dollarmilliarden und Rüstungsprogrammen und der politischen Rückendeckung für jede Ausweitung des Staates Israel auf Kosten der Palästinenser und der arabischen Nachbarländer.

Wenn es eine besondere Verpflichtung der Werktätigen in Deutschland aus den geschichtlichen Erfahrungen gibt, dann die, den Kampf gegen alle faschistischen Organisationen und ihrer Propaganda, die immer noch häufig antisemitische Züge trägt, in aller Entschlossenheit zu führen. Vor allem aber für Völkerfreundschaft und einen proletarischen Internationalismus einzutreten - und dazu gehört die Unterstützung des gerechten Kampfs des palästinensischen Volkes für seine nationale und soziale Befreiung - gegen den zionistischen Staatsterror.

Einen anderen Zionismus gibt es nicht

Je rabiater Scharon vorgeht, desto stärker wird linker Bekenntnisdrang zu Israel

Ein Mitglied des Vorstandes der Vereinigung der Verfolgten des Naziregimes (VVN) und DKP-Mitglied erachtet es als Selbstverständlichkeit eines jeden deutschen Antifaschisten, ein klares Bekenntnis »zum jüdischen Staat, als Staat der Holocaust-Überlebenden« abzulegen. Das ist eine in mehrerlei Hinsicht der Katastrophe im Nahen Osten würdige Position.

Weil damit erstens ein innerer Zusammenhang zwischen dem Staat Israel und dem Antifaschismus suggeriert wird. Israel aber ist alles andere als ein antifaschistischer Staat, sondern dessen weitgehende Negation. Daß es in Israel neben Antifaschisten auch Faschisten gibt, müßte eigentlich unter Banalitäten vermerkt werden. Daß der Rechtsradikalen immer mehr werden, läßt sich aus der Zusammensetzung der gegenwärtigen Regierung ablesen.

Zweitens reflektiert diese Position die kaltschnäuzige Unterordnung, besser: Unterwerfung der seit der Gründung des Staates Israel in Permanenz mißachteten legitimen Interessen der Palästinenser unter das Primat der zionistischen Staatsräson. Die Palästinenser sind kein Volk von Holocaust-Überlebenden. Deshalb ist Parteinahme für das Recht der Palästinenser auf Selbstbestimmung gesinnungspolizeilich erst dann gestattet, wenn die Auflage, ein Bekenntnis zu Israel abzulegen, erfüllt ist. Sollten die Palästinenser den israelischen Unabhängigkeitstag weiterhin als »Tag der Katastrophe« empfinden, ist ihnen die Solidarität zu entziehen.

Ein Staat aus der Retorte

Was einem »deutschen Antifaschisten« so selbstverständlich erscheint, kann und darf den Palästinensern nicht zugemutet werden: Das Bekenntnis zu ihrer Vertreibung, zur ethnischen Säuberung Palästinas als der Grundvoraussetzung für die Gründung eines exklusiv jüdischen Staates. So gerät der Antifaschismus, wie er hier verstanden wird, in einen fundamentalen Gegensatz zum antiimperialistischen Befreiungskampf eines Volkes.

Das Bekenntnis ist drittens auf den jüdischen Staat bezogen, das heißt auf Israel in seiner zionistischen Definition als »Staat des jüdischen Volkes«. In seiner Determinante als exklusives Projekt ist der Staat Israel heutiger Definition die radikale Verneinung des Rechtes der Palästinenser auf eine gleichberechtigte nationale Existenz. Es mag zwar in Perspektive ein anderes Israel möglich sein - im Sinn einer palästinensisch-jüdischen Symbiose. Einen anderen Zionismus als den existierenden aber gibt es nicht, in welcher Spielart er auch immer aufzutreten beliebt.

Antifaschistische Pflicht kann es deshalb nicht sein, ein Bekenntnis zu diesem Staat abzulegen. Für Antifaschisten, für die gesamte fortschrittliche Weltöffentlichkeit wäre es vielmehr bereits 1948 ein zwingendes Gebot gewesen, vor dem Bekenntnis zu einem jüdischen Gemeinwesen im Nahen Osten ein Bekenntnis zu den unveräußerlichen Rechten der autochthonen Bevölkerung Palästinas abzulegen. Auch im Sinn einer auf Frieden und Sicherheit beruhenden jüdischen Existenz in der Region, deren stärkste Bedrohung von den Zionisten ausgeht.

Der Zionismus war ursprünglich eine Erscheinung des europäischen Nationalismus an der Wende zwischen dem 19. und 20. Jahrhundert. Ebenso wie der ethnische Antisemitismus. Die Entwicklung des modernen Antisemitismus als eine rassistische, biologistische Weltsicht entsprach dem verschärften kapitalistischen Verdrängungswettbewerb. Der Zionismus hat sich der Auseinandersetzung mit dem Antisemitismus stets entzogen. Er bildete vielmehr die jüdisch-nationalistische Entsprechung der von Antisemiten behaupteten Unverträglichkeit von Juden und Nichtjuden in einer mehrheitlich nichtjüdischen Gesellschaft. »Die Antisemiten haben recht«, schrieb Herzl. »Juden raus!« - die zionistischen Pläne entsprachen dieser Parole. Den entscheidenden Anstoß zum Auszug der Juden aus Europa gab der faschistische Massenmord an den Juden.

Der Zionismus ist auch ein Kind des europäischen Kolonialismus. Er war von Beginn an ein elitäres Unternehmen. Unterstützung fand er bei den europäischen Kolonialmächten, denen Herzl versicherte, daß der jüdische Staat eine Bastion der europäischen Zivilisation inmitten der asiatischen Barbarei bilden werde. Eine reaktionäre Utopie, die zur materiellen Gewalt werden sollte. »Gebt dem Volk ohne Land das Land ohne Volk«, lautete zionistisches Begehren. Über das arabische Volk von Palästina wurde großzügig hinweggesehen. In dieser Anmaßung liegt die Ursache des Nahost-Konfliktes.

Strategisches Bündnis mit USA

Dabei war es von Beginn an keineswegs eine ausgemachte Sache, daß der jüdische Nationalstaat in Palästina entstehen sollte. Die Wahl fiel deshalb auf das »heilige Land«, weil der in seinem Ursprung säkulare Zionismus eine Massenbasis nur unter verarmten, religiös gebundenen Juden fand, während die arrivierten, überwiegend freidenkerisch-liberal eingestellten Juden nach Assimilierung strebten. Der Widerspruch zwischen säkularem und religiösem Zionismus prägt die israelische Gesellschaft bis heute. In seiner Schrift »Zur Judenfrage« regt Marx an, »das Geheimnis des Judertums nicht in seiner Religion«, sondern »das Geheimnis der Religion im wirklichen Juden« zu suchen. Er begriff das Judentum als soziales Phänomen und die Emanzipation der Juden als Emanzipation vom Judentum.

Man sollte sich deshalb auch mit dem wirklichen Israel beschäftigen und nicht mit dem ideologischen Konstrukt, das Israel als Staat ausweist, der das Überleben der Überlebenden garantiert, wie das der säkulare »linke« Zionismus postuliert oder als Staat des von Gott zur Herrschaft über Palästina auserwählten Volkes, wie die Legitimationsideologie des religiösen »rechten« Zionismus lautet. Der Staat Israel, die Palästinenser können das aus leidvoller Erfahrung bestätigen, ist ein reales Gebilde. Und dennoch ist die Künstlichkeit seiner Existenz evident. Er ist ein Staat aus der Retorte.

Er ist weniger aus sich selbst heraus entstanden als durch einen Beschluß der UNO, deren weitere Beschlüsse er fortan negierte. Seine Vitalität ergibt sich aus dem strategischen Bündnis mit den USA. Israel entstand als Nationalstaat ohne Nation. Der Staat wird immer stärker, die Entwicklung einer einheitlichen Nation stagniert, weist sogar eine rückläufige Tendenz auf. Das betrifft nicht nur den Dauerkonflikt zwischen dem säkularen und religiösen Charakter des Staates. Es gibt auch einen innerisraelischen Rassismus. Der Zionismus ist ein weißes Projekt, was nicht ohne Folgen auf die »schwarzen« (arabischen und afrikanischen) Juden bleiben konnte. Deren Ruhigstellung - in den 1970er Jahren gab es die Bewegung der »Schwarzen Panther« mit einer starken Affinität zu den Palästinensern - konnte nur durch die Zurückdrängung der säkularen Tendenzen erzielt werden. Für die orientalischen Juden, bei denen das kollektive Gedächtnis an den Genozid in Europa nur eine untergeordnete Rolle spielt, gibt es keine andere Möglichkeit zur Identifikation als die Religion.

Ein zentraler Widerspruch im Zionismus ist der zwischen seinem säkularen Charakter und dessen religiöser Überformung. Doch außerhalb der religiösen Vorstellungswelt ist eine spezifisch jüdische Identität nicht zu ermitteln. Die Aufhebung des Judentums in den von Marx beschriebenen sozialen Wesenseigenschaften durch seine Verstaatlichung (in Israel) läßt ein anderes Identifizierungsmerkmal als die Religion nicht zu. Im Sinn eines sozioökonomisch determinierten Kollektives gibt es in Israel keine Juden, sondern nur Israelis jüdischer Abstammung. Auf eine paradoxe Weise ist somit die Negation des jüdischen Staates im Zionismus selbst angelegt. Auf den Staat Israel trifft zu, was Marx in der erwähnten Schrift über den »sogenannten christlichen Staat« äußerte, den er als »die christliche Verneinung des Staates, aber nicht als die staatliche Verwirklichung des Christentums« beschrieb. Dies sei ein »unvollkommener Staat«, der die Religion »als Ergänzung und Heilung seiner Unvollkommenheit« benötige.

   Doch ist auch die Aufhebung des Judentums durch die zionistische Verstaatlichung durchaus ambivalent. Denn diese erfolgt nur auf dem Boden Israels. Ein Wesensmerkmal des Staates Israel besteht darin, daß seine Existenz auf der Wechselwirkung mit den Juden in der Diaspora beruht. Daraus ergibt sich der wichtigste innere Widerspruch der israelischen Staatsdoktrin. Zwar verheißt der Zionismus die staatliche Lösung der jüdischen Frage. Doch dieser Staat ist nicht der politische Ausdruck seiner Bürger, sondern der Juden der Welt. Das ergibt einen latenten Konflikt zwischen israelischem und jüdischem Bewußtsein.

   Das israelische Bewußtsein ist auf den Staat Israel, das jüdische auf das Land (Erez) Israel bezogen. Das eine ist modern, das andere prämodern. Das israelische Bewußtsein ist auf die Globalisierung gerichtet, das jüdische verharrt in einem archaischen Besiedlungswahn. Der israelische Historiker und Linkssozialist Michel Warszawski nennt dies einen Konflikt zwischen Israel und Judäa. Zwei Gesellschaften, die unfähig sind, miteinander zu kommunizieren. Zwar verkörpert der originäre Zionismus die staatliche Konzeption, im Gegensatz zu den Ultraorthodoxen, die den Staat Israel als Gotteslästerung verwerfen. Gleichzeitig ist ihm die »Erez Israel«-Orientierung immanent. Denn Erez Israel ist ein Synonym für Großisrael.

   Die »Unvollkommenheit« des israelischen Staates äußert sich nicht nur im Fehlen einer geschriebenen Verfassung - ein Zugeständnis an die Orthodoxen -, sondern auch im Fehlen von klar definierten Grenzen. Will der Staat Israel seinen Anspruch, alle Juden heimzuführen, einlösen, muß er expandieren. Scharon erklärte unlängst, daß der israelische Unabhängigkeitskrieg noch nicht zu Ende sei, daß er noch hundert Jahre dauern könne. Das heißt, daß aus jüdisch-nationalistischer Sicht der Prozeß der Staatswerdung noch nicht abgeschlossen ist.

Der DKP-Theoretiker Robert Steigerwald schreibt in einem Positionspapier: »Sozialisten müssen beachten, daß die Existenz des Staates Israel zu akzeptieren ist«. »Zu akzeptieren«, das ist kein glühendes Bekenntnis, immerhin. Doch auch hier wird a priori akzeptiert - unter Abstrahierung der konkreten Existenzweise dieses Staates. Das war 1948 falsch, als die Sowjetunion als erster Staat Israel anerkannt hat, ohne seine landräuberische, terroristische Entstehungsgeschichte zu beachten: Der Staat Israel entstand im Ergebnis eines ethnischen Säuberungsprozesses, der seinesgleichen sucht. Und das ist zum gegenwärtigen Zeitpunkt, an dem die rechtsextremen Tendenzen in der israelischen Politik deutlicher als je zuvor hervortreten, nicht minder falsch. Rechtsextremismus ist Rechtsextremismus, auch im Staat der Holocaust-Überlebenden. Und dennoch gilt im gegenwärtigen Diskurs die Benennung einer schlichten Tatsache als unstatthaft, als Relativierung des Holocausts. Als ließe sich der Völkermord an den Juden ernsthaft relativieren.

Ein Staat von Kolonisten

Nicht akzeptiert wird von Steigerwald die ursprüngliche Al-Fatah-Losung eines volksdemokratischen Staates, in dem Juden, Christen und Muslime friedlich nebeneinander leben. Die palästinensischen Linken übrigens halten im Gegensatz zu den rechten Arafatisten an der Orientierung auf einen demokratischen säkularen Staat in ganz Israel/Palästina auch weiterhin fest, wobei sie die Zwei-Staaten-Lösung als Zwischenstufe im Kampf um eine demokratische Umwälzung der Verhältnisse in der Region betrachten. Man könne es den Juden, die dem Tod entronnen sind und ihren Schutz in ihrem eigenen Staat suchten, nicht verdenken, wenn sie diesen für ein bloßes Versprechen nicht preiszugeben bereit seien, begründet der Autor des Papiers seine Position. Im Klartext: Robert Steigerwald und mit ihm der DKP-Mainstream akzeptiert Israel in seiner zionistischen Existenzweise als exklusiv jüdischer Staat, eine andere Existenzweise liegt außerhalb dieser Vorstellungswelt.

Es ist freilich so, daß die Existenz Israels nicht von linker Anerkennung abhängt. Israel würde auch existieren, wenn es nur von den USA anerkannt wäre. Die DDR ist als weltweit anerkannter Staat untergangen. Die Entscheidung fiel im Klassenkampf. Genau auf diesem Terrain wird auch die Entscheidung um den künftigen Charakter Israels/Palästinas fallen. Es geht nicht um ein abstraktes Pro oder Contra Israel. Es geht um den sozialen Charakter dieses Staates. Gegenwärtig ist Israel ein Apartheid-Staat, in dem die

Überlegenheit der einen Nation die Inferiorität der anderen Nation zur Voraussetzung hat. Die Vorstellung, die jüdische Existenz in der Region wäre weniger gesichert, wenn auch die israelischen Araber diesen Staat als ihren Staat, als Staat der Juden und Palästinenser anerkennen könnten, wenn Israel und Palästina zu Synonymen würden, ist absurd.

Was macht es deutschen Kommunisten so schwer, einen demokratisch-säkularen Staat zu akzeptieren? Warum beharren sie auf dem Existenzrecht eines jüdisch definierten Staates? Weil die Juden anders nicht geschützt werden können? Doch nirgendwo ist jüdisches Leben so gefährdet, wie in dem Land, das den Juden eine exklusive Existenz verheißt. In der Exklusivität ihrer Existenz liegt ihre existentielle Bedrohung.

Natürlich ist Israel nicht das, was es sich dünkt. Es ist kein solidarischer Staat der Überlebenden, sondern ein Klassenstaat. Aber es ist auch ein Staat von Kolonisten. Es ist ein ideologisch hoch motivierter Staat, der die Sicherung jüdischer Vorrechte zur obersten Staatsräson erhoben hat. Die Schaffung privilegierter Siedlerexistenzen folgt nicht der Logik des Marktes. Sie folgt der Strategie der Eindämmung innerisraelischer Klassengegensätze und der Unterwerfung der Palästinenser.

Robert Steigerwald mahnt eine differenzierte Betrachtungsweise des Zionismus in seinen unterschiedlichen Strömungen an. Doch in der Hauptsache, die Existenz Israels als kolonialistischen Apartheid-Staat dauerhaft zu etablieren, gibt es keine Differenzen. Natürlich ist die israelische Gesellschaft nicht homogen. Natürlich herrscht in ihr nicht nur die Tendenz zur Gewalt gegen die Palästinenser, sondern auch jene andere, die auf einen historischen Ausgleich mit den Palästinensern gerichtet ist.

In Oslo ist dieser Kompromiß angedacht worden. Im Verlauf des Oslo-Prozesses hat sich aber eindeutig herausgestellt, daß die zionistischen Eliten, die rechten wie die »linken«, einen souveränen palästinensischen Staat nicht zulassen wollen. Ein Staat mit beschränkter Souveränität als ein fremdbestimmtes Projekt der korrupten palästinensischen Oberschicht wäre zwar denkbar gewesen. Doch die israelische Besiedlungspolitik in den Autonomiegebieten bei gleichzeitiger Ablehnung des von der UNO verbrieften Rückkehrrechtes der Flüchtlinge machten sämtliche Voraussetzungen für einen Kompromiß zunichte. Die israelische Bantustanisierungspolitik befindet sich jenseits der von den Arafat-Leuten gezogenen roten Linien.

Unfrei und keine Demokratie

Natürlich wirkt die Hoffnung auf einen demokratischen Umsturz in ganz Israel/Palästina realitätsfern. Vielleicht ist sie deshalb die einzig realistische. Oslo hat in seinem Ergebnis das neokoloniale Regime Israels über die Palästinenser perfektioniert. Es wurde ein autokratisches Regime in Palästina etabliert, das als häßliches Gegenbild zur israelischen parlamentarischen Demokratie zu fungieren hat. Die Intifada hat den Kampf um demokratische Rechte erneut aufgenommen. Sie richtet ihre Forderungen nicht an Arafat und seine oligarchische Umgebung, sondern an die Besatzungsmacht: »Stop the Occupation!« Unter den Bedingungen der nationalen Unterdrückung kann es in Palästina keine Demokratie geben. Solange den Palästinensern ihre demokratischen Rechte vorenthalten werden, ist auch Israel kein demokratischer Staat. Ein Volk, das andere Völker unterdrückt, kann selbst nicht frei sein.

Derweilen latscht die deutsche Linke brav neben dem Mainstream. Es wird ersucht, der Gewalt auf beiden Seiten ein Ende zu bereiten. Vorgeblich radikale Linke verfallen in die Rhetorik von EU-Kommissaren. Von den antinationalen Schmuddelkindern des Neoliberalismus einmal ganz zu schweigen. Je rabiater der Irre von Jerusalem wütet, desto stärker wird der Bekenntnisdrang zum letzten verbliebenen Kolonialstaat. Jüdisch-palästinensische Koexistenz, in der sich die Existenz der einen aus der Existenz der anderen ergibt, wird jedoch nur durch die Überwindung dieses Staates möglich sein.

Frieden in Nahost: In weiter Ferne?

- Krieg gegen Iraker und Palästinenser – 5 Fragen, 5 Antworten -

Während US-Präsident Bush zum Krieg rüstet, ist Gerechtigkeit für die Palästinenser nicht in Sicht. Ein Krieg gegen den Irak wird den Nahost-Konflikt weiter anheizen. Linksruck beleuchtet die Hintergründe und schlägt einen Weg zum Frieden vor.

Was haben Israel und Palästinenser mit Bushs Krieg zu tun?

Israel ist der wichtigste und sicherste Verbündete der USA im Nahen Osten. Israels Ministerpräsident Scharon unterstützt Bushs geplanten Krieg gegen den Irak.
Nach dem Zweiten Weltkrieg wurden die USA führende Militärmacht in der ölreichen Region um den Persischen Golf. Schon damals rüsteten die USA Israel massiv auf. Deshalb besiegte die israelische Armee 1967 Ägypten und Syrien; 1982 den Libanon.
Zwischen 1955 und 92 erließ der UN-Sicherheitsrat insgesamt 65 Resolutionen gegen Israel. Doch die israelischen Regierungen konnten alle ignorieren, weil sie von den USA beschützt wurden.
Gleichzeitig kommt bei den Arabern nichts von den Ölmillionen des Nahen Ostens an. Dafür hassen die Menschen sowohl die USA als auch Israel. Die zweite Intifada, der Aufstand der Palästinenser seit Oktober 2000, wird von vielen andern Arabern unterstützt. Deren Regierungen, die mit den USA und Israel zusammenarbeiten, geraten unter Druck.
Bush führt Krieg gegen den Irak, um die Region unter US-Kontrolle zu bringen. Im Schatten dieses Kriegs schmiedet der extrem rechte Flügel der Regierung Scharon neue Pläne, die Palästinenser endgültig zu vertreiben.

Woher kommt die Gewalt in Nahost?

Die Intifada kämpft gegen die mehr als 50-jährige Unterdrückung der Palästinenser. 1948 wurde Israel gegründet. Zuvor hieß das Gebiet Palästina. Seit dem Ersten Weltkrieg war Palästina britische Kolonie. Dort lebten 1 Million Araber und 50.000 Juden, wie damals in vielen Staaten der Erde.
In Osteuropa waren Juden im 19.Jahrhundert Opfer antisemitischer Pogrome. Dadurch entstand der Zionismus. Die Zionisten glaubten, dass der Antisemitismus nicht zu überwinden sei. Sie sahen die Juden nicht nur als Religionsgemeinschaft, sondern auch als Nation an, deren Heimat Palästina sei. Die Zionisten wollen dort einen Staat nur für Juden gründen und die dort ansässigen Araber zurückzudrängen.
Weltweit folgten zunächst nur wenige Juden dem Zionismus. Im Ersten Weltkrieg verbündeten sich führende Zionisten mit der britischen Besatzungsmacht, um Unterstützung für ihr Projekt zu erhalten. 1936 halfen rechte zionistische Milizen, den arabischen Generalstreik niederzuschlagen. Mehrere Tausend Araber wurden dabei ermordet.
Nach dem Massenmord der Nazis an den europäischen Juden kamen immer mehr nach Israel. Schon vor dem Holocaust flohen viele Juden nach Palästina.
Die extremen Milizen führten nun Bürgerkrieg, um einen israelischen Staat zu schaffen. Die UNO stellte einen Teilungsplan für Palästina vor, um den Bürgerkrieg zu beenden: Israel sollte 55 Prozent, die Araber 45 Prozent erhalten. Die Milizen besetzten jedoch viel mehr Land und zwar mit äußerster Brutalität. 750.000 Araber wurden vertrieben, viele hundert ermordet – seitdem bezeichnen sich die palästinensischen Araber als "Palästinenser".
1967 besetzte die israelische Armee den Gaza-Streifen und das Westjordanland. Seitdem leben die meisten Palästinenser in Flüchtlingslagern in den umliegenden Staaten und den besetzten Gebieten.
Heute kann jeder Jude nach Israel kommen und sofort die israelische Staatsbürgerschaft bekommen. Den Palästinensern, die in Palästina geboren worden sind, verweigert der Staat Israel das Recht, zurückzukehren.

Ein Kampf zwischen Gleichen?

Der Kampf zwischen Palästinensern und Israel ist ein Kampf zwischen David und Goliath.
Die israelische Armee ist eine der stärksten der Welt. Die USA unterstützen Israel mit etwa 3 Milliarden Euro jährlich. Der größte Teil davon sind Waffen.
Die Palästinenser dagegen leben seit Jahrzehnten verarmt und entrechtet unter dem Besatzungsregime oder in Flüchtlingslagern. 1959 gründeten einige Palästinenser um Jassir Arafat die Guerillagruppe Fatah, die für einen nicht-religiösen Staat von Juden und Arabern kämpfte. 1968 übernahm Fatah die Führung der PLO. 1974 nahm die PLO den US-Vorschlag an, einen palästinensischen Staat zu gründen. Nach der ersten Intifada 1987 führten die Verhandlungen mit der israelischen Regierung 1993 zum Vertrag von Oslo. Dieser schrieb die Trennung zwischen Israelis und Palästinensern fest. Die Zahl der von Soldaten bewachten israelischen Siedlungen auf palästinensischem Gebiet stieg danach weiter: Von 1993 bis 2000 verdoppelte sich die Zahl der israelischen Siedler im Westjordanland von 100.000 auf 200.000. Die Palästinenser mussten sich entweder vertreiben lassen, oder sich wehren.
Seit Oktober 2000 entlädt sich der Zorn der Palästinenser in der zweiten Intifada. Palästinenser wehren sich mit Demonstrationen und kämpfen mit Steinen gegen Panzer. Weil sie keine anderen Waffen haben, begehen einige verzweifelte und hasserfüllte Menschen auch Selbstmordanschläge gegen israelische Armeestützpunkte, zionistische Siedler, aber auch gegen unschuldige Israelis.

Ist Kritik an Israel antisemitisch?

Im Holocaust waren vor allem Juden die Opfer des bisher schlimmsten Verbrechens der Menschheitsgeschichte. Damit Nazis nie wieder stark werden können, wollen wir überall jede Art der Unterdrückung bekämpfen.
Die Palästinenser werden seit Jahrzehnten unterdrückt – vor 1948 von Kolonialmächten, seitdem von Israel. Dessen Siedlungspolitik und Besatzung nehmen den Palästinensern die Lebensgrundlagen: Wasser, Strom, Krankenhäuser.

Nach dem Schrecken des Holocaust hofften viele Juden auf eine sichere Heimat in Israel. Aber die Gründung Israels bewirkte, dass sich der Zionismus von einer Reaktion auf Antisemitismus zu einer rassistischen Staatsideologie entwickelte. Die zionistische Idee, in Palästina Kolonien zu gründen und die Araber zu vertreiben, wird heute in der israelischen Siedlungspolitik umgesetzt.
Solange die Palästinenser blutig unterdrückt werden, wird es auch für Juden in Israel keinen Frieden geben. Sicherheit für Israelis nach einer totalen Vernichtung des palästinensischen Widerstands darf und wird es nicht geben.
Für eine Veränderung der rassistischen Gesetze des Staates Israel zu kämpfen, ist nicht antisemitisch. Der Sprachwissenschaftler Noam Chomsky, selbst Jude, schrieb: "Solidarität mit den Palästinensern ist in Wirklichkeit Solidarität mit den Juden."

Wie kann es Frieden in Nahost geben?

Die Unterdrückung der Palästinenser kann nicht durch die Gründung eines eigenen Staates in den besetzten Gebieten beendet werden. Die Fläche, die den Palästinensern 1993 im Vertrag von Oslo zugesprochen wurde, ist ein nicht überlebensfähiger Flickenteppich. Die israelischen Siedlungen sind mit von Soldaten bewachten Straßen verbunden, die das Gebiet der Palästinenser zerschneiden.
Ein gerechter Frieden würde bedeuten: Abbau der israelischen Siedlungen, gleiche Rechte für Palästinenser und ein Rückkehrrecht für Flüchtlinge. Langfristig kann es im Nahen Osten nur Frieden und Wohlstand geben, wenn auch die korrupten arabischen Regime gestürzt werden, welche die Ölmilliarden kassieren, während die Menschen in Armut leben.
Die Massenbewegung, die Bushs Krieg bekämpft und die Intifada unterstützt, ist eine Hoffnung für den Frieden, keine Gefahr. In Palästina lebten Jahrhunderte lang Juden, Muslime und Christen friedlich zusammen – bis westliche imperialistische Staaten die zionistische Strömung für ihre Ziele missbrauchten.

Linksruck Nr. 146, 28. Januar 2003

Krieg gegen Iraker und Palästinenser – 5 Fragen, 5 Antworten

Frieden in Nahost In weiter Ferne?

Während US-Präsident Bush zum Krieg rüstet, ist Gerechtigkeit für die Palästinenser ni[illegible] Sicht. Ein Krieg gegen den Irak wird den Nahost-Konflikt weiter anheizen. [redacted] beleu[illegible] die Hintergründe und schlägt einen Weg zum Frieden vor. Von Jan Maas

Ein kleiner Junge wehrt sich gegen [illegible] Panzer, [illegible] Rahmen der jüngsten Angriffe auf palästinensische Siedlungen vordrin[illegible]

1 Was haben Israel und Palästinenser mit Bushs Krieg zu tun?

Israel ist der wichtigste [illegible] sicherste Verbündete der USA im Na[illegible] Osten. Israels Ministerpräsident [illegible] unterstützt Bushs geplanten Krieg [illegible] den Irak.

[illegible] dem Zweiten Weltkrieg wurden [illegible] Militärmacht in der [illegible] um den Persischen Golf. [illegible] rüsteten die USA Israel mas[illegible] besiegte die israelische [illegible] und Syrien; 1982 den [illegible]

[illegible] erließ der UN-[illegible] 45 Resolutionen [illegible] israelischen Regie[illegible] weil sie von [illegible]

[illegible] den Arabern [illegible] Nahen Os[illegible] Menschen so[illegible] Die zweite [illegible] seit [illegible] Ara[illegible]

[illegible]

2 Woher kommt die Gewalt in Nahost?

[illegible]

wurden vertrieben, viele hundert ermordet – seitdem bezeichnen sich die palästinensischen Araber als „Palästinenser". 1967 besetzte die israelische Armee den Gaza-Streifen und das Westjordanland. Seitdem leben die meisten Palästinenser in Flüchtlingslagern in den umliegenden Staaten und den besetzten Gebieten.

[illegible] nach Israel kom[illegible] israelische Staatsbürger[illegible] Der Palästinensern, die [illegible] worden sind, verwei[illegible] Israel das Recht, zurückzu[illegible]

3 Ein Kampf zwischen Gleichen?

Der Kampf zwischen Palästinensern und Israel ist ein Kampf zwischen David und Goliath.

Die israelische Armee ist eine der stärksten der Welt. Die USA unterstützen [illegible] mit etwa 3 Milliarden Euro jährlich. Der größte Teil davon sind Waffen.

Die Palästinenser dagegen leben seit Jahrzehnten verarmt und entrechtet unter dem Besatzungsregime oder in Flüchtlingslagern. 1959 gründeten einige Palästinenser um Jassir Arafat die Guerillagruppe Fatah, die für einen nicht-religiösen Staat von Juden und Arabern kämpfte. 1968 übernahm Fatah die Führung der PLO. 1974 nahm die PLO den US-Vorschlag an, einen palästinensischen Staat zu gründen. Nach der ersten Intifada 1987 [illegible]

Panzer [illegible] ben, begehen einige [illegible] erfüllte Menschen [illegible] schläge gegen israelische Armee[illegible] zionistische Siedler, aber auch gegen unschuldige Israelis.

4 Ist Kritik an Israel antisemitisch?

[illegible] bisher schlimmsten Verbrechens der Menschheitsgeschichte. Damit Nazis nie wieder stark werden können, wollen wir überall jede Art der Unterdrückung bekämpfen.

Die Palästinenser werden seit Jahrzehnten unterdrückt – vor 1948 von Kolonialmächten, seitdem von Israel. Dessen Siedlungspolitik und Besatzung nehmen den Palästinensern die Lebensgrundlagen: Wasser, Strom, Krankenhäuser.

Nach dem Schrecken des Holocaust hofften viele Juden auf eine sichere Heimat in Israel.

Aber die Gründung Israels bewirkte, dass sich der Zionismus von einer Reaktion auf Antisemitismus zu einer rassistischen Staatsideologie entwickelte.

Die zionistische Idee, in Palästina Kolonien zu gründen und die Araber zu vertreiben, wird heute in der israelischen Siedlungspolitik umgesetzt.

Solange die Palästinenser blutig unterdrückt werden, wird es auch für Juden in Israel keinen Frieden geben.

Sicherheit für Israelis nach einer totalen Vernichtung des palästinensischen Widerstands darf und wird es nicht geben.

Für eine Veränderung der rassistischen Gesetze des Staates Israel zu kämpfen, ist nicht antisemitisch.

Der Sprachwissenschaftler Noam Chomsky, selbst Jude, schreibt: „Solidari[illegible]

[illegible] überlebensfähiger [illegible] Die israelischen Siedlu[illegible] bewachten S[illegible] das Gebiet der Palä[illegible]

Ein gerechter Frieden würde [illegible] Abbau der israelischen Siedlunge[illegible] Rechte für Palästinenser und ein R[illegible] recht für Flüchtlinge.

Langfristig kann es im Nahen [illegible] Frieden und Wohlstand geben, w[illegible] die korrupten arabischen Regime [illegible] werden, welche die Ölmilliarden k[illegible] während die Menschen in Armut [illegible]

Die Massenbewegung, die Bus[illegible] bekämpft und die Intifada unters[illegible] eine Hoffnung für den Frieden, k[illegible] fahr.

In Palästina lebten Jahrhunde[illegible] Juden, Muslime und Christen fried[illegible] sammen – bis westliche imperial[illegible] Staaten die zionistische Strömung [illegible] Ziele missbrauchten.

Jenin, Jeni[illegible]

[illegible]

Die Tage des Zorns

I. Yom Kippur

Am Vorabend des jüdischen Yom Kippur Passionsfeiertags (9. Oktober) nahmen jüdische klerikal-faschistische Elemente, sowohl unter den Kolonisten „Siedlern" in den besetzten Gebieten, als auch in Israel selbst, den nach tagelangen Kämpfen errungenen Rückzug der israelischen Besatzer zum Anlass, diese Niederlage durch ausgesprochene mörderische Pogrome, Angriffe auf palästinensische Zivilisten und Wohngebiete in den besetzten Gebieten zu vergelten. „Siedler" richteten Pogrome in verschiedenen palästinensischen Städten und Dörfern, sowie auf Überlandstraßen an, bei welchen mindestens fünf Palästinenser ermordet wurden. In Israel selbst drangen einige hundert rassistische jüdische Klerikalfaschisten aus der jüdischen Stadt Nazareth-Illit kommend in die arabische Stadt Nazareth mit Rufen wie „Tod den Arabern" ein und richteten dort Verwüstung und Totschlag an. Zwei arabische Bürger wurden an Ort und Stelle totgeschlagen, ein weiterer erlag seinen Verletzungen in Krankenhaus. Ähnlich rassistische Unruhen gab es in Akko, Jaffa, Haifa, Ramleh, Taibeh und Umm-el-Fahm. Der Kabinettsminister Matan Vilnai verglich diese rassistischen Schandtaten mit Pogromen in der zaristischen Ukraine und mit antijüdischen Pogromen der Nazis.
Hans Lebrecht, Kibbutz Beit-Oren,
11.10.2000

II. Tödliches „Gummi"

In den aktuellen Medienberichten heißt es immer wieder, israelische Soldaten würden mit „Gummigeschossen" gegen palästinensische Demonstrationen vorgehen. Ein irreführender Begriff, denn im Gegensatz zu Großbritannien und den USA, die ebenfalls „Gummigeschosse" zur inneren Aufstandsbekämpfung einsetzen, bestehen die israelischen Geschosse nicht aus Gummi, sondern aus konventionellen Stahlkugeln, also scharfer Munition, die lediglich mit einer hauchdünnen Hartgummischicht ummantelt sind.
In den vergangenen Jahren wies die israelische Menschenrechtsgruppe B'Tselem mehrfach auf die tödliche Wirkung dieser Geschosse hin und forderte die Armee vergeblich auf, den Einsatz derartiger „Gummigeschosse" zu unterlassen. Nach den Statistiken von B'Tselem haben die israelischen Sicherheitskräfte in den letzten zehn Jahren mit „Gummigeschossen" etwa tausend Palästinenser erschossen und fünftausend verletzt.

Israel verwendet nach Angaben von B'Tselem zwei Typen von „Gummigeschossen", die jeweils zwanzig beziehungsweise fünfzig Gramm wiegen. Die Bozener „Prüfstelle für Baustoffe" untersuchte unlängst ein solches „Gummigeschoss". In dem Bericht heißt es: „Aus den durchgeführten Analysen geht hervor, dass die Gewehrkugel aus einem metallischen Kern und einer weichen Kunststoffhülle besteht. Der metallische Kern ist ein Hochofenstahl, welcher anschliessend bearbeitet worden ist". Von 17,84 Millimeter Gesamtdurchmesser der Kugel nehme der metallische Kern 16 Millimeter und die Hartgummihülle nur 1,84 Millimetre ein.
Gemäß dem israelisch-palästinensischen Abkommen von Oslo 1993 darf Israel die 1990 in die Armee eingeführten „Gummigeschosse" gegen palästinensische Demonstranten - bei den zuweilen durchaus militant verlaufenden Demonstrationen orthodoxer Juden kommt das israelische „Gummi" nicht zum Einsatz - erst dann benutzen, wenn die Menge durch zuvor abgegebene Warnschüsse in die Luft und Tränengas nicht zerstreut werden kann.

Apartheid 2000

Der israelisch-palästinensische Friedensprozess ist nicht tot. Er wird unter den bekannten Vorzeichen fortgesetzt.
Israel hält seit 1967 das ganze historische Palästina besetzt. Dies und die Annexion Ostjerusalems vor 20 Jahren verstossen zwar gegen viele völkerrechtliche Bestimmungen, die israelische Eigenwahrnehmung, die von großen Teilen der „internationalen Gemeinschaft" geteilt wird, ist jedoch die des Gönners, der den Palästinensern Teile des eigenen Staatsgebietes großmütig überlässt. Die Palästinensische Autonomiebehörde (PA) arbeitet deswegen auf vielen Gebieten mit den Israelis zusammen, unter anderem regelt ein Sicherheitspakt die umfangreiche Repression gemeinsamer Gegner.
Ein Grund für die Bereitschaft Israels zum Einstieg in die Verhandlungen vor zehn Jahren waren seine hohen menschlichen und Imageverluste seit Beginn der Intifada. Sogar der Rechtsextremist Ariel Scharon war ein Befürworter der Delegierung der Kontrolle der palästinensischen Bevölkerung an diese selbst. Hinter diese Vorgaben kann Israel nicht mehr zurück. Der Besuch Scharons auf den Haram al-Scharif Ende September im Rahmen des israelischen Wahlkampfes sollte jedoch die Vorherrschaft der

A38

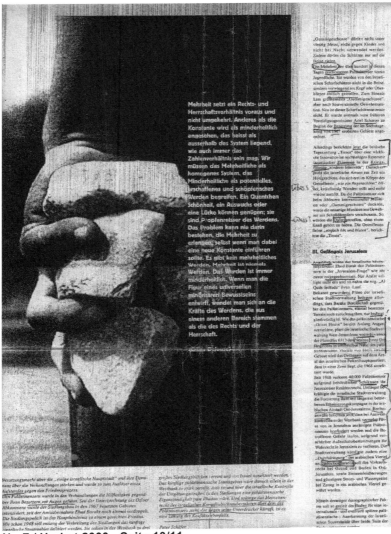

Nr. 7 / Herbst 2000 - Seite 10/11

Die Tage des Zorns
I. Yom Kippur

Am Vorabend des jüdischen Yom Kippur Fastenfeiertags (9. Oktober) nahmen jüdische klerikal-faschistische Elemente, sowohl unter den Kolonisten„siedlern" in den besetzten Gebieten, als auch in Israel selbst, den nach tagelangen Kämpfen erzwungenen Rückzug der israelischen Besatzer zum Anlass, diese Niederlage durch ausgesprochen mörderische Pogrome, Angriffe auf palästinensische Zivilisten und Wohngebiete in den besetzten Gebieten zu vergelten. „Siedler" richteten Pogrome in verschiedenen palästinensischen Städten und Dörfern, sowie auf Überlandstraßen an, bei welchen mindestens fünf Palästinenser ermordet wurden. In Israel selbst drangen einige hundert rassistische jüdische Klerikalfaschisten aus der jüdischen Stadt Nazareth-Illit kommend in die arabische Stadt Nazareth mit Rufen wie "Tod den Arabern" ein und richteten dort Verwüstung und Totschlag an. Zwei arabische Bürger wurden an Ort und Stelle totgeschlagen, ein weiterer erlag seinen Verletzungen im Krankenhaus. Ähnlich rassistische Umtriebe gab es in Akko, Jaffa, Haifa, Ramleh, Taibeh und Umm-el-Fahm. Der Kabinettsminister Matan Vilnai verglich diese rassistischen Schandtaten mit Pogromen in der zaristischen Ukraine und mit antijüdischen Pogromen der Nazis.   Hans Lebrecht, Kibbutz Beit-Oren, 11.10.2000

II. Tödliches „Gummi"

In den aktuellen Medienberichten heißt es immer wieder, israelische Soldaten würden mit „Gummigeschossen" gegen palästinensischen Demonstrationen vorgehen. Ein irreführender Begriff, denn im Gegensatz zu Großbritannien und den USA, die ebenfalls „Gummigeschosse' zur inneren Aufstandsbekämpfung einsetzen, bestehen die israelischen Geschosse nicht aus Gummi, sondern aus konventionellen Stahlkugeln, also scharfer Munition, die lediglich mit einer hauchdünnen Hartgummischicht ummantelt sind. In den vergangenen Jahren wies die israelische Menschenrechtsgruppe B'Tselem mehrfach auf die tödliche Wirkung dieser Geschosse hin und forderte die Armee vergeblich auf, den Einsatz derartiger „Gummigeschosse" zu unterlassen. Nach den Statistiken von B'Tselem haben die israelischen Sicherheitskräfte in den letzten zehn Jahren mit „Gummigeschossen" etwa tausend Palästinenser erschossen und fünftausend verletzt.

Israel verwendet nach Angaben von B'Tselem zwei Typen von „Gummigeschossen", die jeweils zwanzig beziehungsweise fünfzig Gramm wiegen. Die Bozener „Prüfstelle für Baustoffe" untersuchte unlängst ein solches „Gummigeschoss". In dem Bericht heißt es: „Aus den durchgeführten Analysen geht hervor, dass die Gewehrkugel aus einem metallischen Kern und einer weichen Kunst-stoffhülle besteht. Der metallische Kern ist ein Hochofenstahl, welcher anschließend bearbeitet worden ist". Von 17,84 Millimeter Gesamtdurchmesser der Kugel nehme der metallische Kern 16 Millimeter und die Hartgummihülse nur 1,84 Millimeter ein. Gemäß dem israelisch-palästinensischen Abkommen von Oslo 1993 darf Israel die 1990 in der

Armee eingeführten „Gummigeschosse" gegen palästinensische Demonstranten - bei den zuweilen durchaus militant verlaufenen Demonstrationen orthodoxer Juden kommt das israelische „Gummi" nicht zum Einsatz - erst dann benutzen, wenn die Menge durch zuvor abgegebene Warnschüsse in die Luft und Tränengas nicht zerstreut werden kann. „Gummigeschosse" dürfen nicht unter vierzig Meter, nicht gegen Kinder und nicht bei Nacht verwendet werden. Zudem dürfen die Schützen nur auf die Beine zielen. Die Mehrheit der über hundert in diesen Tagen erschossenen Palästinenser waren Jugendliche. Sie wurden von den israelischen Scharfschützen nicht in die Beine, sondern vorwiegend am Kopf oder Oberkörper tödlich getroffen. Zum Einsatz kam größtenteils „Gummigeschosse", aber auch konventionelle Gewehrmunition. Neu ist dieser Scharfschützeneinsatz nicht. Er wurde erstmals vom früheren Verteidigungsminister Ariel Scharon zu Beginn der Besatzung der im Sechstagekrieg von 1967 eroberten Gebiete angeordnet.

Allerdings berichtete jetzt die britische Tageszeitung „Times" über eine wirkliche Innovation im reichhaltigen Reservoir israelischer Finessen in der Kriegsführung „niederer Intensität". Danach erprobt die israelische Armee zur Zeit ein Hohlgeschoss, das sich erst im Körper des Getroffenen „wie ein Regenschirm" öffnet, kreisförmig Wunden reißt und nicht wieder austritt. Da die Palästinenser sich beim Abfeuern konventioneller Munition oder „Gummigeschosse" duckten, werde die neuartige Munition aus Gewehren mit Schalldämpfern verschossen. So würden die Opfer getroffen, ohne einen Knall gehört zu haben. Die Getroffenen fielen „einfach hin und bluten", berichtete die „Times".

III. Gefängnis Jerusalem

Angeblich wollte der israelische Ministerpräsident Ehud Barak den Palästinensern in der „Jerusalem-Frage" wie nie zuvor entgegenkommen. Nur Arafat willigte nicht ein und so nahm die sog. „Al Quds-Intifada" ihren Lauf. Bekannt gewordene Pläne der israelischen Stadtverwaltung belegen allerdings, dass Baraks Bereitschaft gegenüber den Palästinensern, einmal besetztes Terrain auch zurückzugeben, nur bedingt glaubwürdig ist. Wie das palästinensische „Orient House" bereits Anfang August vermeldete, plant die israelische Stadtverwaltung West-Jerusalems weiterhin unter der Planziffer 6313 den Neubau eines Gefängnisses in unmittelbar Nähe des palästinensischen Viertels von Sheik Jarrah. Gebaut wird das Gefängnis auf dem Areal des israelischen Polizeihauptquartiers, dass in einer Zone liegt, die 1968 annektiert wurde. Seit 1968 verloren 40.000 Palästinenser aufgrund behördlicher Schikanen ihr Jerusalemer Residenzrecht. Unlängst bekräftigte die israelische Stadtverwaltung die Forcierung ihrer seit längerem betriebenen Ethnisierungskampagne in der arabischen Altstadt Ost-Jerusalems. Rechtsanwälte berichten jetzt, dass bei Ausweiskontrollen in der Westbank vermehrt Pässe von in Jerusalem ansässigen Palästinensern konfisziert werden und die Betroffenen Gefahr laufen, aufgrund verschärfter Aufenthaltsbestimmungen ihr Wohnrecht in Jerusalem zu verlieren. Die Stadtverwaltung kündigte zudem eine „Durchdringung" der arabischen Viertel an. Jüdischen Israelis soll das Vorkaufsrecht bei Grund und Boden in Ost-Jerusalem, sowie Steuererleichterungen und günstigere Strom- und Wasserpreise bei Zuzug in ein arabisches Viertel gewährt werden.

Mittels derartiger demographischer Fakten soll so gezielt der Boden für eine internationale - und eventuell spätere palästinensische - Anerkennung der israelischen Souveränität über beide Teile der Stadt vorbereitet werden.

Roni Ben Efrat: Erfundenes Trauma
Die Räumung des Gazastreifens durch Israel soll Scharon den Vorwand liefern, die Siedlungspolitik fortzusetzen

Israel ist entschlossen, seine Siedlungen im Gazastreifen Mitte August zu räumen. Bis vor kurzem haben die rechten Widersacher des Loslösungsplans noch Erfolge verzeichnet. Von Februar bis Anfang Juni sank die Zahl der Unterstützer des Plans von 64 Prozent auf 53. Drei Wochen später hatte sich der Trend umgekehrt: Die Zustimmung war wieder auf 62 Prozent gestiegen.

Folgendes war geschehen: Eine Clique junger Anhänger Kahanes (des Gründers der rassistischen Kach-Partei) war von illegalen Siedlungsvorposten in der Westbank nach Gaza hinabgestiegen und hatte sich in einem verlassenen Hotel eingerichtet. Dort hielten sie sich ungestört einen Monat lang auf und verfaßten obszöne Graffitis über Mohammed, um die benachbarten Araber zu provozieren. Wie sie sagten, waren sie entschlossen, bis zur Rücknahme des Loslösungsplans oder ihren Tod in Gaza zu bleiben. Beobachter befürchteten einen Bürgerkrieg.

Bewußte Zuspitzung

Der Wendepunkt war, als die Kahanisten einen jungen, bereits bewußtlos geschlagenen Palästinenser vor laufender Kamera steinigten. Die Öffentlichkeit zog sich angewidert zurück. Am nächsten Morgen umstellte die Armee das Hotel. Da sie von den anderen Siedlern keine Unterstützung erhielten, streckten die Kahanisten die Waffen. Dann gingen die Eliteeinheiten der Armee in das Hotel und trugen die Siedler zu den Bussen. Die Drohung eines Bürgerkriegs löste sich in Luft auf.

Das einmonatige Abwarten der Armee diente dazu, das Drama entwickeln zu lassen. Denn wenn der Loslösung dem langfristigen politischem Ziel des israelischen Premiers Ariel Scharon nutzen soll, muß sie mystische Ausmaße annehmen. Je größer der Widerstand, desto unmöglicher wird es erscheinen, ihm einen zweiten Akt folgen zu lassen. Darum tut Scharon nicht, was Charles de Gaulle analog mit den französischen Siedlern in Algerien getan hat: Einen Tag für den Rückzug der Armee festzulegen und zu erklären, daß jeder Siedler, der in Gaza bleiben möchte, sich an die Palästinensische Autonomiebehörde wenden kann. Um sich die Tür offen zu halten, braucht Scharon ein großes Spektakel: »So weit werden wir gehen, nicht weiter. Wir können es nicht. Schaut, wie traumatisch es ist! Schon dies hat uns auseinander gerissen!«

Der finanzielle Aspekt unterstützt unseren Verdacht. Dan Ben David, Dozent für Volkswirtschaft an der Universität Tel Aviv, schreibt, daß allein die nichtmilitärischen Kosten des Loslösungsplans im Schnitt 611 000 US-Dollar pro Familie betragen. Die 7 000 Siedler in Gaza machen aber nur drei Prozent der gesamten Siedlerschaft aus (ohne jene im besetzten Jerusalem). Wie sollte sich der Staat bei solchen Beträgen weitere Traumata leisten können?

Scharon will mit seinen jetzigen Unternehmungen seine Wahlchancen erhöhen. Mit 1,5 Millionen Palästinensern weniger unter Israels Verantwortung und als einziger israelischer Führer, der in der Lage ist, Siedlungen zu räumen, kann er zugleich als Champion der Rechten posieren, der die wichtigen Siedlungen in der Westbank vor dem drohenden Abriß gerettet hat.

Armee in Wartestellung

Die obsessive Sorge um das Leid der geräumten Siedler und die Schwierigkeiten, denen Scharon gegenübersteht, verbergen, dass Abu Mazen (Mahmud Abbas) nach sieben Monaten als Präsident der Palästinensischen Autonomiebehörde am Ende angelangt ist. Wenn Israel Gaza verlassen hat, braucht es ihn nicht mehr. Die Forderung, er solle die Waffen der Hamas einsammeln, ist reine Augenwischerei. Seit dem Beginn der zweiten Intifada hat Israel gewußt, daß es seine Sicherheit nicht in die Hände einer palästinensischen Führung legen wird. Die Armee wartet ungeduldig auf die erste Kassam-Rakete nach der Loslösung. Dann wird sie zeigen, daß sich mit der Räumung ihre militärische Position verbessert hat. Sie wird über Land, See und Luft in den Gazastreifen eindringen können, ohne auf die dortige jüdische Bevölkerung Rücksicht nehmen zu müssen.

Die Befürworter der Loslösung haben Unrecht: Die Vereinigten Staaten, wenn sie Abu Mazen sagen, er solle keine Bedingungen stellen und Israel einfach erlauben zu gehen. Abu Mazen, wenn er die Hände in den Schoß legt, während sich Israel die Mittel sichert, um weiter über die Westbank zu herrschen. Und schließlich haben auch Scharon und seine Unterstützer Unrecht. Das palästinensische Volk wird die neue Realität, die Israel ihm aufzwingt, nicht hinnehmen: Die Gefangenschaft von Millionen, ohne die Möglichkeit, ihren Lebensunterhalt zu sichern, hinter einer fiktiven Trennlinie, verstärkt durch echte Zäune und Mauern.

*Aus: Challenge Nr. 92 * Übersetzung: Martina Schwarz*
http://www.jungewelt.de/2005/07-12/009.php

Ellen Rohlfs
„Höre Israel!" – Höre Europa!

Ein palästinensisches Dorf wurde zerstört - nicht 1948 – nicht 1967 Nicht im Laufe kriegerischer Auseinandersetzungen.
Kein Rachefeldzug – keine Vergeltung
Es war am 5. Juli 2005 – es herrschte Waffenstillstand. Alle Welt lauscht den unüberhörbaren Vorbereitungen des Rückzugs im Gazastreifen – Keiner schaut ins ferne, stille und heiße Jordantal . Und nur ein Fetzen Papier mit einer Notiz des Militärs, an eine Hauswand gepinnt, kündigte an: „Die Häuser von Tana werden demoliert"– sei seien ohne israelische Genehmigung gebaut. Die Bewohner, Bauern und Hirten, kannten niemand, den sie um Rat und Hilfe bitten konnten. So geschah das Verbrechen ohne Zeugen; „Simon, der Kameramann,* Sieht" nicht, „die Planierraupen die letzten Trümmer der Araberhäuser zermalmen" Es gab ohne Protest Internationaler - ungehindert und ohne Störung. Ja, alles ging sehr schnell über die Bühne:
Israelisches Militär demolierte die Wohnstätten von etwa hundert Familien, die seit Jahrhunderten hier am Rande des Jordangrabens, vor allem in Höhlen leben, in einer Gegend die in heiligen Büchern schon vor 3500 Jahren genannt wurde. Die Schule, vor 6 Jahren gebaut, wurde auch zerstört. Haben Kinder in der „einzigen Demokratie in Nahost" nicht ein Recht auf Bildung?
Nur die Moschee – Jahrhunderte alt – blieb stehen. Welch Pietät! ? Auch die Autos wurden zerstört – warum wohl? Waren auch sie ohne Genehmigung gebaut?
Soll hier vielleicht die östliche Route der Apartheidmauer verlaufen, um das palästinensische Gefängnis noch weiter nach Osten abzuschotten - verbunden mit großflächigem Landraub; das westliche Jordantal. Hier geschieht ethnische Säuberung - und keiner merkt's – Keiner hört die entsetzten Schreie der Mütter, das Weinen der Kinder, keiner sieht die vor Schreck erstarrten Blicke der hilflosen Männer - bis jetzt war keiner „Terrorist".
Wurde jetzt nicht unendlicher Hass, Wut und Zorn gesät?
Vielleicht wundern sich Europäer in 10 oder 20 Jahren, und fragen warum und wieso sich ein Araber in der U-Bahn in die Luft sprengt und Unschuldige mit in den Tod reißt.
In Tana wurde 100 unschuldigen, armen Familien die Lebensgrundlage genommen. Und in Ost-Jerusalem stehen heute 88 und 12 weitere Häuser neu auf der Abrissliste. Und keiner fragt hier, warum? Höre, Europa, höre doch!

http://erhard-arendt.de/deutsch/palestina/Stimmen_deutsch

*Sand im Getriebe Nr. 45 * Seite 26*

A43

1   Höre Israel! – Höre Europa!
2   von Ellias Publiu
3   Ein palästinensisches Dorf wurde zerstört – nicht 1948 – nicht 1967. Nicht
4   im Laufe kriegerischer Auseinandersetzungen, kein Rachfeldzug – keine
5   Vergeltung.
6   Es war am 5. Juli 2005 – es herrschte Waffenstillstand. Alle Welt taumelte
7   den unüberhörbaren Verheißungen des Rückzugs im Gazastreifen –
8   Keiner schaut ins ferne, stille und heiße Jordantal. Und nur ein Fetzen
9   Papier mit einer Notiz des Militärs, an eine Hauswand gepinnt, kündigte an:
10 „Die Häuser von Tana werden demoliert" – sie seien ohne israelische
11 Genehmigung gebaut. Die Bewohner, Bauern und Hirten, kamen niemand,
12 den sie um Rat und Hilfe bitten konnten. So geschah das Verbrechen ohne
13 Zeugen: „Simon, der Kameramann, Sieh! nicht, „die Planierraupen die
14 letzten Trümmer der Ausbleihäuser zermalmen". Es geht ohne Protest
15 Internationaler – ungehindert und ohne Störung.
16 Ja, alles ging sehr schnell über die Bühne: israelisches Militär demolierte
17 die Wohnstätten von etwa hundert Familien, die seit Jahrhunderten hier am
18 Rande des Jordangrabens, vor allem in Höhlen leben, in einer Gegend die
19 in heiligen Büchern schon vor 3500 Jahren genannt wurde. Die Schule, vor
20 6 Jahren gebaut, wurde auch zerstört. Haben Kinder der „einzigen
21 Demokratie in Nahost" nicht ein Recht auf Bildung?
22 Nur die Moschee – jahrhunderte alt – blieb stehen. Welch Pietät!? Auch die
23 Autos wurden zerstört – warum wohl? Waren auch sie ohne Genehmigung
24 gebaut?
25 Soll hier vielleicht die östliche Route der Apartheidmauer verlaufen, um das
26 palästinensische Gefängnis auch nach Osten abzuschließen – verbunden mit
27 großflächigem Landraub; das westliche Jordantal. Hier geschieht ethnische
28 Säuberung – und keiner merkt's – keiner hört die entsetzten Schreie der
29 Mütter, das Weinen der Kinder, keiner sieht die vor Schreck erstarrten Blicke
30 der hilflosen Männer – bei jetzt war keiner „Terrorist".

31 Wurde jetzt nicht unendlicher Hass, Wut und Zorn gesät?
32 Vielleicht wundern sich Europäer in 10 oder 20 Jahren, und fragen Warum?
33 und Wieso? sich ein Arbeiter in der U-Bahn in die Luft sprengt und
34 Unschuldige mit in den Tod reißt.
35 In Tana wurde 100 unschuldigen, armen Familien die Lebensgrundlage
36 genommen. Und in Ost-Jerusalem stehen heute 58 und 12 weitere Häuser
37 (*) neu auf der Abrissliste.
38 Und keiner fragt hier, Warum? Höre, Europa, höre doch!
39 (*) in Silwan und 8 Oisten am Rande Osljerusalems (Mechzom Watch)

Radikal, Nr. 143, Mai 91, 5 Sekunden

Ahlhorn / Niedersachsen

Krieg dem imperialistischen Krieg!

Heute wurde von uns eine Pumpstation zusammen mit der Leitung der Nato-Pipeline bei Ahlhorn/Niedersachsen gesprengt.

Diese Pipeline versorgt die Notflugplätze Oldenburg und Ahlhorn mit Flugbenzin. Diese Flugplätze werden von den Jagdbombergeschwader der Bundesluftwaffe, das in der Türkei eingesetzt ist, und von Transportflugzeugen zur Versorgung der US- und NATO-Truppen in der Golfregion benutzt.

Wir zerstörten die Pipeline, um dem gigantischen Angriff der imperialistischen Staaten etwas entgegenzusetzen. Denn sie versuchen, die Schwäche unseres Widerstandes und die Zerrissenheit der Sowjetunion als einmalige Chance zu nutzen, um ihre neue Weltordnung gegen die ausgebeuteten arabischen Völker und als Drohung gegen die Völker Asiens, Afrikas und Lateinamerikas durchzusetzen.

Die Besetzung des Nahen Ostens ist ebenfalls ein Einschüchterungsversuch gegen die Menschen in den Metropolen, die dem Gehirnwäscheprogramm widerstehen.

Wir leben hier in der Metropole, von der aus die weißen Kolonialherren ihre Eroberungskriege zur Steigerung des Profits planen. Diese Fanatiker der ungehemmten Ausbeutung führen diese Kriege im Namen des christlichen Gottes, der Gleichheit und Brüderlichkeit, der Menschenrechte, der Freiheit und Demokratie, - wie sie's gerade brauchen. Doch der Kampf der Völker der 3 ausgeplünderten Kontinente und der unterdrückten Klassen in den Metropolen wird ihnen eine Grenze setzen.

Solange es Kapitalismus gibt, kann es keinen Frieden geben. Die USA brauchen diesen Krieg, um ihr kapitalistisches System vor dem Zusammenbruch zu bewahren. Weil die USA sich in einer schweren Rezession befinden, weil die sozialen Widersprüche sich dort zuspitzen, weil die Banken am Ende sind und weil die mächtige Rüstungsindustrie ihre Produktion steigern will, brauchen sie den ungehinderten Zugriff auf das Öl. Deshalb müssen hunderttausende arabischer und kurdischer Menschen sterben. Der Reichtum der Industrieländer beruht auf der hemmungslosen Ausplünderung der Rohstoffe und Arbeitskraft anderer Völker. Tod, Hunger und Elend werden in Kauf genommen. Das Selbstbewußtsein der Menschen soll zerstört werden, damit sie vergessen, daß die Herren dieser Welt weiß, reich und "zivilisiert" sind, und vor allem nicht vergessen, daß keiner ihre Macht in Frage stellen darf.

Saddam Hussein ist in diesem gesamten Spiel nur eine Schachfigur. Die Verlierer sind die arabischen Völker, die seit Jahrhunderten gegen den Kolonialismus kämpfen und heute außerdem mit der zionistischen Besetzung Palästinas und mit - vom Imperialismus gestützten - eigenen reaktionären Regierungen konfrontiert sind. Die Befreiungskämpfe im Nahen Osten wie der kurdische und palästinensische Volksaufstand sollen endgültig in die Knie gezwungen werden.

Die zerstörerische Logik des Kapitalismus ist erst am Ende, wenn der Kapitalismus am Ende ist. Um dieses Ziel zu erreichen, um uns von der Gewalt und Gewalttätigkeit des imperialistischen Systems weltweit zu befreien, ist es notwendig, den Kampf auf allen Ebenen zu führen.

Unsere politische und moralische Kraft darf vor ihren Gewehrläufen nicht ohnmächtig zusammenbrechen.

Für die politische und soziale Befreiung der Unterdrückten im Nahen Osten!
Für den Sieg des kurdischen und palästinensischen Volksaufstands!
Bewaffneter Antiimperialismus auch im Herzen der Bestie!
Für den Kommunismus!
Revolution bis zum Sieg!

Revolutionäre Zellen
März 91

Anschlag auf NATO-Pipeline
Hude / bei Bremen

Wir sind am 23.4. einen Schieberschacht der NATO-Pipeline bei Hude heiß angegangen.

Als Nummer 2 der NATO ist die BRD von einer Unmenge an militärischen Infrastruktureinrichtungen durchzogen. Während des Golfkrieges wurde ein Hauptteil des militärischen Nachschubes der Transport von Munition, Waffen aller Art, Soldaten, Treibstoff u.v.m. - über die 'Drehscheibe' BRD abgewickelt. Für alle US- und NATO-Interventionen gegen die in Unterentwicklung gehaltenen Länder des Südens, die es wagen sollten, sich der imperialistischen Ausbeutung und Vernichtung zu widersetzen, bildet die BRD einen gewaltigen logistischen Umschlagplatz für Kriegsmaterial aller Art.

Dieses ist möglich durch ein Netz von Transport- und Kommunikationswegen, welche die NATO kontinuierlich ausgebaut hat und über das im Kriegs- oder sogenannten 'Krisenfall' der militärische Nachschub und die Logistik abgewickelt wird. Dazu gehören z.B. Schienen, Wasserwege und Straßen, welche z.T. nur unter rein militärischen Gesichtspunkten angelegt wurden, weiterhin ein glasfaserverkabeltes Fernmeldenetz als NATO-Kommunikationssystem oder ein von der NATO aufgebautes Pipelinesystem zur Treibstoffversorgung ihrer 'Streitkräfte'.

Betrieben wird dieses Pipelinesystem von einer Fernleitungsbetriebs GmbH, welche eng mit dem Pipeline-Pionier-Batallion der Bundeswehr zusammenarbeitet. Ziel dieses Leitungssystems ist die "Aufrechterhaltung der Operationsfreiheit für die NATO-Streitkräfte". Dazu befinden sich in der BRD an die 3000 Km Pipeline, über 40 Pumpstationen, etwa 30 Tanklager und eine große Anzahl sogenannter 'Schieberschächte'. Das heißt aber auch, daß es unmöglich ist, dieses System ständig zu kontrollieren und zu bewachen, so daß sich eine Vielzahl von Angriffspunkten finden lassen.

Der Golfkrieg sollte deutlich machen, wer weltweit bestimmt und unter wessen Kontrolle sich die Rohstoffe zu befinden haben, egal in welchen Regionen dieser Erde sie lagern. Überall beanspruchen die imperialistischen Länder des Nordens den ungehinderten Zugriff auf die Ressourcen und Menschen der seit Jahrhunderten hemmungslos ausgebeuteten Völkern Asiens, Afrikas und Lateinamerikas. Seit der Auflösung des realsozialistischen Blocks (v.a. der UDSSR) zu den NATO-Staaten sind die militärischen Interventionsmöglichkeiten in jeder Hinsicht grenzenlos. Den imperialistischen Staaten genehme Regime werden an die Macht gebracht und gehalten, Disfunktionalität politisch oder militärisch abgesetzt.

Verlierer dieses brutalen Zugriffs der imperialistischen Staaten sind immer die um ihre Selbstbestimmung kämpfenden Völker. Am Beispiel des kurdischen und des palästinensischen Volksaufstandes im Nahen Osten, aber auch an jedem anderen Land, in dem sich Menschen gegen ihre Kolonisatoren zur Wehr setzen, wird dieses überdeutlich.

Es ist ein Hohn, wenn sich jetzt die imperialistischen Staaten als Hüter der Menschenrechte der vertriebenen KurdInnen aufspielen, haben sie doch jahrelang die Vernichtung des kurdischen Widerstandskampfes mit Hilfe des NATO-Staates Türkei billigend unterstützt. Während des Golfkrieges bombardierten NATO-Truppen die kurdischen Gebiete im Nordirak, unter dem Schutz der in der Türkei stationierten deutschen Flieger griff die türkische Armee permanent den kurdischen Widerstandskampf an.

So sehen die Mittel aus, mit denen die zukünftige 'neue Weltordnung' geschaffen werden soll und es werden noch viele Menschen diese militärischen Mittel zu spüren bekommen, die sich immer Widerstand gegen Ausplünderung und Mord richten wird.

Immer schon und zur Zeit besonders deutlich war und ist, daß Militär entscheidend bei der Durchsetzung politischer und ökonomischer Interessen der imperialistischen Staaten ist. Der Kampf gegen Militarismus muß Teil unserer Diskussionen und unseres Handels sein.

GEGEN DEN IMPERIALISTISCHEN NORMALZUSTAND !!!

die Molche

A2. Quellenübersicht Inhaltsanalyse

Deutsche Stimme
Artikel 1:
DS, Ausgabe 3/1995, S. 5: Juden beschuldigen Stadt

Artikel 2:
DS, Nr. 7, Juli 2000, S. 15: Zum Katholizismus. Kontext zwischen Shoah und Kreuzigung?

Artikel 3:
DS, Nr. 11, November 2001, S. 16: Buchbesprechung: »Rassenfrage als Schlüssel zur Weltgeschichte«

Artikel 4:
DS, 27. Jg., Juli 2002, Nr.7/02, S. 6: Antisemitismus-Debatte. Der »clevere Jude« als Agitator der Multikultur

Artikel 5:
DS, 29. Jg., Mai 2004, Titel
Nahostkonflikt. Staatsterror unter dem Davidstern

Nation & Europa

Artikel 1:
Wie europäisch ist Israel?
Heft 2/Februar 2000

Artikel 2:
Die „Holocaust"-Keule
Heft 3/März 2005

Artikel 3:
Die tabuisierte Frage:
Wie entsteht Antisemitismus?
Heft 7-8/Juli-August 2002

Artikel 4:
Heft 8-9/August-September 1989

Artikel 5:
Mitterrands Fehltritt: Darf man von „zionistischer Lobby" sprechen?
Heft 8-9/August-September 1989

NationalZeitung

Artikel 1:
Bestimmt Israel deutsches Fernsehen?
Heft Nr. 35, 22. August 2003

Artikel 2:
Gerechtigkeit oder Untergang
Die Entrechtung der Palästinenser
Heft Nr. 43/20. Oktober 2000

Artikel 3:
Nahost-Krise reicht bis Frankreich
Heft Nr. 44/27. Oktober 2000

Artikel 4:
Ewig büßen wegen Hitler?
Heft Nr. 47/16. November 1990
Artikel 5:
Neue Provokation des ZDF
Zur Ausstrahlung des Wiesenthal-Films
Heft Nr. 49/ 01. Dezember 1999

Junge Freiheit

Artikel 1:
Hysterie und Panik
Die Politik des Zentralrats der Juden in Deutschland
Nr. 42/00, 13. Oktober 2000, 15. Jg., Rubrik "Meinung", S. 2
Artikel 2:
Junge Massenmord unserer Zeit
09/05, 25. Februar 2005, Rubrik "Meinung", S. 2
Artikel 3:
Am Anfang war das Blut   Kino: Mel Gibsons umstrittener Film "Die Passion Christi" läuft seit dieser Woche auch in Deutschland
13/04, 19. März 2004, Rubrik "Hintergrund", S. 6
Artikel 4:
Reden über Deutschland
Der "Fall Hohmann" zeigt, wie weit wir von der Normalität entfernt sind   Doris Neujahr, Nr. 46/03, 7. November 2003, 18. Jg., Titel
Artikel 5:
Das Böse trotzdem tun
Zwischen allen Stühlen: Steven Spielbergs "München" amerikanisiert das Nachspiel des Attentats
06/06, 03. Februar 2006, Rubrik "Kultur", S. 11

Fahnenträger

Artikel 1:
Sommerausgabe 03, S.12
Rundbrief für nationale Sozialisten
Artikel 2:
Frühlingsausgabe 03, S.46
Wirtschaftskritisches: Bund und Länder pleite, die Wirtschaft erstarrt?!
Artikel 3:
Frühlingsausgabe 03, S.4/5
Die etwas andere Einführung. Ein frohes neues Jahr?
Artikel 4:
3. Ausgabe, S. 4
Wer nicht versteht was »Ironie« bedeutet sollte diesen Text nicht lesen
Artikel 5:
4. Ausgabe, S. 31/32
Freimaurer und die Herrschaft der „Eingeweihten". Erster Teil – Aufbau und

Weltanschauung der Logen
Fortsetzung:
2. Teil: Ausgabe 5, S. 37/38 + S. 50

Rote Fahne

Artikel 1:
Freiheit für die Völker des Irak und Palästinas!
1.11.2004
Artikel 2:
Israel erklärt Palästinensern den Krieg – Solidarität mit dem Freiheitskampf des palästinensischen Volkes
2.08.2001
Artikel 3:
Plant Israel Überfall auf Irak als Vorwand für US-Angriff?
13. Oktober 1990, 21. Jg. Nr. 42, S. 1 (Titel)
Artikel 4:
Thesen, die in der bürgerlichen Presse zensiert werden
Wer und was steckt hinter dem 11. September
4. Juli 2002
Artikel 5:
Ein Antisemit wer für den Frieden kämpft
26. Januar 1991, 22. Jg., Nr. 5, S. 3

Junge Welt

Artikel 1 (print):
16./17.03.1991
Wider den Mythos Israel
Artikel 2 (elektronisch):
19.10.1999
Sterns Stunde. Plädoyer in der Paulskirche gegen zweierlei Maß
Artikel 3: (elektronisch):
5.10.2004
Auge um Auge. Blutbad im Gazastreifen.
Artikel 4: (elektronisch)
14./15.10.2000
Freitagsgebet verboten
Artikel 5: (elektronisch):
14.10.1998
Martin Walser im Visier von Ignatz Bubis Vorwurf »geistiger Brandstiftung«

Linksruck

Artikel 1:
Nr. 100, 13. Dezember 2000
Israel: Bollwerk gegen Antisemitismus
Artikel 2:
Nr. 129, 30. April 2002

Krieg und Globalisierung in Nahost
Artikel 3:
Nr. 143, 3. Dezember 2002
Terrorstaat Israel
Artikel 4:
Nr. 221, 19. Juli 2006
Der Terror kommt aus Israel
Artikel 5:
Nr. 121, 9. Januar 2002
Ist Solidarität mit den Palästinensern antisemitisch?

SooderSo
Artikel 1:
Nr. 13, Frühjahr 2004 S. 6/7
USA-Israel-Russland. Das Triumvirat der staatlichen Killer
Artikel 2:
Nr. 11, Frühjahr 2002, Titel
"Enduring Freedom" in Palästina
Israels neuer Besatzungskrieg
Artikel 3:
Nr. 7, Herbst 2000, S. 1
Palästina: Das Soweto Israels
Artikel 4:
Nr. 11, 2002, S. 5
Zwischen Kooperation und Kolonialismus
Artikel 5:
2000, online (Homepage Rubrik: Hans Lebrecht's Kolumne)
Trauriges Bethlehem

Sand im Getriebe (SiG)
Artikel 1:
Nr. 38, 27.10.2004, S. 20
Erklärung von Beirut
Artikel 2:
Nr. 38, 15.01.2005, S. 17
Wie geht es weiter mit den Anti-Kriegs- und Anti-Globalisierungsbewegungen?
Artikel 3:
Nr. 48, 24.01.2006, S. 5
Atomkrieg gegen den Iran?
(Beilage der AG Globalisierung und Krieg
www.attac.de/globkrieg)
Artikel 4:
Nr. 19, 13.03.2003, S. 23-27
Erste Mission von Attac. Frankreich in Palästina
vom 22.12.2002 bis 2.1.2003

Artikel 5:
Nr. 27, 6.11.2003, S. 10
Podiumsdiskussion: Felicia Langer
Aus einer Rede von Felicia Langer in Wien im
September 2002

Radikal:

Artikel 1:
Deutsche Waffen Deutsches Geld Morden mit in aller Welt
Nr. 142, 1991, S. 24
Artikel 2:
Doitsch-Stunde
Originalfassung mit autonomen Untertiteln
Nr. 144, Oktober 1991, S. 21-26
Artikel 3:
Der kriegerische Ausgang der Golfkrise ist die logische Folge der
Neuen veränderten Weltlage
Nr. 142, März 1991
Artikel 4:
GdV XII productions presents:
Der Blick zurück ist immer auch ein Blick nach Vorne!
Nr. 154, Juni 1996
Artikel 5:
Der süße Traum eines Klassenfeindes und sein gar schreckliches Erwachen
Nr. 154, S. 99, Juni 1996

A3. Codeliste der Inhaltsanalyse

Codesystem
  Sinnhorizonte des Antisemitismus
    Moderner Antisemitismus
      Figur des Dritten
      Gemeinschaft/ Gesellschaft - Dichotomie
      Holocaustrelativierung/-leugnung
      Identität-Nicht-Identität-Dichotomie
      Instrumentalisierung des Holocaust
      Machtzuschreibung
      Manichäismus
      Täter-Opfer Umkehr
      Verschwörung
    Antijudaismus
    Antizionismus
    Camouflage über Antizionismus/Antijudaismus/Israelfeindschaft
    Israelfeindschaft
    rassistischer AS (NS-AS)
    Schlussstrichdiskurs/ Normalisierung
  Selbst- und Fremdbilder
    Wir-Gruppen
      anti-faschistisch
      Anti-Globalisierungsbewegung
      Friedensbewegung/ Anti-Kriegsbewegung

- deutsch
- international
- national
- rechts
- religiös
- sozialistisch
- völkisch
- Fremdgruppe
  - "Kosmopolit"
  - "One-World"
  - "Ostküste"
  - Antifaschisten
  - Finanzkapital
  - Globalisten
  - Imperialisten
  - Intellektuelle
  - Israel
  - USA
  - Achse "USrael"
  - Juden
  - Kapitalisten
  - Volk
  - Wertegemeinschaft
  - Zionisten
- Zuschreibungen und Bewertungen
  - Gemeinschaft
  - Gesellschaft
  - Zivilisation
  - Täter
  - Opfer
  - Identität
  - Nicht-Identität
  - Moderne
  - Anti-Moderne
  - künstlicher Staat
  - "Guter Jude, böser Jude"
  - Apartheitsstaat
  - "Staatsterror"
  - Ambivalenz
- Konstruktionsregeln
  - Abstraktion
  - Archaisierung
  - Bedrohungsszenario
  - Biologisierung
  - Dämonisierung
  - Ekel
  - Ethnisierung
  - Machtzuschreibung
  - Ontologisierung
  - Personalisierung
- Rhetorische Strategien
  - Stereotypenkonstruktion
    - analytische Sätze mit Wahrheitsanspruch
    - eingeschränkte Aussagen
    - direkte Stellungnahme
    - textlinguistischer Texttyp
  - persuasive Kommunikation
  - Moralisierung
  - Legitimierung
    - ...durch Berufung auf Kronzeugen/ Autoritäten

A51

- ...durch Berufung auf Zahlen
- ...durch Berufung auf Alltagsmythen
- Delegitimierung
  - ...durch ad-personam-Argumente
  - Diffamierung durch Assoziation
- falsche Behauptungen
- selektive Fallbeispiele
- Übertreibung
- Verharmlosung
- Vermutung/ Verdacht/ "Entlarvung"
- Polemik
- Ironie

Sinndimension
- Zeitdimension
  - zeitliche Orientierung
  - Zentrierung der Zeitperspektive
  - Stile der Zeitwahrnehmung
  - Selektivität der Zeitsemantik
- Raumdimension
  - Definition des sozialen Raums
  - Anordnung von Selbst- Fremdbildern
  - Selektivität
- Sozialdimension
  - Distanzkriterien
  - Soziale Gruppen und ihre Bewertung
  - Soziale Gruppen i. E.
    - Juden
    - Israelis
    - Palästinenser
    - Deutsche
    - Linke
    - Nationale/ Rechte
  - Selektivität der Sozialdimension (Inklusion/ Exklusion)
    - Freunde
    - Feinde
    - Fremde

Anti-Amerikanismus
Nah-Ost Konflikt
- asynchrones Machtverhältnis

"Völkerrecht"/Verbrechen
NS-Vergleich/Relativierung
Schuld/ Schuldabwehr/ Kollektivschuld
Instrumentalisierung des AS/ -Vorwurfs
Rechtfertigungsstrategien
Kapitalismuskritik (verkürzte)

Sets

Printed by Publishers' Graphics LLC
DBT130619.15.12.4